# 山东省耕地质量演变30年洞鉴

山东省土壤肥料总站　编

中国农业出版社
北　京

# 编　委　会

主　　任：刘延生　郭跃升　李　涛

委　　员：刘传林　泉维洁　万广华　王国华

主　　编：郭跃升　董艳红　张玉芳　刘延生

副 主 编：马荣辉　傅晓岩　邢晓飞　于舜章　李　涛
泉维洁　卢桂菊　赵锦彪　桑卫民　刘翠先

编写人员（按姓氏笔画排序）：

丁文峰　于　蕾　于秀丽　于舜章　万广华
马　征　马金芝　马荣辉　王　健　王文杰
王国华　王振华　王瑞雪　孔少华　卢桂菊
宁秀亭　邢晓飞　邢继东　刘传林　刘延生
刘海明　刘翠先　江丽华　孙　瑶　孙顶国
孙洪助　李　林　李　涛　李　晶　李玉红
李虎申　李建伟　李俊银　杨国敏　吴　越
张　华　张玉芳　张西森　张姗姗　张雪飞
张道省　陈为堂　苑学亮　郑福丽　宗　丽
赵建忠　赵锦彪　胡　斌　泉维洁　姚海军
顾　超　徐　振　徐　钰　高俊杨　高淑荣
郭跃升　桑卫民　黄　剑　董艳红　韩　猛
程冬冬　傅晓岩

# 前言

耕地质量监测是加强耕地质量管理与建设的重要依据，是深化实施“藏粮于地、藏粮于技”战略的重要举措，是落实《耕地质量调查监测与评价办法》的重要抓手，也是农业农村部门的一项基础性、公益性和长期性工作。山东省耕地质量监测工作起始于第二次土壤普查，历经起步探索（1986—1996 年）、规范发展（1997—2004 年）、完善提升（2005—2015 年）、稳步推进（2016 年至今）四个阶段。30 多年来，泉维洁、李涛、万广华、侯小芳、王国华、卢桂菊、王瑞雪、赵建忠等人先后参与山东省耕地质量长期定位监测工作，为山东省耕地质量监测工作持续推进打下了坚实的基础。2016 年来，该项工作步入蓬勃发展阶段，逐步建立了省、市、县三级耕地质量监测网络，监测点总数达 3 100 多个，实现了土壤类型、利用模式、县级行政区域全覆盖。从 2017 年开始，山东省土壤肥料总站及各市土肥站对历年监测档案、数据进行收集、整理、分析，共计获得数据 80 余万个，为本书的出版提供了重要的数据支撑。

《山东省耕地质量演变 30 年洞鉴》是基于历年国家、省、市、县四级监测点的调查、监测数据编写完成的。全书共分为七章：第一章概述，介绍了与耕地有关的概念，省内监测工作发展的历程和现状，监测点布局、监测内容和技术方法、部分监测指标分级标准等。第二章山东省耕地质量现状及演变趋势，分析了有机质、全氮、碱解氮、有效磷、速效钾、缓效钾、pH、部分微量元素现状及演变趋势，着重分析了国家级监测点的监测结果。第三章不同区域耕地质量现状及演变趋势，阐述了胶东低山丘陵区、鲁西北平原区、鲁东北盐渍化区、鲁中南部平原区、鲁中北部平原区和鲁中山地丘陵区六大生态区域土壤主要养分现状及演变趋势。第四章主要土壤类型耕地质量现状及演变趋势，分析了山东省潮土、棕壤、褐土和砂姜黑土主要养分现状及演变趋势。第五章不同耕地利用类型耕地质量现状及演变趋势，阐述了粮田、果园和菜地监测点土壤主要养分现状及演变趋势。第六章各市耕地质量现状及演变趋势，分述了济南市、青岛市等16个市耕地质量监测点土壤主要养分现状及演变趋势。第七章山东省肥料使用和主要农作物产量分析评价，研究分析了山东省农用肥料使用与问题、主要农作物施肥现状，提出了具体施肥建议。

本书由山东省土壤肥料总站牵头，省站及各市土肥站专业技术人员共同编写完成。各章编写人员如下：刘延生、郭跃升、董艳红等参与书稿内容的总体设计与审校；第一章由郭跃升、董艳红编写；第二章由董艳红编写；第三章由张玉芳编写；第四章由傅晓岩、于舜章编写；第五章由邢晓飞、董艳红、于舜章编写；第六章由各市业务主管人员编写，张玉芳、董艳红汇总和整理；第七章由马荣辉编写，山东农业大学程冬冬和李俊银参与部分内容的整理和分析。山东省农业科学院农业资源与环境研究所江丽华、徐钰、马征、郑福丽参与了样品检测和数据审核，在图表制作、年度报告编制方面给予了大量技术支持。全书终稿由刘延生审验把关。

多年来，山东省耕地质量长期定位监测工作得到了农业农村部耕地质量监测保护中心和山东省农业农村厅的关心支持，也获得了山东省农业科研院所和各市县土肥站的大力支持与配合，还有许多同志为此付出了大量辛勤劳动，在此一并表示衷心感谢！

山东省土壤肥料总站

2020年7月

# 目录

# 第一章 概　　述

耕地质量监测是《中华人民共和国农业法》和《基本农田保护条例》赋予农业部门的重要职责之一。近年来，农业农村部多次发文部署耕地质量监测工作。2016 年农业部颁布实施《耕地质量调查监测与评价办法》，要求进一步加强耕地质量调查监测与评价工作。《农业部耕地质量保护与提升行动方案》（农农发〔2015〕5 号）明确了耕地质量保护与提升行动的总体思路、基本原则和行动目标，对耕地质量调查监测网络、耕地质量大数据平台、组织开展耕地质量调查与评价工作作出了具体部署。耕地质量监测工作是贯彻落实《耕地质量调查监测与评价办法》的重要抓手，也是农业部门的一项基础性、公益性和长期性工作。山东省耕地质量监测工作开展 30 多年，获取了大量珍贵的数据资料，摸清了耕地质量家底，为促进耕地质量建设、农产品质量安全与农业生态安全发挥了重要作用。

## 第一节　概　　况

### 一、基本概念

#### （一）耕地及耕地分类

国家标准《土地利用现状分类》（GB/T 21010—2007）将耕地定义为："种植农作物的土地，包括熟地，新开发、复垦、整理地，休闲地（含轮歇地、轮作地）；以种植农作物（含蔬菜）为主，间有零星果树、桑树或其他树木的土地；平均每年能保证收获一季的已垦滩地和海涂。"耕地可进一步细分为水田、水浇地和旱地 3 个二级地类。其中，水田指用于种植水稻、莲藕等水生农作物的耕地，包括实行水生、旱生农作物轮作的耕地；水浇地指有水源保证和灌溉设施，在一般年景能正常灌溉，种植旱生农作物的耕地，包括种植蔬菜等的非工厂化的大棚用地；旱地指无灌溉设施，主要靠天然降水种植旱生农作物的耕地，包括没有灌溉设施，仅靠引洪淤灌的耕地。

#### （二）耕地质量

《耕地质量调查监测与评价办法》及《耕地质量等级》（GB/T 33469—2016）、

《耕地质量监测技术规程》（NY/T 1119—2019）将耕地质量定义为："由耕地地力、土壤健康状况和田间基础设施构成的满足农产品持续产出和质量安全的能力。"其中，耕地地力是指在当前管理水平下，由土壤立地条件、自然属性等相关要素构成的耕地生产能力；土壤健康状况指土壤作为一个动态生命系统具有的维持其功能的持续能力，用清洁程度、生物多样性表示。

**（三）耕地质量监测**

耕地质量监测是通过定点调查、田间试验、样品采集、分析化验、数据分析等工作，对耕地土壤理化性状、养分状况等质量变化开展的动态监测。

**（四）监测点**

监测点是为进行耕地质量长期定位监测而设置的观测、试验、取样的地块。

**（五）耕地利用类型**

耕地利用类型是根据耕地种植的作物所产出的农产品种类等因素划分的类型。本书涉及的耕地利用类型有粮田、果园和菜地。其中粮田包括粮—粮轮作、粮—油轮作、粮—菜轮作的类型。

## 二、山东省耕地质量长期定位监测发展历程

山东省耕地质量监测工作起始于第二次土壤普查，历经起步探索（1986—1996 年）、规范发展（1997—2004 年）、完善提升（2005—2015 年）、稳步推进（2016 年至今）四个阶段。第二次土壤普查后设置很多省级监测点，但由于没有资金支持，很多监测点没能坚持，仅留有少数监测点作为国家级监测点持续运行。2005 年山东省实施测土配方施肥项目以来，要求每个项目县设置 20 个定位监测点持续监测，到 2010 年实现了农业县（市、区）的全覆盖。2016 年下半年，根据《全国农技中心关于做好耕地质量监测点布局规划的通知》（农技土肥水函〔2016〕399 号）的要求，山东省对以前的网点进一步规划调整，健全完善了国家、省、市、县四级耕地质量监测网络，国家、省、市、县四级监测点共计 2 839 个，涉及 122 个县（市、区），其中国家级监测点 36 个，省、市、县级监测点 2 803 个，基本实现了县级行政区域、土壤类型和耕作制度的全面覆盖。2017 年监测密度进一步加大，全省耕地质量监测点总数上升至 3 033 个，其中国家级监测点 52 个，涉及 43 个县（市、区）。2018 年全省监测点总数达到 3 156 个。

1988—2018 年山东省的国家、省、市、县级监测点数量统计如表 1.1.1 所示，其中 1988—2005 年包含国家级监测点，2006—2018 年包含国家级监测点和测土配方施肥长期定位监测点。因年份间监测点数量和位置的变化导致监测数据年份间波动较大，在分析时根据监测点数量将 30 年的监测数据分三个

阶段来讨论，分别为 1988—1996 年（1997 年数据缺失）、1998—2004 年、2005—2018 年。国家级监测点监测时间较长，讨论时单独分析其数据变化情况。

**表 1.1.1 1988—2018 年山东省的国家、省、市、县级监测点数量统计**

单位：个

| 监测年份 | 监测点数量 | 监测年份 | 监测点数量 |
|---|---|---|---|
| 1988 | 2 | 2004 | 13 |
| 1989 | 2 | 2005 | 39 |
| 1990 | 2 | 2006 | 535 |
| 1991 | 2 | 2007 | 1 351 |
| 1992 | 2 | 2008 | 2 086 |
| 1993 | 2 | 2009 | 2 286 |
| 1994 | 2 | 2010 | 2 333 |
| 1995 | 2 | 2011 | 2 295 |
| 1996 | 2 | 2012 | 2 230 |
| 1998 | 10 | 2013 | 2 326 |
| 1999 | 10 | 2014 | 2 381 |
| 2000 | 10 | 2015 | 2 206 |
| 2001 | 10 | 2016 | 2 839 |
| 2002 | 11 | 2017 | 3 033 |
| 2003 | 11 | 2018 | 3 156 |

# 第二节 山东省耕地质量长期定位监测点布局

山东省地处东部沿海，黄河下游，与河北、河南、安徽、江苏 4 个省接壤，下辖 16 个地级市，137 个县（市、区）。总人口 9 947 万人，其中农业人口 5 056 万人，占比 51%；土地总面积 1 579 万 $hm^2$，其中耕地面积 760 万 $hm^2$。据第二次土壤普查，山东省土壤分类系统共有 6 个土纲，9 个亚纲，15 个土类，37 个亚类，86 个土属，258 个土种，主要土壤类型为潮土、棕壤、褐土、砂姜黑土等。本节按照不同生态区域、不同地级市、不同土壤类型和耕地利用类型来分析山东省耕地质量长期定位监测点的布局情况。2018 年山东省四级耕地质量监测点分布如图 1.2.1 所示。

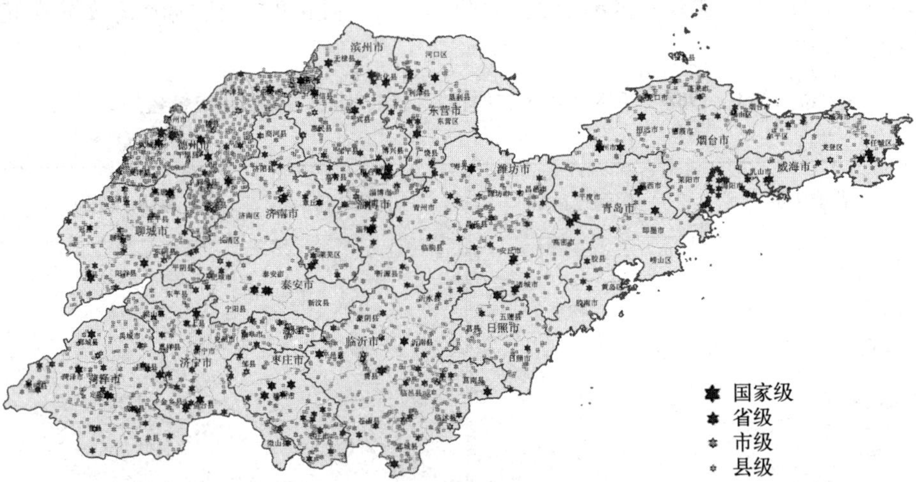


图 1.2.1　2018 年山东省四级耕地质量监测点分布示意

## 一、按区域分

山东省按照地形地貌和生态状况分为胶东低山丘陵区、鲁西北平原区、鲁东北盐渍化区、鲁中南部平原区、鲁中北部平原区、鲁中山地丘陵区六大生态区域。2018 年六大生态区域监测点分布比例见图 1.2.2，其中鲁西北平原区监测点数量最多，占比 38.8%，鲁中北部平原区监测点数量最少，占比 6.9%。

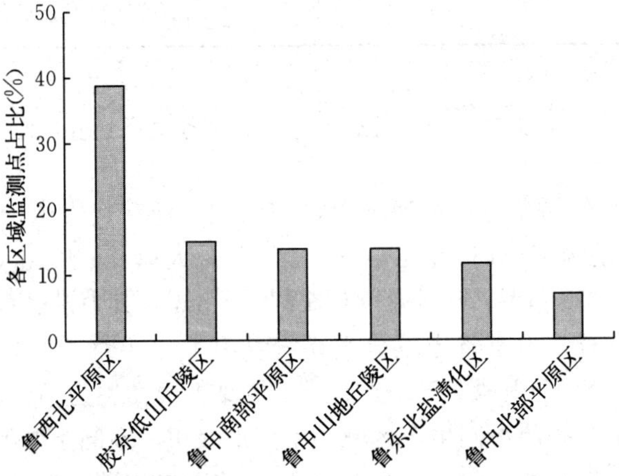


图 1.2.2　2018 年山东省不同区域监测点占比

## 二、按市级行政区域分

统筹行政区划、耕地面积、土壤类型、种植制度、耕地质量等级等情况，合理规划各市的国家、省、市、县四级监测点布局，至2018年，监测点已覆盖全省127个农业县（市、区）。山东省各市耕地质量监测点分布情况如表1.2.1所示。

**表1.2.1 2018年山东省各市耕地质量监测点分布情况汇总**

单位：个

| 市名 | 监测点涉及县（市、区）数 | 国家级监测点 | 省级监测点 | 市级监测点 | 县级监测点 | 合计 |
|---|---|---|---|---|---|---|
| 济南 | 9 | 3 | 14 | 20 | 89 | 126 |
| 青岛 | 5 | 3 | 9 | 15 | 19 | 46 |
| 淄博 | 8 | 2 | 14 | 21 | 98 | 135 |
| 聊城 | 8 | 3 | 16 | 24 | 135 | 178 |
| 德州 | 11 | 8 | 22 | 33 | 755 | 818 |
| 菏泽 | 10 | 4 | 17 | 25 | 164 | 210 |
| 滨州 | 7 | 7 | 14 | 25 | 110 | 156 |
| 临沂 | 12 | 5 | 22 | 36 | 339 | 402 |
| 日照 | 4 | 2 | 4 | 4 | 72 | 82 |
| 烟台 | 9 | 4 | 15 | 25 | 157 | 201 |
| 威海 | 4 | 4 | 6 | 9 | 62 | 81 |
| 潍坊 | 11 | 4 | 19 | 34 | 138 | 195 |
| 枣庄 | 6 | 3 | 11 | 17 | 101 | 132 |
| 东营 | 5 | 2 | 10 | 16 | 72 | 100 |
| 济宁 | 11 | 3 | 21 | 30 | 172 | 226 |
| 泰安 | 6 | 3 | 11 | 16 | 38 | 68 |
| 合计 | 126 | 60 | 225 | 350 | 2 521 | 3 156 |

## 三、按土壤类型分

2018年山东省耕地质量监测点共涵盖潮土、褐土、棕壤、砂姜黑土、草甸土、水稻土、粗骨土、盐土等8种土壤类型，占山东省土壤类型总数（15种）的53.3%，基本覆盖了山东省主要耕作土壤类型。其中分布在潮土、褐土、棕壤、砂姜黑土四大主要土壤类型上的监测点数量最多，分别占监测点总数的58.6%、18.0%、15.3%和4.0%（图1.2.3）。

## 四、按耕地利用类型分

2018年耕地质量监测点按耕地利用类型分为粮田（粮—粮、粮—油、粮—菜）、果园和菜地（设施菜地、露天菜地）。粮田监测点所占比例为87.6%，其中粮—粮监测点占比77.4%，粮—油监测点占比8.1%，粮—菜监测点占比2.1%；果园监测点占比7.5%；菜地监测点占比4.9%（图1.2.4）。

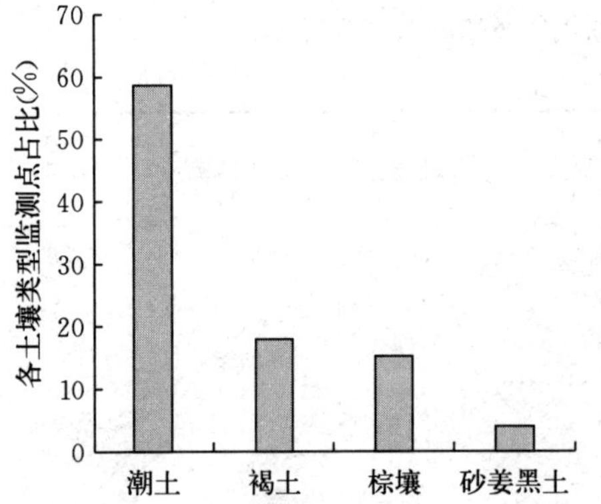


图1.2.3　2018年主要土壤类型监测点占比

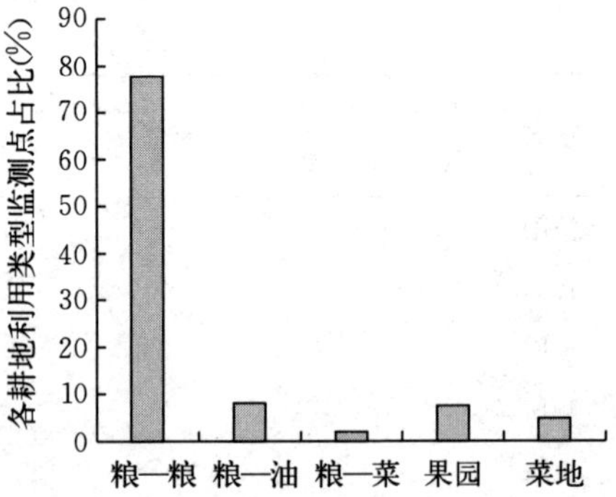


图1.2.4　2018年不同耕地利用类型监测点占比

# 第三节　耕地质量长期定位监测内容

根据《耕地质量监测技术规程》的要求，山东省耕地质量长期定位监测点主要监测耕地土壤理化性状、环境质量、作物种类、作物产量、施肥量等有关参数。

## 一、基础监测内容

一是监测点的立地条件和农业生产概况，主要包括常年降水量、有效积温、无霜期、地形部位、坡度、潜水埋深、排灌条件、种植制度、常年施肥量、作物产量、成土母质和土壤类型等。二是监测点剖面的理化性状，调查各发生层次深度、颜色、结构、紧实度、容重、新生体、机械组成等，并分层采集土壤样品，检测土壤有机质、全氮、全磷、全钾、pH、碳酸钙、阳离子交换量、微量元素和重金属元素等参数。

## 二、年度监测内容

年度监测内容主要包括田间作业情况、作物产量、施肥情况和表土层土壤理化性状。田间作业情况记载年度内每季作物名称、品种、播期、播种方式、收获期、耕作情况、灌排、病虫害防治、自然灾害出现的时间与强度及对作物产量的影响，以及其他对监测地块有影响的自然、人为因素等。作物产量是监测区作物的实际产量。施肥情况包括有机肥和化肥的施用日期、肥料品种、施肥次数和施用量等。表土层土壤理化性状年度监测内容包括土壤 pH，土壤有机质、全氮、有效磷、速效钾、缓效钾含量等。

### 三、五年监测内容

在年度监测内容的基础上，在每个“五年计划”的第一年度监测全磷、全钾、中微量元素（交换性钙、镁，有效硫、硅、铁、锰、铜、锌、硼、钼）含量等。

## 第四节　耕地质量长期定位监测技术与方法

### 一、监测小区设置

监测点在田间处理上设置不施肥区（空白区）和常规施肥区（农田常年田间管理）两个处理，目的是通过监测施肥引起的产量差异来计算施肥效应。为了防止常规施肥区的肥料进入不施肥区，在常规施肥区和不施肥区之间应采取适当的隔离措施。在不施肥区设置中，应考虑灌水、排水问题，防止污染，使土壤水分状况与常规施肥区保持一致。旱地小区面积在 67 $m^2$ 以上，采用设置保护行、垒区间小埂等方法隔离；稻田小区面积在 34～67 $m^2$，用水泥板或其他材料做隔板，防止肥、水横向渗透，水泥板一般高 60～80 cm，厚 15 cm，埋深 30～50 cm，露出地面 30 cm。菜地、果园、茶园等不设置不施肥区。常规施肥区面积不小于 334 $m^2$ 或直接在相邻大田定点观测。监测点以当地主要种植制度、种植方式为主，耕作、栽培等管理方式及施肥水平、作物产量等能代表当地一般水平。不施肥区和常规施肥区除施肥不一样外，其他措施均一致。

### 二、土壤样品采集与处理

土壤样品采集在每年度最后一季作物收获后、下一季作物种植耕翻施肥前进行。水田、旱地只采集耕层土壤样品，蔬菜地需同时采集耕层和亚耕层土壤样品。每个土壤样品要求有 15 个以上样点混合均匀。土壤样品的采集、处理和贮存严格按《土壤检测　第 1 部分：土壤样品的采集、处理和贮存》（NY/T 1121.1）规定的方法进行。

### 三、田间调查与产量测定

对监测点基本情况，在收集历史资料的基础上记载。对田间生产情况、施肥情况调查，通过监测点所在农户或现场观测记载的方式进行。对作物产量的调查，通过对处理区的每季作物分别进行果实与茎叶产量测定后记载。其中果实产量测定采用去边行后实打实收的方法测产，也可随机取样测产。随机取样测产时，全田块随机取5个以上样方实脱测产，小麦样方面积在1～2 $m^2$，玉米样方面积在5～10 $m^2$。为便于取样，也可把样方面积换算成穴数或垄数。茎叶产量根据小样本的果实与茎叶重量比考种数据换算。为保证有足够的单株数量，一般穴播作物考种取10穴；垄作条播时，细秆作物取1 m垄，粗秆作物取5～10 m垄（棉花分籽棉和秸秆测产，并把籽棉折成皮棉后记载）。

## 四、土壤样品检测

耕地质量监测中土壤样品检测主要按照农业行业标准《土壤检测》(NY/T 1121)等现行有效的标准方法进行。主要指标检测方法如下。

### （一）土壤pH

按NY/T 1121.2规定的方法测定。

### （二）土壤有机质

按NY/T 1121.6规定的方法测定。

### （三）土壤全氮

按NY/T 53规定的方法测定。

### （四）土壤碱解氮

按LY/T 1228规定的方法测定。

### （五）土壤有效磷

按NY/T 1121.7规定的方法测定。

### （六）土壤缓效钾和速效钾

按NY/T 889规定的方法测定。

### （七）土壤微量元素

按NY/T 890、NY/T 1121.8、NY/T 1121.8和NY/T 1121.13等规定的方法测定。

## 五、数据审核与上报

监测数据上报前进行数据完整性、变异性与符合性审核，确保监测数据准确。在进行数据完整性审核时，应按照工作要求，核对监测数据项是否存在漏报情况，对遗漏项目要及时催报、补充完整。在进行数据变异性审核时，应重点对耕地质量主要性状、肥料投入与产量等数据近三年情况进行变异性分析，检查是否存在数据变异过大情况。在进行数据符合性审核时，应根据实际，检查数据是否能真实客观地反映实际情况，如出现异常，及时找出原因，核实数据；要分析肥料投入、土壤养分含量和作物产量三者的相关性，检查是否出现异常。数据审核应由分管耕地质量监测工作的站长（主任）负责。审核结束后，审核人签字确认，并盖单位公章，及时上报。

### 六、年度报告编制

耕地质量长期定位监测报告应包括监测点基本情况，耕地质量主要性状的现状及变化趋势，养分资源利用状况，提高耕地质量的对策和建议等内容。

## 第五节 耕地质量监测指标分级标准

鉴于农业生产水平和耕地养分含量发生较大变化，按照《农业农村部耕地质量监测保护中心关于开展耕地质量监测指标分级工作的通知》（耕地监测函〔2018〕16 号）的要求，收集不同部门、不同年度、不同作物田间试验数据资料和耕地质量调查监测评价资料，在深度挖掘第二次土壤普查时耕地质量指标分级数据资料，广泛借鉴国外耕地质量指标分级标准的基础上，进行整理、筛选、分类、提炼和分析，遵循科学、适用、简洁的原则，对第二次土壤普查时期形成的养分分级指标进行修订和完善，经同行专家评审，形成山东省耕地质量监测指标分级标准。

### 一、指标的选取

耕地质量监测主要性状选取耕层厚度、土壤容重、土壤紧实度、水稳性大团聚体（0.25～2 mm）、阳离子交换量、有机质、pH、全氮、碱解氮、有效磷、速效钾、缓效钾、交换性钙、交换性镁、有效硫、有效铁、有效锰、有效铜、有效锌、有效硼、有效钼、有效硅、全磷、全钾、土壤微生物量等 25 个指标。

### 二、分级方法的确定

主要选用养分丰缺指标法、成果资料划分法、特尔斐法和数据归一化法等方法来对耕地质量监测各指标进行分级。对于土壤容重、有机质、pH、全氮、碱解氮、有效磷、速效钾、缓效钾、交换性钙、交换性镁、有效硫、有效铁、有效锰、有效铜、有效锌、有效硼、有效钼、有效硅等 18 个指标，在山东省已完成的省级耕地地力评价成果基础上，结合国土部门与科研单位的研究成果、第二次土壤普查成果及公开发表的期刊与文献等资料，参照养分丰缺指标法合理划分分级区间。对耕层厚度、土壤紧实度、水稳性大团聚体、阳离子交换量、土壤微生物量等缺乏田间试验数据的 5 个指标，根据参考文献并结合山东省实际情况进行初步分级，专家会商时采取特尔斐法建立分级指标。对全磷、全钾等有参考文献、测试数据较少的2个指标，结合正态、偏态分布数据归一化法，同时结合参考文献和经验进行初步分级，专家会商时采取特尔斐法建立分级指标。

## 三、分级标准及其应用

通过利用养分丰缺指标法、特尔斐法和数据归一化法等进行研究，对选取的25个耕地质量监测指标建立分级标准，分为1级（高）、2级（较高）、3级（中）、4级（较低）和5级（低）等5个级别，各指标具体分级标准见表1.5.1。分级标准的建立对山东省耕地质量监测评价和耕地质量提升有重要的意义，也为耕地质量监测数据的分析和应用提供了依据。

**表1.5.1 山东省耕地质量监测指标分级标准**

| 指标 | 单位 | 分级标准 | | | | |
|---|---|---|---|---|---|---|
| | | 1级（高） | 2级（较高） | 3级（中） | 4级（较低） | 5级（低） |
| 耕层厚度 | cm | >25 | (20, 25] | (15, 20] | (10, 15] | ≤10 |
| 土壤容重 | g/cm³ | (1.00, 1.25] | (1.25, 1.35], ≤1.00 | (1.35, 1.45] | (1.45, 1.55] | >1.55 |
| 土壤紧实度 | MPa | ≤1.0 | (1.0, 1.5] | (1.5, 2.0] | (2.0, 3.0] | >3.0 |
| 水稳性大团聚体（0.25~2 mm） | % | >40 | (30, 40] | (20, 30] | (10, 20] | ≤10 |
| 阳离子交换量 | cmol/kg | >20 | (15, 20] | (10, 15] | (5, 10] | ≤5 |
| 有机质 | g/kg | >25 | (20, 25] | (15, 20] | (10, 15] | ≤10 |
| pH | — | (6.5, 7.5] | (7.5, 8.0], (6.0, 6.5] | (8.0, 8.5], (5.5, 6.0] | (8.5, 9.0], (5.0, 5.5] | >9.0, ≤5.0 |
| 全氮 | g/kg | >1.50 | (1.25, 1.50] | (1.00, 1.25] | (0.75, 1.00] | ≤0.75 |
| 碱解氮 | mg/kg | >150 | (120, 150] | (90, 120] | (60, 90] | ≤60 |
| 有效磷 | mg/kg | >50 | (30, 50] | (20, 30] | (10, 20] | ≤10 |
| 速效钾 | mg/kg | >200 | (150, 200] | (100, 150] | (50, 100] | ≤50 |
| 缓效钾 | mg/kg | >1 000 | (800, 1 000] | (600, 800] | (400, 600] | ≤400 |
| 交换性钙 | mg/kg | >3 000 | (1 000, 3 000] | (700, 1 000] | (500, 700] | ≤500 |
| 交换性镁 | mg/kg | >400 | (300, 400] | (200, 300] | (100, 200] | ≤100 |
| 有效硫 | mg/kg | >50 | (40, 50] | (30, 40] | (20, 30] | ≤20 |
| 有效铁 | mg/kg | >20 | (15, 20] | (10, 15] | (5, 10] | ≤5 |

（续）

| 指标 | 单位 | 分级标准 | | | | |
|---|---|---|---|---|---|---|
| | | 1级（高） | 2级（较高） | 3级（中） | 4级（较低） | 5级（低） |
| 有效锰 | mg/kg | >30 | (15，30] | (10，15] | (5，10] | ≤5 |
| 有效铜 | mg/kg | >1.8 | (1.0，1.8] | (0.5，1.0] | (0.2，0.5] | ≤0.2 |
| 有效锌 | mg/kg | >3.0 | (2.0，3.0] | (1.0，2.0] | (0.5，1.0] | ≤0.5 |
| 有效硼 | mg/kg | >2.0 | (1.0，2.0] | (0.5，1.0] | (0.2，0.5] | ≤0.2 |
| 有效钼 | mg/kg | >0.20 | (0.15，0.20] | (0.10，0.15] | (0.05，0.10] | ≤0.05 |
| 有效硅 | mg/kg | >200 | (150，200] | (100，150] | (50，100] | ≤50 |
| 全磷 | g/kg | >1.0 | (0.8，1.0] | (0.6，0.8] | (0.4，0.6] | ≤0.4 |
| 全钾 | g/kg | >25 | (20，25] | (15，20] | (10，15] | ≤10 |
| 土壤微生物量 | mg/kg | >300 | (200，300] | (100，200] | (50，100] | ≤50 |

# 第二章

# 山东省耕地质量现状及演变趋势

## 第一节　有机质现状及演变趋势

### 一、现状

2018 年，山东省四级耕地质量监测点土壤有机质有效数据为 3 096 个，平均含量 16.9 g/kg。土壤有机质含量主要集中在（15，20］g/kg（图 2.1.1）。有机质含量小于或等于 10 g/kg 的监测点有 361 个，占监测点总数的 11.7%；（10，15］g/kg 的 839 个，占 27.1%；（15，20］g/kg 的 1 053 个，占 34.0%；（20，25］g/kg 的 576 个，占 18.6%；大于 25 g/kg 的 267 个，占 8.6%。

### 二、含量变化

1988—2018 年，山东省四级监测点土壤有机质含量呈缓慢上升趋势，从 13.5 g/kg 上升至 16.9 g/kg，2018 年比 1988 年上升 25.2%（图 2.1.2）。1988—1996 年，土壤有机质含量波动较大，1996 比 1988 年上升 15.9%；1998—2004 年，土壤有机质含量上升相对缓慢，2004 年比 1998 年上升 3.8%；2005—2018 年，实施测土配方施肥项目以后，全省监测点总数大幅上升，土壤有机质平均含量稳步上升，2018 年比 2005 年上升 28.0%。

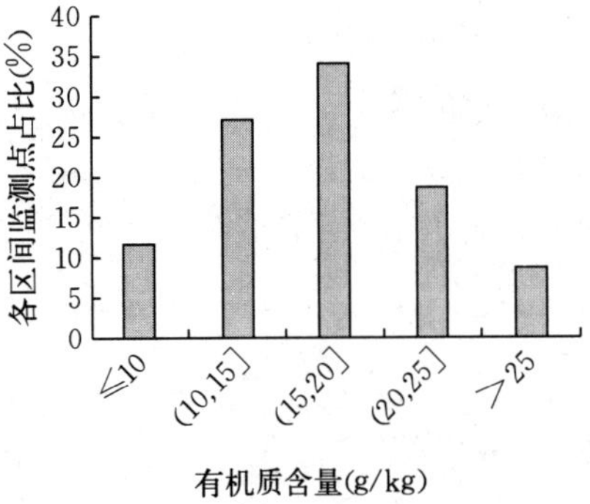


图 2.1.1　四级监测点土壤有机质含量各区间占比

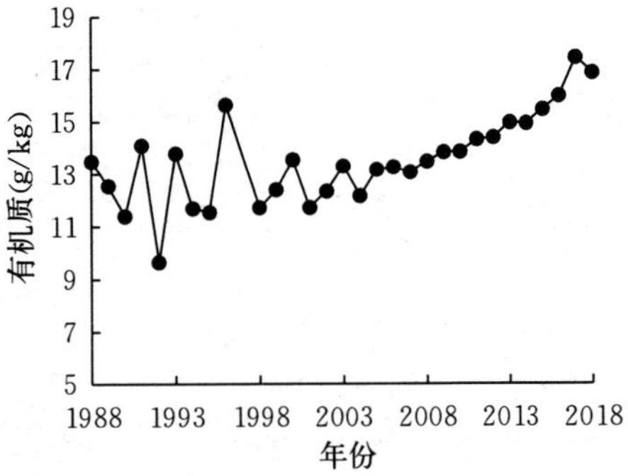


图 2.1.2　四级监测点土壤有机质含量变化趋势

## 三、频率变化

1998—2018 年，四级监测点土壤有机质含量主要集中在（10，15］g/kg 和（15，20］g/kg，其他区间占比较低（图 2.1.3）。（10，15］g/kg 的比例呈下降趋势，由 60.0%下降至 27.1%；（15，20］g/kg 和（20，25］g/kg 的比例呈上升趋势，（15，20］g/kg 的比例由 10.0%上升至 34.0%；（20，25］g/kg 的比例由 2005 年的 1.8%上升至 2018 年的 18.6%。

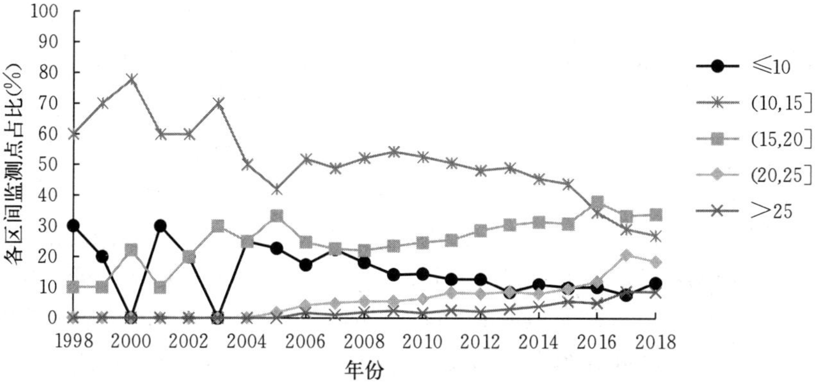


图 2.1.3　四级监测点土壤有机质含量分级频率变化

# 第二节　全氮现状及演变趋势

## 一、现状

2018 年，山东省四级耕地质量监测点土壤全氮有效数据为 2 941 个，平均含量 1.11 g/kg。土壤全氮含量主要集中在（1.00，1.25］g/kg（图 2.2.1）。全氮含量小于或等于 0.75 g/kg 的监测点有 476 个，占监测点总数的 16.2%；（0.75，1.00］g/kg 的 600 个，占 20.4%；（1.00，1.25］g/kg 的 864 个，占 29.4%；（1.25，1.50］g/kg 的 603 个，占 20.5%；大于 1.50 g/kg 的 398 个，占 13.5%。

## 二、含量变化

1988—2018 年，山东省四级监测点土壤全氮含量呈缓慢上升趋势，从 0.78 g/kg 上升至 1.11 g/kg，2018 年比 1988 年上升 42.3%（图 2.2.2）。1988—1996 年、1998—2004 年两个阶段土壤全氮含量波动较大；2005—2018 年，土壤全氮含量上升，2018 年比 2005 年上升 17.4%。

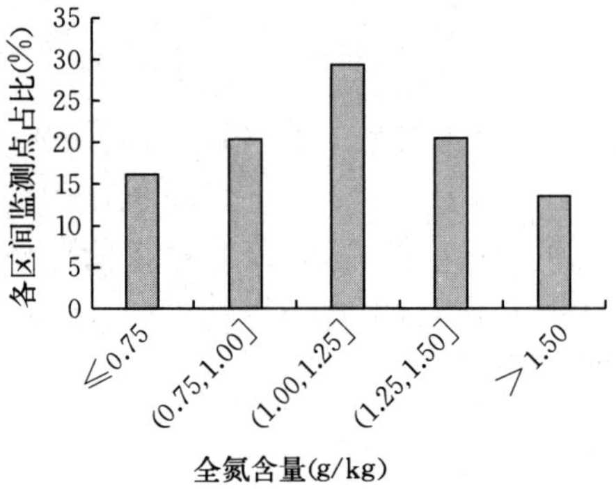


图 2.2.1 四级监测点土壤全氮含量各区间占比

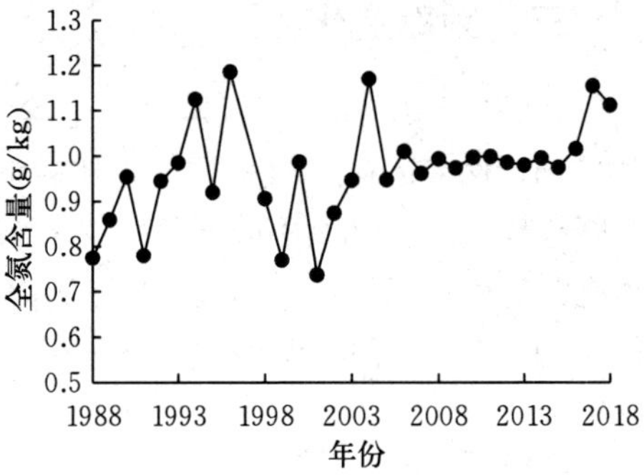


图 2.2.2 四级监测点土壤全氮含量变化趋势

## 三、频率变化

1998—2018 年，四级监测点土壤全氮含量（0.75，1.00］g/kg 的比例较高，2016 年以后该区间比例有所下降；大于 1.50 g/kg 的比例最低，2016 年以后有所上升（图 2.2.3）。1998—2007 年因数据较少，各区间比例波动较大，2007—2016 年各区间比例相对稳定，2016 年后全氮含量向中级区间集中，(1.00，1.25］g/kg 的比例最高。

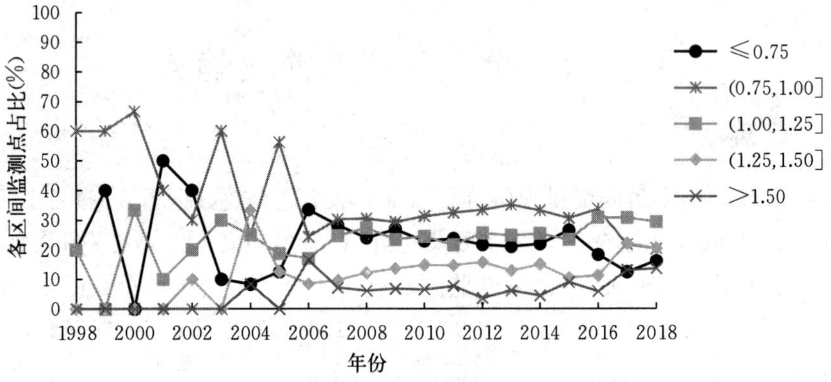


图 2.2.3 四级监测点土壤全氮含量分级频率变化

# 第三节 碱解氮现状及演变趋势

## 一、现状

2018 年，山东省四级耕地质量监测点土壤碱解氮有效数据为 3 019 个，平均含量 98.7 mg/kg。土壤碱解氮含量主要集中在（60，90］mg/kg 和

(90，120] mg/kg（图 2.3.1）。碱解氮含量小于或等于 60 mg/kg 的监测点有 312 个，占监测点总数的 10.3%；(60，90] mg/kg 的 1 096 个，占 36.3%；(90，120] mg/kg 的 998 个，占 33.1%；(120，150] mg/kg 的 389 个，占 12.9%；大于 150 mg/kg 的 224 个，占 7.4%。

## 二、含量变化

2005—2017 年，山东省四级监测点土壤碱解氮含量呈上升趋势，从 79.2 mg/kg 上升至 107.8 mg/kg，2018 年有小幅降低，但 2018 年依然比 2005 年上升 24.6%（图 2.3.2）。

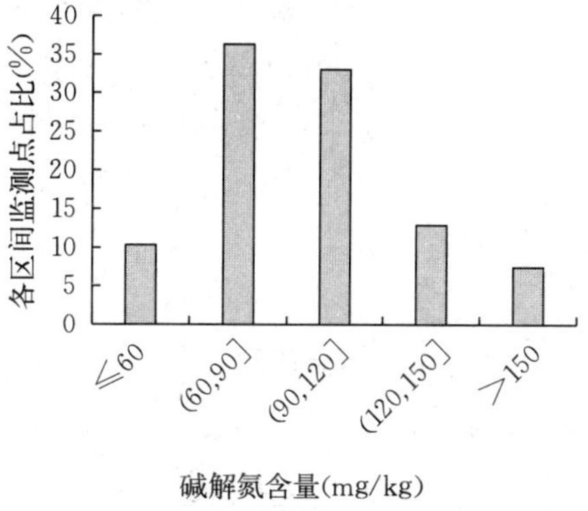


图 2.3.1　四级监测点土壤碱解氮含量各区间占比

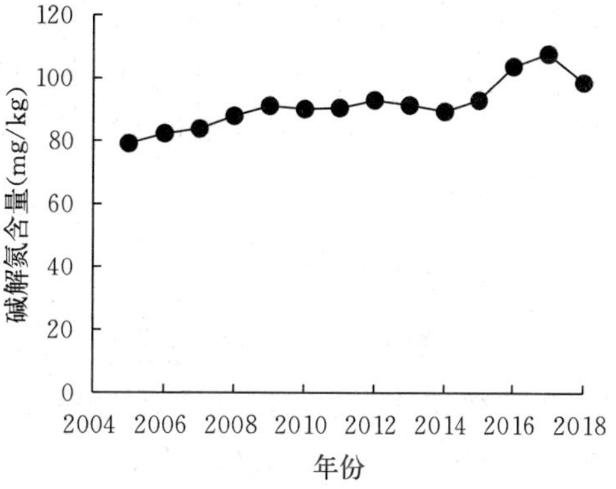


图 2.3.2　四级监测点土壤碱解氮含量变化趋势

## 三、频率变化

2005—2018 年，四级监测点土壤碱解氮含量各区间比例变化不大，其中 (60，90] mg/kg 和 (90，120] mg/kg 的占比较高，表现为中高含量区间占比上升，而低含量区间占比降低（图 2.3.3）。2005—2018 年，小于或等于 60 mg/kg

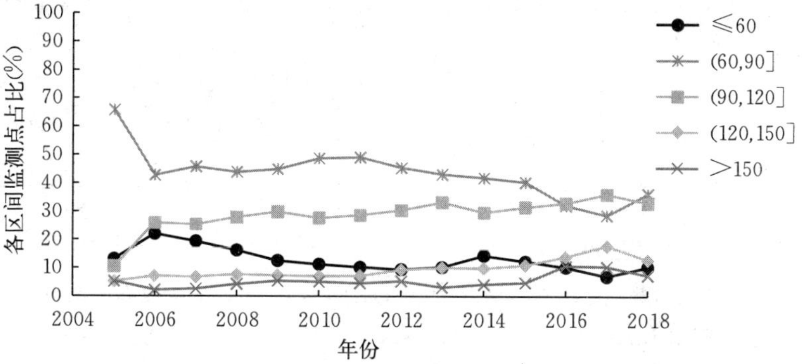


图 2.3.3　四级监测点土壤碱解氮含量分级频率变化

及（60，90］mg/kg的占比有所降低，分别降低2.8和29.5个百分点；（90，120］mg/kg、（120，150］mg/kg和大于150 mg/kg的占比呈上升趋势，分别上升22.5个、7.5个和2.2个百分点。

# 第四节　有效磷现状及演变趋势

## 一、现状

2018年，山东省四级耕地质量监测点土壤有效磷有效数据为3 104个，平均含量45.2 mg/kg。土壤有效磷含量主要集中在大于50 mg/kg（图2.4.1）。有效磷含量小于或等于10 mg/kg的监测点有249个，占监测点总数的8.0%；（10，20］mg/kg的687个，占22.1%；（20，30］mg/kg的568个，占18.3%；（30，50］mg/kg的721个，占23.2%；大于50 mg/kg的879个，占28.3%。

## 二、含量变化

1988—2018年，山东省四级监测点土壤有效磷含量呈上升趋势，从6.7 mg/kg上升至45.2 mg/kg，2018年比1988年上升574.6%（图2.4.2）。1988—1996年、1998—2004年有效磷含量波动较大，但总体呈上升趋势；2005—2018年，土壤有效磷含量在波动中上升，由28.2 mg/kg上升至45.2 mg/kg，上升比例为60.3%。

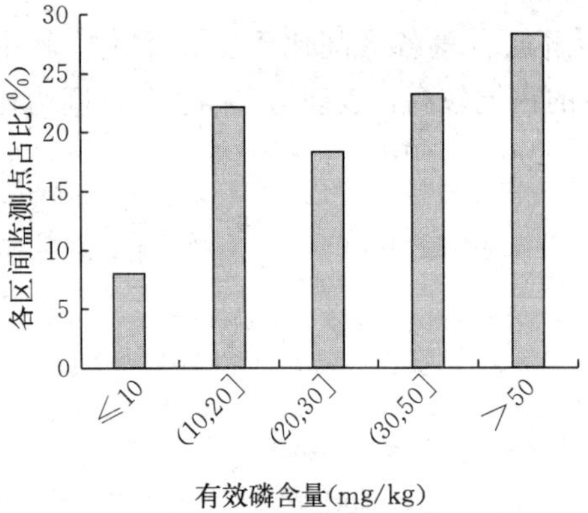


图2.4.1　四级监测点土壤有效磷含量各区间占比

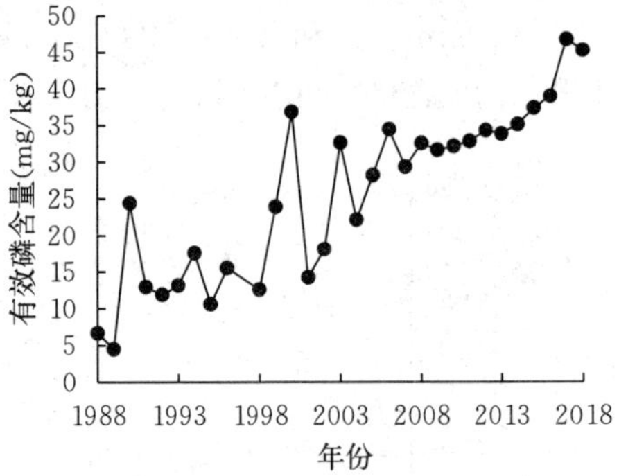


图2.4.2　四级监测点土壤有效磷含量变化趋势

### 三、频率变化

1998—2018年，四级监测点土壤有效磷含量各区间比例在2004年前变化较大（图2.4.3）。2004年后，小于或等于10 mg/kg的比例较低且变化不大，大于50 mg/kg的比例则逐渐上升，从2005年的12.3%上升至2018年的28.3%；(10，20] mg/kg和(20，30] mg/kg的比例呈降低趋势，2018年比2005年分别降低9.4和6.3个百分点；(30，50] mg/kg的比例有所上升，2018年比2005年上升5.7个百分点。

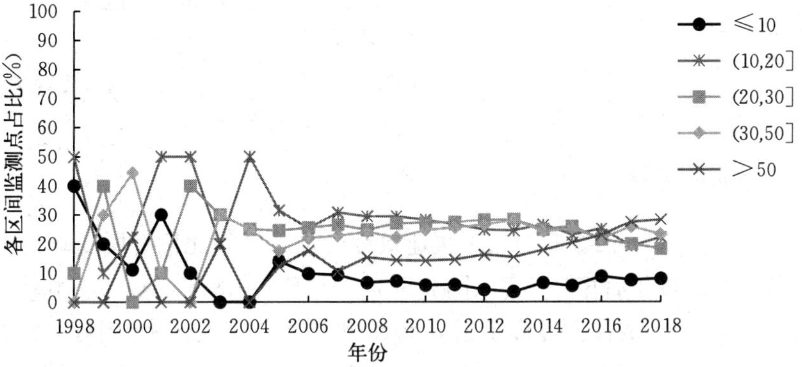


图2.4.3 四级监测点土壤有效磷含量分级频率变化

## 第五节 速效钾现状及演变趋势

### 一、现状

2018年，山东省四级耕地质量监测点土壤速效钾有效数据为3 101个，平均含量191 mg/kg。土壤速效钾含量主要集中在大于200 mg/kg（图2.5.1）。速效钾含量小于或等于50 mg/kg的监测点有26个，占监测点总数的0.8%；(50，100] mg/kg的472个，占15.2%；(100，150] mg/kg的801个，占25.8%；(150，200] mg/kg的680个，占21.9%；大于200 mg/kg的1 122个，占36.2%。

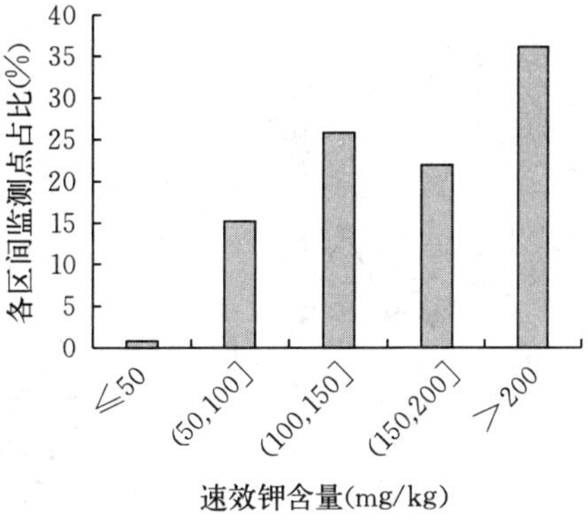


图2.5.1 四级监测点土壤速效钾含量各区间占比

## 二、含量变化

1988—2018 年，山东省四级监测点土壤速效钾含量呈缓慢上升趋势，从 106 mg/kg 上升至 191 mg/kg，2018 年比 1988 年上升 80.2%（图 2.5.2）。1988—1996 年，土壤速效钾含量波动较大；1998—2004 年，土壤速效钾含量较低；2005—2018 年，土壤速效钾含量逐渐上升，2018 年比 2005 年上升 35.8%。

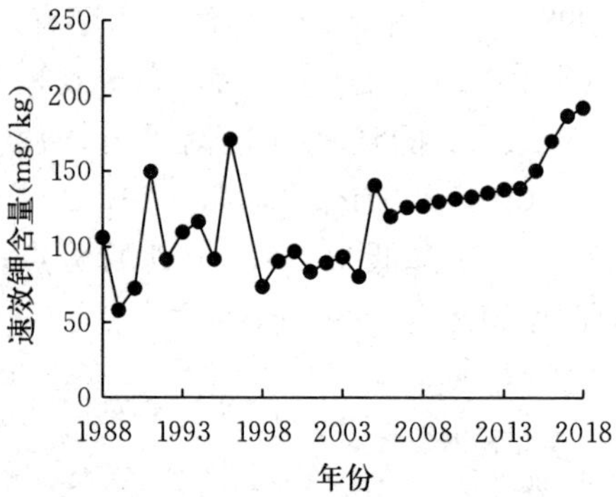


图 2.5.2 四级监测点土壤速效钾含量变化趋势

## 三、频率变化

1998—2018 年，四级监测点土壤速效钾含量各区间比例有所变动，2005 年前变动较大，2006 年后相对稳定（图 2.5.3）。2006—2018 年，(150，200] mg/kg 和大于 200 mg/kg 的比例逐渐上升，2018 年比 2006 年分别上升了 12.2 个和 28.5 个百分点；(100，150] mg/kg、(50，100] mg/kg 和小于或等于 50 mg/kg的比例有所降低，2018 年比 2006 年分别降低了 12.1 个、25.3 个和 3.3 个百分点。

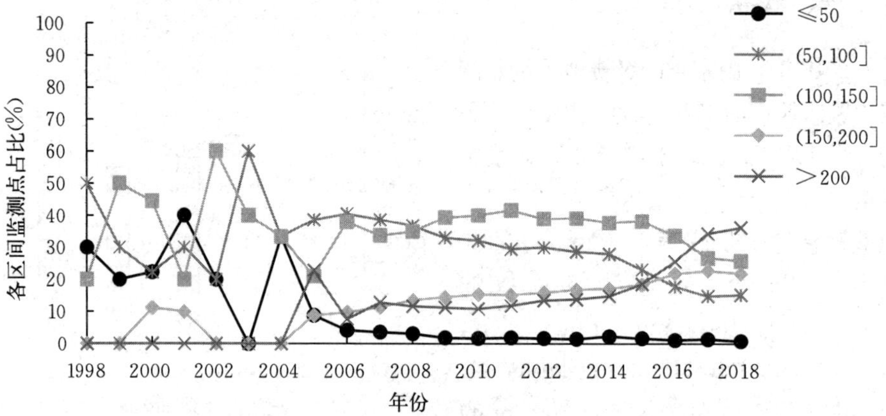


图 2.5.3 四级监测点土壤速效钾含量分级频率变化

# 第六节　缓效钾现状及演变趋势

## 一、现状

2018年，山东省四级耕地质量监测点土壤缓效钾有效数据为2 481个，平均含量774 mg/kg。土壤缓效钾含量主要集中在（600，800］mg/kg（图2.6.1）。缓效钾含量小于或等于400 mg/kg的监测点有220个，占监测点总数的8.9%；（400，600］mg/kg的421个，占17.0%；（600，800］mg/kg的782个，占31.5%；（800，1 000］mg/kg的647个，占26.1%；大于1 000 mg/kg的411个，占16.6%。

## 二、含量变化

1998—2018年，山东省四级监测点土壤缓效钾含量呈波动上升趋势，从610 mg/kg上升至774 mg/kg，2018年比1998年上升26.9%（图2.6.2）。1998—2004年，土壤缓效钾含量波动较大；2005—2018年，土壤缓效钾含量相对稳定，2018年与2005年基本持平。

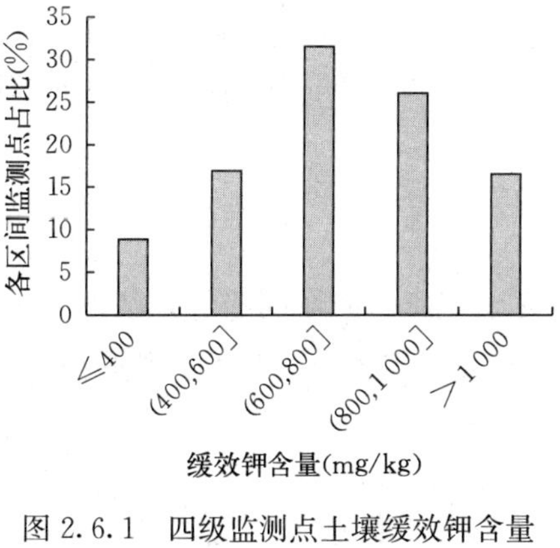


图2.6.1　四级监测点土壤缓效钾含量各区间占比

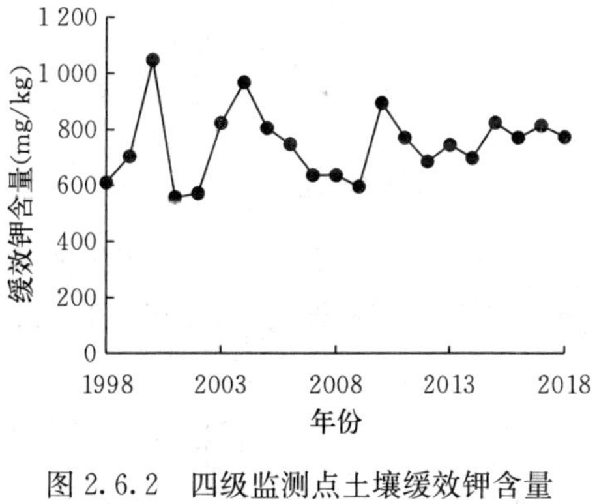


图2.6.2　四级监测点土壤缓效钾含量变化趋势

## 三、频率变化

2004—2018年，四级监测点土壤缓效钾含量各区间比例变化较大（图2.6.3）。总体来看，（800，1 000］mg/kg的比例较高。2016年以来，（800，1 000］mg/kg的比例有所下降，小于或等于400 mg/kg的比例有下降趋势，（600，800］mg/kg的比例有上升趋势。

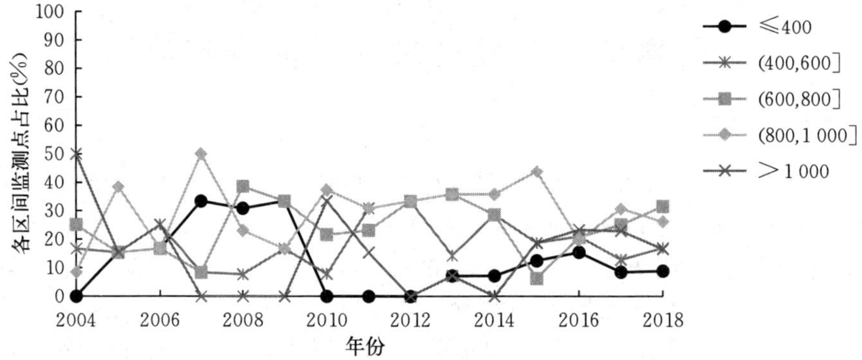


图 2.6.3 四级监测点土壤缓效钾含量分级频率变化

# 第七节 土壤 pH 现状及演变趋势

## 一、现状

2018 年，山东省四级耕地质量监测点土壤 pH 有效数据为 2 996 个，pH 平均为 7.3。pH 主要集中在（8.0，8.5]、(5.5，6.0]（图 2.7.1)。pH 大于 9.0、小于或等于 5.0 的监测点有 153 个，占监测点总数的 5.1%；(8.5，9.0]、(5.0，5.5] 的 282 个，占 9.4%；(8.0，8.5]、(5.5，6.0] 的 1 299 个，占 43.4%；(7.5，8.0]、(6.0，6.5] 的 840 个，占 28.0%；(6.5，7.5] 的 422 个，占 14.1%。

## 二、pH 变化

1988—2018 年，山东省四级监测点土壤 pH 有一定降低趋势，从 8.0 降低至 7.3，2018 年比 1988 年降低 0.7（图 2.7.2)。1988—1996 年，土壤 pH 在

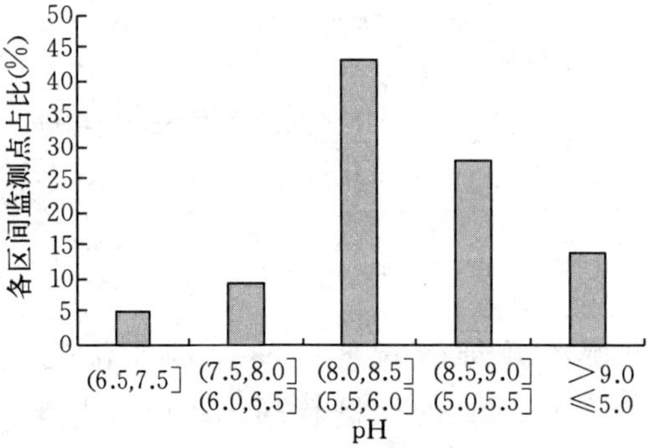


图 2.7.1 四级监测点土壤 pH 各区间占比

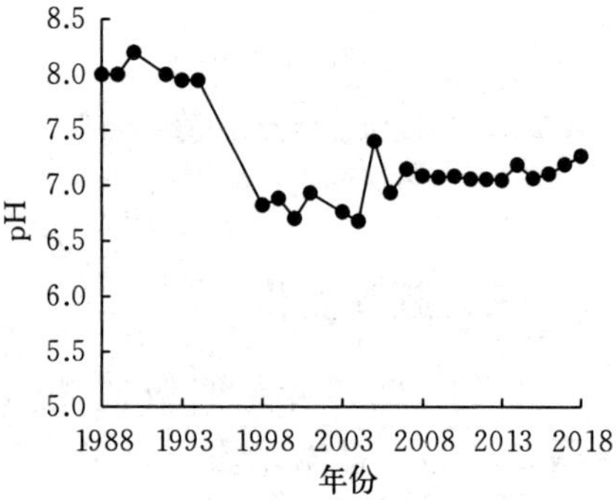


图 2.7.2 四级监测点土壤 pH 变化趋势

8.0～8.2；1998—2004 年，土壤 pH 在 6.8～6.9；2005 年 pH 偏高，但 2006—2018 年，土壤 pH 在 6.9～7.3。

## 三、频率变化

1998—2018 年，四级监测点土壤 pH 大于 8.5 及小于或等于 5.5 的比例总体较小，2004 年后大于 9.0、小于或等于 5.0 及（8.5，9.0]、(5.0，5.5] 的比例均保持在 10%以下；其他三类区间在 2004—2014 年比例稳定在 30%左右，但 2015 年后比例差异变大，(6.5，7.5] 的比例明显降低，2018 年比 2015 年降低了 12.5 个百分点，(8.0，8.5]、(5.5，6.0] 的比例先降低后上升，(7.5，8.0]、(6.0，6.5] 的比例则先上升后降低（图 2.7.3）。

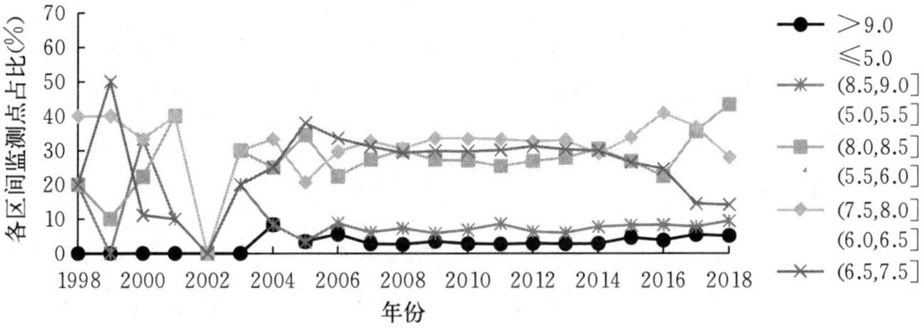


图 2.7.3　山东省四级监测点土壤 pH 分级频率变化

# 第八节　微量元素现状及演变趋势

## 一、有效铁和有效锰现状及演变趋势

### (一) 现状

2018 年，山东省四级耕地质量监测点土壤有效铁有效数据为 2 200 个，平均含量 34.5 mg/kg。土壤有效铁含量主要集中在大于 20 mg/kg（图 2.8.1）。有效铁含量小于或等于 5 mg/kg 的监测点有 107 个，占监测点总数的 4.9%；(5，10] mg/kg 的 401 个，占 18.2%；(10，15] mg/kg 的 444 个，占 20.2%；(15，20] mg/kg 的 225 个，占 10.2%；大于 20 mg/kg 的 1 023 个，占 46.5%。

2018 年，山东省四级耕地质量监测点土壤有效锰有效数据为 2 197 个，平均含量 19.7 mg/kg。土壤有效锰含量主要集中在（5，10] mg/kg（图 2.8.2）。有效锰含量小于或等于 5 mg/kg 的监测点有 391 个，占监测点总数的 17.8%；(5，10] mg/kg 的 670 个，占 30.5%；(10，15] mg/kg 的 364

个，占 16.6%；(15，30] mg/kg 的 378 个，占 17.2%；大于 30 mg/kg 的 394 个，占 17.9%。

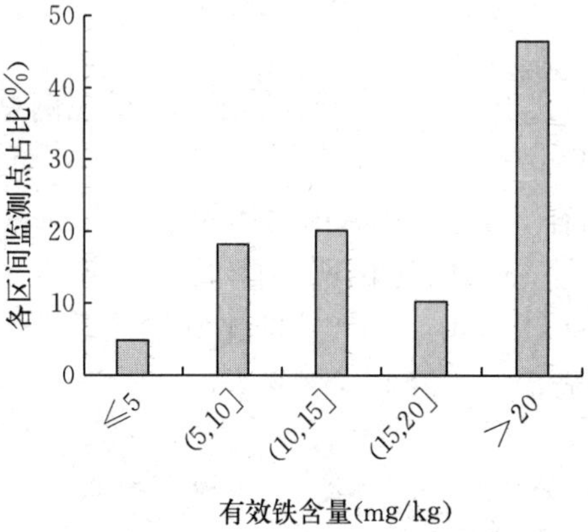


图 2.8.1　四级监测点有效铁含量各区间占比

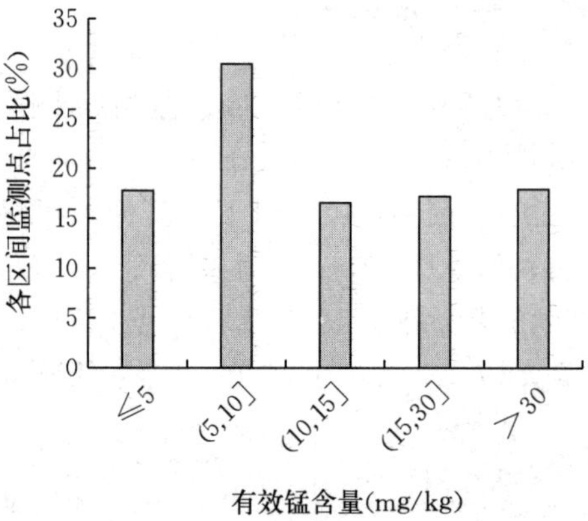


图 2.8.2　四级监测点有效锰含量各区间占比

### (二) 含量变化

2005—2018 年，山东省四级监测点土壤有效铁含量呈先下降后上升趋势，2018 年比 2005 年上升 7.3%（图 2.8.3）。2005—2018 年，山东省四级监测点土壤有效锰含量呈下降趋势，2018 年比 2005 年降低 46.5%。

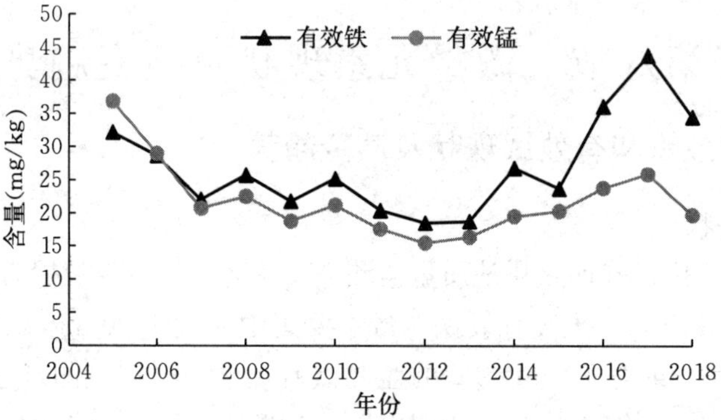


图 2.8.3　四级监测点土壤有效铁和有效锰含量平均值变化趋势

## 二、有效锌、有效铜、有效硼和有效钼现状及演变趋势

### (一) 现状

2018 年，山东省四级耕地质量监测点土壤有效锌有效数据为 2 197 个，平均含量 2.42 mg/kg。土壤有效锌含量主要集中在 (1.0，2.0] mg/kg

（图 2.8.4）。有效锌含量小于或等于 0.5 mg/kg 的监测点有 88 个，占监测点总数的 4.0%；(0.5，1.0] mg/kg 的 384 个，占 17.5%；(1.0，2.0] mg/kg 的 877 个，占 39.9%；(2.0，3.0] mg/kg 的 409 个，占 18.6%；大于 3.0 mg/kg 的 439 个，占 20.0%。

2018 年，山东省四级耕地质量监测点土壤有效铜有效数据为 2 193 个，平均含量 2.39 mg/kg。土壤有效铜含量主要集中在大于 1.8 mg/kg 和 (1.0，1.8] mg/kg（图 2.8.5）。有效铜含量小于或等于 0.2 mg/kg 的监测点有 12 个，占监测点总数的 0.5%；(0.2，0.5] mg/kg 的 50 个，占 2.3%；(0.5，1.0] mg/kg 的 324 个，占 14.8%；(1.0，1.8] mg/kg 的 863 个，占 39.4%；大于 1.8 mg/kg 的 944 个，占 43.0%。

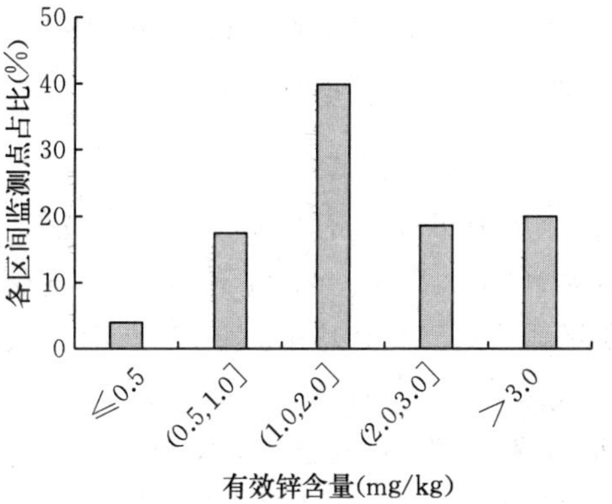


图 2.8.4　四级监测点有效锌含量各区间占比

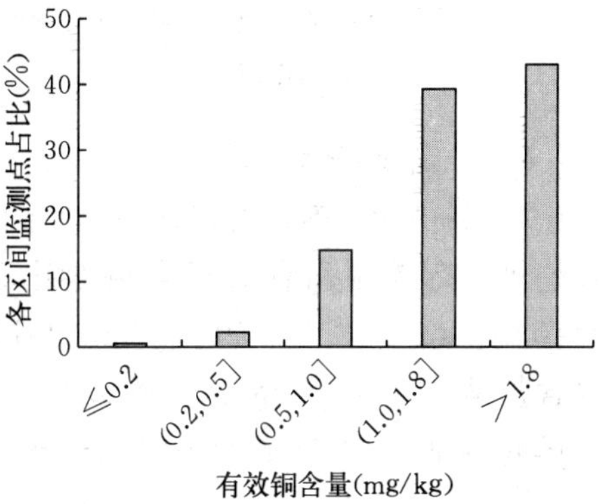


图 2.8.5　四级监测点有效铜含量各区间占比

2018 年，山东省四级耕地质量监测点土壤有效硼有效数据为 2 167 个，平均含量 0.59 mg/kg。土壤有效硼含量主要集中在 (0.5，1.0] mg/kg 和 (0.2，0.5] mg/kg（图 2.8.6）。有效硼含量小于或等于 0.2 mg/kg 的监测点有 247 个，占监测点总数的 11.4%；(0.2，0.5] mg/kg 的 792 个，占 36.5%；(0.5，1.0] mg/kg 的 848 个，占 39.1%；(1.0，2.0] mg/kg 的 273 个，占 12.6%；大于 2.0 mg/kg 的 7 个，占 0.3%。

2018 年，山东省四级耕地质量监测点土壤有效钼有效数据为 2 149 个，平均含量 0.17 mg/kg。土壤有效钼含量主要集中在 (0.15，0.20] mg/kg 和 (0.10，0.15] mg/kg（图 2.8.7）。有效钼含量小于或等于 0.05 mg/kg 的监测点有 73 个，占监测点总数的 3.4%；(0.05，0.10] mg/kg 的 274 个，占 12.8%；(0.10，0.15] mg/kg 的 660 个，占 30.7%；(0.15，0.20] mg/kg

的724个，占33.7%；大于0.2 mg/kg的418个，占19.5%。

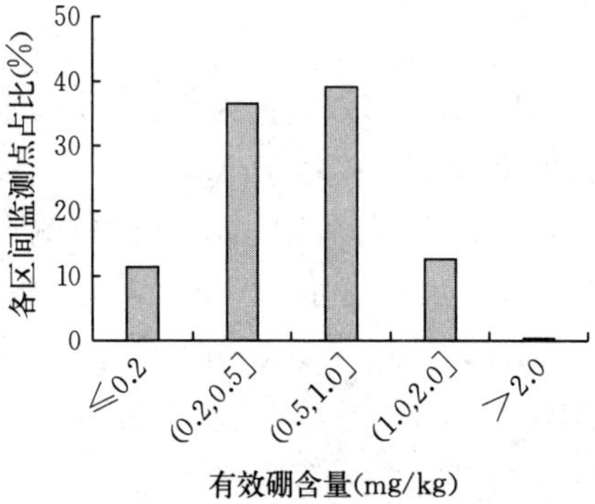


图2.8.6　四级监测点有效硼含量各区间占比

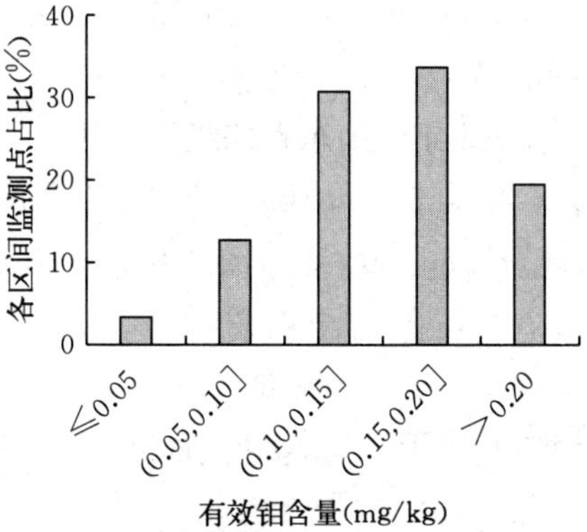


图2.8.7　四级监测点有效钼含量各区间占比

## （二）含量变化

2005—2018年，山东省四级监测点土壤有效铜、有效锌含量有一定上升趋势，有效硼和有效钼含量变化不大（图2.8.8）。土壤有效铜含量从2.10 mg/kg上升至2.39 mg/kg，2018年比2005年上升13.8%。土壤有效锌含量从1.19 mg/kg上升至2.42 mg/kg，2018年比2005年上升103%。土壤有效硼含量在0.46～0.83 mg/kg，平均为0.62 mg/kg，2018年为0.59 mg/kg。土壤有效钼含量在0.15～0.43 mg/kg，平均为0.25 mg/kg，2018年为0.17 mg/kg。

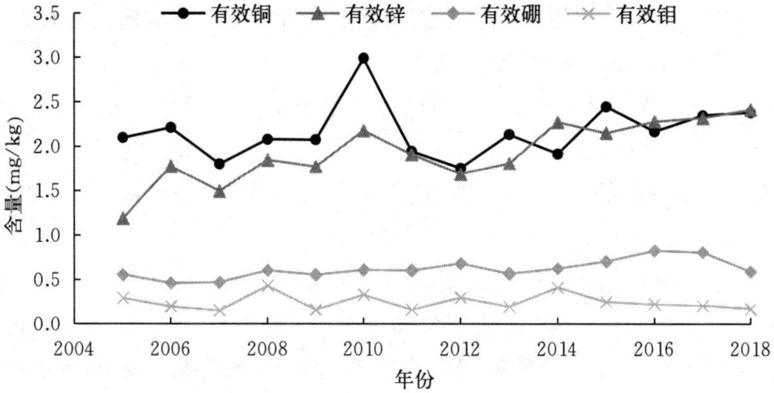


图2.8.8　四级监测点土壤有效铜、有效锌、有效硼和有效钼含量变化趋势

# 第九节 国家级监测点监测结果分析

2018 年山东省的国家级监测点共 60 个，主要集中在潮土、褐土、棕壤、砂姜黑土等主要土壤类型，涉及 43 个县（市、区），覆盖了 16 个地级市，国家级监测点主要分布情况如图 2.9.1 所示。2015 年及以前山东省国家级监测点为 14 个，2016 年上升至 36 个，2017 年又上升 16 个，2018 年安排建设 8 个“三区四情”综合监测点，国家级监测点总数达到 60 个。其中济南市历城区 2 个监测点（370164、370165）已持续监测近 30 年，菏泽市牡丹区 8 个监测点（370166 等）持续运行时间也长达 20 年，积累了较多的监测数据。

图 2.9.1 2018 年国家级监测点分布示意

## 一、有机质含量演变趋势

2018 年国家级监测点土壤有机质含量平均值为 17.0 g/kg，处于中等水平。总体来看，1988—2018 年国家级监测点土壤有机质含量呈缓慢上升趋势，从 13.5 g/kg 上升至 17.0 g/kg，2018 年比 1988 年上升 25.9%。分阶段看，1988—1996 年波动较大，呈上升趋势，由 13.5 g/kg 上升至 15.7 g/kg，上升 16.3%，线性拟合结果为年平均上升 0.15 g/kg；1998—2004 年，土壤有机质含量上升相对缓慢，由 11.7 g/kg 上升至 12.0 g/kg，2004 年比 1998 年上升 2.6%，线性拟合结果为年平均上升 0.06 g/kg；2005—2018 年，国家级监测点土壤有机质含量稳步上升，由13.3 g/kg上升至17.0 g/kg，2018年比2005年上升27.8%，线性拟合结果为年平均上升0.48 g/kg（图2.9.2）。

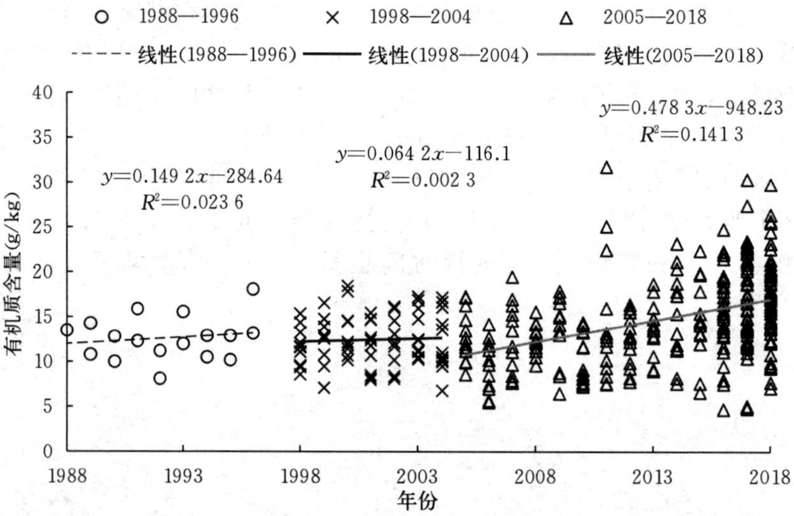


图2.9.2　国家级监测点土壤有机质含量变化趋势

## 二、全氮含量演变趋势

2018年国家级监测点土壤全氮含量平均值为1.03 g/kg，处于中等水平。1988—2018年，山东省国家级监测点土壤全氮含量呈缓慢上升趋势，从0.78 g/kg上升至1.03 g/kg，2018年比1988年上升32.1%。分阶段看，1988—1996年，土壤全氮含量呈上升趋势，由0.78 g/kg上升至1.19 g/kg，上升52.6%，年平均上升0.04 g/kg；1998—2004年，土壤全氮含量由0.91 g/kg上升至1.15 g/kg，2004年比1998年上升26.4%，年平均上升0.04 g/kg；2005—2018年，土壤全氮含量由0.90 g/kg上升至1.03 g/kg，2018年比2005年上升14.4%，年平均上升0.007 g/kg（图2.9.3）。

## 三、有效磷含量演变趋势

2018年国家级监测点土壤有效磷含量平均值为36.7 mg/kg，处于较高水平。1988—2018年，山东省国家级监测点土壤有效磷含量逐渐上升，从6.7 mg/kg上升至36.7 mg/kg，2018年比1988年上升447.8%。分阶段看，1988—1996年，土壤有效磷含量呈上升趋势，由6.7 mg/kg上升至15.6 mg/kg，上升132.8%，年平均上升0.67 mg/kg；1998—2004年，土壤有效磷含量

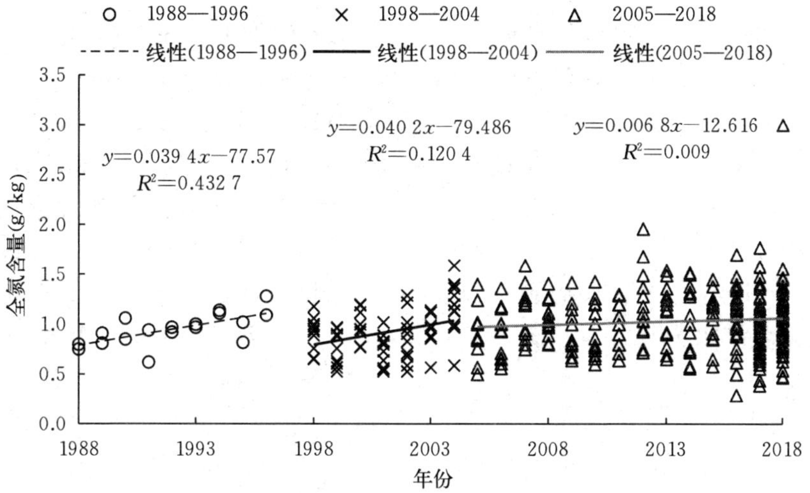


图 2.9.3　国家级监测点土壤全氮含量变化趋势

由 12.6 mg/kg 上升至20.7 mg/kg，2004 年比 1998 年上升 64.3%，年平均上升 0.96 mg/kg；2005—2018 年，土壤有效磷含量有上升趋势，但 2018 年与 2005 年含量基本持平，此阶段线性拟合结果为年平均上升 0.49 mg/kg（图 2.9.4）。

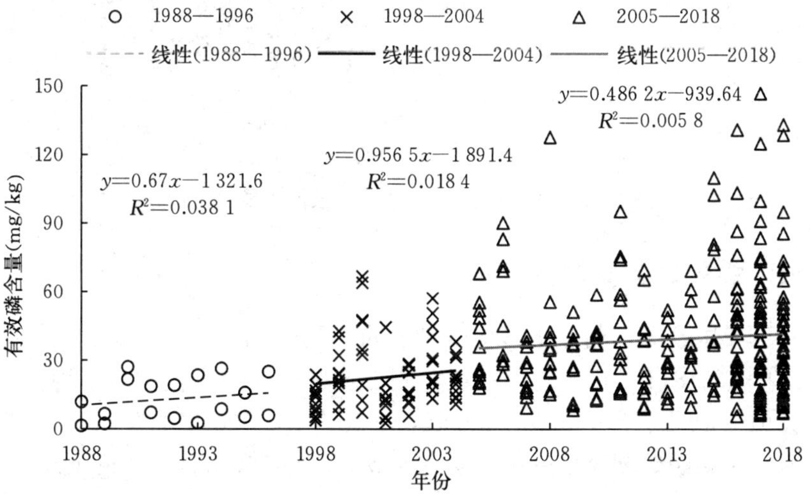


图 2.9.4　国家级监测点土壤有效磷含量变化趋势

## 四、速效钾含量演变趋势

2018年国家级监测点土壤速效钾含量平均值为155 mg/kg，处于较高水平。1988—2018年，山东省国家级监测点土壤速效钾含量逐渐上升，从106 mg/kg上升至155 mg/kg，2018年比1988年上升46.2%。1988—1996年，土壤速效钾含量呈上升趋势，由106 mg/kg上升至171 mg/kg，上升61.3%，年平均上升6.83 mg/kg；1998—2004年，土壤速效钾含量相对较低，2004年与1998年基本持平，线性拟合显示年平均上升0.54 mg/kg；2005—2018年，土壤速效钾含量逐渐上升，由79 mg/kg上升至155 mg/kg，线性拟合结果为年平均上升7.66 mg/kg，2018年比2005年上升96.2%（图2.9.5）。

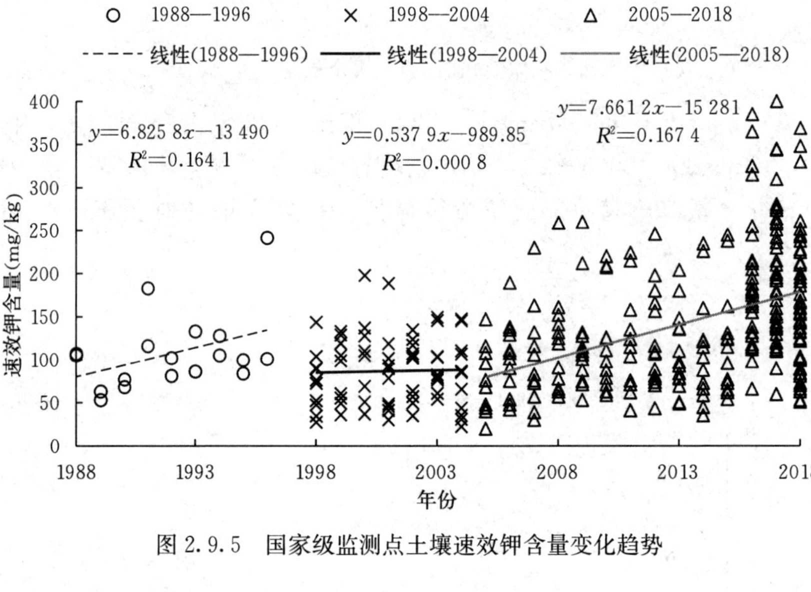


图2.9.5 国家级监测点土壤速效钾含量变化趋势

## 五、缓效钾含量演变趋势

2018年国家级监测点土壤缓效钾含量平均值为666 mg/kg，处于中等水平。1998—2018年，山东省国家级监测点土壤缓效钾变化相对平稳，有所上升，从610 mg/kg上升至666 mg/kg，2018年比1998年上升9.2%。1998—2004年，土壤缓效钾含量监测结果波动较大，在557～1 048 mg/kg，2004年比1998年上升58.8%；2005—2018年，土壤缓效钾含量变化相对平稳，均高于1988年（图2.9.6）。总体来说，国家级监测点速效钾含量逐渐上升，而缓效钾含量没有同步上升。

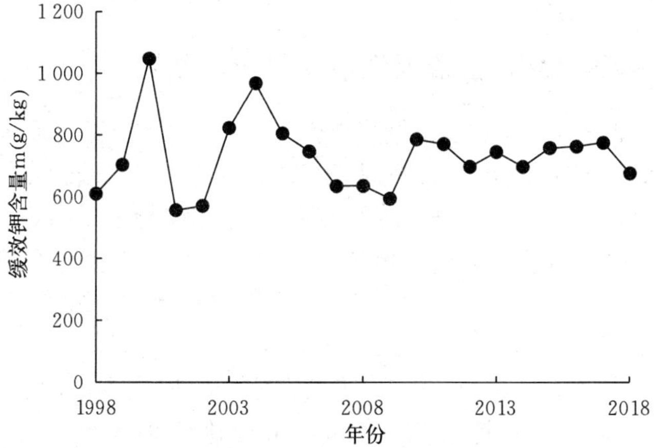


图 2.9.6　国家级监测点土壤缓效钾含量平均值变化趋势

## 六、土壤 pH 演变趋势

2018 年国家级监测点土壤 pH 平均为 7.2。1988—2018 年，山东省国家级监测点土壤 pH 有所降低，从 8.0 降低至 7.2，2018 年比 1988 年降低 0.8。1988—1996 年，土壤 pH 在 8.0～8.2；1998—2004 年，土壤 pH 在 6.6～6.9；2005—2018 年，土壤 pH 呈先上升后降低再上升的趋势，最低为 2015 年的 6.5，最高为 2016 年和 2018 年的 7.2（图 2.9.7）。

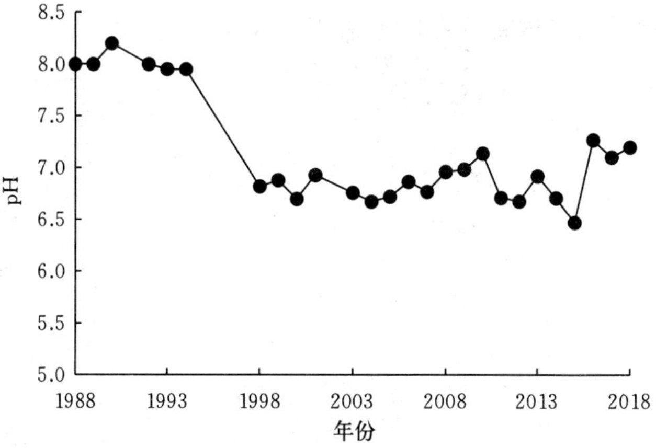


图 2.9.7　国家级监测点土壤 pH 变化趋势

# 第十节 小 结

## 一、全省四级耕地质量监测点主要监测结果

2018年，山东省四级耕地质量监测点土壤有机质、全氮、碱解氮、有效磷、速效钾、缓效钾含量分别为16.9 g/kg、1.11 g/kg、98.7 mg/kg、45.2 mg/kg、191 mg/kg、774 mg/kg，土壤pH平均为7.3，各指标处于中等或较高水平。

1988—2018年，山东省四级监测点土壤有机质、全氮、有效磷、速效钾含量均呈上升趋势，2018年与1988年相比分别上升25.2%、42.3%、574.6%、80.2%；1988—1996年、1998—2004年各指标波动较大，但2005年后各指标呈逐渐上升趋势。2018年山东省四级监测点土壤有机质、全氮、碱解氮、有效磷、速效钾含量与2005年相比分别上升28.0%、17.4%、24.6%、60.3%、35.8%。

## 二、国家级耕地质量监测点主要监测结果

2018年，国家级耕地质量监测点土壤有机质、全氮、有效磷、速效钾、缓效钾含量分别为17.0 g/kg、1.03 g/kg、36.7 mg/kg、155 mg/kg、666 mg/kg，土壤pH平均为7.2，绝大多数指标处于中等或较高水平。

1988—2018年，国家级监测点土壤有机质、全氮、有效磷、速效钾含量均呈上升趋势，2018年与1988年相比分别上升25.9%、32.1%、447.8%、46.2%。2005—2018年，国家级监测点土壤有机质、全氮、速效钾含量上升趋势更加明显，2018年与2005年相比各指标含量分别上升27.8%、14.4%和96.2%，2018年有效磷含量与2005年基本持平。

# 第三章

# 不同区域耕地质量现状及演变趋势

根据地貌类型、土壤类型、气候条件的一致性，作物布局和生产管理措施的相似性，参考山东省种植业区划，并按照保持县级行政区划完整的原则，将全省划分为胶东低山丘陵区、鲁西北平原区、鲁东北盐渍化区、鲁中南部平原区、鲁中北部平原区、鲁中山地丘陵区六大生态区域。本章分区域阐述耕地质量现状及演变趋势。

## 第一节　胶东低山丘陵区

胶东低山丘陵区包括威海、烟台、青岛、日照全域及临沂的临沭、莒南，共 34 个县（市、区）。总耕地面积 148.5 万 $hm^2$，占全省的 19.8%。

### 一、有机质现状及演变趋势

#### （一）现状

2018 年胶东低山丘陵区耕地质量监测点土壤有机质有效数据为 474 个，平均含量 14.1 g/kg。土壤有机质含量主要集中在（10，15] g/kg（图 3.1.1）。有机质含量在(10，15] g/kg 的211 个，占 44.5%；小于或等于 10 g/kg 的监测点有 95 个，占监测点总数的 20.0%；(15，20] g/kg 的 116 个，占 24.5%；(20，25] g/kg 的 36 个，占 7.6%；大于 25 g/kg 的 16 个，占 3.4%。由此可见，2018 年胶东低山丘陵区监测点有机质含量处于中等偏低水平。

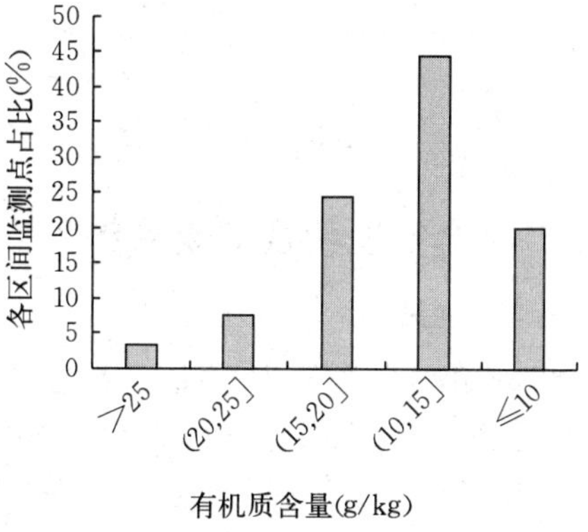


图 3.1.1　胶东低山丘陵区有机质含量各区间占比

### （二）含量变化

由图3.1.2可以看出，2005—2018年胶东低山丘陵区耕地质量监测点土壤有机质含量呈缓慢上升趋势，由2005年的11.2 g/kg上升至2018年的14.1 g/kg，但仍属较低水平。

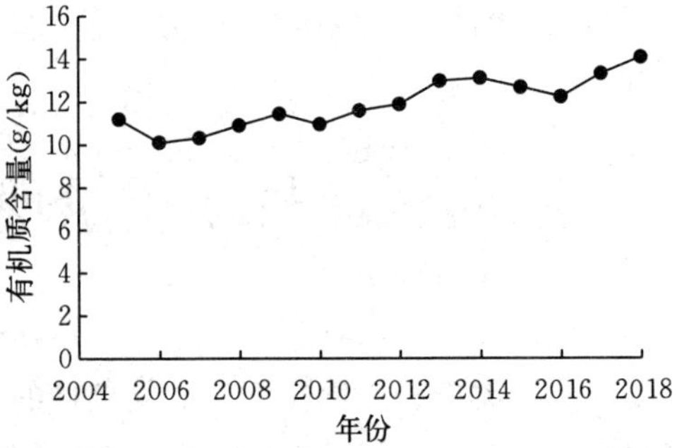


图3.1.2　胶东低山丘陵区有机质含量变化趋势

### （三）频率变化

由图3.1.3可以看出，2005—2018年胶东低山丘陵区耕地质量监测点土壤有机质含量主要集中在（10，15］g/kg及小于或等于10 g/kg，其他区间比例较低且年际较稳定（图3.1.3）。其中，小于或等于10 g/kg的比例呈下降趋势，从44.0%下降至20.0%；（10，15］g/kg的比例一直很高；（15，20］g/kg的比例呈上升趋势，由12.0%上升至18.6%。

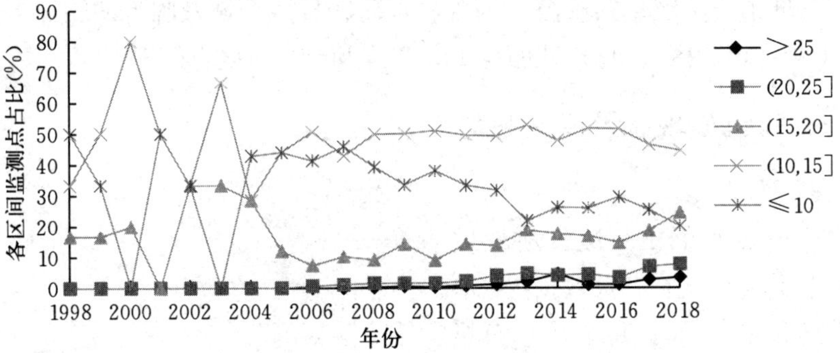


图3.1.3　胶东低山丘陵区土壤有机质含量变化频率

## 二、全氮现状及演变趋势

### （一）现状

2018年，胶东低山丘陵区耕地质量监测点土壤全氮有效数据为403个，平均含量1.01 g/kg。土壤全氮含量主要集中在（0.75，1.00］g/kg（图3.1.4）。全氮含量小于或等于0.75 g/kg的监测点有81个，占监测点总数的20.1%；（0.75，1.00］g/kg的136个，占33.8%；（1.00，1.25］g/kg的106个，占26.3%；（1.25，1.50］g/kg的55个，占13.6%；大于1.50 g/kg的25个，占6.2%。由此可见，2018年胶东低山丘陵区监测点全氮含量处于中等偏低水平。

## （二）含量变化

2005—2018 年，胶东低山丘陵区土壤全氮含量基本平稳，2005 年全氮含量为 0.80 g/kg，2018 年全氮含量为 1.01 g/kg，全氮含量略有提升，但变化不大（图 3.1.5）。

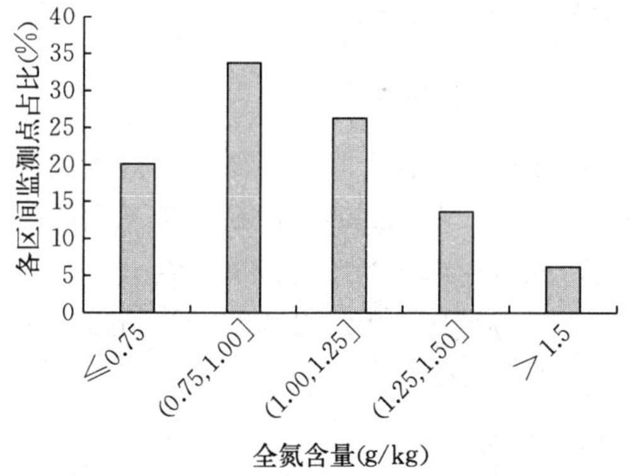


图 3.1.4 胶东低山丘陵区全氮含量各区间占比

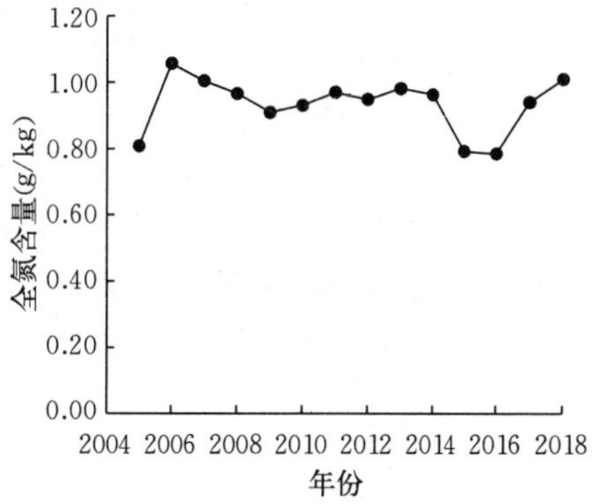


图 3.1.5 胶东低山丘陵区全氮含量变化趋势

## （三）频率变化

由图 3.1.6 可以看出，2006—2018 年，胶东低山丘陵区全氮含量主要集中在（0.75，1.00］g/kg 及小于或等于 0.75 g/kg，年际有波动，其他区间比例较低且年际波动不大。

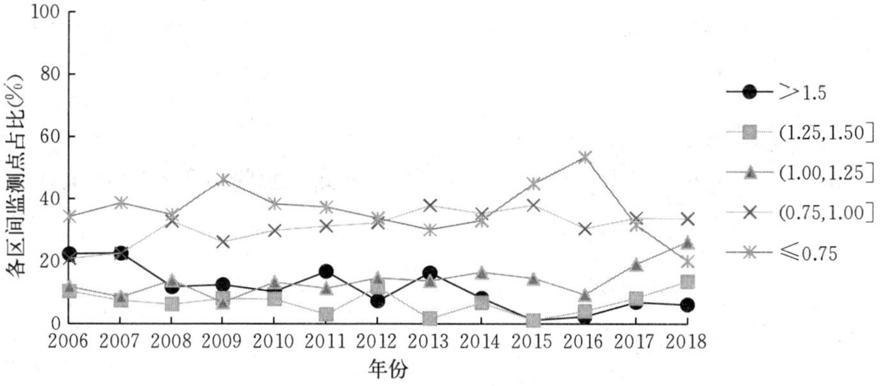


图 3.1.6 胶东低山丘陵区土壤全氮含量分级频率变化

# 三、碱解氮现状及演变趋势

## （一）现状

2018 年胶东低山丘陵区耕地质量监测点土壤碱解氮有效数据为 474 个，

平均含量 111.1 mg/kg。土壤碱解氮含量主要集中在（90，120] mg/kg（图 3.1.7）。碱解氮含量在（90，120] mg/kg 的监测点有 144 个，占监测点总数的 30.4%；（60，90] mg/kg 的 128 个，占 27.0%；（120，150] mg/kg 的 83 个，占 17.5%；大于 150 mg/kg 的 67 个，占 14.1%；小于或等于 60 g/kg 的 52 个，占 11.0%。由此可见，2018 年胶东低山丘陵区监测点碱解氮含量处于中等偏低水平。

## （二）含量变化

2005—2018 年，胶东低山丘陵区耕地质量监测点土壤碱解氮含量整体呈上升趋势（图 3.1.8）。2005 年碱解氮含量为 84.6 mg/kg，2006 年略有下降；2006—2010 年碱解氮含量呈缓慢上升趋势；2011 年较 2010 年略有下降，2011—2018 年总体呈上升趋势，由 2011 年的 84.0 mg/kg 上升至 2018 年的 111.1 mg/kg。

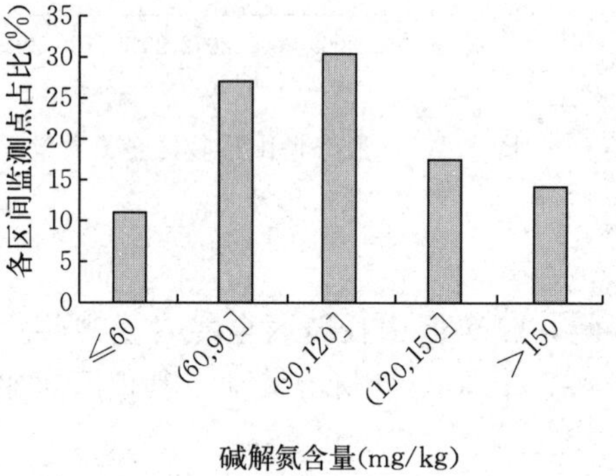


图 3.1.7　胶东低山丘陵区碱解氮含量各区间占比

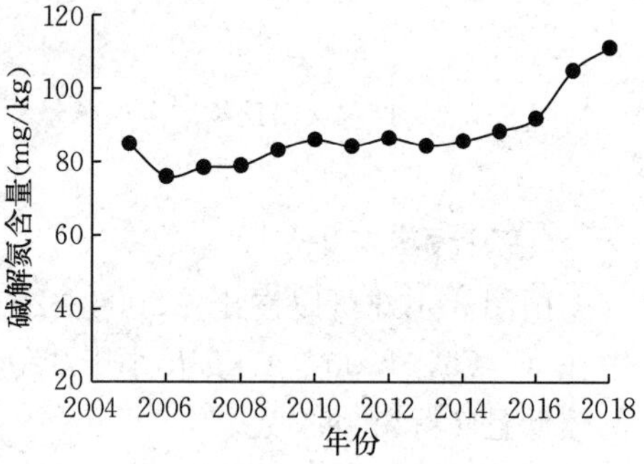


图 3.1.8　胶东低山丘陵区碱解氮含量变化趋势

## （三）频率变化

由图 3.1.9 可以看出，2005—2018 年胶东低山丘陵区碱解氮含量区间占

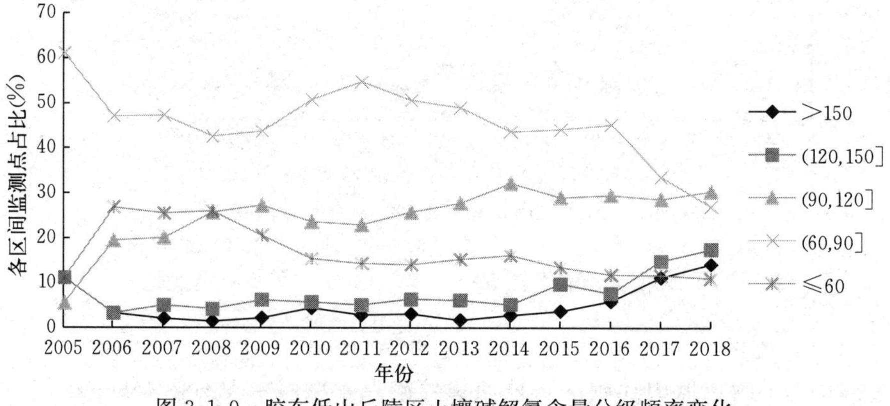


图 3.1.9　胶东低山丘陵区土壤碱解氮含量分级频率变化

比最高的是（60，90］mg/kg，该区间占比总体呈缓慢下降趋势，由2005年的61.1%下降至2018年的27.0%；（90，120］的占比也较高，2005—2018年占比总体呈上升趋势，由2005年的5.6%上升至2018年的30.4%；小于或等于60 mg/kg的占比在2006—2018年整体呈下降趋势；其他区间占比较低，变化不大。由此可见，胶东低山丘陵区碱解氮含量处于较低水平的监测点占比较高。

## 四、有效磷现状及演变趋势

### （一）现状

2018年胶东低山丘陵区耕地质量监测点土壤有效磷有效数据为474个，平均含量68.9 mg/kg。土壤有效磷含量主要集中在大于50 mg/kg（图3.1.10）。有效磷含量大于50 mg/kg的监测点有263个，占监测点总数的55.5%；（30，50］mg/kg的114个，占24.1%；（20，30］mg/kg的49个，占10.3%；（10，20］mg/kg的38个，占8.0%；小于或等于10 mg/kg的10个，占2.1%。由此可见，2018年胶东低山丘陵区耕地质量监测点土壤有效磷含量处于高水平。

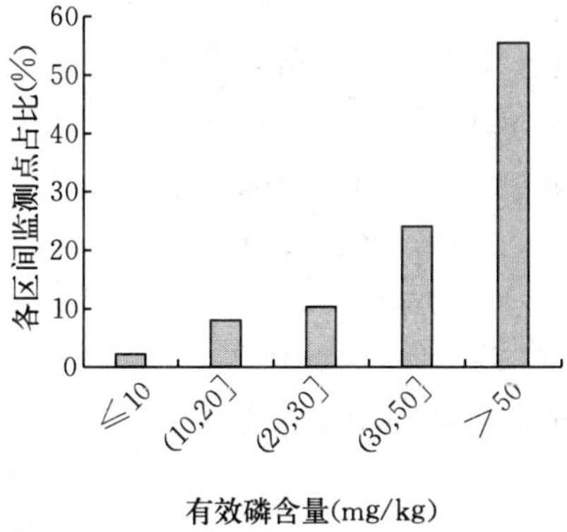


图3.1.10　胶东低山丘陵区有效磷含量各区间占比

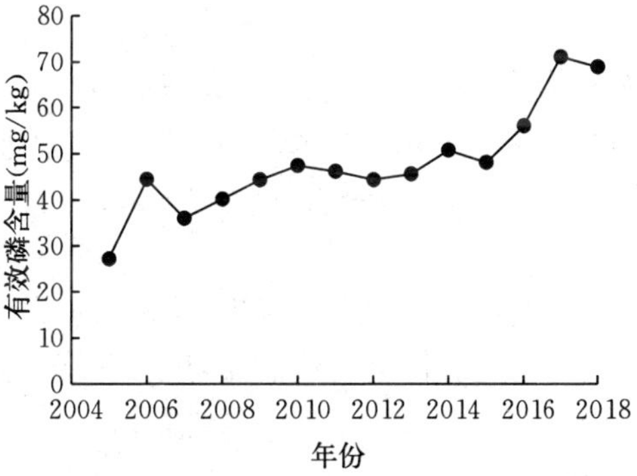


图3.1.11　胶东低山丘陵区有效磷含量变化趋势

### （二）含量变化

2005—2018年，胶东低山丘陵区耕地质量监测点土壤有效磷含量总体呈上升趋势，由2005年的27.2 mg/kg上升至2018年的68.9 mg/kg，有效磷含量上升明显（图3.1.11）。

### （三）频率变化

由图3.1.12可以看出，2005—2018年胶东低山丘陵区有效磷含量主要集中在（30，50］mg/kg和大于50 mg/kg，这两个区间的占比年际变化较大，尤其是大于50 mg/kg的占比由2005年的16.0%上升至2018年的55.5%；其余区间占比较低，年际变化不大。

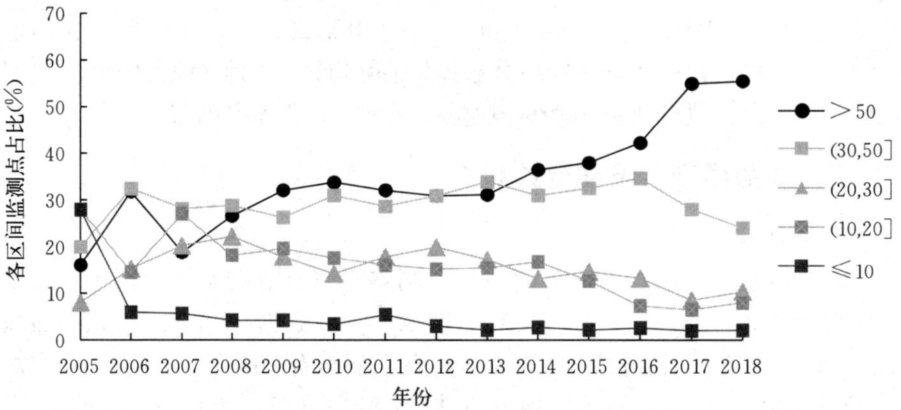


图 3.1.12　胶东低山丘陵区土壤有效磷含量分级频率变化

## 五、速效钾现状及演变趋势

### （一）现状

2018年胶东低山丘陵区耕地质量监测点土壤速效钾有效数据为473个，平均含量147 mg/kg。土壤速效钾含量主要集中在（50，100］mg/kg和（100，150］mg/kg（图3.1.13）。速效钾含量在（50，100］mg/kg的监测点有141个，占监测点总数的29.8%；（100，150］mg/kg的141个，占29.8%；（150，200］mg/kg的84个，占17.8%；大于200 mg/kg的95个，占20.1%；小于或等于50 mg/kg的12个，占2.5%。由此可见，2018年胶东低山丘陵区耕地质量监测点土壤速效钾含量处于中等偏低水平。

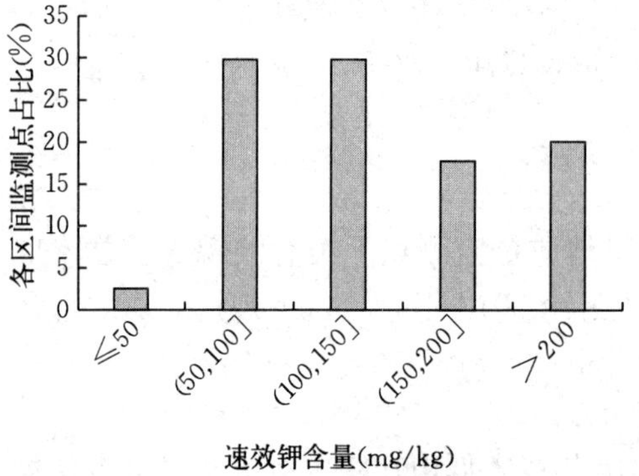


图 3.1.13　胶东低山丘陵区速效钾含量各区间占比

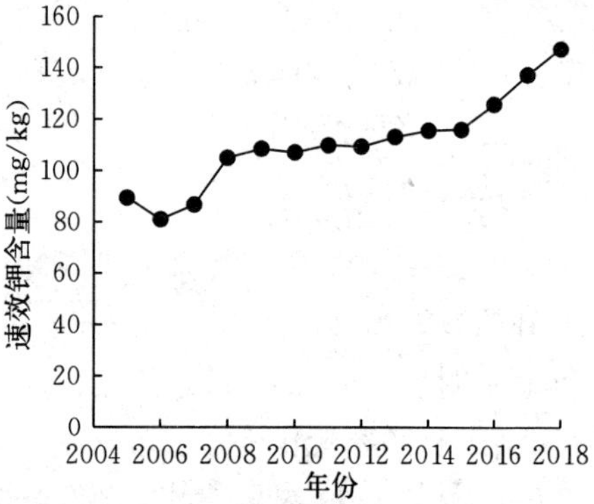


图 3.1.14　胶东低山丘陵区速效钾含量变化趋势

### （二）含量变化

2005—2018 年，胶东低山丘陵区耕地质量监测点土壤速效钾含量呈上升趋势，2005 年速效钾含量为 89 mg/kg，2018 年速效钾含量为 147 mg/kg（图 3.1.14）。2005—2018 年，14 年的速效钾含量平均值为 96 mg/kg，2006 年速效钾含量最低，为 81 mg/kg，2006—2018 年速效钾含量逐渐上升，说明该区域速效钾含量水平逐渐提升。

### （三）频率变化

由图 3.1.15 可以看出，2005—2018 年，胶东低山丘陵区耕地质量监测点土壤速效钾含量主要集中在（50，100］mg/kg 和（100，150］mg/kg。（50，100］mg/kg 的占比在 2006 年最高，为 79.0%，2007—2018 年呈下降趋势，2018 年下降至 30.0%；（100，150］mg/kg 的占比呈上升趋势，2006 年占比为 9.0%，2018 年占比上升至 30.0%。其他区间占比较低，年际变化不大。

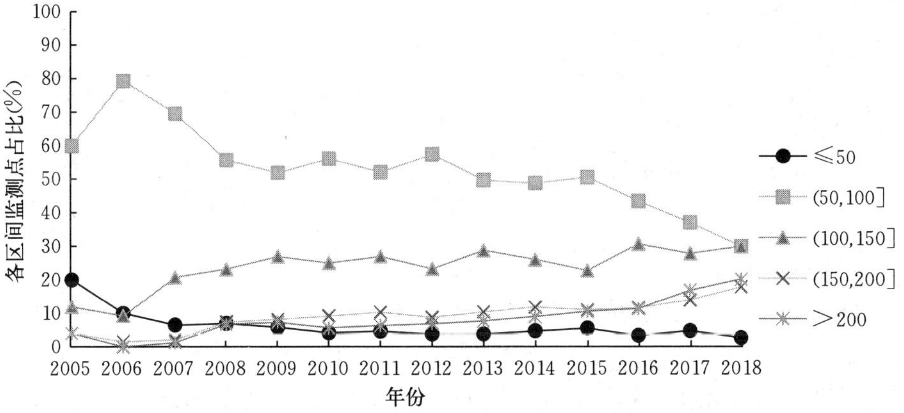


图 3.1.15　胶东低山丘陵区土壤速效钾含量分级频率变化

## 六、土壤 pH 现状及演变趋势

### （一）现状

2018 年，胶东低山丘陵区耕地质量监测点土壤 pH 有效数据为 473 个，pH 平均为 5.80。pH 主要集中在（8.5，9.0］、（5.0，5.5］（图 3.1.16）。pH 在（8.5，9.0］、（5.0，5.5］的监测点有 116 个，占监测点总数的 24.5%；其次为（7.5，8.0］、（6.0，6.5］，有 109 个监测点，占 23.0%；（8.0，8.5］、（5.5，6.0］的监测点有 88 个，占 18.6%；大于 9.0 及小于或等于 5.0 的监测点有 84 个，占 17.8%；（6.5，7.5］的监测点有 76 个，占 16.1%。由此可见，2018 年胶东低山丘陵区耕地质量监测点土壤 pH 各级分布较均匀。

## （二）pH 变化

由图 3.1.17 可以看出，2006—2018 年 pH 总体稳定，略有下降趋势。2006 年为 5.90，2008 年上升至 5.98；2009 年较 2008 年有所下降，为 5.96；2010—2013 年呈下降趋势；2014—2016 年呈下降趋势，由 2014 年的 5.99 下降至 2016 年的 5.64；2016—2018 年呈上升趋势，2018 年较高，为 5.80。由此可见，2005—2018 年胶东低山丘陵区耕地质量监测点土壤整体呈酸性。

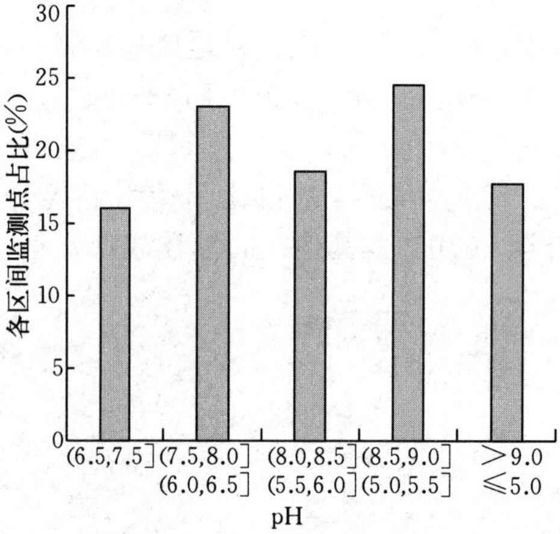


图 3.1.16　胶东低山丘陵区 pH 各区间占比

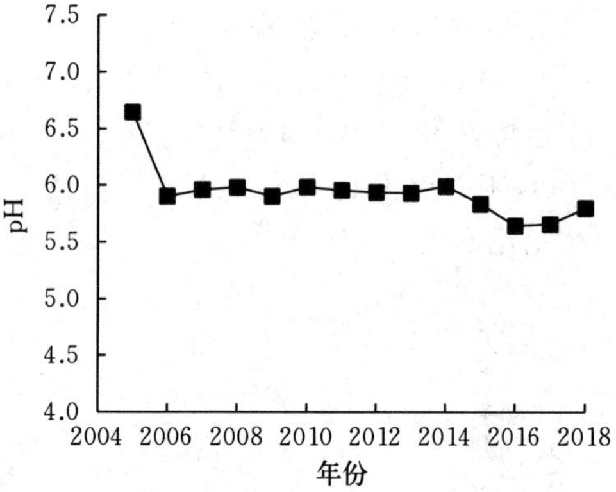


图 3.1.17　胶东低山丘陵区 pH 变化趋势

## （三）频率变化

由图 3.1.18 可以看出，2006—2018 年胶东低山丘陵区 pH 各区间占比分布比较均匀。(6.5，7.5] 的占比整体呈下降趋势；(8.0，8.5]、(5.5，6.0] 的占比年际变化不大；(7.5，8.0]、(6.0，6.5] 的占比整体呈上升趋势，但年际变化不大；(8.5，9.0]、(5.0，5.5] 的占比年际变化不大，各年份占比

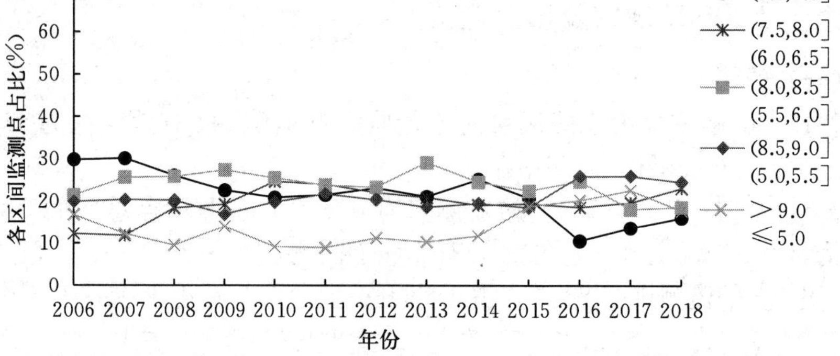


图 3.1.18　胶东低山丘陵区土壤 pH 分级频率变化

在20%左右波动；大于9.0及小于或等于5.0的占比较低，年际变化不大。

## 七、有效铁现状及演变趋势

### （一）现状

2018年胶东低山丘陵区耕地质量监测点土壤有效铁有效数据为353个，平均含量66.4 mg/kg。土壤有效铁含量主要集中在大于20 mg/kg（图3.1.19）。有效铁含量大于20 mg/kg的监测点有293个，占监测点总数的83.00%；(15，20] mg/kg的13个，占3.68%；(10，15] mg/kg的12个，占3.40%；(5，10] mg/kg的21个，占5.95%；小于或等于5 mg/kg的14个，占3.97%。由此可见，2018年胶东低山丘陵区监测点有效铁含量处于高水平。

### （二）含量变化

由图3.1.20可以看出，2005—2018年，胶东低山丘陵区耕地质量监测点土壤有效铁含量呈折线上升趋势。2005—2008年呈缓慢上升趋势，2009年有所下降，为38.5 mg/kg，2010年再次上升，为62.6 mg/kg，2010—2012年呈下降趋势；2012—2018年呈上升趋势，2018年达到最高，为66.4 mg/kg。由此可见，该区域有效铁含量有上升趋势。

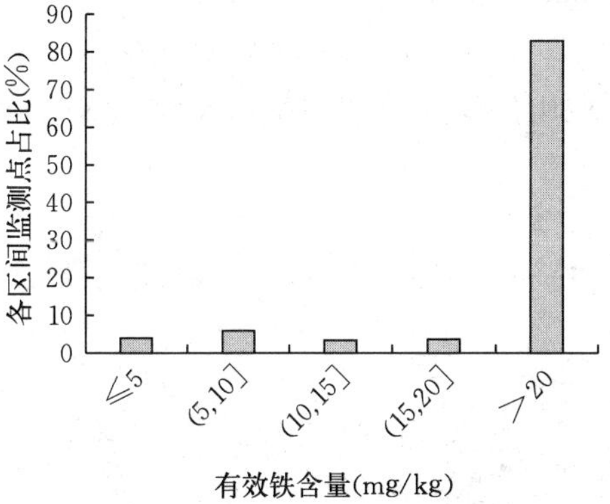


图3.1.19　胶东低山丘陵区有效铁含量各区间占比

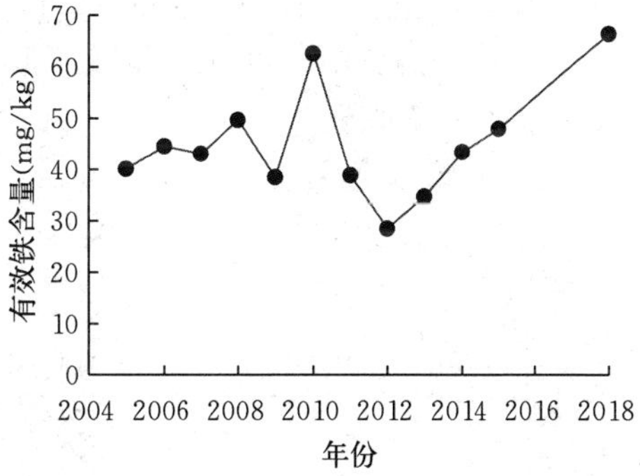


图3.1.20　胶东低山丘陵区有效铁含量变化趋势

### （三）频率变化

由图3.1.21可以看出，2005—2018年，胶东低山丘陵区耕地质量监测点土壤有效铁含量主要集中在大于20 mg/kg，此区间2012年占比最低，为57.0%，其次为2005年，占比为66.7%，2007年最高，占比达95.1%，除2005年、2012年外，其余年份占比均在70.0%以上；其他区间占比较低。由此可见，胶东低山丘陵区土壤有效铁含量处于高水平。

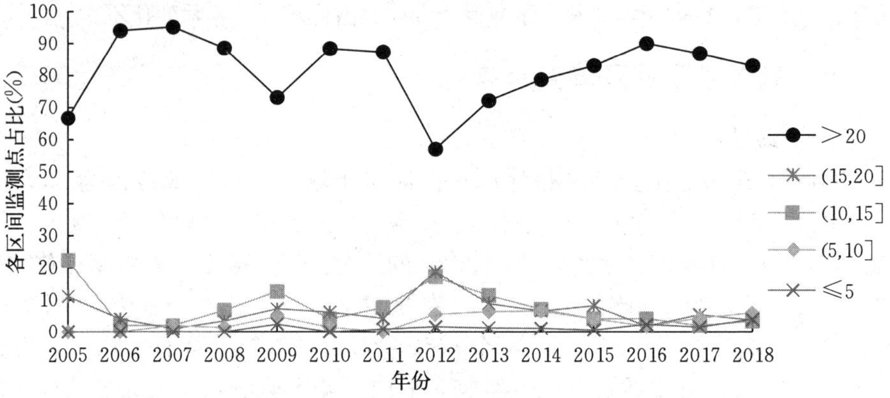


图3.1.21　胶东低山丘陵区土壤有效铁含量分级频率变化

## 八、有效锰现状及演变趋势

### （一）现状

2018年胶东低山丘陵区耕地质量监测点土壤有效锰有效数据为349个，平均含量37.6 mg/kg。土壤有效锰含量主要集中在大于30 mg/kg（图3.1.22）。有效锰含量大于30 mg/kg的监测点有153个，占监测点总数的43.8%；（15，30] mg/kg的78个，占22.3%；（10，15] mg/kg的35个，占10.0%；（5，10] mg/kg的48个，占13.8%；小于或等于5 mg/kg的35个，占10.0%。由此可见，2018年胶东低山丘陵区耕地质量监测点土壤有效锰含量处于高水平。

### （二）含量变化

由图3.1.23可以看出，2005—2007年，胶东低山丘陵区土壤有效锰含量

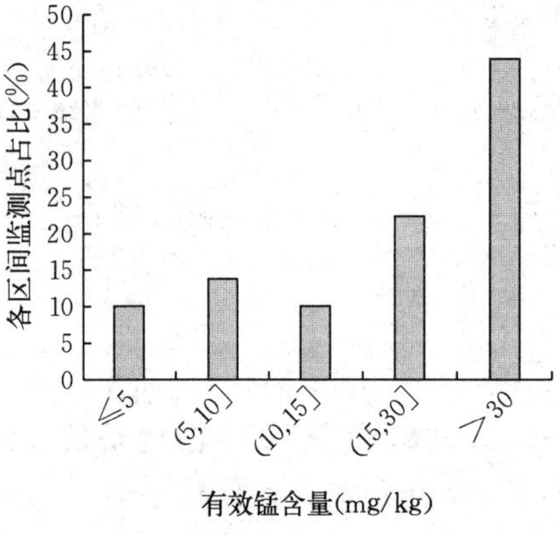


图3.1.22　胶东低山丘陵区有效锰含量各区间占比

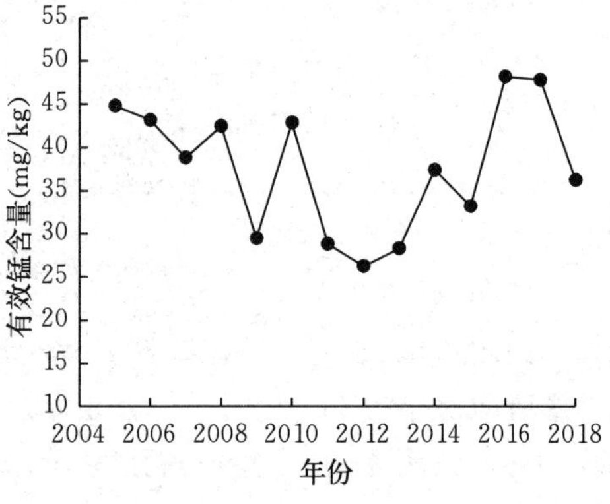


图3.1.23　胶东低山丘陵区有效锰含量变化趋势

有所下降，2005 年较高，2007 年较低；2008 年有所上升，为 42.5 mg/kg，2009 年再次下降，为 29.4 mg/kg，2010 年上升至 42.9 mg/kg；2010—2012 年呈下降趋势，2012 年最低，为 26.2 mg/kg；2013—2017 年呈上升趋势，2016 年、2017 年较高，分别为 48.2 mg/kg、47.8 mg/kg，2018 年含量较 2017 年有所下降，为 37.6 mg/kg。

### （三）频率变化

由图 3.1.24 可以看出，2005—2018 年胶东低山丘陵区有效锰含量主要集中在大于 30 mg/kg，此区间占比年际变化较大，2012 年最低，占比为 32.8%，2006 年最高，占比达 90.0%；（15，30] mg/kg 的占比较高，整个监测年度占比波动变化，2005 年最高，为 44.4%，2006 年最低，为 8.0%，其余年份在 25.0%左右波动；其余区间占比较低，年际变化不大。由此可见，胶东低山丘陵区土壤有效锰含量处于高水平。

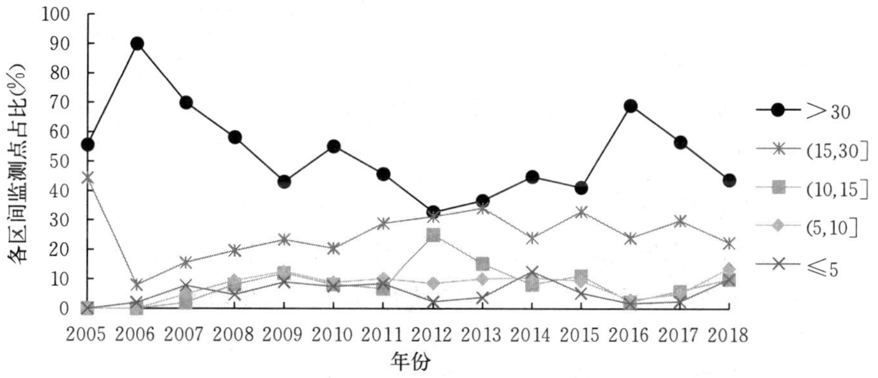


图 3.1.24　胶东低山丘陵区土壤有效锰含量分级频率变化

## 九、有效铜现状及演变趋势

### （一）现状

2018 年，胶东低山丘陵区耕地质量监测点土壤有效铜有效数据为 347 个，平均含量 4.95 mg/kg。土壤有效铜含量主要集中在大于 1.8 mg/kg（图 3.1.25）。有效铜含量大于 1.8 mg/kg 的监测点有 238 个，占监测点总数的 68.6%；（1.0，1.8] mg/kg 的 85 个，占 24.5%；（0.5，1.0] mg/kg 的 22 个，占 6.3%；（0.2，0.5] mg/kg 的 1 个，占 0.3%；小于或等于 0.2 mg/kg 的 1 个，占 0.3%。由此可见，2018 年胶东低山丘陵区耕地质量监测点土壤有效铜含量处于高水平。

### （二）含量变化

由图 3.1.26 可以看出，2005—2018 年胶东低山丘陵区耕地质量监测点土壤有效铜含量呈波动上升趋势，由2005年的2.35 mg/kg上升至2018年的4.95 mg/kg。2005—2010年，有效铜含量呈上升趋势，2005年最低，2010年最高；2011—2015年有效铜含量有上升趋势，2012年最低，2015年最高；2016—2018年有效铜含量呈上升趋势，2018年最高，为4.95 mg/kg。

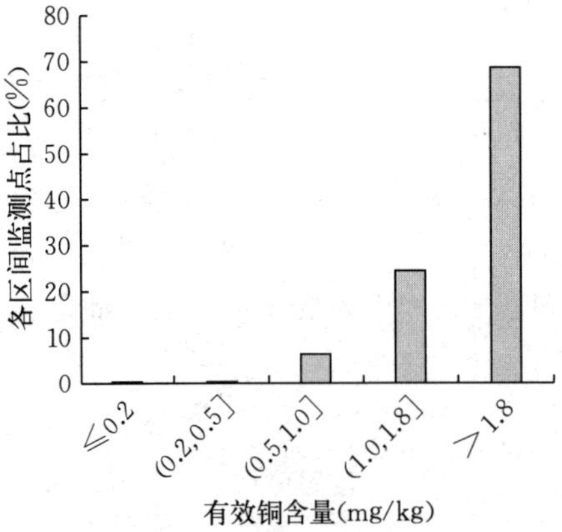


图3.1.25　胶东低山丘陵区有效铜含量各区间占比

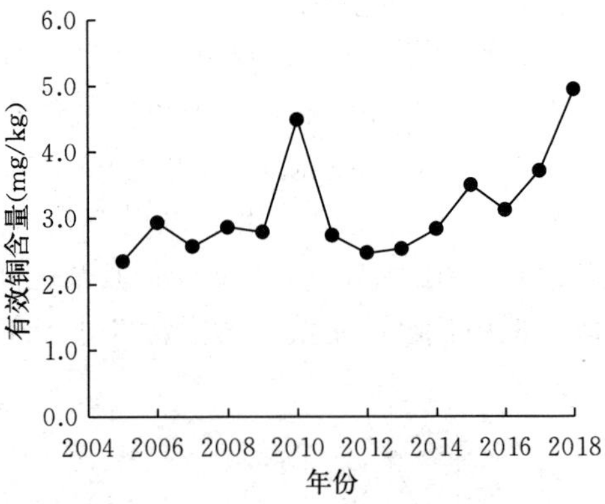


图3.1.26　胶东低山丘陵区有效铜含量变化趋势

## （三）频率变化

由图3.1.27可以看出，2005—2018年胶东低山丘陵区有效铜含量主要集中在大于1.8 mg/kg，此区间占比年际变化较大，2014年最低，占比为46.7%，2006年最高，占比达84.0%，2018年占比为68.6%；其次为（1.0，1.8］mg/kg，整个监测年度占比波动变化；其他区间占比较低，年际变化不大。由此可见，胶东低山丘陵区土壤有效铜含量处于高水平。

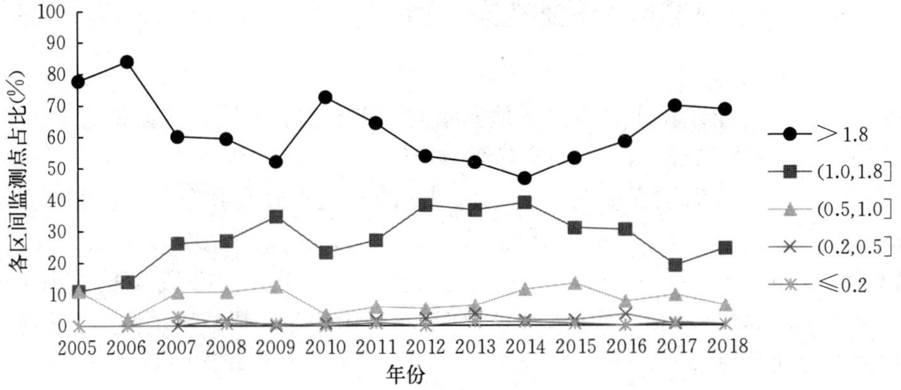


图3.1.27　胶东低山丘陵区土壤有效铜含量分级频率变化

## 十、有效锌现状及演变趋势

### （一）现状

2018年胶东低山丘陵区耕地质量监测点土壤有效锌有效数据为352个，平均含量3.90 mg/kg。土壤有效锌含量主要集中在大于3.0 mg/kg（图3.1.28）。有效锌含量大于3.0 mg/kg的监测点有125个，占监测点总数的35.5%；(2.0，3.0] mg/kg的74个，占21.0%；(1.0，2.0] mg/kg的100个，占28.4%；(0.5，1.0] mg/kg的39个，占11.1%；小于或等于0.5 mg/kg的14个，占4.0%。由此可见，2018年胶东低山丘陵区监测点有效锌含量处于高水平。

### （二）　含量变化

由图3.1.29可以看出，胶东低山丘陵区土壤有效锌含量呈波动上升趋势，2005年最低，为1.18 mg/kg。2005—2010年有所上升，2010年最高，为3.42 mg/kg；2011—2014年土壤有效锌含量呈上升趋势，2011年最低，为1.54 mg/kg，2014年最高，为2.56 mg/kg；2015—2018年有效锌含量呈上升趋势，2015年最低，为2.10 mg/kg，2018年最高，为3.90 mg/kg。2018年较2005年上升230.5%。

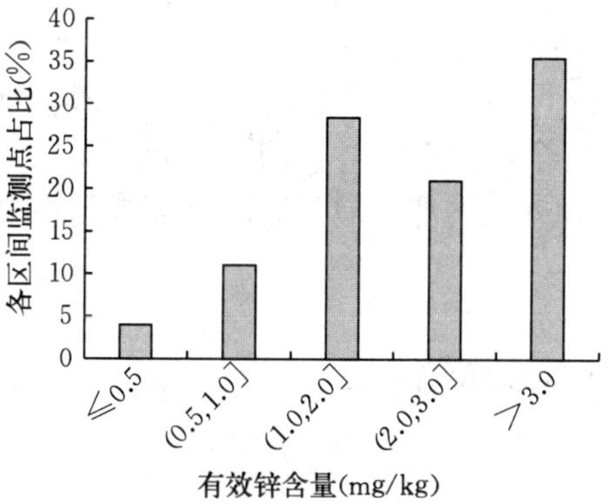


图3.1.28　胶东低山丘陵区有效锌含量各区间占比

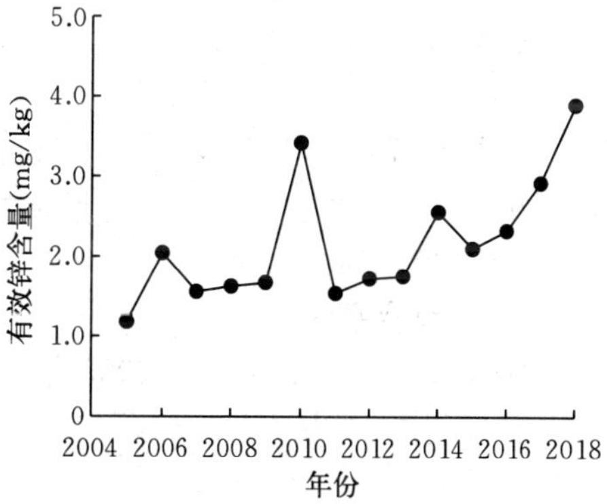


图3.1.29　胶东低山丘陵区有效锌含量变化趋势

### （三）频率变化

由图3.1.30可以看出，2005—2018年胶东低山丘陵区耕地质量监测点土壤有效锌含量主要集中在(1.0，2.0] mg/kg，此区间占比整体呈下降趋势，2018年占比最低，为28.4%，2005年占比最高，达77.8%；(2.0，3.0] mg/kg的整个监测年度占比波动变化，2006年占比最高，为39.2%，2005年占比最低，为0；2011年以后大于3.0 mg/kg的占比稳定上升。由此可见，胶东低山丘陵区土壤监测点有效锌中等含量水平占比较高。

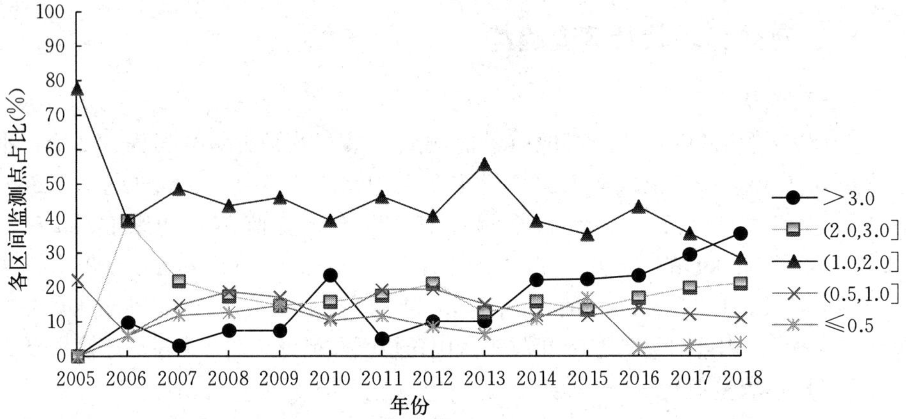


图 3.1.30　胶东低山丘陵区土壤有效锌含量分级频率变化

## 十一、有效硼现状及演变趋势

### （一）现状

2018年胶东低山丘陵区耕地质量监测点土壤有效硼有效数据为332个，平均含量0.49 mg/kg。土壤有效硼含量主要集中在（0.2，0.5］mg/kg（图3.1.31）。有效硼含量在（0.2，0.5］mg/kg的监测点有157个，占监测点总数的47.3%；（0.5，1.0］mg/kg的100个，占30.1%；小于或等于0.2 mg/kg的52个，占15.7%；（1.0，2.0］mg/kg的21个，占6.3%；大于2.0 mg/kg的2个，占0.6%。由此可见，2018年胶东低山丘陵区耕地质量监测点土壤有效硼含量处于中等偏低水平。

### （二）含量变化

由图3.1.32可以看出，2005年有效硼含量较高，为0.55 mg/kg，2006年

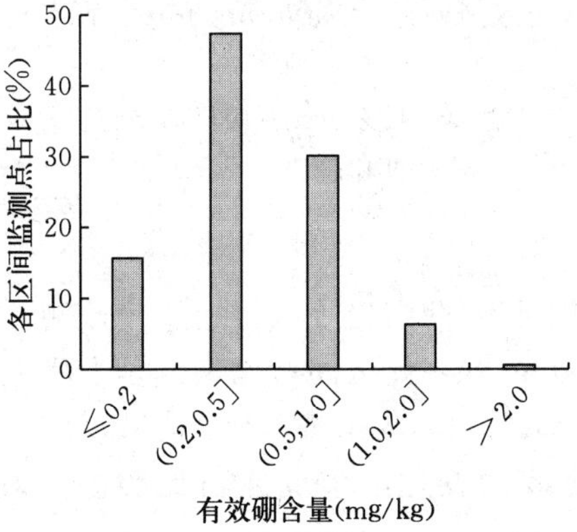


图 3.1.31　胶东低山丘陵区有效硼含量各区间占比

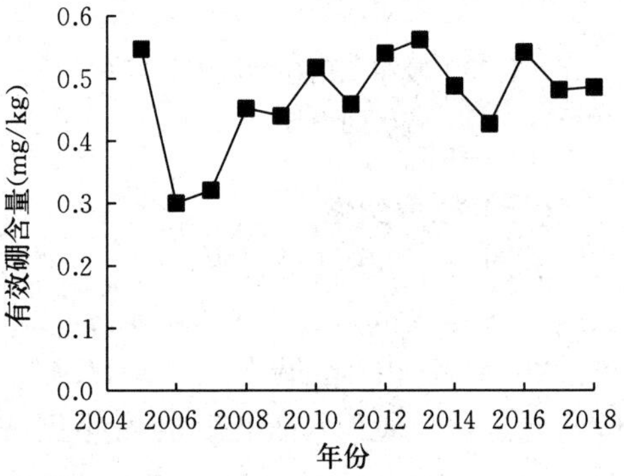


图 3.1.32　胶东低山丘陵区有效硼含量变化趋势

大幅下降，2006—2013 年呈折线上升趋势，2006 年最低，为 0.30 mg/kg，2013 年最高，为 0.56 mg/kg；2014 年、2015 年有所下降，2015 年较低，为 0.43 mg/kg，2016—2018 年含量相对稳定，在 0.48 mg/kg 左右。

### （三）频率变化

由图 3.1.33 可以看出，2005—2018 年胶东低山丘陵区有效硼含量主要集中在（0.2，0.5］mg/kg，此区间占比整体变化不大，2006 年占比最高，为 65.3%，2009 年占比最低，为 41.5%，其他年份在 50%左右；其次为（0.5，1.0］mg/kg，整个监测年度占比变化较大，2005 年最高，为 55.5%，其余年份在 10%～32%；其余区间占比较低，年际变化不大。由此可见，胶东低山丘陵区土壤有效硼较低水平含量监测点占比较高。

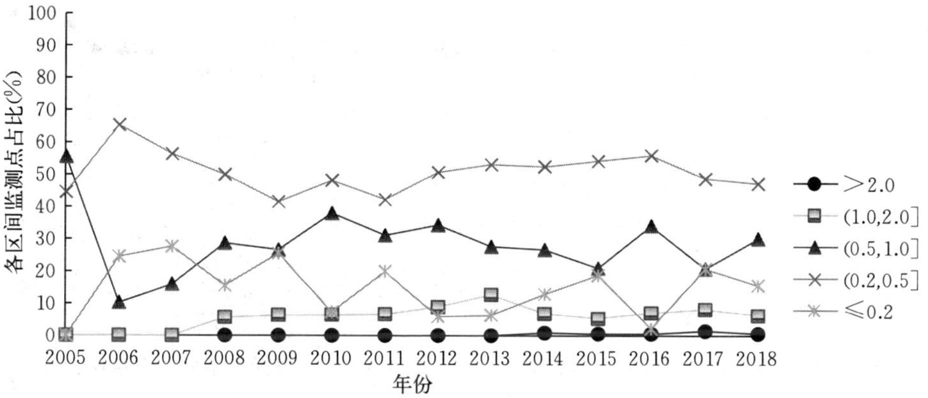


图 3.1.33 胶东低山丘陵区土壤有效硼含量分级频率变化

## 第二节 鲁西北平原区

鲁西北平原区包括菏泽、聊城全域，德州的夏津、武城、齐河、禹城、临邑、陵县、德城、宁津，滨州的邹平、博兴，济宁的金乡、嘉祥、梁山、鱼台，济南的济阳、商河，淄博的高青，共 34 个县（市、区），主要土壤类型为潮土和褐土。总耕地面积 260.62 万 $hm^2$，占全省的 34.7%。

### 一、有机质现状及演变趋势

### （一）现状

2018 年鲁西北平原区耕地质量监测点土壤有机质有效数据为 1 212 个，平均含量 16.7 g/kg。土壤有机质含量主要集中在（15，20］g/kg（图 3.2.1）。有机质含量在（15，20］g/kg 的监测点有 497 个，占监测点总数的 41.0%；（10，15］g/kg 的 279 个，占 23.0%；（20，25］g/kg 的 229 个，占 18.9%；

大于25 g/kg的86个，占7.1%；小于或等于10 g/kg的121个，占10.0%。由此可见，2018年鲁西北平原区监测点有机质含量处于中等偏低水平。

### （二）含量变化

由图3.2.2可以看出，2005—2018年，鲁西北平原区耕地质量监测点土壤有机质含量总体趋势平稳，略有升高。2005年有机质含量为13.8 g/kg，2006年略有下降，为12.8 g/kg，2006—2017年该区域土壤中有机质含量呈缓慢上升趋势，2017年有机质含量最高，为17.9 g/kg，2018年该区域有机质含量略有下降，为16.7 g/kg。由此可见，该区域有机质含量呈上升趋势。

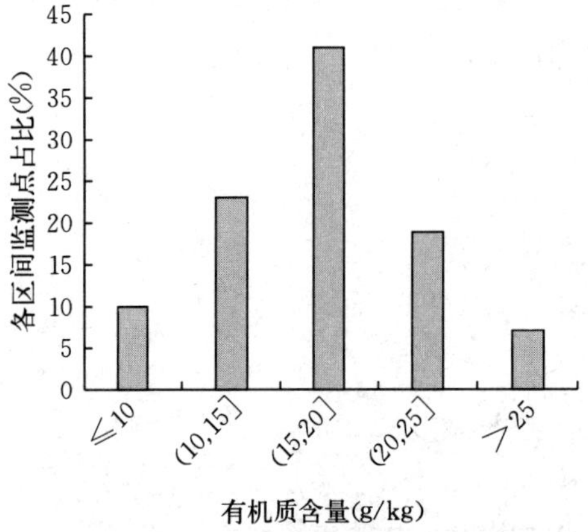


图3.2.1 鲁西北平原区有机质含量各区间占比

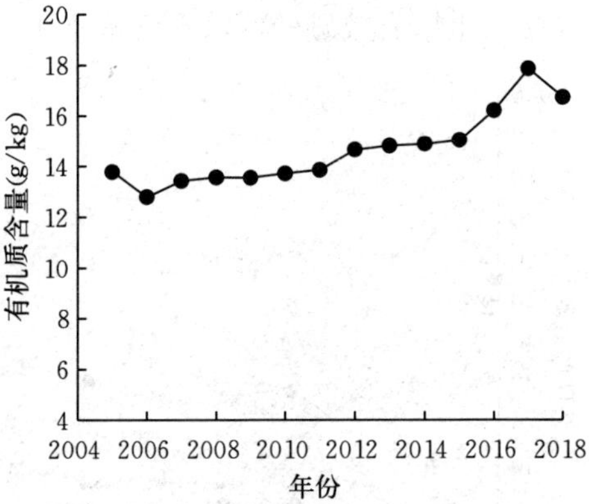


图3.2.2 鲁西北平原区有机质含量变化趋势

### （三）频率变化

由图3.2.3可以看出，2005—2018年，鲁西北平原区耕地质量监测点土壤

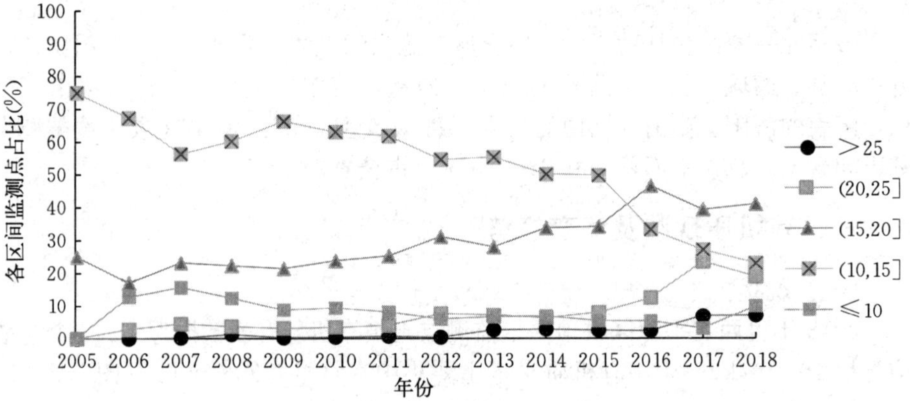


图3.2.3 鲁西北平原区土壤有机质含量分级频率变化

有机质含量主要集中在（10，15］g/kg，此区间占比整体呈下降趋势；其次为（15，20］g/kg，总体呈上升趋势；（20，25］g/kg 的占比在 2005—2018 年呈折线上升趋势；大于 25 g/kg 及小于或等于 10 g/kg 的占比均较低，且年际变化不大。由此可见，该区域土壤有机质含量总体呈上升趋势。

## 二、全氮现状及演变趋势

### （一）现状

2018 年鲁西北平原区耕地质量监测点土壤全氮有效数据为 1 198 个，平均含量 1.21 g/kg。土壤全氮含量主要集中在（1.00，1.25］g/kg（图 3.2.4）。全氮含量在（1.00，1.25］g/kg 的监测点有 384 个，占监测点总数的 32.1%；（1.25，1.50］g/kg 的 299 个，占 25.0%；（0.75，1.00］g/kg 的 247 个，占 20.6%；大于 1.50 g/kg 的 190 个，占 15.9%；小于或等于 0.75 g/kg 的 78 个，占 6.5%。由此可见，2018 年鲁西北平原区监测点全氮含量处于中等水平。

### （二）含量变化

由图 3.2.5 可以看出，2005—2018 年鲁西北平原区耕地全氮含量整体呈折线上升趋势。其中，2005 年全氮含量较高，为 1.02 g/kg，2006 年有所下降；2006—2014 年全氮含量呈折线缓慢上升趋势，2006 年最低，为 0.81 g/kg，2014 年最高，为 1.07 g/kg；2015 年有所下降，2015—2018 年含量呈上升趋势，2015 年最低，为 0.92 g/kg，2018 年最高，为 1.21 g/kg。

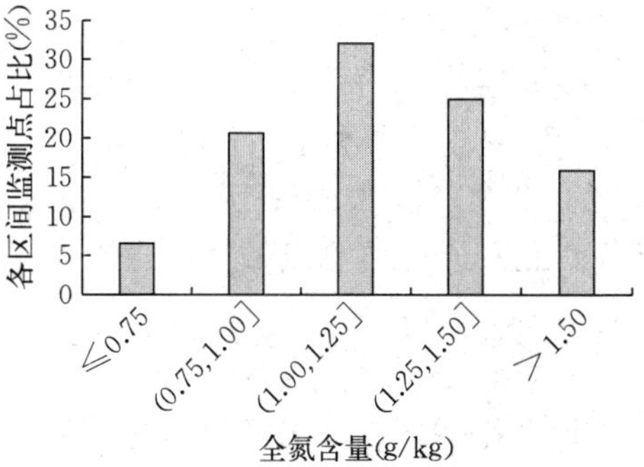


图 3.2.4　鲁西北平原区全氮含量各区间占比

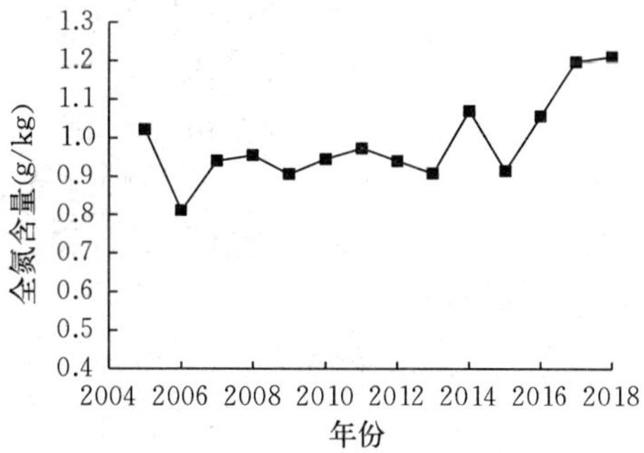


图 3.2.5　鲁西北平原区全氮含量变化趋势

### （三）频率变化

由图 3.2.6 可以看出，2006—2018 年鲁西北平原区耕地质量监测点土壤全氮含量占比较高的是（0.75，1.00］g/kg，2012 年占比最高，为 41.6%，2018 年占比较低，为 20.6%；其次为（1.00，1.25］g/kg，整个监测年度占比变化不大；小于或等于0.75 g/kg的占比呈下降趋势，2006年最高，为43.8%，2018年最低，为6.5%；(1.25，1.50] g/kg的占比整体呈上升趋势，各年份占比均不高；大于1.50 g/kg的占比在2006—2018年呈上升趋势，但占比均较低。由此可见，鲁西北平原区耕地质量监测点土壤全氮中等偏低水平含量监测点占比较高。

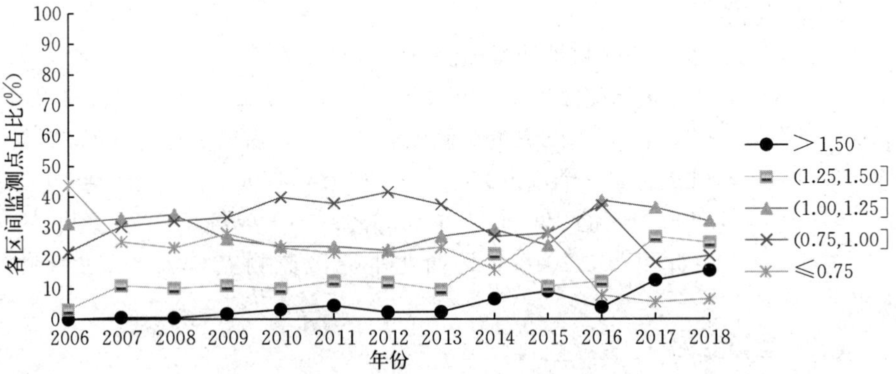

图3.2.6 鲁西北平原区土壤全氮含量分级频率变化

## 三、碱解氮现状及演变趋势

### (一) 现状

2018年鲁西北平原区耕地质量监测点土壤碱解氮有效数据为1 156个，平均含量为89.9 mg/kg。土壤碱解氮含量主要集中在(60，90] mg/kg(图3.2.7)。碱解氮含量在(60，90] mg/kg的监测点有512个，占监测点总数的44.3%；(90，12] mg/kg的394个，占34.1%；小于或等于60 mg/kg的118个，占10.2%；(120，150] mg/kg的98个，占8.5%；大于150 mg/kg的34个，占2.9%。由此可见，2018年鲁西北平原区监测点碱解氮含量处于中等偏低水平。

### (二) 含量变化

由图3.2.8可以看出，2006—2018年鲁西北平原区耕地碱解氮含量整体呈折线上升趋势，由2006年的68.6 mg/kg上升至2018年的89.9 mg/kg。其中，2006年碱解氮含量最低，为68.6 mg/kg。2007—2017年碱解氮含量呈上升趋势：2010年含量最低，为80.2 mg/kg，其次为2011年，为82.2 mg/kg；2017年含量最高，为106.5 mg/kg，其次为2016年，为105.3 mg/kg。2018年碱解氮含量有所下降，为89.9 mg/kg。

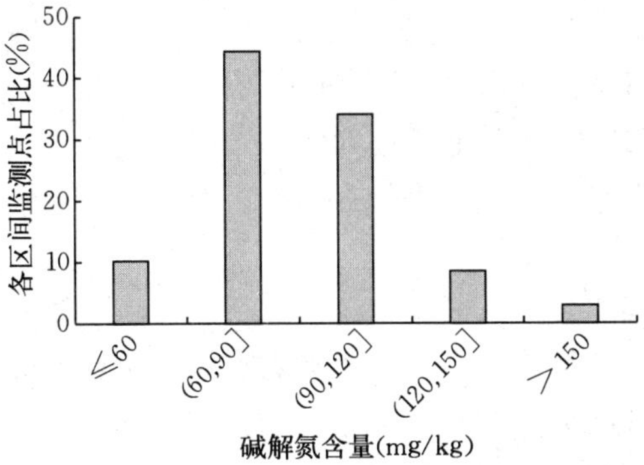


图 3.2.7　鲁西北平原区碱解氮含量各区间占比

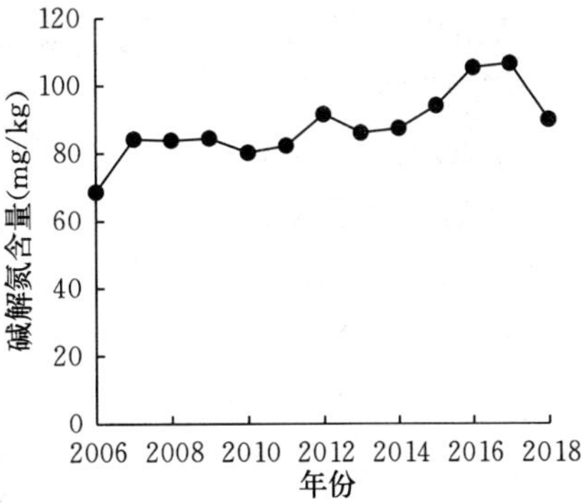


图 3.2.8　鲁西北平原区碱解氮含量变化趋势

## （三）频率变化

由图 3.2.9 可以看出，2006—2018 年，鲁西北平原区耕地质量监测点土壤碱解氮含量占比最高的是（60，90］mg/kg，此区间占比年际变化较大，2010 年占比最高，为 60.9%，2017 年占比最低，为 26.7%；其次为（90，120］mg/kg，整个监测年度占比呈上升趋势，2017 年最高，为 42.8%，2006 年最低，为 10.8%；其他区间占比较低，年际变化不大。由此可见，鲁西北平原区耕地质量监测点土壤碱解氮较低水平含量监测点占比较高。

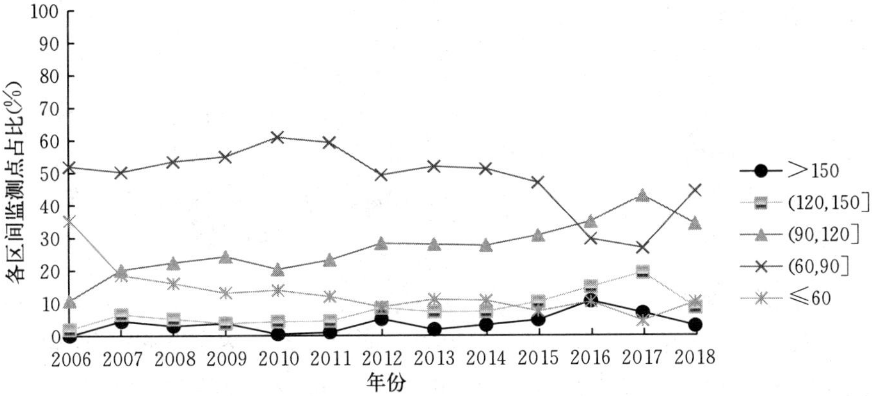


图 3.2.9　鲁西北平原区土壤碱解氮含量分级频率变化

# 四、有效磷现状及演变趋势

## （一）现状

2018 年鲁西北平原区耕地质量监测点土壤有效磷有效数据为 1 218 个，平均含量30.0 mg/kg。有效磷含量在（10，20］mg/kg的监测点有423个，占监测点总数的34.7％；（20，30］mg/kg的279个，占22.9％；（30，50］mg/kg的277个，占22.7％；大于50 mg/kg的126个，占10.3％；小于或等于10 mg/kg的113个，占9.3％（图3.2.10）。由此可见，2018年鲁西北平原区监测点有效磷含量在（10，50］mg/kg较多，说明该区域有效磷含量处于中等水平。

### （二）含量变化

由图3.2.11可以看出，2005—2018年鲁西北平原区耕地质量监测点土壤有效磷含量整体呈折线上升趋势，由2005年的19.1 mg/kg上升至2018年的30.0 mg/kg。其中，2005年有效磷含量最低，为19.1 mg/kg，2006—2013年呈折线上升趋势，由2006年的25.4 mg/kg上升至2013年的28.1 mg/kg，2014—2017年有效磷含量呈上升趋势，由2014年的25.0 mg/kg上升至2017年的34.6 mg/kg，2018年较2017年略有下降。

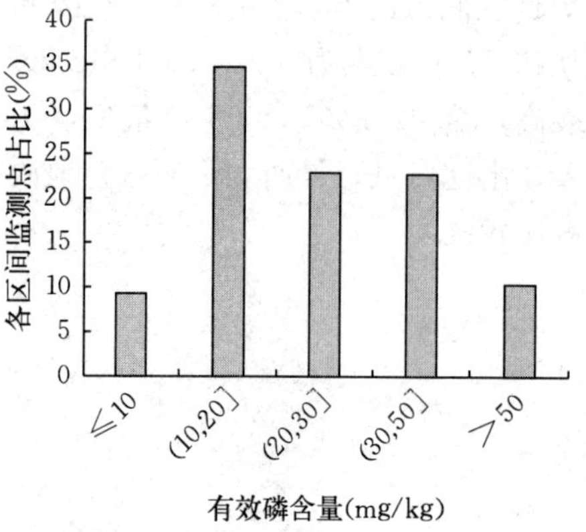


图3.2.10　鲁西北平原区有效磷含量各区间占比

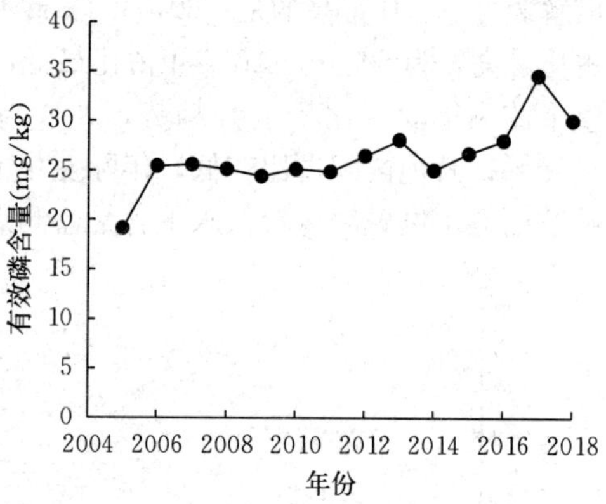


图3.2.11　鲁西北平原区有效磷含量变化趋势

### （三）频率变化

由图3.2.12可以看出，2005—2018年，鲁西北平原区耕地质量监测点土壤有效磷含量占比较高的是（20，30］mg/kg，此区间占比整体呈下降趋势，2005年占比最高，为50.0％，2018年占比最低，为22.9％；（10，20］mg/kg的整个监测年度占比变化较大，2005年最高，为50.0％，2006年最低，为20.1％；其余区间占比较低，年际变化不大。由此可见，鲁西北平原区耕地质量监测点土壤有效磷中等偏低水平含量监测点占比较高。

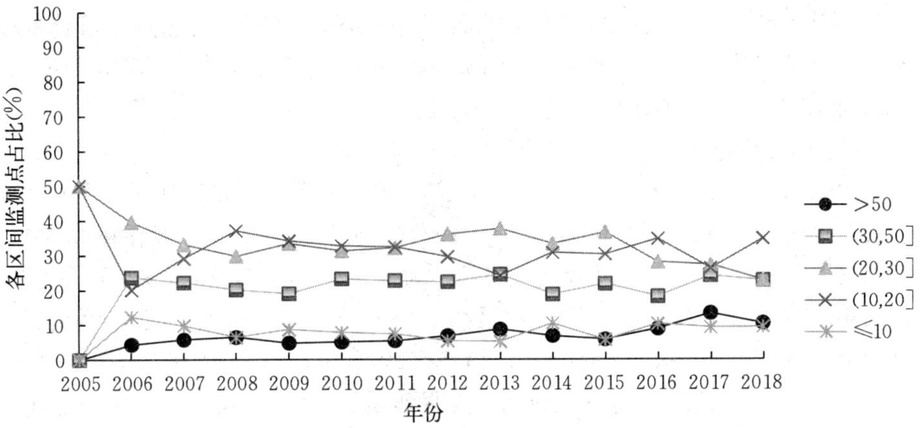


图 3.2.12　鲁西北平原区土壤有效磷含量分级频率变化

## 五、速效钾现状及演变趋势

### （一）现状

2018 年鲁西北平原区耕地质量监测点土壤速效钾有效数据为 1 217 个，平均含量 215 mg/kg。速效钾含量大于 200 mg/kg 的监测点有 544 个，占监测点总数的 44.7%；（150，200］mg/kg 的 281 个，占 23.1%；（100，150］mg/kg 的 285 个，占 23.4%；（50，100］mg/kg 的 105 个，占 8.6%；小于或等于 50 mg/kg的 2 个，占 0.2%（图 3.2.13）。由此可见，2018 年鲁西北平原区监测点速效钾含量在大于 200 mg/kg 较多，说明该区域速效钾含量处于高水平。

### （二）含量变化

由图 3.2.14 可以看出，2005—2018 年鲁西北平原区耕地质量监测点土壤速

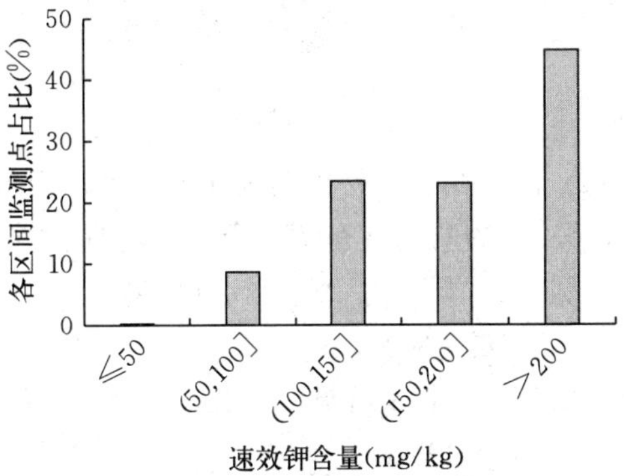


图 3.2.13　鲁西北平原区速效钾含量各区间占比

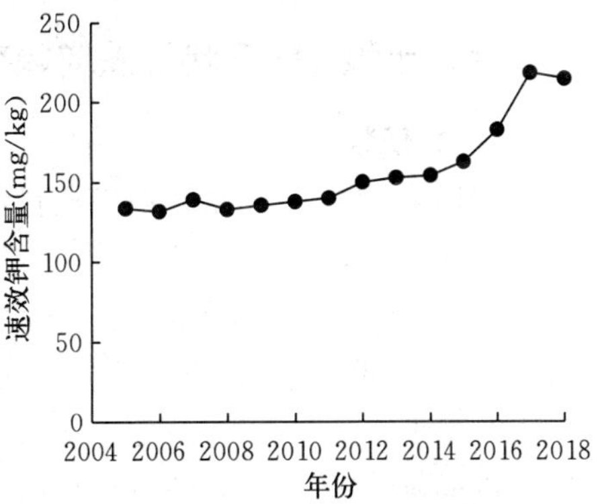


图 3.2.14　鲁西北平原区速效钾含量变化趋势

效钾含量整体呈上升趋势，由2005年的134 mg/kg上升至2018年的215 mg/kg，上升明显。其中，2005—2017年，鲁西北平原区耕地质量监测点土壤速效钾含量呈上升趋势，2006年最低，为132 mg/kg，2017年最高，为218 mg/kg，2018年较2017年略有下降，为215 mg/kg。

### （三）频率变化

由图3.2.15可以看出，2005—2018年，鲁西北平原区耕地质量监测点土壤速效钾含量占比最高的是（100，150］mg/kg，此区间占比年际变化较大，2006年占比最高，为60%，2017年占比最低，为21.1%；（50，100］mg/kg的整个监测年度占比呈下降趋势，2005年最高，为37.5%，2017年最低，为8.2%；大于200 mg/kg的占比呈折线上升趋势，2006年最低，为10%，2017年最高，为45.9%；其余区间占比较低，年际变化不大。由此可见，鲁西北平原区土壤速效钾含量处于中等水平的监测点占比较高。

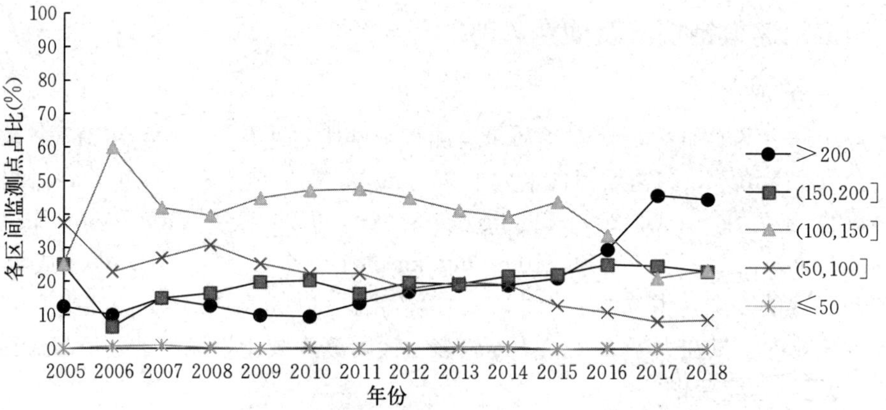


图3.2.15 鲁西北平原区土壤速效钾含量分级频率变化

## 六、土壤pH现状及演变趋势

### （一）现状

2018年鲁西北平原区耕地质量监测点土壤pH有效数据为1 188个，pH平均为8.10。pH在（8.0，8.5］、（5.5，6.0］的监测点有739个，占监测点总数的62.2%；（7.5，8.0］、（6.0，6.5］的340个，占28.6%；（8.5，9.0］、（5.0，5.5］的62个，占5.2%；（6.5，7.5］的43个，占3.6%；大于9.0、小于或等于5.0的4个，占0.3%（图3.2.16）。由此可见，2018年鲁西北平原区耕地监测点pH在（8.0，8.5］、（5.5，6.0］较多。

### （二）pH变化

由图3.2.17可以看出，2006—2018年鲁西北平原区耕地质量监测点土壤整体呈碱性。2006—2018年鲁西北平原区耕地质量监测点土壤pH变化不大，最低年份为2016年，pH为7.77，最高年份为2018年，pH为8.10。

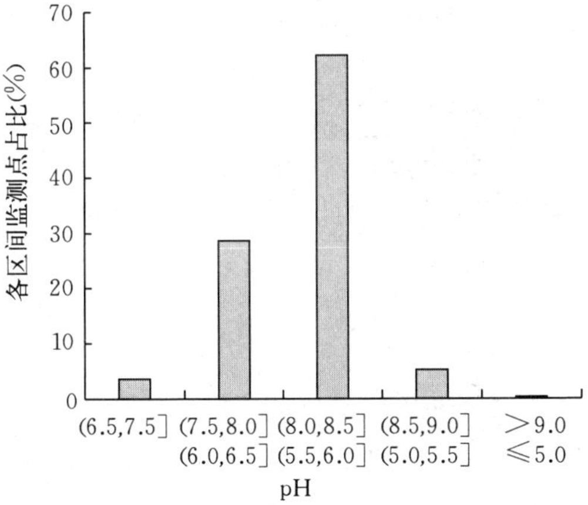


图3.2.16　鲁西北平原区pH各区间占比

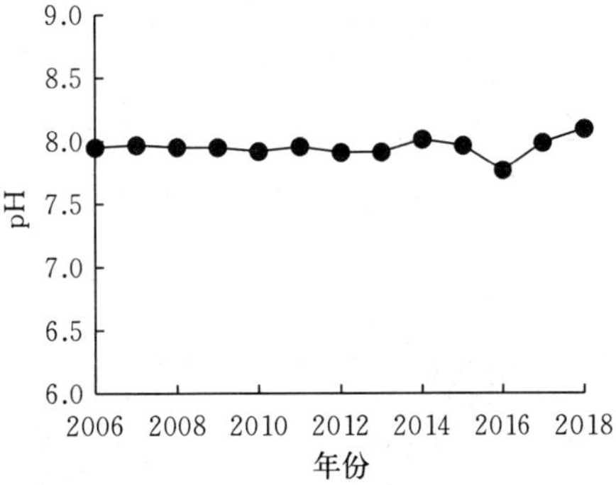


图3.2.17　鲁西北平原区pH变化趋势

## （三）频率变化

由图3.2.18可以看出，2006—2018年鲁西北平原区耕地质量监测点土壤pH占比分布比较均匀。占比较高的是（8.0，8.5]、（5.5，6.0]，2006—2018年占比整体呈下降趋势；其次，（7.5，8.0]、（5.5，6.0］的占比较高，2006—2018年整体呈不规则变化，2016年较高，为54.2%；其余区间占比较低，年际变化不大。由此可见，鲁西北平原区土壤偏碱性的监测点占比较高。

图3.2.18　鲁西北平原区土壤pH分级频率变化

## 七、有效铜现状及演变趋势

### （一）现状

2018年鲁西北平原区耕地质量监测点土壤有效铜有效数据为812个，平均含量1.52 mg/kg。有效铜含量在（1.0，1.8］mg/kg的监测点有368个，占监测点总数的45.3%；大于1.8 mg/kg的196个，占24.1%；（0.5，1.0］mg/kg的216个，占26.6%；（0.2，0.5］mg/kg的27个，占3.3%；小于或等于0.2 mg/kg的5个，占0.6%（图3.2.19）。由此可见，2018年鲁西北平原区耕地质量监测点土壤有效铜含量在（1.0，1.8］mg/kg较多，说明该区域有效铜含量处于较高水平。

### （二）含量变化

由图3.2.20可以看出，2006—2018年鲁西北平原区耕地质量监测点土壤有效铜含量呈折线下降趋势，由2006年的1.97 mg/kg下降至2018年的1.52 mg/kg。其中，2010年最高，为2.63 mg/kg，2014年最低，为1.48 mg/kg。

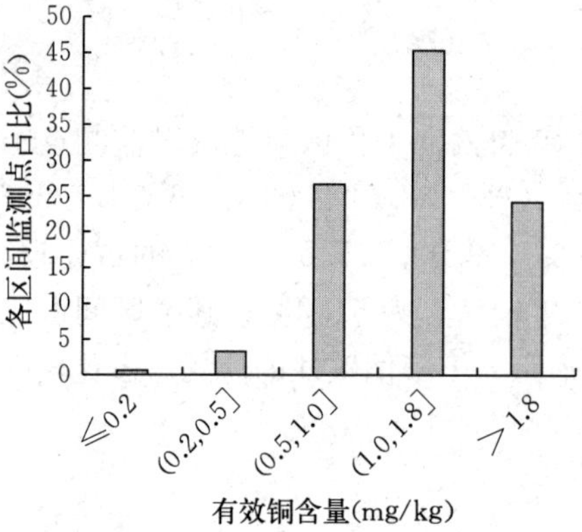


图3.2.19 鲁西北平原区有效铜含量各区间占比

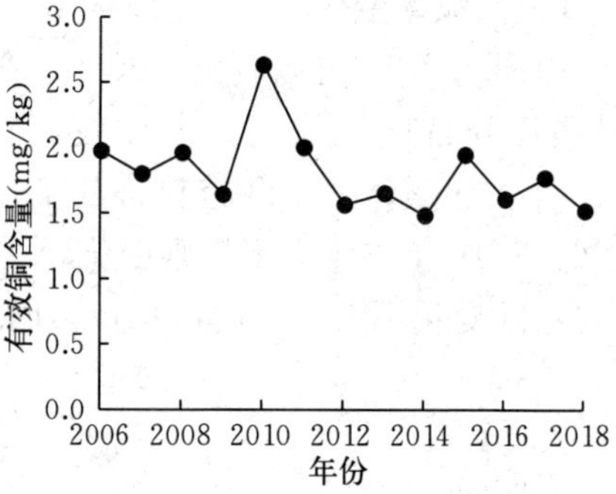


图3.2.20 鲁西北平原区有效铜含量变化趋势

### （三）频率变化

由图3.2.21可以看出，2006—2018年，鲁西北平原区耕地质量监测点土壤有效铜含量占比最高的是（1.0，1.8］mg/kg，此区间占比整体变化不大，2010年最低，为41.0%，2006年最高，为59.4%；其次为大于1.8 mg/kg，占比最高为2010年的45.1%，最低为2014年的21.7%；（0.5，1.0］mg/kg的占比整体变化不大；其余区间占比均较低，且年际变化不大。由此可见，鲁西北平原区土壤有效铜含量处于较高水平的监测点占比较高。

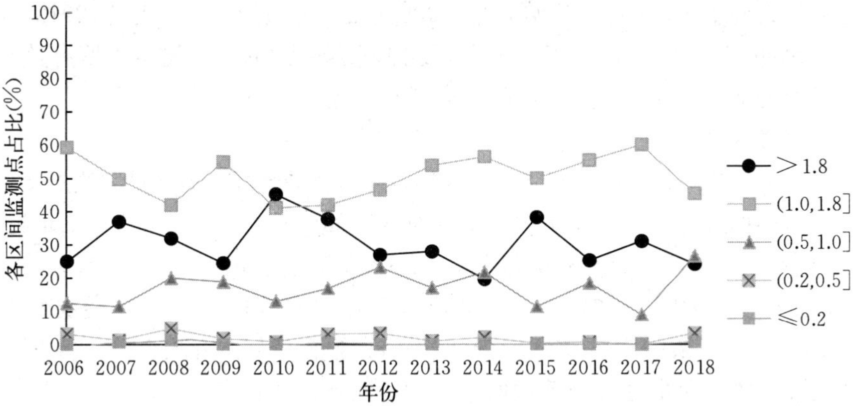


图 3.2.21　鲁西北平原区土壤有效铜含量分级频率变化

## 八、有效铁现状及演变趋势

### （一）现状

2018 年鲁西北平原区耕地质量监测点土壤有效铁有效数据为 813 个，平均含量 12.6 mg/kg。有效铁含量在（10，15] mg/kg 的监测点有 283 个，占监测点总数的 34.8%；（5，10] mg/kg 的监测点有 267 个，占 32.8%；（15，20] mg/kg 的监测点有 109 个，占 13.4%；大于 20 mg/kg 的监测点有 87 个，占 10.7%；小于或等于 5 mg/kg 的监测点有 67 个，占 8.2%（图 3.2.22）。由此可见，2018 年鲁西北平原区耕地质量监测点土壤有效铁含量在（5，15] mg/kg 的占比较高，说明该区域有效铁含量处于中等偏低水平。

### （二）含量变化

由图 3.2.23 可以看出，2006—2018 年，鲁西北平原区耕地质量监测点土

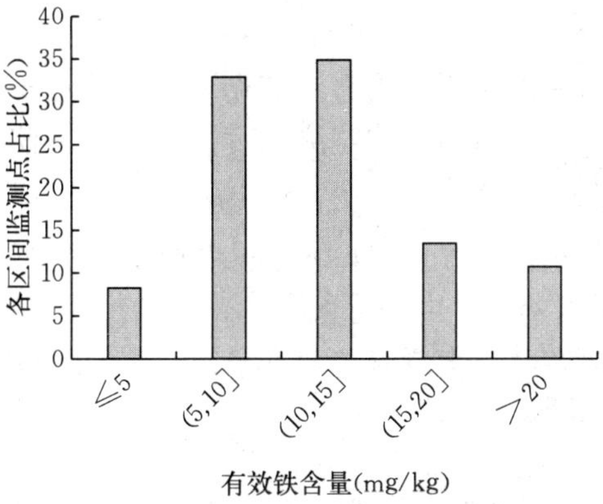


图 3.2.22　鲁西北平原区有效铁含量各区间占比

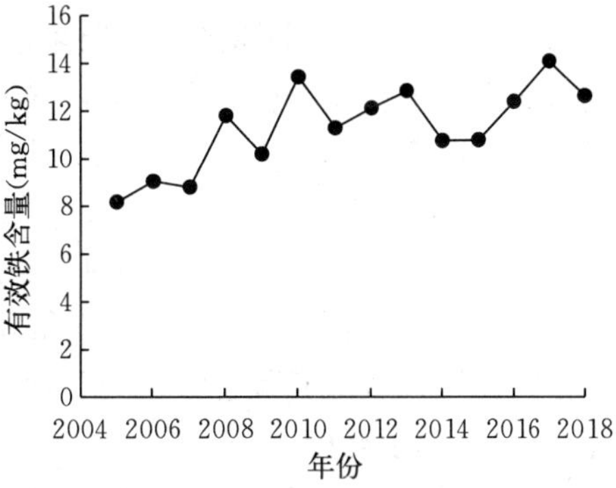


图 3.2.23　鲁西北平原区有效铁含量变化趋势

壤有效铁含量整体呈上升趋势，由2006年的9.0 mg/kg上升至2018年的12.6 mg/kg。其中，2006—2018年鲁西北平原区耕地质量监测点土壤有效铁含量2007年最低，为8.8 mg/kg，2017年最高，为14.1 mg/kg。

### （三）频率变化

由图3.2.24可以看出，2006—2018年，鲁西北平原区耕地质量监测点土壤有效铁含量占比较高的是（10，15] mg/kg及（5，10] mg/kg。（10，15] mg/kg的占比整体略有上升，2006年最低，为12.6%，2008年最高，为47.6%；（5，10] mg/kg的占比整体变化较大，最高为2006年的59.4%，最低为2017年的26.3%；其余区间占比均较低，且年际变化不大。由此可见，鲁西北平原区土壤有效铁含量处于中等偏低水平的监测点占比较高。

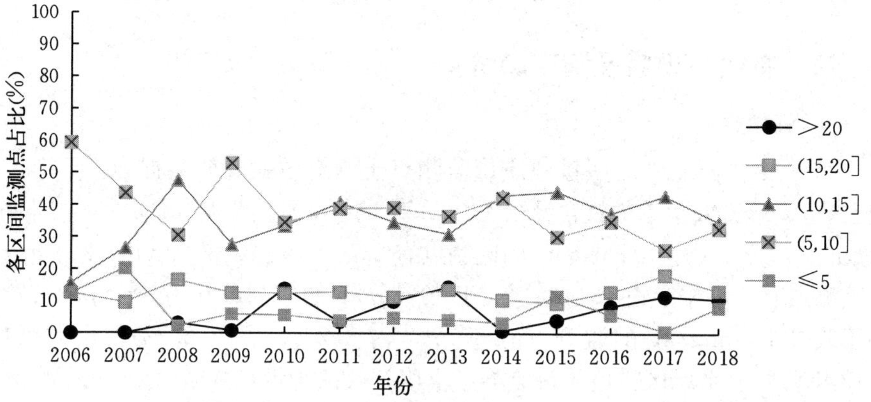


图3.2.24　鲁西北平原区土壤有效铁含量分级频率变化

## 九、有效锰现状及演变趋势

### （一）现状

2018年鲁西北平原区耕地质量监测点土壤有效锰有效数据为813个，平均含量7.2 mg/kg。有效锰含量在（5，10] mg/kg的监测点有421个，占监测点总数的51.8%；（10，15] mg/kg的监测点有135个，占16.6%；小于或等于5 mg/kg的监测点有238个，占29.3%；（15，30] mg/kg的监测点有17个，占2.1%；大于30 mg/kg的监测点有2个，占0.2%（图3.2.25）。由此可见，2018年鲁西北平原区耕地质量监测点土壤有效锰含量在（5，10] mg/kg较多，说明该区域有效锰含量处于较低水平。

### （二）含量变化

由图3.2.26可以看出，2006—2018年鲁西北平原区耕地质量监测点土壤有效锰含量整体呈下降趋势，由2006年的8.7 mg/kg下降至2018年的7.2 mg/kg。其中，2006—2008 年呈上升趋势；2009 年较 2008 年有所下降，为 9.9 mg/kg；2010 年较高，为 11.1 mg/kg，比 2009 年略有升高；2011—2013 年呈上升趋势；2014 年较 2013 年有所下降，为 8.6 mg/kg，2015 年较 2014 年有所上升；2015—2018 年呈下降趋势。

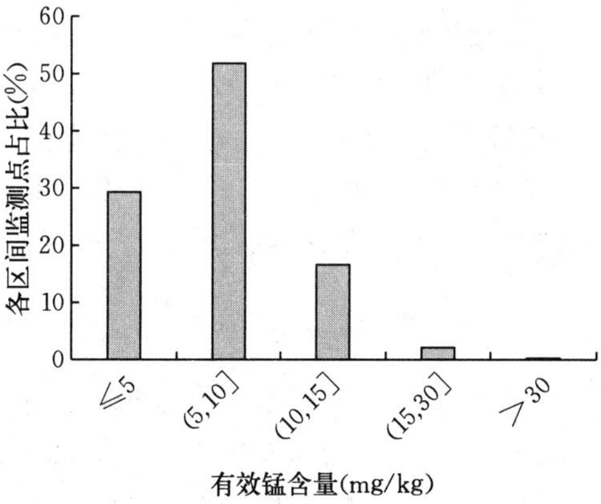


图 3.2.25　鲁西北平原区有效锰含量各区间占比

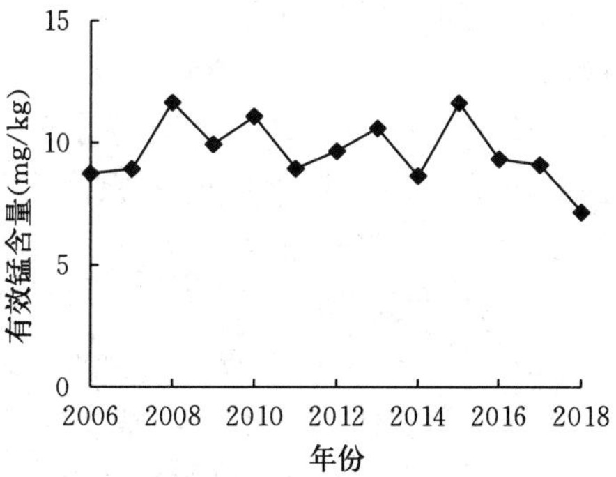


图 3.2.26　鲁西北平原区有效锰含量变化趋势

## （三）频率变化

由图 3.2.27 可以看出，2006—2018 年鲁西北平原区耕地质量监测点土壤有效锰含量占比最高的是（5，10］mg/kg，此区间占比整体呈下降趋势，2006 年最高，为 84.4%，2015 年最低，为 35.7%；其次为（10，15］mg/kg，该区间占比整体变化不大，最高为 2015 年的 36.7%，最低为 2006 年的 15.6%；其余区间占比较低，且年际变化不大。由此可见，鲁西北平原区土壤有效锰含量处于较低水平的监测点占比较高。

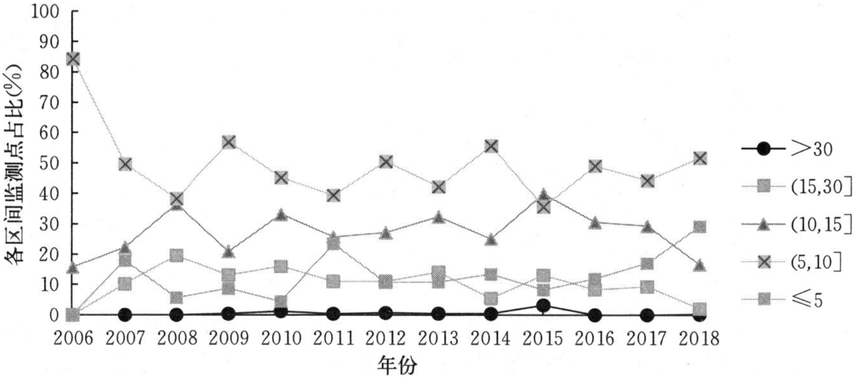


图 3.2.27　鲁西北平原区土壤有效锰含量分级频率变化

## 十、有效锌现状及演变趋势

### （一）现状

2018 年鲁西北平原区耕地质量监测点土壤有效锌有效数据为 813 个，平均含量 1.87 mg/kg。土壤有效锌含量主要集中在（0.5，1.0］mg/kg（图 3.2.28）。有效锌含量在（0.5，1.0］mg/kg 的监测点有 374 个，占监测点总数的 46.0%；（0.2，0.5］mg/kg 的监测点有 175 个，占 21.5%；（2.0，3.0］mg/kg 的监测点有 142 个，占 17.5%；大于 3.0 mg/kg 的监测点有 104 个，占 12.8%；小于或等于 0.2 mg/kg 的监测点有 18 个，占 2.2%。由此可见，2018 年鲁西北平原区耕地质量监测点土壤有效锌含量处于中等水平。

### （二）含量变化

由图 3.2.29 可以看出，2006—2018 年鲁西北平原区耕地质量监测点土壤有效锌含量整体变化不大，整个监测年度的含量范围为 1.68～2.23 mg/kg。其中，2006—2018 年有效锌含量呈不规则变化，总体变化不大，最低点在 2014 年，为 1.68 mg/kg，最高点在 2015 年，为 2.23 mg/kg。

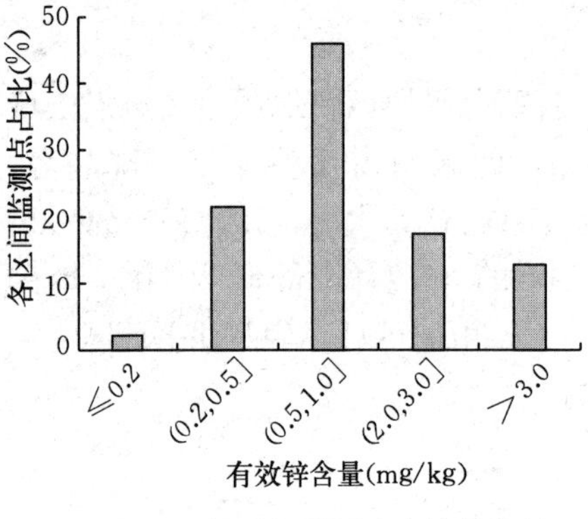


图 3.2.28　鲁西北平原区有效锌含量各区间占比

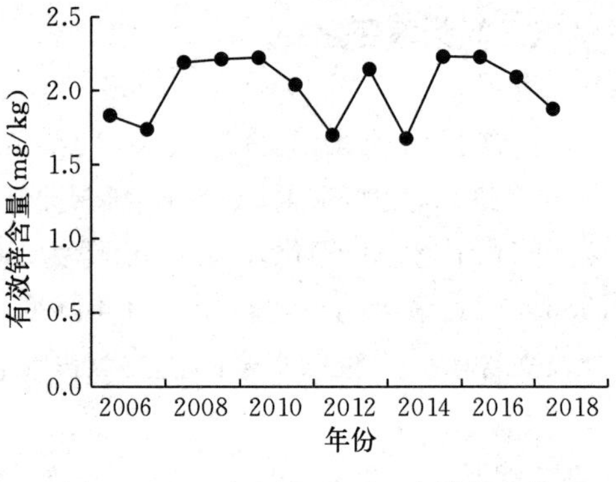


图 3.2.29　鲁西北平原区有效锌含量变化趋势

### （三）频率变化

由图 3.2.30 可以看出，2006—2018 年鲁西北平原区耕地质量监测点土壤有效锌含量占比最高的是（0.5，1.0］mg/kg，此区间占比整体变化较大，2006 年最高，为 59.4%，2009 年最低，为 30.0%；其次为（0.2，0.5］mg/kg，此区间占比整体有所上升；大于 3.0 mg/kg 的占比年际波动较大，但占比都不大；其余区间占比较低，年际变化不大。由此可见，鲁西北平原区土壤有效锌含量处于中等水平的监测点占比较高。

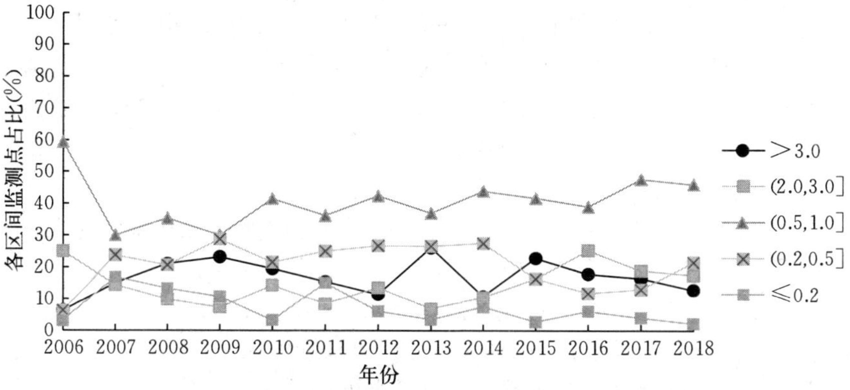


图 3.2.30　鲁西北平原区土壤有效锌含量分级频率变化

## 十一、有效硼现状及演变趋势

### （一）现状

2018 年鲁西北平原区耕地质量监测点土壤有效硼有效数据为 813 个，平均含量 0.68 mg/kg。土壤有效硼含量主要集中在（0.5，1.0］mg/kg（图 3.2.31）。有效硼含量在（0.5，1.0］mg/kg 的监测点有 410 个，占监测点总数的 50.4%；（0.2，0.5］mg/kg 的监测点有 210 个，占 25.8%；（1.0，2.0］mg/kg 的监测点有 137 个，占 16.9%；大于 2.0 mg/kg 的监测点有 0 个；小于或等于 0.2 mg/kg 的监测点有 56 个，占 6.9%。由此可见，2018 年鲁西北平原区耕地质量监测点土壤有效硼含量处于中等水平。

### （二）含量变化

由图 3.2.32 可以看出，2006—2018 年鲁西北平原区耕地有效硼含量年际

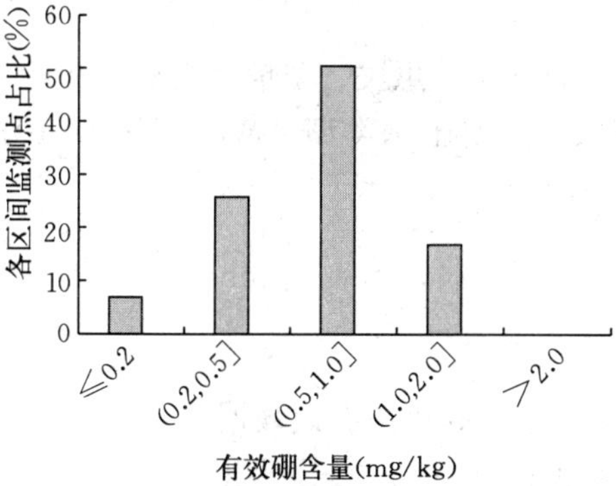


图 3.2.31　鲁西北平原区有效硼含量各区间占比

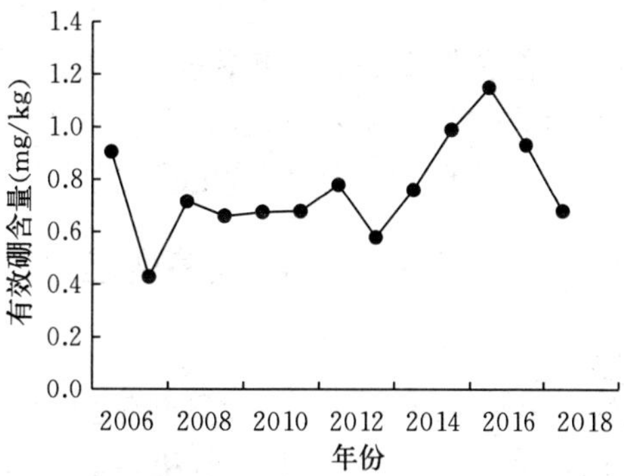


图 3.2.32　鲁西北平原区有效硼含量变化趋势

变化较大，但整体变化不大，整个监测年度的含量范围为0.43～1.15 mg/kg。其中，2006年有效硼含量较高，为0.91 mg/kg；2008—2012年变化不大，在0.67～0.78 mg/kg；2013—2016年有效硼含量呈上升趋势，2016年最高，为1.15 mg/kg，2013年最低，为0.58 mg/kg；2016—2018年有效硼含量呈下降趋势，2018年最低，为0.68 mg/kg。

**（三）频率变化**

由图3.2.33可以看出，2006—2018年，鲁西北平原区耕地质量监测点土壤有效硼含量占比最高的是（0.5，1.0］mg/kg，此区间占比整体变化较大，2006年最高，为80.0%，2007年最低，为38.2%；其次为（0.2，0.5］mg/kg，占比年际变化较大，呈不规则变化；其他区间占比较低。由此可见，鲁西北平原区耕地质量监测点土壤有效硼中等含量水平的监测点占比较高。

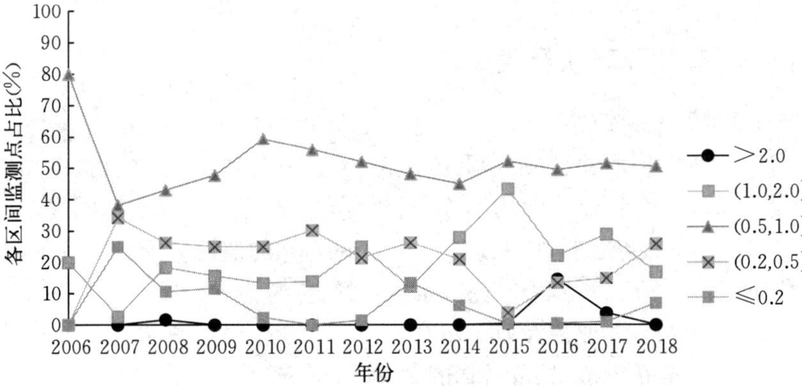


图3.2.33　鲁西北平原区土壤有效硼含量分级频率变化

# 第三节　鲁东北盐渍化区

鲁东北盐渍化区包括东营全域，滨州的滨城、惠民、阳信、无棣、沾化，德州的乐陵、庆云，共12个县（市、区），主要土壤类型为潮土、盐土和褐土，总耕地面积61.2万$hm^2$，占全省的8.1%。

## 一、有机质现状及演变趋势

**（一）现状**

2018年鲁东北盐渍化区耕地质量监测点土壤有机质有效数据为333个，平均含量17.5 g/kg。土壤有机质含量主要集中在（10，25］g/kg（图3.3.1）。有机质含量在（15，20］g/kg的监测点有101个，占监测点总数的30.3%；（10，15］g/kg的监测点有99个，占29.7%；（20，25］g/kg的监测点有

83 个，占 24.9%；大于 25 g/kg 的监测点有 27 个，占 8.1%；小于或等于 10 g/kg的监测点有 23 个，占 6.9%。由此可见，2018 年鲁东北盐渍化区监测点有机质含量处于中等水平。

### （二）含量变化

由图 3.3.2 可以看出，2007—2018 年鲁东北盐渍化区耕地质量监测点土壤有机质含量呈上升趋势，由 2005 年的 14.8 g/kg 上升至 2018 年的 17.5 g/kg。其中，2005—2007 年鲁东北盐渍化区耕地质量监测点土壤有机质含量呈下降趋势；2007—2013 年该区域有机质含量呈上升趋势，2007 年最低，为 11.7 g/kg，2013 年最高，为 14.9 g/kg；2014—2018 年呈折线上升趋势。

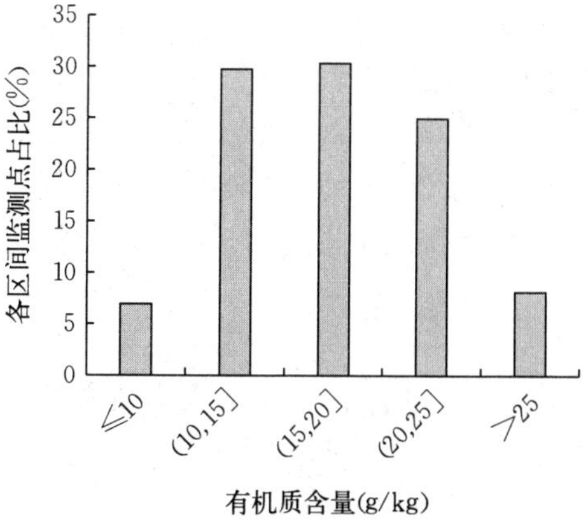


图 3.3.1　鲁东北盐渍化区有机质含量各区间占比

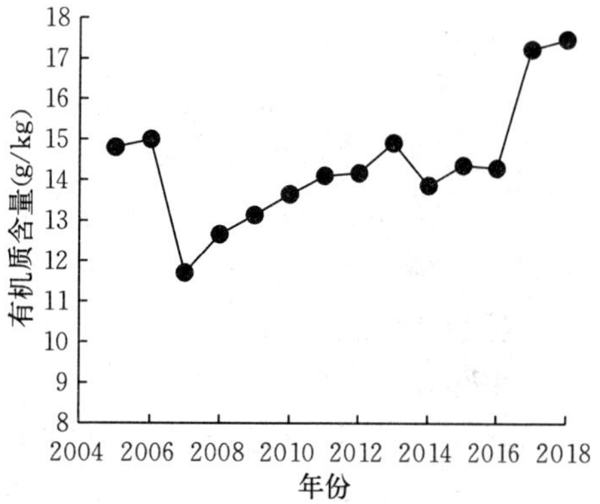


图 3.3.2　鲁东北盐渍化区有机质含量变化趋势

### （三）频率变化

由图 3.3.3 可以看出，2005—2018 年，鲁东北盐渍化区耕地质量监测点

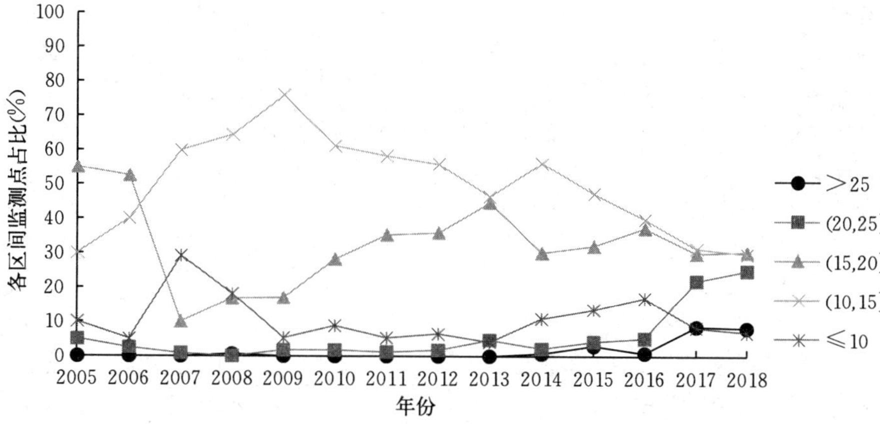


图 3.3.3　鲁东北盐渍化区土壤有机质含量分级频率变化

土壤有机质含量占比最高的是（10，15］g/kg，此区间占比年际变化较大；（15，20］g/kg的占比有所下降；其余区间变化不大，占比也较低。由此可见，鲁东北盐渍化区耕地质量监测点土壤有机质中等偏低含量水平的监测点占比较高。

## 二、全氮现状及演变趋势

### （一）现状

2018年鲁东北盐渍化区耕地质量监测点土壤全氮有效数据为333个，平均含量1.12 g/kg。土壤全氮含量主要集中在（1.00，1.25］g/kg（图3.3.4）。全氮含量在（1.00，1.25］g/kg的监测点有107个，占监测点总数的32.1%；（0.75，1.00］g/kg的监测点有72个，占21.6%；（1.25，1.50］g/kg的监测点有61个，占18.3%；小于或等于0.75 g/kg的监测点有48个，占14.4%；大于1.50 g/kg的监测点有45个，占13.5%。由此可见，2018年鲁东北盐渍化区耕地质量监测点土壤全氮含量处于中等水平。

### （二）含量变化

由图3.3.5可以看出，2007—2018年鲁东北盐渍化区耕地全氮含量整体呈折线上升趋势，整个监测年度的含量范围为0.70～1.12 g/kg。其中，2007—2012年鲁东北盐渍化区耕地质量监测点土壤全氮含量呈折线上升趋势，2013—2015年呈上升趋势，2016—2018年呈上升趋势。

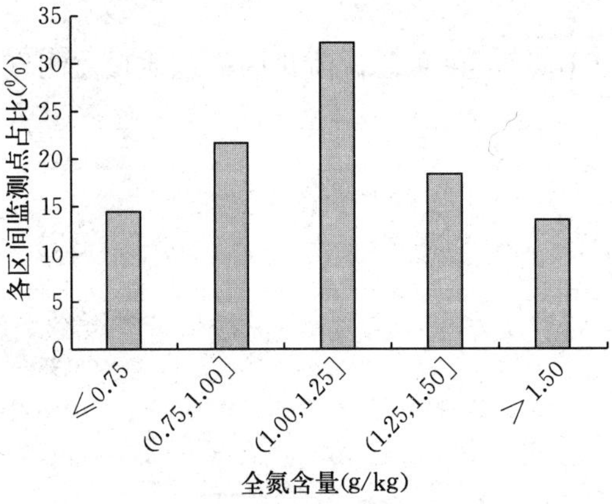


图3.3.4　鲁东北盐渍化区全氮含量各区间占比

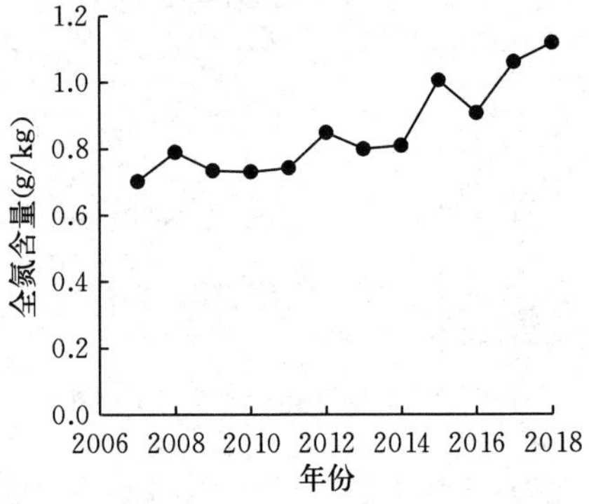


图3.3.5　鲁东北盐渍化区全氮含量变化趋势

### （三）频率变化

由图 3.3.6 可以看出，2007—2018 年，鲁东北盐渍化区耕地质量监测点土壤全氮含量占比较高的是（0.75，1.00］g/kg 及小于或等于 0.75 g/kg。2007—2018 年，（0.75，1.00］g/kg 的占比年际变化较大，但整体呈下降趋势；小于或等于 0.75 g/kg 的占比年际变化较大，整体呈下降趋势；其余区间占比较低，年际变化相对不大。

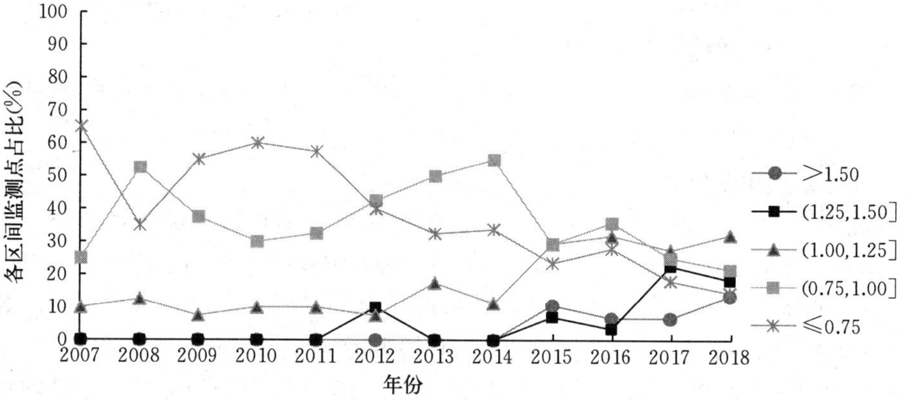


图 3.3.6　鲁东北盐渍化区土壤全氮含量分级频率变化

## 三、碱解氮现状及演变趋势

### （一）现状

2018 年鲁东北盐渍化区耕地质量监测点土壤碱解氮有效数据为 333 个，平均含量 103.4 mg/kg。土壤碱解氮含量主要集中在（90，120］mg/kg、（60，90］mg/kg（图 3.3.7）。碱解氮含量在（90，120］mg/kg 的监测点有 110 个，占监测点总数的 33.0%；（60，90］mg/kg 的监测点有 104 个，占 31.2%；（120，150］mg/kg 的监测点有 57 个，占 17.1%；大于 150 mg/kg 的监测点有 33 个，占 9.9%；小于或等于 60 mg/kg 的监测点有 29 个，占 8.7%。由此可见，2018 年鲁东北盐渍化区监测点碱解氮含量处于中等偏低水平。

### （二）含量变化

由图 3.3.8 可以看出，2005—2008 年碱解氮含量呈折线上升趋势，2009—2014 年呈缓慢下降趋势，2015—2018 年呈上升趋势。由此可见，2005—2018 年鲁东北盐渍化区耕地质量监测点土壤碱解氮含量呈上升趋势，由 2005 年的 74.3 mg/kg 上升至 2018 年的 103.4 mg/kg。

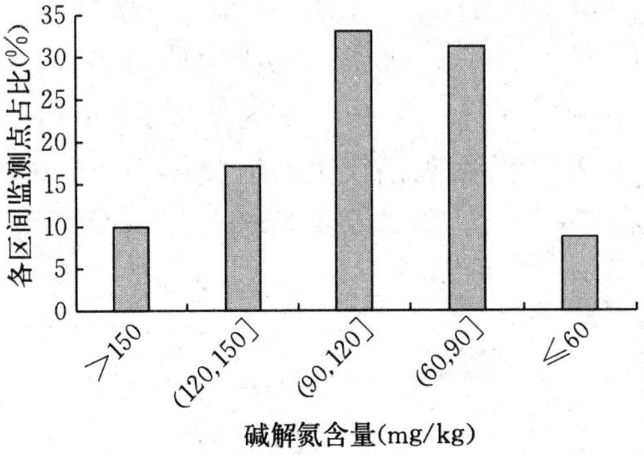


图3.3.7　鲁东北盐渍化区碱解氮含量各区间占比

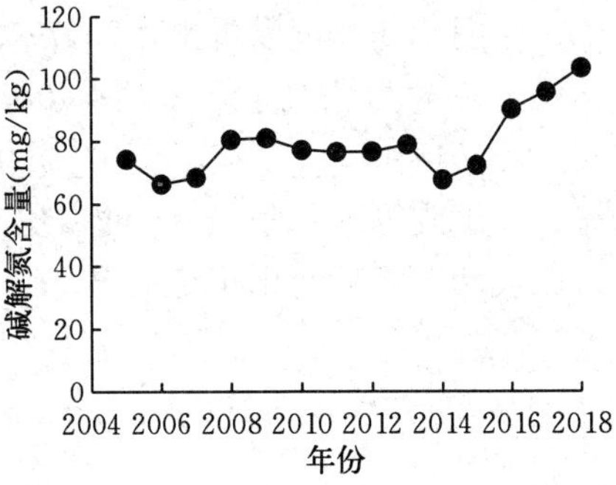


图3.3.8　鲁东北盐渍化区碱解氮含量变化趋势

### （三）频率变化

由图3.3.9可以看出，2005—2018年鲁东北盐渍化区耕地质量监测点土壤碱解氮含量占比较高的是（60，90］mg/kg，整体呈不规则下降趋势，2005年占比最高，为70.0%，2018年占比最低，为31.2%；小于或等于60 mg/kg的占比次之，占比整个监测年度呈不规则变化，最高点在2006年，为42.5%；（90，120］mg/kg的占比在2005—2018年呈上升趋势；其余区间占比较低，年际变化不大。由此可见，2005—2018年鲁东北盐渍化区土壤碱解氮含量处于偏低水平的监测点占比较高。

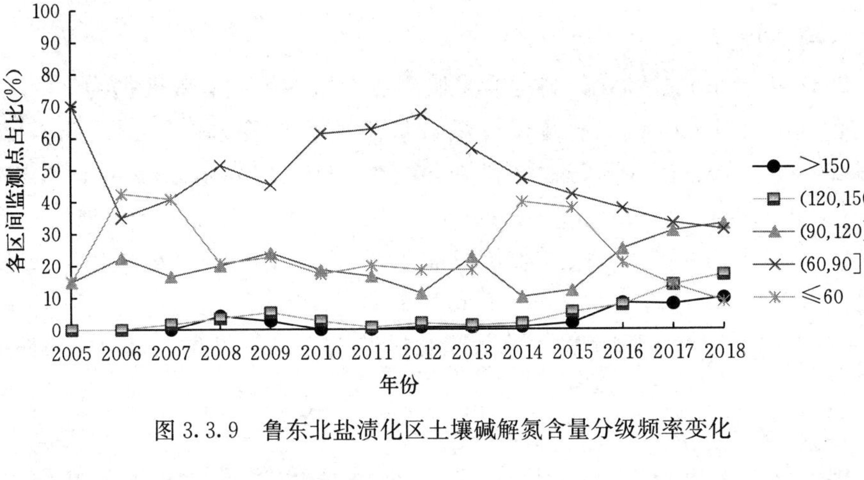


图3.3.9　鲁东北盐渍化区土壤碱解氮含量分级频率变化

## 四、有效磷现状及演变趋势

### （一）现状

2018年，鲁东北盐渍化区耕地质量监测点土壤有效磷有效数据为333

个，平均含量 36.7 mg/kg。土壤有效磷含量主要集中在大于 10 mg/kg（图 3.3.10）。有效磷含量在（30，50］mg/kg 的监测点有 82 个，占监测点总数的 24.6%；（10，20］mg/kg 的监测点有 74 个，占 22.2%；（20，30］mg/kg 的监测点有 72 个，占 21.6%；大于 50 mg/kg 的监测点有 66 个，占 19.8%；小于或等于 10 mg/kg 的监测点有 39 个，占 11.7%。由此可见，2018 年鲁东北盐渍化区耕地质量监测点土壤有效磷含量处于中等偏高水平。

### （二）含量变化

由图 3.3.11 可以看出，2005—2018 年，鲁东北盐渍化区耕地质量监测点土壤有效磷含量总体有所上升，由 2005 年的 29.0 mg/kg 上升至 2018 年的 36.7 mg/kg。其中，2005 年土壤有效磷含量较高，为 29.0 mg/kg；2006—2008 年呈上升趋势，2009—2013 年呈折线上升趋势，2014—2018 年呈上升趋势。

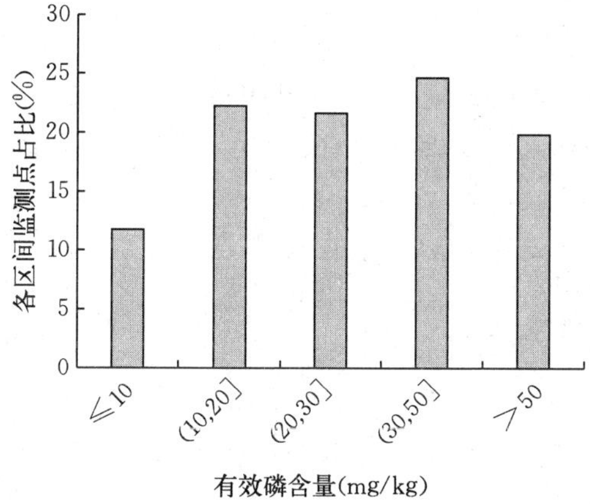


图 3.3.10　鲁东北盐渍化区有效磷含量各区间占比

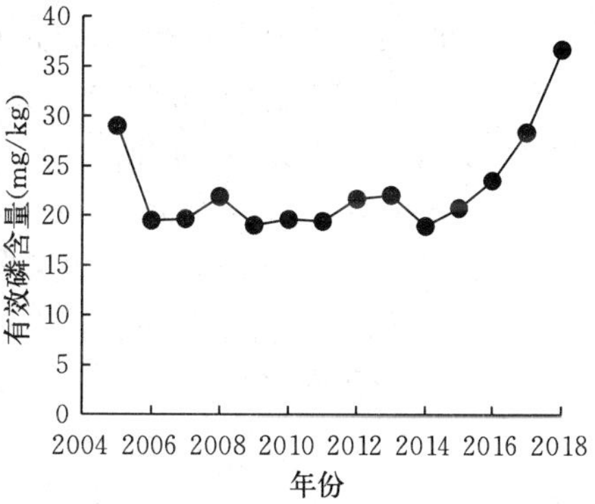


图 3.3.11　鲁东北盐渍化区有效磷含量变化趋势

### （三）频率变化

由图 3.3.12 可以看出，2007—2018 年，鲁东北盐渍化区耕地质量监测点土壤有效磷含量占比较高的是（10，20］mg/kg，2014 年最高，为 52.9%，2018 年最低，为 22.2%；（20，30］mg/kg 的占比呈不规则下降趋势，2013 年最高，为 39.4%，2008 年最低，为 21.2%；小于或等于 10 mg/kg 的占比年际变化不大，最高为 2006 年的 30.0%，最低为 2012 年的 5.9 mg/kg；其余区间占比较低，年际变化不大。由此可见，鲁东北盐渍化区耕地质量监测点土壤有效磷含量处于中等偏低水平的监测点占比较高。

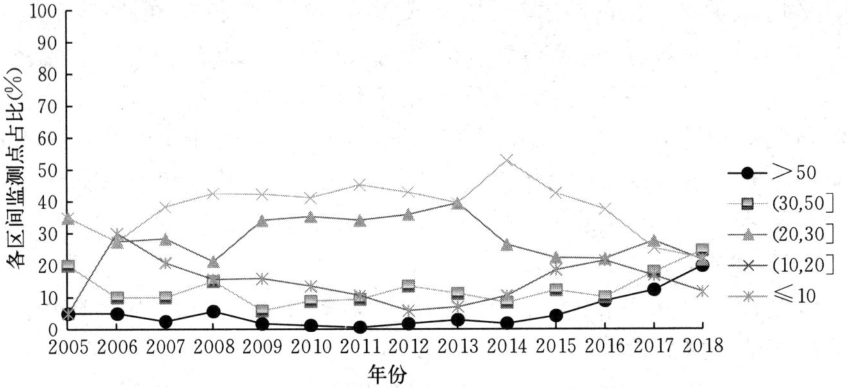


图 3.3.12　鲁东北盐渍化区土壤有效磷含量分级频率变化

## 五、速效钾现状及演变趋势

### （一）现状

2018 年，鲁东北盐渍化区耕地质量监测点土壤速效钾有效数据为 333 个，平均含量 222 mg/kg。土壤速效钾含量主要集中在小于或等于 50 mg/kg（图 3.3.13）。速效钾含量小于或等于 50 mg/kg 的监测点有 169 个，占监测点总数的 50.8%；（100，150］mg/kg 的监测点有 67 个，占 20.1%；（50，100］mg/kg 的监测点有 60 个，占 18.0%；（150，200］mg/kg 的监测点有 37 个，占 11.1%；大于 200 mg/kg 的监测点有 0 个，占比为 0。由此可见，2018 年鲁东北盐渍化区耕地质量监测点土壤速效钾含量处于低水平。

### （二）含量变化

由图 3.3.14 可以看出，2005—2018 年，鲁东北盐渍化区耕地质量监测点

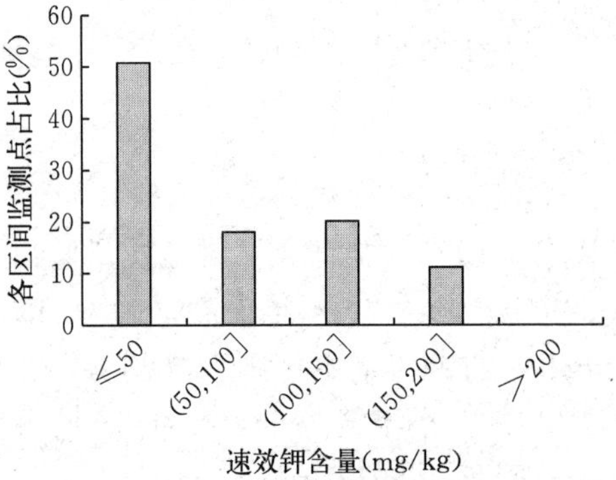


图 3.3.13　鲁东北盐渍化区速效钾含量各区间占比

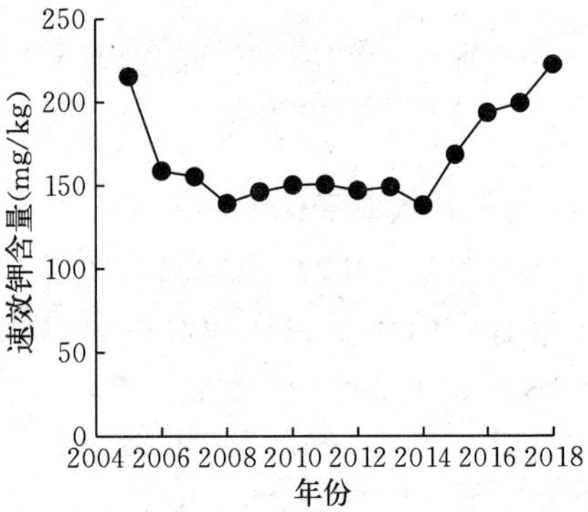


图 3.3.14　鲁东北盐渍化区速效钾含量变化趋势

土壤速效钾含量先降后升，总体有所上升，由 2005 年的 215 mg/kg 上升至 2018 年的 222 mg/kg。2005—2008 年鲁东北盐渍化区耕地质量监测点土壤速效钾含量呈下降趋势，2009—2013 年变化不大，均在 150 mg/kg 左右，2014—2018 年呈上升趋势。

### （三）频率变化

由图 3.3.15 可以看出，2005—2018 年鲁东北盐渍化区耕地质量监测点土壤速效钾含量占比较高的是（100，150］mg/kg，占比呈缓慢下降趋势；（150，200］mg/kg 的占比波动变化；小于或等于 50 mg/kg 的占比年际变化较大；其余区间占比不高，年际变化不大。

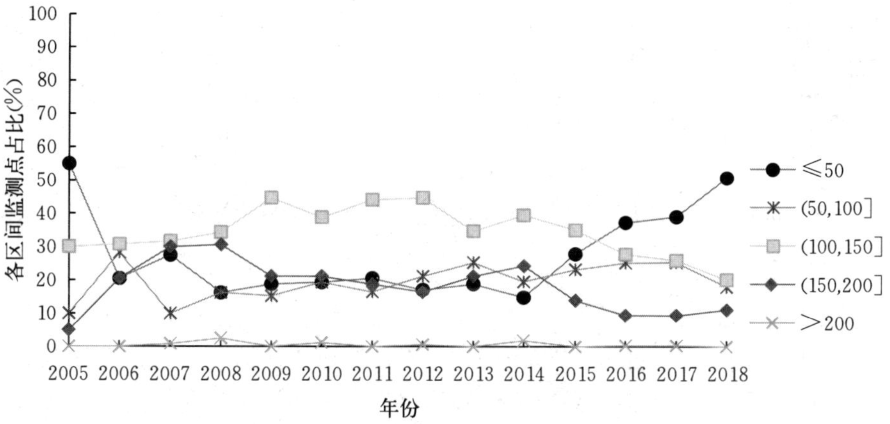


图 3.3.15　鲁东北盐渍化区土壤速效钾含量分级频率变化

## 六、土壤 pH 现状及演变趋势

### （一）现状

2018 年鲁东北盐渍化区耕地质量监测点土壤 pH 有效数据为 278 个，pH 平均为 8.20。pH 主要集中在（8.0，8.5］、（5.5，6.0］（图 3.3.16）。其中（8.0，8.5］、（5.5，6.0］的监测点有 221 个，占监测点总数的 79.5%；（7.5，8.0］、（6.0，6.5］的监测点有 38 个，占 13.7%；（8.5，9.0］、（5.0，5.5］的监测点有 17 个，占 6.1%；（6.5，7.5］的监测点有 2 个，占 0.7%；大于 9.0 及小于或等于 5.0 的监测点有 0 个，占比为 0。由此可见，2018 年鲁东北盐渍化区耕地质量监测点土壤 pH 在（8.0，8.5］、（5.5，6.0］较多，属中等水平。

### （二）pH 变化

由图 3.3.17 可以看出，2007—2018 年鲁东北盐渍化区耕地质量监测点土壤整体呈碱性，且有盐碱化加重的趋势。其中，2007年pH较低，2008年较2007年有所上升；2009—2014年pH呈上升趋势，2014—2016年呈下降趋势，2016—2018年呈上升趋势。

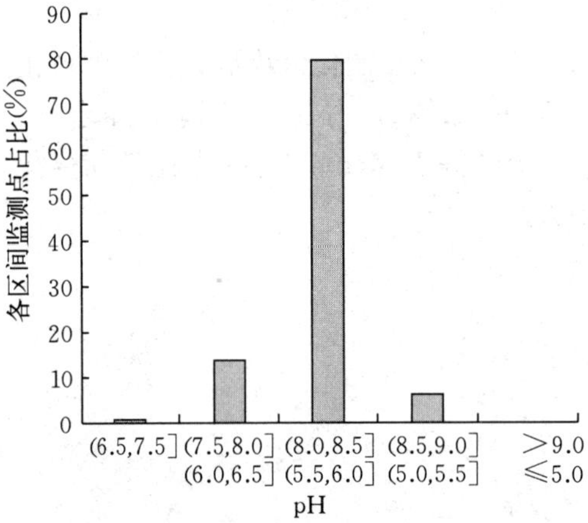


图3.3.16　鲁东北盐渍化区pH区间占比

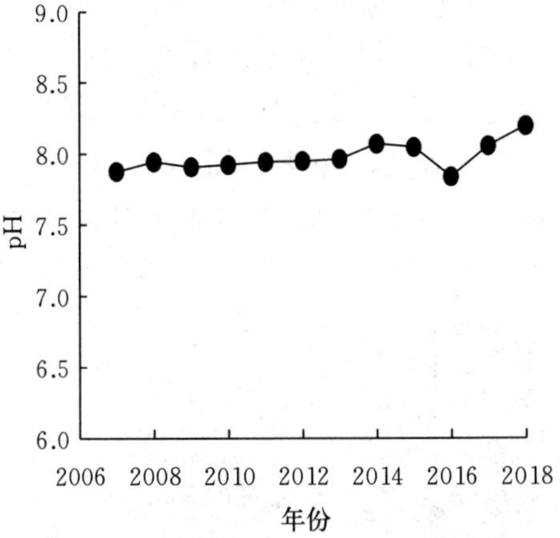


图3.3.17　鲁东北盐渍化区pH变化趋势

**（三）频率变化**

由图3.3.18可以看出，2007—2018年，鲁东北盐渍化区pH占比较高的为（8.0，8.5]、（5.5，6.0]及（7.5，8.0]、（6.0，6.5]。（8.0，8.5]、（5.5，6.0]的占比整体呈上升趋势；（7.5，8.0]、（6.0，6.5]的占比整体呈不规则下降趋势；其他区间占比较低，年际变化不大。由此可见，鲁东北盐渍化区土壤偏碱性的监测点占比较高。

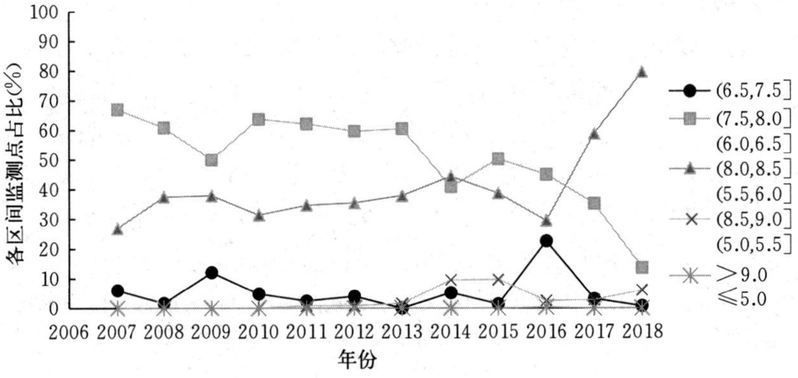


图3.3.18　鲁东北盐渍化区土壤pH分级频率变化

## 七、有效锰现状及演变趋势

### （一）现状

2018 年鲁东北盐渍化区耕地质量监测点土壤有效锰有效数据为 256 个，平均含量 10.4 mg/kg。土壤有效锰含量主要集中在（10，15］mg/kg，监测点有 79 个，占监测点总数的 30.9%；（5，10］mg/kg 的监测点有 70 个，占 27.3%；小于或等于 5 mg/kg 的监测点有 43 个，占 16.8%；（15，30］mg/kg 的监测点有 35 个，占 13.7%；大于 30 mg/kg 的监测点有 29 个，占 11.3%（图 3.3.19）。由此可见，2018 年鲁东北盐渍化区监测点有效锰含量处于中等偏低水平。

### （二）含量变化

由图 3.3.20 可以看出，2007—2018 年鲁东北盐渍化区耕地质量监测点土壤有效锰含量呈上升趋势，由 2007 年的 5.7 mg/kg 上升至 2018 年的 10.4 mg/kg，上升明显。其中，2007—2012 年土壤有效锰含量呈缓慢上升趋势，2012—2018 年呈折线上升趋势。

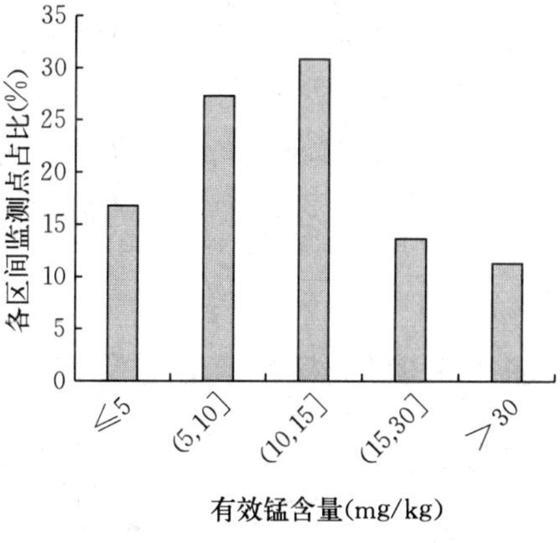


图 3.3.19　鲁东北盐渍化区有效锰含量各区间占比

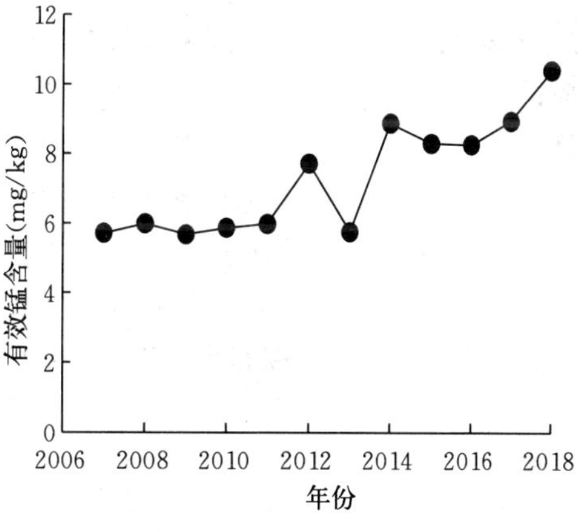


图 3.3.20　鲁东北盐渍化区有效锰含量变化趋势

### （三）频率变化

由图 3.3.21 可以看出，2007—2018 年鲁东北盐渍化区耕地质量监测点土壤有效锰含量占比较高的是（5，10］mg/kg，年际变化较大，总体呈下降趋势；其次为小于或等于 5 mg/kg，占比年际变化较大；其余区间占比较低。由此可见，2007—2018 年鲁东北盐渍化区耕地质量监测点土壤有效锰含量处于偏低水平的监测点占比较高。

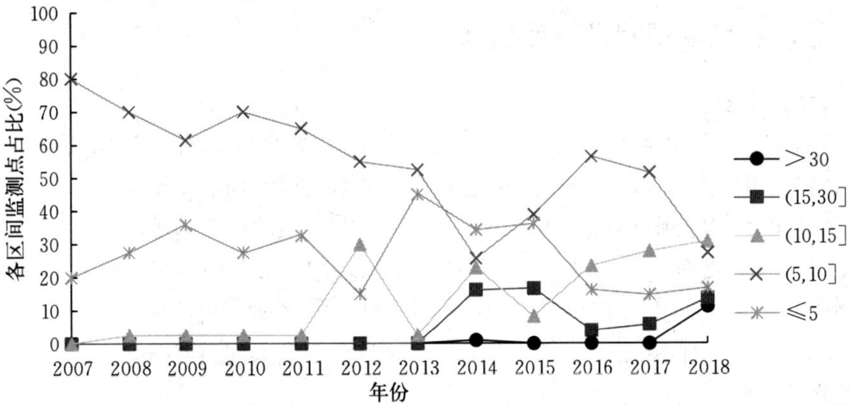


图 3.3.21　鲁东北盐渍化区土壤有效锰含量分级频率变化

## 八、有效铜现状及演变趋势

### （一）现状

2018 年鲁东北盐渍化区耕地质量监测点土壤有效铜有效数据为 256 个，平均含量 1.9 mg/kg。土壤有效铜含量主要集中在（1.0，1.8］mg/kg、大于 1.8 mg/kg（图 3.3.22）。有效铜含量在（1.0，1.8］mg/kg 的监测点有 126 个，占监测点总数的 49.2%；大于 1.8 mg/kg 的监测点有 114 个，占 44.5%；（1.0，1.8］mg/kg 的监测点有 16 个，占 6.3%；（0.2，0.5］mg/kg 及小于或等于 0.2 mg/kg 的监测点有 0 个，占比为 0。由此可见，2018 年鲁东北盐渍化区监测点有效铜含量处于较高水平。

### （二）含量变化

由图 3.3.23 可以看出，2007—2018 年鲁东北盐渍化区耕地土壤有效铜含

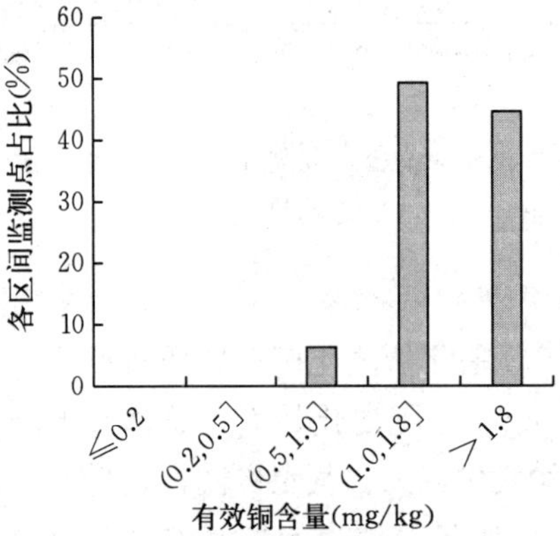


图 3.3.22　鲁东北盐渍化区有效铜含量各区间占比

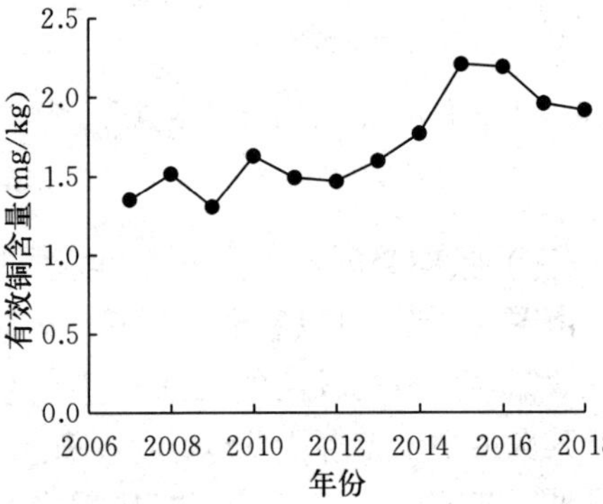


图 3.3.23　鲁东北盐渍化区有效铜含量各变化趋势

量呈上升趋势，由 2007 年的 1.4 mg/kg 上升至 2018 年的 1.9 mg/kg。其中，2007—2010 年土壤有效铜含量呈折线上升趋势，2010—2012 年呈下降趋势，2012—2015 年呈折线上升趋势，2016—2018 年呈下降趋势。

### （三）频率变化

由图 3.3.24 可以看出，2007—2018 年，鲁东北盐渍化区有效铜含量占比较高的是（1.0，1.8］mg/kg，各年份间变化较大，总体呈下降趋势；其次是大于 1.8 mg/kg，占比整体呈上升趋势；其他区间占比较低。由此可见，鲁东北盐渍化区土壤有效铜含量处于较高水平的监测点占比较高。

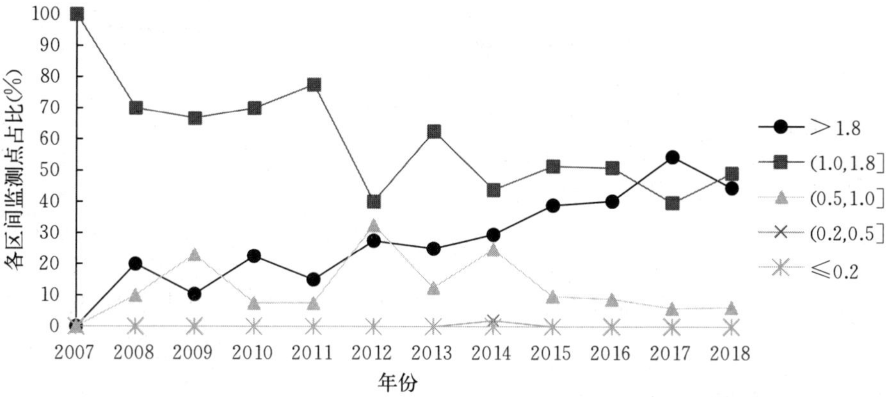


图 3.3.24　鲁东北盐渍化区土壤有效铜分级频率变化

## 第四节　鲁中南部平原区

鲁中南部平原区包括济宁的任城、兖州、曲阜、邹城、微山、汶上，枣庄的峄城、市中、滕州、台儿庄、薛城，临沂的郯城、苍山、河东、罗庄、兰山，泰安的东平、宁阳、肥城，共 19 个县（市、区），总耕地面积 112.87 万 $hm^2$，占全省的 15%。

### 一、有机质现状及演变趋势

### （一）现状

2018 年鲁中南部平原区耕地质量监测点土壤有机质有效数据为 435 个，平均含量 21.1 g/kg。有机质含量主要集中在（15，20］g/kg（图 3.4.1）。（15，20］g/kg 的监测点有 135 个，占监测点总数的 31.0%；（20，25］g/kg 的监测点有 118 个，占 27.1%；大于 25 g/kg 的监测点有 101 个，占 23.2%；（10，15］g/kg 的监测点有 57 个，占 13.1%；小于或等于 10 g/kg 的监测点有 24 个，占 5.5%。由此可见，2018 年鲁中南部平原区监测点有机质含量处于中等偏高水平。

## （二）含量变化

由图3.4.2可以看出，2006—2018年该区域有机质含量呈折线上升趋势，由2006年的16.1 g/kg上升至2018年的21.1 g/kg，上升31.1%。2007年含量最低，为15.1 g/kg，2018年最高。

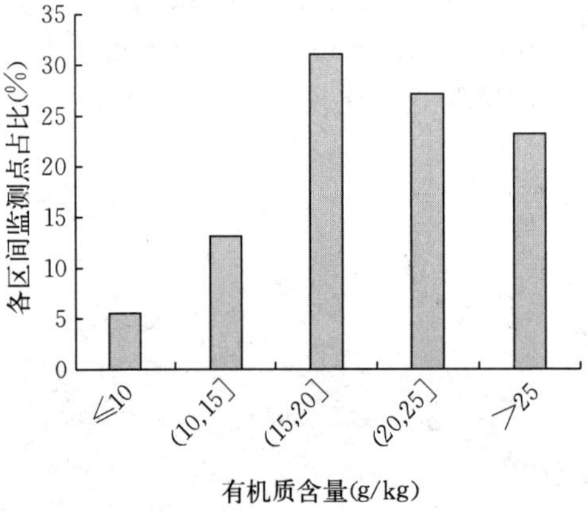


图3.4.1　鲁中南部平原区有机质含量各区间占比

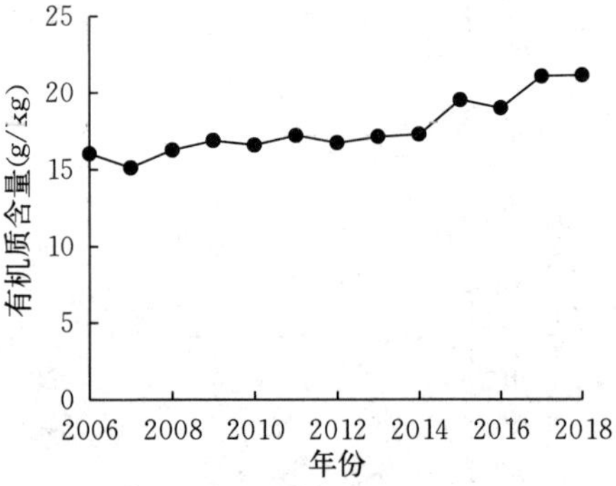


图3.4.2　鲁中南部平原区有机质含量变化趋势

## （三）频率变化

由图3.4.3可以看出，2006—2018年，鲁中南部平原区耕地质量监测点土壤有机质含量占比最高的是（15，20］g/kg，此区间占比整体变化不大，略有下降；大于25 g/kg及（20，25］g/kg的占比呈上升趋势；（10，15］g/kg的占比呈下降趋势；小于或等于10 g/kg的占比较低，年份间变化不大。由此可见，鲁中南部平原区土壤有机质含量中等水平的监测点占比较高。

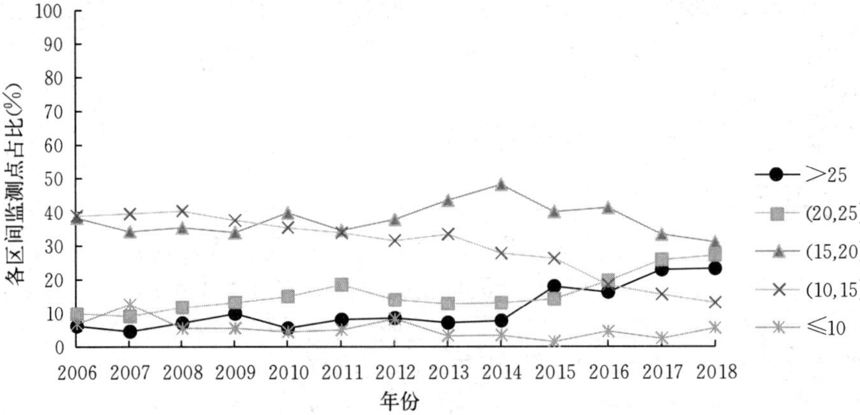


图3.4.3　鲁中南部平原区土壤有机质含量分级频率变化

## 二、全氮现状及演变趋势

### （一）现状

2018 年鲁中南部平原区耕地质量监测点土壤全氮有效数据为 415 个，平均含量 0.99 g/kg。全氮含量主要集中在小于或等于 0.75 g/kg（图 3.4.4）。小于或等于 0.75 g/kg 的监测点有 134 个，占监测点总数的 32.3%；大于 1.50 g/kg 的监测点有 89 个，占 21.4%；（1.00，1.25］g/kg 的监测点有 86 个，占 20.7%；（1.25，1.50］g/kg 的监测点有 66 个，占 15.9%；（0.75，1.00］g/kg 的监测点有 40 个，占 9.6%。由此可见，2018 年鲁中南部平原区监测点全氮含量处于低水平。

### （二）含量变化

由图 3.4.5 可以看出，2006—2008 年鲁中南部平原区耕地质量监测点土壤全氮含量呈折线上升趋势，2008—2014 年呈下降趋势，2015—2017 年呈上升趋势，2018 年有所下降，为 0.99 g/kg。由此可见 2006—2018 年，鲁中南部平原区耕地全氮含量变化较大，整个监测年度的含量范围为0.84～1.42 g/kg。

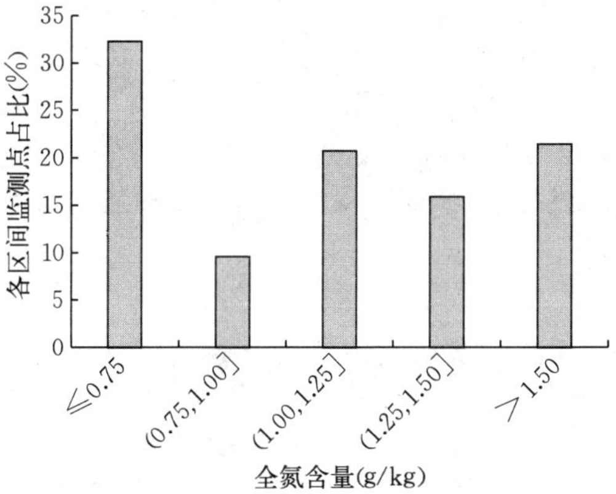


图 3.4.4　鲁中南部平原区全氮含量各区间占比

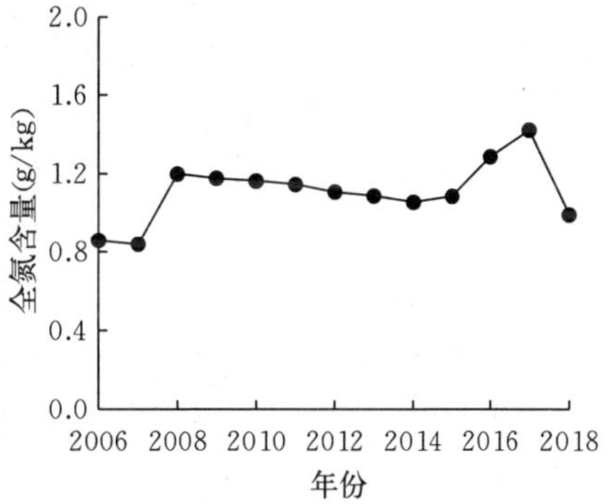


图 3.4.5　鲁中南部平原区全氮含量变化趋势

### （三）频率变化

由图 3.4.6 可以看出，2007—2018 年，鲁中南部平原区耕地质量监测点土壤全氮含量占比分布相对均匀。（1.00，1.25］g/kg 的占比较高，该区间占比年份间变化幅度不大；（1.25，1.50］g/kg 的占比整体呈 S 形变化；大于 1.50 g/kg 的占比整体呈上升趋势；小于或等于 0.75 g/kg 的占比年份间变化较大。

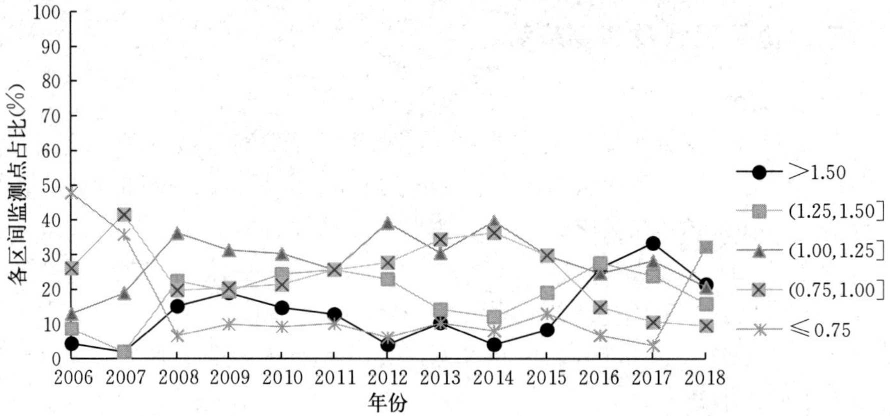


图 3.4.6　鲁中南部平原区土壤全氮含量分级频率变化

## 三、碱解氮现状及演变趋势

### （一）现状

2018 年，鲁中南部平原区耕地质量监测点土壤碱解氮有效数据 435 个，平均含量 108.6 mg/kg。碱解氮含量主要集中在（90，120］mg/kg，监测点有 182 个，占监测点总数的 41.8%；（60，90］mg/kg 的监测点有 97 个，占 22.3%；（120，150］mg/kg 的监测点有 84 个，占 19.3%；大于 150 mg/kg 的监测点有 44 个，占 10.1%；小于或等于 60 mg/kg 的监测点有 28 个，占 6.4%（图 3.4.7）。由此可见，2018 年鲁中南部平原区监测点碱解氮含量处于中等水平。

### （二）含量变化

由图 3.4.8 可以看出，2006—2018 年，鲁中南部平原区耕地质量监测点

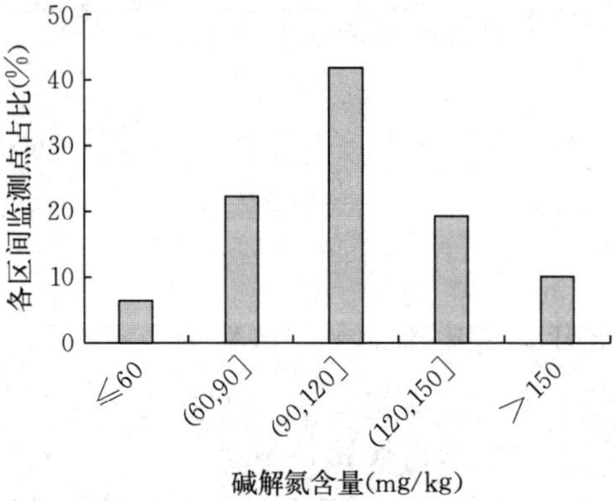


图 3.4.7　鲁中南部平原区碱解氮含量各区间占比

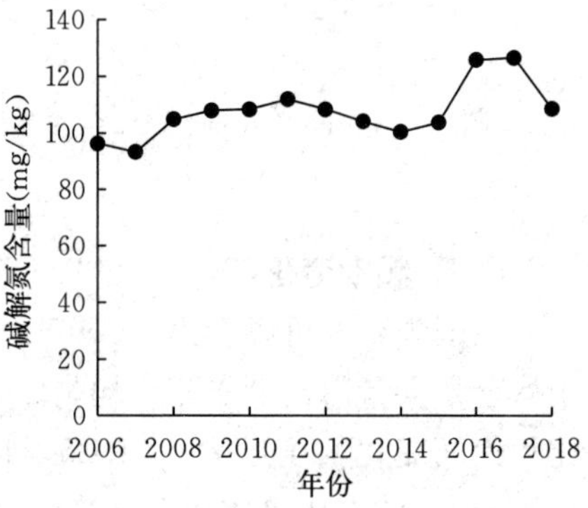


图 3.4.8　鲁中南部平原区碱解氮含量变化趋势

土壤碱解氮含量总体呈波动上升趋势，由 2006 年的 96.3 mg/kg 上升至 2018 年的 108.6 mg/kg，上升 12.8%。其中 2006—2011 年碱解氮含量呈折线上升趋势，2011—2014 年呈缓慢下降趋势，2014—2016 年呈上升趋势，2017 年变化不大，2018 年较 2017 年有所下降。

**（三）频率变化**

由图 3.4.9 可以看出，2006—2018 年，鲁中南部平原区耕地质量监测点土壤碱解氮含量占比较高的是（90，120］mg/kg，该区间占比年份间变化不大，呈缓慢上升趋势；（60，90］mg/kg 的占比也较高，占比在 2006—2018 年有所下降；（120，150］mg/kg 的占比在 2006—2018 年呈缓慢上升趋势；其余区间占比较低，年份间变化不大。由此可见，鲁中南部平原区土壤碱解氮含量处于中等水平的监测点占比较高。

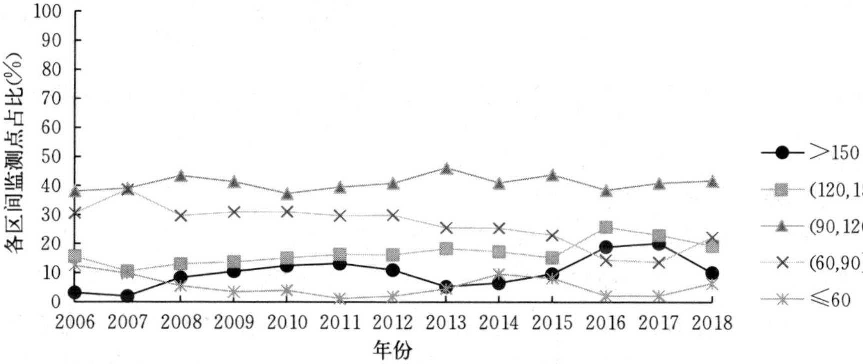


图 3.4.9　鲁中南部平原区土壤碱解氮含量分级频率变化

## 四、有效磷现状及演变趋势

**（一）现状**

2018 年鲁中南部平原区耕地质量监测点土壤有效磷有效数据为 435 个，平均含量 54.9 mg/kg。有效磷含量主要集中在大于 50 mg/kg（图 3.4.10）。大于 50 mg/kg 的监测点有 186 个，占监测点总数的 42.8%；（30，50］mg/kg 的监测点有 117 个，占 26.9%；（20，30］mg/kg 的监测点有 64 个，占 14.7%；（10，20］mg/kg 的监测点有 47 个，占 10.8%；小于或等于 10 mg/kg 的监测点有 21 个，占 4.8%。由此可见，2018 年鲁中南部平原区耕地质量监测点土壤有效磷含量处于高水平。

**（二）含量变化**

由图 3.4.11 可以看出，2006—2018 年鲁中南部平原区耕地质量监测点土壤有效磷含量总体呈上升趋势，由 2006 年的 37.0 mg/kg 上升至 2018 年的 54.9 mg/kg，上升 48.4%。其中 2006—2010 年呈下降趋势，2010—2012 年呈上升趋势，2013—2017 年呈上升趋势，2018 年略有下降，为 54.9 mg/kg。

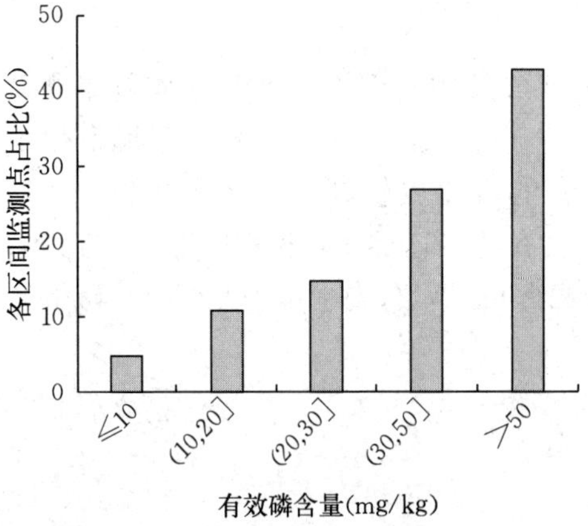


图 3.4.10　鲁中南部平原区有效磷含量各区间占比

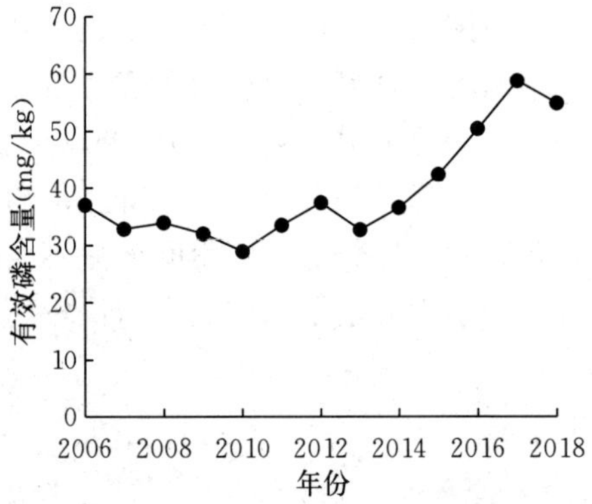


图 3.4.11　鲁中南部平原区有效磷含量变化趋势

## （三）频率变化

由图 3.4.12 可以看出，2006—2018 年，鲁中南部平原区耕地质量监测点土壤有效磷含量占比较高的是（30，50］mg/kg，该区间占比整体变化不大；（20，30］mg/kg 的占比呈下降趋势；（10，20］mg/kg 的占比呈下降趋势；大于 50 mg/kg 的占比呈上升趋势；小于或等于 10 mg/kg 的占比年份间变化不大，占比较低。

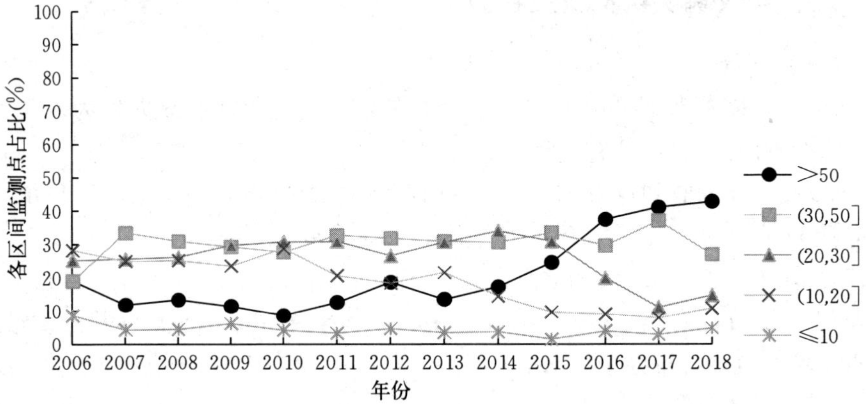


图 3.4.12　鲁中南部平原区土壤有效磷含量分级频率变化

## 五、速效钾现状及演变趋势

### （一）现状

2018年，鲁中南部平原区耕地质量监测点土壤速效钾有效数据为435个，平均含量172 mg/kg。速效钾含量主要集中在（100，150］mg/kg（图3.4.13）。（100，150］mg/kg的监测点有143个，占监测点总数的32.9%；大于200 mg/kg的监测点有120个，占27.6%；（150，200］mg/kg的监测点有100个，占23.0%；（50，100］mg/kg的监测点有68个，占15.6%；小于或等于50 mg/kg的监测点有4个，占0.9%。由此可见，2018年鲁中南部平原区耕地质量监测点土壤速效钾含量处于中等偏高水平。

### （二）含量变化

由图3.4.14可以看出，2006—2018年鲁中南部平原区耕地质量监测点土壤速效钾含量呈上升趋势，由2006年的115 mg/kg上升至2018年的172 mg/kg，上升49.6%。

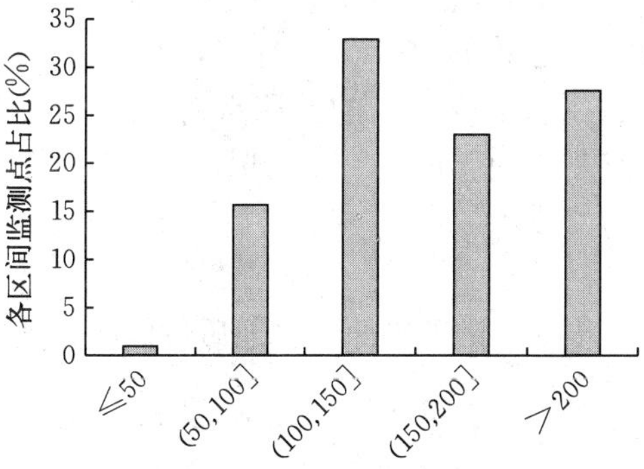


图3.4.13　鲁中南部平原区速效钾含量各区间占比

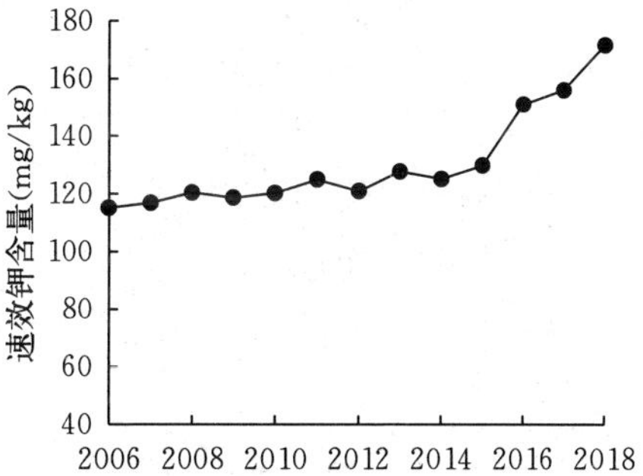


图3.4.14　鲁中南部平原区速效钾含量变化趋势

### （三）频率变化

由图3.4.15可以看出，2006—2018年，鲁中南部平原区耕地质量监测点土壤速效钾含量占比较高的是（100，150］mg/kg，该区间占比在2007—2015年呈缓慢上升趋势；（50，100］mg/kg的占比也较高，该区间占比在2006—2018年呈下降趋势，2006年最高，为39.9%，2018年下降至16.5%；其余区间占比较低，年份间变化不大。由此可见，鲁中南部平原区耕地质量监测点土壤速效钾含量处于中等水平的监测点占比较高。

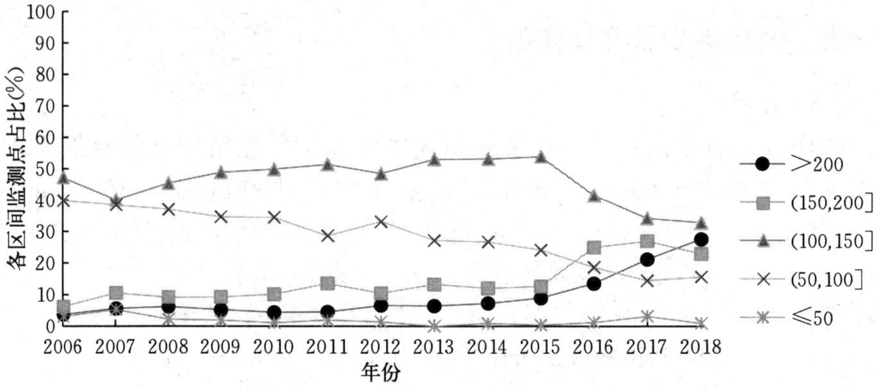


图 3.4.15 鲁中南部平原区土壤速效钾含量分级频率变化

## 六、土壤 pH 现状及演变趋势

### （一）现状

2018 年，鲁中南部平原区耕地质量监测点土壤 pH 有效数据为 413 个，平均为 6.34。pH 主要集中在（7.5，8.0]、（6.0，6.5]（图 3.4.16）。（7.5，8.0]、（6.0，6.5] 的监测点有 138 个，占监测点总数的 33.4%；（6.5，7.5] 的监测点有 124 个，占 30.0%；（8.0，8.5]、（5.5，6.0] 的监测点有 78 个，占 18.9%；（8.5，9.0]、（5.0，5.5] 的监测点有 31 个，占 7.5%；大于 9.0、小于或等于 5.0 的监测点有 42 个，占 10.2%。

### （二）pH 变化

由图 3.4.17 可以看出，2006—2018 年鲁中南部平原区耕地质量监测点土

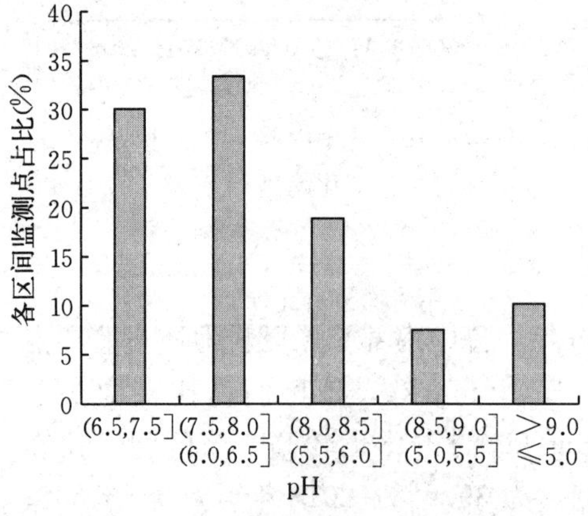


图 3.4.16 鲁中南部平原区 pH 各区间占比

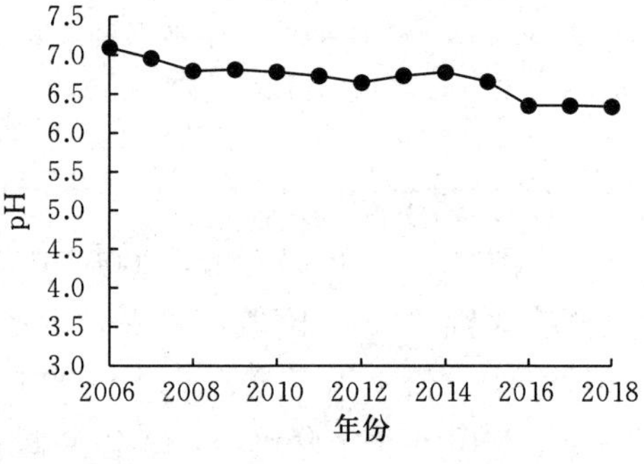


图 3.4.17 鲁中南部平原区 pH 变化趋势

壤 pH 总体呈下降趋势，由 2006 年的 7.10 下降至 2018 年的 6.34。其中 2006—2008 年呈下降趋势，2009—2012 年呈下降趋势，2012—2014 年呈上升趋势，2014—2018 年呈下降趋势。

### （三）频率变化

由图 3.4.18 可以看出，2007—2018 年鲁中南部平原区耕地质量监测点土壤 pH 占比较高的为（6.5，7.5］及（7.5，8.0］、（6.0，6.5］。（6.5，7.5］的占比在 2006—2018 年呈下降趋势；（7.5，8.0］、（6.0，6.5］的占比变化较小；其余区间占比较低，年份间变化不大。由此可见，鲁中南部平原区耕地质量监测点土壤呈中性的监测点占比较高。

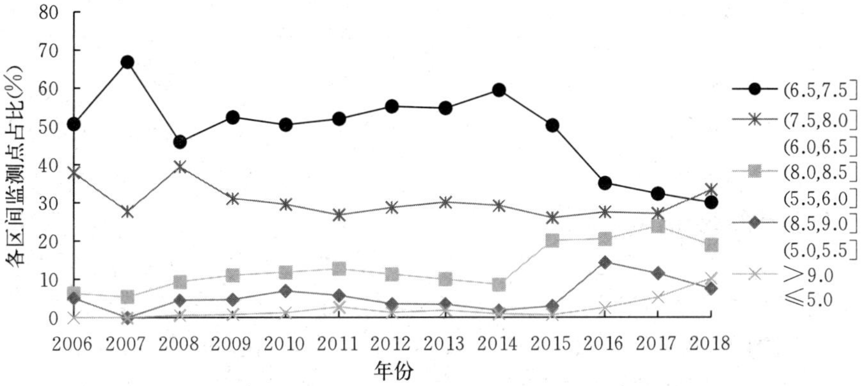


图 3.4.18　鲁中南部平原区土壤 pH 分级频率变化

## 七、有效铁现状及演变趋势

### （一）现状

2018 年，鲁中南部平原区耕地质量监测点土壤有效铁有效数据为 320 个，平均含量 59.9 mg/kg。有效铁含量主要集中在大于 20 mg/kg（图 3.4.19）。大于 20 mg/kg 的监测点有 259 个，占监测点总数的 80.9%；（10，15］mg/kg 的监测点有 21 个，占 6.6%；（15，20］mg/kg 的监测点有 18 个，占 5.6%；（5，10］mg/kg 的监测点有 14 个，占 4.4%；小于或等于 5 mg/kg 的监测点有 8 个，占 2.5%。由此可见，2018 年鲁中南部平原区耕地质量监测点土壤有效铁含量处于高水平。

### （二）含量变化

由图 3.4.20 可以看出，2006—2018 年鲁中南部平原区耕地有效铁含量呈上升趋势，由 2006 年的 19.3 mg/kg 上升至 2018 年的 59.9 mg/kg。其中，2006—2008 年鲁中南部平原区耕地质量监测点土壤有效铁含量呈上升趋势，

2008—2010 年呈下降趋势，2010—2012 年呈上升趋势，2013—2017 年呈上升趋势，2018 年较 2017 年有所下降。

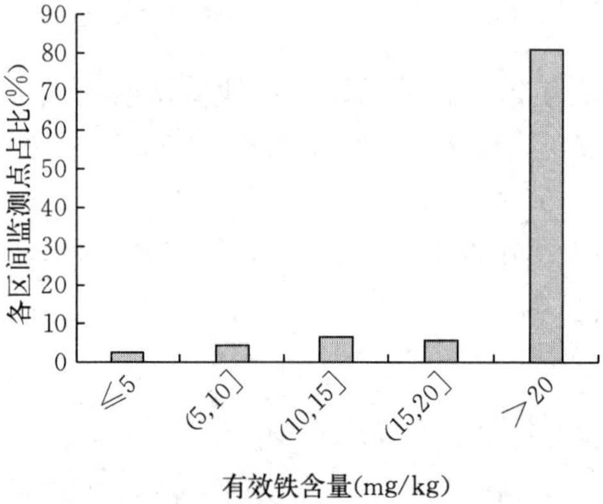


图 3.4.19　鲁中南部平原区有效铁含量各区间占比

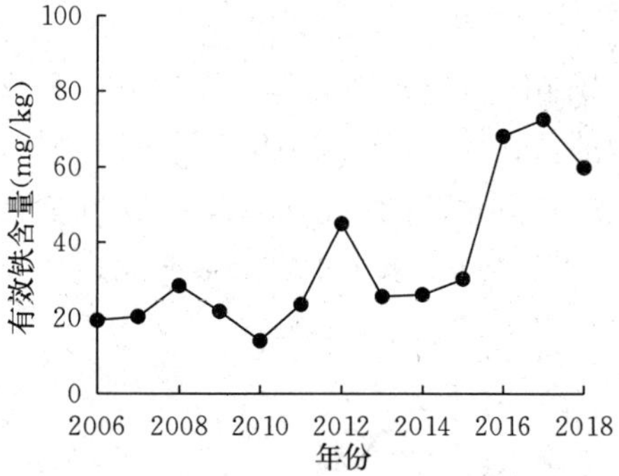


图 3.4.20　鲁中南部平原区有效铁含量变化趋势

## （三）频率变化

由图 3.4.21 可以看出，2006—2018 年，鲁中南部平原区耕地质量监测点土壤有效铁含量占比最高的是大于 20 mg/kg，该区间占比在 2006—2018 年呈不规则变化，但总体呈上升趋势；(15，20] mg/kg 的占比在 2006—2018 年整体呈下降趋势；其余区间占比不高，均呈不规则变化。由此可见，鲁中南部平原区耕地质量监测点土壤有效铁含量处于高水平的监测点占比较高。

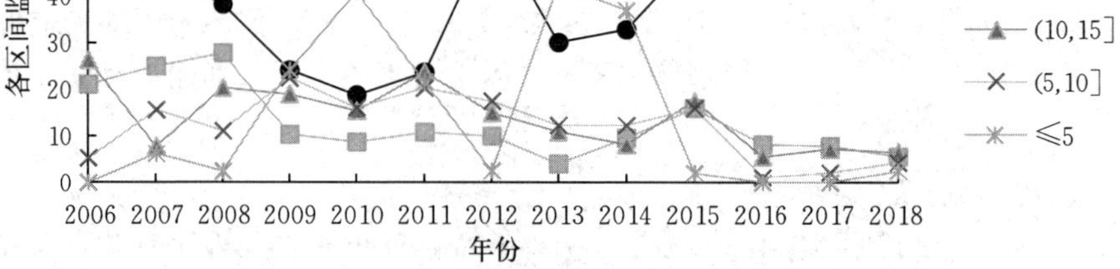


图 3.4.21　鲁中南部平原区土壤有效铁含量分级频率变化

## 八、有效铜现状及演变趋势

### （一）现状

2018 年，鲁中南部平原区耕地质量监测点土壤有效铜有效数据为 320 个，平均含量 2.23 mg/kg。有效铜含量主要集中在大于 1.8 mg/kg（图 3.4.22）。大于 1.8 mg/kg 的监测点有 135 个，占监测点总数的 42.2%；（1.0，1.8] mg/kg 的监测点有 119 个，占 37.2%；（0.5，1.0] mg/kg 的监测点有 30 个，占 9.4%；（0.2，0.5] mg/kg 的监测点有 26 个，占 8.1%；小于或等于 0.2 mg/kg 的监测点有 10 个，占 3.1%。由此可见，2018 年鲁中南部平原区耕地质量监测点土壤有效铜含量处于高水平。

### （二）含量变化

由图 3.4.23 可以看出，2006—2018 年鲁中南部平原区耕地质量监测点土壤有效铜含量整体呈上升趋势，由 2006 年的 1.67 mg/kg 上升至 2018 年的 2.23 mg/kg，上升 33.5%。其中，2006—2010 年有效铜含量有所上升，2010—2012 年呈下降趋势，2013—2015 年有所上升，2016—2018 年呈下降趋势。

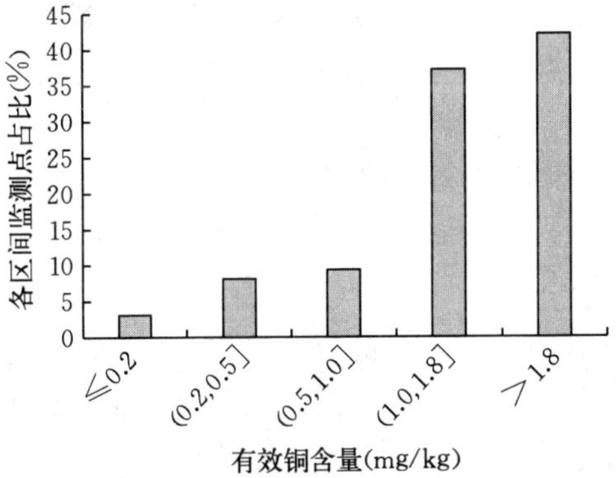


图 3.4.22　鲁中南部平原区有效铜含量各区间占比

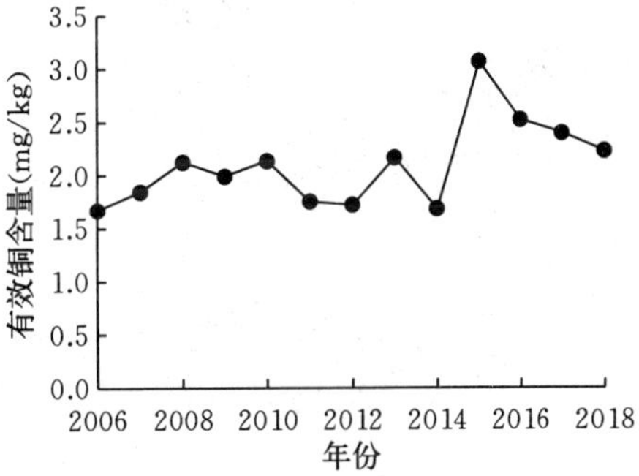


图 3.4.23　鲁中南部平原区有效铜含量变化趋势

### （三）频率变化

由图 3.4.24 可以看出，2006—2018 年鲁中南部平原区有效铜含量占比最高的是（1.0，1.8] mg/kg，该区间占比呈不规则变化，但总体呈下降趋势；占比较高的是大于 1.8 mg/kg，该区间占比在 2006—2018 年呈不规则变化，总体呈上升趋势；（0.5，1.0] mg/kg 的占比在 2006—2018 年呈下降趋势；其余区间占比不高，均呈不规则变化。由此可见，鲁中南部平原区土壤有效铜含量处于较高水平的监测点占比较高。

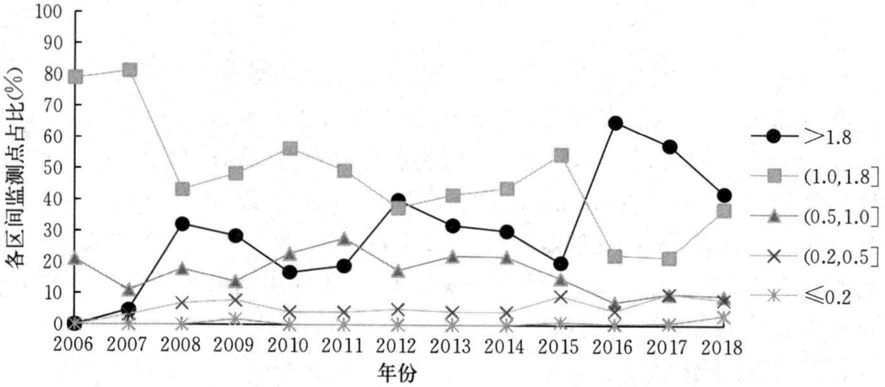


图 3.4.24　鲁中南部平原区土壤有效铜含量分级频率变化

# 第五节　鲁中北部平原区

鲁中北部平原区包括潍坊的寿光、寒亭、昌邑、高密、青州、昌乐、潍城、坊子，淄博的桓台、周村、张店、临淄，共 12 个县（市、区），总耕地面积 50.94 万 $hm^2$，占全省的 6.8%。主要土壤类型为潮土、水稻土、砂姜黑土、棕壤土。

## 一、有机质现状及演变趋势

### （一）现状

2018 年，鲁中北部平原区耕地质量监测点土壤有机质有效数据为 216 个，平均含量 17.1 g/kg。有机质含量主要集中在（15，20］g/kg（图 3.5.1)。（15，20］g/kg 的监测点有 73 个，占监测点总数的 33.8%；（10，15］g/kg 的监测点有 66 个，占 30.6%；（20，25］g/kg 的监测点有 48 个，占 22.2%；大于 25 g/kg 的监测点有 13 个，占 6.0%；小于或等于 10 g/kg 的监测点有 16 个，占 7.4%。由此可见，2018 年鲁中北部平原区耕地质量监测点土壤有机质含量处于中等水平。

### （二）含量变化

由图 3.5.2 可以看出，2006—2018 年鲁中北部平原区耕地质量监测点土壤有机质含量呈上升趋势，由 2006 年的 14.7 g/kg 上升至 2018 年的 17.1 g/kg，上升 16.3%。其中，2007—2015 年鲁中北部平原区耕地质量监测点土壤有机质含量呈上升趋势；2015—2018 年呈折线下降趋势，2018 年最低，为 17.1 g/kg。

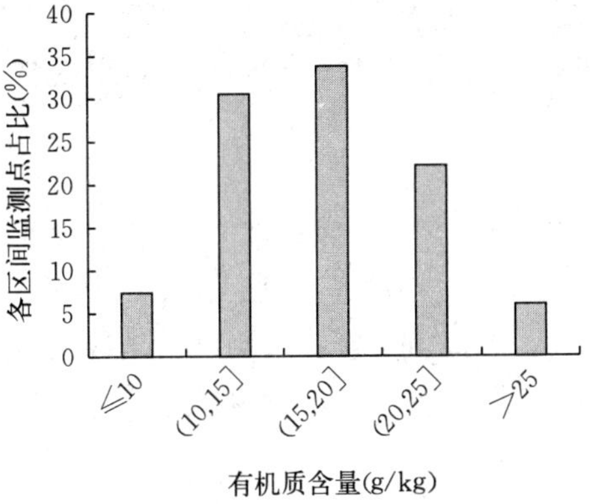


图 3.5.1　鲁中北部平原区有机质含量各区间占比

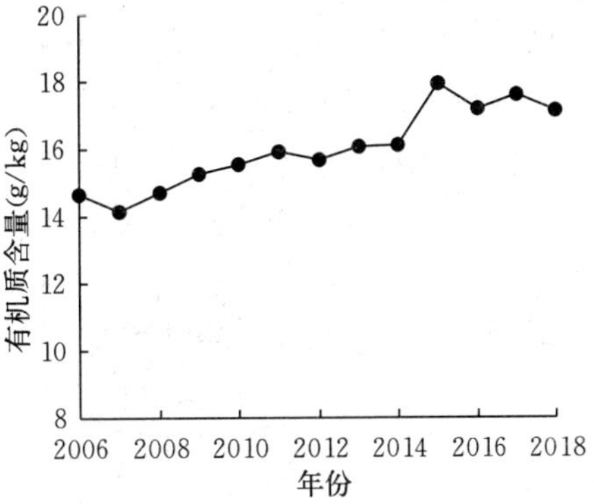


图 3.5.2　鲁中北部平原区有机质含量变化趋势

**（三）频率变化**

由图 3.5.3 可以看出，2006—2018 年，鲁中北部平原区耕地质量监测点土壤有机质含量占比最高的为（10，15] g/kg，此区间占比整体呈下降趋势；（15，20] g/kg 的占比年份间变化不大，整体呈下降趋势；其余区间占比较低，年份间变化不大。由此可见，鲁中北部平原区土壤有机质含量中等偏低水平的监测点占比较高。

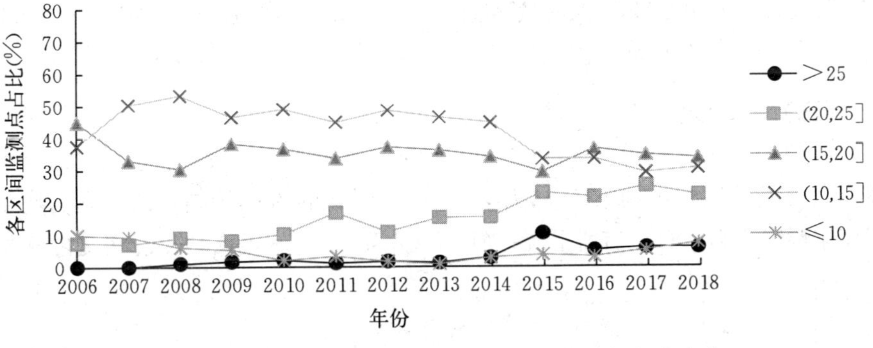


图 3.5.3　鲁中北部平原区土壤有机质含量分级频率变化

## 二、全氮现状及演变趋势

**（一）现状**

2018 年，鲁中北部平原区耕地质量监测点土壤全氮有效数据为 166 个，平均含量 1.04 g/kg。全氮含量主要集中在（1.00，1.25] g/kg（图 3.5.4）。（1.00，1.25] g/kg 的监测点有 47 个，占监测点总数的 28.3%；小于或等于 0.75 g/kg 的监测点有 41 个，占 24.7%；（1.25，1.50] g/kg 的监测点有 36

个，占21.7%；(0.75，1.00] g/kg的监测点有31个，占18.7%；大于1.50 g/kg的监测点有11个，占6.6%。由此可见，2018年鲁中北部平原区监测点全氮含量处于中等偏低水平。

## （二）含量变化

由图3.5.5可以看出，2006—2018年鲁中北部平原区耕地质量监测点土壤全氮含量呈下降趋势，由2006年的1.27 g/kg下降至2018年的1.04 g/kg，下降18.1%。其中，2006—2010年全氮含量呈下降趋势，2011年略有上升，2011—2014年有下降趋势，2015年明显上升，随后又呈下降趋势。

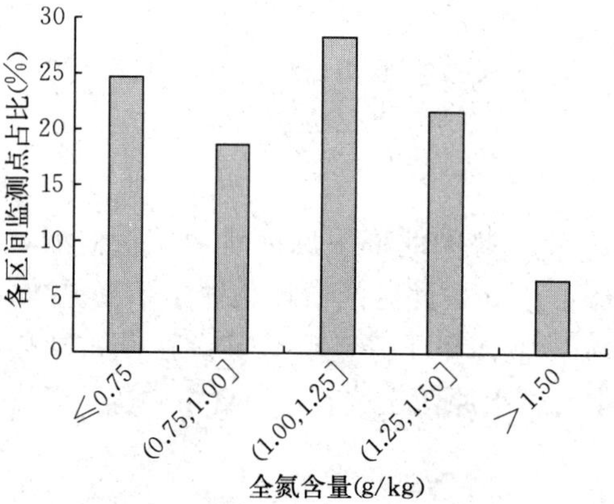


图3.5.4　鲁中北部平原区全氮含量各区间占比

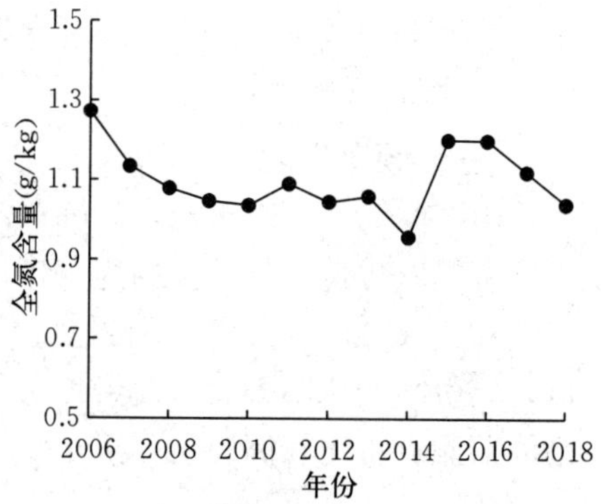


图3.5.5　鲁中北部平原区全氮含量变化趋势

## （三）频率变化

由图3.5.6可以看出，2006—2018年，鲁中北部平原区耕地质量监测点土壤全氮含量占比相对均匀。(0.75，1.00] g/kg的占比较高，该区间占比年份间变化幅度不大，总体有所下降；(1.25，1.50] g/kg的占比年份间变化较大，

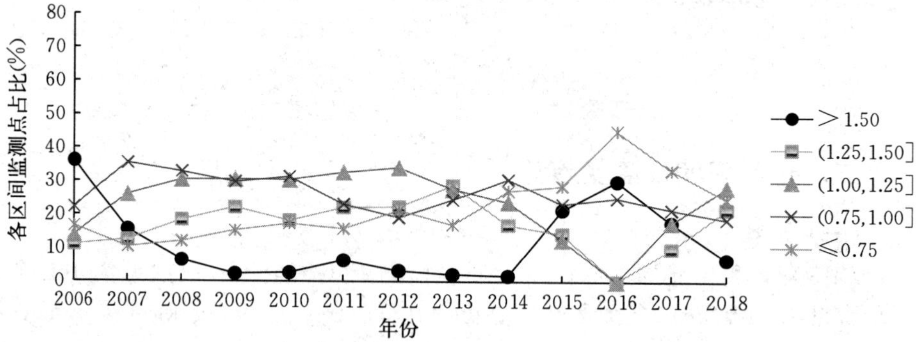


图3.5.6　鲁中北部平原区土壤全氮含量分级频率变化

最高点在 2013 年，为 24.7%，最低点在 2016 年，为 0；小于或等于 0.75 g/kg 的占比呈折线上升趋势。

## 三、碱解氮现状及演变趋势

### （一）现状

2018 年，鲁中北部平原区耕地质量监测点土壤碱解氮有效数据 218 个，平均含量 98.2 mg/kg。碱解氮含量主要集中在（60，90] mg/kg（图 3.5.7）。（60，90] mg/kg 的监测点有 109 个，占监测点总数的 50.0%；（90，120] mg/kg 的监测点有 55 个，占 25.2%；小于或等于 60 mg/kg 的监测点有 22 个，占 10.1%；大于 150 mg/kg 的监测点有 16 个，占 7.3%；（120，150] mg/kg 的监测点有 16 个，占 7.3%。由此可见，2018 年鲁中北部平原区监测点碱解氮含量处于偏低水平。

### （二）含量变化

由图 3.5.8 可以看出，2006—2018 年鲁中北部平原区耕地质量监测点土壤碱解氮含量呈上升趋势，由 2006 年的 84.3 mg/kg 上升至 2018 年的 98.2 mg/kg，上升 16.5%。其中，2006—2015 年碱解氮含量呈折线上升趋势，2016—2018 年变化不大。

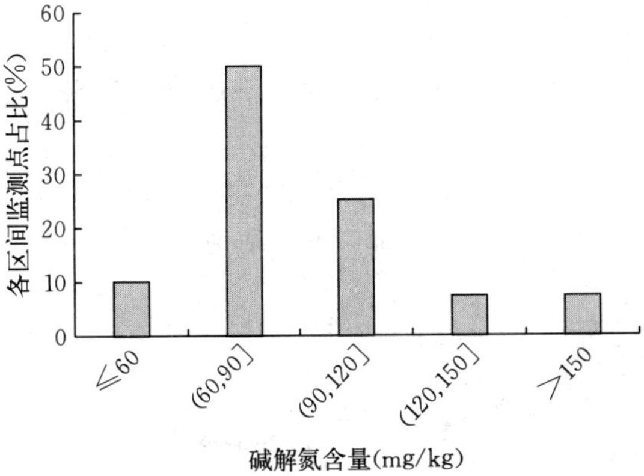


图 3.5.7　鲁中北部平原区碱解氮含量各区间占比

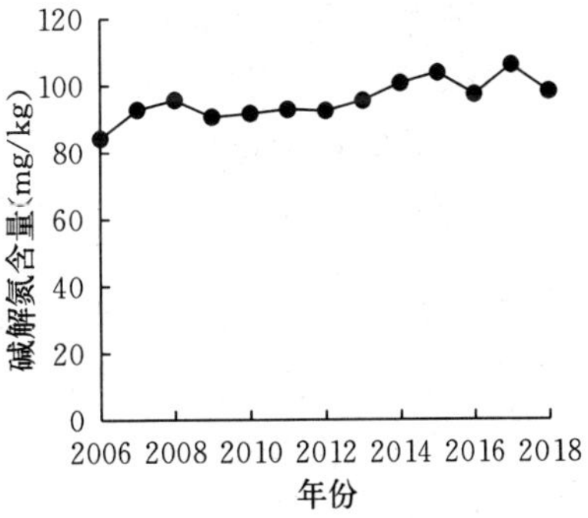


图 3.5.8　鲁中北部平原区碱解氮含量变化趋势

### （三）频率变化

由图 3.5.9 可以看出，2007—2018 年鲁中北部平原区耕地质量监测点土壤碱解氮含量占比较高的是（60，90] mg/kg、（90，120] mg/kg；其余区间占比较低，年份间变化不大。由此可见，鲁中北部平原区耕地质量监测点土壤碱解氮含量处于中等偏低水平的监测点占比较高。

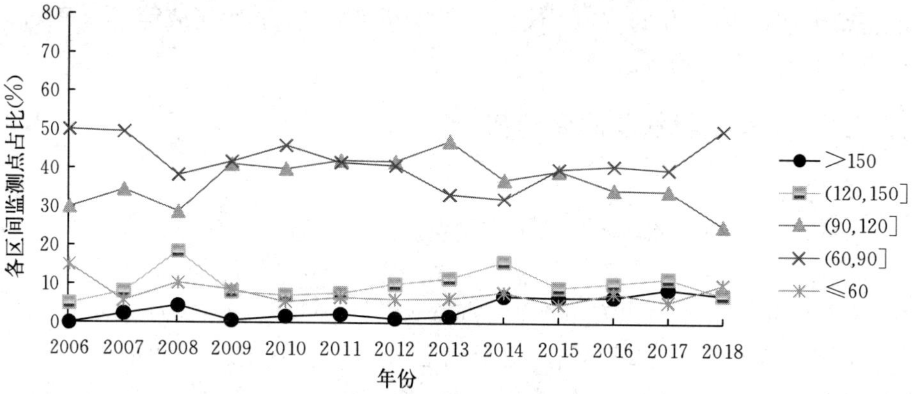


图 3.5.9　鲁中北部平原区土壤碱解氮含量分级频率变化

## 四、有效磷现状及演变趋势

### （一）现状

2018 年鲁中北部平原区耕地质量监测点土壤有效磷有效数据为 218 个，平均含量 55.4 mg/kg。有效磷含量主要集中在大于 50 mg/kg（图 3.5.10）。大于 50 mg/kg 的监测点有 83 个，占监测点总数的 38.1%；(30，50] mg/kg 的监测点有 45 个，占 20.6%；(10，20] mg/kg 的监测点有 40 个，占 18.3%；(20，30] mg/kg 的监测点有 30 个，占 13.8%；小于或等于 10 mg/kg 的监测点有 20 个，占 9.2%。由此可见，2018 年鲁中北部平原区耕地质量监测点土壤有效磷含量处于高水平。

### （二）含量变化

由图 3.5.11 可以看出，2006—2018 年鲁中北部平原区耕地质量监测点土

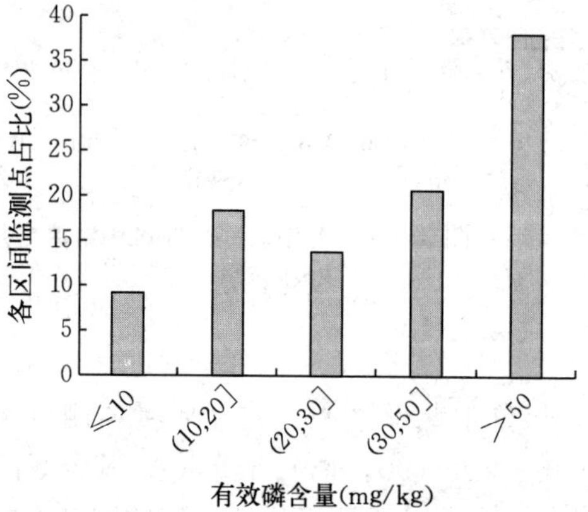


图 3.5.10　鲁中北部平原区有效磷含量各区间占比

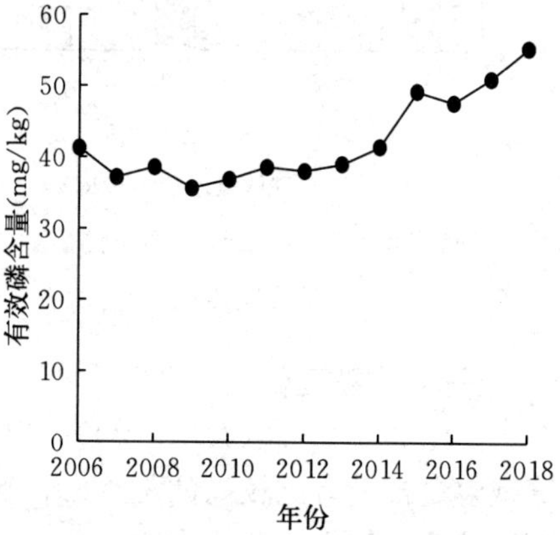


图 3.5.11　鲁中北部平原区有效磷含量变化趋势

壤有效磷含量总体呈上升趋势，由 2006 年的 41.3 mg/kg 上升至 2018 年的 55.4 mg/kg，上升 34.1%。其中，2006—2009 年土壤有效磷含量呈下降趋势，2010—2018 年呈上升趋势。

### （三）频率变化

由图 3.5.12 可以看出，2006—2018 年鲁中北部平原区耕地质量监测点土壤有效磷含量占比分布比较均匀。占比较高的是（30，50］mg/kg，该区间占比呈不规则变化；（10，20］mg/kg 的占比也较高，在 2006—2018 年整体呈下降趋势；（20，30］mg/kg 的占比有所下降；大于 50 mg/kg 的占比总体呈上升趋势；小于或等于 10 mg/kg 的占比较低，年份间变化不大。

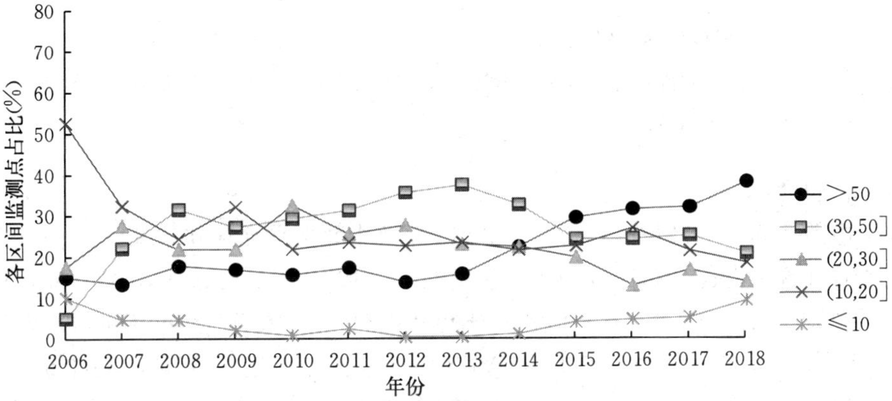


图 3.5.12　鲁中北部平原区土壤有效磷含量分级频率变化

## 五、速效钾现状及演变趋势

### （一）现状

2018 年鲁中北部平原区耕地质量监测点土壤速效钾有效数据为 217 个，平均含量 219 mg/kg。速效钾含量主要集中在大于 200 mg/kg（图 3.5.13）。大于 200 mg/kg 的监测点有 99 个，占监测点总数的 45.6%；（150，200］mg/kg 的监测点有 47 个，占 21.7%；（100，150］mg/kg 的监测点有 52 个，占 24.0%；（50，100］mg/kg 的监测点有 19 个，占 8.8%。由此可见，2018 年鲁中北部平原区耕地质量监测点速效钾含量处于高水平。

### （二）含量变化

由图 3.5.14 可以看出，2006—2018 年鲁中北部平原区耕地质量监测点土壤速效钾含量呈上升趋势，由 2006 年的 179 mg/kg 上升至 2018 年的 219 mg/kg，上升 22.3%。其中，2007—2009 年土壤速效钾含量呈下降趋势，2010—2018 年呈缓慢上升趋势。

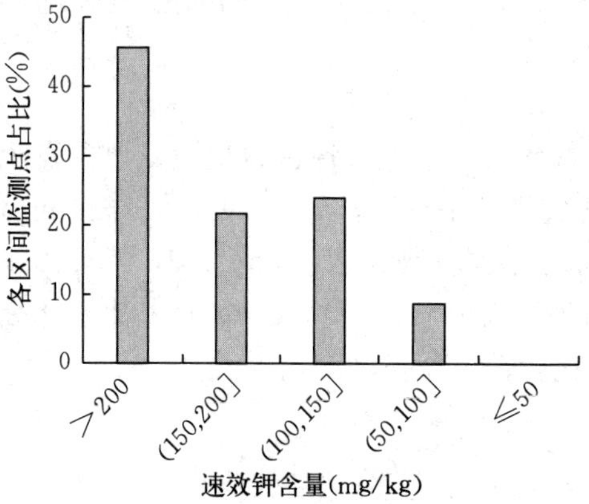


图 3.5.13　鲁中北部平原区速效钾含量各区间占比

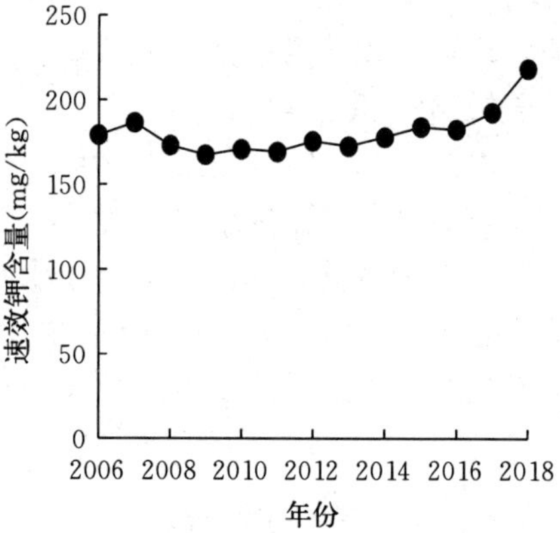


图 3.5.14　鲁中北部平原区速效钾含量变化趋势

## （三）频率变化

由图 3.5.15 可以看出，2006—2018 年鲁中北部平原区耕地质量监测点土壤速效钾含量占比分布比较均匀。较高的是（100，150］mg/kg，该区间占比呈不规则变化，2007—2013 年呈上升趋势，2014—2018 年呈下降趋势；大于 200 mg/kg 的占比也较高，在 2006—2018 年整体呈上升趋势；（150，200］mg/kg 的占比有所下降；（50，100］mg/kg 的占比各年份变化不大，且占比不高。由此可见，鲁中北部平原区耕地质量监测点土壤速效钾含量处于中等偏高水平的监测点占比较高。

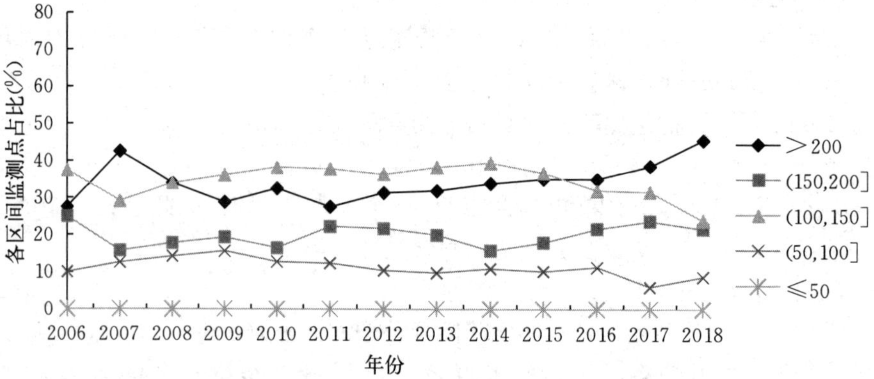


图 3.5.15　鲁中北部平原区土壤速效钾含量分级频率变化

## 六、土壤 pH 现状及演变趋势

### （一）现状

2018 年鲁中北部平原区耕地质量监测点土壤 pH 有效数据为 218 个，平均为 7.54。pH 主要集中在（7.5，8.0］、（6.0，6.5］（图 3.5.16）。（7.5，8.0］、（6.0，6.5］的监测点有 77 个，占监测点总数的 35.3%；（8.0，8.5］、（5.5，6.0］的监测点有 70 个，占 32.1%；（6.5，7.5］的监测点有 65 个，占 29.8%；（8.5，9.0］、（5.0，5.5］的监测点有 6 个，占 2.8%；大于 9.0、小于或等于 5.0 的监测点有 0 个，占比为 0。由此可见，2018 年鲁中北部平原区耕地质量监测点土壤酸碱度适中。

### （二）pH 变化

由图 3.5.17 可以看出，2006—2018 年鲁中北部平原区耕地质量监测点土壤 pH 总体呈下降趋势，整个区域土壤基本呈中性。其中，2006—2013 年呈下降趋势，2014 年较 2013 年有所上升，2015 年较 2014 年有较大幅度下降，2015—2018 年呈上升趋势。

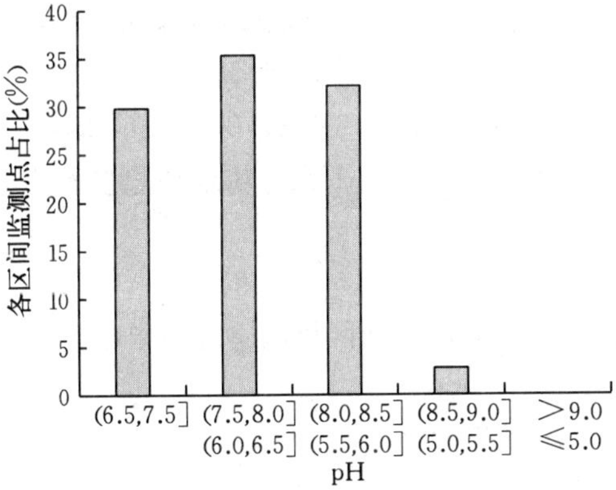


图 3.5.16　鲁中北部平原区 pH 各区间占比

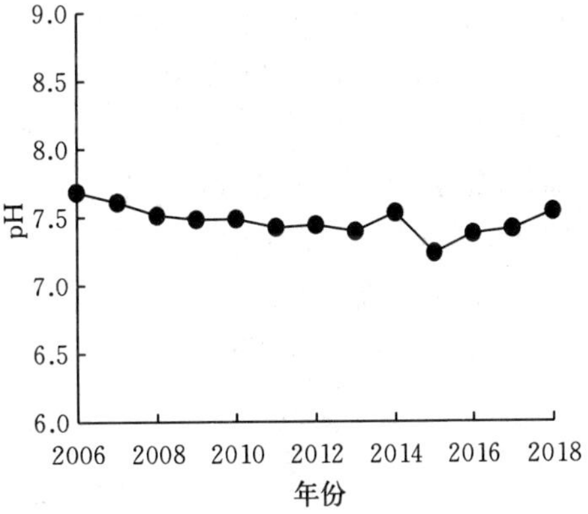


图 3.5.17　鲁中北部平原区 pH 变化趋势

### （三）频率变化

由图 3.5.18 可以看出，2006—2018 年，占比较高的 pH 为（6.5，7.5］及（7.5，8.0］、（6.0，6.5］。（6.5，7.5］的占比整体呈不规则变化，但变化不大；（7.5，8.0］、（6.0，6.5］的占比整体呈下降趋势；其余区间占比较低。由此可见，鲁中北部平原区耕地质量监测点土壤偏中性的监测点占比较高。

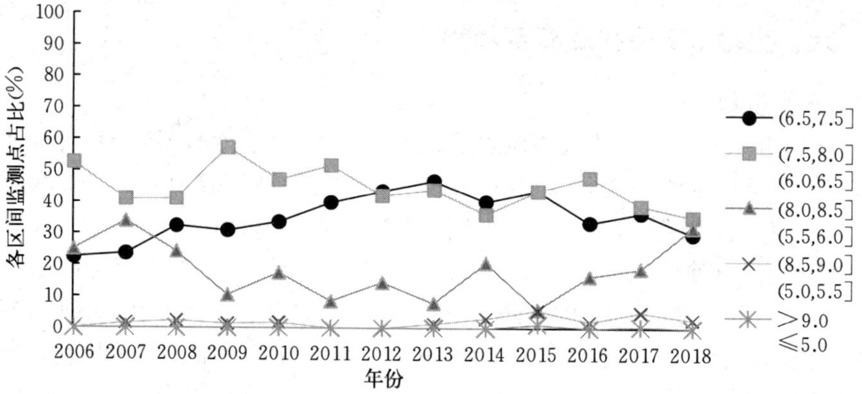


图 3.5.18　鲁中北部平原区土壤 pH 分级频率变化

## 七、有效铜现状及演变趋势

### （一）现状

2018 年鲁中北部平原区耕地质量监测点土壤有效铜有效数据为 154 个，平均含量 2.27 mg/kg。有效铜含量主要集中在（1.0，1.8] mg/kg 及大于 1.8 mg/kg（图 3.5.19）。(1.0，1.8] mg/kg 的监测点有 76 个，占监测点总数的 49.4%；大于 1.8 mg/kg 的监测点有 72 个，占 46.8%；(0.5，1.0] mg/kg 的监测点有 6 个，占 3.9%；小于或等于 0.2 mg/kg 及（0.2，0.5] mg/kg 的监测点有 0 个，占比为 0。由此可见，2018 年鲁中北部平原区耕地质量监测点土壤有效铜含量处于较高水平。

### （二）含量变化

由图 3.5.20 可以看出，2006—2018 年鲁中北部平原区耕地质量监测点土壤

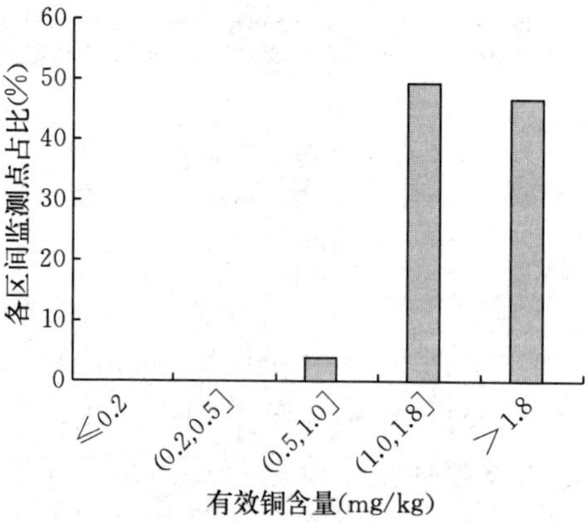


图 3.5.19　鲁中北部平原区有效铜含量各区间占比

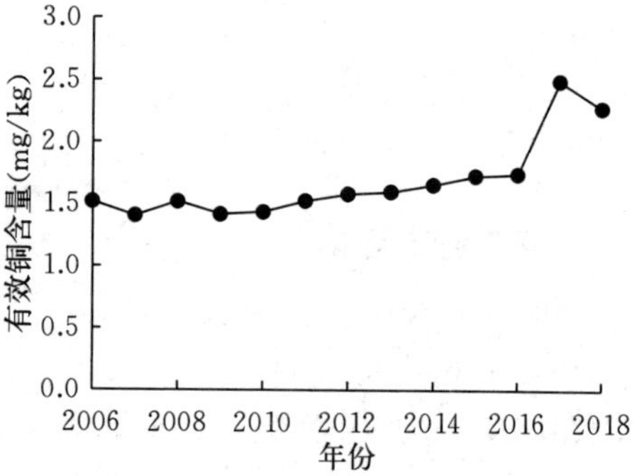


图 3.5.20　鲁中北部平原区有效铜含量变化趋势

有效铜含量呈上升趋势，由 2006 年的 1.52 mg/kg 上升至 2018 年的 2.27 mg/kg。其中，2009—2017 年呈平稳上升趋势，2018 年较 2017 年略有下降。

### （三）频率变化

由图 3.5.21 可以看出，2006—2018 年，鲁中北部平原区耕地质量监测点土壤有效铜含量占比最高的是（1.0，1.8] mg/kg，该区间占比呈不规则变化；大于 1.8 mg/kg 的占比较高，2006—2018 年呈折线上升趋势；（0.5，1.0] mg/kg 的占比呈不规则变化。由此可见，鲁中北部平原区耕地质量监测点土壤有效铜含量处于较高水平的监测点占比较高。

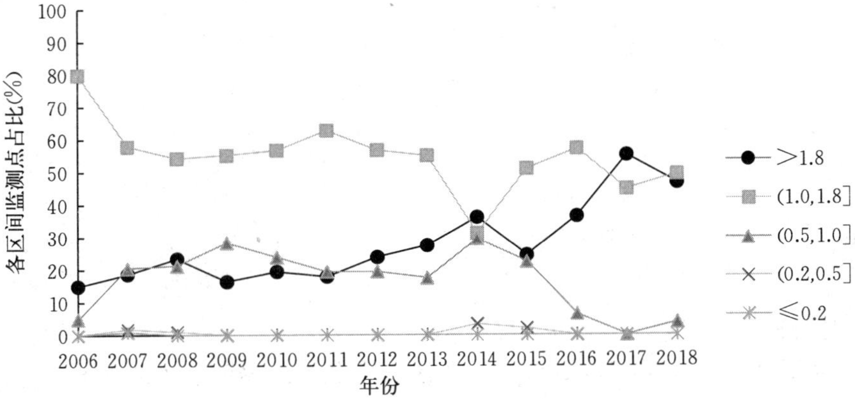


图 3.5.21　鲁中北部平原区土壤有效铜含量分级频率变化

## 八、有效锌现状及演变趋势

### （一）现状

2018 年鲁中北部平原区耕地质量监测点土壤有效锌有效数据为 154 个，平均含量 2.97 mg/kg。有效锌含量主要集中在（1.0，2.0] mg/kg（图 3.5.22）。（1.0，2.0] mg/kg 的监测点有 64 个，占监测点总数的 41.6%；大于 3.0 mg/kg 的监测点有 39 个，占 25.3%；（2.0，3.0] mg/kg 的监测点有 37 个，占 24.0%；（0.5，1.0] mg/kg 的监测点有 12 个，占 7.8%；小于或等于 0.5 mg/kg 的监测点有 2 个，占 1.3%。由此可见，2018 年鲁中北部平原区耕地质量监测点土壤有效锌含量处于中等水平。

### （二）含量变化

由图 3.5.23 可以看出，2006—2018 年鲁中北部平原区耕地质量监测点土壤有效锌含量呈上升趋势，由 2006 年的 1.21 mg/kg 上升至 2018 年的 2.97 mg/kg。其中，2006—2010 年呈上升趋势，由 2006 年的 1.21 mg/kg 上升至 2010 年的

1.80 mg/kg；2011—2013 年呈下降趋势，由 2.53 mg/kg 下降至 1.87 mg/kg，2014 年略有上升；2015—2018 年呈下降趋势，由 2015 年的 3.62 mg/kg 下降至 2018 年的 2.97 mg/kg。

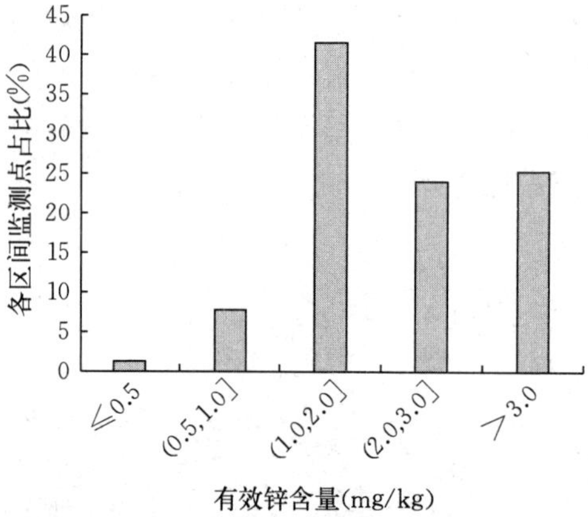


图 3.5.22　鲁中北部平原区有效锌含量各区间占比

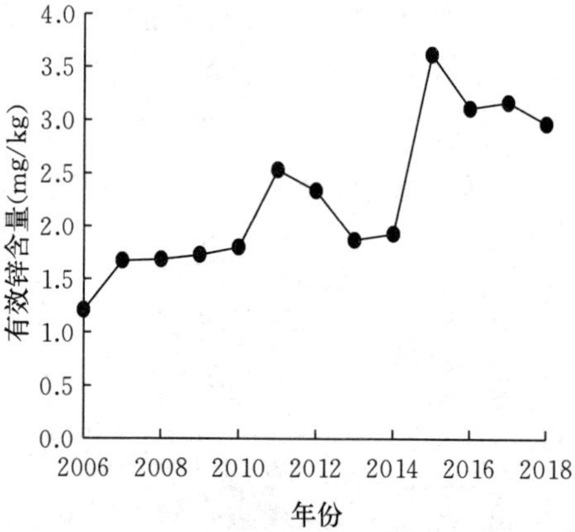


图 3.5.23　鲁中北部平原区有效锌含量变化趋势

## （三）频率变化

由图 3.5.24 可以看出，2006—2018 年，鲁中北部平原区耕地质量监测点土壤有效锌含量占比较高的是（1.0，2.0］mg/kg，该区间占比呈不规则变化；（2.0，3.0］mg/kg 的占比呈不规则变化；大于 3.0 mg/kg 的占比有所上升；其余区间占比较低，年份间变化不大。由此可见，鲁中北部平原区耕地质量监测点土壤有效锌含量处于中等水平的监测点占比较高。

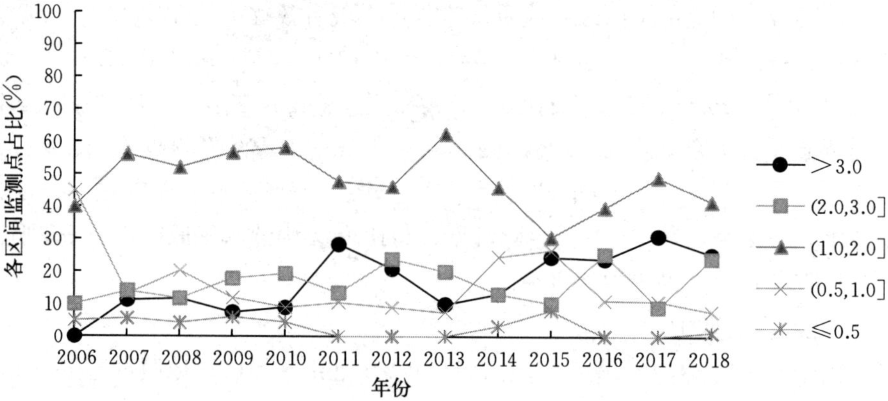


图 3.5.24　鲁中北部平原区土壤有效锌含量分级频率变化

# 第六节　鲁中山地丘陵区

鲁中山地丘陵区包括济南的平阴、长清、章丘、历城，济宁的泗水，潍坊的临朐、诸城、安丘，淄博的淄川、博山、沂源，临沂的沂水、沂南、平邑、费县、蒙阴，泰安的岱岳、新泰，莱芜，枣庄的山亭，共 20 个县（市、区），总耕地面积 116.82 万 $hm^2$，占全省的 15.6%。

## 一、有机质现状及演变趋势

### （一）现状

2018 年鲁中山地丘陵区耕地质量监测点土壤有机质有效数据为 426 个，平均含量 15.4 g/kg。有机质含量主要集中在（15，20] g/kg（图 3.6.1）。（15，20] g/kg 的监测点有 131 个，占监测点总数的 30.8 %；（10，15] g/kg 的监测点有 127 个，占 29.8%；小于或等于 10 g/kg 的监测点有 82 个，占 19.2%；（20，25] g/kg 的监测点有 62 个，占 14.6%；大于 25 g/kg 的监测点有 24 个，占 5.6%。由此可见，2018 年鲁中山地丘陵区耕地质量监测点土壤有机质含量处于中等偏低水平。

### （二）含量变化

由图 3.6.2 可以看出，2006—2018 年鲁中山地丘陵区耕地质量监测点土壤有机质含量整体呈上升趋势，由 2006 年的 12.7 g/kg 上升至 2018 年的 15.4 g/kg，上升 21.3%。其中，2006—2016 年呈上升趋势，2016—2018 年呈下降趋势。

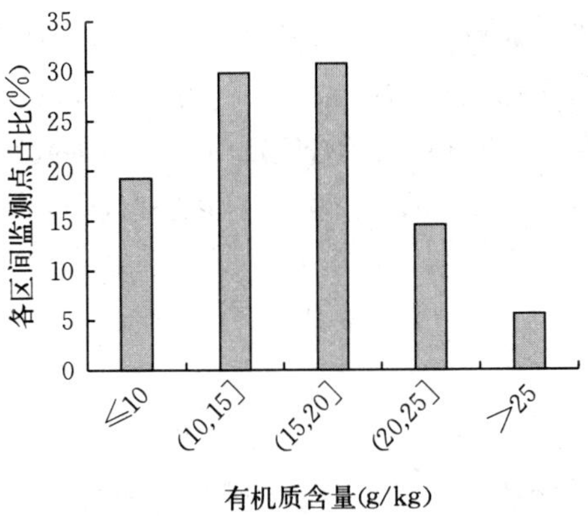


图 3.6.1　鲁中山地丘陵区有机质含量各区间占比

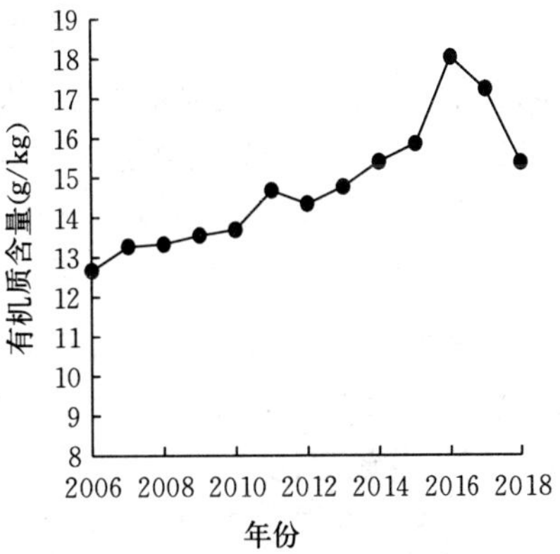


图 3.6.2　鲁中山地丘陵区有机质含量变化趋势

### （三）频率变化

由图3.6.3可以看出，2006—2018年鲁中山地丘陵区耕地质量监测点土壤有机质含量占比最高的是（10，15］g/kg，此区间占比整体呈不规则下降趋势；其次为（15，20］g/kg，总体呈上升趋势；其余区间占比较低，年份间变化不大。由此可见，鲁中山地丘陵区耕地质量监测点土壤有机质含量中等偏低水平的监测点占比较高。

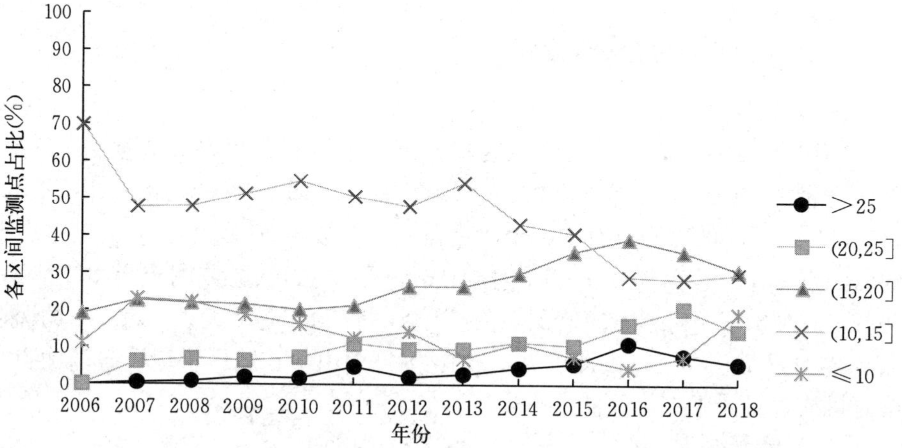


图3.6.3　鲁中山地丘陵区土壤有机质含量分级频率变化

## 二、全氮现状及演变趋势

### （一）现状

2018年，鲁中山地丘陵区耕地质量监测点土壤全氮有效数据为426个，平均含量1.07 g/kg。全氮含量主要集中在（1.00，1.25］g/kg（图3.6.4）。（1.00，1.25］g/kg的监测点有134个，占监测点总数的31.5%；小于或等于0.75 g/kg的监测点有94个，占22.1%；（1.25，1.50］g/kg的监测点有86个，占20.2%；（0.75，1.00］g/kg的监测点有74个，占17.4%；大于1.50 g/kg的监测点有38个，占8.9%。由此可见，2018年鲁中山地丘陵区耕地质量监测点土壤全氮含量处于中等水平。

### （二）含量变化

由图3.6.5可以看出，2006—2018年鲁中山地丘陵区耕地质量监测点土壤全氮含量有上升趋势，由2006年的0.86 g/kg上升至2018年的1.07 g/kg，上升24.4%。其中，2006—2015年，全氮含量呈上升趋势，2016年略有下降，2016—2018年呈上升趋势。

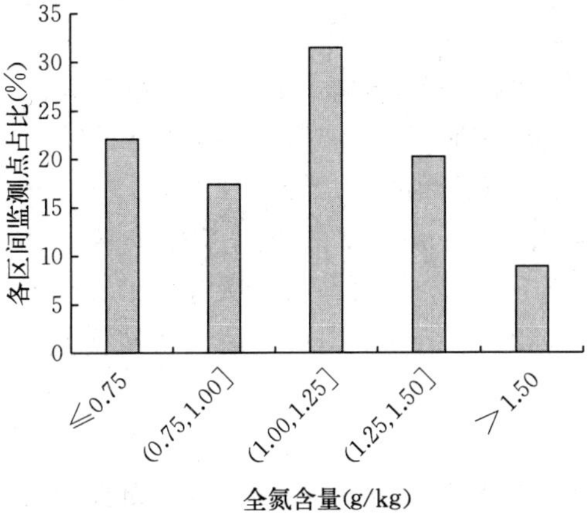


图 3.6.4　鲁中山地丘陵区全氮含量各区间占比

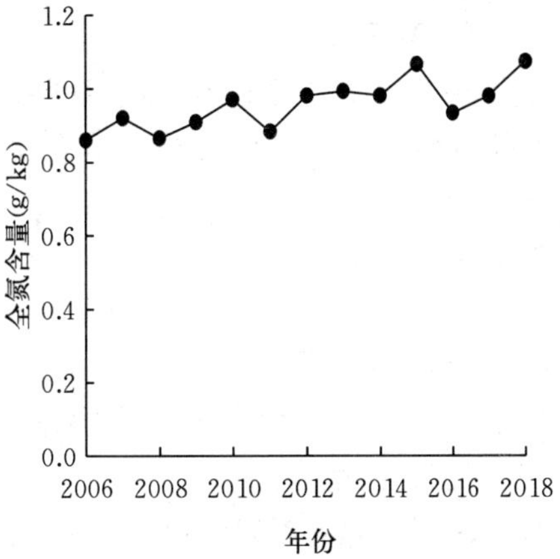


图 3.6.5　鲁中山地丘陵区全氮含量变化趋势

## （三）频率变化

由图 3.6.6 可以看出，2007—2018 年，鲁中山地丘陵区耕地质量监测点土壤全氮含量占比分布相对均匀。其中，(0.75，1.00] g/kg 的占比较高，占比年份间呈不规则变化；小于或等于 0.75 g/kg 的占比较高，呈折线下降趋势；(1.00，1.25] g/kg 的占比年份间变化不大；(1.25，1.50] g/kg 的占比总体呈上升趋势；大于 1.50 g/kg 的占比较低，年份间变化不大。由此可见，鲁中山地丘陵区耕地质量监测点土壤全氮含量处于较低水平的监测点占比较高。

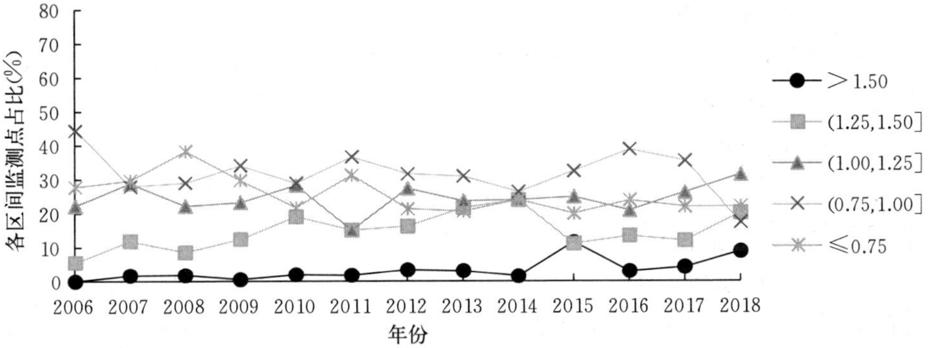


图 3.6.6　鲁中山地丘陵区土壤全氮含量分级频率变化

## 三、碱解氮现状及演变趋势

### （一）现状

2018年，鲁中山地丘陵区耕地质量监测点土壤碱解氮有效数据为403个，平均含量94.7 mg/kg。碱解氮含量主要集中在（60，90] mg/kg（图3.6.7）。（60，90] mg/kg的监测点有146个，占监测点总数的36.2%；（90，120] mg/kg的监测点有113个，占28.0%；小于或等于60 mg/kg的监测点有63个，占15.6%；（120，150] mg/kg的监测点有51个，占12.7%；大于150 mg/kg的监测点有30个，占7.4%。由此可见，2018年鲁中山地丘陵区耕地质量监测点土壤碱解氮含量处于中等偏低水平。

### （二）含量变化

由图3.6.8可以看出，2006—2018年，鲁中山地丘陵区耕地质量监测点土壤碱解氮含量整体变化不大，2006年为92.0 mg/kg，2018年为94.7 mg/kg。2006年碱解氮含量较高，2007年较2006年有所下降；2007—2009年碱解氮含量呈上升趋势，2009—2015年变化不大，2016—2018年呈下降趋势。

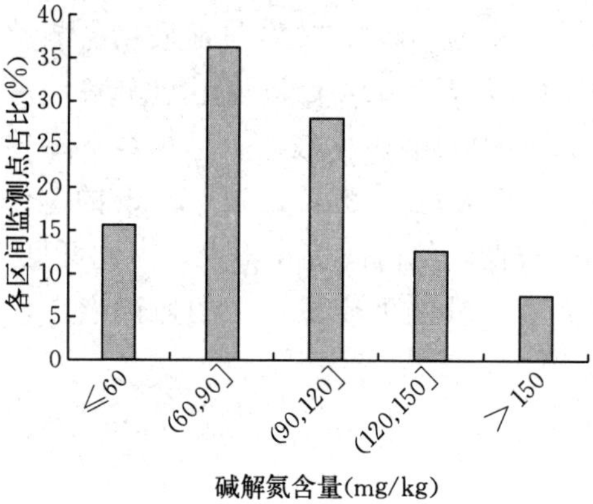


图3.6.7 鲁中山地丘陵区碱解氮含量各区间占比

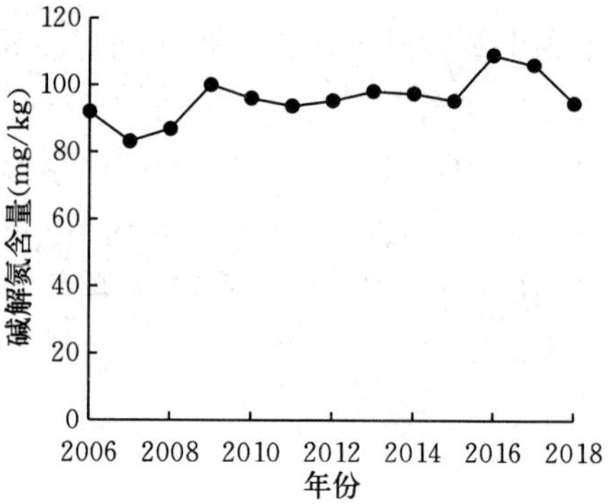


图3.6.8 鲁中山地丘陵区碱解氮含量变化趋势

### （三）频率变化

由图3.6.9可以看出，2006—2018年鲁中山地丘陵区耕地质量监测点土壤碱解氮含量占比较高的为（60，90] mg/kg和（90，120] mg/kg。（60，90] mg/kg的占比较高，该区间占比整体呈下降趋势；（90，120] mg/kg的占比较高，整体变化不大；其余区间占比较低，年份间变化不大。由此可见，鲁中山地丘陵区耕地质量监测点土壤碱解氮含量处于中等偏低水平的监测点占比较高。

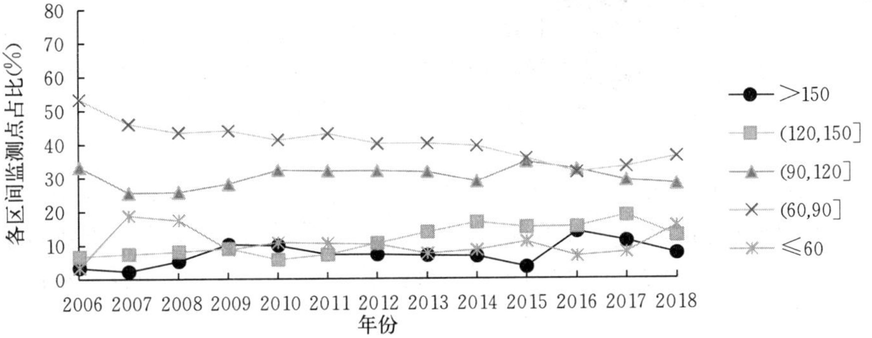


图 3.6.9　鲁中山地丘陵区土壤碱解氮含量分级频率变化

## 四、有效磷现状及演变趋势

### (一) 现状

2018 年鲁中山地丘陵区耕地质量监测点土壤有效磷有效数据为 426 个，平均含量 54.0 mg/kg。有效磷含量主要集中在大于 50 mg/kg（图 3.6.10）。大于 50 mg/kg 的监测点有 155 个，占监测点总数的 36.4%；(30，50] mg/kg 的监测点有 86 个，占 20.2%；(20，30] mg/kg 的监测点有 74 个，占 17.4%；(10，20] mg/kg 的监测点有 65 个，占 15.3%；小于或等于 10 mg/kg 的监测点有 46 个，占 10.8%。由此可见，2018 年鲁中山地丘陵区耕地质量监测点土壤有效磷含量处于高水平。

### (二) 含量变化

由图 3.6.11 可以看出，2006—2018 年鲁中山地丘陵区耕地质量监测点土

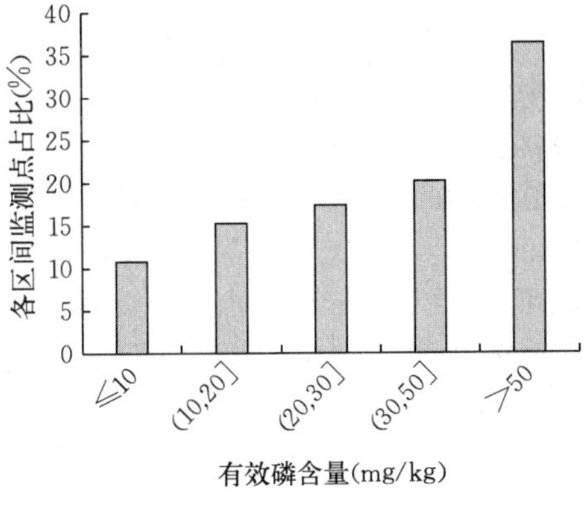


图 3.6.10　鲁中山地丘陵区有效磷含量各区间占比

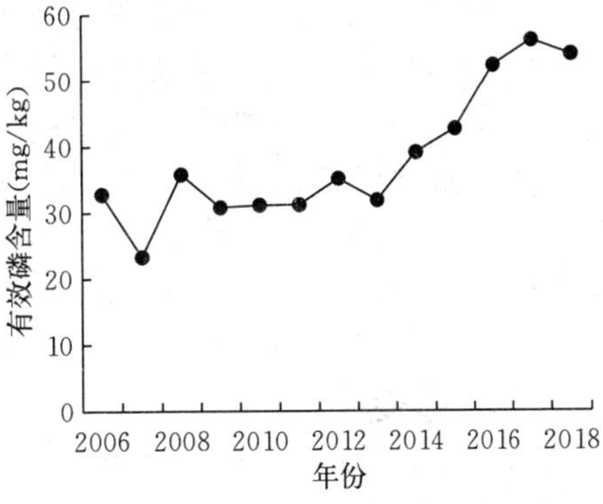


图 3.6.11　鲁中山地丘陵区有效磷含量变化趋势

壤有效磷含量总体呈上升趋势，由 2006 年的 32.8 mg/kg 上升至 2018 年的 54.0 mg/kg，上升 64.6%。其中，2007 年有效磷含量最低，2008 年较 2007 年有所上升，2009 年较 2008 年有所下降；2009—2017 年呈上升趋势，2018 年较 2017 年略有下降。

### （三）频率变化

由图 3.6.12 可以看出，2006—2018 年，鲁中山地丘陵区耕地质量监测点土壤有效磷含量占比分布较均匀。其中（10，20] mg/kg 的占比整体呈下降趋势；大于 50 mg/kg 的占比整体呈上升趋势；其余区间占比较低，年份间变化不大。

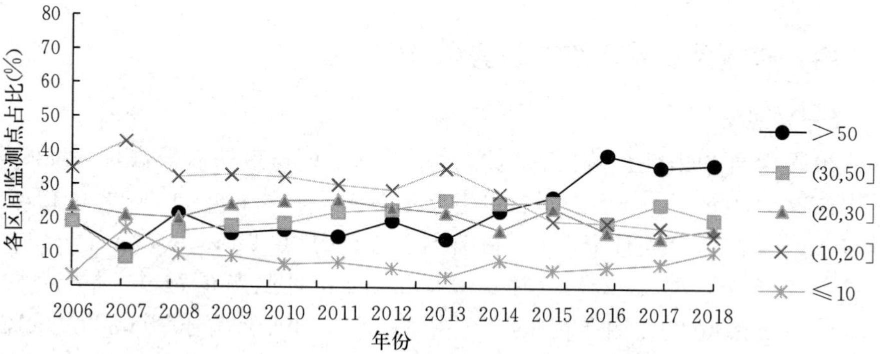


图 3.6.12 鲁中山地丘陵区土壤有效磷含量分级频率变化

## 五、速效钾现状及演变趋势

### （一）现状

2018 年鲁中山地丘陵区耕地质量监测点土壤速效钾有效数据为 426 个，平均含量 162 mg/kg。速效钾含量主要集中在大于 50 mg/kg（图 3.6.13）。（100，150] mg/kg 的监测点有 113 个，占监测点总数的 26.5%；（150，200] mg/kg 的监测点有 108 个，占 25.4%；（50，100] mg/kg 的监测点有 102 个，占 23.9%；大于 200 mg/kg 的监测点有 95 个，占 22.3%；小于或等于 50 mg/kg 的监测点有 8 个，占 1.9%。由此可见，2018 年鲁中山地丘陵区耕地质量监测点土壤速效钾含量处于中等偏高水平。

### （二）含量变化

由图 3.6.14 可以看出，2006—2018 年鲁中山地丘陵区耕地质量监测点土壤速效钾含量呈上升趋势，由 2006 年的 125 mg/kg 上升至 2018 年的 162 mg/kg，上升 29.6%。其中，2007—2016 年土壤速效钾含量呈上升趋势，2018 年较 2017 年略有下降。

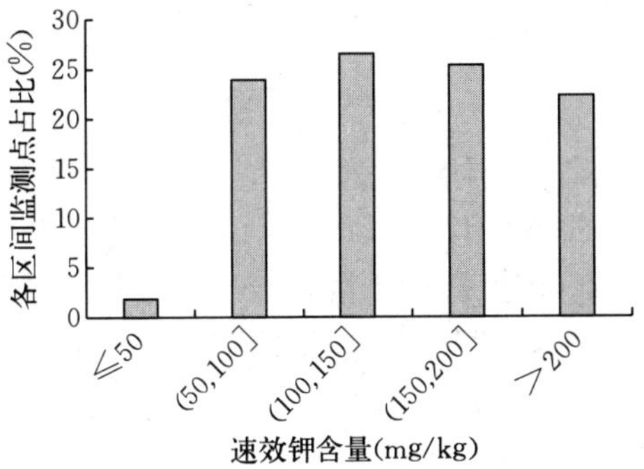


图 3.6.13　鲁中山地丘陵区速效钾含量各区间占比

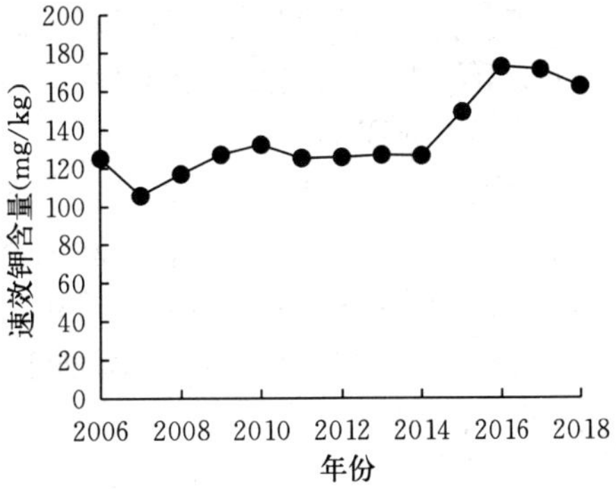


图 3.6.14　鲁中山地丘陵区速效钾含量变化趋势

## (三) 频率变化

由图 3.6.15 可以看出，2006—2018 年，鲁中山地丘陵区耕地质量监测点土壤速效钾含量占比分布比较均匀。占比较高的是（50，100] mg/kg，占比呈下降趋势；(100，150] mg/kg 的占比也较高，年份间变化不大；(150，200] mg/kg 的占比整体呈上升趋势；小于或等于 50 mg/kg 的占比不高，整体呈缓慢下降趋势，由 2006 年的 7.9%下降至 2018 年的 1.9%。由此可见，鲁中山地丘陵区土壤速效钾含量处于中等偏低水平的监测点占比较高。

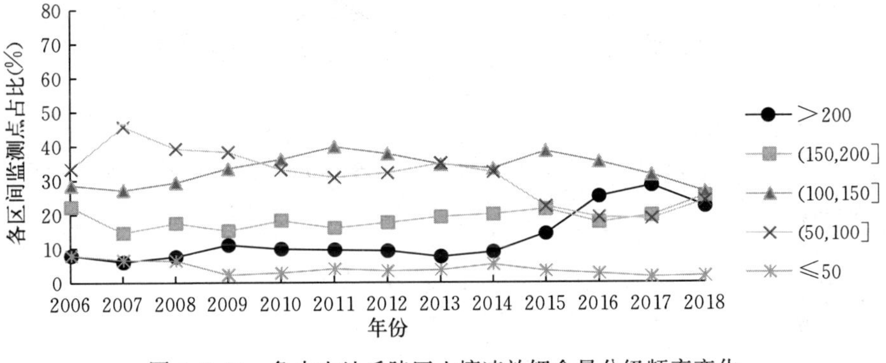


图 3.6.15　鲁中山地丘陵区土壤速效钾含量分级频率变化

# 六、土壤 pH 现状及演变趋势

## (一) 现状

2018 年鲁中山地丘陵区耕地质量监测点土壤 pH 有效数据为 426 个，平均为 6.72。pH 主要集中在（7.5，8.0]、(6.0，6.5]（图 3.6.16)。(7.5，8.0]、(6.0，6.5] 的监测点有 138 个，占监测点总数的 32.4%；(6.5，7.5] 的监

测点有112个，占26.3%；(8.0，8.5]、(5.5，6.0]的监测点有103个，占24.2%；(8.5，9.0]、(5.0，5.5]的监测点有50个，占11.7%；大于9.0、小于或等于5.0的监测点有23个，占5.4%。

### （二）pH变化

由图3.6.17可以看出，2006—2018年鲁中山地丘陵区土壤整体呈中性偏酸性，2018年和2006年pH差别不大。2007年较2006年pH有所上升，2007—2009年pH变化不大，2010年较2009年有所下降，2010—2012年呈上升趋势，2013年较2012年有所下降，2014—2017年呈下降趋势，2018年较2017年略有上升。

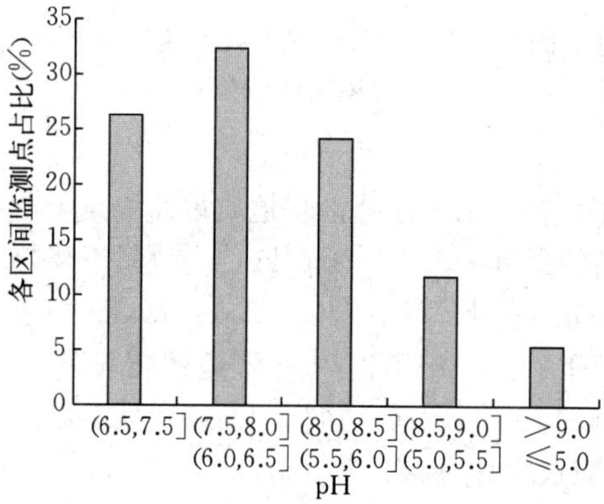


图3.6.16 鲁中山地丘陵区pH各区间占比

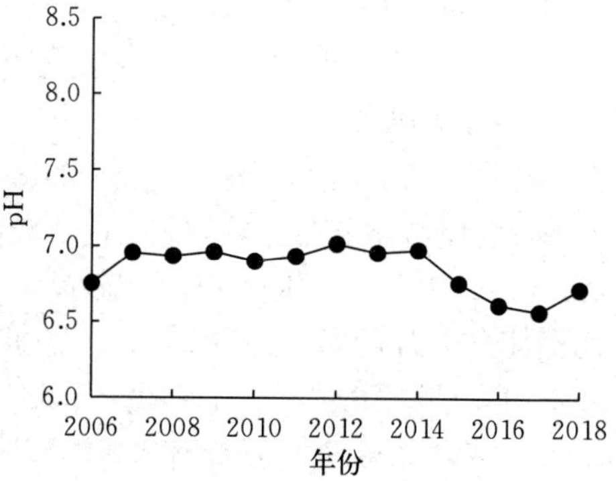


图3.6.17 鲁中山地丘陵区pH变化趋势

### （三）频率变化

由图3.6.18可以看出，2006—2018年，鲁中山地丘陵区耕地质量监测点

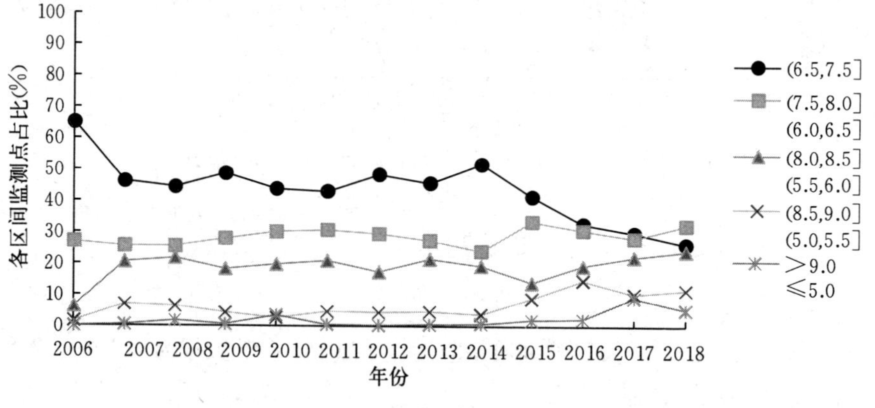


图3.6.18 鲁中山地丘陵区土壤pH分级频率变化

土壤 pH 占比较高的是（6.5，7.5]，该区间占比呈下降趋势；（7.5，8.0]、（6.0，6.5] 的占比也较高，年份间变化不大；（8.0，8.5]、（5.5，6.0] 的占比较高，总体呈上升趋势；其余区间占比很低，年份间变化不大。由此可见，鲁中山地丘陵区土壤呈中性的监测点占比较高。

## 七、有效铜现状及演变趋势

### （一）现状

2018 年鲁中山地丘陵区耕地质量监测点土壤有效铜有效数据为 304 个，平均含量 2.39 mg/kg。有效铜含量主要集中在大于 1.8 mg/kg（图 3.6.19）。大于 1.8 mg/kg 的监测点有 142 个，占监测点总数的 46.7%。（1.0，1.8] mg/kg 的监测点有 112 个，占 36.8%；（0.5，1.0] mg/kg 的监测点有 35 个，占 11.5%；（0.2，0.5] mg/kg 的监测点有 11 个，占 3.6%；小于或等于 0.2 mg/kg的监测点有 4 个，占 1.3%。由此可见，2018 年鲁中山地丘陵区耕地质量监测点土壤有效铜含量处于高水平。

### （二）含量变化

由图 3.6.20 可以看出，2006—2018 年鲁中山地丘陵区耕地质量监测点土壤有效铜含量变化不规则。2006 年有效铜含量为 2.07 mg/kg，2007—2013 年有所上升，2014 年较 2013 年有大幅下降，2014—2016 年呈上升趋势，2016—2018 年呈平稳下降趋势。

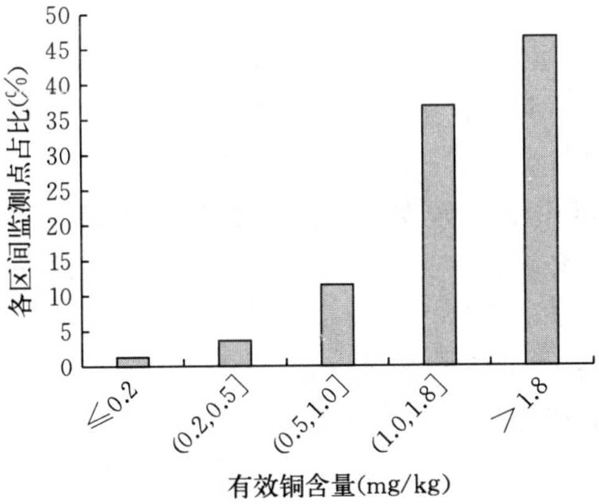


图 3.6.19　鲁中山地丘陵区有效铜含量各区间占比

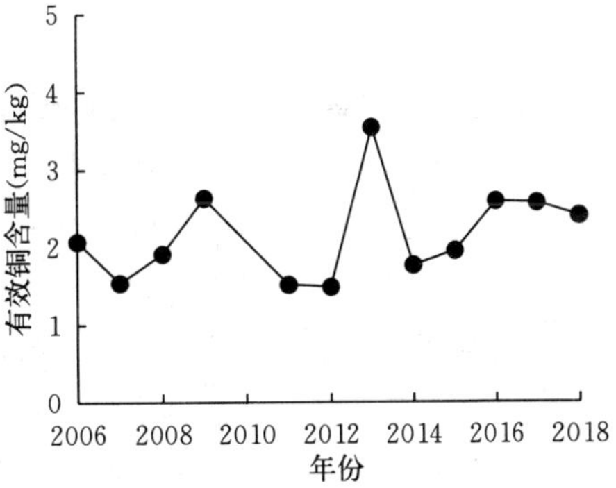


图 3.6.20　鲁中山地丘陵区有效铜含量变化趋势

### （三）频率变化

由图 3.6.21 可以看出，2006—2018 年鲁中山地丘陵区耕地质量监测点土壤有效铜含量较高的是大于1.8 mg/kg，该区间占比呈不规则变化；(1.0，1.8] mg/kg的占比呈不规则变化，但总体有所上升；(0.5，1.0] mg/kg的占比呈不规则变化；其余区间占比较低，年份间变化不大。由此可见，鲁中山地丘陵区耕地质量监测点土壤有效铜含量处于高水平的监测点占比较高。

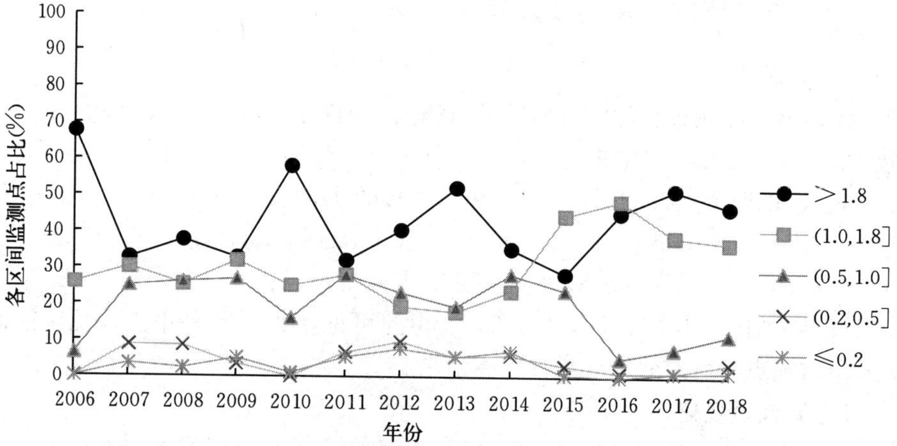


图3.6.21 鲁中山地丘陵区土壤有效铜含量分级频率变化

# 第七节 小 结

## 一、不同区域监测点主要监测现状

2018年，胶东低山丘陵区监测点土壤中除有效磷、有效铁、有效锰、有效铜、有效锌含量处于高水平外，其余各养分含量处于中等偏低水平；该区域监测点土壤pH平均为5.80，土壤偏酸性。

2018年，鲁西北平原区监测点土壤中除有效铜和速效钾含量处于偏高水平，其他养分含量均处于中等及偏低水平；该区域监测点土壤pH平均为8.10，土壤偏碱性。

2018年，鲁东北盐渍化区监测点土壤中除有效磷、有效铜含量处于较高水平外，其余各养分含量处于中等及偏低水平；该区域监测点土壤pH平均为8.20，土壤偏碱性。

2018年，鲁中南部平原区监测点土壤中有机质、速效钾、有效磷含量处于中等偏高或高水平，碱解氮、全氮含量处于中等及低水平；该区域监测点土壤pH平均为6.34，土壤中性偏弱酸性。

2018年，鲁中北部平原区监测点土壤中速效钾、有效磷、有效铜含量处于偏高水平，其余养分含量处于中等及偏低水平；该区域监测点土壤pH平均为7.54，土壤中性偏弱碱性。

2018年，鲁中山地丘陵区监测点土壤中速效钾、有效磷、有效铜含量处于中等偏高或高水平，其余养分含量处于中等及偏低水平；该区域监测点土壤pH平均为6.72，土壤中性偏弱酸性。

2018年，不同区域监测点土壤养分含量和pH有所差别。山东省六大生态区域监测点有机质含量鲁中南部平原区最高，胶东低山丘陵区最低；全氮含量鲁西北平原区最高，鲁中南部平原区最低，全省全氮含量均处于中等及偏低水平；速效钾含量鲁东北盐渍化区最高，胶东低山丘陵区最低；碱解氮含量鲁中南部平原区最高，鲁西北平原区最低。所有区域土壤中速效钾和有效磷含量水平较高，其他养分均缺乏。

## 二、不同区域监测点土壤养分演变趋势

2006—2018年，胶东低山丘陵区监测点土壤有机质、全氮、碱解氮、有效磷、速效钾含量均呈上升趋势，缓效钾含量呈折线变化，年份间土壤中含量相差不大；土壤pH为5.44～6.00，变化不大，土壤均呈弱酸性。

2005/2006—2018年，鲁西北平原区监测点土壤有机质、全氮、碱解氮、有效磷、速效钾含量均呈上升趋势；土壤pH各年份间较平稳，除2016年为7.6外，其他年份均在7.9左右。

2005—2018年，鲁东北盐渍化区监测点土壤有机质、全氮、碱解氮、有效磷含量均有上升趋势；速效钾含量总体有所上升；土壤pH总体呈上升趋势，由2005年的8.02上升至2018年的8.20，各年份土壤均呈碱性。

2006—2018年，鲁中南部平原区监测点土壤有机质、碱解氮、有效磷、速效钾含量均呈上升趋势；全氮含量年份间呈不规则变化，2018年较2006年有所上升；该区域土壤pH呈下降趋势，由2006年的7.10下降至2018年的6.34，土壤有酸化趋势。

2006—2018年，鲁中北部平原区监测点土壤有机质、碱解氮、有效磷、速效钾含量均呈上升趋势；全氮含量呈下降趋势，由2006年的1.27 g/kg下降至2018年的1.04 g/kg；土壤pH呈下降趋势，且土壤基本呈中性。

2005—2018年，鲁中山地丘陵区监测点土壤有机质、碱解氮、有效磷、速效钾含量均有上升趋势；全氮含量年份间变化不大，2006年为0.86 g/kg，2018年为1.07 g/kg；该区域土壤pH有下降趋势，土壤有酸化趋势。

总体来说，山东省六大生态区域土壤养分含量呈现上升趋势，特别是2006年以后稳步上升，且有效磷、速效钾含量上升较为明显。六大生态区域土壤pH多数有下降趋势，说明山东省耕地监测点土壤有酸化趋势。

# 第四章
# 主要土壤类型耕地质量现状及演变趋势

## 第一节 潮　　土

潮土是在河流沉积物上受地下水影响，并经长期耕作形成的一类半水成土，土体深厚，肥沃宜垦，地势平坦开阔，水热资源充足，适宜各类作物生长，是山东省粮、棉、油的主要产地，是各种水果、蔬菜和多种名特优农产品的重要产区。

潮土垦殖率高，适种性广，大多为二年三熟、一年二熟，小部分地区为一年三熟及一年一熟，适宜间作套种，具有多层型农业利用及农林牧渔综合开发的条件。主要限制因子是：干旱缺水，有半数以上的潮土不具备灌溉条件，或因连年抽水灌溉形成“漏斗区”；洪涝渍灾害，农田排涝不力使农作物受渍；次生盐渍化加剧；土壤营养元素缺乏。优势和潜力是：土体深厚、潮润，一般无障碍土层，有机质和矿物质贮量仍较丰富，也易于释放利用，有利于培育成高产田，虽有部分土壤返盐返碱、涝渍、干旱，但危害程度一般较轻，易于治理。因此，潮土的生产潜力巨大。

2018 年，山东省潮土耕地质量长期定位监测点共有 1 845 个。潮土监测点以种植粮食作物为主，其次是种植水果、蔬菜。粮—粮、粮—油、粮—菜作物监测点分别有 1 601 个、67 个、27 个，果园、菜地监测点分别有 48 个、102 个。

2018 年，山东省潮土国家级耕地质量长期定位监测点共有 26 个。潮土国家级监测点以种植粮食作物为主，其次是果园、菜地。粮食作物监测点有 23 个，果园监测点有 2 个，菜地监测点有 1 个。

### 一、有机质现状及演变趋势

#### （一）现状

2018 年，山东省潮土耕地质量监测点有机质有效数据为 1 805 个，平均含量 17.0 g/kg。潮土有机质含量主要集中在（15，20] g/kg（图 4.1.1）。有机质含量小于或等于 10 g/kg 的监测点有 172 个，占监测点总数的 9.5%；（10，15] g/kg 的监测点有 453 个，占 25.1%；（15，20] g/kg 的监测点有

675 个，占 37.4%；(20，25] g/kg 的监测点有 356 个，占 19.7%；大于 25 g/kg 的监测点有 149 个，占 8.3%。

## （二）含量变化

1998—2018 年，山东省潮土耕地质量监测点有机质含量呈缓慢上升趋势，从 12.5 g/kg 上升至 17.0 g/kg，2018 年比 1998 年上升 36.0%（图 4.1.2）。其中，1998—2004 年，土壤有机质含量呈波动下降趋势，从 12.5 g/kg 下降至 10.4 g/kg，2004 年比 1998 年下降 16.8%；2005—2018 年，土壤有机质含量呈缓慢上升趋势，从 13.9 g/kg 上升至 17.0 g/kg，2018 年比 2005 年上升 22.3%。

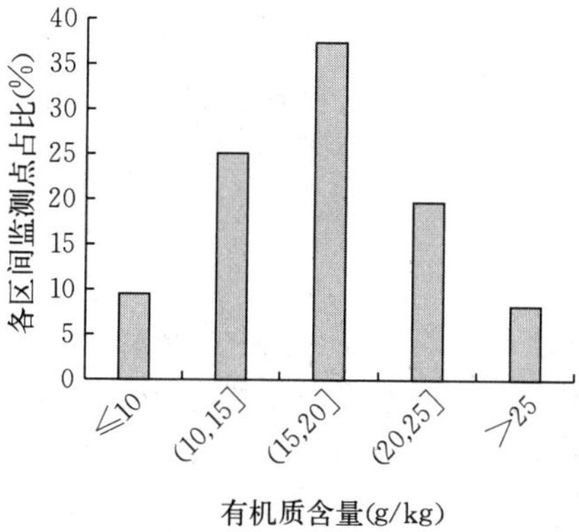


图 4.1.1　潮土监测点有机质含量各区间占比

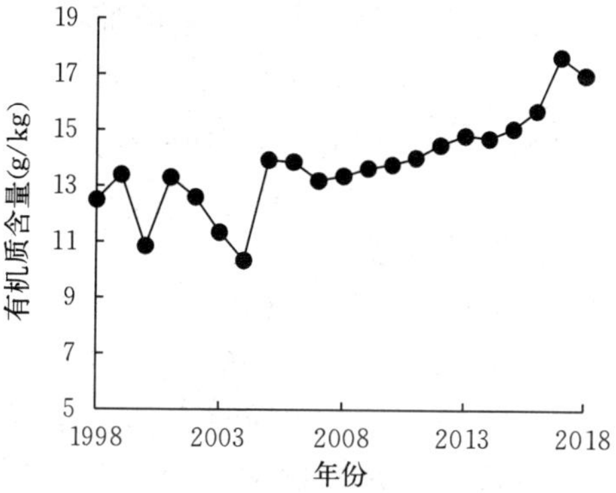


图 4.1.2　潮土监测点有机质含量变化趋势

## （三）频率变化

2006—2018 年，山东省潮土耕地质量监测点有机质含量主要集中在

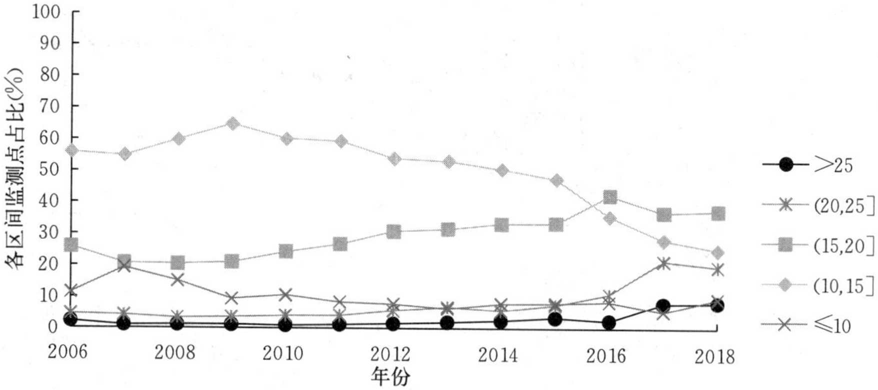


图 4.1.3　潮土监测点有机质含量分级频率变化

(10，15] g/kg和（15，20] g/kg，其他区间比例较低且年际较稳定（图4.1.3）。(10，15] g/kg的比例呈下降趋势，从55.9%下降至25.1%；(15，20] g/kg和（20，25] g/kg的比例呈上升趋势，(15，20] g/kg的比例从25.9%上升至37.4%，(20，25] g/kg的比例从4.6%上升至19.7%。

## 二、全氮现状及演变趋势

### （一）现状

2018年，山东省潮土耕地质量监测点全氮有效数据为1 758个，平均含量1.16 g/kg。潮土全氮含量主要集中在（1.00，1.25] g/kg（图4.1.4）。全氮含量小于或等于0.75 g/kg的监测点有196个，占监测点总数的11.2%；(0.75，1.00] g/kg的368个，占20.9%；(1.00，1.25] g/kg的539个，占30.7%；(1.25，1.50] g/kg的394个，占22.4%；大于1.50 g/kg的261个，占14.8%。

### （二）含量变化

1998—2018年，山东省潮土耕地质量监测点全氮含量呈缓慢上升趋势，从0.86 g/kg上升至1.16 g/kg，2018年比1998年上升34.9%（图4.1.5）。其中，1998—2004年，潮土全氮含量呈上升趋势，从0.86 g/kg上升至1.06 g/kg，2004年比1998年上升23.3%；2005—2007年短暂下降后，2008年继续上升，2015年以后上升幅度加大；相比于2005年的1.02 g/kg，2018年潮土全氮含量上升至1.16 g/kg，上升13.7%。

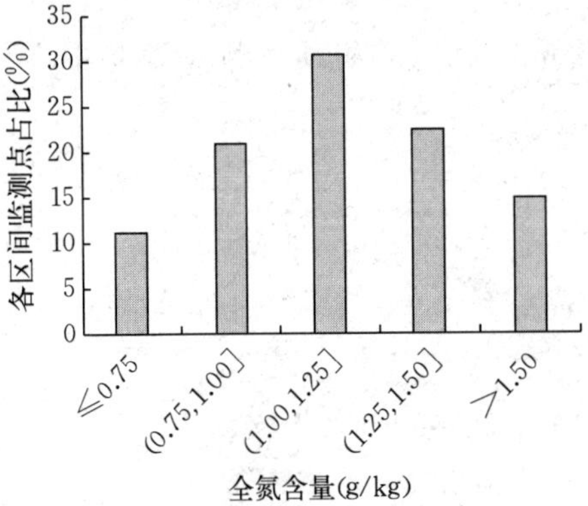


图4.1.4 潮土监测点全氮含量各区间占比

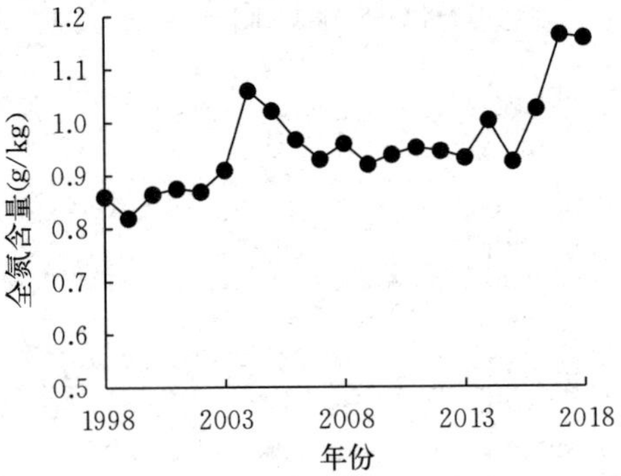


图4.1.5 潮土监测点全氮含量变化趋势

### （三）频率变化

如图4.1.6所示，2008—2018年，山东省潮土耕地质量监测点全氮含量分级频率的变化特点为：全氮含量较缺乏的监测点数明显减少，而全氮含量中等、较丰富和丰富的监测点数上升。总体上山东省潮土耕地质量监测点全氮含量呈上升趋势。其中，小于或等于 0.75 g/kg 的比例呈下降趋势，从 25.6%下降至 11.2%；(0.75，1.00］g/kg 的比例呈下降趋势，从 32.3%下降至 20.9%；(1.00，1.25］g/kg、(1.25，1.50］g/kg 和大于 1.50 g/kg 的比例均有所上升，(1.00，1.25］g/kg 的比例从 27.8%上升至 30.7%，(1.25，1.50］g/kg 的比例从 11.1%上升至 22.4%，大于 1.50 g/kg 的比例从 3.2%上升至 14.8%。

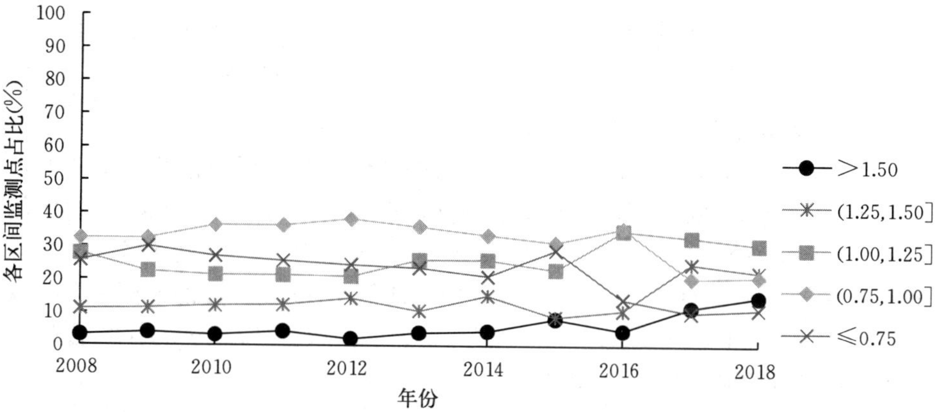


图 4.1.6　潮土监测点全氮含量分级频率变化

## 三、碱解氮现状及演变趋势

### （一）现状

2018 年，山东省潮土耕地质量监测点碱解氮有效数据为 1 746 个，平均含量 95.3 mg/kg。潮土碱解氮含量主要集中在（60，90］mg/kg 和（90，120］mg/kg（图 4.1.7）。碱解氮含量小于或等于 60 mg/kg 的监测点有 164 个，占监测点总数的 9.4%；(60，90］mg/kg 的 703 个，占 40.3%；(90，120］mg/kg 的 583 个，占 33.4%；(120，150］mg/kg 的 199 个，占 11.4%；大于 150 mg/kg 的 97 个，占 5.5%。

### （二）含量变化

2005—2018 年，山东省潮土耕地质量监测点碱解氮含量呈缓慢上升趋势，从 74.6 mg/kg 上升至 95.3 mg/kg，2018 年比 2005 年上升 27.7%（图 4.1.8）。

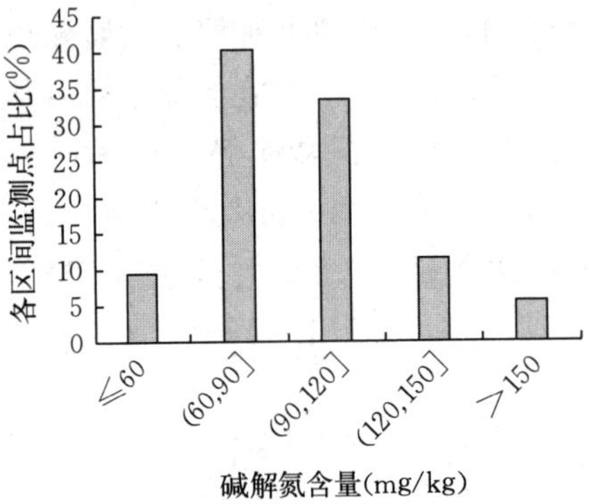


图 4.1.7　潮土监测点碱解氮含量各区间占比

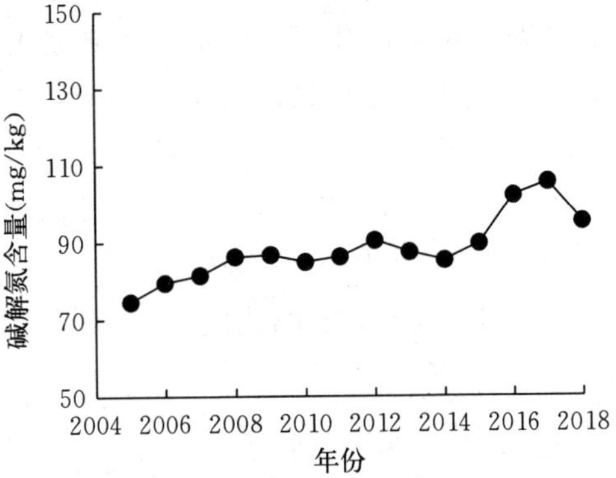


图 4.1.8　潮土监测点碱解氮含量变化趋势

### (三) 频率变化

如图 4.1.9 所示，2005—2018 年，山东省潮土耕地质量监测点碱解氮含量大于 150 mg/kg 的比例从 1.9%上升至 5.6%，(120，150] mg/kg 的比例从 1.1%上升至 11.4%，(90，120] mg/kg 的比例从 16.7%上升至 33.4%。潮土碱解氮含量在 (60，90] mg/kg 及小于或等于 60 mg/kg 的比例呈下降趋势，其中 (60，90] mg/kg 的比例从 70.8%下降至 40.3%，小于或等于 60 mg/kg的比例从 12.5%下降至 9.4%。

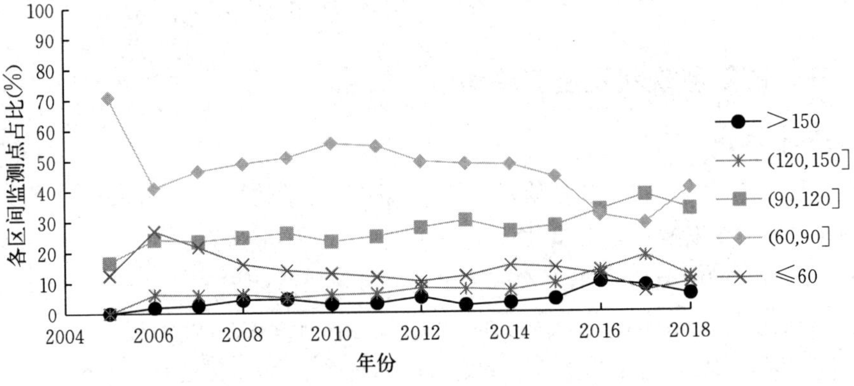


图 4.1.9　潮土监测点碱解氮含量分级频率变化

## 四、有效磷现状及演变趋势

### (一) 现状

2018 年，山东省潮土耕地质量监测点有效磷有效数据为 1 813 个，平均含量 37.0 mg/kg。潮土有效磷含量主要集中在（10，20］mg/kg（图 4.1.10）。有效磷含量小于或等于 10 mg/kg 的监测点有 159 个，占监测点总数的 8.8%；（10，20］mg/kg 的 526 个，占 29.0%；（20，30］mg/kg 的 382 个，占 21.1%；（30，50］mg/kg 的 408 个，占 22.5%；大于 50 mg/kg 的 338 个，占 18.6%。

### （二）含量变化

1998—2018 年，山东省潮土耕地质量监测点有效磷含量呈上升趋势，从 16.3 mg/kg 上升至 37.0 mg/kg，2018 年比 1998 年上升 127.0%（图 4.1.11）。其中，1998—2007 年，潮土有效磷含量从 16.3 mg/kg 上升至 28.1 mg/kg，2007 年比 1998 年上升 72.4%；2008—2016 年，潮土有效磷含量缓慢上升，从 28.9 mg/kg 上升至 30.8 mg/kg，2016 年比 2008 年上升 6.6%；2017 年潮土有效磷含量上升幅度较大，从 30.8 mg/kg 上升至 39.0 mg/kg，2017 年比 2016 年上升 26.6%；2018 年潮土有效磷含量略有下降，从 2017 年的最高点 39.0 mg/kg 下降至 37.0 mg/kg，降幅为 5.1%。

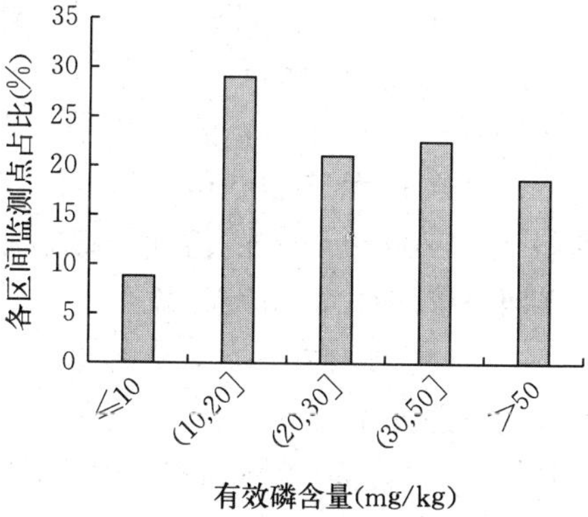


图 4.1.10　潮土监测点有效磷含量各区间占比

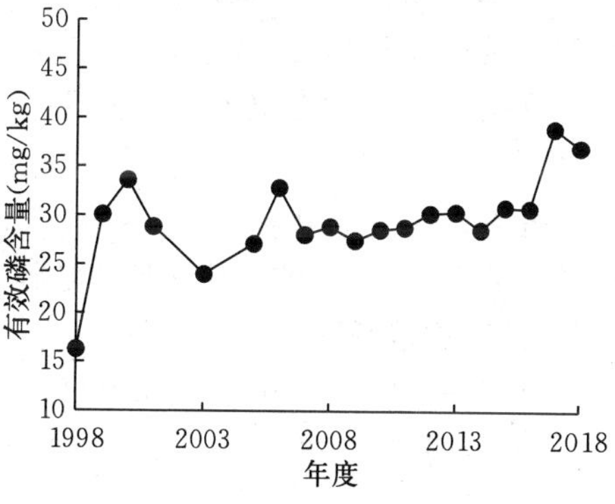


图 4.1.11　潮土监测点有效磷含量变化趋势

### （三）频率变化

山东省潮土耕地质量监测点有效磷含量分级频率变化如图 4.1.12 所示。2008—2018 年，潮土有效磷含量各区间比例差别减小，（30，50］mg/kg 及大于 50 mg/kg 的比例略有上升，（30，50］mg/kg 的比例从 21.0% 上升至 22.5%，大于 50 mg/kg 的比例从 10.7%上升至 18.6%。此外，含量小于或等于 10 g/kg 的比例稍有上升，从 7.5%上升至 8.8%；（10，20］mg/kg 的比例呈下降趋势，从 34.1%下降至 29.0%；（20，30］mg/kg 的比例从 26.6%下降至 21.1%。

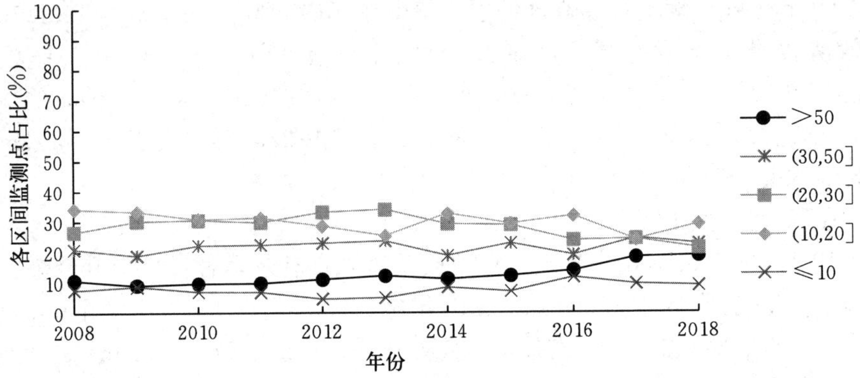


图 4.1.12　潮土监测点有效磷含量分级频率变化

## 五、速效钾现状及演变趋势

### （一）现状

2018 年，山东省潮土耕地质量监测点速效钾有效数据为 1 803 个，平均含量 209 mg/kg。土壤速效钾含量主要集中在大于 200 mg/kg（图 4.1.13）。速效钾含量小于或等于 50 mg/kg 的监测点有 5 个，占监测点总数的 0.3%；(50，100] mg/kg 的 203 个，占 11.3%；(100，150] mg/kg 的 416 个，占 23.1%；(150，200] mg/kg 的 394 个，占 21.8%；大于 200 mg/kg 的 785 个，占 43.5%。总体来看，土壤速效钾含量大于 200 mg/kg 的占比最高，小于或等于 50 mg/kg 的占比最低。总体上，潮土速效钾含量较为丰富。

### （二）含量变化

1998—2018 年，山东省潮土耕地质量监测点速效钾含量呈上升趋势，从 110 mg/kg 上升至 209 mg/kg，2018 年比 1998 年上升 90.0%（图 4.1.14）。

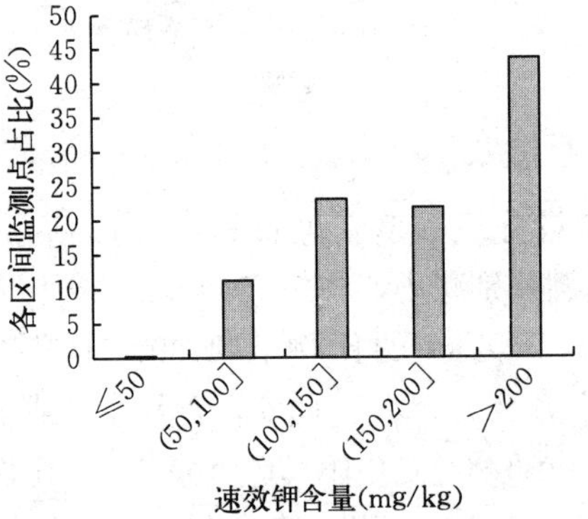


图 4.1.13　潮土监测点速效钾含量各区间占比

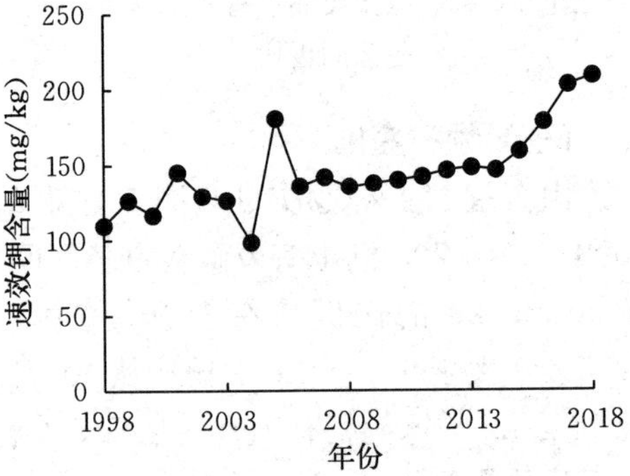


图 4.1.14　潮土监测点速效钾含量变化趋势

其中，1998—2007 年，土壤速效钾含量波动上升，从 110 mg/kg 上升至 142 mg/kg，2007 年比 1998 年上升 29.1%；2008—2018 年，土壤速效钾含量呈稳定上升趋势，从 135 mg/kg 上升至 209 mg/kg，2018 年比 2008 年上升 54.8%。

### （三）频率变化

山东省潮土耕地质量监测点速效钾含量分级频率变化如图 4.1.15 所示。2008—2018 年，小于或等于 50 mg/kg 的比例从 1.4%下降至 0.3%，(50，100] mg/kg 的比例从 33.2%下降至 11.3%，(100，150] mg/kg 的比例从 36.5%下降至 23.1%，(150，200] mg/kg 的比例从 15.0%上升至 21.8%，大于 200 mg/kg 的比例从 14.0%上升至 43.5%。总体上，潮土速效钾较丰富含量的占比有所上升，中等含量及含量不足的占比呈现下降趋势，极缺乏的含量等级频率基本不变。整体上，潮土速效钾含量趋于丰富。

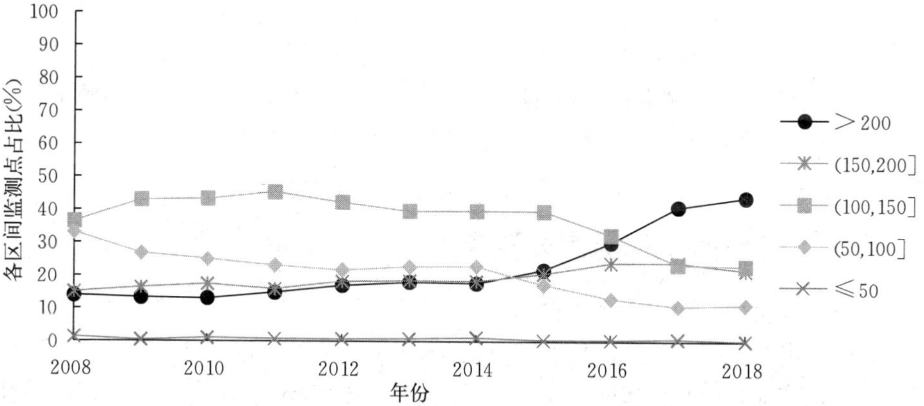


图 4.1.15　潮土监测点速效钾含量分级频率变化

## 六、缓效钾现状及演变趋势

### （一）现状

2018 年，山东省潮土耕地质量监测点缓效钾有效数据为 1 330 个，平均含量 826 mg/kg。土壤缓效钾含量主要集中在 (600，1 000] mg/kg（图 4.1.16）。缓效钾含量小于或等于 400 mg/kg 的监测点有 43 个，占监测点总数的 3.2%；(400，600] mg/kg 的 151 个，占 11.4%；(600，800] mg/kg 的 433 个，占 32.6%；(800，1 000] mg/kg 的 462 个，占 34.7%；大于 1 000 mg/kg 的 241 个，占 18.1%。总体来看，潮土缓效钾含量较为丰富。

### （二）含量变化

1998—2018 年，山东省潮土耕地质量监测点缓效钾含量有波动，从 865 mg/kg 下降至 826 mg/kg，下降 4.5%（图 4.1.17）。其中，1998—2007 年，潮土缓效钾含量呈折线上升趋势，从 865 mg/kg 上升至 908 mg/kg，上升 5.0%；2008—2018 年，潮土缓效钾含量呈波动下降趋势，从 854 mg/kg 下降至 826 mg/kg，降低 3.3%。

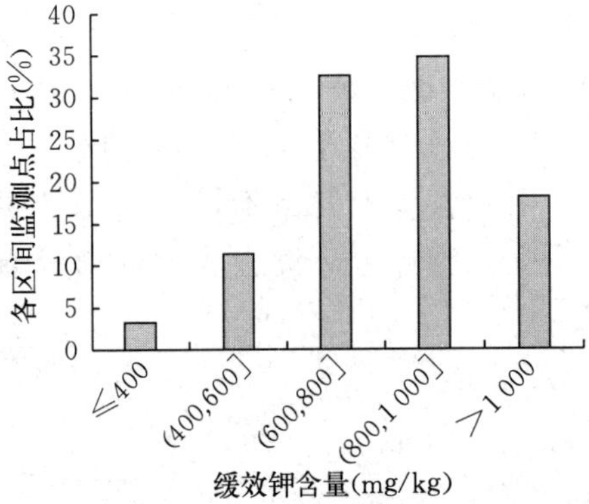


图 4.1.16　潮土监测点缓效钾含量各区间占比

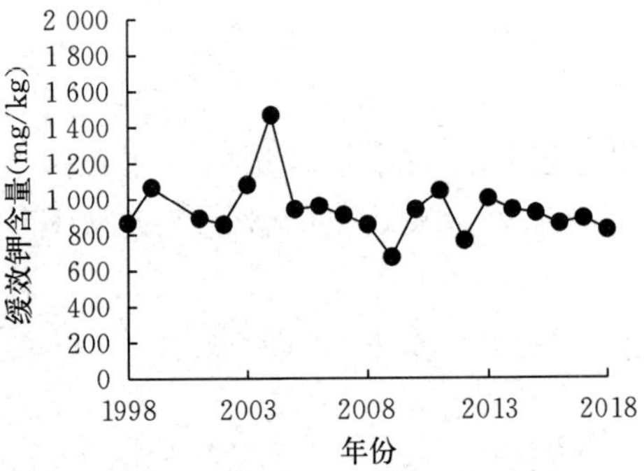


图 4.1.17　潮土监测点缓效钾含量变化趋势

## 七、土壤 pH 现状及演变趋势

### （一）现状

2018 年，山东省潮土耕地质量监测点 pH 有效数据为 1 724 个，pH 平均为 7.8。潮土 pH 主要集中在（8.0，8.5]，监测点个数为 968 个，占比达 56.2%；（7.5，8.0]、（6.0，6.5] 的监测点有 443 个，占比为 25.6%；（6.5，7.5] 的监测点有 124 个，占比为 7.2%；（8.5，9.0]、（5.0，5.5] 的监测点有 122 个，占比为 7.1%；（5.5，6.0] 的监测点有 38 个，占比为 2.2%；大于 9.0、小于或等于 5.0 的监测点有 29 个，占比为 1.7%（图 4.1.18）。

### （二）pH 变化

1998—2018 年，山东省潮土耕地质量监测点 pH 从 7.95 下降至 7.8，下降 1.9%（图 4.1.19）。其中，1998—2007 年，土壤 pH 呈下降趋势，从 7.95 下降至 7.62，2007 年比 1998 年下降 4.2%；2008—2018 年，土壤 pH 呈上升趋势，从 7.63 上升至 7.8，2018 年比 2008 年上升 2.2%。

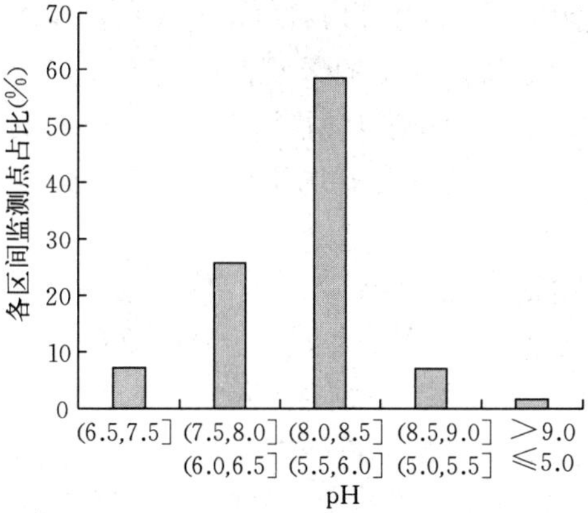


图 4.1.18　潮土监测点 pH
各区间占比

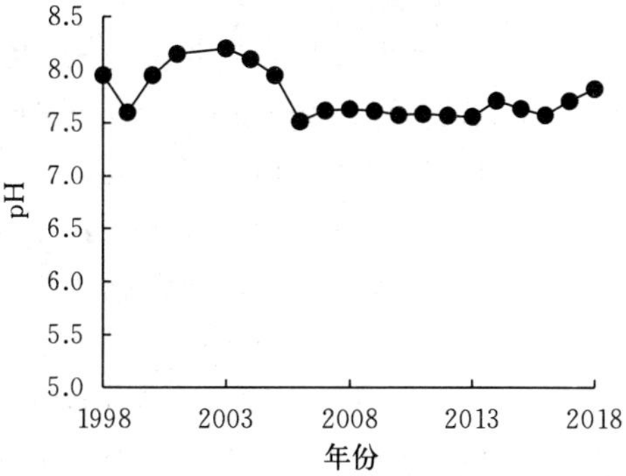


图 4.1.19　潮土监测点 pH
变化趋势

## （三）频率变化

2008—2018 年，山东省潮土耕地质量监测点 pH 分级频率变化如图 4.1.20 所示。潮土监测点 pH 在（6.5，7.5］的比例呈下降趋势，从 20.7%下降至 7.2%；（7.5，8.0］、（6.0，6.5］的比例呈下降趋势，从 35.3%下降至 25.7%；（8.0，8.5］、（5.5，6.0］的比例呈上升趋势，从 39.8%上升至 58.4%；大于 9.0、小于或等于 5.0 的比例较低，且基本无变化。

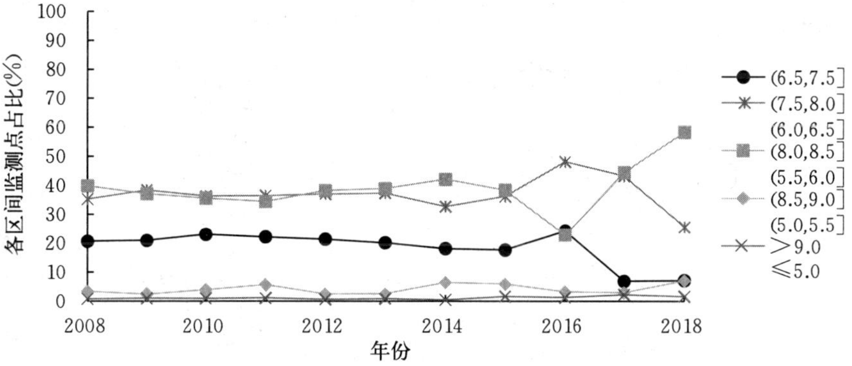


图 4.1.20　潮土监测点 pH 分级频率变化

# 第二节　棕　　壤

棕壤是在暖温带湿润气候下，明显的淋溶、黏化作用下形成的具有黏化层的地带性土壤。棕壤的颜色为亮棕色，腐殖质层有机质含量在 1.5%～3%，质地多为壤土，透水性好，弱酸性至中性，pH 在 6.0～7.0。棕壤主要分布在山东半岛和辽东半岛的低山、丘陵和山前台地，为各种岩石风化的残积物和坡积物、黄土状物质等，多发育于非石灰性母质。棕壤的天然植被是落叶阔叶林，间有针阔混交林，主要树种是辽东栎；人工林则以油松为主。棕壤区的低山丘陵地区多已开垦利用，栽培果树。山东丘陵区是我国重要的苹果、梨产地；大田作物主要种植小麦、玉米等，一年两熟。

2018年，山东省棕壤耕地质量长期定位监测点共有480个。棕壤监测点以种植粮食作物为主，其次是种植水果、蔬菜。粮—粮、粮—油、粮—菜作物监测点分别有218个、116个、4个，果园、菜地监测点分别有126个、16个。

2018年，山东省棕壤国家级耕地质量长期定位监测点共有12个。棕壤监测点以种植粮食作物为主，其次是水果。粮—粮、粮—油作物监测点分别有7个、4个，果园监测点有1个。

## 一、有机质现状及演变趋势

### （一）现状

2018年，山东省棕壤耕地质量监测点有机质有效数据为476个，平均含量14.2 g/kg。土壤有机质含量主要集中在（10，15］g/kg（图4.2.1）。有机质含量小于或等于10 g/kg的监测点有104个，占监测点总数的21.8%；（10，15］g/kg的205个，占43.1%；（15，20］g/kg的107个，占22.5%；（20，25］g/kg的41个，占8.6%；大于25 g/kg的19个，占4.0%。

### （二）含量变化

1998—2018年，山东省棕壤耕地质量监测点有机质含量呈缓慢上升趋势，从10.6 g/kg上升至14.2 g/kg，2018年比1998年上升34.0%（图4.2.2）。

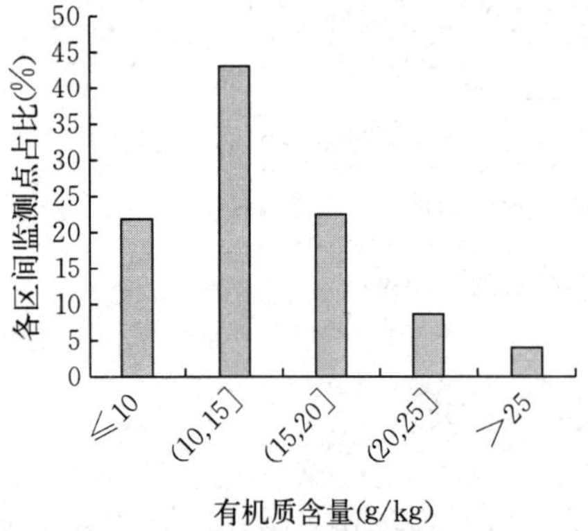


图4.2.1　棕壤监测点有机质含量各区间占比

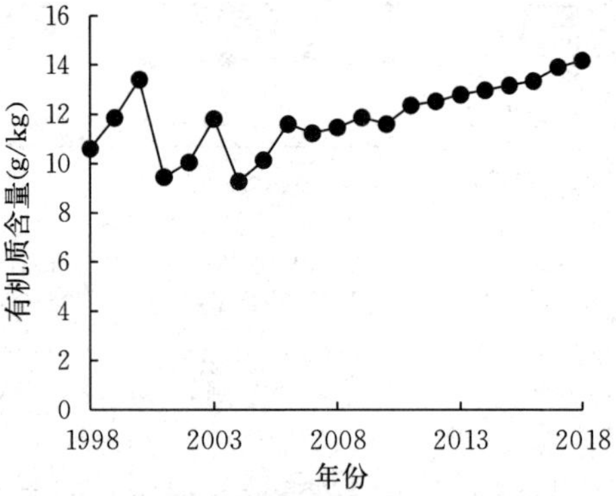


图4.2.2　棕壤监测点有机质含量变化趋势

其中，1998—2004 年，土壤有机质含量呈折线下降趋势，从 10.6 g/kg 下降至 9.3 g/kg，2004 年比 1998 年下降 12.3%；2005—2018 年，土壤有机质含量呈上升趋势，从 10.1 g/kg 上升至 14.2 g/kg，2018 年比 2005 年上升 40.6%。

### （三）频率变化

2008—2018 年，山东省棕壤耕地质量监测点有机质含量主要集中在（0，20］g/kg，其他区间占比较低且年际较稳定（图 4.2.3）。2008—2018 年，有机质含量在小于或等于 10 g/kg 的占比呈下降趋势，从 36.7%下降至 21.8%；（10，15］g/kg 的占比呈下降趋势，从 49.6%下降至 43.1%；（15，20］g/kg 和（20，25］g/kg 的占比呈上升趋势，其中（15，20］g/kg 的占比从 11.8%上升至 22.5%，（20，25］g/kg 的占比从 1.4%上升至 8.6%。总体上棕壤有机质含量呈合理化上升趋势。

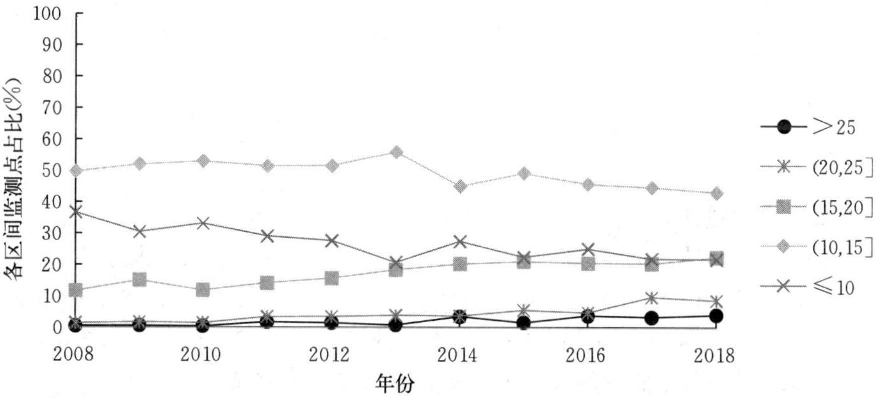


图 4.2.3 棕壤监测点有机质含量分级频率变化

## 二、全氮现状及演变趋势

### （一）现状

2018 年，山东省棕壤耕地质量监测点全氮有效数据为 423 个，平均含量 1.00 g/kg。棕壤全氮含量主要集中在小于或等于 0.75 g/kg、（0.75，1.00］g/kg 及（1.00，1.25］g/kg（图 4.2.4）。全氮含量小于或等于 0.75 g/kg 的监测点有 105 个，占监测点总数的 24.8%；（0.75，1.00］g/kg 的 121 个，占 28.6%；（1.00，1.25］g/kg 的 106 个，占 25.1%；（1.25，1.50］g/kg 的 61 个，占 14.4%；大于 1.50 g/kg 的 30 个，占 7.1%。

## （二）含量变化

1998—2018年，山东省棕壤耕地质量监测点全氮含量总体呈上升趋势，从0.77 g/kg上升至1.00 g/kg，2018年比1998年上升29.9%（图4.2.5）。其中，1998—2004年，土壤全氮含量呈波动上升趋势，从0.77 g/kg上升至0.93 g/kg，2004年比1998年上升20.8%；2005—2018年，土壤全氮含量呈上升趋势，从0.77 g/kg上升至1.00 g/kg，2018年比2005年上升29.9%。

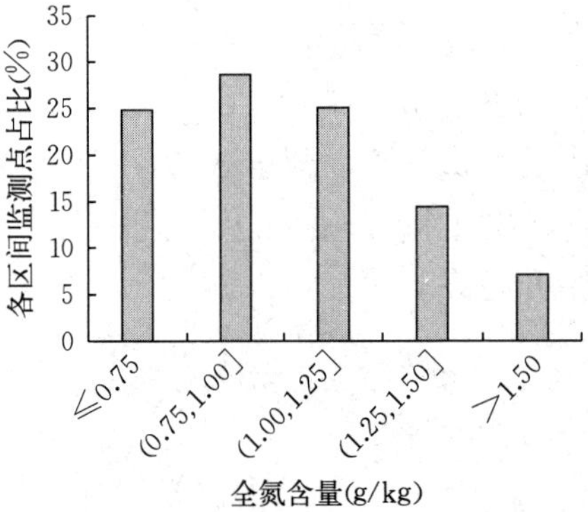


图4.2.4 棕壤监测点全氮含量各区间占比

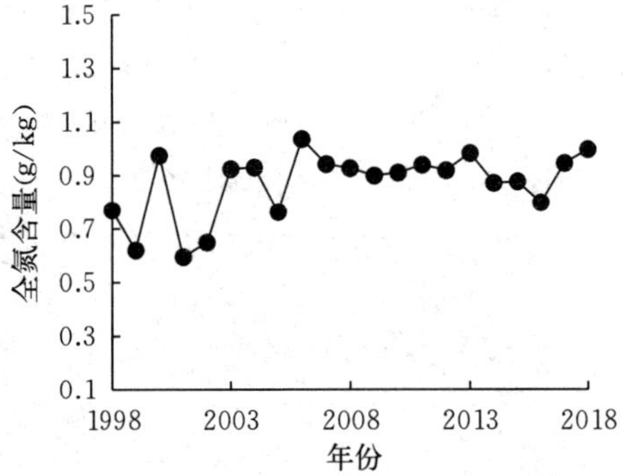


图4.2.5 棕壤监测点全氮含量变化趋势

## （三）频率变化

如图4.2.6所示，2008—2018年，(0.75，1.00] g/kg、大于1.50 g/kg的比例基本稳定；小于或等于0.75 g/kg的比例呈下降趋势，从39.9%下降至24.8%；(1.00，1.25] g/kg的比例呈上升趋势，从15.9%上升至25.1%；(1.25，1.50] g/kg的比例呈上升趋势，从6.5%上升至14.4%。

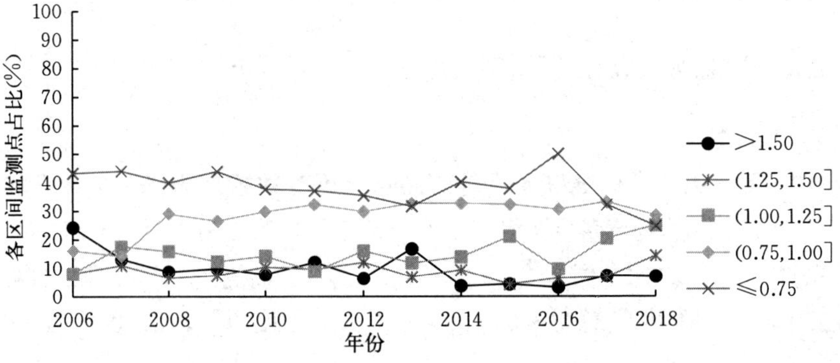


图4.2.6 棕壤监测点全氮含量分级频率变化

## 三、碱解氮现状及演变趋势

### （一）现状

2018 年，山东省棕壤耕地质量监测点碱解氮有效数据为 470 个，平均含量 106.5 mg/kg。棕壤碱解氮含量主要集中在（60，90］mg/kg 和（90，120］mg/kg（图 4.2.7）。碱解氮含量小于或等于 60 mg/kg 的监测点有 67 个，占监测点总数的 14.3%；（60，90］mg/kg 的 134 个，占 28.5%；（90，120］mg/kg 的 140 个，占 29.8%；（120，150］mg/kg 的 71 个，占 15.1%；大于 150 mg/kg 的 58 个，占 12.3%。

### （二）含量变化

2005—2018 年，山东省棕壤耕地质量监测点土壤碱解氮含量呈上升趋势，从 62.6 mg/kg 上升至 106.5 mg/kg，2018 年比 2005 年上升 70.1%（图 4.2.8）。

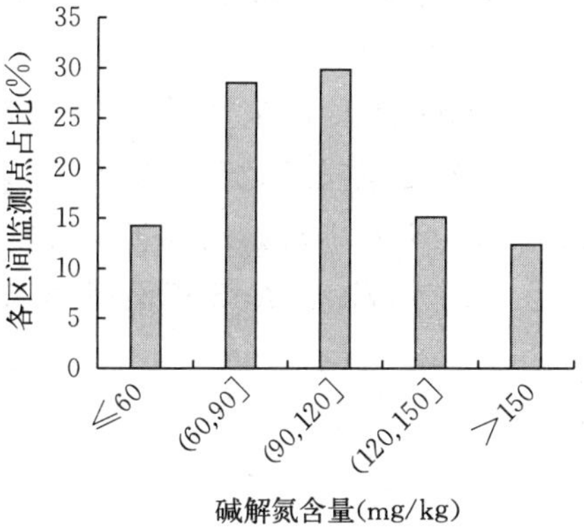


图 4.2.7　棕壤监测点碱解氮含量各区间占比

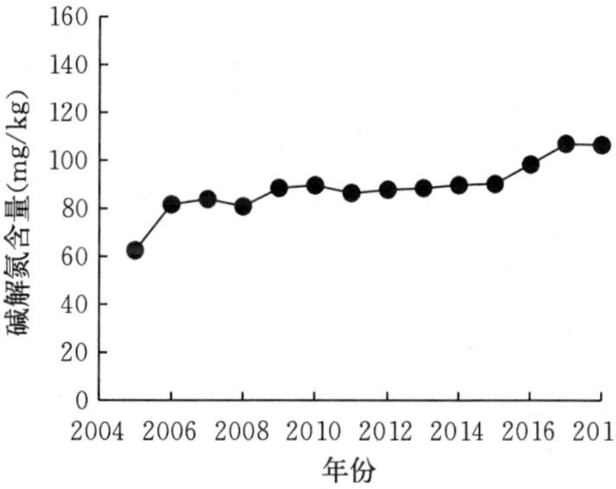


图 4.2.8　棕壤监测点碱解氮含量变化趋势

### （三）频率变化

如图 4.2.9 所示，2006—2018 年，山东省棕壤耕地质量监测点碱解氮含

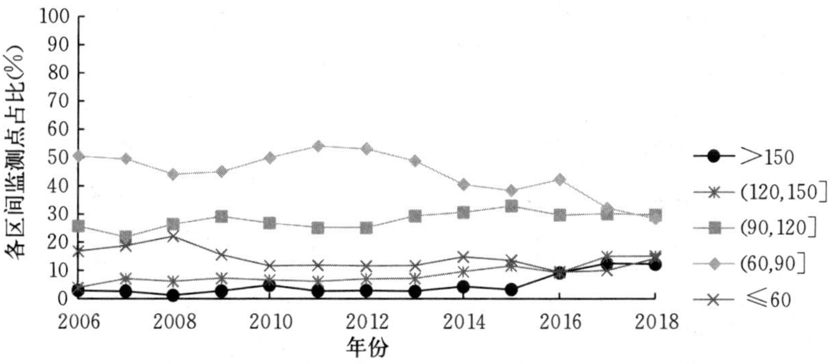


图 4.2.9　棕壤监测点碱解氮含量分级频率变化

量大于150 mg/kg的比例从3.0%上升至12.3%，(120，150] mg/kg的比例从4.0%上升至15.1%，(90，120] mg/kg的比例从25.7%上升至29.8%，(60，90] mg/kg的比例从50.5%下降至28.5%，小于或等于60 mg/kg的比例从16.8%下降至14.3%。

## 四、有效磷现状及演变趋势

### (一) 现状

2018年，山东省棕壤耕地质量监测点有效磷有效数据为476个，平均含量64.5 mg/kg。棕壤有效磷含量主要集中在大于50 mg/kg（图4.2.10）。有效磷含量小于或等于10 mg/kg的监测点有21个，占监测点总数的4.4%；(10，20] mg/kg的42个，占8.8%；(20，30] mg/kg的64个，占13.4%；(30，50] mg/kg的117个，占24.6%；大于50 mg/kg的232个，占48.8%。

### (二) 含量变化

1998—2018年，山东省棕壤耕地质量监测点有效磷含量呈上升趋势（图4.2.11）。其中，1998—2007年，土壤有效磷含量呈波动上升趋势，从11.5 mg/kg上升至29.8 mg/kg，2007年比1998年上升159.1%；2008—2018年，有效磷含量上升，从35.5 mg/kg上升至64.5 mg/kg，2018年比2008年上升81.7%。

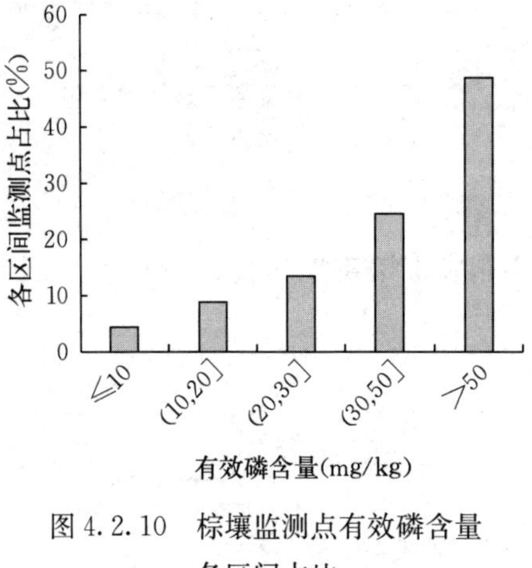


图4.2.10　棕壤监测点有效磷含量各区间占比

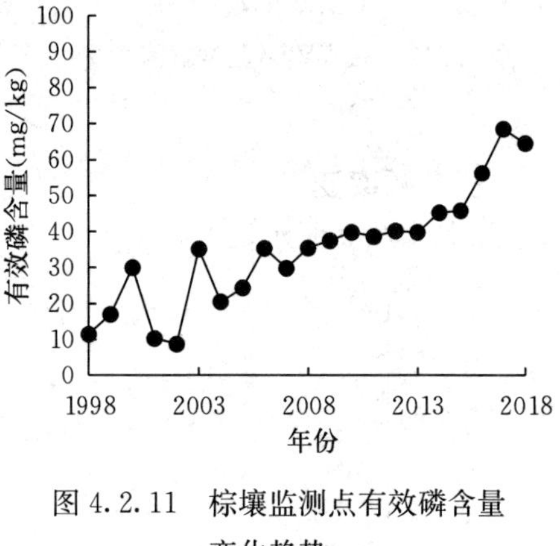


图4.2.11　棕壤监测点有效磷含量变化趋势

### (三) 频率变化

山东省棕壤耕地质量监测点有效磷含量分级频率变化如图4.2.12所示。

2008—2018 年，有效磷含量小于或等于 50 mg/kg 的比例下降，大于 50 mg/kg 的比例上升。其中小于或等于 10 mg/kg 的比例从 6.0%下降至 4.4%，(10，20] mg/kg 的比例从 25.2%下降至 8.8%，(20，30] mg/kg 的比例从 21.2%下降至 13.4%，(30，50] mg/kg 的比例从 29.0%下降至 24.6%，而大于50 mg/kg的比例从 18.6%上升至 48.8%。总体上，棕壤有效磷含量趋于丰富。

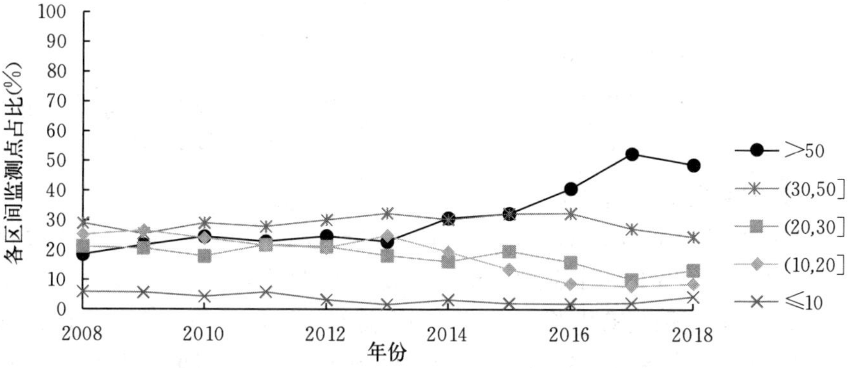


图 4.2.12　棕壤监测点有效磷含量分级频率变化

## 五、速效钾现状及演变趋势

### (一) 现状

2018 年，山东省棕壤耕地质量监测点速效钾有效数据为 475 个，平均含量 150 mg/kg。棕壤速效钾含量主要集中在 (100，150] mg/kg (图 4.2.13)。速效钾含量小于或等于 50 mg/kg 的监测点有 12 个，占监测点总数的 2.5%；(50，100] mg/kg 的 130 个，占 27.4%；(100，150] mg/kg 的 148 个，占 31.2%；(150，200] mg/kg 的 89 个，占 18.7%；大于 200 mg/kg 的 96 个，占 20.2%。

### (二) 含量变化

1998—2018 年，山东省棕壤耕地质量监测点速效钾含量呈上升趋势，从 31 mg/kg 上升至 150 mg/kg，2018 年比 1998 年上升 383.9%。其中，1998—2007 年，土壤速效钾含量呈波动上升趋势，从 31 mg/kg 上升至 86 mg/kg，2007 年比 1998 年上升 177.4%；2008—2018 年，山东省棕壤耕地质量监测点速效钾含量稳步上升，从 101 mg/kg 上升至 150 mg/kg，2018 年比 2008 年上升 48.5% (图 4.2.14)。

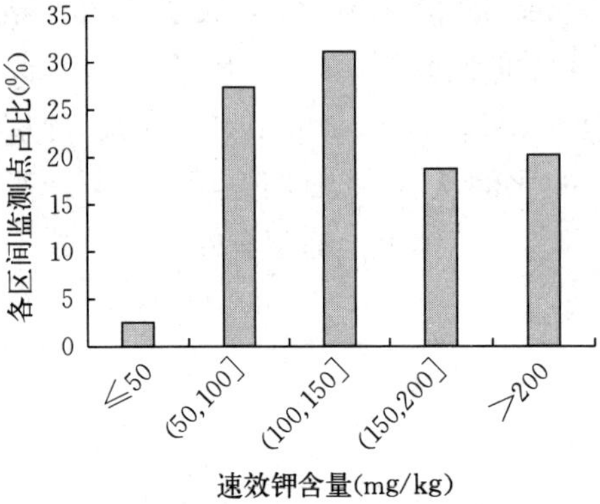


图4.2.13 棕壤监测点速效钾含量各区间占比

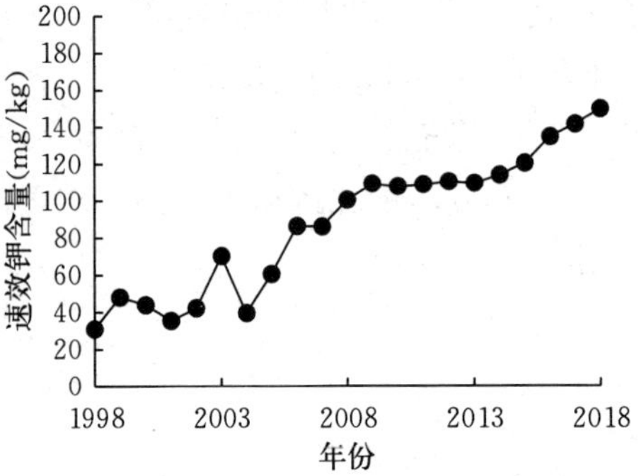


图4.2.14 棕壤监测点速效钾含量变化趋势

### (三) 频率变化

山东省棕壤耕地质量监测点速效钾含量分级频率变化如图4.2.15所示。2008—2018年，小于或等于100 mg/kg的比例呈下降趋势，其中小于或等于50 mg/kg的比例稍有下降，从7.9%下降至2.5%，(50，100] mg/kg的比例从52.9%下降至27.4%。而大于100 mg/kg的比例呈上升趋势，其中(100，150] mg/kg的比例从25.7%上升至31.2%，(150，200] mg/kg的比例从9.4%上升至18.7%，大于200 mg/kg的比例从4.1%上升至20.2%。总体上，棕壤速效钾含量丰富的比例在上升。

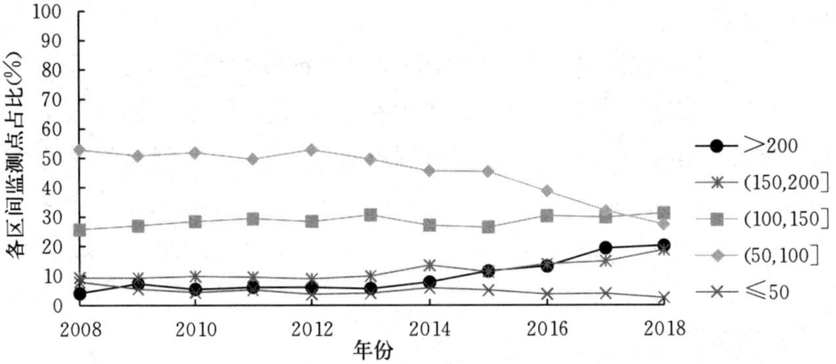


图4.2.15 棕壤监测点速效钾含量分级频率变化

## 六、缓效钾现状及演变趋势

### (一) 现状

2018年，山东省棕壤耕地监测点缓效钾有效数据为423个，平均含量682 mg/kg。棕壤缓效钾含量各个区间均有分布，相对分散(图4.2.16)。缓效钾含量小于或等于 400 mg/kg 的监测点有 112 个，占监测点总数的 26.5%；(400，600] mg/kg 的 109 个，占 25.8%；(600，800] mg/kg 的 80 个，占 18.9%；(800，1 000] mg/kg 的 49 个，占 11.6%；大于 1 000 mg/kg 的 73 个，占 17.2%。

### （二）含量变化

1998—2018 年，山东省棕壤耕地质量监测点缓效钾含量呈波动上升趋势，从 551 mg/kg 上升至 682 mg/kg，2018 年比 1998 年上升 23.8%（图 4.2.17）。其中，1998—2007 年，土壤缓效钾含量呈波动上升趋势，从551 mg/kg上升至686 mg/kg，2007 年比 1998 年上升 24.5%；2008—2018 年，山东省棕壤耕地质量监测点缓效钾含量呈波动下降趋势，从 695 mg/kg 下降至 682 mg/kg，2018 年比 2008 年降低 1.9%。

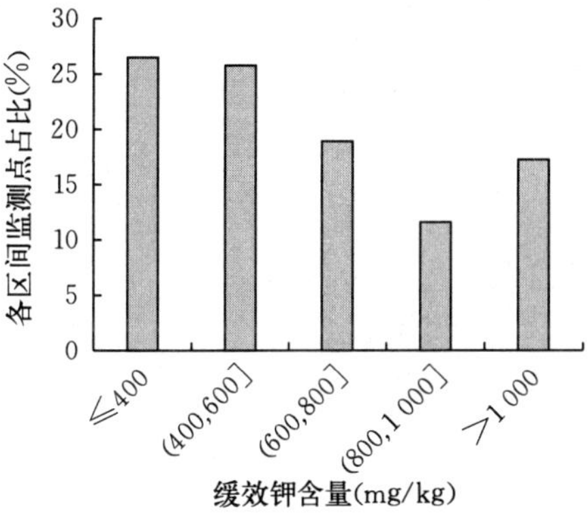


图 4.2.16　棕壤监测点缓效钾含量各区间占比

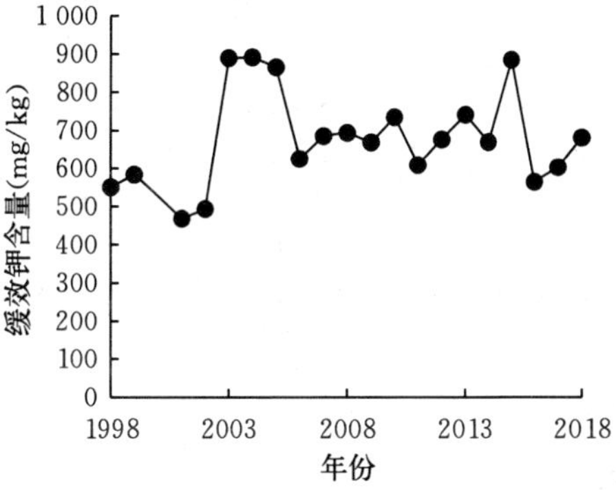


图 4.2.17　棕壤监测点缓效钾含量变化趋势

## 七、土壤 pH 现状及演变趋势

### （一）现状

2018 年，山东省棕壤耕地监测点土壤 pH 有效数据为 472 个，平均为 5.9。棕壤耕地质量监测点 pH 各区间分布相对均匀。pH 在 (7.5，8.0]、(6.0，6.5] 的监测点最多，为 103 个，占比 21.8%；大于 9.0、小于或等于 5.0 的监测点有 86 个，占比 18.2%；(8.5，9.0]、(5.0，5.5] 的监测点有 99 个，占比 21.0%；(8.0，8.5]、(5.5，6.0] 的监测点有 91 个，占比 19.3%；(6.5，7.5] 的监测点有 93 个，占比 19.7%（图 4.2.18）。

### （二）pH 变化

1998—2018 年，山东省棕壤耕地质量监测点 pH 波动较大，但 1998 年、2018 年 pH 均为 5.9（图 4.2.19）。其中 1998—2007 年，pH 波动幅度较大，从5.9上升至6.04，上升2.4%；2008—2018年，pH相对稳定，从6.01下降至5.9，下降1.8%。

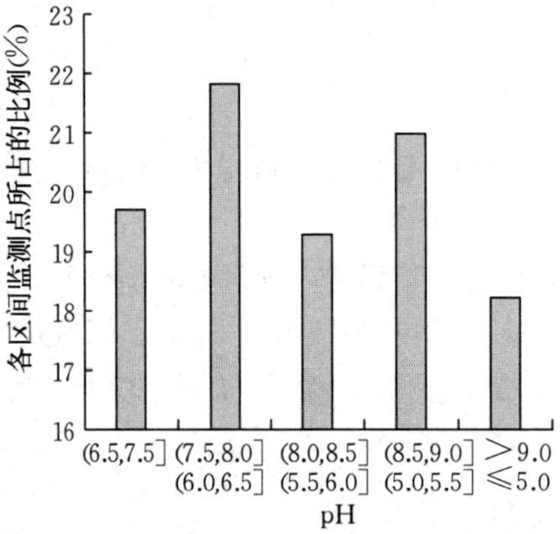


图4.2.18　棕壤监测点pH各区间占比

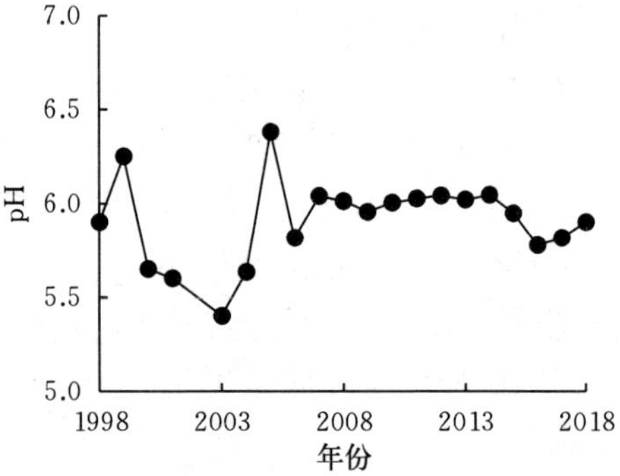


图4.2.19　棕壤监测点pH变化趋势

**（三）频率变化**

2008—2018年，山东省棕壤耕地质量监测点pH分级频率显示，各区间比例基本稳定，且各区间比例逐渐接近（图4.2.20）。2018年，(6.5，7.5]的比例为19.7%，(7.5，8.0]、(6.0，6.5]的比例为21.8%，(8.0，8.5]、(5.5，6.0]的比例为19.3%，(8.5，9.0]、(5.0，5.5]的比例为21.0%，大于9.0、小于或等于5.0的比例为18.2%。

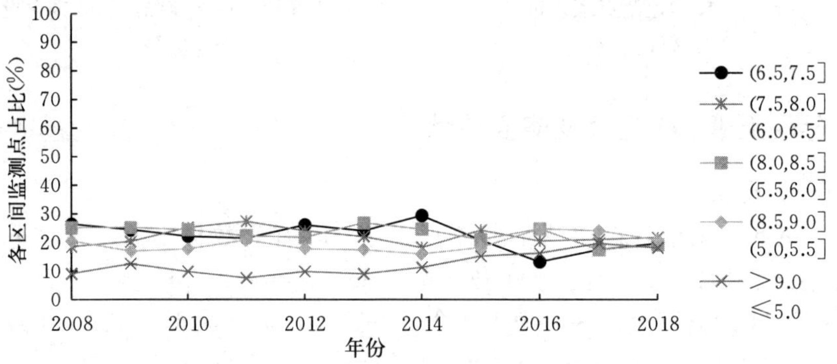


图4.2.20　棕壤监测点pH分级频率变化

## 第三节　褐　　土

褐土分布于暖温带半湿润地区，发育于排水良好的，具有弱腐殖质表层、黏化层，土体中有一定数量的碳酸盐淋溶与淀积的土壤。褐土在我国分布总面积约3.77亿亩[①]，广阔地区的低山、丘陵及复合冲积扇为褐土的主要分布区域。其主要分布于秦岭以北、六盘山以东，向东延伸经伏牛山、三门峡一带，东南抵江淮丘陵北麓，东抵山东半岛西部，北抵燕山及辽西的丘陵低山地区，包括太行山、晋东南至陕西关中平原。

褐土分布区具有较好的光热条件，种植制度为一年一熟或一年两熟。大多数褐土土体深厚，土壤质地适中，通透性好，生产性能良好，广泛适种冬小麦、玉米、甘薯、花生、棉花、烟草、苹果等粮食和经济作物。

2018年，山东省褐土耕地质量监测点共有565个。褐土监测点以种植粮食作物为主，其次是种植水果、蔬菜。粮—粮、粮—油、粮—菜作物监测点分别有422个、43个、22个，果园、菜地监测点分别有46个、32个。

2018年，山东省国家级褐土耕地质量监测点共有11个，均以种植粮食作物为主。

## 一、有机质现状及演变趋势

### （一）现状

2018年，山东省褐土耕地质量监测点有机质有效数据为562个，平均含量17.8 g/kg。有机质含量小于或等于10 g/kg的监测点有58个，占监测点总数的10.3%；（10，15］g/kg的127个，占22.6%；(15，20］g/kg的197个，占35.1%；（20，25］g/kg的120个，占21.3%；大于25 g/kg的60个，占10.7%（图4.3.1）。

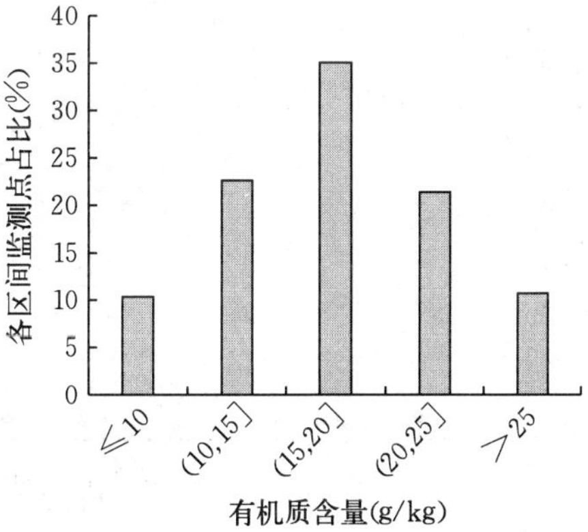


图4.3.1　褐土监测点有机质含量各区间占比

### （二）含量变化

1988—2018年，山东省褐土耕地质量监测点有机质含量呈缓慢上升趋势，从13.5 g/kg上升至17.8 g/kg，2018年比1988年上升31.9%（图4.3.2）。其中，1988—2007年，褐土有机质含量从13.5 g/kg上升至14.5 g/kg，2007年比1988年上升7.4%；2008—2018年，褐土有机质含量从15.1 g/kg上升至17.8 g/kg，2018年比2008年上升17.9%。

① 亩为非法定计量单位，15亩＝1 $hm^2$。——编者注

### （三）频率变化

2008—2018年，山东省褐土耕地质量监测点有机质含量主要集中在（10，25］g/kg，其他区间比例较低且年际较稳定（图4.3.3）。其中，2008—2018年，有机质含量小于或等于10 g/kg的比例基本稳定；（10，15］g/kg的比例呈下降趋势，从43.3%下降至22.6%；（15，20］g/kg和（20，25］g/kg的比例呈上升趋势，（15，20］g/kg的比例从32.0%上升至35.1%，（20，25］g/kg的比例从10.9%上升至21.3%；大于25 g/kg的比例呈上升趋势，从3.3%上升至10.7%。总体上褐土有机质含量合理化区间比例上升。

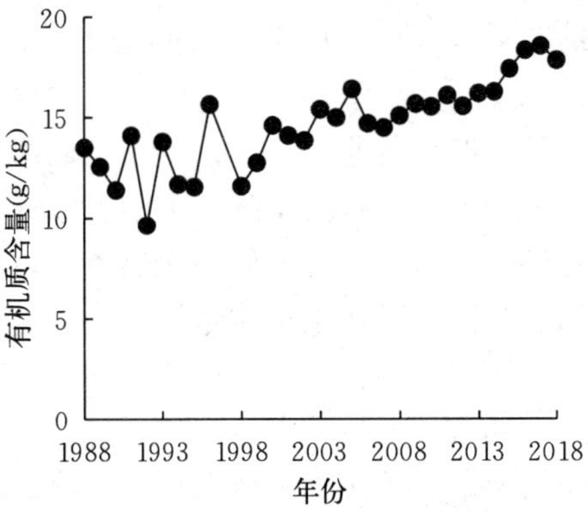


图4.3.2　褐土监测点有机质含量变化趋势

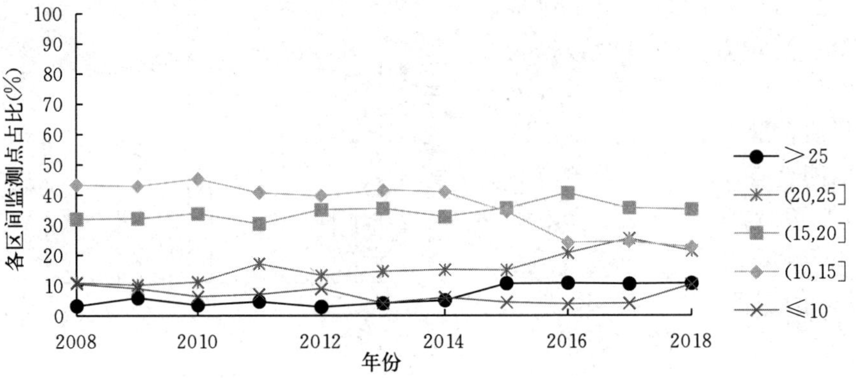


图4.3.3　褐土监测点有机质含量分级频率变化

## 二、全氮现状及演变趋势

### （一）现状

2018年，山东省褐土耕地质量监测点全氮有效数据为519个，平均含量1.09 g/kg。全氮含量小于或等于0.75 g/kg的监测点有103个，占监测点总数的19.9%；（0.75，1.00］g/kg的78个，占15.0%；（1.00，1.25］g/kg的160个，占30.8%；（1.25，1.50］g/kg的110个，占21.2%；大于1.50 g/kg的68个，占13.1%（图4.3.4）。

## （二）含量变化

1988—2018 年，山东省褐土耕地质量监测点全氮含量呈缓慢上升趋势，从 0.78 g/kg 上升至 1.09 g/kg，2018 年比 1988 年上升 39.7%（图 4.3.5）。其中，1988—2007 年，山东省四级监测点褐土全氮含量从 0.78 g/kg 上升至 0.99 g/kg，2007 年比 1988 年上升 26.9%；2008—2018 年，山东省四级监测点褐土全氮含量从 1.05 g/kg 上升至 1.09 g/kg，2018 年比 2008 年上升 3.8%。

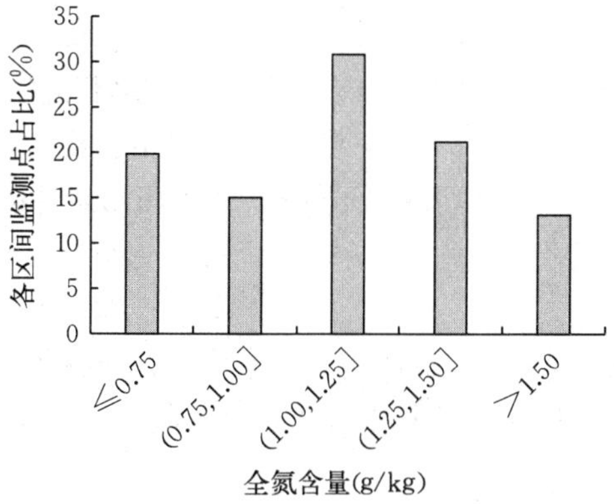


图 4.3.4　褐土监测点全氮含量各区间占比

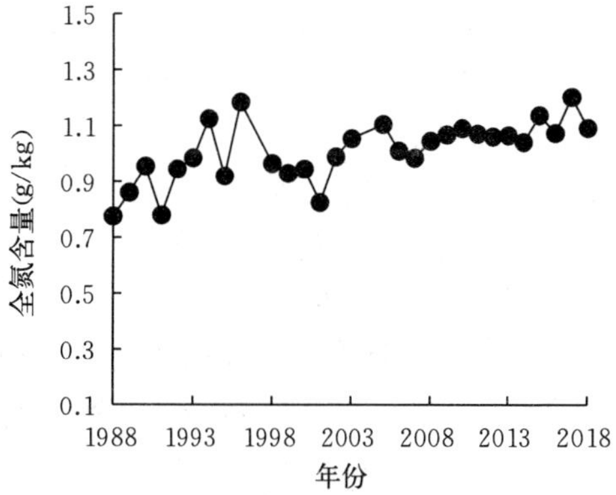


图 4.3.5　褐土监测点全氮含量变化趋势

## （三）频率变化

如图 4.3.6 所示，2006 年以后，山东省褐土耕地质量监测点全氮含量变化不大。近十年来看，2008—2018 年，小于或等于 0.75 g/kg 的比例呈上升趋

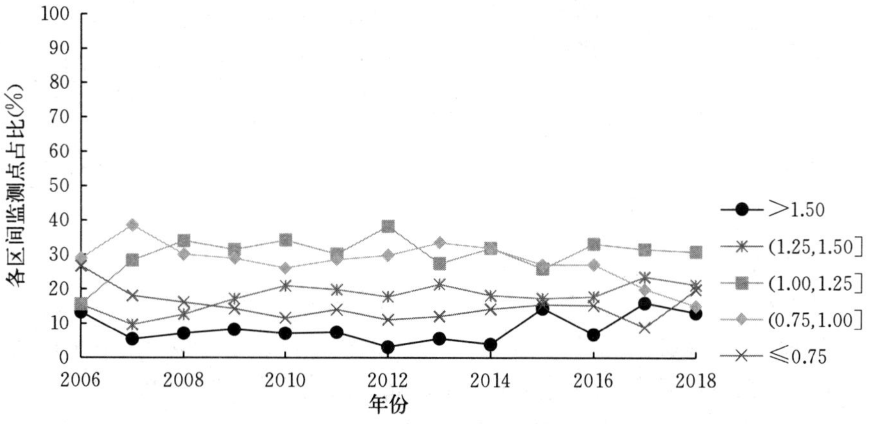


图 4.3.6　褐土监测点全氮含量分级频率变化

势，从16.2%上升至19.9%；(0.75，1.00］g/kg的比例呈下降趋势，从30.0%下降至15.0%；(1.00，1.25］g/kg的比例呈下降趋势，从34.0%下降至30.8%；(1.25，1.50］g/kg的比例呈上升趋势，从12.6%上升至21.2%；大于1.50 g/kg的比例呈上升趋势，从7.1%上升至13.1%。

## 三、碱解氮现状及演变趋势

### (一) 现状

2018年，山东省褐土耕地质量监测点碱解氮有效数据为556个，平均含量100.8 mg/kg。褐土碱解氮含量主要集中在(60，90］mg/kg和(90，120］mg/kg(图4.3.7)。碱解氮含量小于或等于60 mg/kg的监测点有48个，占监测点总数的8.6%；(60，90］mg/kg的201个，占36.2%；(90，120］mg/kg的187个，占33.6%；(120，150］mg/kg的72个，占13.0%；大于150 mg/kg的48个，占8.6%。

### (二) 含量变化

2005—2018年，山东省褐土耕地质量监测点碱解氮含量呈缓慢上升趋势，从70.2 mg/kg上升至100.8 mg/kg，2018年比2005年上升43.6%(图4.3.8)。

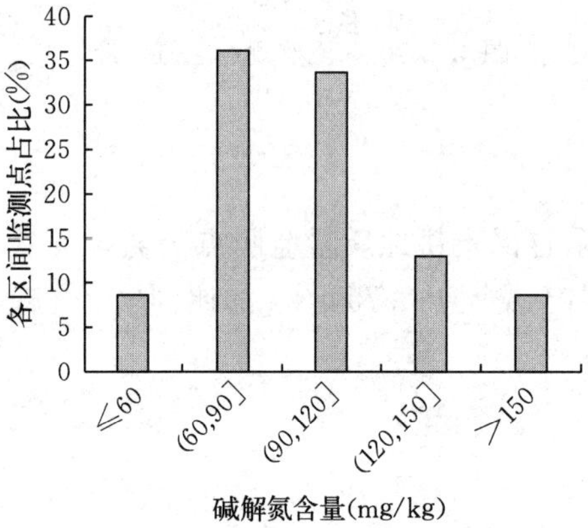


图4.3.7 褐土监测点碱解氮含量各区间占比

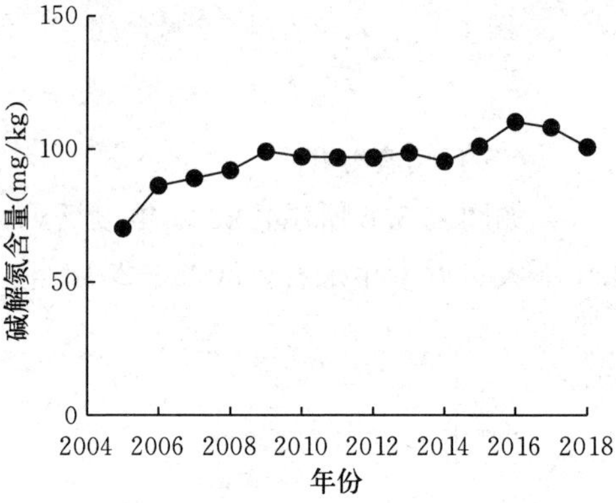


图4.3.8 褐土监测点碱解氮含量变化趋势

### (三) 频率变化

如图4.3.9所示，2006—2018年，山东省褐土耕地质量监测点碱解氮含量在大于120 mg/kg的比例呈上升趋势。其中，大于150 mg/kg的比例从1.7%上升至8.6%，(120，150］mg/kg的比例从5.2%上升至12.9%。(90，120］mg/kg的比例从34.5%下降至33.6%，(60，90］mg/kg的比例从45.7%下降至36.2%，小于或等于60 mg/kg的比例从12.9%下降至8.6%。

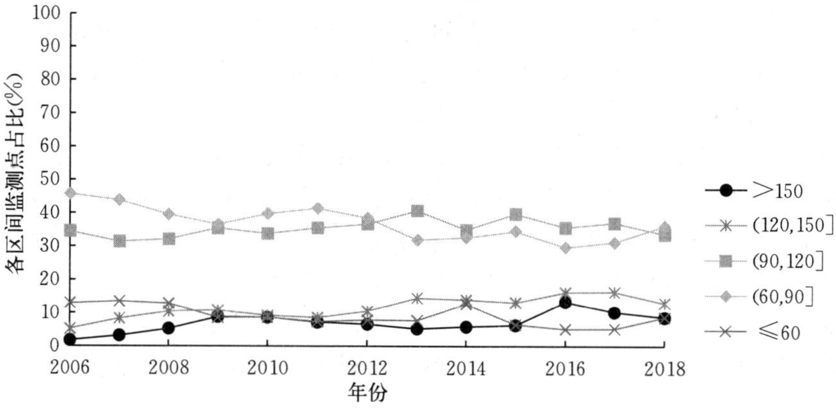


图 4.3.9　褐土监测点碱解氮含量分级频率变化

## 四、有效磷现状及演变趋势

### （一）现状

2018 年，山东省褐土耕地质量监测点有效磷有效数据为 562 个，平均含量 51.8 mg/kg（图 4.3.10）。有效磷含量小于或等于 10 mg/kg 的监测点有 45 个，占监测点总数的 8.0%；(10，20] mg/kg 的 92 个，占 16.4%；(20，30] mg/kg 的 90 个，占 16.0%；(30，50] mg/kg 的 125 个，占 22.2%；大于 50 mg/kg 的 210 个，占 37.4%。

### （二）含量变化

1988—2018 年，山东省褐土耕地质量监测点有效磷含量上升幅度较大，从 6.7 mg/kg 上升至 51.8 mg/kg，2018 年比 1988 年上升 673.1%（图 4.3.11）。

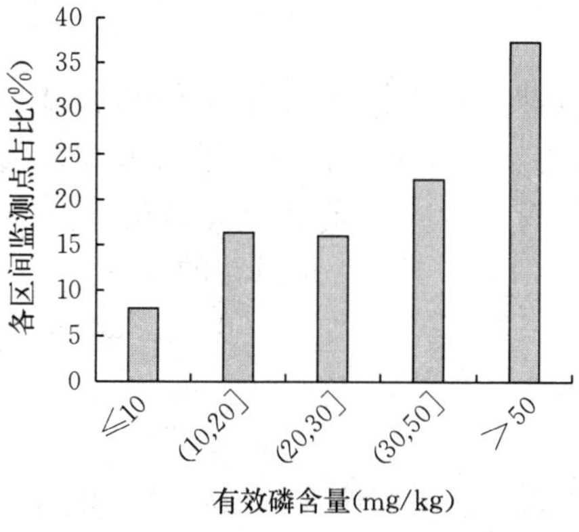


图 4.3.10　褐土监测点有效磷含量各区间占比

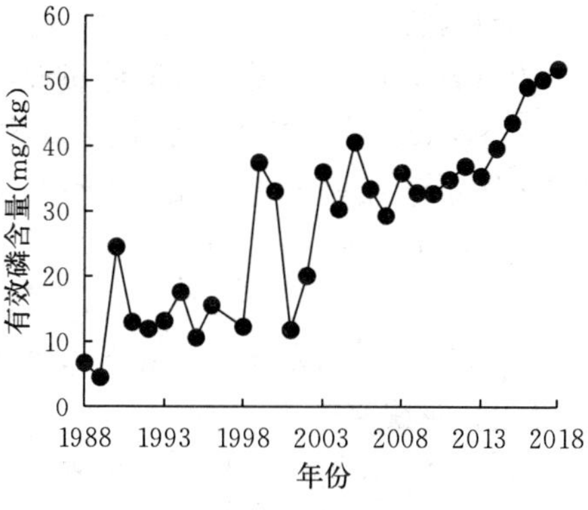


图 4.3.11　褐土监测点有效磷含量变化趋势

其中，1988—2007年，土壤有效磷含量呈折线上升趋势，从6.7 mg/kg上升至29.3 mg/kg，2007年比1988年上升337.3%；2008—2018年，土壤有效磷含量上升，从35.9 mg/kg上升至51.8 mg/kg，2018年比2008年上升44.3%。

### （三）频率变化

山东省褐土耕地质量监测点有效磷含量分级频率变化如图4.3.12所示。2008—2018年，小于或等于10 mg/kg的比例基本稳定，从6.5%上升至8.0%；（10，50］mg/kg的比例有下降趋势，其中（10，20］mg/kg的比例从26.5%下降至16.4%，（20，30］mg/kg的比例从24.4%下降至16.0%，（30，50］mg/kg的比例从23.3%下降至22.2%；大于50 mg/kg的比例有所上升，从19.3%上升至37.4%。总体上，褐土有效磷含量丰富的比例逐渐上升。

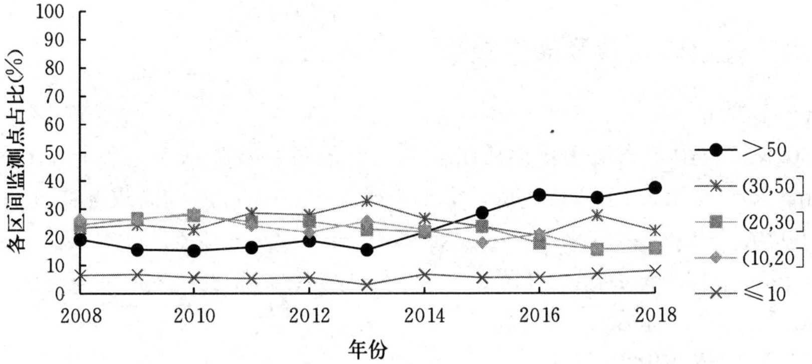


图4.3.12 褐土监测点有效磷含量分级频率变化

## 五、速效钾现状及演变趋势

### （一）现状

2018年，山东省褐土耕地质量监测点速效钾有效数据为562个，平均含量178 mg/kg。褐土速效钾含量主要集中在大于100 mg/kg（图4.3.13）。速效钾含量小于或等于50 mg/kg的监测点有5个，占监测点总数的0.9 %；（50，100］mg/kg的87个，占15.5%；（100，150］mg/kg的158个，占28.1%；（150，200］mg/kg的153个，占27.2%；大于200 mg/kg的159个，占28.3%。总体来看，褐土速效钾含量较为丰富。

### （二）含量变化

1988—2018年，山东省褐土耕地质量监测点速效钾含量呈缓慢上升趋势，从106 mg/kg上升至178 mg/kg，2018年比1988年上升67.9%（图4.3.14）。其中，1988—2007年，褐土速效钾含量呈波动上升趋势，从106 mg/kg上升至 123 mg/kg，2007 年比 1988 年上升 16.0%；2008—2018 年，褐土速效钾含量上升，从 130 mg/kg 上升至 178 mg/kg，2018 年比 2008 年上升 36.9%。

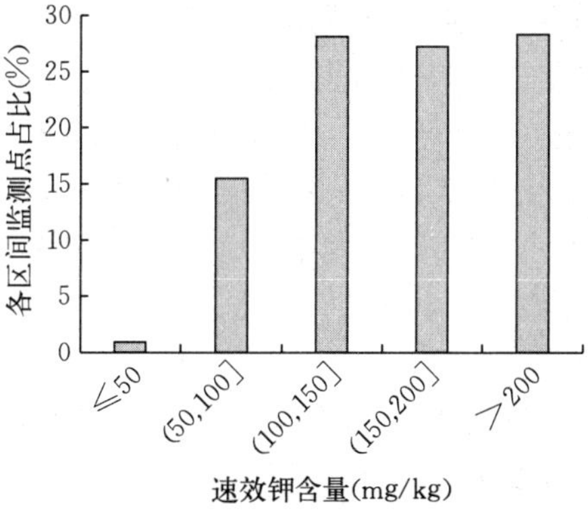


图 4.3.13　褐土监测点速效钾含量各区间占比

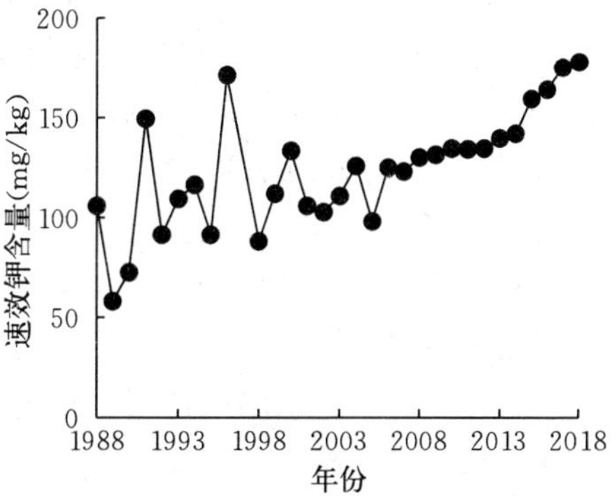


图 4.3.14　褐土监测点速效钾含量变化趋势

## (三) 频率变化

山东省褐土耕地质量监测点速效钾含量分级频率变化如图 4.3.15 所示。2008—2018 年，小于或等于 150 mg/kg 的比例呈下降趋势，其中小于或等于 50 mg/kg的比例稍有下降，从 2.5%下降至 0.9%，(50，100] mg/kg 的比例从 32.2%下降至 15.5%，(100，150] mg/kg 的比例从 38.5%下降至 28.1%。而大于 150 mg/kg 的比例呈上升趋势，其中 (150，200] mg/kg 的比例从 14.1%上升至 27.1%，大于 200 mg/kg 的比例从 12.7%上升至 28.3%。总体上，褐土速效钾含量丰富的比例有所上升。

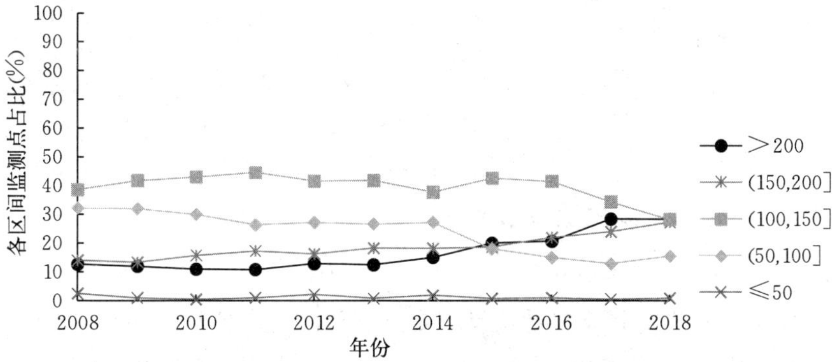


图 4.3.15　褐土监测点速效钾含量分级频率变化

## 六、缓效钾现状及演变趋势

### （一）现状

2018年，山东省褐土耕地质量监测点缓效钾有效数据为491个，平均含量776 mg/kg。褐土缓效钾含量主要集中在（600，800] mg/kg（图4.3.16）。缓效钾含量小于或等于400 mg/kg的监测点有26个，占监测点总数的5.3%；（400，600] mg/kg的88个，占17.9%；（600，800] mg/kg的189个，占38.5%；（800，1 000] mg/kg的112个，占22.8%；大于1 000 mg/kg的76个，占15.5%。总体来看，褐土缓效钾含量较为丰富。

### （二）含量变化

1998—2018年，山东省褐土耕地质量监测点缓效钾含量呈折线下降趋势，从844 mg/kg下降至776 mg/kg，下降8.1%（图4.3.17）。其中，1998—2007年，土壤缓效钾含量从844 mg/kg下降至836 mg/kg，2007年比1998年降低0.9%；2008—2018年，土壤缓效钾含量从749 mg/kg上升至776 mg/kg，2018年比2008年上升3.6%。

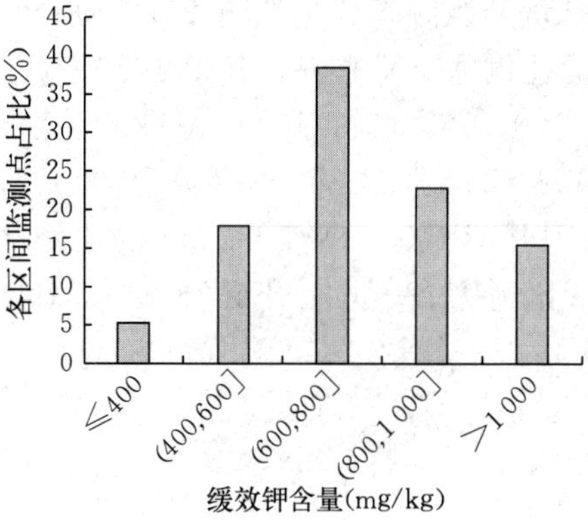


图4.3.16 褐土监测点缓效钾含量各区间占比

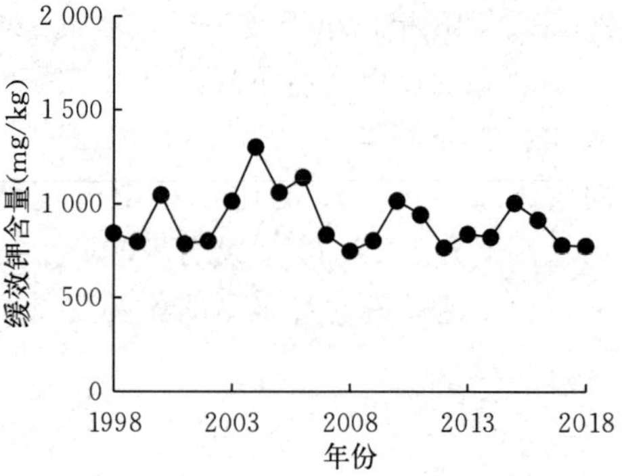


图4.3.17 褐土监测点缓效钾含量变化趋势

## 七、土壤pH现状及演变趋势

### （一）现状

2018年，山东省褐土耕地质量监测点pH有效数据为551个，pH平均为6.9。褐土pH主要集中在（7.5，8.0]、（6.0，6.5]，监测点个数为212个，所占比例达38.5%，其中（6.0，6.5]的监测点个数为84个，所占比例为15.2%，（7.5，8.0]的监测点个数为128个，所占比例为23.2%（图4.3.18）。

(6.5，7.5] 的监测点个数为 159 个，所占比例为 28.9%。(8.0，8.5]、(5.5，6.0] 的监测点个数为 127 个，所占比例为 23.0%。(8.5，9.0]、(5.0，5.5] 的监测点个数为 33 个，所占比例为 6.0%。大于 9.0、小于或等于 5.0 的监测点个数为 20 个，所占比例为 3.6%。

## （二）pH 变化

1988—2008 年，山东省褐土耕地质量监测点 pH 呈现下降趋势。1988 年，pH 为 8.0，2008 年下降至 7.1，2008 年以后，褐土 pH 下降速度减慢，2018 年 pH 为 6.9（图 4.3.19）。

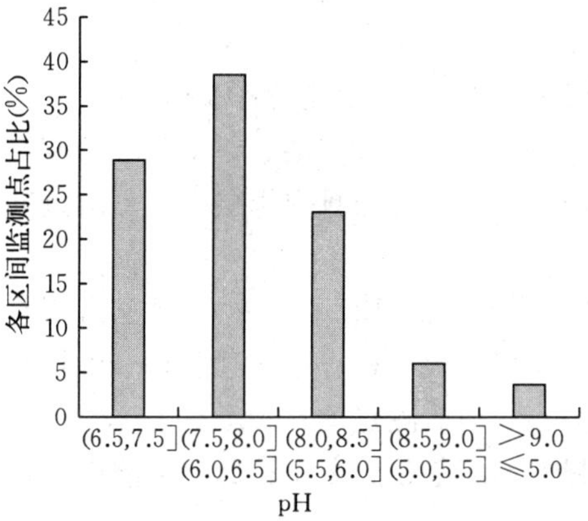


图 4.3.18　褐土监测点 pH 各区间占比

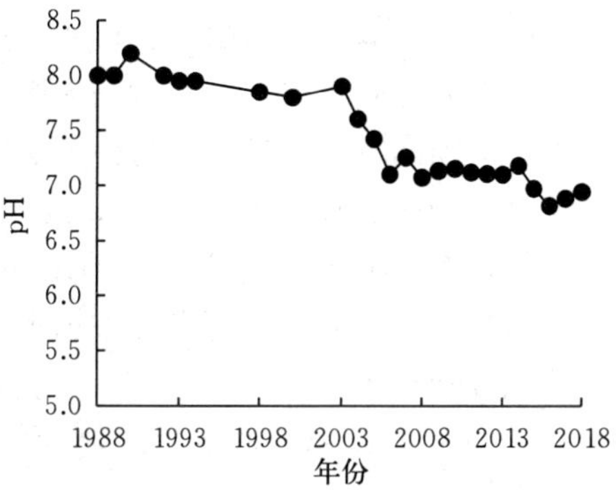


图 4.3.19　褐土监测点 pH 变化趋势

## （三）频率变化

2008—2018 年，山东省褐土耕地质量监测点 pH 分级频率显示，褐土 pH 各区间比例变化不大（图 4.3.20）。2008—2018 年，pH 在（6.5，7.5] 的占比呈下降趋势，从 43.5%下降至 28.9%；(7.5，8.0]、(6.0，6.5] 的占比从

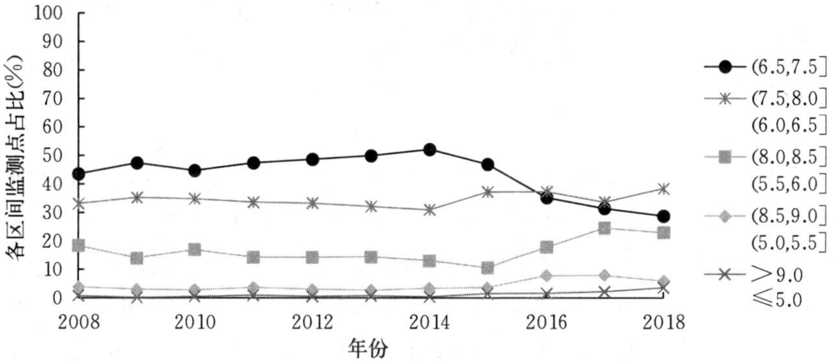


图 4.3.20　褐土监测点 pH 分级频率变化

33.2%上升至38.5%，(8.0，8.5]、(5.5，6.0]的占比从18.5%上升至23.0%，(8.5，9.0]、(5.0，5.5]的占比从3.9%上升至6.0%，大于9.0、小于或等于5.0的占比从0.9%上升至3.6%。

## 第四节　砂姜黑土

砂姜黑土是在暖温带半湿润气候条件下，主要受地方性因素（地形、母质、地下水）及生物因素作用，形成的一种半水成土壤，多分布于山前交接洼地、岗丘间洼地和河间洼地，淮北平原是中国最大的砂姜黑土分布区。

砂姜黑土具色泽灰暗但有机质含量仅1%左右的黑土层和含较多砂姜甚至成层砂姜的心底土层，剖面构型为黑土层—脱潜层—砂姜层。在1.5 m控制层段内，必须同时具有黑土层与砂姜层两个基本层次，而且黑土层上覆盖的近期浅色沉积物厚度必须小于60 cm。

2018年，山东省砂姜黑土耕地质量监测点共有127个。砂姜黑土监测点以种植粮食作物为主，其次是种植水果、蔬菜。粮—粮、粮—菜、粮—油作物监测点分别有112个、12个、1个，果园、菜地监测点均有1个。

2018年，山东省砂姜黑土国家级耕地质量监测点共有6个，全部以种植粮食作物为主。

### 一、有机质现状及演变趋势

#### （一）现状

2018年，山东省砂姜黑土耕地质量监测点有机质有效数据为127个，平均含量20.0 g/kg。砂姜黑土有机质含量主要集中在(15，20] g/kg和(20，25] g/kg（图4.4.1）。有机质含量小于或等于10 g/kg的监测点有8个，占监测点总数的6.3%；(10，15] g/kg的16个，占12.6%；(15，20] g/kg的48个，占37.8%；(20，25] g/kg的36个，占28.3%；大于25 g/kg的19个，占15.0%。

#### （二）含量变化

1998—2018年，山东省砂姜黑土耕地质量监测点有机质含量呈缓慢上升趋势，从14.9 g/kg上升至20.0 g/kg，2018年比1998年上升34.2%（图4.4.2）。其中，1998—2004年，土壤有机质含量呈波动上升趋势，从14.9 g/kg上升至16.4 g/kg，2004年比1998年上升10.1%；2005—2018年，土壤有机质含量呈缓慢上升趋势，从14.9 g/kg上升至20.0 g/kg，2018年比2005年上升34.2%。

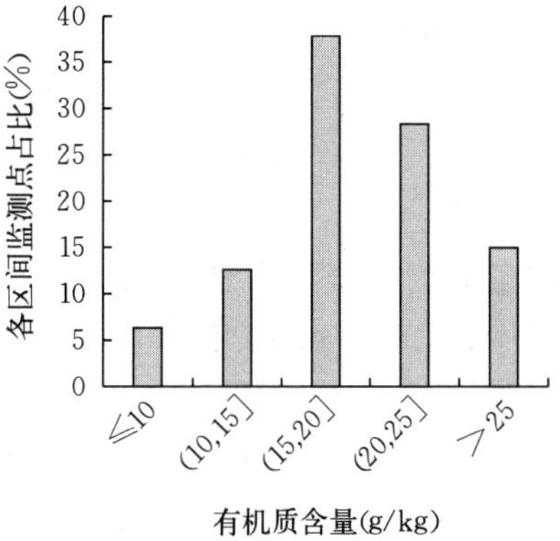


图 4.4.1　砂姜黑土监测点有机质含量各区间占比

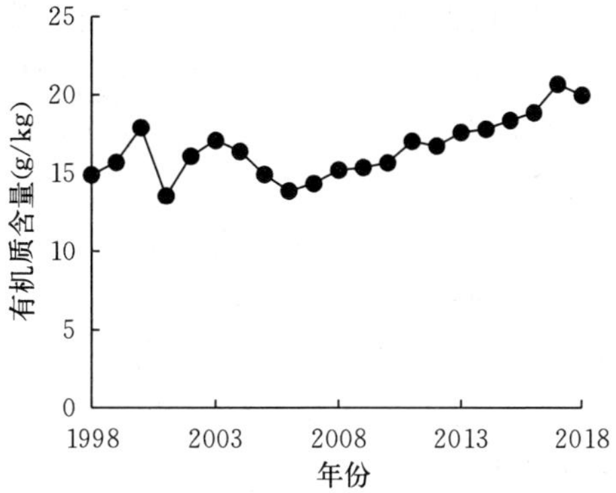


图 4.4.2　砂姜黑土监测点有机质含量变化趋势

## (三) 频率变化

2008—2018 年，山东省砂姜黑土耕地质量监测点有机质含量在 (10，15] g/kg 的比例呈下降趋势，从 51.7%下降至 12.6%；(15，20] g/kg 和 (20，25] g/kg 的比例呈上升趋势，其中 (15，20] g/kg 的比例从 35.3%上升至 37.8%，(20，25] g/kg 的比例从 8.6%上升至 28.3%。总体上砂姜黑土有机质含量呈合理化趋势 (图 4.4.3)。

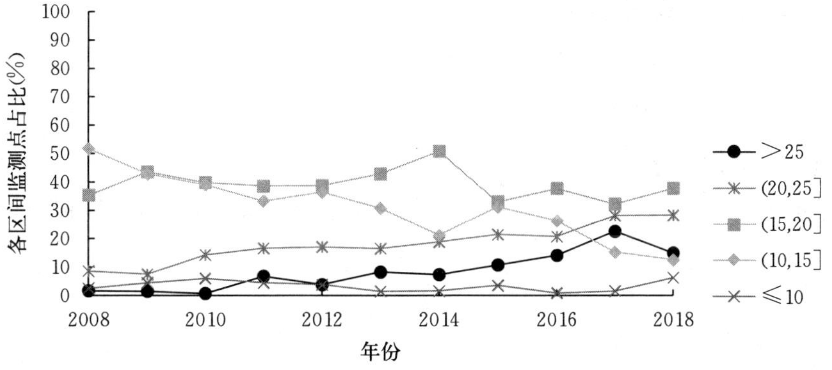


图 4.4.3　砂姜黑土监测点有机质含量分级频率变化

# 二、全氮含量现状及演变趋势

## (一) 现状

2018 年，山东省砂姜黑土耕地质量监测点全氮有效数据为 116 个，平均含量 1.08 g/kg。砂姜黑土全氮含量主要集中在小于或等于 0.75 g/kg、

(1.00，1.25] g/kg 和 (1.25，1.50] g/kg（图 4.4.4）。全氮含量小于或等于 0.75 g/kg 的监测点有 29 个，占监测点总数的 25.0%；(0.75，1.00] g/kg 的 11 个，占 9.5%；(1.00，1.25] g/kg 的 29 个，占 25.0%；(1.25，1.50] g/kg 的 29 个，占 25.0%；大于 1.50 g/kg 的 18 个，占 15.5%。

### （二）含量变化

1998—2018 年，山东省砂姜黑土耕地质量监测点全氮含量波动变化，从 1.09 g/kg 变化至 1.08 g/kg（图 4.4.5）。其中，1998—2004 年，土壤全氮含量呈波动上升趋势，从 1.09 g/kg 上升至 1.44 g/kg，2004 年比 1998 年上升 32.1%；2005 年，土壤全氮含量下降至 1.04 g/kg；2005—2018 年，土壤全氮含量有所上升，从 1.04 g/kg 上升至 1.08 g/kg，2018 年比 2005 年上升 3.8%。

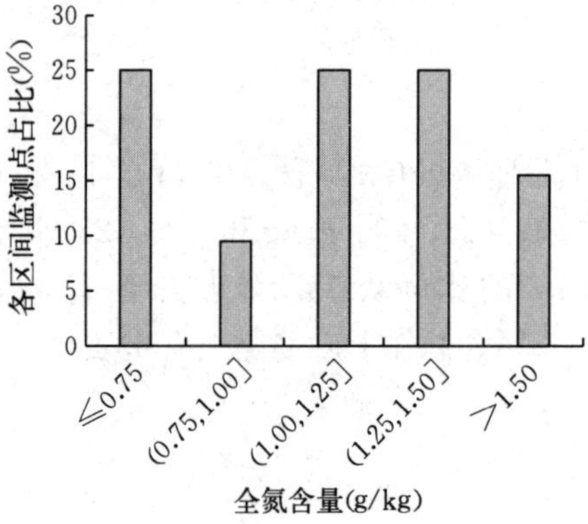


图 4.4.4 砂姜黑土监测点全氮含量各区间占比

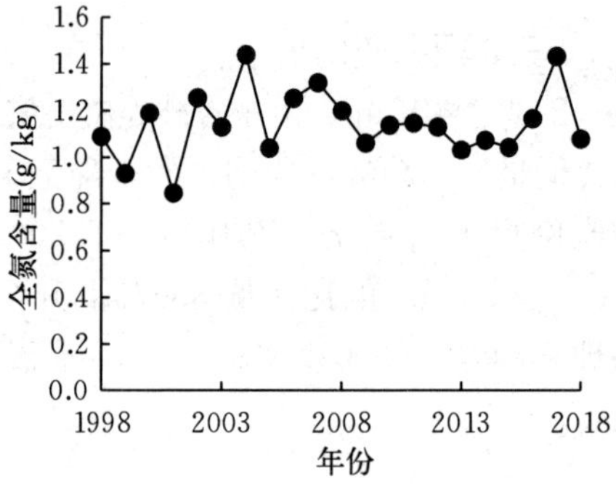


图 4.4.5 砂姜黑土监测点全氮含量变化趋势

### （三）频率变化

如图 4.4.6 所示，2008—2018 年，山东省砂姜黑土耕地质量监测点全氮

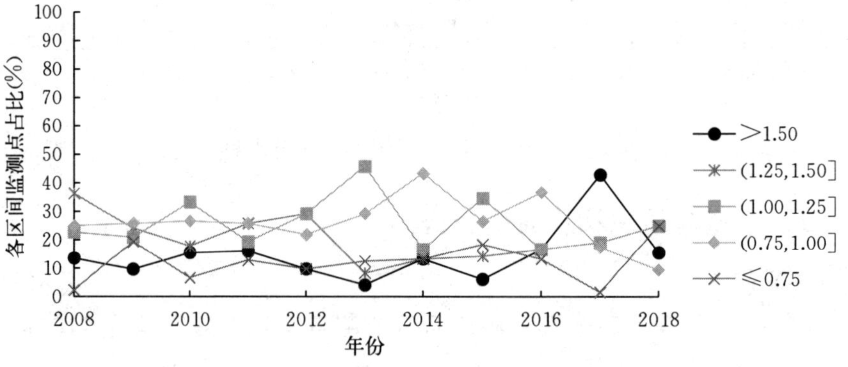


图 4.4.6 砂姜黑土监测点全氮含量分级频率变化

含量在（0.75，1.00］g/kg、（1.25，1.50］g/kg 的比例呈下降趋势。其中，（1.25，1.50］g/kg 的比例从 36.4%下降至 25.0%，（0.75，1.00］g/kg 的比例从 25.0%下降至 9.5%。小于或等于 0.75 g/kg、（1.00，1.25］g/kg、大于 1.50 g/kg 的比例有上升趋势。其中，小于或等于 0.75 g/kg 的比例从 2.3%上升至 25.0%，（1.00，1.25］g/kg 的比例从 22.7%上升至 25.0%，大于1.50 g/kg的比例从 13.6%上升至 15.5%。

## 三、碱解氮含量现状及演变趋势

### （一）现状

2018 年，山东省砂姜黑土耕地质量监测点碱解氮有效数据为 127 个，平均含量 103.1 mg/kg。砂姜黑土碱解氮含量主要集中在（90，120］mg/kg（图 4.4.7）。碱解氮含量小于或等于 60 mg/kg 的监测点有 16 个，占监测点总数的 12.6%；（60，90］mg/kg 的 28 个，占 22.1%；（90，120］mg/kg 的 52 个，占 40.9%；（120，150］mg/kg 的 21 个，占 16.5%；大于 150 mg/kg 的 10 个，占 7.9%。

### （二）含量变化

2006—2018 年，山东省砂姜黑土耕地质量监测点碱解氮含量呈上升趋势，从 93.2 mg/kg 上升至 103.1 mg/kg，2018 年比 2006 年上升 10.6%（图 4.4.8）。

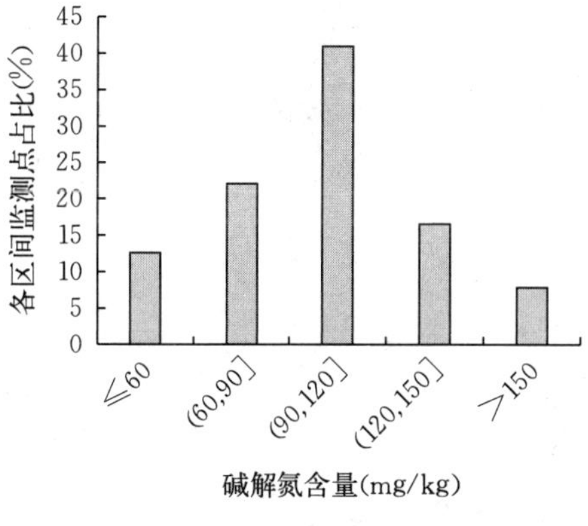


图 4.4.7　砂姜黑土监测点碱解氮含量各区间占比

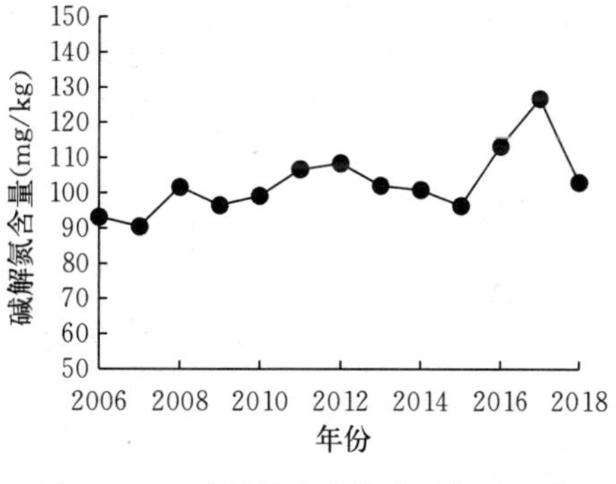


图 4.4.8　砂姜黑土监测点碱解氮含量变化趋势

### （三）频率变化

如图 4.4.9，2006—2018 年，山东省砂姜黑土耕地质量监测点碱解氮含量大于 150 mg/kg 的比例从 2.2%上升至 7.9%，（120，150］mg/kg 的比例从 21.7%下降至 16.5%，（90，120］mg/kg 的比例从 26.1%上升至 40.9%，（60，90］mg/kg 的比例从 30.4%下降至 22.0%，小于或等于 60 mg/kg 的比

例从19.6%下降至12.6%。

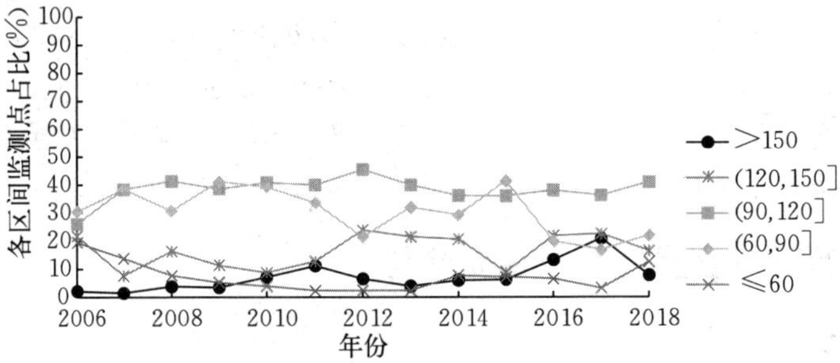


图4.4.9 砂姜黑土监测点碱解氮含量分级频率变化

## 四、有效磷现状及演变趋势

### (一) 现状

2018年，山东省砂姜黑土耕地质量监测点有效磷有效数据为127个，平均含量50.3 mg/kg。土壤有效磷含量主要集中在(30，50] mg/kg和大于50 mg/kg(图4.4.10)。有效磷含量小于或等于10 mg/kg的监测点有19个，占监测点总数的15.0%；(10，20] mg/kg的19个，占15.0%；(20，30] mg/kg的13个，占10.2%；(30，50] mg/kg的34个，占26.8%；大于50 mg/kg的42个，占33.1%。

### (二) 含量变化

2008—2018年，山东省砂姜黑土耕地质量监测点有效磷含量呈上升趋势。砂姜黑土有效磷含量从36.0 mg/kg上升至50.3 mg/kg，2018年比2008年上升39.7%(图4.4.11)。

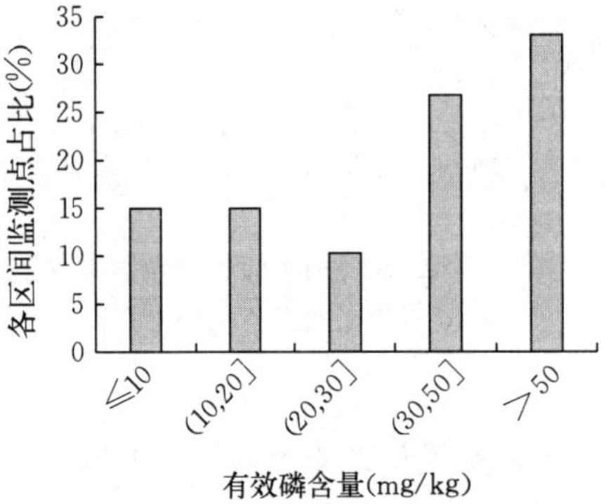


图4.4.10 砂姜黑土监测点有效磷含量各区间占比

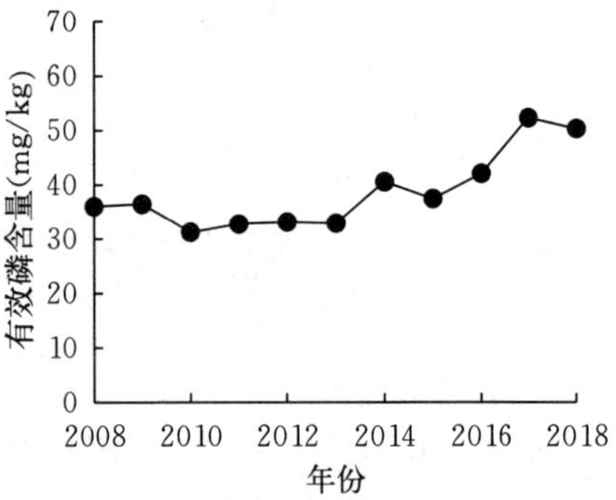


图4.4.11 砂姜黑土监测点有效磷含量变化趋势

### （三）频率变化

山东省砂姜黑土耕地质量监测点有效磷含量分级频率变化如图 4.4.12 所示。2008—2018 年，土壤有效磷含量各区间比例差别减小。2008—2018 年，小于或等于 10 mg/kg、(10，20] mg/kg 的比例变化较小，(20，30] mg/kg 的比例从 22.2%下降至 10.2%，(30，50] mg/kg 的比例从 32.5%下降至 26.8%，大于 50 mg/kg 的比例从 20.5%上升至 33.0%。

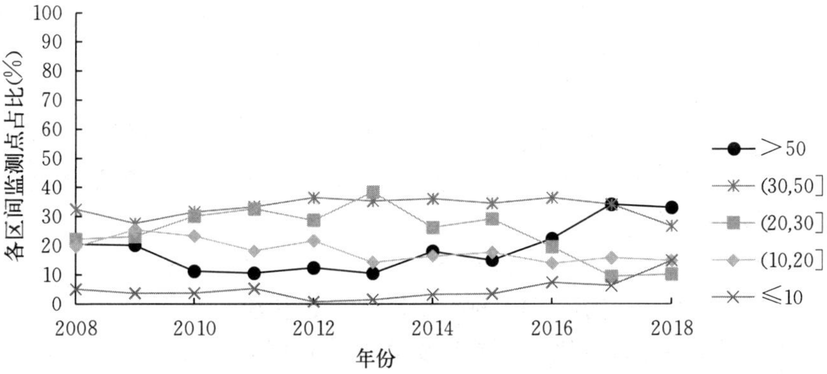


图 4.4.12 砂姜黑土监测点有效磷含量分级频率变化

## 五、速效钾现状及演变趋势

### （一）现状

2018 年，山东省砂姜黑土耕地质量监测点速效钾有效数据为 126 个，平均含量 190 mg/kg。砂姜黑土速效钾含量主要集中在大于 200 mg/kg（图 4.4.13）。速效钾含量在（50，100] mg/kg 的监测点有 14 个，占 11.1%；(100，150] mg/kg 的 41 个，占 32.5%；(150，200] mg/kg 的 24 个，占 19.0%；大于 200 mg/kg 的 47 个，占 37.3%。总体来看，土壤速效钾含量大于 200 mg/kg 的比例最大，小于或等于 50 mg/kg 无分布，砂姜黑土速效钾含量较为丰富。

### （二）含量变化

2008—2018 年，山东省砂姜黑土耕地质量监测点速效钾含量呈上升趋势，从 132 mg/kg 上升至 190 mg/kg，2018 年比 2008 年上升 43.9%（图 4.4.14）。其中，2008—2015 年，速效钾含量上升速度较缓慢，从 132 mg/kg 上升至 142 mg/kg，2015 年比 2008 年上升 7.6%；2015—2018 年，速效钾含量上升速度加快，从 142 mg/kg 上升至 190 mg/kg，2018 年比 2015 年上升 33.8%。

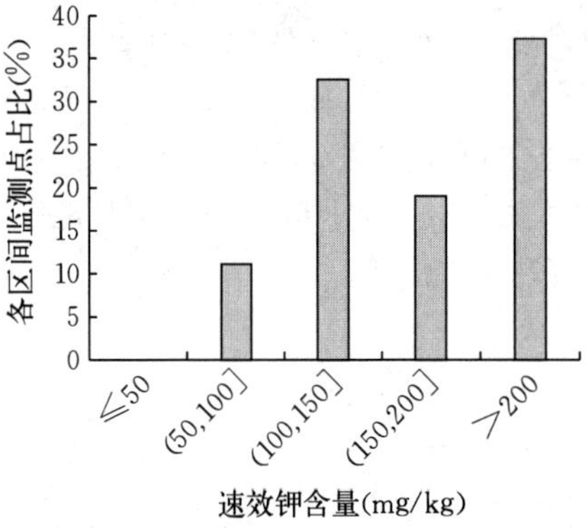


图 4.4.13　砂姜黑土监测点速效钾含量各区间占比

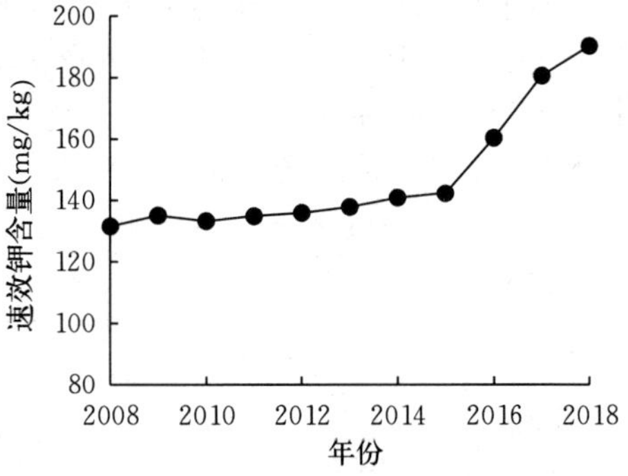


图 4.4.14　砂姜黑土监测点速效钾含量变化趋势

### (三) 频率变化

山东省砂姜黑土耕地质量监测点速效钾含量分级频率变化如图 4.4.15 所示。2008—2018 年，小于或等于 50 mg/kg 的占比基本不变；(50，100] mg/kg、(100，150] mg/kg 的占比呈下降趋势，其中，(50，100] mg/kg 的占比从 27.8%下降至 11.1%，(100，150] mg/kg 的占比从 47.8%下降至 32.5%；(150，200] mg/kg 及大于 200 mg/kg 的占比呈上升趋势，其中，(150，200] mg/kg 的占比从 9.6%上升至 19.1%，大于 200 mg/kg 的占比从 13.9%上升至 37.3%。总体上，砂姜黑土速效钾含量丰富的比例在上升。

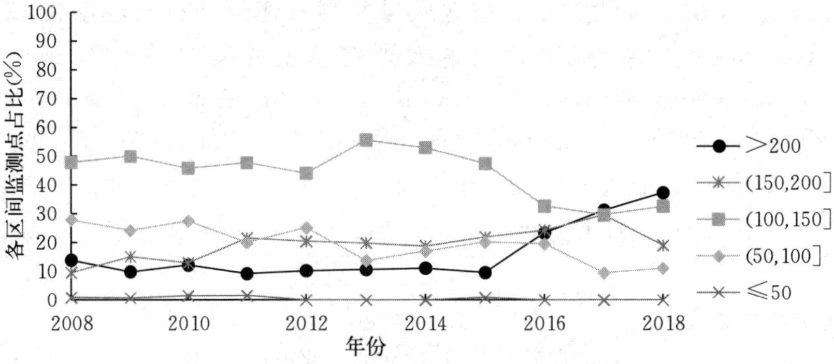


图 4.4.15　砂姜黑土监测点速效钾含量分级频率变化

## 六、缓效钾现状及演变趋势

### (一) 现状

2018 年，山东省砂姜黑土耕地质量监测点缓效钾有效数据为 118 个，平均含量 662 mg/kg。缓效钾含量主要集中在（600，800］mg/kg（图 4.4.16）。缓效钾含量小于或等于 400 mg/kg 的监测点有 21 个，占监测点总数的 17.8%；（400，600］mg/kg 的 29 个，占 24.6%；（600，800］mg/kg 的 43 个，占 36.4%；（800，1 000］mg/kg 的 12 个，占 10.2%；大于 1 000 mg/kg 的 13 个，占 11.0%。

### （二）含量变化

1998—2018 年，山东省砂姜黑土耕地质量监测点缓效钾含量呈折线上升趋势，从 430 mg/kg 上升至 662 mg/kg，2018 年比 1998 年上升 54.0%（图 4.4.17）。其中，1998—2007 年，砂姜黑土缓效钾含量呈波动下降趋势，从430 mg/kg下降至 359mg/kg，下降 16.5%；2008—2018 年，砂姜黑土缓效钾含量呈波动上升趋势，从 394 mg/kg 上升至 662 mg/kg，上升 68.0%。

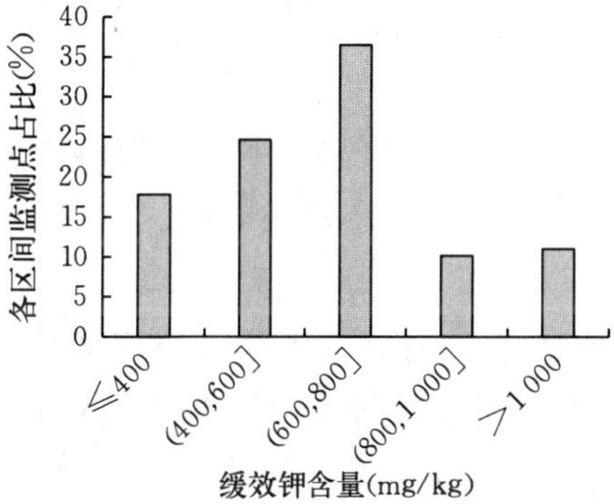


图 4.4.16　砂姜黑土监测点缓效钾含量各区间占比

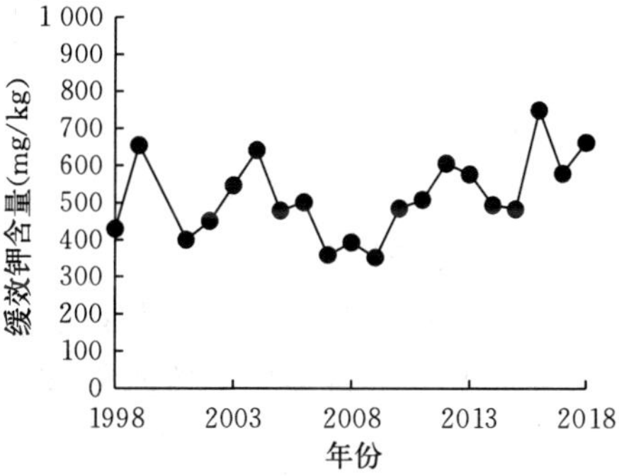


图 4.4.17　砂姜黑土监测点缓效钾含量变化趋势

## 七、土壤 pH 现状及演变趋势

### （一）现状

2018 年，山东省砂姜黑土耕地质量监测点 pH 有效数据为 124 个，pH 平均为 7.0。砂姜黑土 pH 主要集中在（7.5，8.0］、（6.0，6.5］，监测点个数为 48 个，所占比例达 38.7%，其中（6.0，6.5］的监测点个数为 30 个，所占比例为 24.2%，（7.5，8.0］的监测点个数为 18 个，所占比例为 14.5%；大于 9.0、小于或等于 5.0 的监测点个数为 5 个，所占比例为 4.0%；（8.5，9.0］、（5.0，5.5］的监测点个数为 7 个，所占比例为 5.6%；（8.0，8.5］、（5.5，6.0］的监测点个数为 39 个，所占比例为 31.5%；（6.5，7.5］的监测点个数为 25

个，所占比例为20.2%（图4.4.18）。

### （二）pH变化

2008—2018年，山东省砂姜黑土耕地质量监测点pH基本稳定，pH最高点为2018年的7.0，最低点为2017年的6.8，最高点与最低点相差0.2（图4.4.19）。

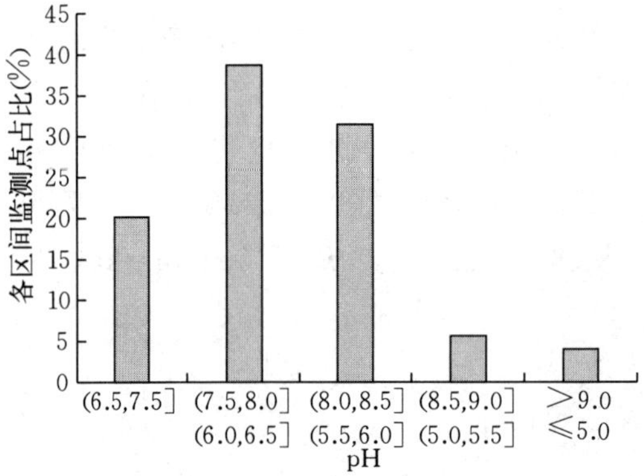


图4.4.18　砂姜黑土监测点pH各区间占比

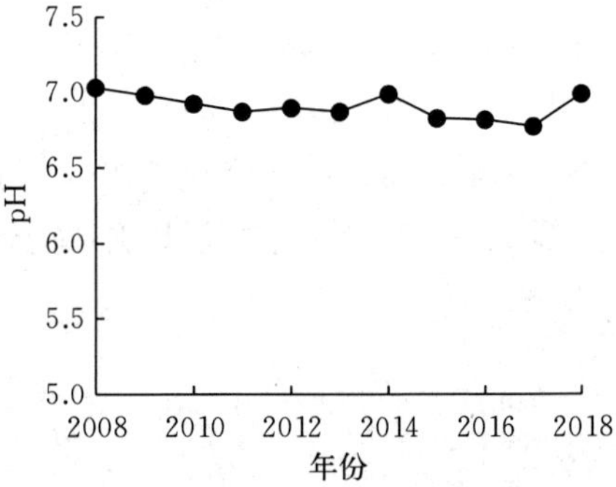


图4.4.19　砂姜黑土监测点pH变化趋势

### （三）频率变化

2008—2018年，山东省砂姜黑土耕地质量监测点pH分级频率变化如图4.4.20所示。砂姜黑土监测点pH在（6.5，7.5］的比例从47.5%下降至20.2%，（7.5，8.0］、（6.0，6.5］的比例从30.7%上升至38.7%，（8.0，8.5］、（5.5，6.0］的比例从18.8%上升至31.5%，其他区间所占比例较小。整体来看，pH各分级频率无太大变化。

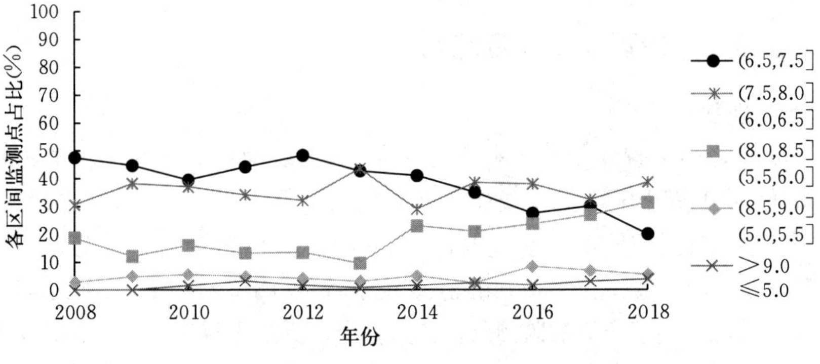


图4.4.20　砂姜黑土监测点pH分级频率变化

# 第五节　小　　结

2018 年，山东省潮土耕地质量监测点有机质、全氮、碱解氮、有效磷、速效钾、缓效钾含量分别为 17.0 g/kg、1.16 g/kg、95.3 mg/kg、37.0 mg/kg、209 mg/kg、826 mg/kg，pH 主要分布在 8.0～8.5，平均为 7.8。山东省棕壤耕地质量监测点有机质、全氮、碱解氮、有效磷、速效钾、缓效钾含量分别为 14.2 g/kg、1.00 g/kg、106.5 mg/kg、64.5 mg/kg、150 mg/kg、682 mg/kg，pH 大都小于或等于 6.5，平均为 5.9。山东省褐土耕地质量监测点有机质、全氮、碱解氮、有效磷、速效钾、缓效钾含量分别为 17.8 g/kg、1.09 g/kg、100.8 mg/kg、51.8 mg/kg、178 mg/kg、776 mg/kg，pH 平均为 6.9。山东省砂姜黑土耕地质量监测点有机质、全氮、碱解氮、有效磷、速效钾、缓效钾含量分别为 20.0 g/kg、1.08 g/kg、103.1 mg/kg、50.3 mg/kg、190 mg/kg、662 mg/kg，pH 平均为 7.0。

2018 年，山东省各类耕地质量监测点有机质含量在 14.2～20.0 g/kg，且砂姜黑土＞褐土＞潮土＞棕壤。各类土壤全氮含量在 1.0～1.2 g/kg，且潮土＞褐土＞砂姜黑土＞棕壤。各类土壤碱解氮含量在 95.3～106.5 mg/kg，且棕壤＞砂姜黑土＞褐土＞潮土。各类土壤有效磷含量在 37.0～64.5 mg/kg，且棕壤＞褐土＞砂姜黑土＞潮土。各类土壤速效钾含量在 150～209 mg/kg，且潮土＞砂姜黑土＞褐土＞棕壤。各类土壤缓效钾含量在 662～826 mg/kg，且潮土＞褐土＞棕壤＞砂姜黑土。各类土壤 pH 在 5.9～7.8，且潮土＞砂姜黑土＞褐土＞棕壤。

2008—2018 年，山东省潮土、棕壤、褐土、砂姜黑土耕地质量监测点有机质、全氮、碱解氮、有效磷、速效钾含量基本有所上升，其中有效磷、速效钾含量上升明显，缓效钾含量在波动中基本稳定。具体来说，潮土有效磷含量从 28.9 mg/kg 上升至 37.0 mg/kg，上升 28.0%；速效钾含量从 135 mg/kg 上升至 209 mg/kg，上升 54.8%。棕壤有效磷含量从 35.5 mg/kg 上升至 64.5 mg/kg，上升 81.7%；速效钾含量从 101 mg/kg 上升至 150 mg/kg，上升 48.5%。褐土有效磷含量从 35.9 mg/kg 上升至 51.8 mg/kg，上升 44.3%；速效钾含量从 130 mg/kg 上升至 178 mg/kg，上升 36.9%。砂姜黑土有效磷含量从36.0 mg/kg上升至 50.3 mg/kg，上升 39.7%；速效钾含量从 132 mg/kg 上升至 190 mg/kg，上升 43.9%。总体来说，山东省潮土、棕壤、褐土、砂姜黑土耕地质量监测点养分状况稳中趋好。

# 第五章

# 不同耕地利用类型耕地质量现状及演变趋势

## 第一节　粮　　田

2018 年山东省四级耕地质量监测点中粮田监测点 2 742 个，占监测点总数的 87.6%，其中粮—粮监测点占比 77.4%，粮—油监测点占比 8.1%，粮—菜监测点占比 2.1%。粮田监测点主要种植模式为小麦—玉米轮作，分布在六大生态区域中，其中鲁西北平原区粮田监测点最多，占比 41.4%，鲁中北部平原区分布最少，占比 6.6%。粮田监测点分布在 16 个地级市，其中德州市粮田监测点最多，占比 27.7%，青岛市粮田监测点最少，占比 1.5%。粮田监测点中潮土监测点最多，占比 61.3%，褐土监测点占比 17.6%，棕壤监测点占比 12.2%，砂姜黑土监测点占比 4.5%。

### 一、有机质现状及演变趋势

#### （一）现状

2018 年，粮田耕地质量监测点土壤有机质有效数据为 2 694 个，平均含量 17.1 g/kg。土壤有机质含量主要集中在（15，20］g/kg（图 5.1.1）。有机质含量小于或等于 10 g/kg 的监测点有 292 个，占监测点总数的 10.8%；（10，15］g/kg 的 687 个，占 25.5%；（15，20］g/kg 的 932 个，占 34.6%；（20，25］g/kg 的 541 个，占 20.1%；大于 25 g/kg 的 242 个，占 9.0%。

#### （二）含量变化

1988—2018 年，粮田监测点土壤有机质含量呈缓慢上升趋势，从 13.5 g/kg 上升至 17.1 g/kg，2018 年比 1988 年上升 26.7%（图 5.1.2）。1988—1996 年，土壤有机质含量波动变化，略有上升，从 13.5 g/kg 上升至 15.7 g/kg；1998—2004 年，土壤有机质含量波动变化，略有上升，从 11.7 g/kg 上升至 12.0 g/kg；2005—2018 年，土壤有机质含量呈缓慢上升趋势，从 13.1 g/kg 上升至 17.1 g/kg，2018 年比 2005 年上升 30.5%。

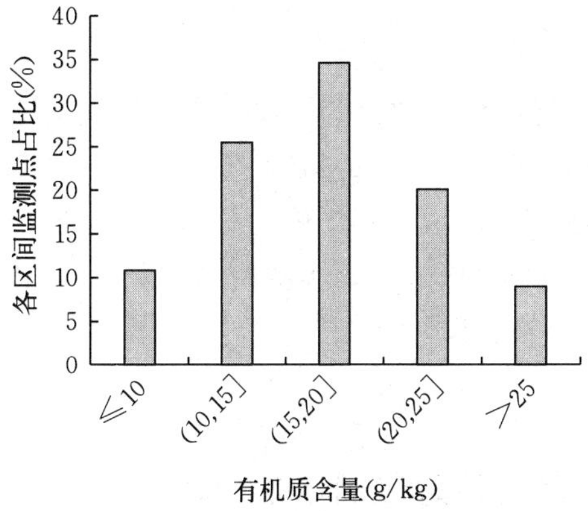


图 5.1.1　粮田监测点有机质含量各区间占比

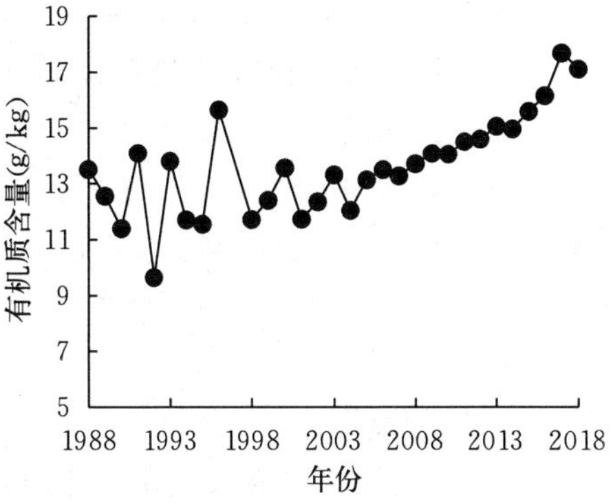


图 5.1.2　粮田监测点有机质含量变化趋势

## （三）频率变化

1998—2018 年，粮田监测点有机质含量主要集中在（10，15] g/kg 和（15，20] g/kg，其他区间比例较低（图 5.1.3）。（10，15] g/kg 的比例呈下降趋势，从 1998 年的 60.0%下降至 2018 年的 25.5%；（15，20] g/kg、（20，25] g/kg 和大于 25 g/kg 的比例均呈上升趋势，（15，20] g/kg 的比例从 1998 年的 10.0%上升至 2018 年的 34.6%，（20，25] g/kg 的比例从 0 上升至 2018 年的 20.1%，大于 25 g/kg 的比例从 0 上升至 9.0%；小于或等于 10 g/kg的比例有降低趋势，2004 年及以前波动较大，2005—2018 年由 23.2%降低至 13.9%。

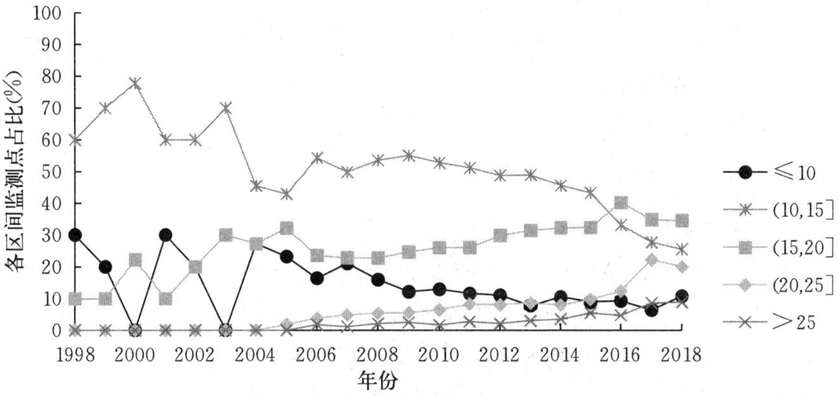


图 5.1.3　粮田监测点土壤有机质含量分级频率变化

## 二、全氮现状及演变趋势

### （一）现状

2018 年，粮田耕地质量监测点土壤全氮有效数据为 2 584 个，平均含量 1.12 g/kg。土壤全氮含量主要集中在（1.00，1.25］g/kg（图 5.1.4）。全氮含量小于或等于 0.75 g/kg 的监测点有 407 个，占监测点总数的 15.8%；（0.75，1.00］g/kg 的 516 个，占 20.0%；（1.00，1.25］g/kg 的 754 个，占 29.2%；（1.25，1.50］g/kg 的 551 个，占 21.3%；大于 1.50 g/kg 的 356 个，占 13.8%。

### （二）含量变化

1988—2018 年，粮田监测点土壤全氮含量呈缓慢上升趋势，从 0.78 g/kg 上升至 1.12 g/kg，2018 年比 1988 年上升 43.6%（图 5.1.5）。1988—2004 年，土壤全氮含量波动变化，从 0.78 g/kg 上升至 1.15 g/kg；2005—2016 年，土壤全氮含量呈平稳状态，从 0.95 g/kg 上升至 1.00 g/kg；2016—2018 年，土壤全氮含量呈上升趋势，从 1.00 g/kg 上升至 1.12 g/kg；2018 年比 2005 年上升 17.9%。

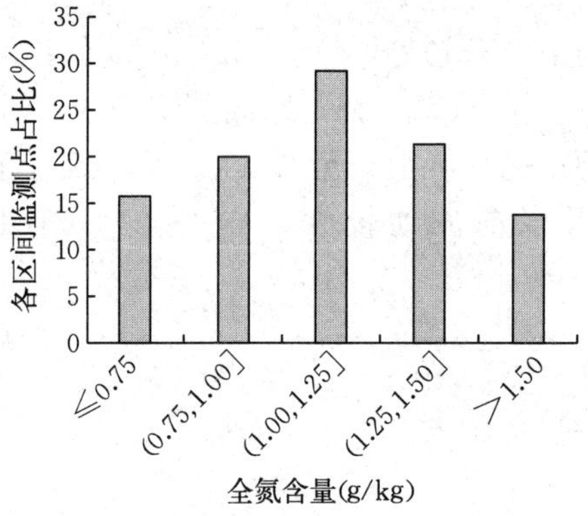


图 5.1.4　粮田监测点全氮含量各区间占比

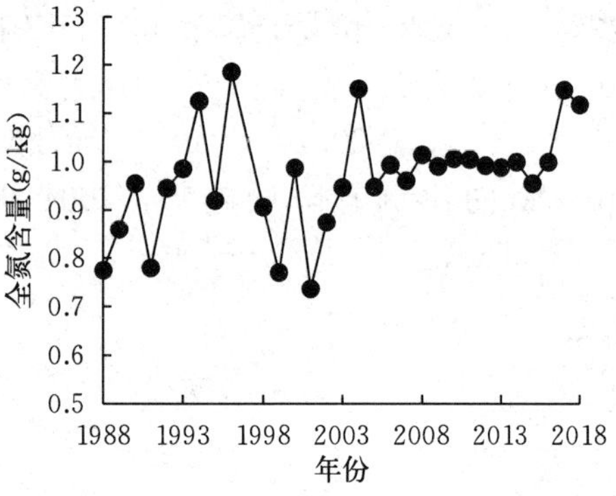


图 5.1.5　粮田监测点全氮含量变化趋势

### （三）频率变化

1998—2018 年，粮田监测点土壤全氮含量在（0.75，1.00］g/kg 的占比较高，大于 1.50 g/kg 的占比较低（图 5.1.6）。1998—2006 年各区间占比波动幅度较大，从 2007 年开始各区间占比进入较为平稳状态。（0.75，1.00］g/kg 和小于或等于 0.75 g/kg 的占比总体呈下降趋势，（1.00，1.25］g/kg、（1.25，1.50］g/kg 和大于 1.50 g/kg 的占比总体呈上升趋势。

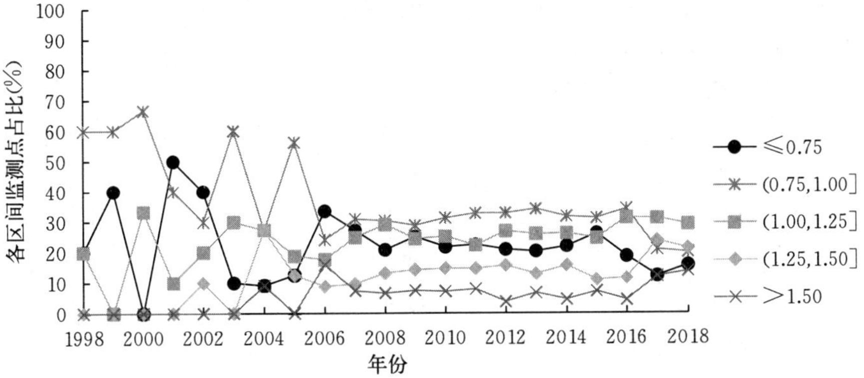


图 5.1.6　粮田监测点土壤全氮含量分级频率变化

## 三、碱解氮现状及演变趋势

### （一）现状

2018 年，粮田耕地质量监测点土壤碱解氮有效数据为 2 621 个，平均含量 98.7 mg/kg。土壤碱解氮含量主要集中在（60，90］mg/kg、（90，120］mg/kg（图 5.1.7）。碱解氮含量小于或等于 60 mg/kg 的监测点有 270 个，占监测点总数的 10.3%；（60，90］mg/kg 的 962 个，占 36.7%；（90，120］mg/kg 的 887 个，占 33.8%；（120，150］mg/kg 的 338 个，占 12.9%；大于 150 mg/kg 的 164 个，占 6.3%。总体来说粮田土壤碱解氮含量处于中等偏低水平。

### （二）含量变化

2005—2018 年，粮田监测点土壤碱解氮含量呈上升趋势，从 79.2 mg/kg 上升至 98.7 mg/kg，2018 年比 2005 年上升 24.6%（图 5.1.8）。2016—2018 年，

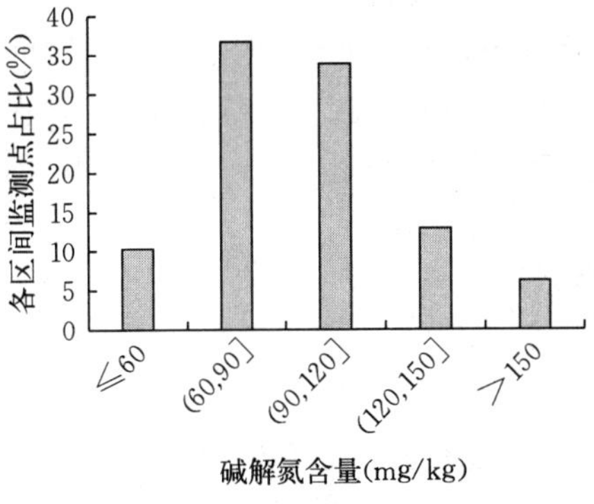


图 5.1.7　粮田监测点碱解氮含量各区间占比

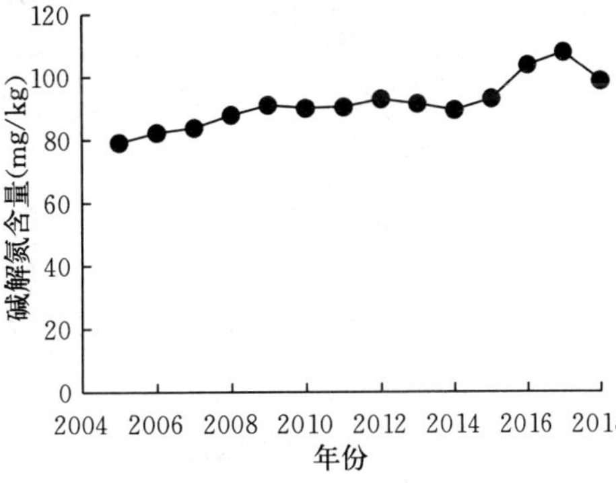


图 5.1.8　粮田监测点碱解氮含量变化趋势

土壤碱解氮含量小幅度波动变化，呈现出先上升后降低趋势，2017年碱解氮含量最高，达107.8 mg/kg。

### （三）频率变化

2005—2018年，粮田监测点土壤碱解氮含量主要集中于（90，120] mg/kg、（60，90] mg/kg（图5.1.9）。小于或等于60 mg/kg和（60，90] mg/kg的占比呈下降趋势，2018年较2005年分别下降3.2个和28.1个百分点。（90，120] mg/kg、（120，150] mg/kg的占比，2018年较2005年分别上升23.0个和7.5个百分点。大于150 mg/kg的占比2016年以来较高，其他年份变幅较小，总体有小幅上升趋势。

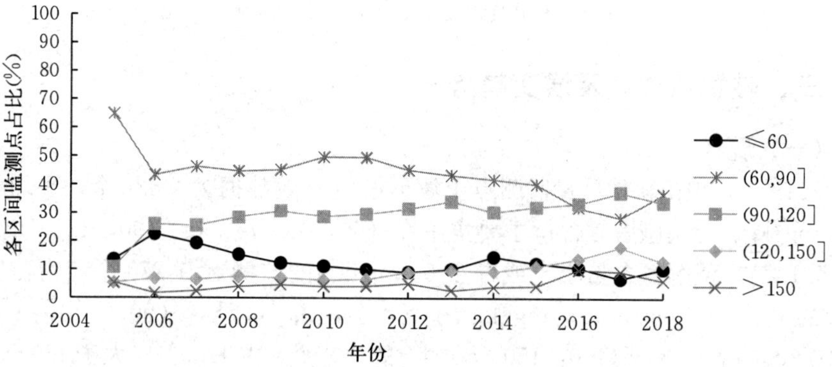


图5.1.9　粮田监测点土壤碱解氮含量分级频率变化

## 四、有效磷现状及演变趋势

### （一）现状

2018年，粮田耕地质量监测点土壤有效磷有效数据为2 701个，平均含量40.5 mg/kg。土壤有效磷含量除小于或等于10 mg/kg的比例较低，其他区间比例均较高（图5.1.10）。其中小于或等于10 mg/kg的监测点有229个，占监测点总数的8.5%；（10，20] mg/kg的645个，占23.9%；（20，30] mg/kg的517个，占19.1%；（30，50] mg/kg的645个，占23.9%；大于50 mg/kg的665个，占24.6%。总体来说，粮田土壤有效磷含量处于中高水平，其中处于高水平的监测点占比达24.6%，有一定的环境风险。

### （二）含量变化

1988—2018年，粮田监测点土壤有效磷含量总体呈上升趋势，从6.7 mg/kg上升至40.5 mg/kg，2018年比1988年上升504.5%（图5.1.11）。1988—2004年，土壤有效磷含量呈波动上升趋势，波动幅度较大。2005年开始，呈缓慢上升趋势，2018年比2005年上升42.4%。

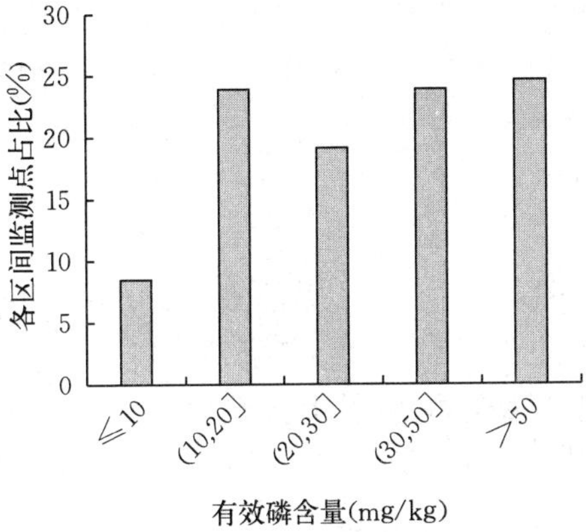


图 5.1.10　粮田监测点有效磷含量各区间占比

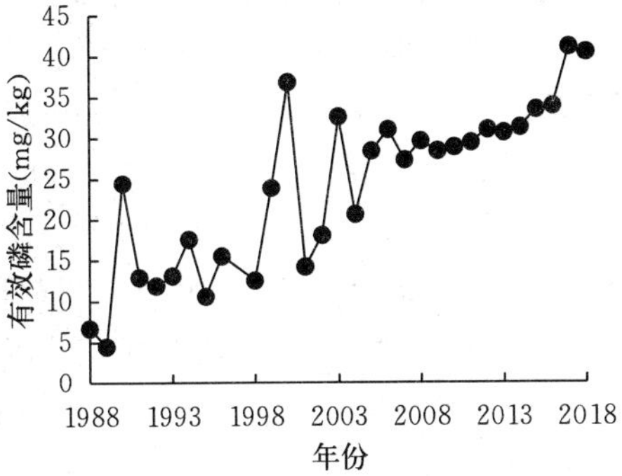


图 5.1.11　粮田监测点有效磷含量变化趋势

## (三) 频率变化

2004 年及以前，粮田监测点土壤有效磷含量各区间变化幅度较大，2005—2015 年主要集中于（10，20］mg/kg、（20，30］mg/kg 和（30，50］mg/kg，2016 年及以后，大于 50 mg/kg 的占比也较高。2004 年以后，小于或等于 10 mg/kg、（10，20］mg/kg 和（20，30］mg/kg 的占比均有降低趋势，分别降低 5.8 个、6.5 个和 5.8 个百分点；（30，50］mg/kg、大于 50 mg/kg 的占比呈上升趋势，2018 年较 2005 年分别上升 6.1 个和 12.1 个百分点（图 5.1.12）。

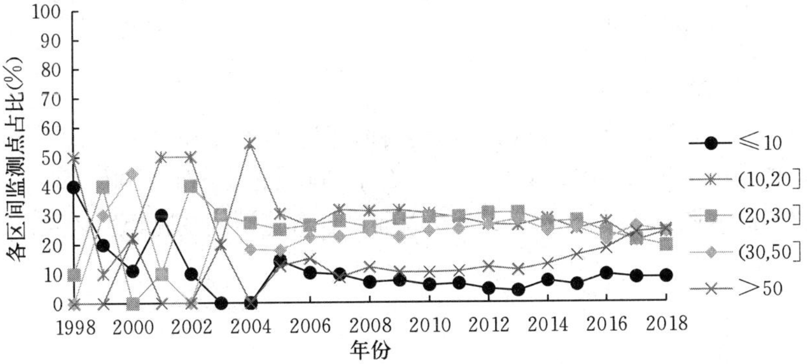


图 5.1.12　粮田监测点土壤有效磷含量分级频率变化

# 五、速效钾现状及演变趋势

## (一) 现状

2018 年，粮田耕地质量监测点土壤速效钾有效数据为 2 700 个，平均含量 186 mg/kg。土壤速效钾含量除了小于或等于 50 mg/kg 的占比较低，其他区间占比较高，大于 200 mg/kg 的占比最高（图 5.1.13）。其中小于或等于 50 mg/kg的监测点有 22 个，占监测点总数的 0.8%；(50，100] mg/kg 的 424 个，占 15.7%；(100，150] mg/kg 的 728 个，占 27.0%；(150，200] mg/kg 的 584 个，占 21.6%；大于 200 mg/kg 的 942 个，占 34.9%。

## （二）含量变化

1988—2018 年，粮田监测点土壤速效钾含量总体呈上升趋势，从 106 mg/kg 上升至 186 mg/kg，2018 年比 1988 年上升 75.5%（图 5.1.14）。1988—2005 年，土壤速效钾含量波动变化。2006 年开始，呈缓慢上升趋势，2018 年比 2006 年上升 60.3%，12 年平均每年上升 5.8 mg/kg。2018 年与 2005 年相比上升 33.4%。

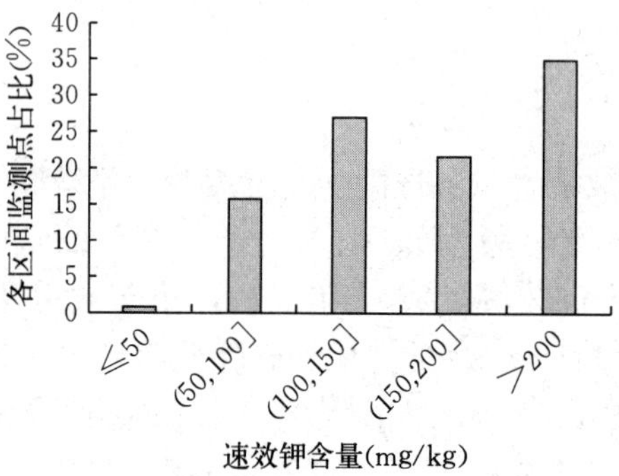


图 5.1.13 粮田监测点速效钾含量各区间占比

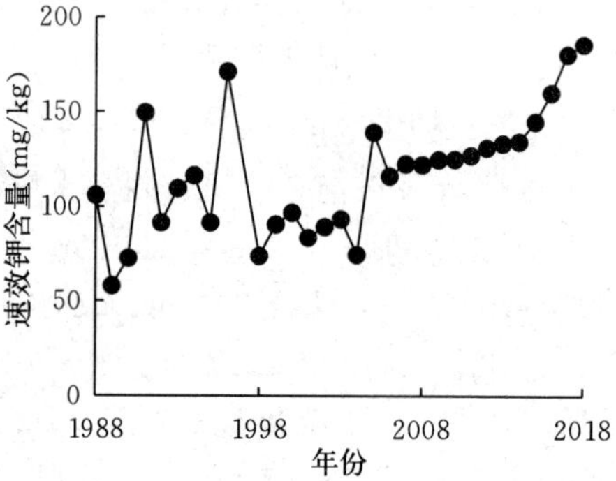


图 5.1.14 粮田监测点速效钾含量变化趋势

## （三）频率变化

1998—2015 年，粮田监测点土壤速效钾含量主要集中于 (50，100] mg/kg 和 (100，150] mg/kg，2016 年及以后，大于 200 mg/kg 和 (100，150] mg/kg 的占比较高（图 5.1.15）。2005 年及以前，各含量区间变化幅度较大；2007 年

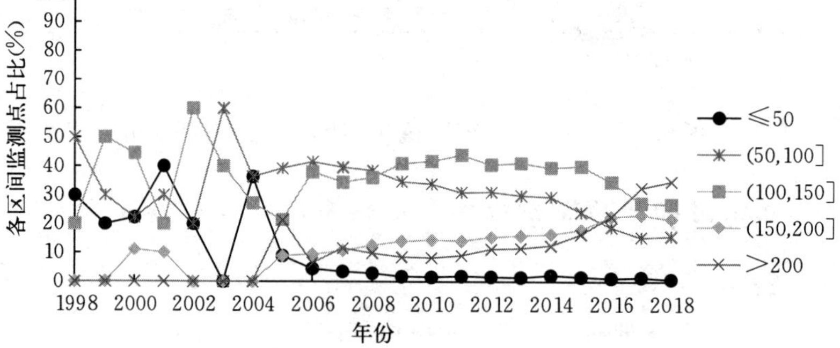


图 5.1.15 粮田监测点土壤速效钾含量分级频率变化

以后呈平稳变化状态。小于或等于 50 mg/kg、(50，100] mg/kg 和 (100，150] mg/kg 的占比呈下降趋势，2018 年分别较 2007 年下降 2.7 个、24.0 个和 7.5 个百分点。(150，200] mg/kg 和大于 200 mg/kg 的占比呈上升趋势，2018 年较 2007 年分别上升 11.0 个和 23.2 个百分点。

## 六、缓效钾现状及演变趋势

### （一）现状

2018 年，粮田耕地质量监测点土壤缓效钾有效数据为 2 174 个，平均含量 769 mg/kg。土壤缓效钾含量主要集中在 (600，800] mg/kg、(800，1 000] mg/kg（图 5.1.16）。缓效钾含量小于或等于 400 mg/kg 的监测点有 183 个，占监测点总数的 8.4%；(400，600] mg/kg 的 370 个，占 17.0%；(600，800] mg/kg 的 709 个，占 32.6%；(800，1 000] mg/kg 的 577 个，占 26.5%；大于1 000 mg/kg 的 335 个，占 15.4%。

### （二）含量变化

1998—2018 年，粮田监测点土壤缓效钾含量呈折线变化，总体有所上升，从 610 mg/kg 上升至 769 mg/kg，2018 年比 1998 年上升 26.1%（图 5.1.17）。1998—2004 年，土壤缓效钾含量波动幅度较大，最大为 1 048 mg/kg（2000 年），最小为 557 mg/kg（2001 年）；2005—2009 年，缓效钾含量呈下降趋势，下降比例为 26.2%。从 2011 年开始，土壤缓效钾含量变化幅度较小，在 685～813 mg/kg，2018 年与 2011 年基本相当，2018 年与 2005 年相比略有下降，下降比例为 4.6%。

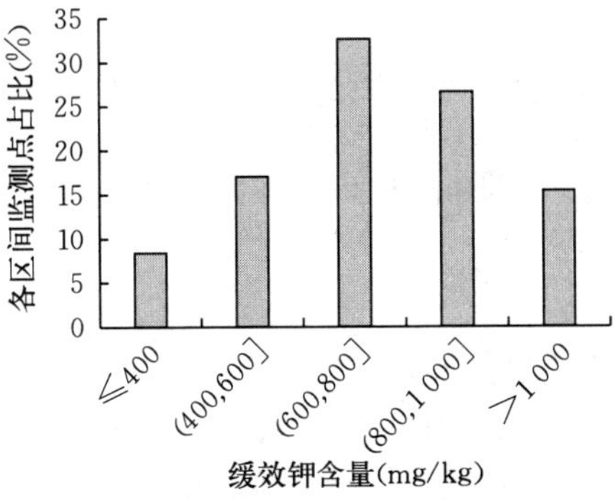


图 5.1.16　粮田监测点缓效钾含量各区间占比

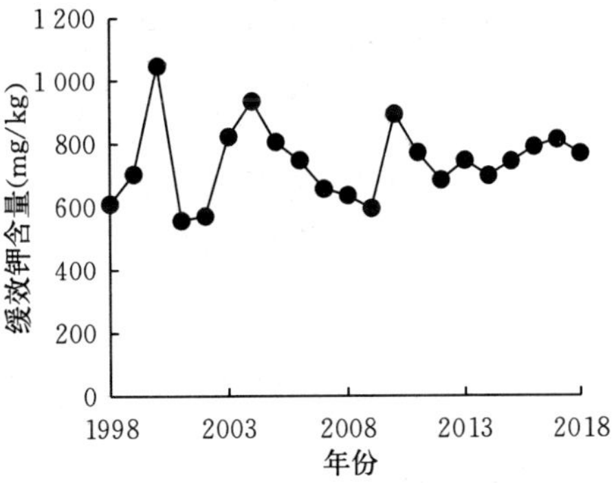


图 5.1.17　粮田监测点缓效钾含量变化趋势

## 七、土壤 pH 现状及演变趋势

### （一）现状

2018 年，粮田耕地质量监测点土壤 pH 有效数据为 2 598 个，平均为 7.3，pH 主要集中在（8.0，8.5]、(5.5，6.0]（图 5.1.18）。大于 9.0、小于或等于 5.0 的监测点有 122 个，占监测点总数的 4.7%；(8.5，9.0]、(5.0，5.5] 的监测点有 224 个，占 8.6%；(7.5，8.0]、(6.0，6.5] 的监测点有 722 个，占 27.8%；(6.5，7.5] 的监测点有 332 个，占 12.8%；(8.0，8.5]、(5.5，6.0] 的监测点有 1 198 个，占 46.1%，其中监测点 pH 在（8.0，8.5] 的 1 035 个，占监测点总数的 39.8%，土壤类型主要为潮土（914 个，占比 88.3%），(5.5，6.0] 的监测点有 163 个，占监测点总数的 6.3%。由此，粮田监测点 pH 主要集中在（8.0，8.5]，处于中等水平。

### （二）pH 变化

1988—2018 年，粮田监测点土壤 pH 有一定降低趋势，从 8.0 降低至 7.3，2018 年比 1988 年降低 0.7（图 5.1.19）。1988—1996 年，土壤 pH 在 8.0～8.2；1998—2004 年，土壤 pH 在 6.5～6.9；2005 年 pH 偏高，但 2006—2018 年，土壤 pH 在 6.9～7.3。

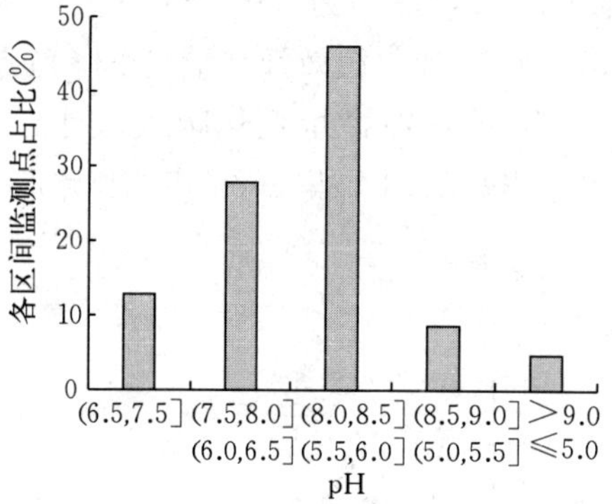


图 5.1.18　粮田监测点 pH 各区间占比

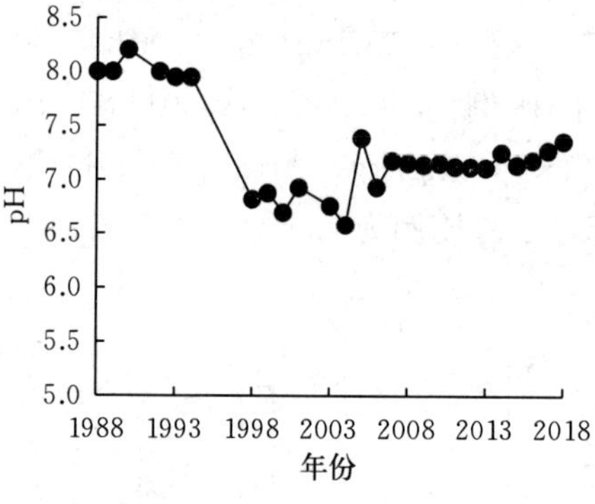


图 5.1.19　粮田监测点 pH 变化趋势

### （三）频率变化

1998—2004 年，粮田监测点土壤 pH 各区间占比波动较大。2005—2018 年，粮田监测点土壤 pH 在大于 9.0、小于或等于 5.0 及（8.5，9.0]、(5.0，5.5] 的比例均保持在 10%以下；其他区间在 2006—2014 年的比例均在 30%左右，但 2015 年后占比有所变化，(6.5，7.5] 的比例明显降低，2018 年比 2015 年降低了 15.6 个百分点，(8.0，8.5]、(5.5，6.0] 的比例先降低后上升，(7.5，8.0]、(6.0，6.5] 的比例则先上升后降低（图 5.1.20）。

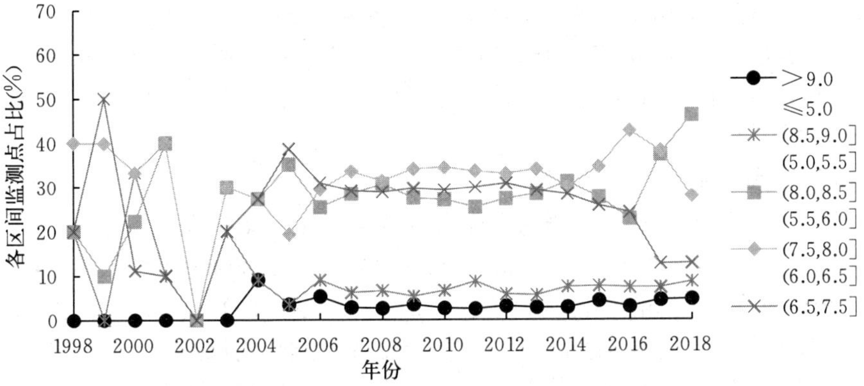


图 5.1.20　粮田监测点土壤 pH 分级频率变化

## 八、有效铁现状及演变趋势

### (一) 现状

2018 年，粮田耕地质量监测点土壤有效铁有效数据为 1 913 个，平均含量 32.9 mg/kg，主要集中在大于 20 mg/kg（图 5.1.21）。小于或等于 5 mg/kg 的监测点有 95 个，占监测点总数的 5.0%；(5，10] mg/kg 的 363 个，占 19.0%；(10，15] mg/kg 的 417 个，占 21.8%；(15，20] mg/kg 的 197 个，占 10.3%；大于 20 mg/kg 的 841 个，占 44.0%。总体来说，粮田监测点土壤有效铁含量处于高水平。

### (二) 含量变化

2005—2018 年，粮田监测点土壤有效铁含量总体呈先降低后上升趋势，2018 年与 2005 年基本持平（图 5.1.22）。2005—2013 年，呈缓慢下降状态，

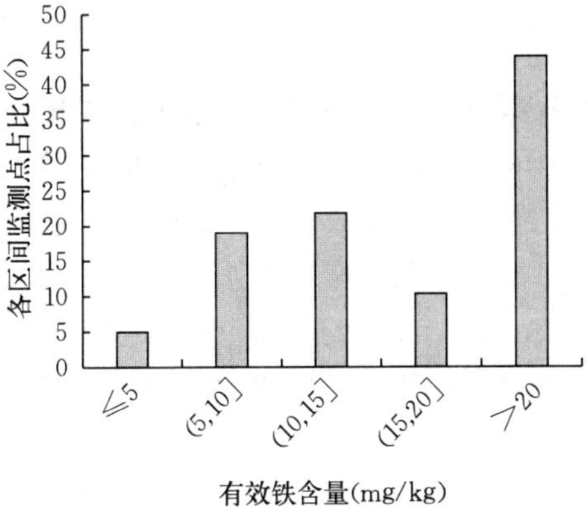


图 5.1.21　粮田监测点有效铁含量各区间占比

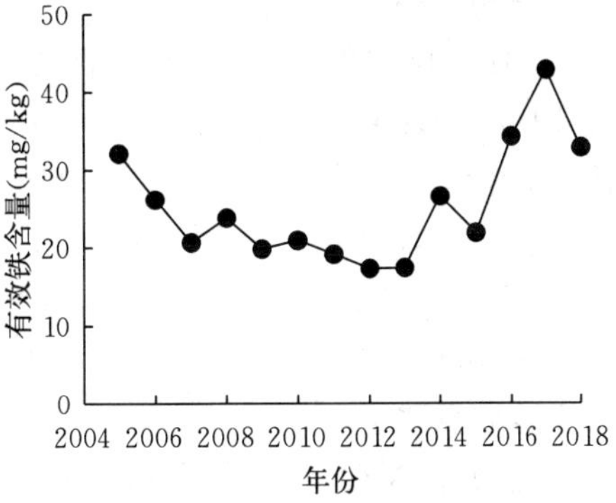


图 5.1.22　粮田监测点有效铁含量变化趋势

2013 年与 2005 年相比降低 45.8%；2015—2017 年进入快速上升状态，2017 年达到最高点，与 2005 年相比上升 33.3%，与 2013 年相比上升 146%；2018 年与 2017 年相比有所降低，降低比例为 23.1%，但与 2013 年相比上升 89.1%。

### （三）频率变化

2005—2014 年，粮田监测点土壤有效铁含量主要集中在（5，10] mg/kg、（10，15] mg/kg 和大于 20 mg/kg。2015 年后，大于 20 mg/kg 的占比明显上升，2018 年与 2015 年相比上升 11.5 个百分点，（5，10] mg/kg 的占比有所降低，2018 年与 2015 年相比降低 4.2 个百分点。其他区间占比年份间变化较小。与 2005 年相比，2018 年小于或等于 5 mg/kg、（10，15] mg/kg 和（15，20] mg/kg 的占比分别上升 5.0 个、5.1 个和 2.0 个百分点（图 5.1.23）。

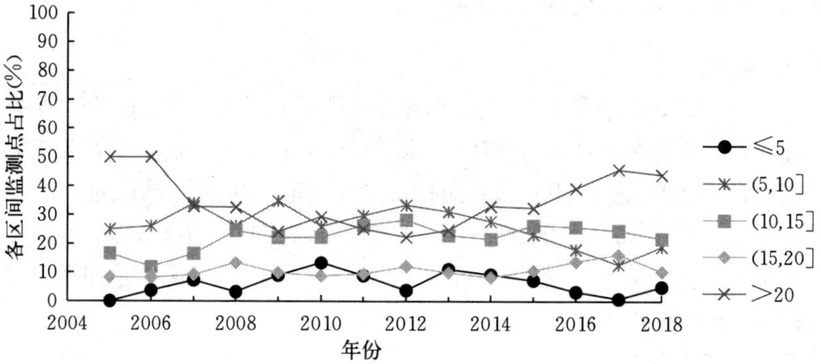


图 5.1.23　粮田监测点土壤有效铁含量分级频率变化

## 九、有效锰现状及演变趋势

### （一）现状

2018 年，粮田耕地质量监测点土壤有效锰有效数据为 1 909 个，平均含量 19.7 mg/kg。土壤有效锰含量主要集中在（5，10] mg/kg，其他区间占比分布相对均匀（图 5.1.24）。有效锰含量小于或等于 5 mg/kg 的监测点有 337 个，占监测点总数的 17.7%；（5，10] mg/kg 的 599 个，占 31.4%；（10，15] mg/kg 的 326 个，占 17.1%；（15，30] mg/kg 的 309 个，占 16.2%；大于 30 mg/kg 的 338 个，占 17.7%。总体来说，粮田监测点土壤有效锰含量在中等偏低水平。

### （二）含量变化

2005—2018 年，粮田监测点土壤有效锰含量总体呈下降趋势，从 36.8 mg/kg 下降至 19.7 mg/kg，2018 年比 2005 年降低 46.5%（图 5.1.25）。2005—

2012 年呈下降趋势，2012 年最低，与 2005 年相比降低 59.2%；2012—2017 年呈上升趋势，2017 年比 2012 年上升 68.7%，2018 年又出现小幅降低。

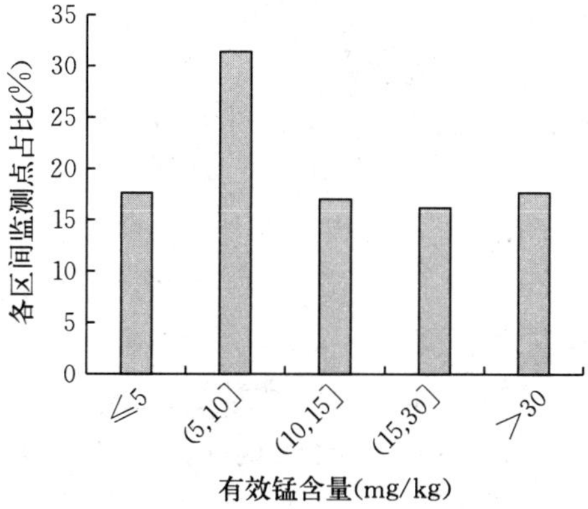


图 5.1.24　粮田监测点有效锰含量各区间占比

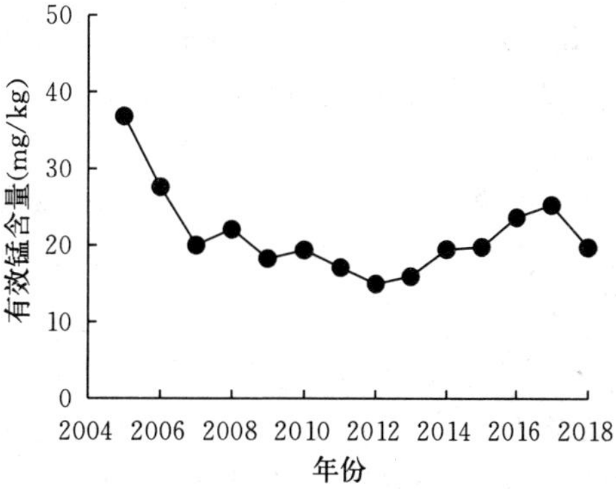


图 5.1.25　粮田监测点有效锰含量变化趋势

## （三）频率变化

2005—2018 年，粮田监测点土壤有效锰含量各区间占比表现为：较高含量区间占比降低，而中低含量区间占比上升。与 2005 年相比，2018 年有效锰含量大于 30 mg/kg 和（15，30] mg/kg 的占比分别降低 24.0 个和 25.5 个百分点，（10，15] mg/kg、（5，10] mg/kg 和小于或等于 5 mg/kg 的占比分别上升 8.7 个、23.0 个和 17.7 个百分点（图 5.1.26）。

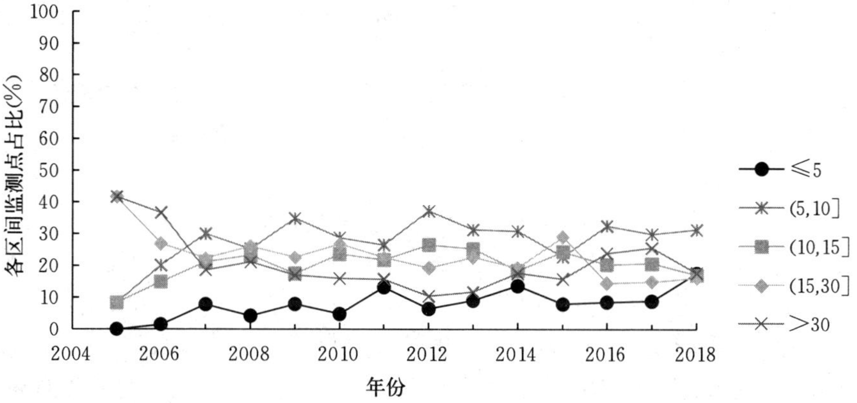


图 5.1.26　粮田监测点土壤有效锰含量分级频率变化

## 十、有效铜现状及演变趋势

### （一）现状

2018年，粮田耕地质量监测点土壤有效铜有效数据为1 910个，平均含量1.99 mg/kg。土壤有效铜含量主要集中在（1.0，1.8］mg/kg和大于1.8 mg/kg（图5.1.27）。有效铜含量小于或等于0.2 mg/kg的监测点有8个，占0.4%；（0.2，0.5］mg/kg的45个，占2.4%；（0.5，1.0］mg/kg的301个，占15.8%；（1.0，1.8］mg/kg的801个，占41.9%；大于1.8 mg/kg的755个，占39.5%。总体来说，粮田土壤有效铜含量处于较高水平。

### （二）含量变化

2005—2018年，粮田监测点土壤有效铜含量波动不大，与2005年相比，2018年有效铜含量降低5.2%（图5.1.28）。2010年土壤有效铜含量较高，与2005年相比上升25.2%，除2010年外，2005—2014年有效铜含量呈波动降低趋势，从2014年起呈上升趋势，2018年与2014年相比，有效铜含量上升20.0%。

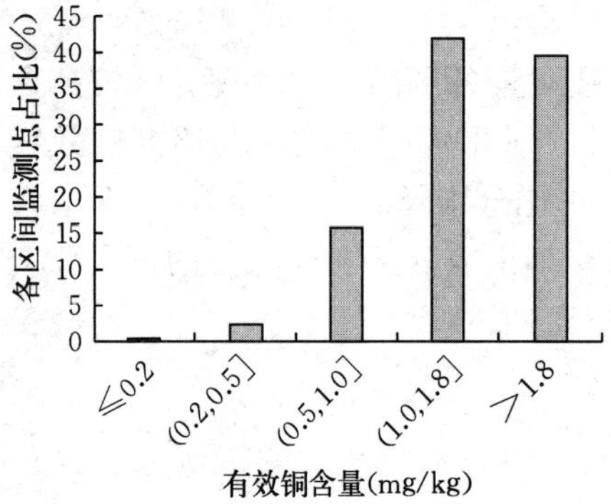


图5.1.27　粮田监测点有效铜含量各区间占比

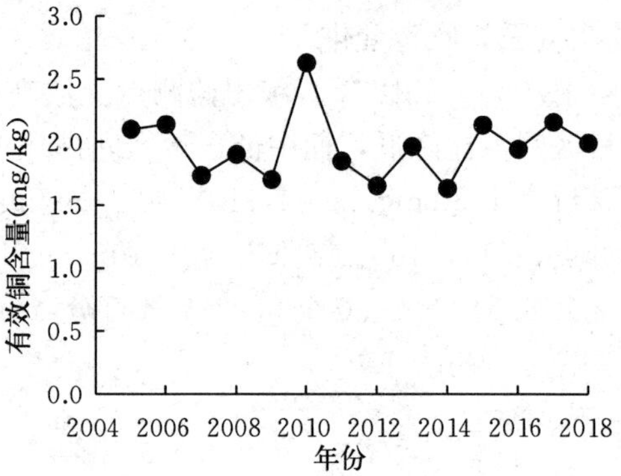


图5.1.28　粮田监测点有效铜含量变化趋势

### （三）频率变化

2005—2018年，粮田监测点土壤有效铜含量主要集中在（1.0，1.8］mg/kg和大于1.8 mg/kg。小于或等于0.2 mg/kg和（0.2，0.5］mg/kg的占比很低且年份间变化较小，保持在5%以下；（0.5，1.0］mg/kg和（1.0，1.8］mg/kg的占比呈上升趋势，与2005年相比，2018年（0.5，1.0］mg/kg和（1.0，1.8］mg/kg的占比分别上升了7.4个和8.6个百分点；大于1.8 mg/kg的占比呈降低趋势，由2005年的58.3%降低至2018年的39.5%，降低了18.8个百分点（图5.1.29）。

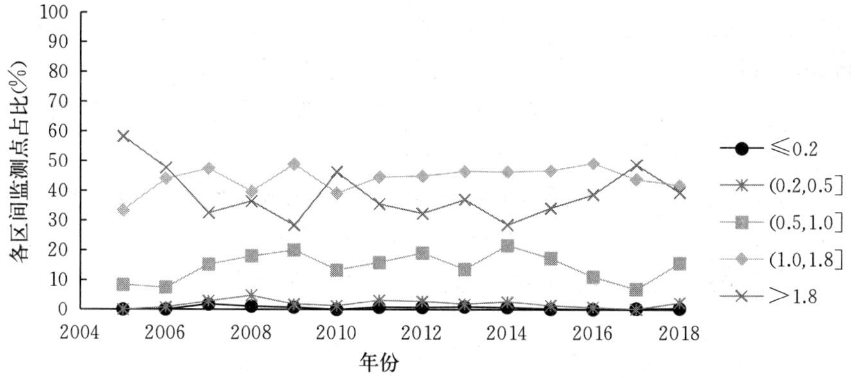


图 5.1.29　粮田监测点土壤有效铜含量分级频率变化

## 十一、有效锌现状及演变趋势

### （一）现状

2018 年，粮田耕地质量监测点土壤有效锌有效数据为 1 911 个，平均含量 2.22 mg/kg。土壤有效锌含量主要集中在（1.0，2.0］mg/kg（图 5.1.30）。有效锌含量小于或等于 0.5 mg/kg 的监测点有 76 个，占监测点总数的 4.0%；（0.5，1.0］mg/kg 的 349 个，占 18.3%；（1.0，2.0］mg/kg 的 799 个，占 41.8%；（2.0，3.0］mg/kg 的 353 个，占 18.5%；大于 3.0 mg/kg 的 334 个，占 17.5%。总体来说，粮田监测点土壤有效锌含量处于中等水平。

### （二）含量变化

2005—2018 年，粮田监测点土壤有效锌含量总体呈上升趋势，从 1.19 mg/kg 上升至 2.22 mg/kg，2018 年比 2005 年上升 86.6%（图 5.1.31）。

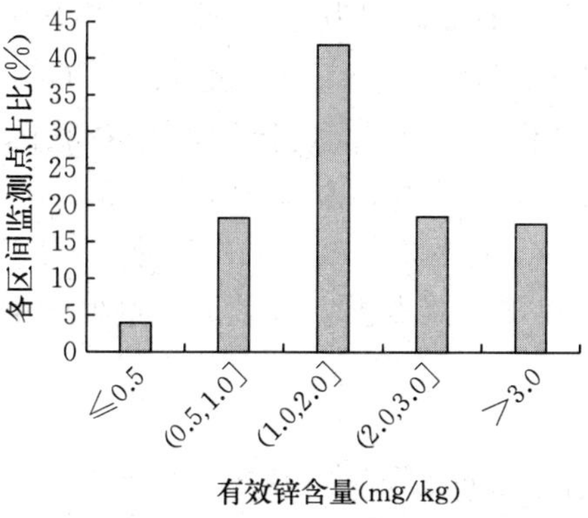


图 5.1.30　粮田监测点有效锌含量各区间占比

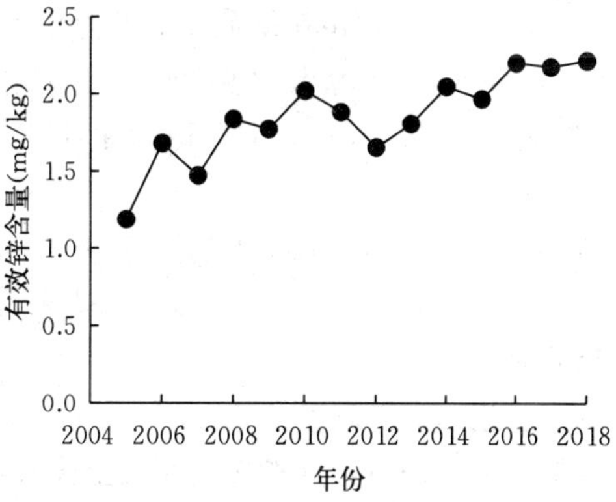


图 5.1.31　粮田监测点有效锌含量变化趋势

### （三）频率变化

2005—2018年，粮田监测点土壤有效锌含量主要集中在（1.0，2.0］mg/kg，呈现较高含量区间占比上升、中低含量区间占比降低的趋势。2005—2018年，小于或等于0.5 mg/kg的占比呈现先上升后降低的趋势，2007年占比最高，为15.9%，2015年后又降低至5%以下；（0.5，1.0］mg/kg及（1.0，2.0］mg/kg的占比呈降低趋势，2018年与2005年相比分别降低6.7个和33.2个百分点；（2.0，3.0］mg/kg和大于3.0 mg/kg的占比呈上升趋势，2018年与2005年相比分别上升18.5个和17.5个百分点（图5.1.32）。

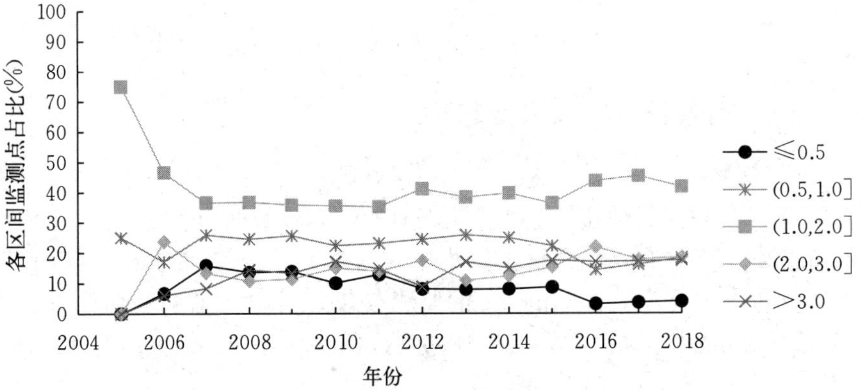


图5.1.32 粮田监测点土壤有效锌含量分级频率变化

## 十二、有效硼现状及演变趋势

### （一）现状

2018年，粮田耕地质量监测点土壤有效硼有效数据为1 897个，平均含量0.61 mg/kg。土壤有效硼含量主要集中在（0.5，1.0］mg/kg及（0.2，0.5］mg/kg（图5.1.33）。有效硼含量小于或等于0.2 mg/kg的监测点有193个，占监测点总数的10.2%；（0.2，0.5］mg/kg的675个，占35.6%；（0.5，1.0］mg/kg的760个，占40.1%；（1.0，2.0］mg/kg的263个，占13.9%；大于2.0 mg/kg的6个，占0.3%。总体来说，粮田监测点土壤有效硼含量处于中低水平。

### （二）含量变化

2005—2018年，粮田监测点土壤有效硼含量总体呈上升趋势，其中2005—2016年呈波动上升趋势，2016年比2005年上升51.9%，2017年及2018年有所降低，2018年比2016年降低27.5%，比2005年上升10.1%（图5.1.34）。

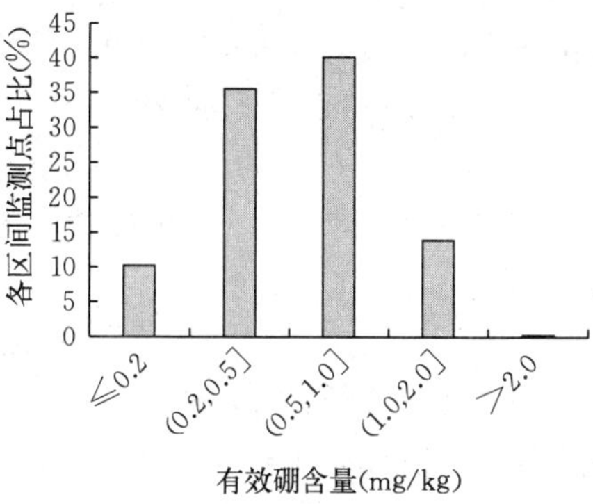


图 5.1.33　粮田监测点有效硼含量各区间占比

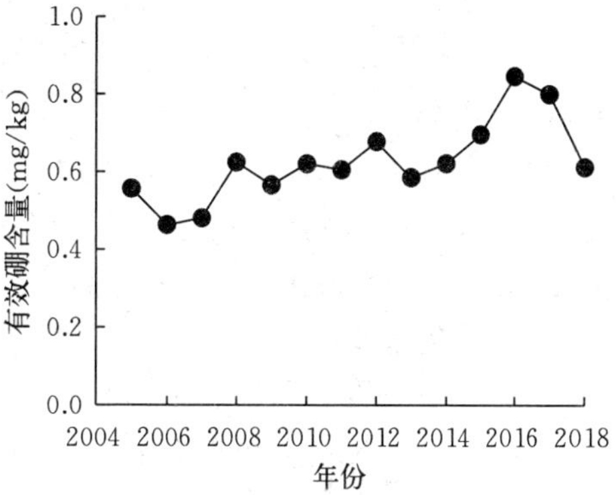


图 5.1.34　粮田监测点有效硼含量变化趋势

**（三）频率变化**

2005—2018 年，粮田监测点土壤有效硼含量主要集中于（0.5，1.0］mg/kg 和（0.2，0.5］mg/kg（图 5.1.35）。小于或等于 0.2 mg/kg 的占比总体有所上升，2018 年比 2005 年上升 10.2 个百分点；（0.2，0.5］mg/kg 和（0.5，1.0］mg/kg 的占比有所下降，2018 年与 2005 年相比分别降低 4.4 个和 19.9 个百分点；（1.0，2.0］mg/kg 的占比有所上升，2018 年比 2005 年上升 13.9 个百分点；大于 0.2 mg/kg 的占比有所波动但总体变化不大，大多数年份占比较低。

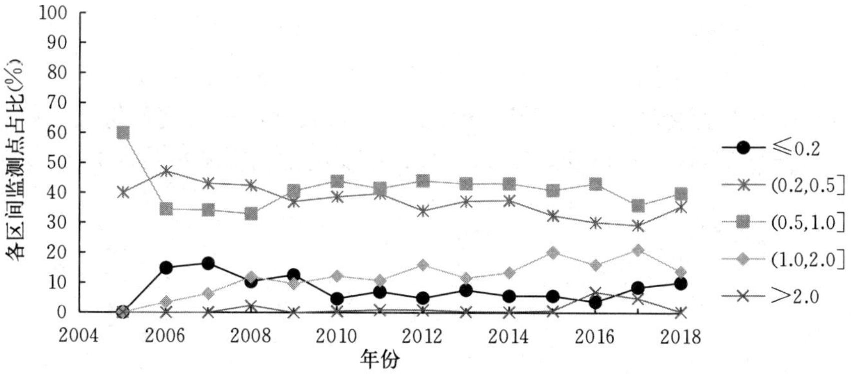


图 5.1.35　粮田监测点土壤有效硼含量分级频率变化

## 十三、有效钼现状及演变趋势

**（一）现状**

2018 年，粮田耕地质量监测点土壤有效钼有效数据为 1 879 个，平均含量0.18 mg/kg。土壤有效钼含量主要集中在（0.15，0.20］mg/kg和（0.10，0.15］mg/kg（图5.1.36）。有效钼含量小于或等于0.05 mg/kg的监测点有52个，占监测点总数的2.8%；（0.05，0.10］mg/kg的222个，占11.8%；（0.10，0.15］mg/kg的579个，占30.8%；（0.15，0.20］mg/kg的643个，占34.2%；大于0.2 mg/kg的383个，占20.4%。总体来说，粮田监测点土壤有效钼含量在中等偏高水平。

### （二）含量变化

2005—2018年，粮田监测点土壤有效钼含量总体呈降低趋势，从0.29 mg/kg降低至0.18 mg/kg，2018年比2005年降低37.9%（图5.1.37）。

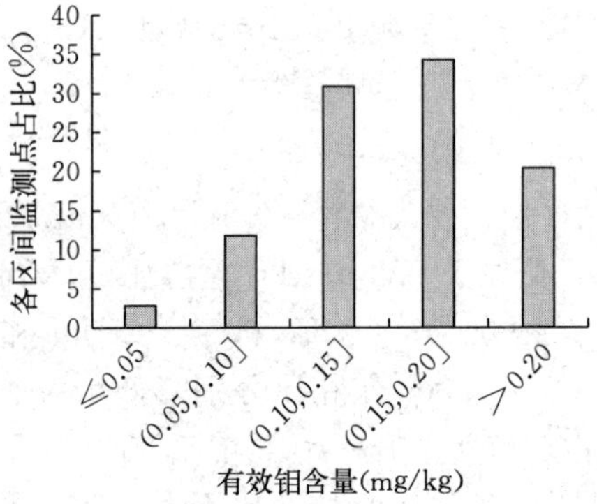


图5.1.36　粮田监测点有效钼含量各区间占比

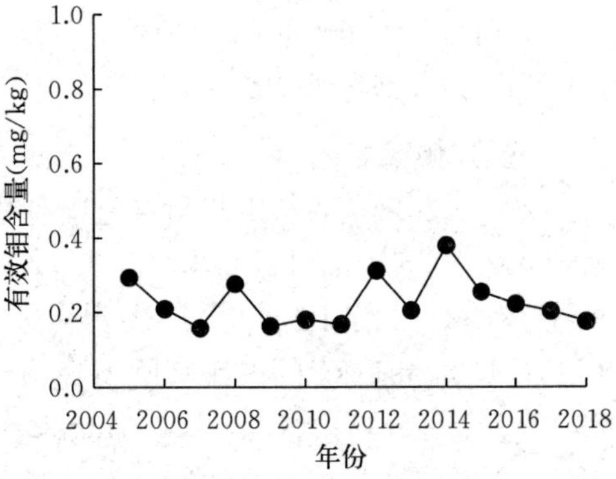


图5.1.37　粮田监测点有效钼含量变化趋势

### （三）频率变化

2005—2018年，粮田监测点土壤有效钼含量除小于或等于0.05 mg/kg的占比年份间变化较小且处于较低水平以外，其他区间占比年份间变幅较大（图5.1.38）。2005—2018年，大于0.20 mg/kg的占比明显降低，由2005年的

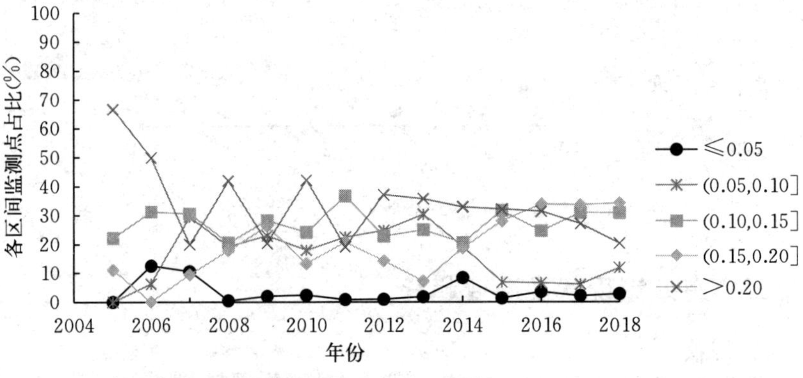


图5.1.38　四级监测点粮田土壤有效钼含量分级频率变化

66.7%降低至2018年的20.4%；(0.05，0.10] mg/kg、(0.10，0.15] mg/kg和(0.15，0.20] mg/kg的占比均呈现上升趋势，2018年与2005年相比分别上升11.8个、8.6个和23.1个百分点。

## 十四、有效硅现状

2018年，粮田耕地质量监测点土壤有效硅有效数据为1 870个，平均含量167 mg/kg。土壤有效硅含量主要集中在(100，150] mg/kg（图5.1.39）。有效硅含量小于或等于50 mg/kg的监测点有57个，占监测点总数的3.0%；(50，100] mg/kg的476个，占25.5%；(100，150] mg/kg的664个，占35.5%；(150，200] mg/kg的269个，占14.4%；大于200 mg/kg的404个，占21.6%。总体来说，粮田监测点有效硅含量处于中等水平。

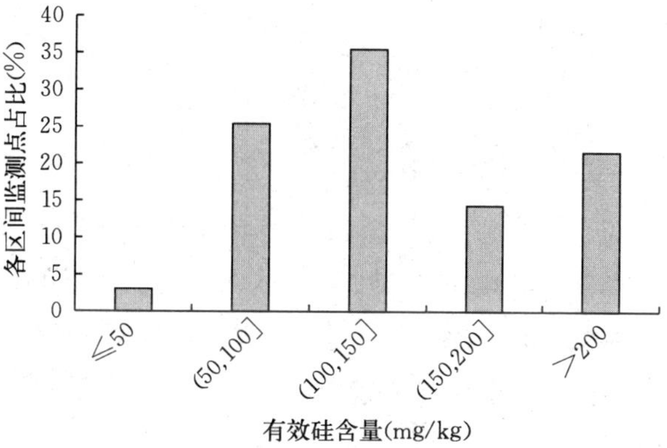


图5.1.39 2018年粮田监测点土壤有效硅各含量区间占比

# 第二节 果 园

2018年山东省四级耕地质量监测点中果园监测点235个，占监测点总数的7.5%，主要分布在胶东低山丘陵区和鲁中山地丘陵区，涉及烟台市、威海市、临沂市、日照市和淄博市等。从土壤类型来看，棕壤的监测点最多，占果园监测点的53.6%，此外，潮土占20.8%，褐土占19.6%。种植果树类型主要有苹果、樱桃、桃子、葡萄、冬枣等。

## 一、有机质现状及演变趋势

### （一）现状

2018年，果园耕地质量监测点土壤有机质有效数据为235个，平均含量14.2 g/kg。土壤有机质含量主要集中在（10，15］g/kg（图5.2.1）。有机质含量小于或等于10 g/kg的监测点有51个，占监测点总数的21.7%；（10，15］g/kg的94个，占40.0%；（15，20］g/kg的59个，占25.1%；（20，25］g/kg的21个，占8.9%；大于25 g/kg的10个，占4.3%。

**（二）含量变化**

2006—2018年，果园监测点土壤有机质含量总体呈缓慢上升趋势，从13.0 g/kg上升至14.2 g/kg，2018年比2006年上升9.2%，其中，2014年有机质含量最高，为14.3 g/kg，2007年含量最低，为11.8 g/kg（图5.2.2）。

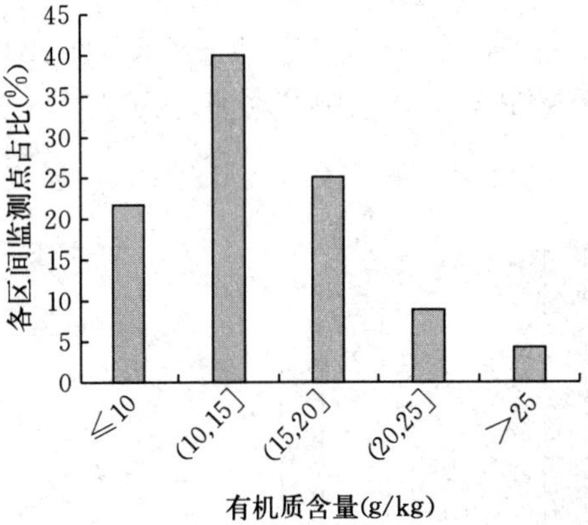


图5.2.1　果园监测点有机质含量各区间占比

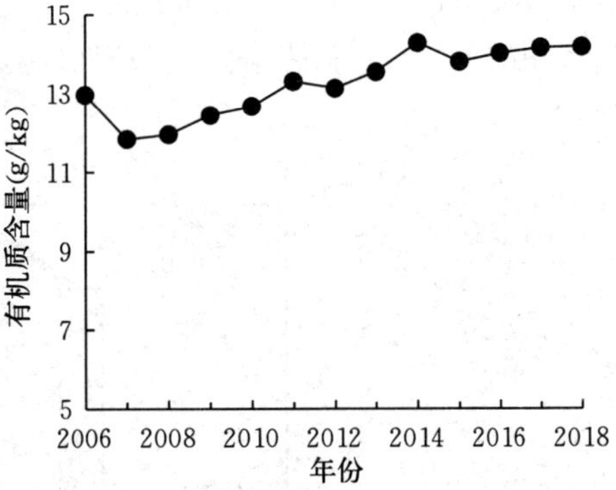


图5.2.2　果园监测点有机质含量变化趋势

**（三）频率变化**

2006—2018年，果园监测点土壤有机质含量主要集中在（10，15］g/kg、（15，20］g/kg及小于或等于10 g/kg，其他区间比例较低且年际较稳定（图5.2.3）。（10，15］g/kg和（15，20］g/kg的比例略有下降，分别下降4.3

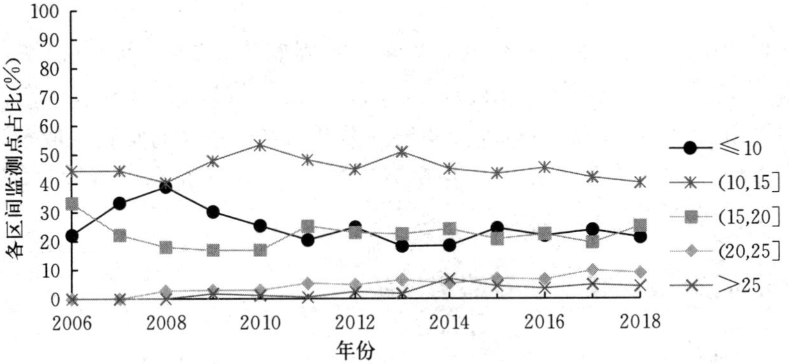


图5.2.3　果园监测点土壤有机质含量分级频率变化

个和 8.1 个百分点；小于或等于 10 g/kg 的比例呈先上升后降低趋势，2018 年与 2006 年相比降低 0.9 个百分点；(20，25] g/kg 和大于 25 g/kg 的比例呈上升趋势，2018 年与 2006 年相比分别上升 9.0 个和 4.3 个百分点。

## 二、全氮现状及演变趋势

### (一) 现状

2018 年，果园耕地质量监测点土壤全氮有效数据为 203 个，平均含量 1.02 g/kg。土壤全氮含量主要集中在小于或等于 0.75 g/kg、(1.00，1.25] g/kg 和 (0.75，1.00] g/kg (图 5.2.4)。全氮含量小于或等于 0.75 g/kg 的监测点有 42 个，占 20.7%；(0.75，1.00] g/kg 的 53 个，占 26.1%；(1.00，1.25] g/kg 的 65 个，占 32.0%；(1.25，1.50] g/kg 的 25 个，占 12.3%；大于 1.50 g/kg 的 18 个，占 8.9%。

### (二) 含量变化

2006—2018 年，果园监测点土壤全氮含量呈上升趋势，从 0.73 g/kg 上升至 1.02 g/kg，2018 年比 2006 年上升 39.7% (图 5.2.5)。

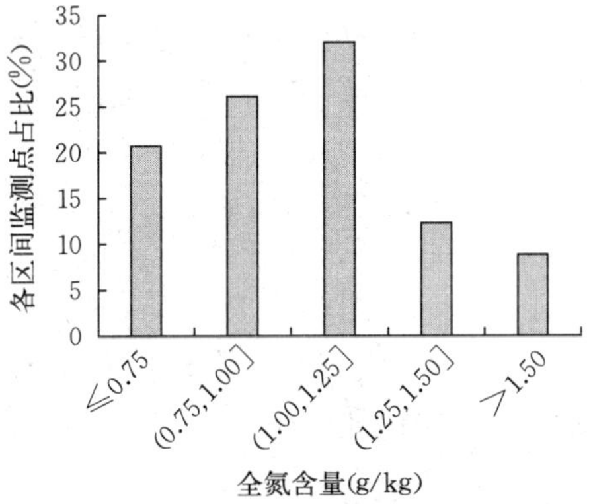


图 5.2.4　果园监测点全氮含量各区间占比

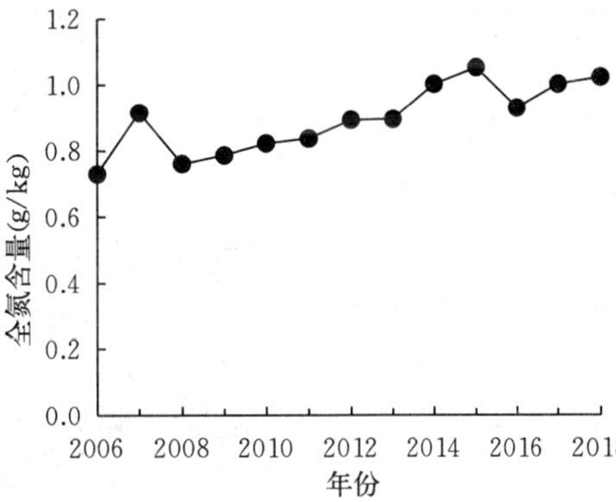


图 5.2.5　果园监测点全氮含量变化趋势

### (三) 频率变化

2006—2018 年，果园监测点土壤全氮含量占比变幅较大，小于或等于 0.75 g/kg 和 (0.75，1.00] g/kg 的占比较高，其他区间占比较低。小于或等于 0.75 g/kg 和 (0.75，1.00] g/kg 的占比呈下降趋势，2018 年与 2006 年相比分别降低 29.7 个和 23.8 个百分点；(1.00，1.25] g/kg、(1.25，1.50] g/kg 和大于 1.50 g/kg 的占比呈上升趋势，2018 年与 2006 年相比分别上升了 32.2 个、12.4 个和 8.9 个百分点 (图 5.2.6)。

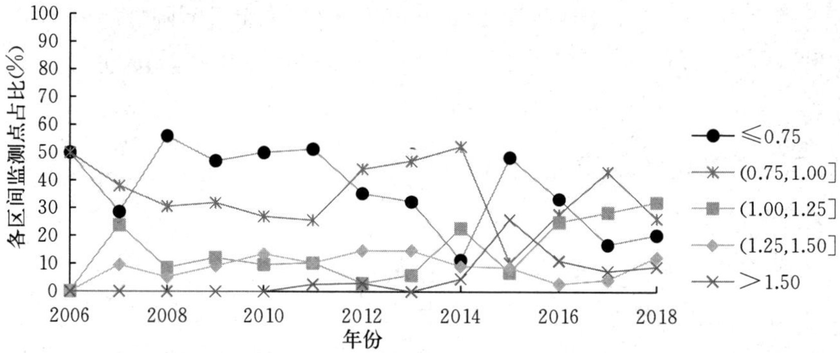


图 5.2.6　果园监测点土壤全氮含量分级频率变化

## 三、碱解氮现状及演变趋势

### （一）现状

2018 年，果园耕地质量监测点土壤碱解氮有效数据为 232 个，平均含量 106.6 mg/kg。土壤碱解氮含量主要集中在（60，90］mg/kg 和（90，120］mg/kg（图 5.2.7）。碱解氮含量小于或等于 60 mg/kg 的监测点有 34 个，占监测点总数的 14.7%；（60，90］mg/kg 的 72 个，占 31.0%；（90，120］mg/kg 的 58 个，占 25.0%；（120，150］mg/kg 的 30 个，占 12.9%；大于 150 mg/kg 的 38 个，占 16.4%。

### （二）含量变化

2006—2018 年，果园监测点土壤碱解氮含量呈上升趋势，从 89.5 mg/kg 上升至 106.6 mg/kg，2018 年比 2006 年上升 19.1%（图 5.2.8）。2006—2017 年，土壤碱解氮含量呈上升趋势，2017 年为 110.7 mg/kg，比 2006 年上升 23.7%；2018 年碱解氮含量小幅降低，与 2017 年相比降低 3.7%。

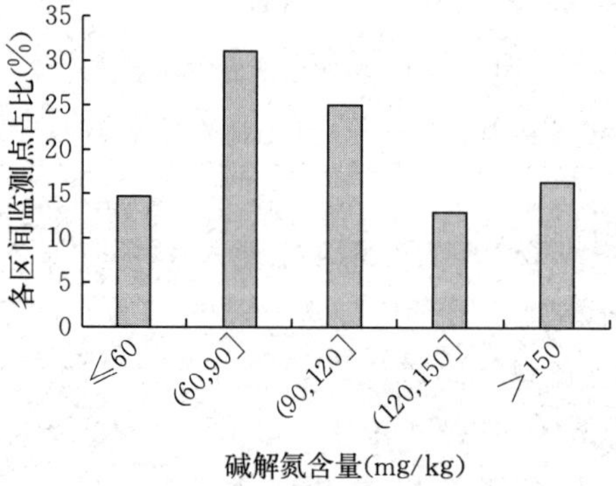


图 5.2.7　果园监测点碱解氮含量各区间占比

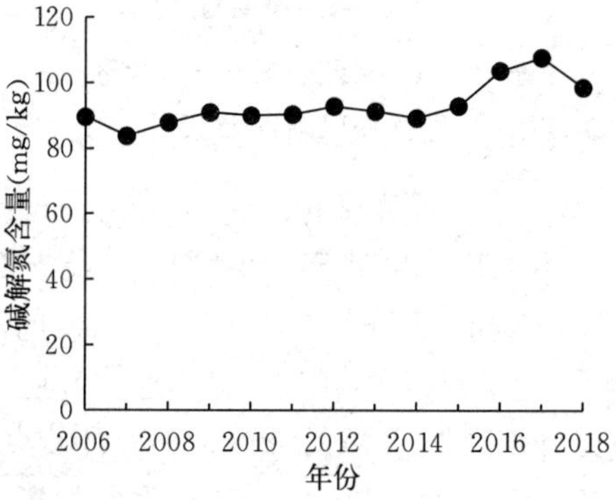


图 5.2.8　果园监测点碱解氮含量变化趋势

### （三）频率变化

2006—2018年，果园监测点土壤碱解氮含量主要集中在（60，90］mg/kg（图5.2.9）。小于或等于60 mg/kg和（90，120］mg/kg的占比呈下降趋势，2018年较2006年下降幅度分别为10.7个和12.4个百分点；（60，90］mg/kg的占比呈先升后降趋势，总体有上升趋势，2018年较2006年上升6.2个百分点；（120，150］mg/kg的占比呈上升趋势，2018年较2006年上升13.0个百分点；大于150 mg/kg的占比波动变化，总体呈上升趋势，2018年较2006年上升4.0个百分点。

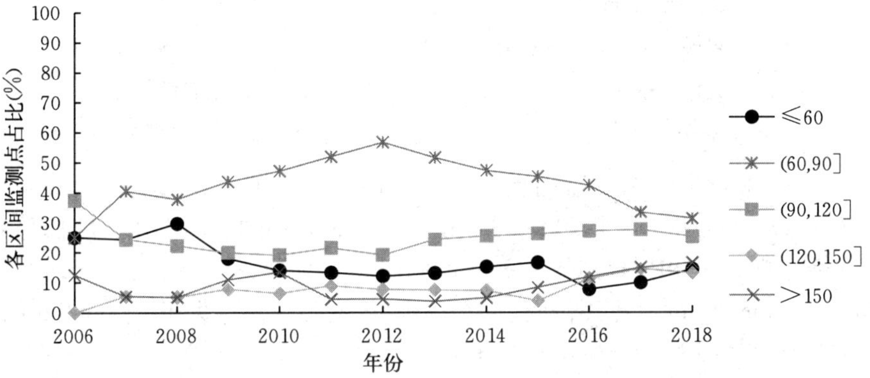


图5.2.9　果园监测点土壤碱解氮含量分级频率变化

## 四、有效磷现状及演变趋势

### （一）现状

2018年，果园耕地质量监测点土壤有效磷有效数据为235个，平均含量72.3 mg/kg。土壤有效磷含量主要集中在大于50 mg/kg（图5.2.10）。有效磷含量小于或等于10 mg/kg的监测点有14个，占监测点总数的6.0%；（10，20］mg/kg的24个，占10.2%；（20，30］mg/kg的21个，占8.9%；（30，50］mg/kg的46个，占19.6%；大于50 mg/kg的130个，占55.3%。总体来说，果园监测点有效磷含量处于高水平。

### （二）含量变化

2006—2018年，果园监测点土壤有效磷含量总体呈上升趋势，从49.4 mg/kg上升至72.3 mg/kg，2018年比2006年上升46.4%（图5.2.11）。其中2017年有效磷含量最高，为75.4 mg/kg，比2006年上升52.6%，2018年有效磷含量比2017年有小幅降低，降幅为4.1%。

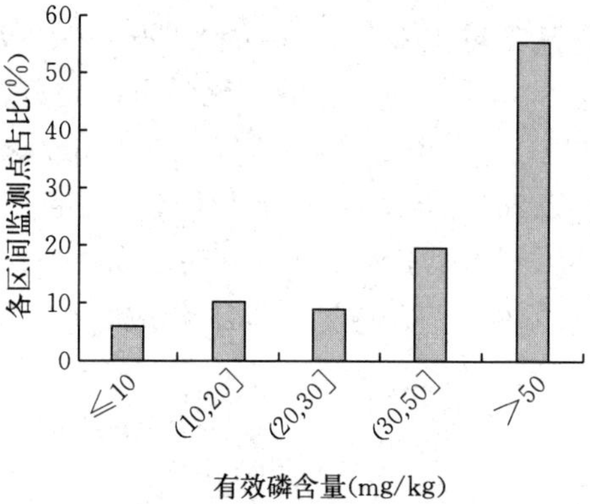


图 5.2.10　果园监测点有效磷含量各区间占比

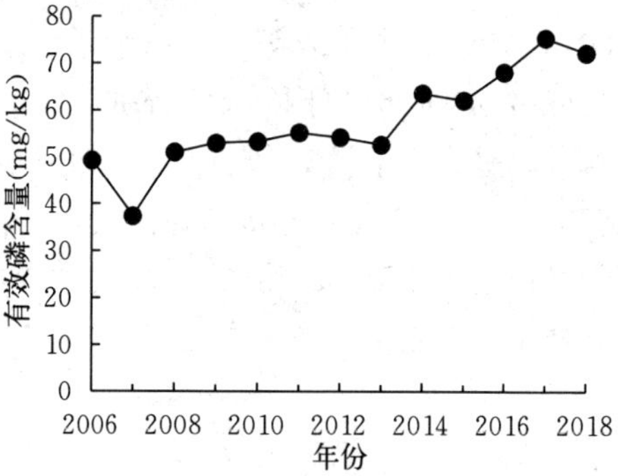


图 5.2.11　果园监测点有效磷含量变化趋势

## (三) 频率变化

2007—2018 年，果园监测点土壤有效磷含量主要集中在大于 50 mg/kg（图 5.2.12）。小于或等于 10 mg/kg 和（10，20］mg/kg 的占比有降低趋势，2018 年与 2007 年相比分别降低 9.6 个和 18.6 个百分点；（20，30］mg/kg 和（30，50］mg/kg 的占比年份间有所波动，但变幅较小；大于 50 mg/kg 的占比明显上升，2018 年与 2007 年相比上升 31.1 个百分点。

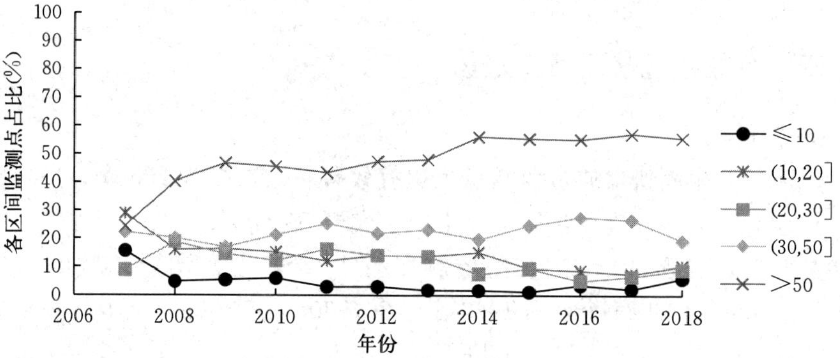


图 5.2.12　果园监测点土壤有效磷含量分级频率变化

# 五、速效钾现状及演变趋势

## (一) 现状

2018 年，果园耕地质量监测点土壤速效钾有效数据为 234 个，平均含量 200 mg/kg。土壤速效钾含量主要集中在大于 200 mg/kg 和（150，200］mg/kg

（图 5.2.13）。速效钾含量小于或等于 50 mg/kg 的监测点有 2 个，占监测点总数的 0.9%；(50，100] mg/kg 的 32 个，占 13.7%；(100，150] mg/kg 的 44 个，占 18.8%；(150，200] mg/kg 的 66 个，占 28.2%；大于 200 mg/kg 的 90 个，占 38.5%。总体来说，果园监测点速效钾含量处于高水平。

## （二）含量变化

2006—2018 年，果园监测点土壤速效钾含量总体呈上升趋势，从 111 mg/kg 上升至 200 mg/kg，2018 年比 2006 年上升 80.2%（图 5.2.14）。其中 2016 年速效钾含量最高，为 203 mg/kg，2017 年及 2018 年速效钾含量有小幅降低。

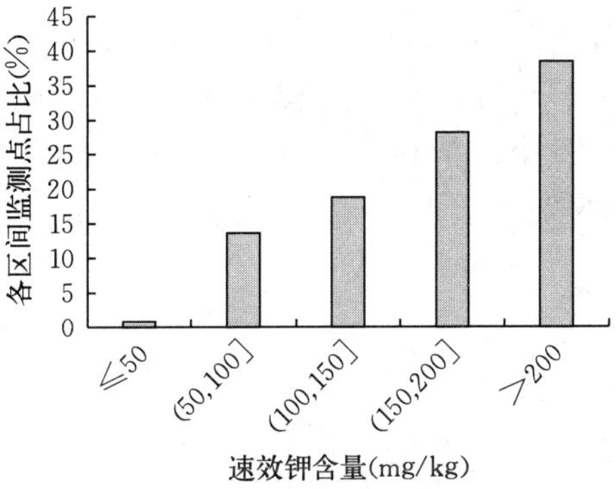


图 5.2.13　果园监测点速效钾含量各区间占比

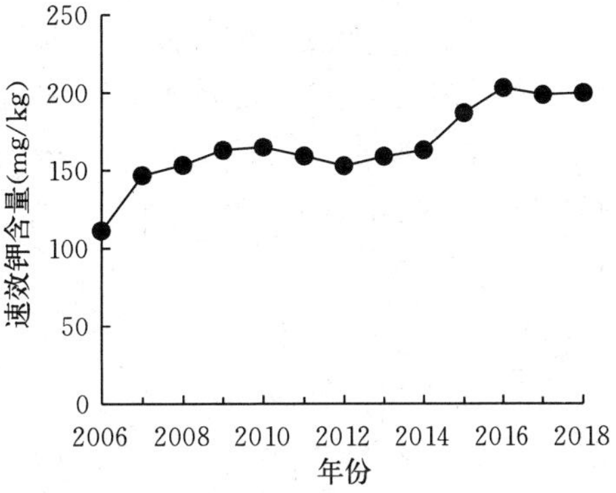


图 5.2.14　果园监测点速效钾含量变化趋势

## （三）频率变化

2007—2018 年，果园监测点土壤速效钾含量主要集中在除小于或等于 50 mg/kg 外的其他四个区间（图 5.2.15）。小于或等于 50 mg/kg 的占比总体较低，且有

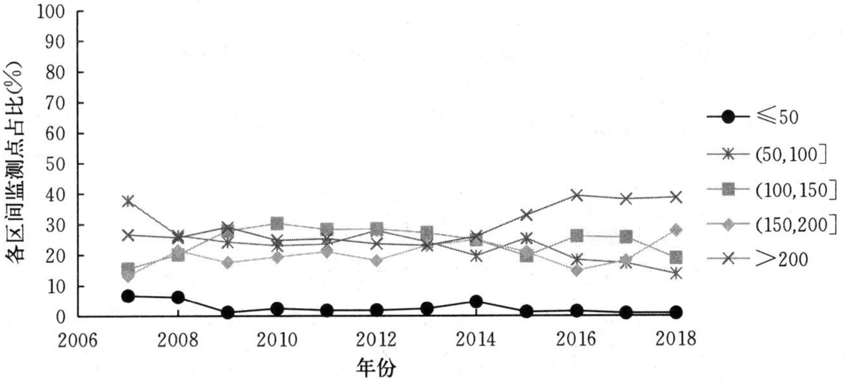


图 5.2.15　果园监测点土壤速效钾含量分级频率变化

一定降低趋势。2008—2014 年，(50，100] mg/kg、(100，150] mg/kg、(150，200] mg/kg 和大于 200 mg/kg 的占比较接近，在 20%～30%；2015 年及以后，大于 200 mg/kg 的占比明显上升。与 2007 年相比，2018 年 (50，100] mg/kg 的占比降低了 24.0 个百分点，而 (100，150] mg/kg、(150，200] mg/kg 和大于 200 mg/kg 的占比分别上升了 3.3 个、14.6 个和 12.0 个百分点。

## 六、缓效钾现状

2018 年，果园耕地质量监测点土壤缓效钾有效数据为 199 个，平均含量 802 mg/kg。土壤缓效钾含量各区间占比相对均匀，其中大于 1 000 mg/kg 的占比最高（图 5.2.16）。缓效钾含量小于或等于 400 mg/kg 的监测点有 34 个，占监测点总数的 17.1%；(400，600] mg/kg 的 36 个，占 18.1%；(600，800] mg/kg 的 34 个，占 17.1%；(800，1 000] mg/kg 的 44 个，占 22.1%；大于 1 000 mg/kg 的 51 个，占 25.6%。

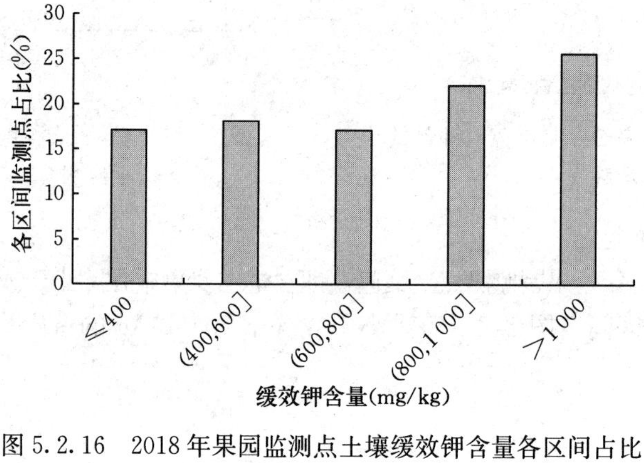


图 5.2.16　2018 年果园监测点土壤缓效钾含量各区间占比

## 七、土壤 pH 现状及演变趋势

### （一）现状

2018 年，果园耕地质量监测点土壤 pH 有效数据为 235 个，pH 平均为 6.3。土壤 pH 各区间占比相对均匀，(7.5，8.0]、(6.0，6.5] 的占比最高（图 5.2.17）。大于 9.0、小于或等于 5.0 的监测点有 23 个，占监测点总数的 9.8%；(8.5，9.0]、(5.0，5.5] 的监测点有 46 个，占 19.6%；(8.0，8.5]、(5.5，6.0] 的监测点有 54 个，占 23.0%；(7.5，8.0]、(6.0，6.5] 的监测点有 69 个，占 29.4%；(6.5，7.5] 的监测点有 43 个，占 18.3%。

## （二）pH 变化

2006—2018 年，果园监测点土壤 pH 总体波动变化，2018 年与 2006 年基本持平（图 5.2.18）。2006—2013 年土壤 pH 除 2007 年较高，为 6.6 外，其他年份均在 6.3 左右，2014 年 pH 上升后又有所降低，2016 年最低，为 6.1。

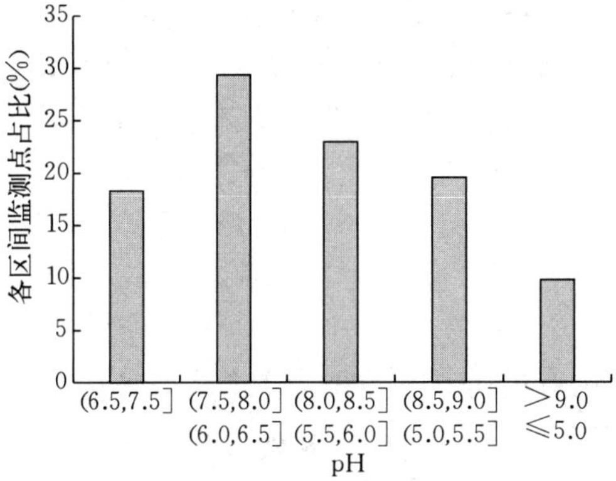


图 5.2.17　果园监测点 pH 各区间占比

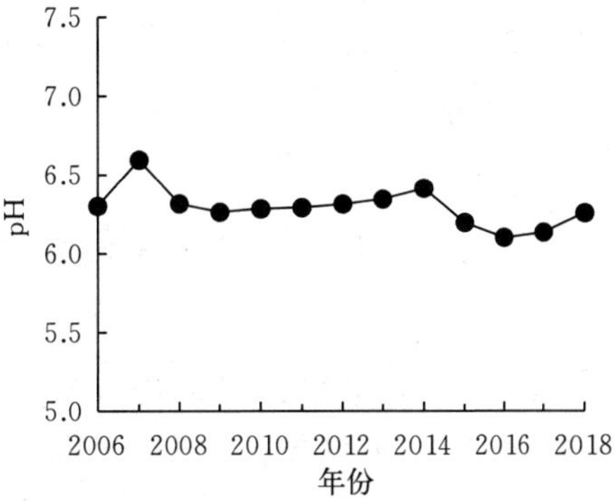


图 5.2.18　果园监测点 pH 变化趋势

## （三）频率变化

2007—2018 年，果园监测点土壤 pH 主要集中在（6.5，7.5]，（7.5，8.0]、（6.0，6.5] 及（8.0，8.5]、（5.5，6.0]。（6.5，7.5] 的占比明显降低，2018 年比 2007 年降低 17.2 个百分点；（8.0，8.5]、（5.5，6.0] 的占比呈上下波动趋势，2018 年与 2007 年基本持平；（7.5，8.0]、（6.0，6.5] 的占比呈波动上升趋势，2018 年比 2007 年上升 5.0 个百分点；（8.5，9.0]、（5.0，5.5] 及大于 9.0、小于或等于 5.0 的占比均呈上升趋势，2008 年比 2007 年分别上升 8.5 个和 3.2 个百分点（图 5.2.19）。

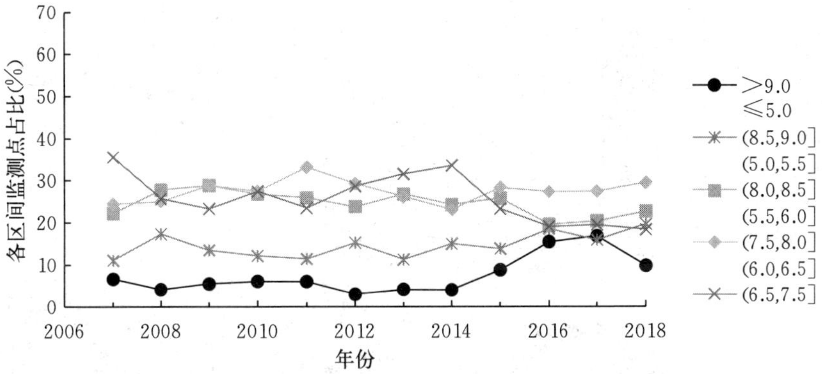


图 5.2.19　果园监测点土壤 pH 分级频率变化

# 第三节 菜 地

2018 年山东省四级耕地质量监测点中菜地监测点有 153 个，占监测点总数的 4.9%，主要分布在鲁西北平原区、鲁中北部平原区和鲁中山地丘陵区，涉及德州市、潍坊市、菏泽市和临沂市等，种植蔬菜类型多样，包含果菜类、叶菜类等。从土壤类型来看，潮土的监测点最多，占菜地监测点的 67.9%，此外，褐土占 20.9%。

## 一、有机质现状及演变趋势

### （一）现状

2018 年，菜地耕地质量监测点土壤有机质有效数据为 152 个，平均含量 16.6 g/kg。土壤有机质含量主要集中在（10，15］g/kg 和（15，20］g/kg（图 5.3.1）。有机质含量小于或等于 10 g/kg 的监测点有 15 个，占监测点总数的 9.9%；（10，15］g/kg 的 57 个，占 37.5%；（15，20］g/kg 的 54 个，占 35.5%；（20，25］g/kg 的 13 个，占 8.6%；大于 25 g/kg 的 13 个，占 8.6%。总体来说，菜地监测点土壤有机质含量处于中等偏低水平。

### （二）含量变化

2007—2018 年，菜地监测点土壤有机质含量呈缓慢上升趋势，从 13.2 g/kg 上升至 16.6 g/kg，2018 年比 2007 年上升 25.8%（图 5.3.2）。2017 年有机质含量最高，为 18.1 g/kg，2018 年与 2017 年相比有小幅降低，降幅 8.3%。

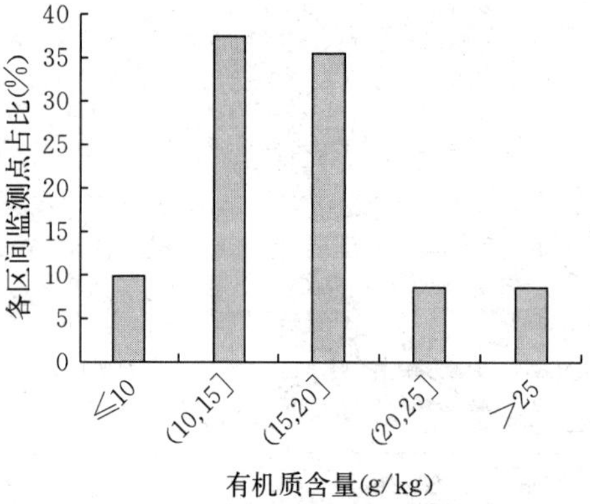


图 5.3.1 菜地监测点有机质含量各区间占比

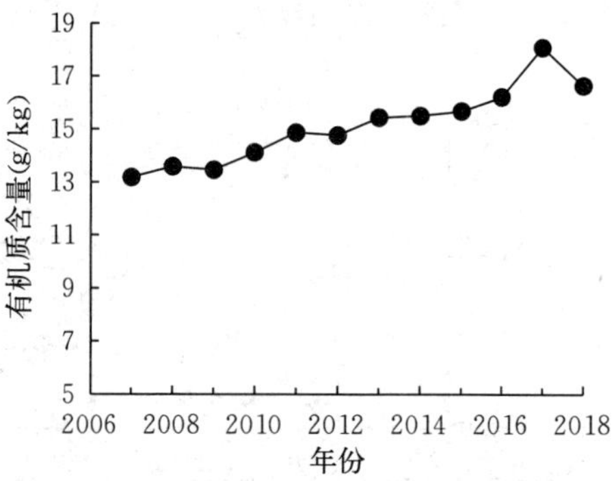


图 5.3.2 菜地监测点有机质含量变化趋势

### (三) 频率变化

2007—2018年，菜地监测点土壤有机质含量主要集中在 (10，15] g/kg 和 (15，20] g/kg (图5.3.3)。与2007年相比，2018年小于或等于10 g/kg 和 (10，15] g/kg 的占比降低，分别降低13.9个和11.1个百分点；(15，20] g/kg 和大于25 g/kg 的占比上升，分别上升15.1个和8.7个百分点；(20，25] g/kg 的占比相对平稳，2018年比2007年仅上升1.2个百分点。

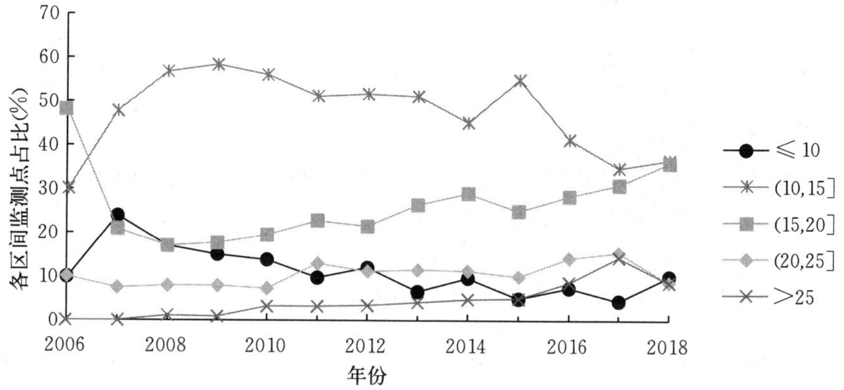


图5.3.3 菜地监测点土壤有机质含量分级频率变化

## 二、全氮现状及演变趋势

### (一) 现状

2018年，菜地耕地质量监测点土壤全氮有效数据为139个，平均含量1.21 g/kg。土壤全氮含量主要集中在 (1.00，1.25] g/kg (图5.3.4)。全氮含量小于或等于0.75 g/kg 的监测点有18个，占监测点总数的12.9%；(0.75，1.00] g/kg 的31个，占22.3%；(1.00，1.25] g/kg 的43个，占30.9%；(1.25，1.50] g/kg 的24个，占17.3%；大于1.50 g/kg 的23个，占16.5%。总体来说，菜地监测点土壤全氮含量处于中等水平。

### (二) 含量变化

2007—2018年，菜地监测点土壤全氮含量总体呈上升趋势，从1.03 g/kg 上升至1.21 g/kg，2018年比2007年上升17.5% (图5.3.5)。2007—2014年，土壤全氮含量呈下降趋势，2014年比2007年降低13.6%；2015年全氮含量上升幅度较大，2015—2018年小幅度波动变化。

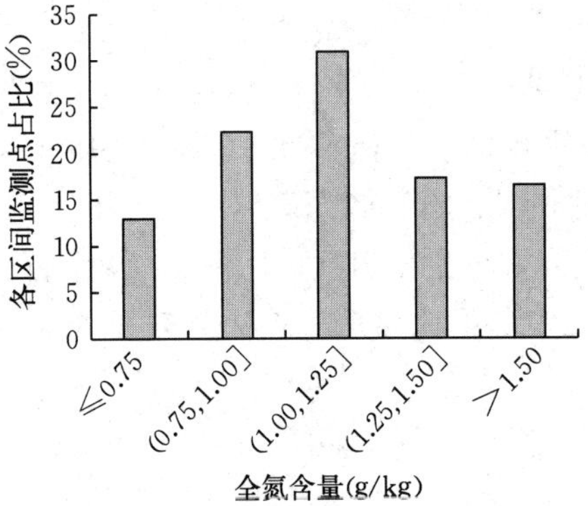


图 5.3.4 菜地监测点全氮含量各区间占比

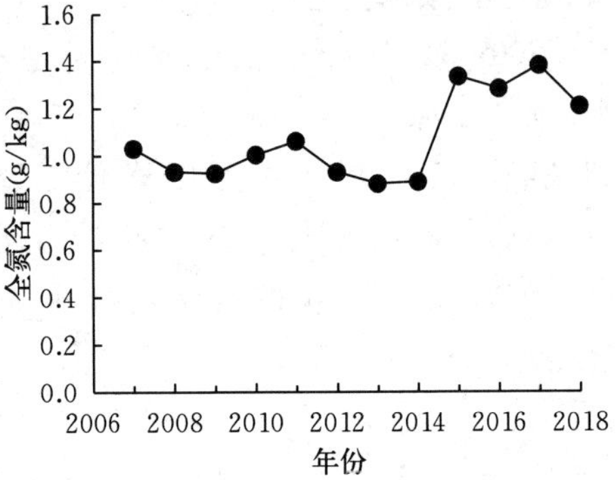


图 5.3.5 菜地监测点全氮含量变化趋势

## (三) 频率变化

2007—2014 年，菜地监测点土壤全氮含量主要集中在小于或等于 0.75 g/kg 及 (0.75，1.00] g/kg；2015—2017 年，主要集中在大于 1.50 g/kg、(1.00，1.25] g/kg、(0.75，1.00] g/kg (图 5.3.6)。中高含量区间占比总体呈上升趋势，低含量区间占比总体呈下降趋势。

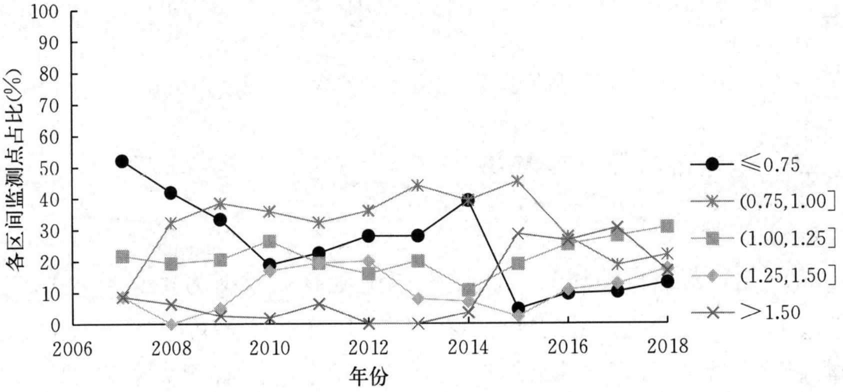


图 5.3.6 菜地监测点土壤全氮含量分级频率变化

# 三、碱解氮现状及演变趋势

## (一) 现状

2018 年，菜地耕地质量监测点土壤碱解氮有效数据为 151 个，平均含量 117.7 mg/kg。土壤碱解氮含量主要集中在 (60，90] mg/kg 和 (90，120] mg/kg (图 5.3.7)。碱解氮含量小于或等于 60 mg/kg 的监测点有 6 个，占监测点总数的 4.0%；(60，90] mg/kg 的 52 个，占 34.4%；(90，120] mg/kg 的 51 个，占 33.8%；(120，150] mg/kg 的 20 个，占 13.2%；大于 150 mg/kg 的 22 个，

占 14.6%。

## （二）含量变化

2007—2018 年，菜地监测点土壤碱解氮含量呈上升趋势，从 97.0 mg/kg 上升至 117.7 mg/kg，2018 年比 2007 年上升 21.3%（图 5.3.8）。2007—2014 年，土壤碱解氮含量呈小幅上升趋势；2015 年开始，先快速上升后有所降低，2016 年碱解氮含量最高，是 2007 年的 1.4 倍。

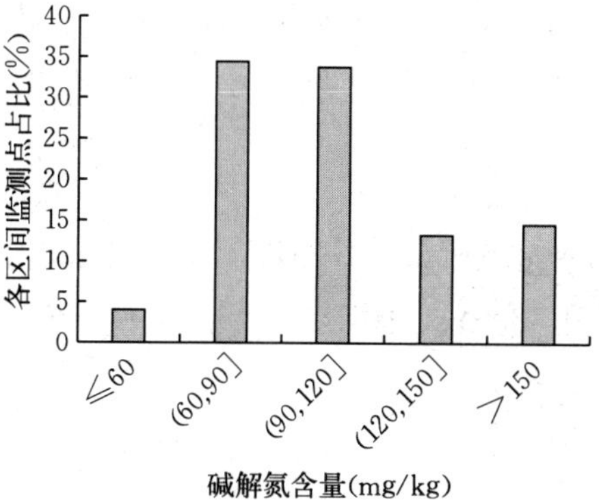


图 5.3.7　菜地监测点壤碱解氮含量各区间占比

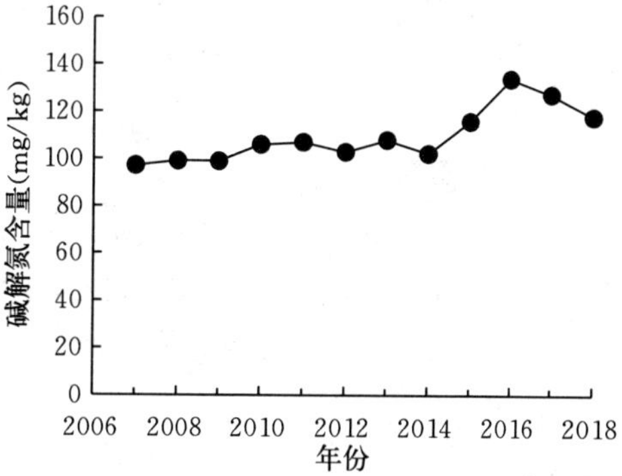


图 5.3.8　菜地监测点碱解氮含量变化趋势

## （三）频率变化

2007—2018 年，菜地监测点土壤碱解氮含量主要集中在（60，90］mg/kg、（90，120］mg/kg。与 2007 年相比，2018 年小于或等于 60 mg/kg 的占比明显降低，降低 12.6 个百分点；（60，90］mg/kg 和（120，150］mg/kg 的占比略有降低，分别降低 4.5 个和 3.2 个百分点；（90，120］mg/kg 和大于 150 mg/kg 的占比总体呈上升趋势，2018 年比 2007 年分别上升 10.4 个和 10.0 个百分点（图 5.3.9）。

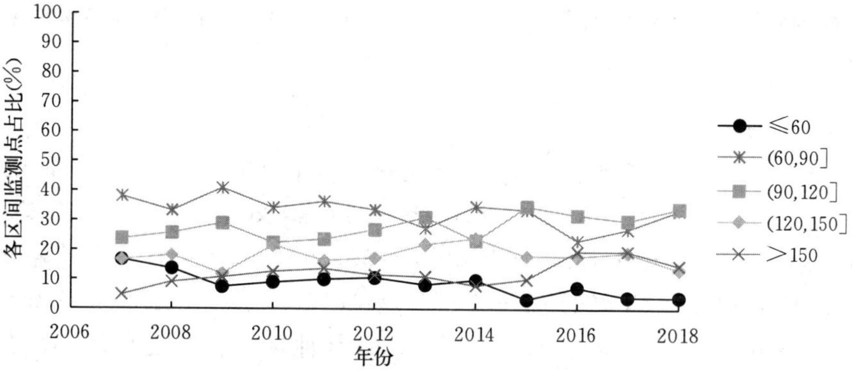


图 5.3.9　菜地监测点土壤碱解氮含量分级频率变化

## 四、有效磷现状及演变趋势

### （一）现状

2018年，菜地耕地质量监测点土壤有效磷有效数据为153个，平均含量88.6 mg/kg。土壤有效磷含量主要集中在大于50 mg/kg（图5.3.10）。有效磷含量小于或等于10 mg/kg的监测点有4个，占监测点总数的2.6%；(10，20] mg/kg的14个，占9.2%；(20，30] mg/kg的28个，占18.3%；(30，50] mg/kg的28个，占18.3%；大于50 mg/kg的79个，占51.6%。

### （二）含量变化

2007—2018年，菜地监测点土壤有效磷含量总体呈上升趋势，从66.2 mg/kg上升至88.6 mg/kg，2018年比2007年上升33.8%（图5.3.11）。2007—2014年变化不大，2015年及2017年快速上升。

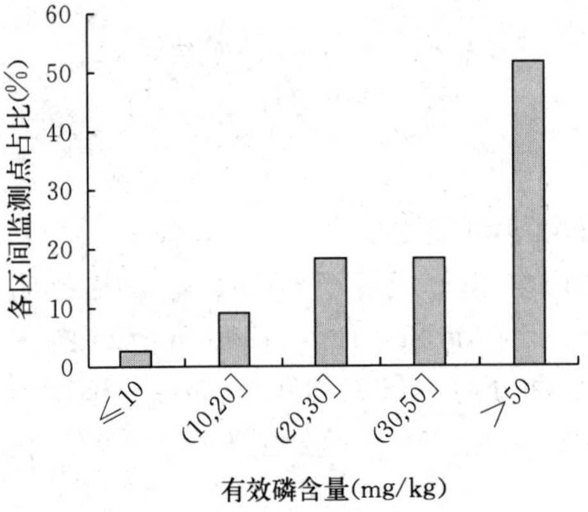


图5.3.10　菜地监测点有效磷含量各区间占比

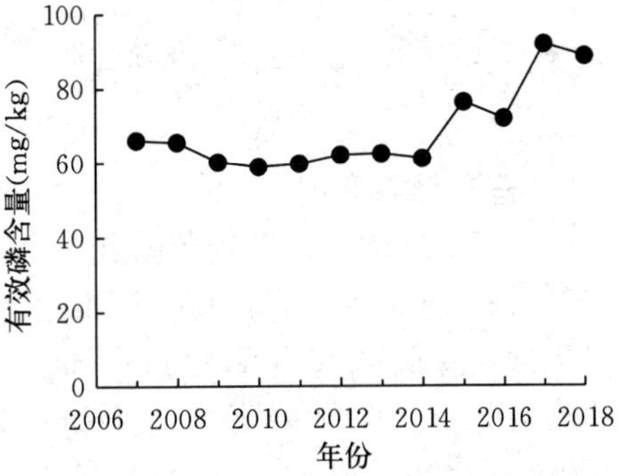


图5.3.11　菜地监测点有效磷含量变化趋势

### （三）频率变化

2007—2018年，菜地监测点土壤有效磷含量主要集中在大于50 mg/kg和(30，50] mg/kg（图5.3.12）。其中大于50 mg/kg的占比呈上升趋势，2018年比2007年上升13.2个百分点；(30，50] mg/kg的占比呈降低趋势，2018年比2007年降低12.6个百分点；(10，20] mg/kg的占比有所降低，2018年比2007年降低8.1个百分点；其他区间占比变化较小，有所上升。

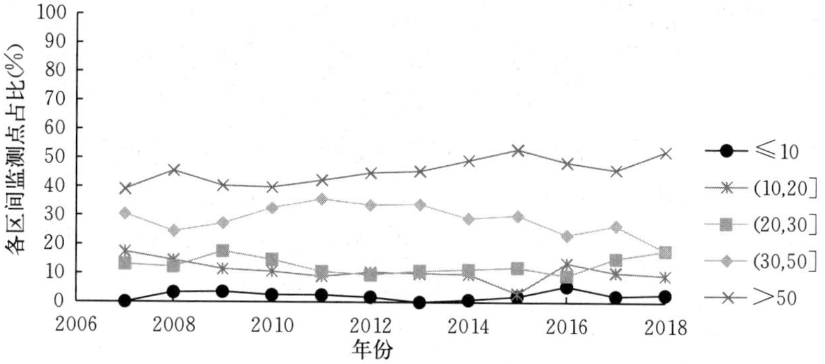


图 5.3.12　菜地监测点土壤有效磷含量分级频率变化

## 五、速效钾现状及演变趋势

### （一）现状

2018 年，菜地耕地质量监测点土壤速效钾有效数据为 152 个，平均含量 275 mg/kg。土壤速效钾含量主要集中在大于 200 mg/kg（图 5.3.13）。小于或等于 50 mg/kg 的监测点有 2 个，占监测点总数的 1.3%；（50，100] mg/kg 的 11 个，占 7.2%；（100，150] mg/kg 的 22 个，占 14.5%；（150，200] mg/kg 的 29 个，占 19.1%；大于 200 mg/kg 的 88 个，占 57.9%。总体来说，菜地监测点速效钾含量处于高水平。

### （二）含量变化

2007—2018 年，菜地监测点土壤速效钾含量总体呈上升趋势，从 178 mg/kg 上升至 275 mg/kg，2018 年比 2007 年上升 54.5%（图 5.3.14）。2007—2014 年，土壤速效钾含量波动幅度较小。2015—2018 年，呈快速上升趋势，上升幅度较大，2018 年比 2015 年上升 46.3%。

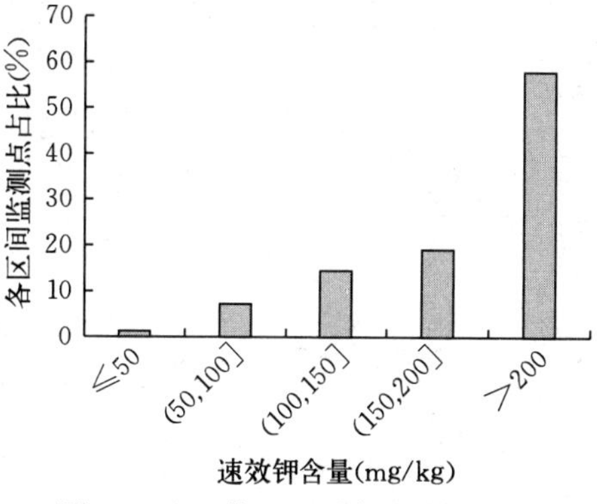


图 5.3.13　菜地监测点速效钾含量各区间占比

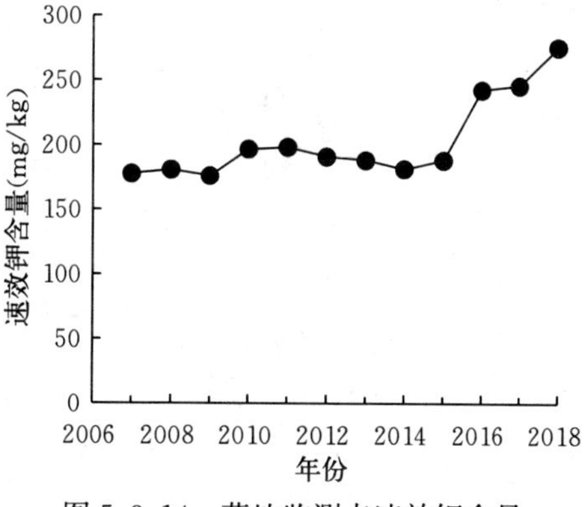


图 5.3.14　菜地监测点速效钾含量变化趋势

### （三）频率变化

2007—2018年，菜地监测点土壤速效钾含量大于200 mg/kg的占比较高且年份间变化幅度较大，与2007年相比，2018年大于200 mg/kg的占比上升32.6个百分点；其他区间占比均有不同幅度的降低，与2007年相比，2018年小于或等于50 mg/kg、(50，100] mg/kg、(100，150] mg/kg和(150，200] mg/kg的占比分别降低1.6个、12.2个、16.4个和2.4个百分点（图5.3.15）。

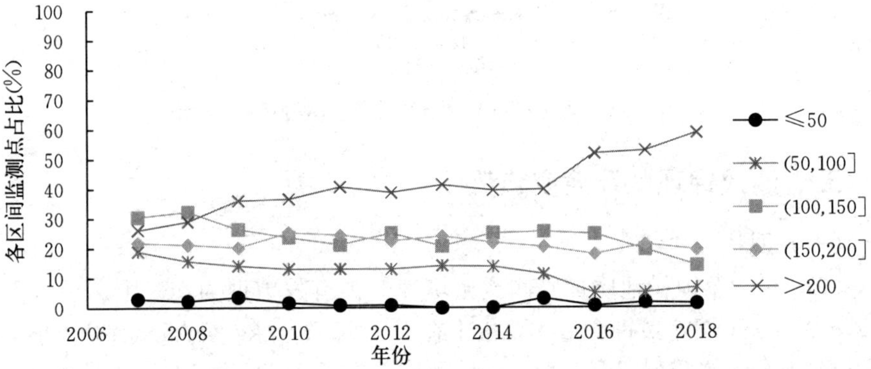


图5.3.15　菜地监测点土壤速效钾含量分级频率变化

## 六、缓效钾现状

2018年，菜地耕地质量监测点土壤缓效钾有效数据为93个，平均含量822 mg/kg。土壤缓效钾含量主要集中在(600，800] mg/kg（图5.3.16）。缓效钾含量小于或等于400 mg/kg的监测点有3个，占监测点总数的3.2%；(400，600] mg/kg的12个，占12.9%；(600，800] mg/kg的34个，占36.6%；(800，1 000] mg/kg的24个，占25.8%；大于1 000 mg/kg的20个，占21.5%。

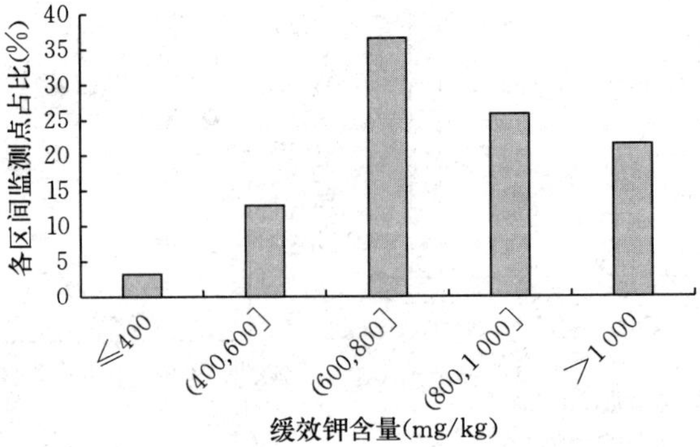


图5.3.16　2018年菜地监测点土壤缓效钾含量各区间占比

## 七、土壤 pH 现状及演变趋势

### （一）现状

2018 年，菜地耕地质量监测点土壤 pH 有效数据为 148 个，平均为 7.3。土壤 pH 主要集中在（8.0，8.5]、（5.5，6.0]，（7.5，8.0]、（6.0，6.5] 及（6.5，7.5]（图 5.3.17）。大于 9.0、小于或等于 5.0 的监测点有 3 个，占监测点总数的 2.0%；（8.5，9.0]、（5.0，5.5] 的监测点有 10 个，占 6.8%；（8.0，8.5]、（5.5，6.0] 的监测点有 47 个，占 31.8%；（7.5，8.0]、（6.0，6.5] 的监测点有 41 个，占 27.7%；（6.5，7.5] 的监测点有 47 个，占 31.8%。由此看出，菜地监测点 pH 主要集中在 5.5～8.5。

### （二）pH 变化

2007—2018 年，菜地监测点土壤 pH 有一定上升趋势，从 7.0 上升至 7.3，2018 年比 2007 年上升 0.3（图 5.3.18）。2007—2014 年土壤 pH 在 7.0 和 7.1 之间波动，2015 年 pH 为 6.9，2016 年后有小幅上升。

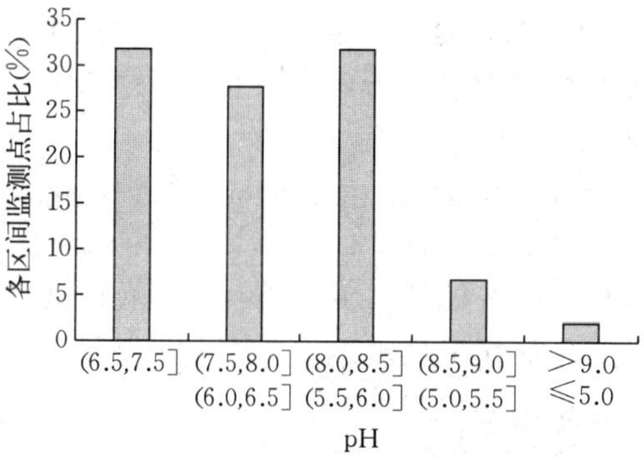


图 5.3.17　菜地监测点 pH 各区间占比

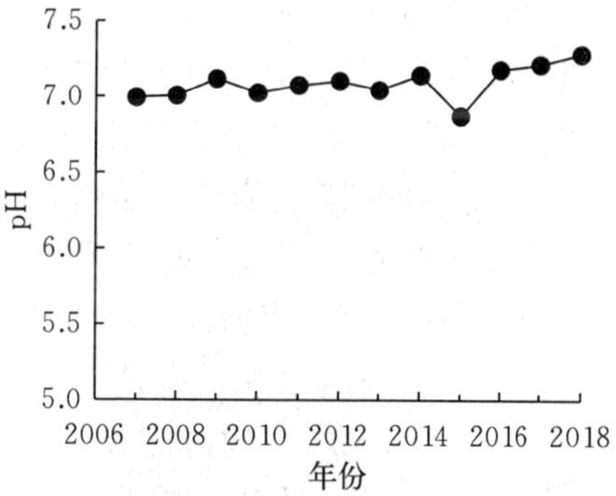


图 5.3.18　菜地监测点 pH 变化趋势

### （三）频率变化

2007—2018 年，菜地监测点土壤 pH 主要集中在（8.0，8.5]、（5.5，6.0]，（7.5，8.0]、（6.0，6.5] 及（6.5，7.5]（图 5.3.19）。（6.5，7.5] 的占比明显降低，2018 年比 2007 年降低 26.9 个百分点；（8.0，8.5]、（5.5，6.0] 的占比呈现波动上升趋势，2018 年比 2007 年上升 18.6 个百分点；（7.5，8.0]、（6.0，6.5] 的占比波动变化，2018 年比 2007 年上升 5.3 个百分点；其他区间占比较低且变幅较小。

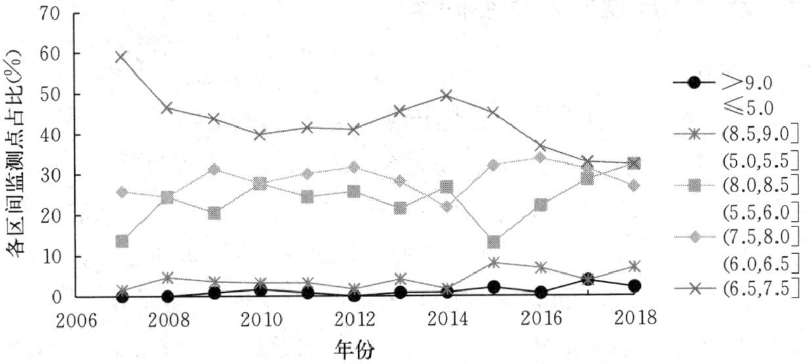


图 5.3.19 菜地监测点土壤 pH 分级频率变化

# 第四节 小 结

## 一、不同耕地利用类型监测点主要监测现状

2018 年粮田监测点土壤有机质、全氮、碱解氮、有效磷、速效钾、缓效钾含量分别为 17.1 g/kg、1.12 g/kg、98.7 mg/kg、40.5 mg/kg、186 mg/kg、769 mg/kg，各养分含量多数处于中等及中等偏高水平；土壤 pH 主要集中在(8.0，8.5]、(5.5，6.0]，处于中等水平，平均为 7.3。

2018 年果园监测点土壤有机质、全氮、碱解氮、有效磷、速效钾、缓效钾含量分别为 14.2 g/kg、1.02 g/kg、106.6 mg/kg、72.3 mg/kg、200 mg/kg、802 mg/kg，其中有机质、碱解氮含量处于中等偏低水平，全氮和缓效钾含量处于中等及偏高水平，有效磷和速效钾含量处于高水平；土壤 pH 在（7.5，8.0]、(6.0，6.5] 的占比最高，平均为 6.3。

2018 年菜地监测点土壤有机质、全氮、碱解氮、有效磷、速效钾、缓效钾含量分别为 16.6 g/kg、1.21 g/kg、117.7 mg/kg、88.6 mg/kg、275 mg/kg、822 mg/kg，其中有效磷和速效钾含量处于高水平，其他各养分含量处于中等及中等偏低水平；土壤 pH 主要集中在 5.5～8.5，平均为 7.3。

2018 年不同耕地利用类型的监测点土壤养分含量和 pH 有所差别，总体来说，菜地监测点速效养分含量较高而粮田监测点较低，果园监测点有机质含量和 pH 较低。三种耕地利用类型的监测点有机质含量在 14.2～17.1 g/kg，果园监测点有机质含量明显低于粮田和菜地监测点，表现为粮田＞菜地＞果园。全氮含量在 1.02～1.21 g/kg，表现为菜地＞粮田＞果园。碱解氮、有效磷、速效钾和缓效钾含量均表现为菜地＞果园＞粮田。其中碱解氮和缓效钾含量差别较小，碱解氮含量在 98.7～117.7 mg/kg，缓效钾含量在 769～822 mg/kg；

有效磷和速效钾含量差别较大，有效磷含量在 40.5～88.6 mg/kg，速效钾含量在 186～275 mg/kg。

## 二、不同耕地利用类型监测点土壤养分演变趋势

1988—2018 年，粮田监测点土壤有机质、全氮、有效磷、速效钾含量均呈上升趋势，各指标 2018 年与 1988 年相比分别上升 26.7%、43.6%、504.5%和 75.5%；缓效钾含量有所波动，总体有上升趋势，2018 年比 1998 年上升 26.1%；土壤 pH 有一定降低趋势，从 8.0 降低至 7.3，2018 年比 1988 年降低 0.7。与 2005 年相比，2018 年粮田监测点土壤有机质、全氮、碱解氮、有效磷、速效钾含量分别上升 30.5%、17.9%、24.6%、42.4%、33.4%，pH 与 2005 年相当。

2006—2018 年，果园监测点土壤有机质、全氮、碱解氮、有效磷、速效钾含量均呈上升趋势，2018 年各指标与 2006 年相比分别上升 9.2%、39.7%、19.1%、46.4%和 80.2%；土壤 pH 总体波动变化，2018 年与 2006 年基本持平。

2007—2018 年，菜地监测点土壤有机质、全氮、碱解氮、有效磷、速效钾含量均呈上升趋势，2018 年与 2007 年相比分别上升 25.8%、17.5%、21.3%、33.8%和 54.5%；土壤 pH 有一定上升趋势，从 7.0 上升至 7.3，2018 年比 2007 年上升 0.3。

总体来说，粮田、果园、菜地监测点土壤养分含量均呈现上升趋势，特别是 2006 年以后有所提升。粮田监测点有机质、碱解氮含量提升比例最高，其次为菜地监测点，果园监测点有机质、碱解氮含量提升较慢；有效磷和速效钾含量则以果园监测点提升比例较高，菜地和粮田监测点较低，但菜地监测点速效钾含量提升比例明显高于粮田监测点速效钾含量提升比例。

# 第六章
# 各市耕地质量现状及演变趋势

## 第一节　济南市耕地质量现状及演变趋势

### 一、济南市耕地质量长期定位监测点布局

济南市位于山东省的中部，地处鲁中南低山丘陵与鲁西北冲积平原的交接带，地势南高北低。土地总面积 7 998 $km^2$，全市有棕壤、褐土、潮土、砂姜黑土、水稻土、风沙土等 6 种土壤类型，其中以棕壤、褐土两大土壤类型为主。

2018 年，济南市共有耕地质量长期定位监测点 126 个，其中历城区 10 个，莱城区 18 个，济阳区 21 个，章丘区 14 个，长清区 20 个，商河县 12 个，钢城区 11 个，平阴县 11 个，南部山区 9 个；分土壤类型看，褐土 60 个，潮土 48 个，棕壤 14 个，风沙土 1 个，砂姜黑土 3 个，基本涵盖济南市的主要土壤类型。

### 二、有机质现状及演变趋势

#### （一）现状

2018 年，济南市四级耕地质量监测点土壤有机质有效数据 126 个，平均含量 17.5 g/kg。土壤有机质含量主要集中在（10，15］g/kg 和（15，20］g/kg（图 6.1.1）。有机质含量小于或等于 10 g/kg 的监测点有 8 个，占监测点总数的 6.4%；（10，15］g/kg 的 33 个，占 26.2%；（15，20］g/kg 的 53 个，占 42.1%；（20，25］g/kg 的 21 个，占 16.7%；大于 25 g/kg 的 11 个，占 8.7%。

#### （二）含量变化

1988—2018 年，济南市四级监测点土壤有机质含量呈缓慢上升趋势，从 13.5 g/kg 上升至 17.5 g/kg，2018 年比 1988 年上升 29.6%（图 6.1.2）。1988—1996 年，土壤有机质含量波动较大，1992 年有机质含量最低，仅为 9.7 g/kg；1998—2005 年，土壤有机质含量呈上升趋势，从 1998 年的 11.6 g/kg 上升至 2005 年的 15.4 g/kg；2006—2016 年，土壤有机质含量呈缓慢上升趋势；2016—2018 年，土壤有机质含量略有下降。

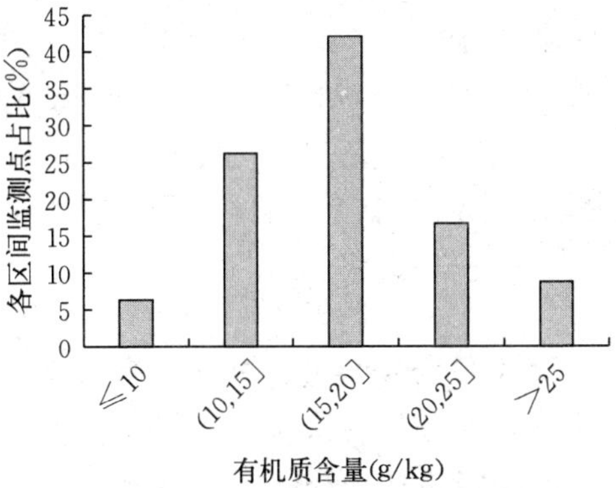


图 6.1.1　济南市四级监测点有机质含量各区间占比

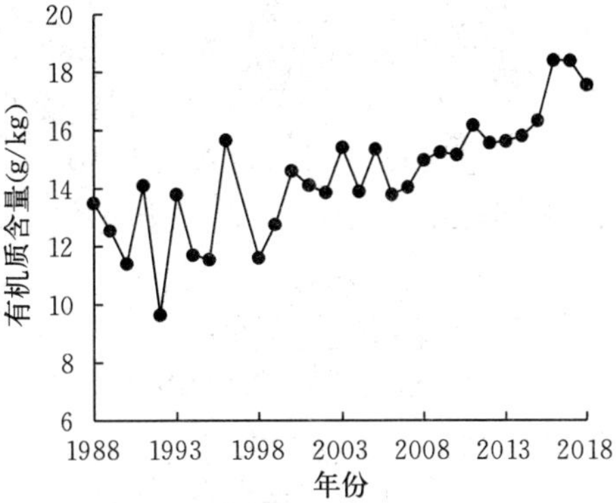


图 6.1.2　济南市四级监测点有机质含量变化趋势

### (三) 频率变化

2007—2018 年，济南市四级监测点土壤有机质含量主要集中在（10，15] g/kg 和（15，20] g/kg，其他区间比例较低且年际较稳定（图 6.1.3）。(10，15] g/kg 的比例呈下降趋势，从 60.6%下降至 26.2%；(15，20] g/kg 的比例相对稳定，呈缓慢上升趋势，从 2007 年的 30.9%上升至 2018 年的 42.6%；(20，25] g/kg 的比例呈先上升后下降趋势，从 2007 年的 3.2%上升至 2017 年的 28%后下降至 2018 年的 16.7%。

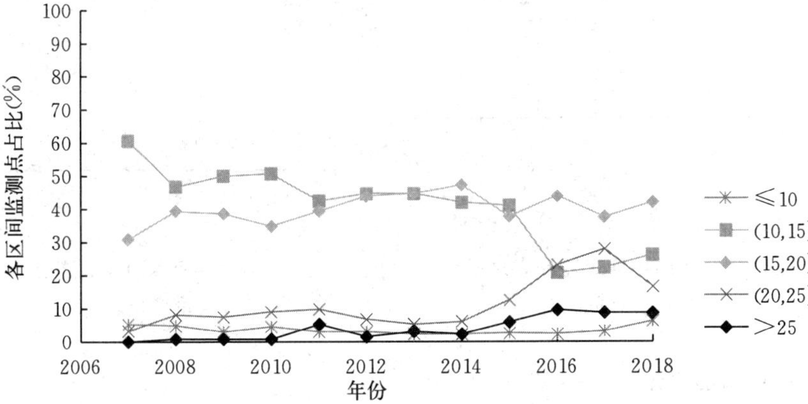


图 6.1.3　济南市四级监测点土壤有机质含量分级频率变化

## 三、全氮现状及演变趋势

### (一) 现状

2018 年，济南市四级耕地质量监测点土壤全氮有效数据为 126 个，平均含量 1.2 g/kg。土壤全氮含量主要集中在（1.00，1.25] g/kg（图 6.1.4）。全氮含量在（1.00，1.25] g/kg 的监测点有 51 个，占监测点总数的 40.5%；小于或等于 0.75 g/kg 的 6 个，占 4.8%；(0.75，1.00] g/kg 的 17 个，占 13.5%；(1.25，1.50] g/kg 的 37 个，占 29.4%；大于 1.50 g/kg 的 15 个，占 11.9%。济南市土壤全氮含量整体处于中等水平，全氮含量水平需要提高。

### （二）含量变化

1988—2018 年，济南市四级监测点土壤全氮含量呈波动变化，全氮含量处于中等水平（图 6.1.5）。1988—1996 年，土壤全氮含量从 0.8 g/kg 上升至 1.2 g/kg；1998—2004 年，土壤全氮含量呈先降后升的趋势，先降低至 2001 年的 0.8 g/kg，之后上升至 2004 年的 1.4 g/kg；2005—2009 年，土壤全氮含量呈波动下降趋势，2009 年土壤全氮含量相比 2005 年下降了 38.8%；2010—2014 年，土壤全氮含量较为稳定；2015—2018 年土壤全氮含量呈波动上升趋势。总体来说，济南市土壤全氮含量处于中等水平，中等水平含量样点较多，高水平含量样点较少。

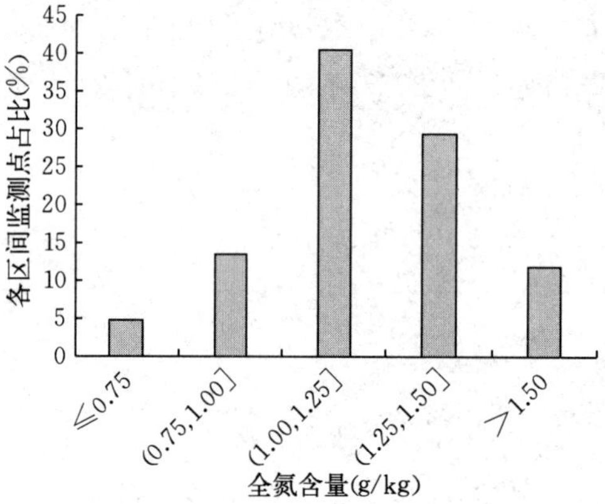


图 6.1.4 济南市四级监测点全氮含量各区间占比

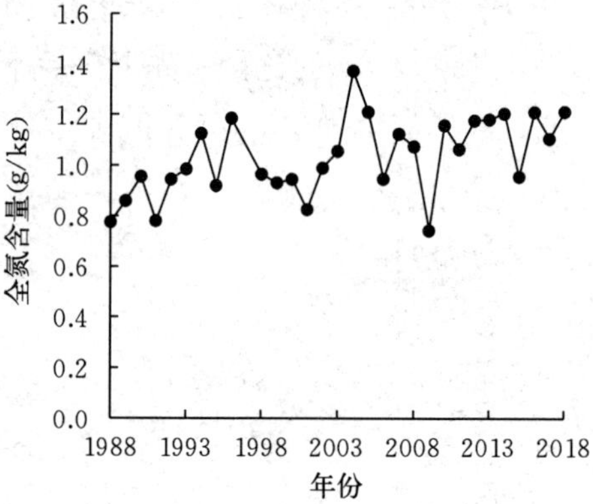


图 6.1.5 济南市四级监测点全氮含量变化趋势

### （三）频率变化

2007—2018 年，济南市四级监测点土壤全氮含量主要集中在（1.25，1.50] g/kg 和（1.00，1.25] g/kg（图 6.1.6）。(1.00，1.25] g/kg 的比例呈先下降后上升趋势，2018 年较 2007 年从 43.4%下降至 40.5%，变化较小；(1.25，1.50] g/kg 的比例从 2007 年的 26.4%上升至 2016 年的 66.7%，然后下降至 2018 年的 29.4%；大于 1.50 g/kg 的比例较低且较稳定。

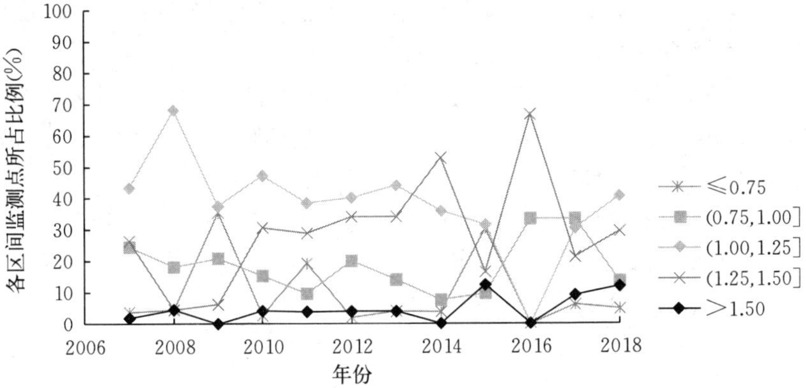


图 6.1.6　济南市四级监测点土壤全氮含量分级频率变化

## 四、碱解氮现状及演变趋势

### （一）现状

2018 年，济南市四级耕地质量监测点土壤碱解氮有效数据为 126 个，平均含量 85.2 mg/kg。土壤碱解氮含量主要集中在（60，90］mg/kg 和（90，120］mg/kg（图 6.1.7）。碱解氮含量小于或等于 60 mg/kg 的监测点有 16 个，占监测点总数的 12.7%；（60，90］mg/kg 的 62 个，占 49.2%；（90，120］mg/kg 的 33 个，占 26.2%；（120，150］mg/kg 的 13 个，占 10.3%；大于 150 mg/kg 的 2 个，占 1.6%。

### （二）含量变化

2007—2018 年，济南市四级监测点土壤碱解氮含量呈平稳上升之后下降的趋势，从 83.1 mg/kg 上升至 115.9 mg/kg 后下降至 85.2 mg/kg（图 6.1.8）。2007—2014 年，土壤碱解氮含量较稳定；2014—2016 年，土壤碱解氮含量逐

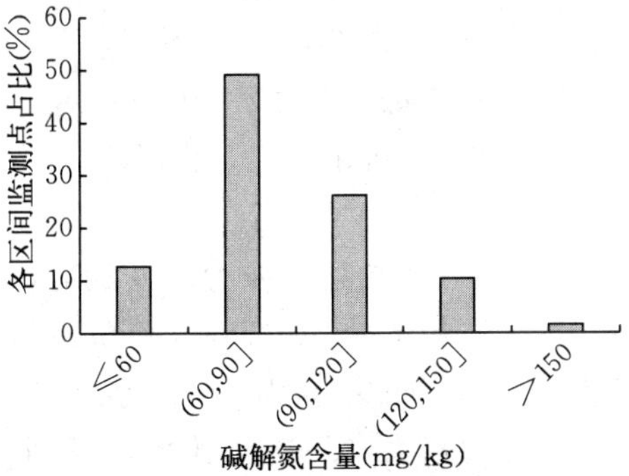


图 6.1.7　济南市四级监测点碱解氮含量各区间占比

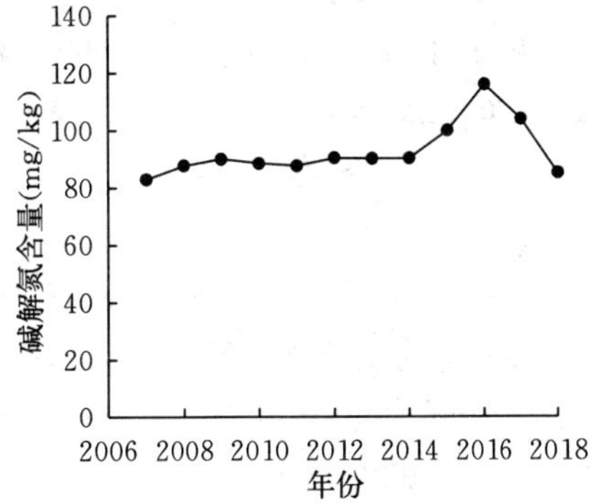


图 6.1.8　济南市四级监测点碱解氮含量变化趋势

渐上升，上升28.4%；2016—2018年土壤碱解氮含量逐渐下降，下降26.5%。

### （三）频率变化

2007—2018年，济南市四级监测点土壤碱解氮含量主要集中在（60，90］mg/kg和（90，120］mg/kg，其他区间比例较低（图6.1.9）。（60，90］mg/kg的比例呈先下降后上升趋势，从58.7%下降至35.2%，之后上升至49.2%；（120，150］mg/kg和大于150 mg/kg的比例呈先上升后下降趋势；（90，120］mg/kg的比例相对稳定。

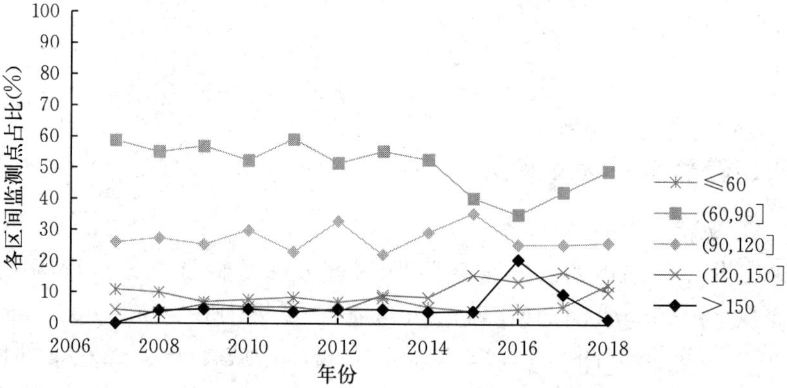


图6.1.9　济南市四级监测点土壤碱解氮含量分级频率变化

## 五、有效磷现状及演变趋势

### （一）现状

2018年，济南市四级耕地质量监测点土壤有效磷有效数据为126个，平均含量23.9 mg/kg。土壤有效磷含量主要集中在小于或等于10 mg/kg、（10，20］mg/kg、（20，30］mg/kg及（30，50］mg/kg（图6.1.10）。有效磷含量小于或等于10 mg/kg的监测点有29个，占监测点总数的23.0%；（10，20］mg/kg的34个，占27.0%；（20，30］mg/kg的23个，占18.3%；（30，50］mg/kg的32个，占25.4%；大于50 mg/kg的8个，占6.4%。

### （二）含量变化

1988—2018年，济南市四级监测点土壤有效磷含量呈波动上升趋势，从6.7 mg/kg上升至23.9 mg/kg，2018年比1988年上升256.7%（图6.1.11）。1988—1996年，土壤有效磷含量缓慢增长，1996年比1988年上升了132.8%；1998—2007年，土壤有效磷含量波动较大，2007年比1998年上升了144.0%；2008—2018年，土壤有效磷含量缓慢下降，2018年比2008年下降了33.1%。

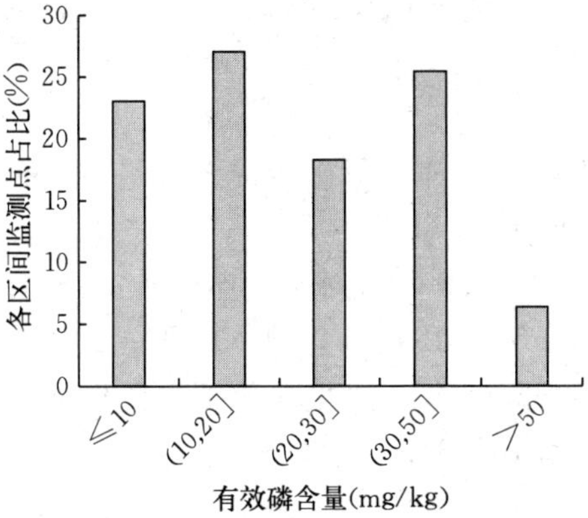


图 6.1.10　济南市四级监测点有效磷含量各区间占比

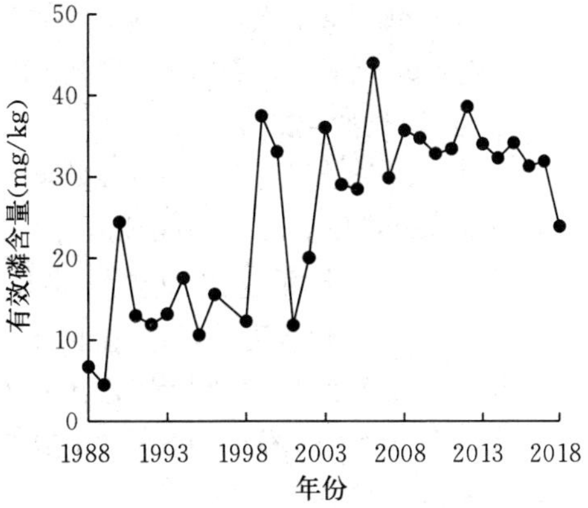


图 6.1.11　济南市四级监测点有效磷含量变化趋势

## (三) 频率变化

2007—2018 年，济南市四级监测点土壤有效磷含量主要集中在（10，20] mg/kg 和（20，30] mg/kg（图 6.1.12）。(20，30] mg/kg 的比例呈下降趋势，从 40.4%下降至 18.3%；(10，20] mg/kg 的比例相对稳定；小于或等于10 mg/kg 的比例从 4.3%上升至 23.0%；大于 50 mg/kg 的比例从 12.8%下降至 6.4%。

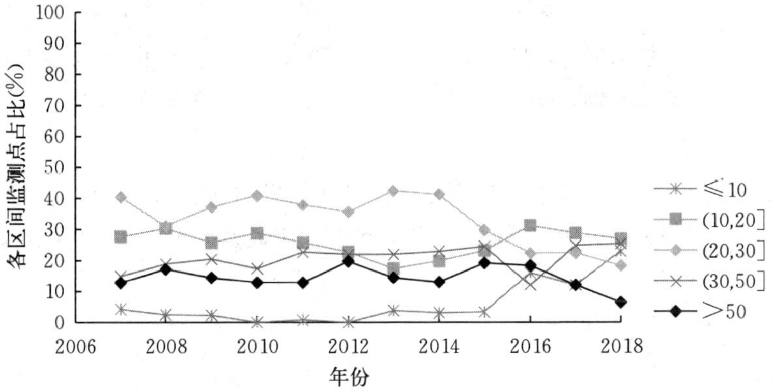


图 6.1.12　济南市四级监测点土壤有效磷含量分级频率变化

# 六、速效钾现状及演变趋势

## (一) 现状

2018 年，济南市四级耕地质量监测点土壤速效钾有效数据为 126 个，平均含量 171.8 mg/kg。土壤速效钾含量主要集中在（50，100] mg/kg、(100，150] mg/kg、(150，200] mg/kg 和大于 200 mg/kg（图 6.1.13）。速效钾含量小于或等于 50 mg/kg 的监测点有 0 个；(50，100] mg/kg 的 25 个，占 19.8%；

（10，150］mg/kg 的 33 个，占 26.2%；（150，200］mg/kg 的 35 个，占 27.8%；大于 200 mg/kg 的 33 个，占 26.2%。

### （二）含量变化

1988—2018 年，济南市四级监测点土壤速效钾含量呈缓慢上升趋势，从 106.0 mg/kg 上升至 171.8 mg/kg，2018 年比 1988 年上升 62.1%（图 6.1.14）。1988—1996 年，土壤速效钾含量波动上升，1996 年比 1988 年上升 61.6%；1998—2006 年，土壤速效钾含量上升，2006 年比 1998 年上升 69.9%；2007—2014 年，土壤速效钾含量比较稳定；2014—2018 年，土壤速效钾含量先上升后下降，2016 年土壤速效钾含量最高，达到 188.9 mg/kg。

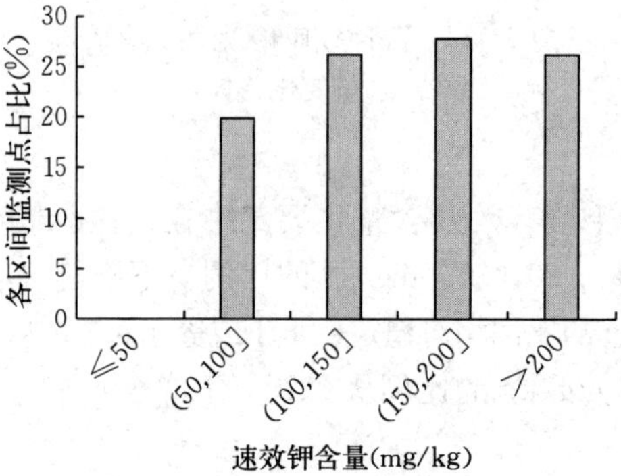


图 6.1.13　济南市四级监测点速效钾含量各区间占比

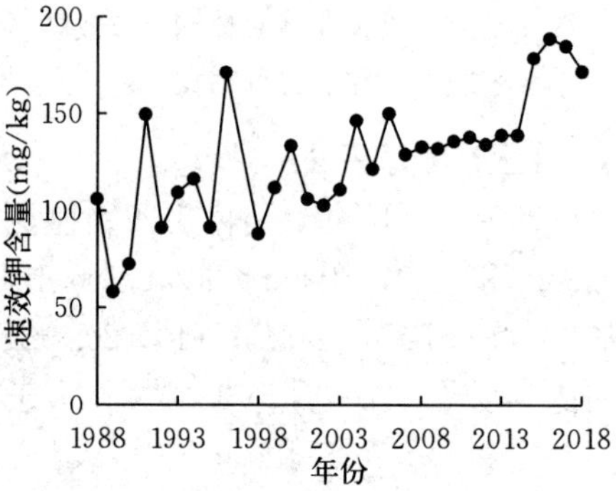


图 6.1.14　济南市四级监测点速效钾含量变化趋势

### （三）频率变化

2007—2018 年，济南市四级监测点土壤速效钾含量主要集中在（100，150］mg/kg（图 6.1.15）。大于 200 mg/kg 的比例呈上升趋势，从 5.3%上升至 26.2%；

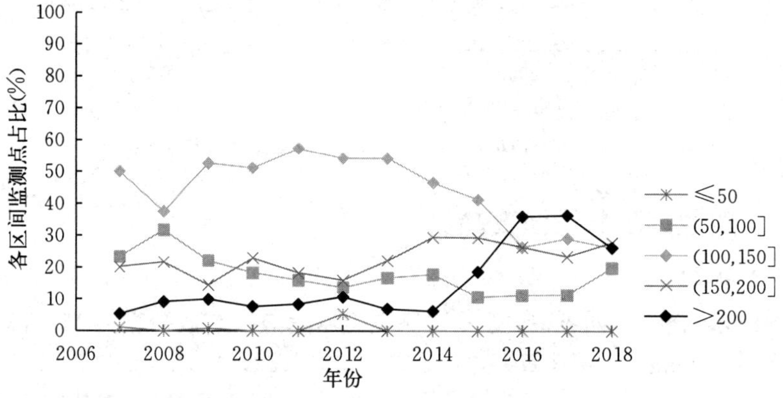


图 6.1.15　济南市四级监测点土壤速效钾含量分级频率变化

(50，100] mg/kg 和 (150，200] mg/kg 的比例相对稳定；(100，150] mg/kg 的比例从 50.0%下降至 29.8%。

## 七、土壤 pH 现状及演变趋势

### (一) 现状

2018 年，济南市四级耕地质量监测点土壤 pH 有效数据为 126 个，平均为 7.8。土壤 pH 主要集中在 (5.5，6.0]、(8.0，8.5] 及 (6.0，6.5]、(7.5，8.0] (图 6.1.16)。pH 小于或等于 5.0 及大于 9.0 的监测点有 0 个；(5.0，5.5]、(8.5，9.0] 的监测点有 1 个，占 0.8%；(5.5，6.0]、(8.0，8.5] 的监测点有 59 个，占 46.8%；(6.0，6.5]、(7.5，8.0] 的监测点有 49 个，占 38.9%；(6.5，7.5] 的监测点有 17 个，占 13.5%。

### (二) pH 变化

1988—2018 年，济南市四级监测点土壤 pH 较稳定 (图 6.1.17)。1988—1999 年，土壤 pH 降低，1999 年比 1988 年降低了 11.9%；2000—2005 年，土壤 pH 缓慢上升，2005 年比 2000 年上升了 2.6%；2006—2018 年，土壤 pH 上升，2018 年比 2006 年上升了 16.4%。

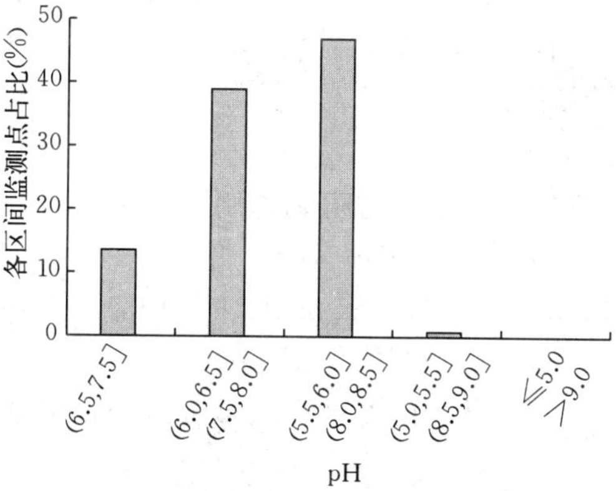


图 6.1.16　济南市四级监测点 pH 各区间占比

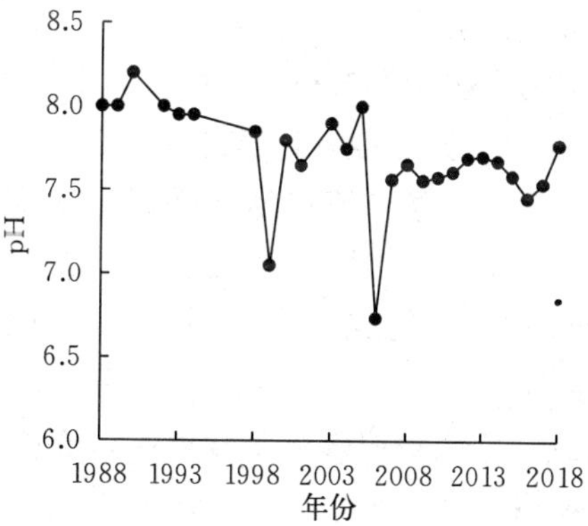


图 6.1.17　济南市四级监测点 pH 变化趋势

### (三) 频率变化

2007—2018 年，济南市四级监测点土壤 pH 主要集中在 (5.5，6.0]、(8.0，8.5]，(6.0，6.5]、(7.5，8.0] 及 (6.5，7.5] (图 6.1.18)。(5.5，6.0]、(8.0，8.5] 的比例上升，从 33.8%上升至 46.8%；(6.0，6.5]、(7.5，8.0] 的比例上升，从 31.2%上升至 38.9%；(6.5，7.5] 的比例下降，从 35.1%下降至 13.5%；其他区间比例相对稳定。

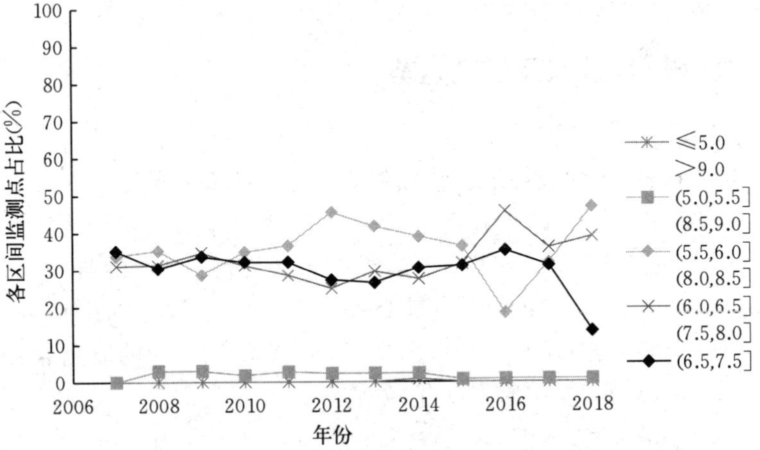


图 6.1.18　济南市四级监测点土壤 pH 分级频率变化

## 八、小结

2018 年，在上级业务主管部门的大力支持下，济南市共建立了耕地质量长期定位监测点 126 个，经过广大技术人员的共同努力，经过取土化验测定分析，得出了济南市主要养分变化规律及圆满完成了其他检测分析工作任务，为济南市耕地保护和质量提升提供了理论依据。

### （一）土壤主要养分变化规律

**1. 土壤中有机质含量变化规律**　近年来，虽然有机肥施用量偏少，但是有机质含量还是呈上升趋势，这是由于随着秸秆还田项目的实施，作物秸秆及根茬留在了土壤耕层，还田的秸秆和根茬在土壤微生物的作用下，形成较多有机质。

**2. 土壤中碱解氮含量变化规律**　因土壤碱解氮含量与土壤有机质含量呈正相关，再加上还有一部分农民直接使用氮肥，同时测土配方施肥指导配方肥中氮的比例较高，土壤中碱解氮含量整体呈上升趋势。

**3. 土壤中有效磷含量变化规律**　由于前期施磷效果好，农民普遍增加了磷的施入，1998—2007 年土壤中有效磷含量呈上升趋势。但由于近年来土壤中施入的农家肥减少，再加上配方肥中磷含量较低，而农民又很少单纯施用磷肥，所以济南市 2008 年以来，土壤中有效磷含量呈下降趋势。

**4. 土壤中速效钾含量变化规律**　从济南市四级监测点土壤速效钾含量变化趋势图可以看出，土壤中速效钾含量呈上升趋势，这是由于一方面作物秸秆中钾元素含量比较高，秸秆等腐烂后土壤中钾含量升高，另一方面配方肥中钾的比例较高。

### （二）耕地保护及质量提升的建议及对策

**1. 建议**　尽管济南市有机质含量有所提升，但是有机肥施用量比较小，还不能明显改善土壤理化性状；土壤中磷含量有走低的趋势，要引起足够的重视并想方设法提高磷肥利用率；氮和钾要保持继续施用，但要重视它们的比例，以免引起土壤养分再次失调。

**2. 对策**　一是大力实施测土配方项目，通过测土配方施肥，施入土壤中的化学肥料尽可能多地被植物吸收，减少在环境中的滞留，可改善土壤理化性质，增强土壤保水保肥的能力，提高肥料利用率，降低肥料用量，而且测土配方对维持土壤的持续生产能力具有积极作用。不合理的施肥不仅造成大量原料和能源的浪费，也破坏生态，污染环境。同时要注重磷肥的补充及建立完善不同区域、不同作物的测土配方施肥指标体系。二是有机肥施用不能忽视，有机肥原料畜禽粪肥经过腐熟后得到的有机肥产品与普通化肥相比具有其独特优势。如养分齐全，促进作物增产增收：有机肥由于含有丰富的有机质，可以全面提供作物氮磷钾及多种中微量元素，大幅度提高农产品的品质，施用后瓜菜甜，米饭香，而且可以有效改善土壤理化性状，疏松土壤，增强土壤透气性，大幅提高地力。有机肥的增施也可减少农业废弃物对土壤的污染。

只有树立科学施肥的观念，保护农业生态环境，打好培肥地力的基础，才能促进农业健康可持续发展。

## 第二节　青岛市耕地质量现状及演变趋势

### 一、青岛市耕地质量长期定位监测点布局

青岛市地处山东半岛南部，为滨海丘陵城市，地势东高西低，南北两侧隆起，中间低凹。全市总面积为 11 282 $km^2$，其中，山地约占全市总面积的 15.5%，丘陵占 2.1%，平原占 37.7%，洼地占 21.7%。按全国第二次土壤普查分类系统，青岛市土壤有棕壤、砂姜黑土、潮土、褐土、盐土等 5 种土壤类型。受地形、水文、成土母质的影响，青岛市土壤的地域分布规律明显：在低山丘陵区以棕壤为主，浅平洼地为砂姜黑土，河流两岸及下游冲积平原为潮土，滨海低地为盐土。其中以棕壤、砂姜黑土、潮土三大土壤类型为主，占土壤总面积的 98.79%。本节按照不同行政区域、不同土壤类型来分析青岛市耕地质量长期定位监测点的布局情况。

### （一）按行政区域分

统筹行政区划、耕地面积、土壤类型、种植制度、耕地质量等级等情况，合理规划各县（市、区）的国家、省、市、县四级监测点布局，2018年青岛市各县（市、区）耕地质量监测点分布情况见表6.2.1。2018年青岛市耕地质量监测网络更加完善，四级监测点总数达46个，其中西海岸新区5个，即墨区10个，胶州市10个，平度市10个，莱西市11个，覆盖了主要土壤类型，涉及了全部农业县（市、区）。

**表6.2.1 2018年青岛市各县（市、区）耕地质量监测点分布情况汇总**

单位：个

| 县（市、区） | 国家级监测点 | 省级监测点 | 市级监测点 | 县级监测点 | 合计 |
|---|---|---|---|---|---|
| 西海岸新区 | — | 2 | 3 | — | 5 |
| 即墨区 | — | 2 | 3 | 5 | 10 |
| 胶州市 | — | 2 | 3 | 5 | 10 |
| 平度市 | 1 | 1 | 3 | 5 | 10 |
| 莱西市 | 2 | 2 | 3 | 4 | 11 |
| 合计 | 3 | 9 | 15 | 19 | 46 |

### （二）按主要土壤类型分

2018年，青岛市共有耕地质量长期定位监测点46个，所有监测点中，棕壤20个，砂姜黑土15个，潮土10个，褐土1个，基本涵盖青岛市的主要耕作土壤类型。其中分布在棕壤、砂姜黑土、潮土三大主要土壤类型上的监测点数量较多。

## 二、有机质现状及演变趋势

### （一）现状

2018年，青岛市四级耕地质量监测点土壤有机质有效数据为46个，平均含量18.0 g/kg。土壤有机质含量主要集中在（15，20］g/kg（图6.2.1）。有机质含量小于或等于10 g/kg的监测点有1个，占监测点总数的2.2%；（10，15］g/kg的10个，占21.7%；（15，20］g/kg的22个，占47.8%；（20，25］g/kg的9个，占19.6%；大于25 g/kg的4个，占8.7%。

### （二）含量变化

2005—2018年，青岛市四级监测点土壤有机质含量总体上呈逐渐上升的趋势，从11.4 g/kg上升至18.0 g/kg，增幅为57.9%（图6.2.2）。其中2005—2006年，土壤有机质含量略有下降，2006—2009年稳步上升，2009—

2018 年呈波动上升的趋势，除 2013 年土壤有机质含量明显高于 2012 年和 2014 年，2017 年明显高于 2016 年外，其余相邻年份间变化均较平缓。2013 年数据明显高于除 2017 年和 2018 年的其他年份，可能和测定方法有关。

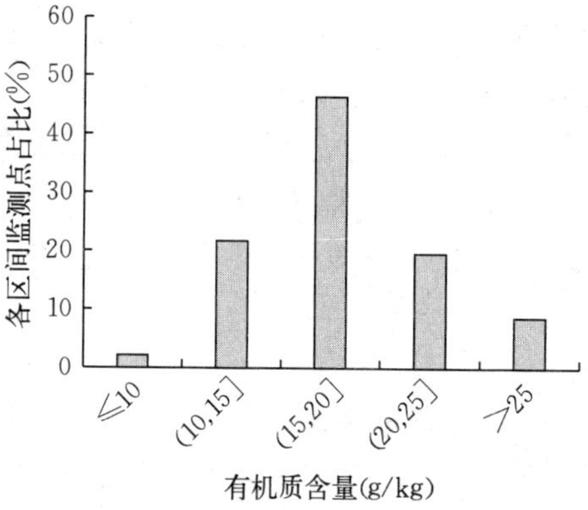


图 6.2.1　青岛市四级监测点有机质含量各区间占比

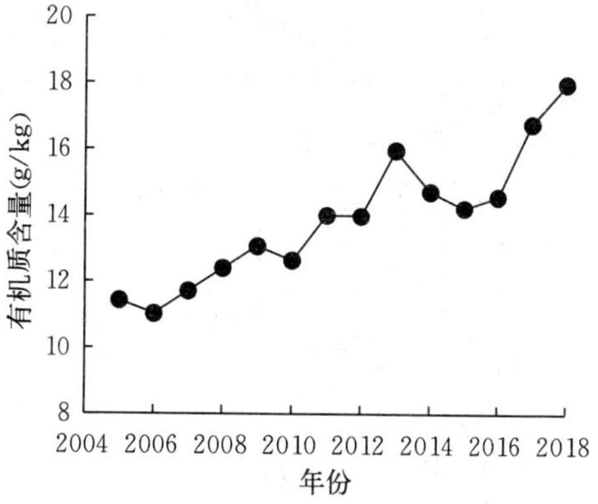


图 6.2.2　青岛市四级监测点有机质含量变化趋势

## （三）频率变化

2005—2018 年，青岛市四级监测点土壤有机质含量主要集中在（10，15] g/kg 和（15，20] g/kg，其他区间比例较低且年际较稳定（图 6.2.3）。（20，25] g/kg 的占比在 2010 年之后呈上升的趋势，而小于或等于 10 g/kg 的占比自 2006 年后下降；（15，20] g/kg 的占比自 2006 年后呈上升的趋势，从 2006 年的 4.6%上升至 2018 年的 56.5%；（10，15] g/kg 的占比在 2016 年之前变化相对平稳，而 2016—2018 年出现断崖式下降，从 65.9%下降至 21.7%。

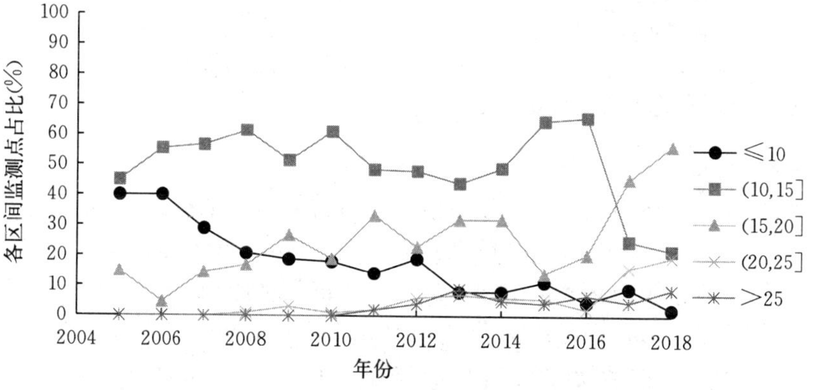


图 6.2.3　青岛市四级监测点土壤有机质含量分级频率变化

## 三、全氮现状及演变趋势

### （一）现状

2018年，青岛市四级耕地质量监测点土壤全氮有效数据为37个，平均含量1.11 g/kg。从各监测点数据的频率分布看，小于或等于0.75 g/kg的监测点有2个，占监测点总数的5.4%；（0.75，1.00］g/kg的监测点有11个，占监测点总数的29.7%；（1.00，1.25］g/kg的监测点有15个，占监测点总数的40.5%；（1.25，1.50］g/kg的监测点有6个，占监测点总数的16.2%；大于1.50 g/kg的监测点有3个，占监测点总数的8.1%（图6.2.4）。总体来看，青岛市土壤全氮含量在中等水平。

### （二）含量变化

2005—2018年，青岛市四级监测点土壤全氮含量不同年份在1.0 g/kg上下波动。其中，土壤全氮含量在2009年最低，为0.77%；在2007年最高，为1.31%（图6.2.5）。

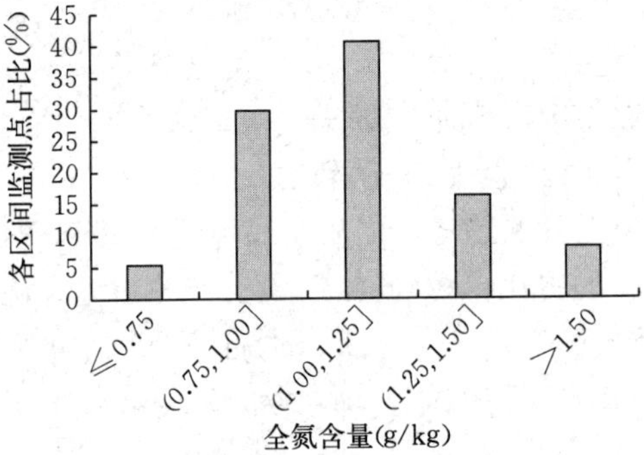


图6.2.4 青岛市四级监测点全氮含量各区间占比

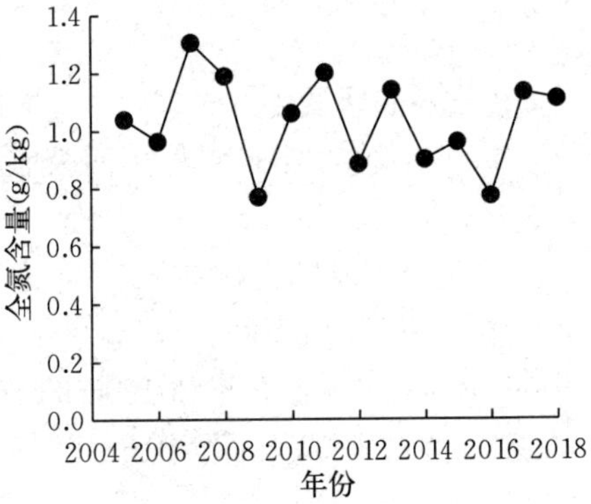


图6.2.5 青岛市四级监测点全氮含量变化趋势

## 四、碱解氮现状及演变趋势

### （一）现状

2018年，青岛市四级耕地质量监测点碱解氮有效数据为46个，平均含量133.13 mg/kg。土壤碱解氮含量主要集中在（90，120］mg/kg、（120，150］mg/kg和大于150 mg/kg，占监测点总数的比例分别为26.1%、23.9%、26.1%（图6.2.6）。小于或等于60 mg/kg和（60，90］mg/kg的监测点分别为3个和8个，占监测点总数的6.5%和17.4%。总体来看，青岛市四级监测点土壤碱解氮含量处于中等偏上的水平。

## （二）含量变化

2005—2018 年，青岛市四级监测点土壤碱解氮含量呈上升趋势，从 2005 年的 84.6 mg/kg 上升至 2018 年的 133.13 mg/kg，上升 57.4%（图 6.2.7）。2013—2018 年，土壤碱解氮含量变化与土壤有机质含量变化规律较为一致。

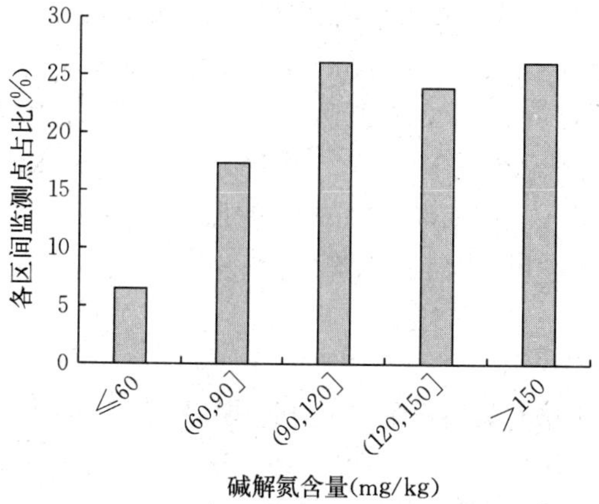


图 6.2.6　青岛市四级监测点碱解氮含量各区间占比

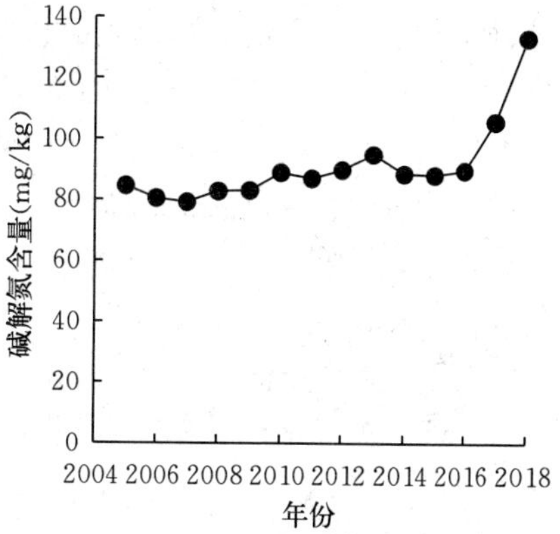


图 6.2.7　青岛市四级监测点碱解氮含量变化趋势

## （三）频率变化

2005—2018 年，青岛市四级监测点土壤碱解氮含量主要集中在（60，90］mg/kg 和（90，120］mg/kg，其他区间所占比例均较低（图 6.2.8）。其中，（60，90］mg/kg 的监测点占比呈下降趋势，从 61.1%下降至 17.4%；（90，120］mg/kg 的监测点占比呈先上升后下降趋势，在 2014 年达到最高；小于或等于 60 mg/kg、（120，150］mg/kg 及大于 150 mg/kg 的监测点占比均不大，在各年份间的变化也较小。

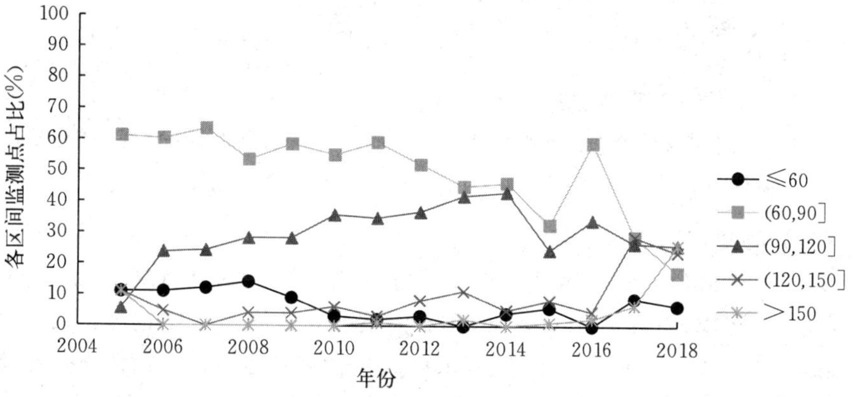


图 6.2.8　青岛市四级监测点土壤碱解氮含量分级频率变化

## 五、有效磷现状及演变趋势

### (一) 现状

2018年，青岛市四级耕地质量监测点土壤有效磷含量总体较高，剔除特异值后，剩余28个监测点，这些监测点土壤有效磷平均含量为39.9 mg/kg。从统计结果看，土壤有效磷含量主要集中在（10，20] mg/kg和大于50 mg/kg（图6.2.9）。（10，20] mg/kg的监测点有10个，占监测点总数的35.7%；大于50 mg/kg的监测点有9个，占监测点总数的32.1%；小于或等于10 mg/kg监测点有1个，占监测点总数的3.6%；（20，30] mg/kg的监测点有3个，占监测点总数的10.7%；（30，50] mg/kg的监测点有5个，占监测点总数的17.9%。

### (二) 含量变化

2005—2018年，青岛市四级监测点土壤有效磷含量呈上升趋势，从20.5 mg/kg上升至39.9 mg/kg，上升了94.6%（图6.2.10）。其中2011年、2014年和2018年土壤有效磷含量均较上一年有所下降，其他年份均较上一年有所上升。尤其2015—2017年，土壤有效磷含量上升较快，由33.0 mg/kg上升至47.8 mg/kg，上升了44.8%，2017—2018年土壤有效磷含量有所下降。

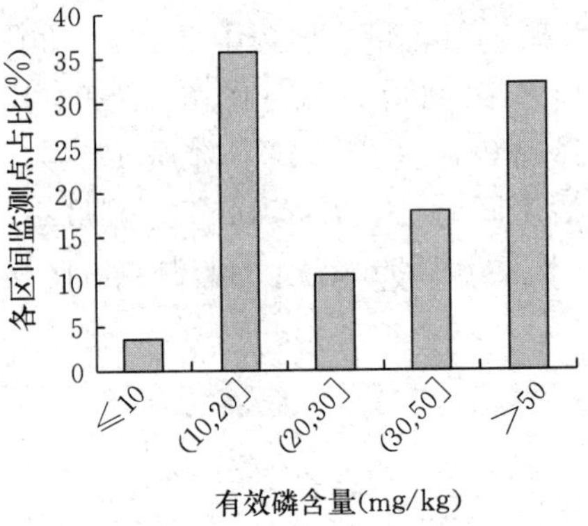


图6.2.9　青岛市四级监测点有效磷含量各区间占比

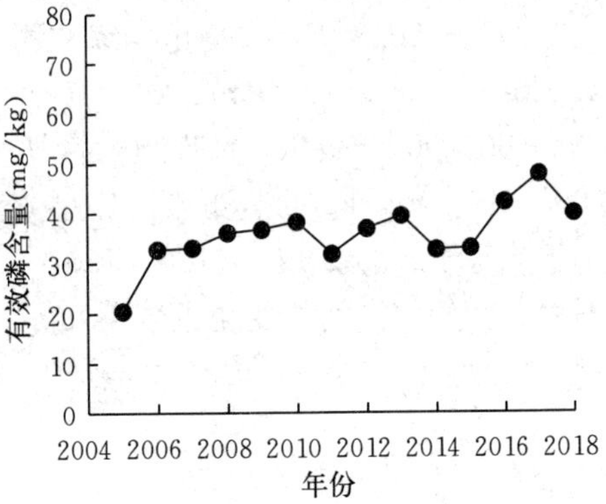


图6.2.10　青岛市四级监测点有效磷含量变化趋势

### (三) 频率变化

2005—2016年，青岛市四级监测点土壤有效磷含量在（30，50] mg/kg的监测点占比较高，但2017年和2018年该区间监测点占比较低；（10，20] mg/kg、（20，30] mg/kg、大于50 mg/kg的监测点也各占一定比例，小于或等于10 mg/kg的占比一直较低（图6.2.11）。可见，2005—2018年，青岛市土壤有效磷含量一直保持较高的水平。

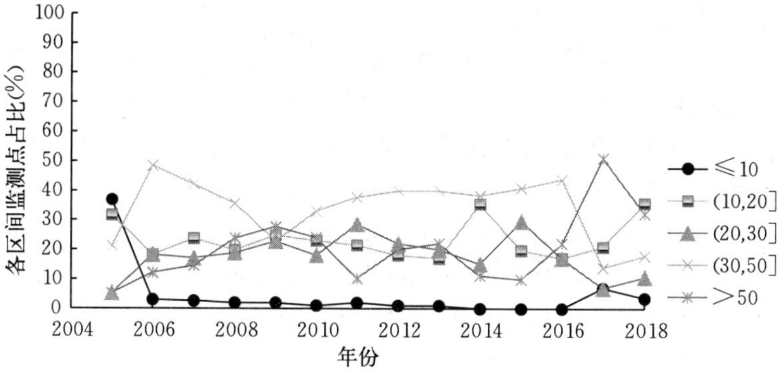


图 6.2.11　青岛市四级监测点土壤有效磷含量分级频率变化

## 六、速效钾现状及演变趋势

### （一）现状

2018 年，青岛市四级耕地质量监测点土壤速效钾平均含量 175 mg/kg。速效钾含量主要集中在（100，150］mg/kg（图 6.2.12）。2018 年全市监测点速效钾有效数据为 45 个（另有 1 个监测点数据缺失），其中小于或等于 50 mg/kg 的监测点有 0 个；（50，100］mg/kg 的监测点有 9 个，占 20.0%；（100，150］mg/kg 的监测点有 17 个，占 37.8%；（150，200］mg/kg 的监测点有 5 个，占 11.1%；大于 200 mg/kg 的监测点有 14 个，占 31.1%。

### （二）含量变化

2005—2018 年，青岛市四级监测点土壤速效钾含量呈上升趋势，从 2005 年的 99 mg/kg 上升至 2018 年的 175 mg/kg，2018 年比 2005 年上升 76.8%。其中，2005—2016 年，青岛市土壤速效钾含量呈波动式缓慢上升的趋势，2016—2018 年则出现急剧升高（图 6.2.13）。

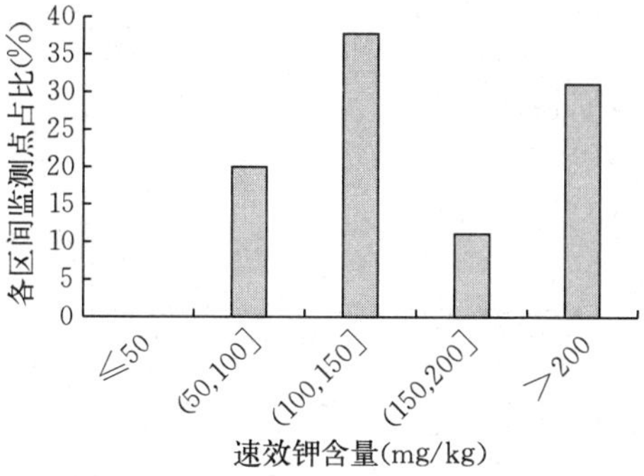


图 6.2.12　青岛市四级监测点速效钾含量各区间占比

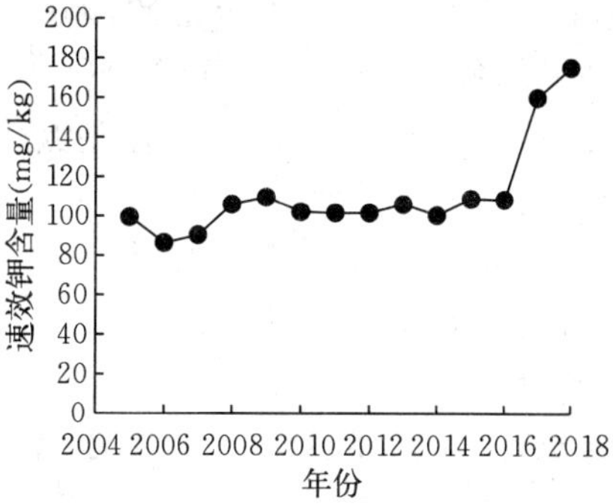


图 6.2.13　青岛市四级监测点速效钾含量变化趋势

### (三)频率变化

2005—2018年，青岛市四级监测点土壤速效钾含量主要集中在(50，100] mg/kg和(100，150] mg/kg，但两者随时间的变化规律相反(图6.2.14)。(50，100] mg/kg的监测点占比呈下降的趋势，而(100，150] mg/kg的监测点占比呈上升的趋势。小于或等于50 mg/kg、(150，200] mg/kg及大于200 mg/kg的监测点占比则较为稳定，自2005年以来变化不大，仅在2016年后，(150，200] mg/kg和大于200 mg/kg的监测点占比有所上升，但是小于或等于50 mg/kg的监测点占比在2017—2018年有所下降。

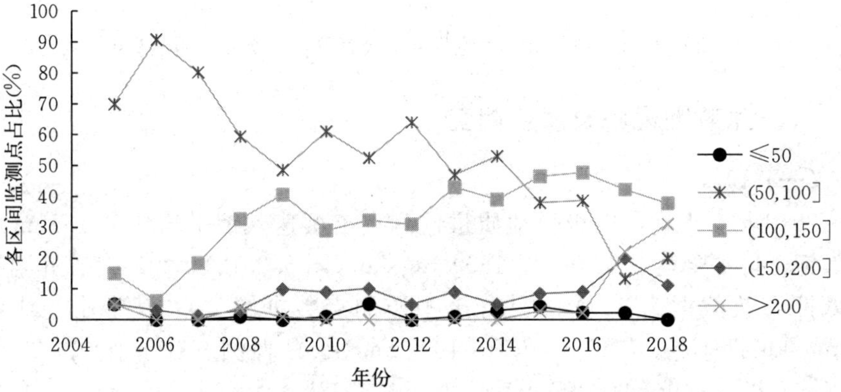


图6.2.14 青岛市四级监测点土壤速效钾含量分级频率变化

## 七、土壤pH现状及演变趋势

### (一)现状

2018年，青岛市四级耕地质量监测点土壤pH平均为6.2，整体呈弱酸性。2018年全市监测点pH有效数据为46个，其中pH小于或等于5.0及大于9.0的监测点有4个，占8.7%；(8.5，9.0]、(5.0，5.5]的监测点有12个，占26.1%；(8.0，8.5]、(5.5，6.0]的监测点有10个，占21.7%；(7.5，8.0]、(6.0，6.5]的监测点有12个，占26.1%；(6.5，7.5]的监测点有8个，占17.4%(图6.2.15)。

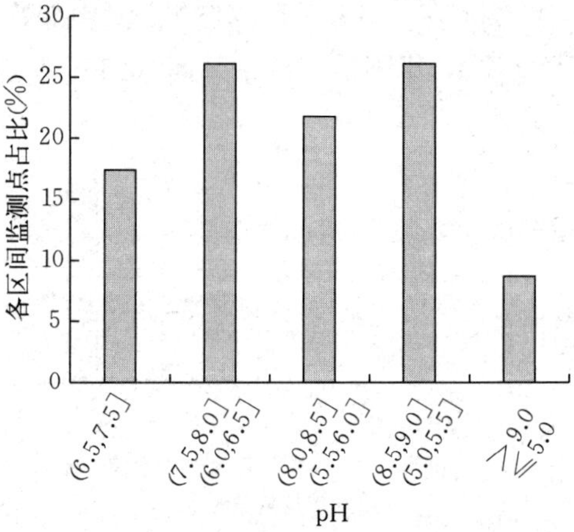


图6.2.15 青岛市四级监测点pH各区间占比

### （二）pH 变化

2005—2018 年，青岛市四级监测点土壤 pH 整体呈下降的趋势。其中，2005—2006 年下降较快，可能与这两年的监测点不同有关，2006—2015 年波动式缓慢下降，2015—2018 年则趋于稳定（图 6.2.16）。

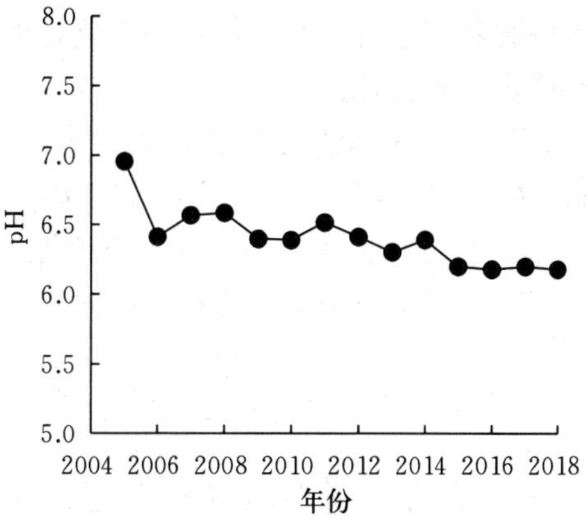


图 6.2.16　青岛市四级监测点 pH 变化趋势

### （三）频率变化

2005—2018 年，青岛市四级监测点土壤 pH 在（6.5，7.5］的监测点占比呈逐渐下降的趋势，而（8.5，9.0］、（5.0，5.5］及（8.0，8.5］、（5.5，6.0］的监测点占比呈上升趋势；小于或等于 5.0、大于 9.0 的监测点占比相对稳定（图 6.2.17）。

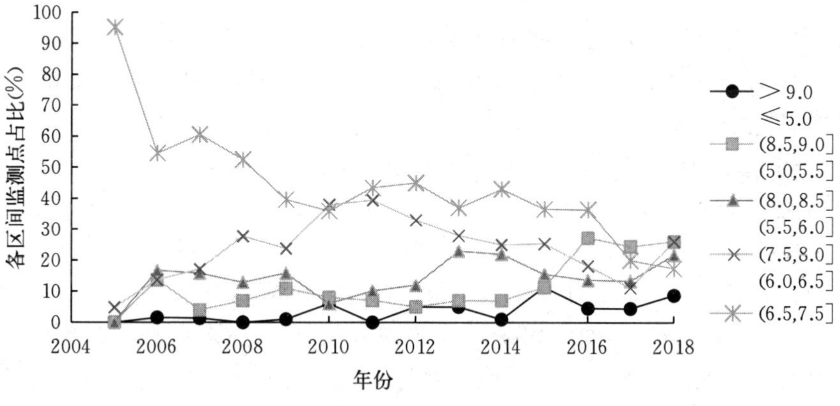


图 6.2.17　青岛市四级监测点土壤 pH 分级频率变化

## 八、小结

青岛市耕地质量长期定位监测点与其他地区相比偏少，已有监测点数据表明，青岛市土壤肥力整体上处于中等偏上的水平。从土壤有机质的变化来看，自 2006 年以来，土壤有机质含量逐渐提高，表明青岛市多年推行的土壤培肥技术措施在提升耕地地力方面取得一定成效；土壤 pH 的变化反映出，青岛市土壤总体呈弱酸性，且 2015 年以前呈总体下降趋势，2015—2018 年，土壤 pH 趋于稳定。这与近年来青岛市开展化肥零增长行动等工作有关，通过实施国家果菜茶有机肥替代化肥试点项目和耕地保护与质量提升项目，推广增施堆沤有机肥和商品有机肥，逐步减少化肥的投入，土壤酸化趋势得到有效缓解，耕地质量得到有效提升。

2005—2018年青岛市耕地监测点养分含量的变化相对平稳，但不同县（市、区）土壤养分含量差异明显。这一方面与不同县（市、区）土壤类型及各营养元素的本底值有关，另一方面则可能与不同县（市、区）培肥措施应用、肥料投入量及施肥方式存在差异有关。

## 第三节　淄博市耕地质量现状及演变趋势

### 一、淄博市耕地质量长期定位监测点布局

淄博市位于山东省中部，是一座独具特色的组群式城市，辖张店区、淄川区、博山区、周村区、临淄区5个区和桓台、高青、沂源3个县。市域面积596 800 $hm^2$，耕地面积210 423 $hm^2$，土壤有棕壤、褐土、潮土、砂姜黑土等4种主要土壤类型。农业综合生产条件良好，常年粮食作物播种面积22万$hm^2$，蔬菜面积2.7万$hm^2$，果树面积4.7万$hm^2$左右。按照土壤、气候、水源及耕作历史，全市已初步建立起南部生态有机农业区、中部观光休闲都市农业区、北部高产高效精准农业区的功能布局，形成了南部果树、中部蔬菜、北部粮食等特色农业经济区。

#### （一）淄博市长期定位监测点基本概况

**1. 淄博市长期定位监测点数量概况**　淄博市的测土配方施肥项目2005年开始实施，到2009年实现全覆盖。其中临淄为2005年项目县，桓台为2006年项目县，淄川为2007年项目县，周村和沂源为2008年项目县，高青为2009年项目县，张店、博山和高新区2009年实施。根据项目实施要求，淄博市自承担项目建设以来，每年开展长期定位监测点土样化验工作。具体长期定位监测点数量变化情况如表6.3.1所示。

**表6.3.1　2006—2018年淄博市长期定位监测点数量变化**

单位：个

| 年份 | 2006 | 2007 | 2008 | 2009 | 2010 | 2011 | 2012 | 2013 | 2014 | 2015 | 2016 | 2017 | 2018 |
|---|---|---|---|---|---|---|---|---|---|---|---|---|---|
| 监测点数 | 40 | 60 | 98 | 136 | 136 | 136 | 136 | 136 | 136 | 136 | 126 | 132 | 135 |

**2. 分县（市、区）长期定位监测点分布情况**　淄博市共辖5个区和3个县，2018年共有长期定位监测点135个。其中，张店区5个，占3.7%；淄川区21个，占15.6%；博山区5个，占3.7%；周村区20个，占

14.8%；临淄区 24 个，占 17.8%；桓台县 21 个，占 15.6%；高青县 18 个，占 13.3%；沂源县 21 个，占 15.6%。每个县（市、区）监测点数量如图 6.3.1 所示。

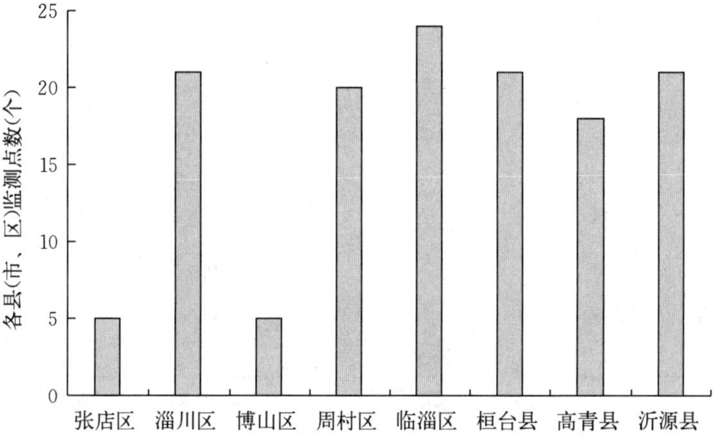


图 6.3.1　2018 年淄博市各县（市、区）监测点数

**3. 分土壤类型长期定位监测点分析**　淄博市土壤有棕壤、褐土、砂姜黑土、潮土等类型。其中，棕壤主要分布在淄博市南部山区，沂源县的北部、东北部、西南部和博山区南部，面积 867.69 $km^2$，占全市土壤面积的 15.08%，成土母质以片麻岩的风化物为主。褐土是淄博市主要的土壤，除高青县以外各县（市、区）都有分布，面积 3 527 $km^2$，占淄博市土壤总面积的 61.38%，成土母质为石灰岩、砂页岩风化物及洪积、洪冲积物、黄土等，有褐土性土、褐土、淋溶褐土、潮褐土 4 个亚类。砂姜黑土主要分布在胶济铁路以北、小清河以南的低洼地带，面积 410.11 $km^2$，占淄博市土壤总面积的 7.13%，成土母质为第四纪湖（河）相静水沉积物，只有石灰性砂姜黑土 1 个亚类。潮土主要分布在淄博市北部冲积平原区，面积 927.42 $km^2$，占淄博市土壤总面积的 16.14%，主要为第四纪母质发育而成的土壤，分为潮土、湿潮土和盐化潮土 3 个亚类。

2006—2018 年全市 132 个长期定位监测点中，潮土有 19 个监测点，占 14.4%；褐土有 82 个监测点，占 62.1%；砂姜黑土有 22 个监测点，占 16.7%；棕壤有 9 个监测点，占 6.8%。具体各土壤类型监测点数如图 6.3.2 所示。

**4. 分土地用途长期定位监测点分析**　根据淄博市统计局数据，截至 2018 年末，全市土地面积 59.6 万 $hm^2$。其中，农业用地 41.4 万 $hm^2$，建设用地

12.4万$hm^2$，未利用土地5.8万$hm^2$。农业用地中，耕地面积20.7万$hm^2$。2006—2018年全市132个长期定位监测点中，有113个监测点用于生产粮食，占85.61%；有1个监测点用于种植蔬菜，占0.76%；有18个监测点用于种植果树，占13.64%。具体的数据统计如图6.3.3所示。

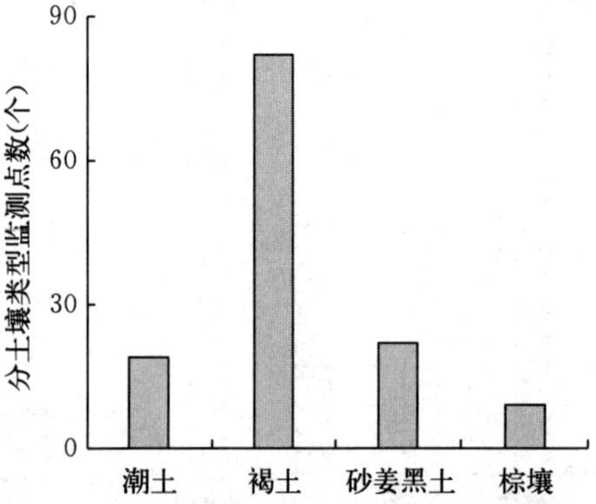


图6.3.2 淄博市各土壤类型监测点数

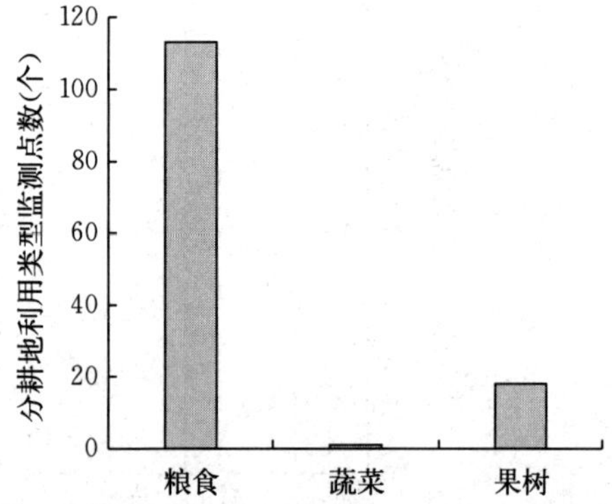


图6.3.3 淄博市不同耕地利用类型监测点数

## 二、有机质现状及演变趋势

### （一）现状

2018年，淄博市耕地质量监测点土壤有机质有效数据为132个，平均含量18.5 g/kg，处于3级。有机质含量主要在（15，20] g/kg（图6.3.4）。有机质含量在小于或等于10 g/kg的监测点有10个，占7.6%；（10，15] g/kg的监测点有24个，占18.2%；（15，20] g/kg的监测点有43个，占32.6%；（20，25] g/kg的监测点有40个，占30.3%；大于25 g/kg的监测点有15个，占11.4%。

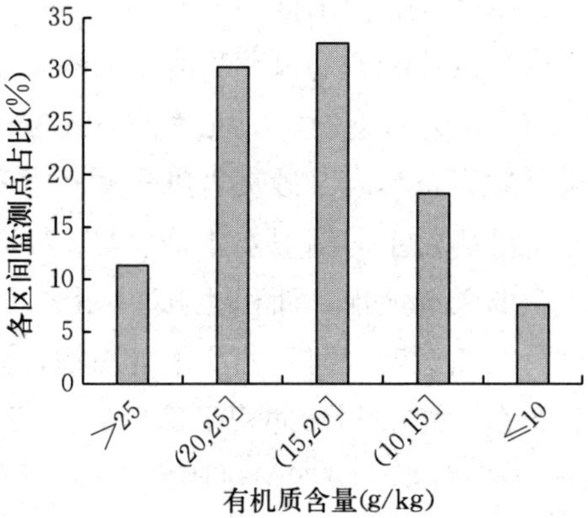


图6.3.4 淄博市四级监测点有机质含量各区间占比

### （二）含量变化

2006—2018年，得益于淄博市自2008年以来的玉米秸秆转化利用与禁烧工作，借助秸秆还田、秸秆腐熟剂等方式将玉米秸秆转化利用，淄博市四级监测点土壤有机质含量呈上升趋势，由13.4 g/kg上升至18.5 g/kg，上升38.1%，最低为13.4 g/kg，出现在2006年，最高达到21.4 g/kg，出现在

2015 年（图 6.3.5）。

### （三）频率变化

2006—2018 年，淄博市监测点土壤有机质含量主要集中分布于(20，25] g/kg、(15，20] g/kg 和(10，15] g/kg。(20，25] g/kg 的监测点占比有显著上升，由 2006 年的 0 上升至 2018 年的 30.3%；(10，15] g/kg 的监测点占比有所下降，由 2006 年的 62.5% 降至 2018 年的 18.18%；大于 25 g/kg、(15，20] g/kg、小于或等于 10 g/kg 的占比相对稳定。具体的分级频率变化如图 6.3.6 所示。

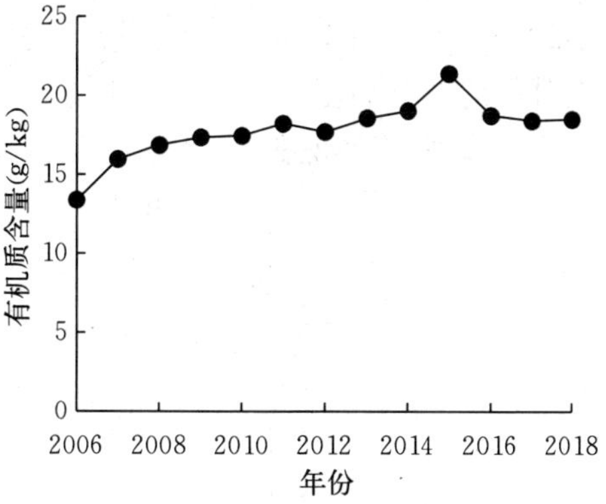


图 6.3.5　淄博市四级监测点有机质含量变化趋势

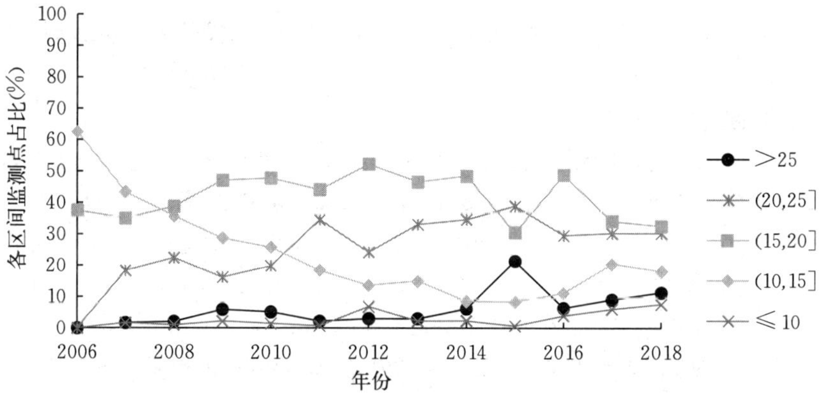


图 6.3.6　淄博市四级监测点土壤有机质含量分级频率变化

## 三、碱解氮现状及演变趋势

### （一）现状

2018 年，淄博市耕地质量监测点土壤碱解氮有效数据为 132 个，平均含量 92.6 mg/kg，处于 3 级。土壤碱解氮含量小于或等于 60 mg/kg 的监测点有 19 个，占 14.4%；(60，90] mg/kg 的监测点有 47 个，占 35.6%；(90，120] mg/kg 的监测点有 44 个，占 33.3%；(120，150] mg/kg 的监测点有 15 个，占 11.4%；大于 150 mg/kg 的监测点有 7 个，占 5.3%（图 6.3.7）。

### （二）含量变化

2006—2018年，淄博市监测点土壤碱解氮含量波动变化，2006—2009年呈上升趋势，其后呈波动下降趋势，总体来说最小值为86.3 mg/kg，出现在2006年，最大值出现在2009年，为113.8 mg/kg（图6.3.8）。2018年碱解氮含量为92.6 mg/kg，比2006年上升7.3%。

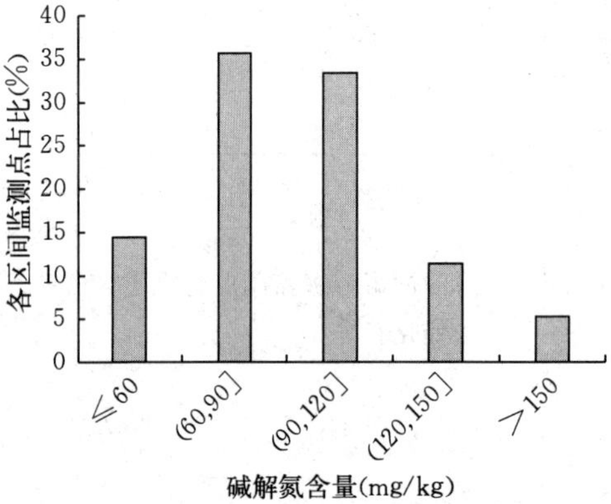


图6.3.7 淄博市四级监测点碱解氮含量各区间占比

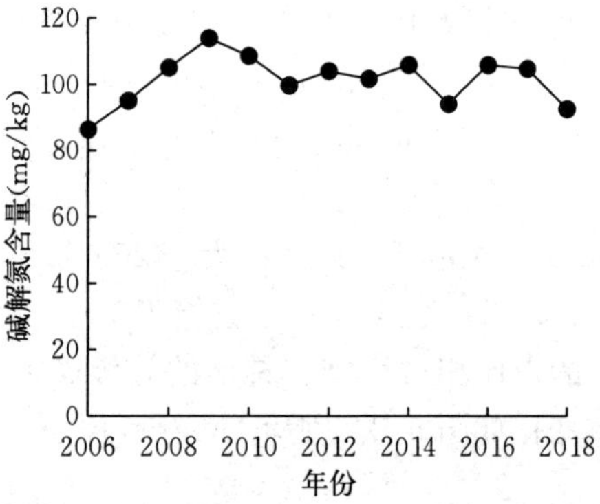


图6.3.8 淄博市四级监测点碱解氮含量变化趋势

### （三）频率变化

2006—2018年，淄博市监测点土壤碱解氮含量呈现先升后降的趋势，大于150 mg/kg的监测点占比缓慢上升，由2006年的0上升至2018年的5.3%；(120，150] mg/kg的监测点占比呈现出上升趋势，由2006年的5.0%上升至2018年的11.4%；(90，120] mg/kg的监测点占比呈现出下降趋势，由2006年的37.5%下降至2018年的33.3%；(60，90] mg/kg的监测点占比呈现出较大幅度下降，由2006年的47.5%下降至2018年的35.6%（图6.3.9）。自淄博市2009年测土配方施肥技术实现全覆盖以后，随着肥料配方的不断优化，大量无效氮素的投入得到制约，土壤碱解氮监测含量未有显著上升趋势。

## 四、有效磷现状及演变趋势

### （一）现状

2018年，淄博市耕地质量监测点土壤有效磷有效数据为132个，平均含量50.5 mg/kg，处于1级。其中，有效磷含量小于或等于10 mg/kg的监测点有15个，占11.4%；(10，20] mg/kg的监测点有33个，占25.0%；(20，30] mg/kg的监测点有19个，占14.4%；(30，50] mg/kg的监测点有19个，占14.4%；大于50 mg/kg的监测点有46个，占34.8%（图6.3.10）。

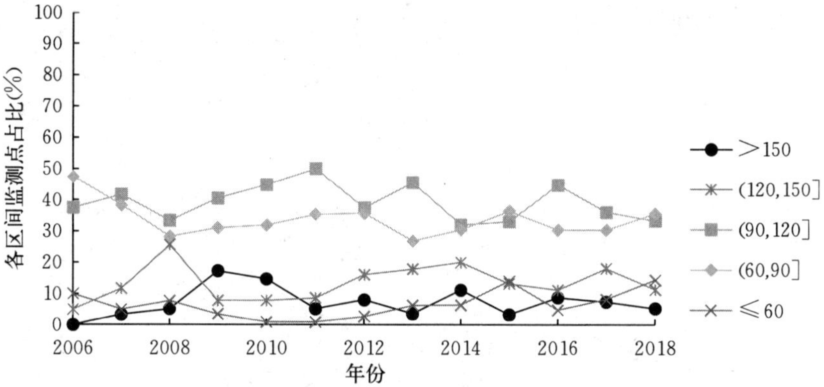


图 6.3.9　淄博市四级监测点土壤碱解氮含量分级频率变化

## （二）含量变化

2006—2018 年，淄博市监测点土壤有效磷含量呈现明显上升趋势（图 6.3.11）。有效磷含量最小值出现在 2006 年，为 22.6 mg/kg；最大值出现在 2018 年，为 50.5 mg/kg，比 2006 年上升 123.5%。经过近十年的测土配方施肥技术推广，全市肥料施用结构得到明显改善，肥料配方避免了“重氮素，轻其他元素”，土壤磷的供应得到较大幅度提升。

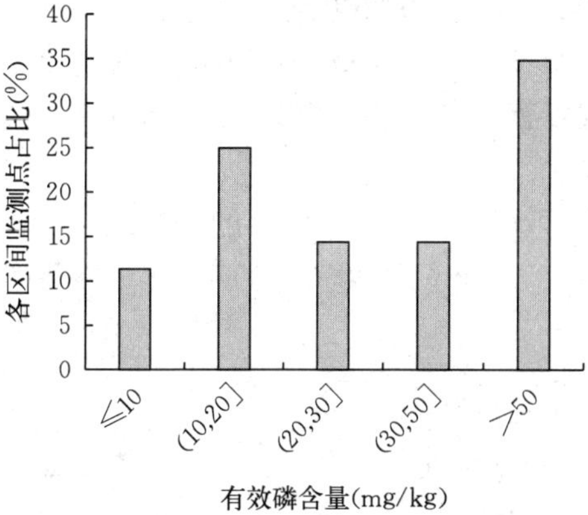


图 6.3.10　淄博市四级监测点有效磷含量各区间占比

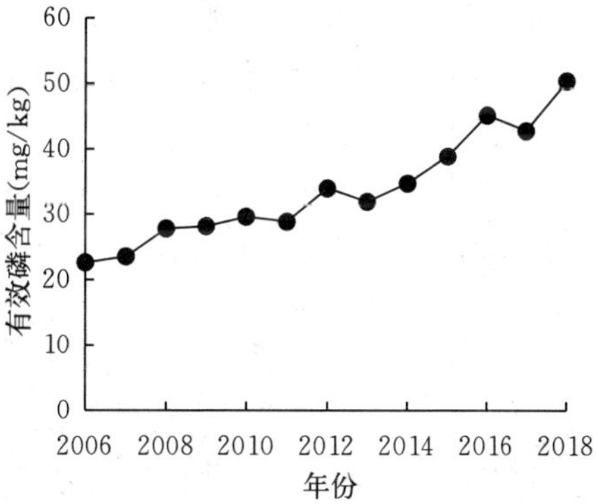


图 6.3.11　淄博市四级监测点有效磷含量变化趋势

## （三）频率变化

2006—2018 年，淄博市监测点有效磷含量各区间占比年份间有所变化，大于 50 mg/kg 的监测点比例呈现显著上升趋势，由 2006 年的 0 上升至 2018 年的 34.8%；（30，50］mg/kg 的监测点比例呈现先上升后下降的趋势；小于或等于 10 mg/kg 的监测点比例呈现上升趋势，由 2006 年的 5.0%上升至 2018

年的11.4%（图6.3.12）。

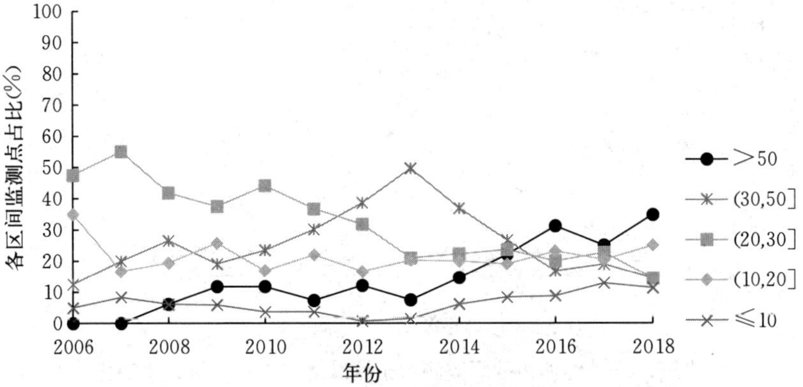


图6.3.12　淄博市四级监测点土壤有效磷含量分级频率变化

## 五、速效钾现状及演变趋势

### （一）现状

2018年，淄博市耕地质量监测点土壤速效钾有效数据为131个，平均含量204 mg/kg，全市速效钾含量总体处于1级。土壤速效钾含量小于或等于50 mg/kg的监测点有1个，占0.8%；（50，100］mg/kg的监测点有9个，占6.9%；（100，150］mg/kg的监测点有33个，占25.2%；（150，200］mg/kg的监测点有40个，占30.5%；大于200 mg/kg的监测点有48个，占36.6%（图6.3.13）。

### （二）含量变化

2006—2018年，淄博市监测点土壤速效钾含量从2006年的129 mg/kg上升至2018年的204 mg/kg，上升了58.1%（图6.3.14）。全市土壤速效钾含

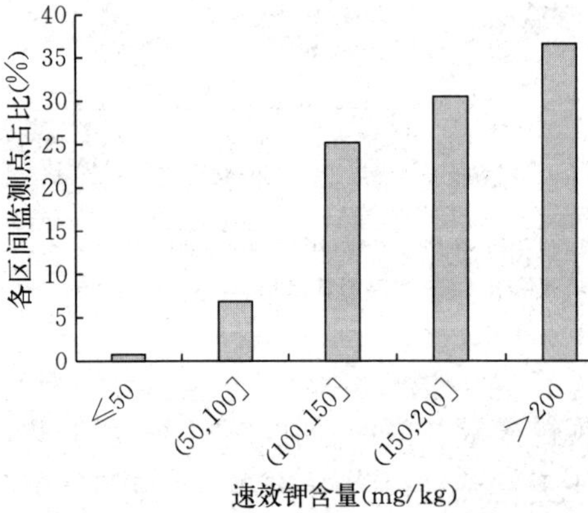


图6.3.13　淄博市四级监测点速效钾含量各区间占比

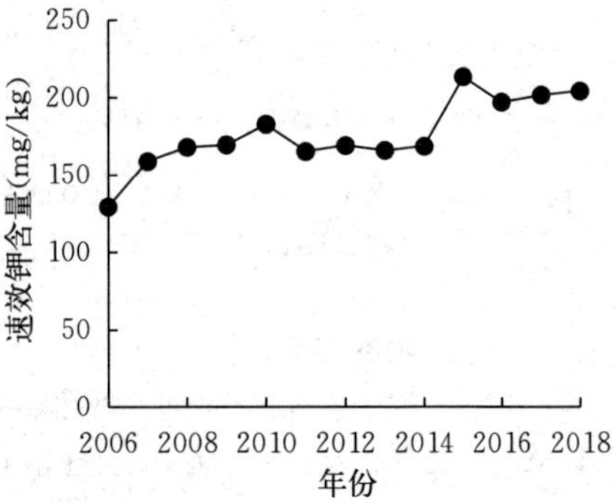


图6.3.14　淄博市四级监测点速效钾含量变化趋势

量最小值出现在2006年，为129 mg/kg；最大值出现在2015年，为213 mg/kg。总体来看，全市土壤速效钾含量总体呈现较高的水平，这主要是由于淄博市实施的玉米秸秆通过直接还田、腐熟还田等方式回归到土壤中，有效提高了土壤速效钾供应能力和水平。

### （三）频率变化

2006—2018年，淄博市监测点土壤速效钾含量主要集中在大于200 mg/kg、(150，200] mg/kg、(100，150] mg/kg，大于200 mg/kg的监测点占比呈现上升趋势，(50，100] mg/kg、小于或等于50 mg/kg的监测点占比较低且相对稳定（图6.3.15）。大于200 mg/kg的监测点占比从2006年的5.00%上升至2018年的36.64%；(150，200] mg/kg的占比从2006年的15.00%上升至2018年的30.53%；(100，150] mg/kg的占比则呈现明显的下降趋势，从2006年的65%下降至2018年的25.19%。

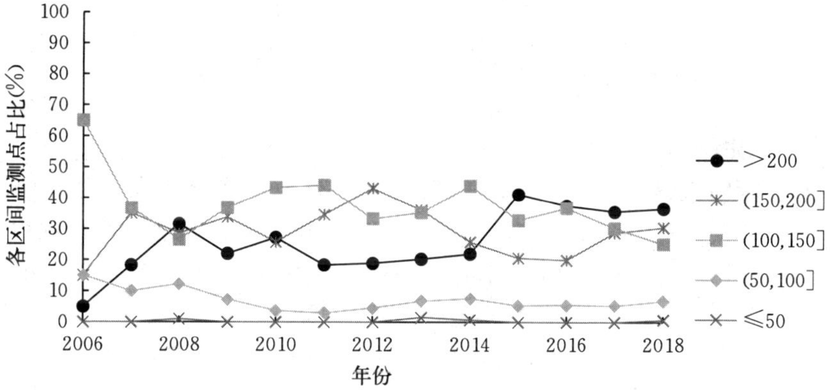


图6.3.15　淄博市四级监测点土壤速效钾含量分级频率变化

## 六、土壤pH现状及演变趋势

### （一）现状

2018年，淄博市耕地质量监测点pH有效数据为132个，pH主要在2级和3级，总体均值数据为7.6，处于2级。pH大于9.0、小于或等于5.0的监测点有0个；(8.5，9.0]、(5.0，5.5]的监测点有4个，占3.03%；(8.0，8.5]、(5.5，6.0]的监测点有67个，占50.76%；(7.5，8.0]、(6.0，6.5]的监测点有42个，占31.82%；(6.5，7.5]的监测点有19个，占14.39%（图6.3.16）。

### （二）pH变化

从淄博市监测点土壤pH数据来看，淄博市土壤pH呈现下降趋势。pH最大为8.8，在临淄区，出现了1次；最小为4.5，在沂源县，出现了4次。

pH从2006年的8.1降低至2018年的7.6，整体呈现下降趋势。淄博市pH变化情况如图6.3.17所示。2006年、2018年土壤pH的变异系数为0.03，12年间的土壤pH波动较小，处于较为稳定的状态。

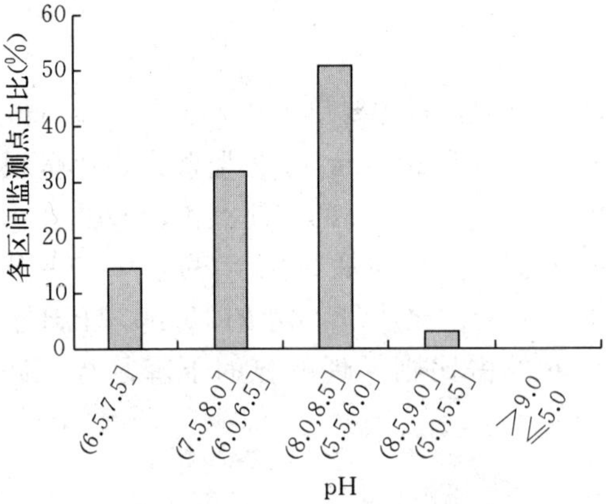


图6.3.16　淄博市四级监测点pH各区间占比

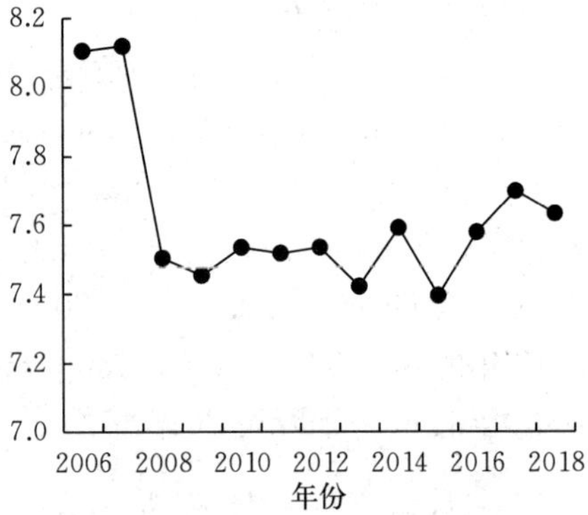


图6.3.17　淄博市四级监测点pH变化趋势

## （三）频率变化

从整体情况来看，淄博市监测点pH数据主要分布在（6.5，7.5]，（7.5，8.0]、（6.0，6.5] 及（8.0，8.5]、（5.5，6.0]，其他两个区间占比较低（图6.3.18）。2008年以后，各区间频率变化相对平稳，在2015年和2016年（7.5，8.0]、（6.0，6.5] 的占比和（8.0，8.5]、（5.5，6.0] 的占比变化正好相反。（6.5，7.5] 的占比变化相对稳定，2008年后有降低趋势，由36.38%降低至14.39%。

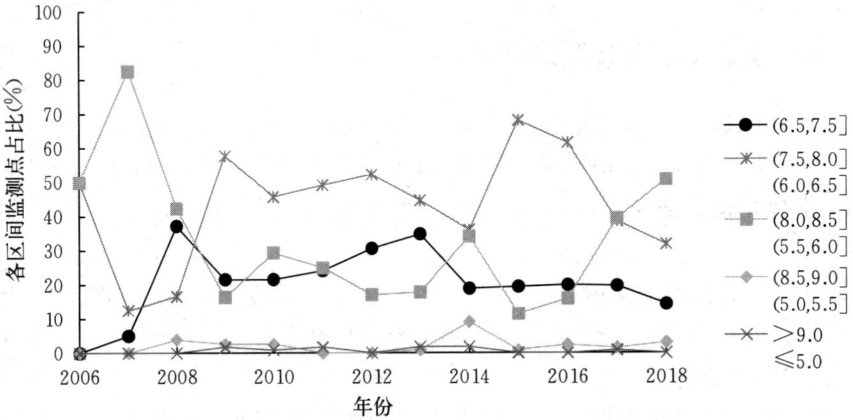


图6.3.18　淄博市四级监测点土壤pH分级频率变化

## 七、小结

### （一）淄博市土壤总化肥用量呈现下降趋势

根据统计数据，2012 年淄博市化肥使用总量（折纯量）为 9.91 万 t，而 2018 年减少至 8.68 万 t，总体呈下降趋势，2018 年比 2012 年减少 12.41%。自 2014 年以来，淄博市响应国家和山东省的号召，扎实开展化肥零增长行动，通过优化肥料配方、发展水肥一体化、有机肥替代化肥及土壤深耕深松等技术手段改善土壤理化性状，有效减少肥料投入，提高化肥利用效率。

### （二）淄博市土壤供肥能力提升，肥料配方不断优化

对淄博市有机质、碱解氮等养分含量的分析表明，淄博市土壤监测点养分含量明显提高。同时，碱解氮、有效磷、有效钾含量呈现不同的发展趋势，说明肥料配方不断优化改进，各个养分配比趋于合理。

### （三）淄博市作物施肥量仍处于报酬递增区间

从目前掌握的数据来看，结合肥料报酬递减规律分析，淄博市肥料施用量仍处于增施肥料、产量上升的区间。所以，施肥可以增产，容易导致农户持续加大肥料投入。另外，土壤作为肥料的主要承载体，有较强的缓冲能力，因而不施用化肥短期内无法明显影响作物产量，需要长期观察。

### （四）土壤的物理化学性质调控及肥料技术将是减肥增效的重要途径

深耕深松等耕作方式和土壤调理剂等调节剂，可以有效打破原有的土壤结构，增加耕层厚度，改善土壤水、热、气的比例状况，建立良好的土壤结构，有效提高作物产量。另外，缓控复合肥料、生物肥料等新型肥料技术的应用，可以有效增加靶向养分作用时间，精准地提供作物生育期所需的关键养分。

# 第四节　聊城市耕地质量现状及演变趋势

## 一、聊城市耕地质量长期定位监测点布局

聊城市，山东省地级市，位于山东省西部，西部靠漳卫河并与河北省邯郸市、邢台市隔水相望，南部隔金堤河与河南省为邻，东南部隔黄河与泰安市、济南市为邻，北部和东部与德州市接壤。下辖 1 个市辖区、1 个县级市、6 个县，土地总面积 8 628 $km^2$，其中耕地面积 56.3 万 $hm^2$。据第二次土壤普查，聊城市土壤分类系统有 4 个土类，10 个亚类，25 个土属，104 个土种，主要土壤类型为潮土。

2005 年，聊城市东昌府区开始设立测土配方施肥的长期定位监测点，2009 年在全市主要土壤类型上建立了 162 个长期定位监测点，2017 年长期定位监测点增加到 170 个，2018 年增加到 178 个。下面按照不同地形区域、不

同行政区域、不同土壤类型和耕地利用类型来介绍聊城市耕地质量长期定位监测点的布局情况。

### （一）地形区域

聊城市除东阿县沿黄河有几处残丘外，其余均为黄河冲积平原。地势是西南高，东北低，地势平坦，地面坡降1/6 500～1/7 500，海拔高度22.8～47.8 m。全市178个长期定位监测点地形均为冲积平原。

### （二）行政区域

统筹行政区划、耕地面积、土壤类型、种植制度、耕地质量等级等情况，合理规划各县（市、区）的国家、省、市、县四级监测点布局，2018年聊城市各县（市、区）耕地质量监测点分布情况见表6.4.1。2018年聊城市四级监测点总数达178个，覆盖了主要土壤类型，涉及了全部农业县（市、区）。

**表6.4.1　2018年聊城市各县（市、区）耕地质量监测点分布情况汇总**

单位：个

| 县（市、区） | 国家级监测点 | 省级监测点 | 市级监测点 | 县级监测点 | 合计 |
|---|---|---|---|---|---|
| 东昌府区 | — | 3 | 3 | 16 | 22 |
| 临清市 | — | 2 | 3 | 17 | 22 |
| 冠县 | — | 2 | 3 | 17 | 22 |
| 莘县 | 1 | 2 | 3 | 16 | 22 |
| 阳谷县 | 1 | 1 | 3 | 19 | 24 |
| 东阿县 | — | 2 | 3 | 17 | 22 |
| 茌平县 | — | 2 | 3 | 17 | 22 |
| 高唐县 | 1 | 2 | 3 | 16 | 22 |
| 合计 | 3 | 16 | 24 | 135 | 178 |

### （三）土壤类型

聊城市耕地质量监测点共涵盖潮土和风沙土两种土壤类型，分别占监测点总数的98.9%和1.1%。

### （四）耕地利用类型

聊城市耕地质量监测点共涵盖粮田和菜地两种耕地利用类型，分别占监测点总数的98.9%和1.1%。

## 二、有机质现状及演变趋势

### （一）现状

2018年，聊城市四级耕地质量监测点土壤有机质有效数据为178个，平均含量 18.0 g/kg。土壤有机质含量主要集中在（15，20] g/kg（图 6.4.1）。有机质含量小于或等于 10 g/kg 的监测点有 5 个，占监测点总数的 2.8%；（10，15] g/kg 的 41 个，占 23.0%；（15，20] g/kg 的 83 个，占 46.6%；（20，25] g/kg 的 38 个，占 21.3%；大于 25 g/kg 的 11 个，占 6.2%。土壤有机质含量空间分布基本体现了自然因素和人为因素的双重影响，全市 8 个县（市、区）土壤有机质含量均处于 3 级水平以上，其中东阿县最高，平均值为 22.1 g/kg，达到 2 级水平；其次为临清市、阳谷县、东昌府区、茌平县、莘县、高唐县，平均值均大于 16.0 g/kg，冠县有机质含量较低，为 15.6 g/kg。

### （二）含量变化

根据第二次土壤普查数据，聊城市土壤有机质含量为 9.0 g/kg，2005 年监测点有机质平均含量比第二次土壤普查时期上升 58.8%，2018 年监测点平均含量比第二次土壤普查时期上升了 100%。2005—2018 年，聊城市四级监测点土壤有机质含量呈缓慢上升趋势，从 14.3 g/kg 上升至 18.0 g/kg，2018 年比 2005 年上升了 25.9%。2006—2015 年，土壤有机质含量上升了 0.4 g/kg；2015—2018 年，土壤有机质含量明显上升，2018 年比 2015 年上升了 3.3 g/kg，年平均上升了 1.1 g/kg（图 6.4.2）。

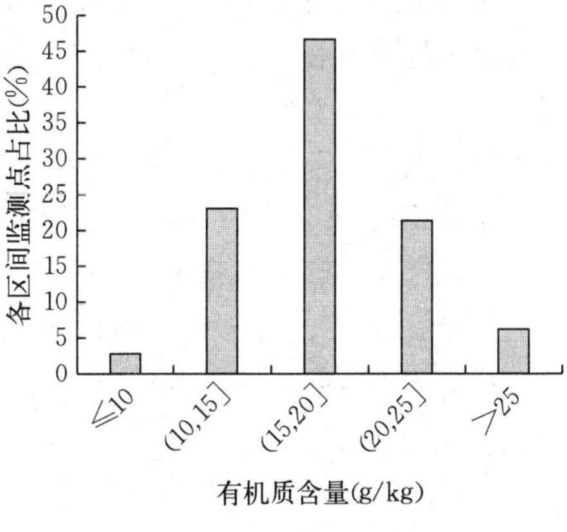


图 6.4.1　聊城市四级监测点有机质含量各区间占比

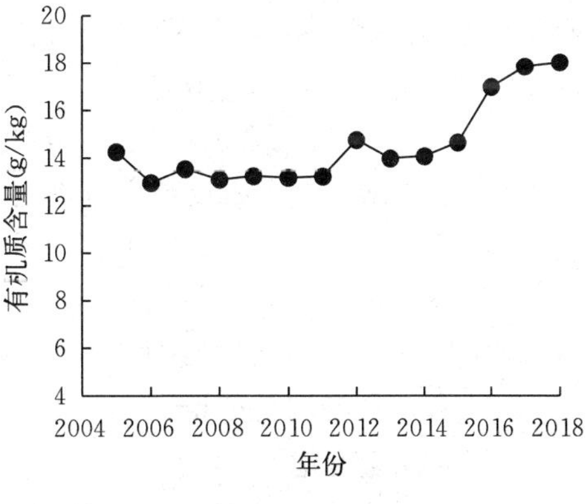


图 6.4.2　聊城市四级监测点有机质含量变化趋势

### （三）频率变化

2005—2018 年，聊城市四级监测点土壤有机质含量主要集中在（10，15] g/kg 和（15，20] g/kg，其他区间比例较低（图 6.4.3）。（10，15] g/kg 的比例呈下降趋势，从 66.7%下降至 23.0%；（15，20] g/kg、（20，25] g/kg 和大于 25 g/kg 的比例总体呈上升趋势，（15，20] g/kg 的比例从 33.3%上升至 46.6%，（20，25] g/kg 的比例从 0 上升至 21.3%，大于 25 g/kg 的比例从 0 上升至 6.2%。

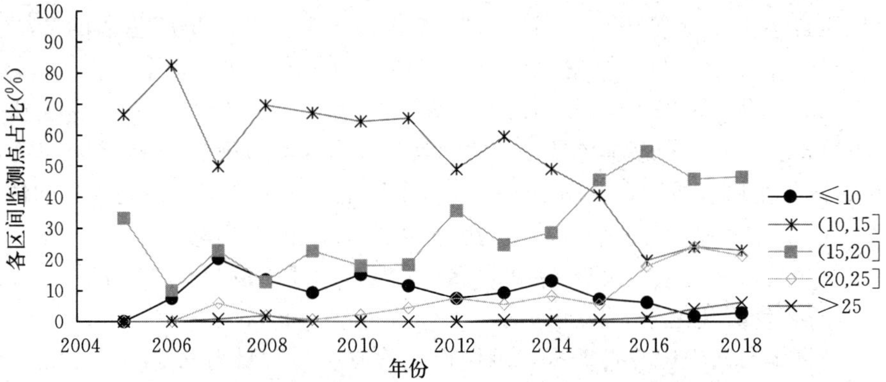


图 6.4.3　聊城市四级监测点土壤有机质含量分级频率变化

## 三、碱解氮现状及演变趋势

### （一）现状

2018年，聊城市四级耕地质量监测点土壤碱解氮有效数据为178个，平均含量74.9 mg/kg。土壤碱解氮含量主要集中在（60，90］mg/kg（图6.4.4）。碱解氮含量小于或等于60 mg/kg的监测点有33个，占监测点总数的18.5%；（60，90］mg/kg的115个，占64.6%；（90，120］mg/kg的28个，占15.7%；（120，150］mg/kg的0个；大于150 mg/kg的2个，占1.1%。土壤碱解氮含量反映土壤供氮能力，全市8个县（市、区）土壤碱解氮平均含量均处于4级水平，其中，临清市土壤碱解氮含量最高，为88.4 mg/kg，其次为东昌府区、高唐县、阳谷县、莘县、冠县，土壤碱解氮含量均大于70 mg/kg，东阿县和茌平县土壤碱解氮含量较低，分别为67.7 mg/kg和67.4 mg/kg。

### （二）含量变化

根据第二次土壤普查数据，聊城市土壤碱解氮含量为57.1 mg/kg，2005年监测点碱解氮平均含量比第二次土壤普查时期上升3.5%，2018年监测点平均含量比第二次土壤普查时期上升了31.1%。2006—2018年，聊城市四级监测点土壤碱解氮含量呈缓慢上升趋势，从59.2 mg/kg上升至74.9 mg/kg，土壤碱解氮含量上升了15.7 mg/kg，增长率为26.5%（图6.4.5）。2007—2014年，土壤碱解氮含量变化不大，从2007年的83.0 mg/kg上升至2012年的92.9 mg/kg，2014年又回落至82.6 mg/kg；2014—2016年，土壤碱解氮含量增速较快，上升了26.6 mg/kg，年均上升13.3 mg/kg；2017年以后，土壤碱解氮含量开始降低，2018年下降至74.9 mg/kg。

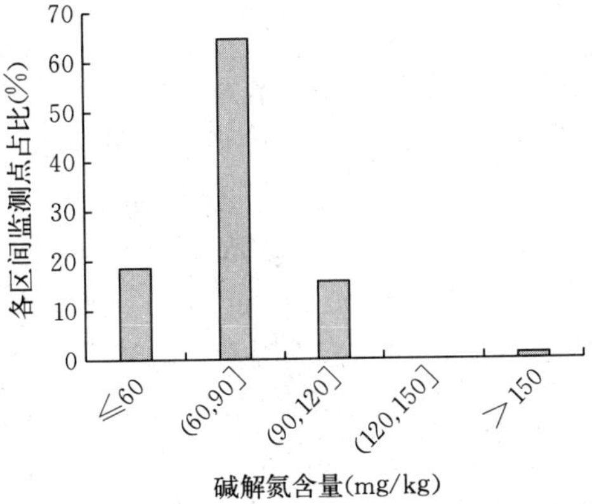


图 6.4.4　聊城市四级监测点碱解氮含量各区间占比

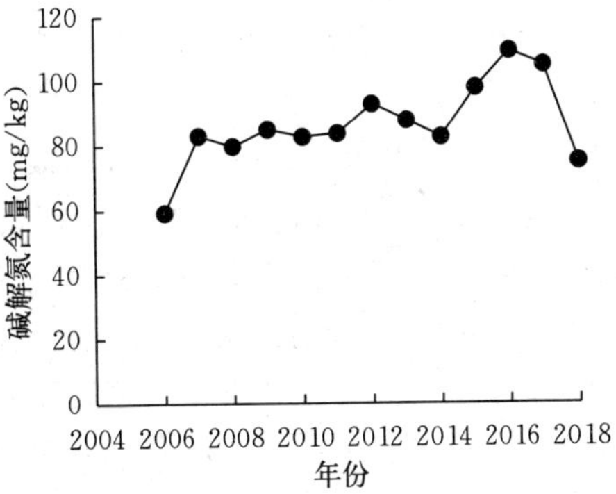


图 6.4.5　聊城市四级监测点碱解氮含量变化趋势

## （三）频率变化

2006—2018 年，聊城市四级监测点土壤碱解氮含量主要集中在（60，90] mg/kg 和（90，120] mg/kg，其他区间比例较低（图 6.4.6）。小于或等于 60 mg/kg 的比例呈下降趋势，从 55.3%下降至 18.5%；（60，90] mg/kg 的比例从 2006 年的 42.1%上升至 2013 年的 57.3%，此后下降至 2016 年的 21.1%，2018 年又上升至 64.6%；（90，120] mg/kg 的比例总体呈上升趋势，从 2.6%上升至 15.7%；（120，150] mg/kg 的比例先上升后下降，从 2006 年的 0 上升至 2016 年的 21.7%，2018 年又降为 0；大于 150 mg/kg 的比例较低且变化不大。

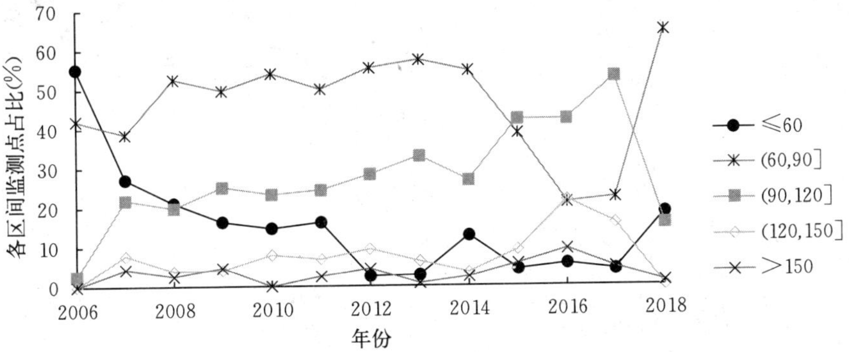


图 6.4.6　聊城市四级监测点土壤碱解氮含量分级频率变化

## 四、有效磷现状及演变趋势

### （一）现状

2018年，聊城市四级耕地质量监测点土壤有效磷有效数据为178个，平均含量24.3 mg/kg。土壤有效磷含量主要集中在（10，20] mg/kg（图6.4.7）。土壤有效磷含量小于或等于10 mg/kg的监测点有17个，占监测点总数的9.6%；（10，20] mg/kg的70个，占39.3%；（20，30] mg/kg的49个，占27.5%；（30，50] mg/kg的31个，占17.4%；大于50 mg/kg的11个，占6.2%。空间分布上有效磷含量受种植制度、施肥习惯等人为因素影响较大，莘县、冠县、临清市土壤有效磷含量较高，在（30，50] mg/kg，属2级水平；高唐县、茌平县、东阿县土壤有效磷含量在（20，30] mg/kg，属3级水平；东昌府区、阳谷县土壤有效磷含量较低，在20 mg/kg及以下，属4级或5级水平。

### （二）含量变化

根据第二次土壤普查数据，聊城市土壤有效磷含量为8.6 mg/kg，2005年监测点有效磷平均含量比第二次土壤普查时期上升101.2%，2018年监测点平均含量比第二次土壤普查时期上升了182.6%。2005—2018年，聊城市四级监测点土壤有效磷含量总体呈上升趋势，从17.3 mg/kg上升至24.3 mg/kg，上升了40.5%（图6.4.8）。2007—2012年，土壤有效磷含量变化不大，由25.3 mg/kg上升至25.9 mg/kg；2013年土壤有效磷含量达到30.1 mg/kg，此后土壤有效磷含量有所下降，2014年下降至23.0 mg/kg；2014—2016年，土壤有效磷含量由23.0 mg/kg上升至30.5 mg/kg，两年上升了7.5 mg/kg；2016年后又开始呈下降趋势，到2018年，两年降低了6.2 mg/kg。

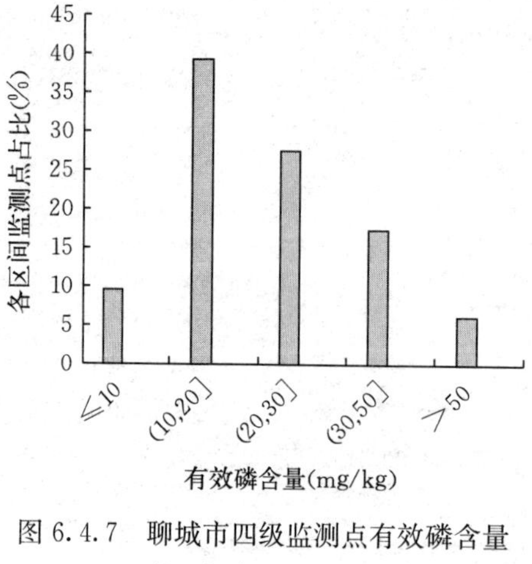


图6.4.7 聊城市四级监测点有效磷含量各区间占比

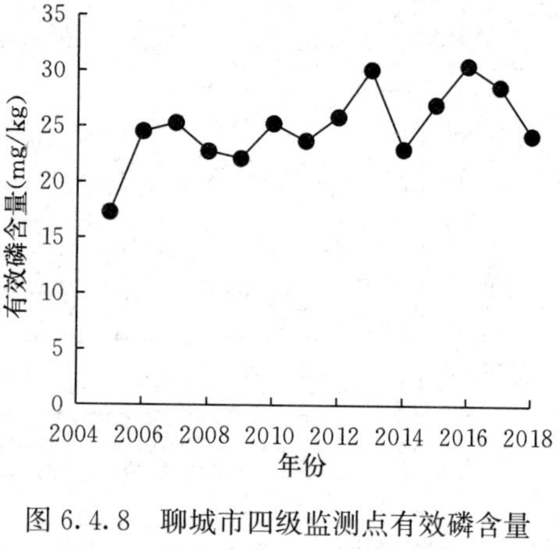


图6.4.8 聊城市四级监测点有效磷含量变化趋势

### （三）频率变化

2005—2018年，聊城市四级监测点土壤有效磷含量主要集中在（10，20］mg/kg和（20，30］mg/kg，每年两个区间比例之和都大于50%（图6.4.9）。土壤有效磷含量小于或等于10 mg/kg的比例由2006年的12.5%下降至2013年的6.2%，之后又上升至2017年的12.4%，2018年下降至9.6%；土壤有效磷含量在（10，20］mg/kg和（20，30］mg/kg的比例大部分年份在30%上下浮动，（20，30］mg/kg的比例大部分年份低于（10，20］mg/kg的比例，少部分年份高于（10，20］mg/kg的比例；（30，50］mg/kg的比例在20%上下浮动；大于50 mg/kg的比例上升较明显，2005—2006年均为0，2007年为4.2%，2013年上升至14.3%，2018年为6.2%。

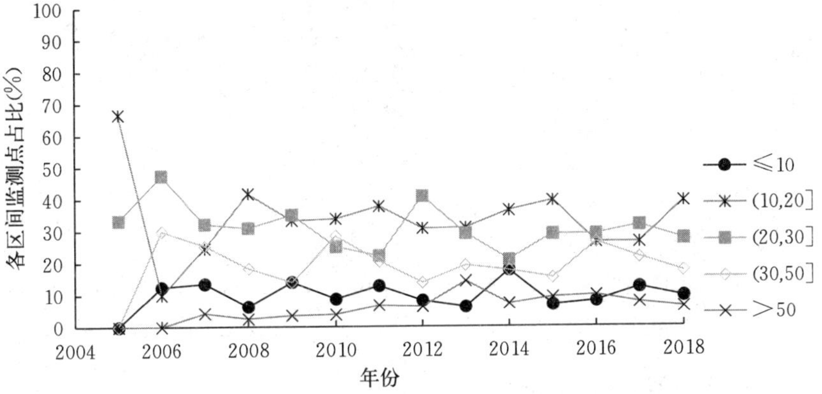


图6.4.9　聊城市四级监测点土壤有效磷含量分级变化频率

## 五、速效钾现状及演变趋势

### （一）现状

2018年，聊城市四级耕地质量监测点土壤速效钾有效数据为178个，平均含量191 mg/kg。土壤有效磷含量主要集中在大于200 mg/kg和（100，150］mg/kg（图6.4.10）。有效磷含量小于或等于50 mg/kg的监测点有0个；（50，100］mg/kg的17个，占9.6%；（100，150］mg/kg的52个，占29.2%；（150，200］mg/kg的44个，占24.7%；大于200 mg/kg的65个，占36.5%。从空间分布上看，东阿县、东昌府区、临清市土壤速效钾含量较高，平均值均大于200 mg/kg，属1级水平；高唐县、阳谷县、冠县、莘县土壤速效钾含量平均值在（150，200］mg/kg，属2级水平；在平县土壤速效钾含量最低，为134.6 mg/kg，属3级水平。

### （二）含量变化

根据第二次土壤普查数据，聊城市四级监测点土壤速效钾含量为120 mg/kg，

2005年监测点有效磷平均含量比第二次土壤普查时期上升了24.2%，2018年监测点平均含量比第二次土壤普查时期上升了59.2%。2005—2018年，聊城市四级监测点土壤速效钾含量总体呈先下降后逐渐上升趋势，总体上从149 mg/kg上升至191 mg/kg，上升了28.2%（图6.4.11）。2005—2008年，土壤速效钾含量有下降趋势，2006年最低，为120 mg/kg；2008—2013年土壤速效钾含量缓慢上升，由121 mg/kg上升至145 mg/kg，年平均上升4.8 mg/kg；2014—2018年，土壤速效钾含量上升较快，上升了57.5 mg/kg，年平均上升14.4 mg/kg。

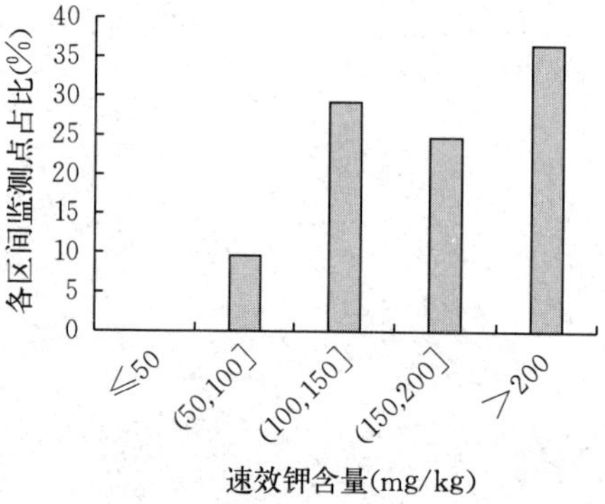


图6.4.10 聊城市四级监测点速效钾含量各区间占比

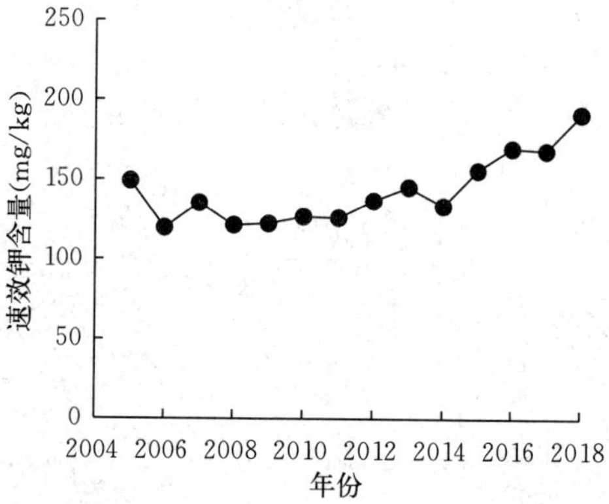


图6.4.11 聊城市四级监测点速效钾含量变化趋势

## （三）频率变化

2005—2018年，聊城市四级监测点土壤速效钾含量主要集中在（100，150] mg/kg和（50，100] mg/kg，其他区间比例较低（图6.4.12）。土壤速效钾

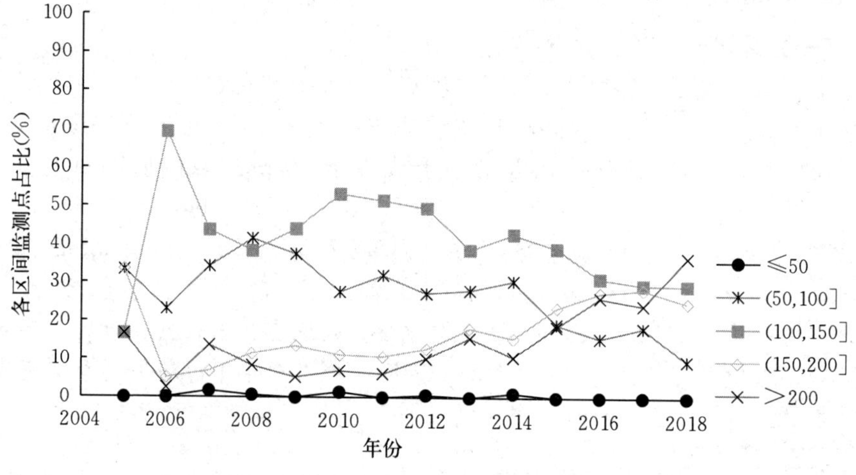


图6.4.12 聊城市四级监测点土壤速效钾含量分级频率变化

含量小于或等于 50 mg/kg 的比例大部分年份为 0，2007 年最高，也仅为 1.7%；(50，100] mg/kg 的比例呈逐渐下降趋势，从 2005 年的 33.3%下降至 2018 年的 9.6%；(100，150] mg/kg 的比例基本呈下降趋势，由 2006 年的 69.2%下降至 2018 年的 29.2%；(150，200] mg/kg 和大于 200 mg/kg 的比例呈上升趋势，(150，200] mg/kg 的比例从 2006 年的 5.1%上升至 2018 年的 24.7%，大于 200 mg/kg 的比例从 2006 年的 2.6%上升至 2018 年的 36.5%。

## 六、土壤 pH 现状及演变趋势

### （一）现状

2018 年，聊城市四级耕地质量监测点土壤 pH 有效数据为 178 个，pH 平均为 8.1，变幅在 6.8～8.7。聊城市土壤为弱碱性土壤，pH 主要集中在 (8.0，8.5] (图 6.4.13)。土壤 pH 大于 9.0 的监测点有 0 个；(8.5，9.0] 的 2 个，占 1.1%；(8.0，8.5] 的 139 个，占 78.1%；(7.5，8.0] 的 34 个，占 19.1%；(6.5，7.5] 的 3 个，占 1.7%。从空间分布上看，临清市 pH 最高，为 8.3；其次为冠县、莘县、茌平县，pH 为 8.2；东昌府区、东阿县 pH 为 8.1；阳谷县 pH 为 8.0；高唐县 pH 最低，为 7.9。

### （二）pH 变化

2005—2018 年，聊城市四级监测点土壤 pH 主要在 8.0 上下波动。2005—2008 年土壤 pH 变化幅度较大，从 2005 年的 8.2 上升至 2006 年的最高值 8.6，然后又下降至 2007 年的最低值 7.8，2008 年又上升至 8.1；2008—2018 年 pH 变化幅度较小，在 8.0～8.2 (图 6.4.14)。

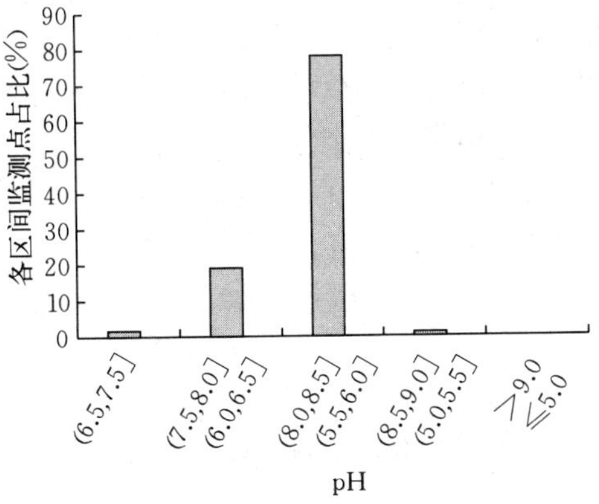


图 6.4.13 聊城市四级监测点 pH 各区间占比

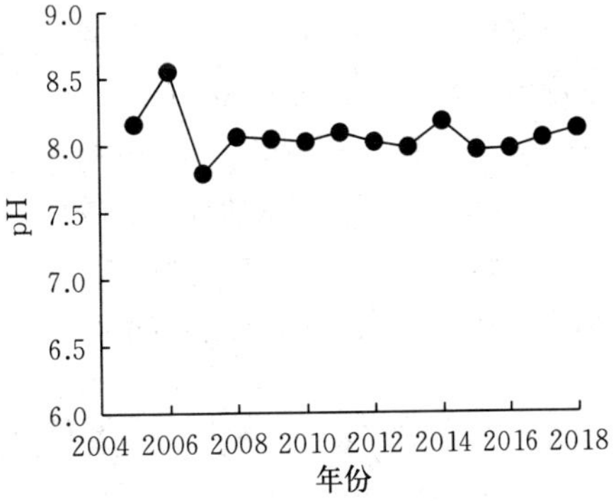


图 6.4.14 聊城市四级监测点 pH 变化趋势

### （三）频率变化

2005—2018年，聊城市四级监测点土壤pH主要集中在（8.0，8.5］和（7.5，8.0］，其他区间比例较低（图6.4.15）。土壤pH在（8.5，9.0］的比例2005年为0，2006年达到最高，为33.3%，2007—2018年呈波动下降趋势，2018年下降至1.1%；土壤pH在（8.0，8.5］的比例2005年为83.3%，2007年下降至最低22.2%，此后除2015年、2016年外，其余年份比例都超过50%，2018年达到78.1%；土壤pH在（7.5，8.0］的比例与（8.0，8.5］的比例趋势基本相反，2007年达到48.9%，此后除2015年、2016年超过（8.0，8.5］的比例外，其余年份都低于（8.0，8.5］的比例；土壤pH在（6.5，7.5］的比例2007年达到最高28.9%，此后呈下降趋势，2018年下降至1.7%。

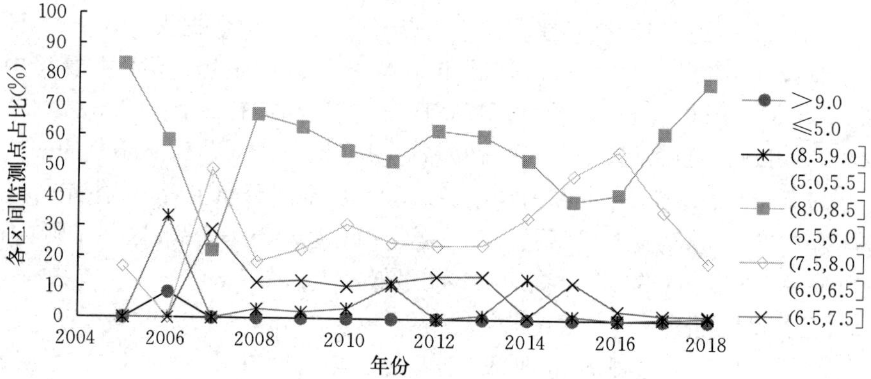


图6.4.15　聊城市四级监测点土壤pH分级频率变化

## 七、小结

2018年，聊城市耕地质量监测点共取土样178个，覆盖全市主要土壤类型和耕地利用类型。土壤肥力状况：有机质含量18.0 g/kg、全氮含量0.92 g/kg、碱解氮含量74.9 mg/kg、有效磷含量24.3 mg/kg、速效钾含量191.0 mg/kg、缓效钾含量756.2 mg/kg，pH为8.1。按照山东省耕地质量监测指标分级标准，全市耕地土壤全氮、碱解氮处于4级较低水平，有机质、有效磷、缓效钾、pH处于3级中等水平，速效钾处于2级较高水平，总体聊城市土壤肥力属中等偏高水平。通过2005—2018年13年来聊城市耕地质量监测结果分析，聊城市土壤肥力总体呈上升趋势。

# 第五节　德州市耕地质量现状及演变趋势

## 一、德州市耕地质量长期定位监测点布局

德州市位于山东省西北部、黄河中下游冲积平原，辖德城区、陵城区、禹

城市、乐陵市、临邑县、平原县、夏津县、武城县、庆云县、宁津县、齐河县11个县（市、区）和德州经济技术开发区、德州运河经济开发区。据第二次土壤普查，德州市土壤划分为3个土类，8个亚类，25个土属，87个土种，主要土壤类型为潮土，占全市土壤总面积的96%以上。

2018年德州市四级监测点818个，其中国家级8个，省级22个，市级33个，县级755个。按照行政区域分，德城区监测点60个，乐陵市84个，临邑县84个，陵城区98个，宁津县37个，平原县33个，齐河县112个，庆云县66个，武城县64个，夏津县77个，禹城市103个。按土壤类型分，德州市监测点土壤大多为潮土，占比达97.1%。按耕地利用类型分，粮田监测点87.8%，菜地监测点12.2%。

## 二、有机质现状及演变趋势

### （一）现状

2018年，德州市四级耕地质量监测点土壤有机质有效数据为806个，平均含量18.1 g/kg。有机质含量小于或等于10 g/kg的监测点有83个，占监测点总数的10.3%；(10，15] g/kg的142个，占17.6%；(15，20] g/kg的293个，占36.3%；(20，25] g/kg的204个，占25.3%；大于25 g/kg的84个，占10.4%。土壤有机质含量主要集中在(20，25] g/kg和(15，20] g/kg（图6.5.1）。种植作物不同，土壤有机质含量有所差异，总体看蔬菜地土壤有机质含量高于粮田。土壤有机质含量空间分布基本体现了自然因素和人为因素的双重影响，其中乐陵、陵城、禹城有机质含量属2级较高水平，平均含量均在(20，25] g/kg；临邑、武城、庆云、德城、平原、齐河有机质含量属3级中等水平，平均含量在15.0～19.5 g/kg。

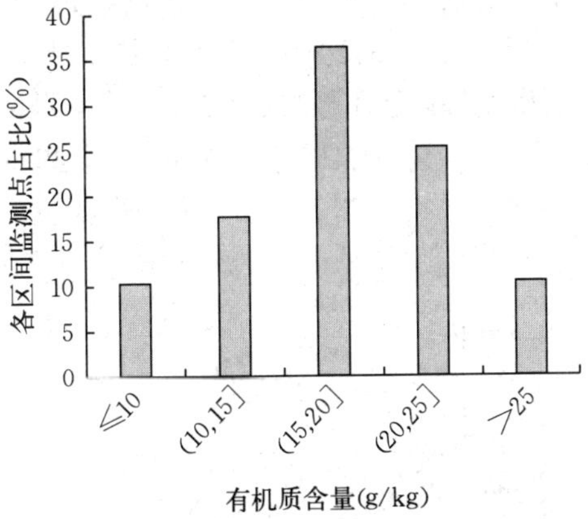


图6.5.1　德州市四级监测点有机质含量各区间占比

### （二）含量变化

2006—2018年，德州市四级监测点土壤有机质年平均值变化趋势如图6.5.2所示，土壤有机质含量呈上升趋势（$y=0.4408x+11.955$，$R^2=0.8872$）。2006—2018年，土壤有机质含量从13.0 g/kg上升至18.1 g/kg，上升了5.1 g/kg，上升比例39.2%。

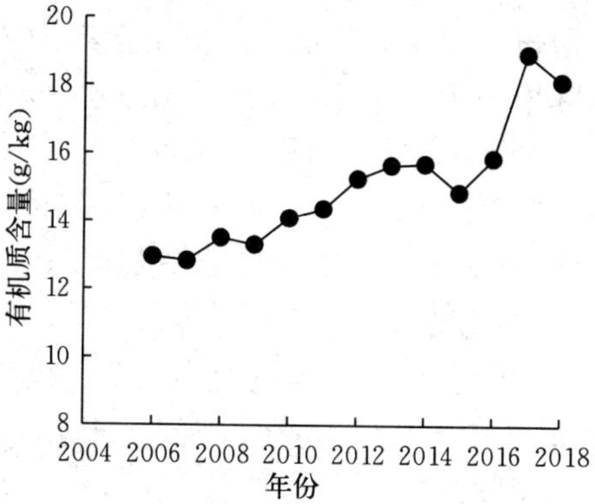


图 6.5.2 德州市四级监测点有机质含量变化趋势

### （三）频率变化

2006—2018 年，德州市四级监测点土壤有机质含量主要集中在（10，15] g/kg 和（15，20] g/kg，其他区间比例较低且年际较稳定（图 6.5.3）。（10，15] g/kg 的比例呈下降趋势，从 39.5%下降至 17.6%；（15，20] g/kg 的比例总体呈上升趋势；（20，25] g/kg 和大于 25 g/kg 的比例呈上升趋势，（20，25] g/kg 的比例从 0 上升至 25.3%，大于 25 g/kg 的比例从 0 上升至 10.4%。

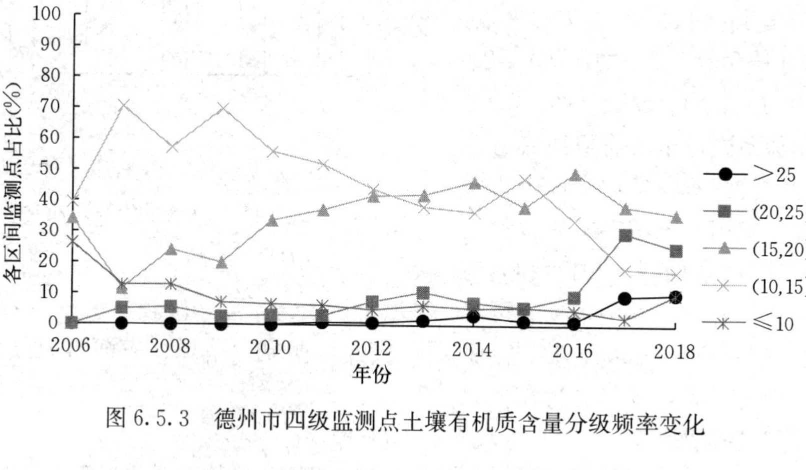


图 6.5.3 德州市四级监测点土壤有机质含量分级频率变化

## 三、全氮现状及演变趋势

### （一）现状

2018 年，德州市四级耕地质量监测点土壤全氮有效数据为 807 个，平均含量 1.27 g/kg。土壤全氮含量主要集中在（1.25，1.50］g/kg 和（1.00，1.25］g/kg（图 6.5.4）。全氮含量小于或等于 0.75 g/kg 的监测点有 36 个，占监测点总数的 4.5%；（0.75，1.00］g/kg 的 120 个，占 14.9%；（1.00，1.25］g/kg 的 257 个，占 31.8%；（1.25，1.50］g/kg 的 246 个，占 30.5%；大于 1.50 g/kg 的 148 个，占 18.3%。从空间分布看，平原、夏津、武城、德城、陵城、临邑、乐陵全氮含量水平较高，平均含量在 1.25 g/kg 以上，齐河、宁津、庆云、武城全氮含量水平中等，平均含量在 1.0～1.2 g/kg。

**（二）含量变化**

2007—2018 年，德州市四级监测点土壤全氮含量呈缓慢上升趋势，从 0.80 g/kg 上升至 1.27 g/kg，上升了 0.47 g/kg，上升比例 58.8%（图 6.5.5）。2007—2018 年，土壤全氮含量上升明显，与有机质含量的变化趋势基本一致。

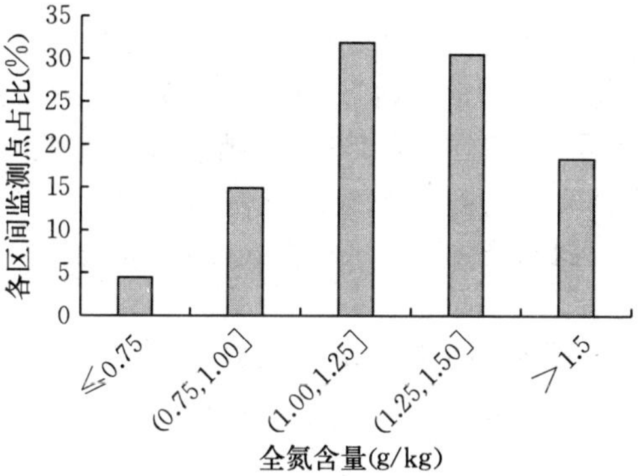


图 6.5.4　德州市四级监测点全氮含量各区间占比

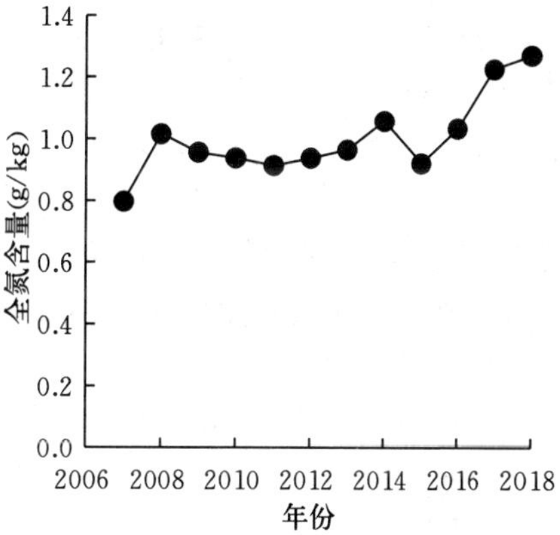


图 6.5.5　德州市四级监测点全氮含量变化趋势

**（三）频率变化**

2007—2018 年，德州市四级监测点土壤全氮含量小于或等于 0.75 g/kg 的比例呈下降趋势，从 2007 年的 35.3%下降至 2018 年的 4.5%；（0.75，1.00］g/kg 的比例从 41.2%下降至 14.9%；（1.00，1.25］g/kg 的比例有所上升，2018 年为 31.8%，较 2007 年上升了 14.2 个百分点；（1.25，1.50］g/kg 的比例上升幅度较大，上升了 24.6 个百分点；大于 1.50 g/kg 的比例从 0 上升至 18.3%（图 6.5.6）。土壤全氮含量随有机质含量上升也呈上升趋势。

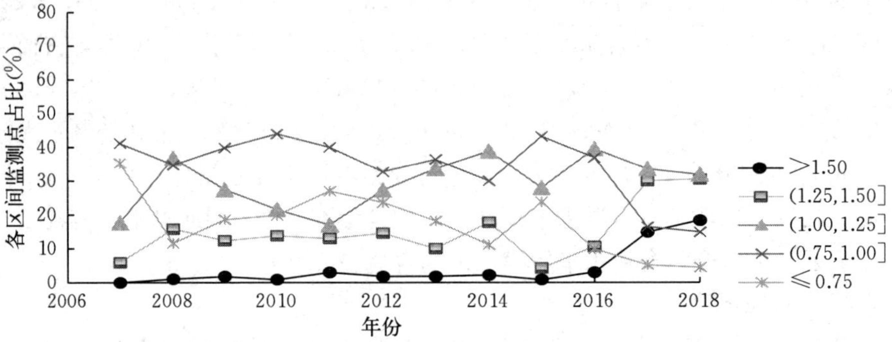


图 6.5.6　德州市四级监测点土壤全氮含量分级频率变化

## 四、有效磷现状及演变趋势

### (一) 现状

2018年，德州市四级耕地质量监测点土壤有效磷有效数据为807个，平均含量34.4 mg/kg。土壤有效磷含量小于或等于10 mg/kg的监测点有75个，占监测点总数的9.3%；(10，20] mg/kg的235个，占29.1%；(20，30] mg/kg的179个，占22.2%；(30，50] mg/kg的205个，占25.4%；大于50 mg/kg的113个，占14.0%（图6.5.7）。空间分布上有效磷含量受种植制度、施肥习惯等人为因素影响较大，陵城、德城、庆云、齐河有效磷含量较高，都大于35 mg/kg，禹城、夏津、武城、平原有效磷含量较低，平均在30 mg/kg以下。

### (二) 含量变化

2006—2018年，德州市四级监测点土壤有效磷含量呈明显上升趋势，从19.8 mg/kg上升至34.4 mg/kg，年平均上升1.2 mg/kg（图6.5.8）。

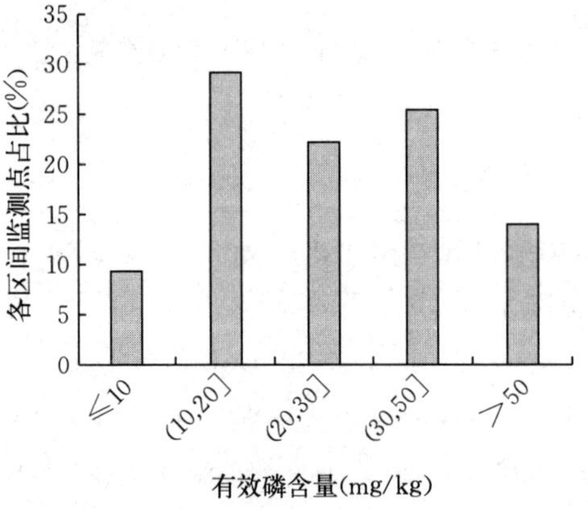


图 6.5.7　德州市四级监测点有效磷含量各区间占比

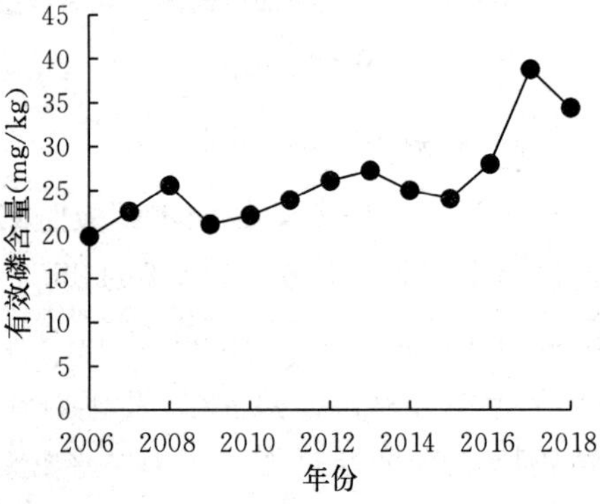


图 6.5.8　德州市四级监测点有效磷含量变化趋势

### （三）频率变化

2006—2018年，德州市四级监测点土壤有效磷含量小于或等于10 mg/kg的比例从30.6%下降至9.3%，(10，20] mg/kg的比例从2006年的25.0%上升至2018年的29.3%，(20，30] mg/kg的比例从27.8%下降至22.2%，(30，50] mg/kg的比例从13.9%上升至25.4%，大于50 mg/kg的比例从2006年的2.8%上升至2018年的14.0%（图6.5.9）。土壤有效磷含量小于或等于10 mg/kg及(20，30] mg/kg的比例呈下降趋势，(30，50] mg/kg及大于50 mg/kg的比例呈上升趋势，(10，20] mg/kg的比例2018年相对2006年变化不大。

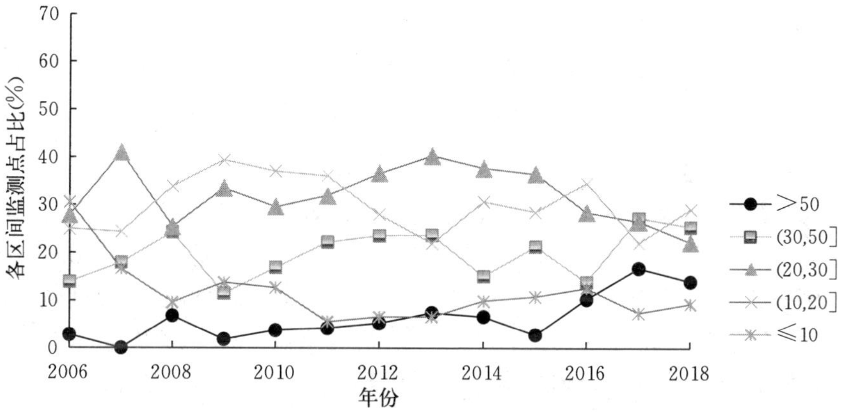


图6.5.9　德州市四级监测点土壤有效磷含量分级频率变化

## 五、速效钾现状及演变趋势

### （一）现状

2018年，德州市四级耕地质量监测点土壤速效钾有效数据为805个，平均含量246 mg/kg。速效钾含量小于或等于50 mg/kg的监测点有1个，占监测点总数的0.1%；(50，100] mg/kg的29个，占3.6%；(100，150] mg/kg的135个，占16.8%；(150，200] mg/kg的180个，占22.4%；大于200 mg/kg的460个，占57.1%（图6.5.10）。从空间分布看，德城、武城、陵城、乐陵、临邑、庆云、禹城速效钾含量高，平均值均大于240 mg/kg；平原、夏津、齐河、宁津速效钾含量较高，平均值均在150～240 mg/kg。

### （二）含量变化

2006—2018年，德州市四级监测点速效钾含量呈明显上升趋势，从2006的130 mg/kg上升至2018年的246 mg/kg，这与近些年来推广的测土配方施肥和秸秆还田是分不开的（图6.5.11）。

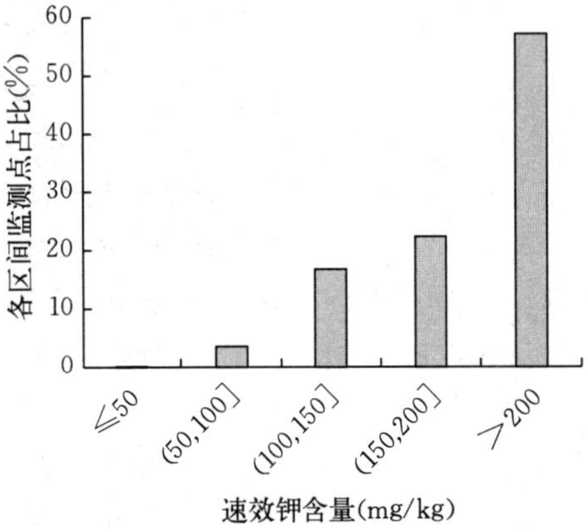


图 6.5.10　德州市四级监测点速效钾含量各区间占比

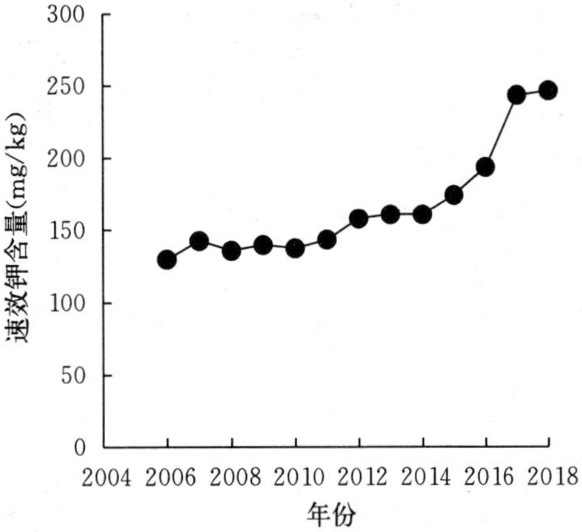


图 6.5.11　德州市四级监测点速效钾含量变化趋势

## (三) 频率变化

2006—2018 年，德州市四级监测点土壤速效钾含量小于或等于 50 mg/kg 的比例从 0 上升至 0.1%，有的地方速效钾含量呈下降趋势；(50，100] mg/kg 的比例从 21.6%下降至 3.6%；(100，150] mg/kg 的比例变化幅度较大，整体呈下降趋势，2011 年为 54.8%，以后逐渐降低，2018 年为 16.8%；(150，200] mg/kg 的比例从 13.5%上升至 22.4%；大于 200 mg/kg 的比例从 5.4%上升至 57.1%（图 6.5.12)。2018 年土壤速效钾含量大于200 mg/kg 的比例与 2015 年相比上升了 27.8 个百分点，相当于比例提升了约 1 倍；(150，200] mg/kg、(100，150] mg/kg 和 (50，100] mg/kg 的比例与 2016 年相比略有下降，分别下降了 1.7 个、22.2 个和 4.0 个百分点。

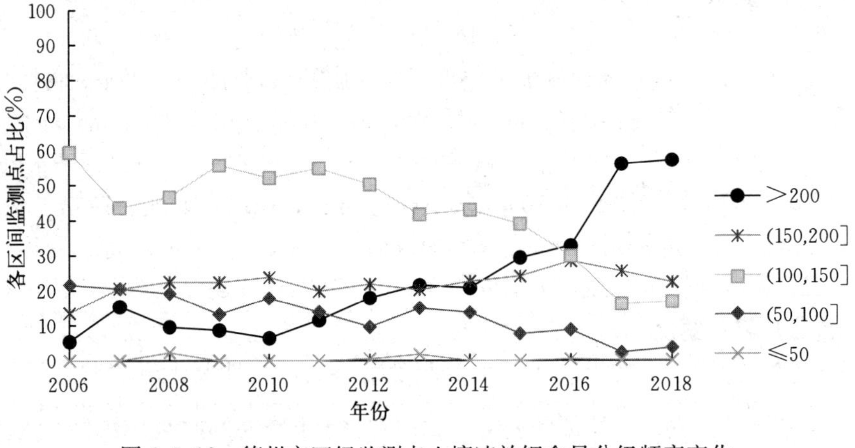


图 6.5.12　德州市四级监测点土壤速效钾含量分级频率变化

## 六、土壤 pH 现状及演变趋势

### （一）现状

2018 年，德州市四级耕地质量监测点土壤 pH 有效数据为 742 个，平均为 8.12，变幅在 6.8～9.2。土壤 pH 在（6.5，7.5］的监测点有 10 个，占监测点总数的 1.3%；（7.5，8.0］的 246 个，占 33.2%；（8.0，8.5］的 424 个，占 57.1%；（8.5，9.0］的 59 个，占 8.0%；大于 9.0 的 3 个，占 0.4%（图 6.5.13）。德州市土壤为弱碱性土壤，pH 大部分介于 7.5 和 8.5 之间。

### （二）pH 变化

2006—2018 年，德州市四级监测点土壤 pH 总体在上升，从 2006 年的 7.40 上升至 2018 年的 8.12，12 年升高了 0.72（图 6.5.14）。

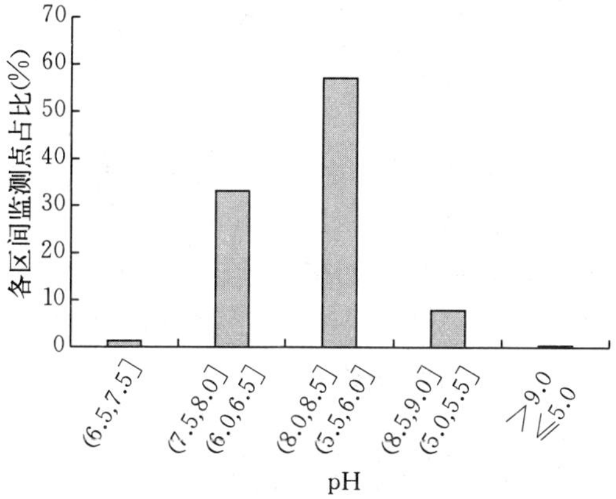


图 6.5.13　德州市四级监测点 pH 各区间占比

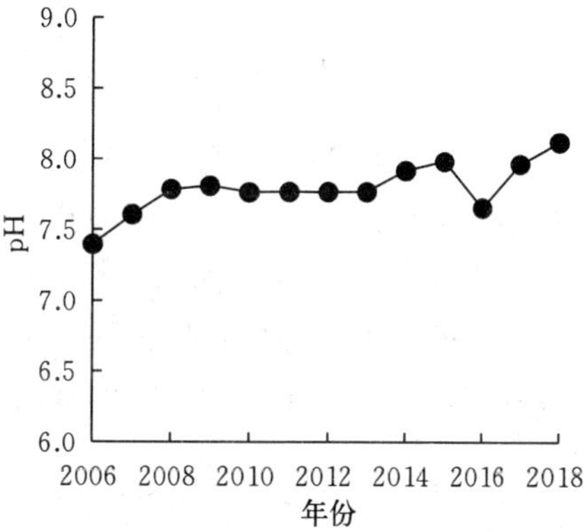


图 6.5.14　德州市四级监测点 pH 变化趋势

### （三）频率变化

2006—2018 年，德州市四级监测点土壤 pH 在（6.5，7.5］的比例总体在下降，2006 年为 44.4%，2018 年仅为 1.3%，下降了 43.1 个百分点；（7.5，8.0］的比例 2018 年为 33.2%，2006 年为 55.6%，2018 年与 2006 年相比下降了 22.4 个百分点；大于 9.0 的比例总体变化不大（图 6.5.15）。

## 七、小结

2018 年，德州市耕地质量监测共取土样 837 个，覆盖全市主要土壤类型和耕地利用类型，平均每 1 万亩耕地 1 个土样，土壤肥力状况：有机质含量 18.1 g/kg、全氮含量 1.27 g/kg、有效磷含量 34.4 mg/kg、速效钾含量 246 mg/kg、缓效钾含量 894 mg/kg，pH 为 8.12。按照山东省耕地质量监测指标分级标准，德州市耕地土壤有机质处于 3 级中等水平，全氮、有效磷处于

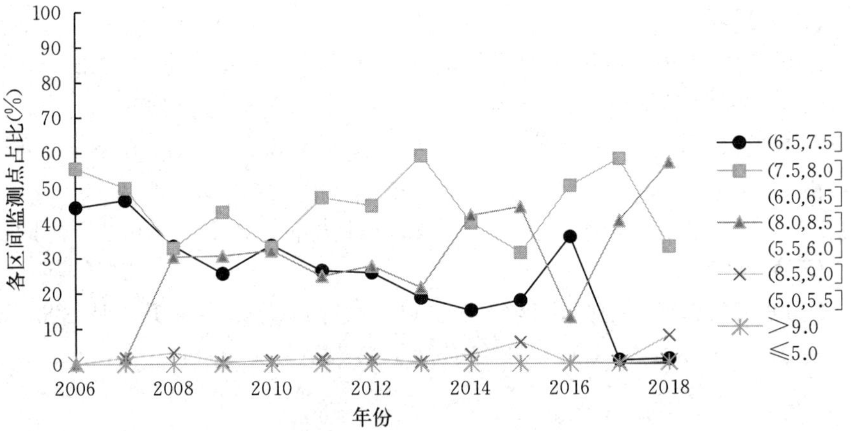


图 6.5.15　德州市四级监测点土壤 pH 分级频率变化

2级较高水平，速效钾处于1级高水平，缓效钾处于2级较高水平，pH处于3级中等水平。德州市土壤肥力总体属中等偏高水平。

通过2006—2018年10多年来德州市耕地质量监测结果分析，德州市土壤肥力总体呈上升趋势，值得注意的是土壤pH也呈上升趋势，德州市土壤本来偏碱性，经过多年耕作，碱性在增强，这应该引起注意。

# 第六节　菏泽市耕地质量现状及演变趋势

## 一、菏泽市耕地质量长期定位监测点布局

菏泽市地处山东省西南部，与苏、豫、皖三省接壤，东与济宁市相邻，东南与江苏省徐州市、安徽省宿州市接壤，南与河南省商丘市相连，西与河南省开封市、新乡市毗邻，北接河南省濮阳市。菏泽市辖7个县和2个区，还有1个省级经济技术开发区，1个高新技术开发区。总土地面积122.38万 $hm^2$，其中耕地总面积83.18万 $hm^2$，主要土壤类型为潮土。菏泽市是农业大市，地势平坦，土层深厚，自然条件十分优越。

### （一）按行政区划分

截至2018年底，菏泽市共有国家、省、市及县级耕地质量长期定位监测点210个，其中国家级监测点4个，省级监测点17个，市级监测点25个，县级监测点164个。四级监测点分布于全市9个县（市、区），平均6万亩耕地设置1个监测点。各县（市、区）具体四级监测点分布情况如表6.6.1所示。

表 6.6.1　2018 年菏泽市各县（市、区）耕地质量监测点分布情况

单位：个

| 县（市、区） | 国家级监测点 | 省级监测点 | 市级监测点 | 县级监测点 | 合计 |
| --- | --- | --- | --- | --- | --- |
| 牡丹区 | 2 | 2 | 3 | 25 | 32 |
| 定陶区 | 0 | 2 | 3 | 16 | 21 |
| 曹县 | 0 | 2 | 3 | 18 | 23 |
| 成武县 | 0 | 2 | 3 | 17 | 22 |
| 单县 | 0 | 2 | 3 | 17 | 22 |
| 巨野县 | 1 | 2 | 3 | 15 | 21 |
| 郓城县 | 0 | 1 | 2 | 23 | 26 |
| 鄄城县 | 1 | 1 | 3 | 18 | 23 |
| 东明县 | 0 | 3 | 2 | 15 | 20 |
| 合计 | 4 | 17 | 25 | 164 | 210 |

### （二）按土壤类型划分

根据第二次土壤普查结果，菏泽市土壤类型主要为潮土，其他土壤类型占比不足 2%，菏泽市的四级耕地质量长期定位监测点主要在潮土布点。

### （三）按耕地利用类型划分

菏泽市四级耕地质量长期定位监测点设置时综合考虑不同的耕地利用类型，在粮—粮、粮—油、粮—菜、菜地和果园分别布点，其中粮—粮布点 180 个，占比 85.7%，粮—油和粮—菜分别布点 5 个，各占比 2.4%；菜地布点 16 个，占比 7.6%；果园布点 4 个，占比 1.9%（图 6.6.1）。

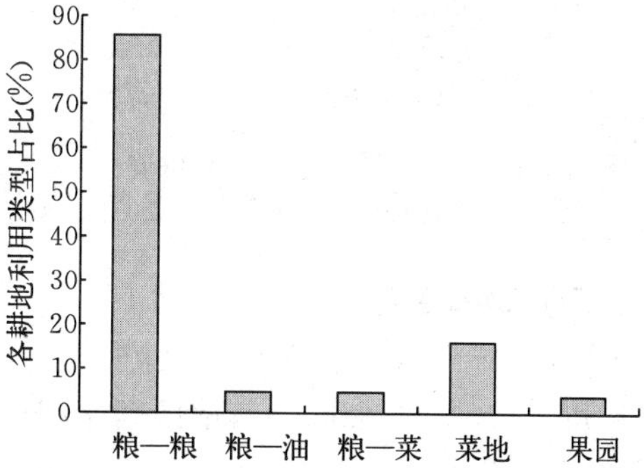


图 6.6.1　2018 年各耕地利用类型监测点占比

## 二、有机质现状及演变趋势

### （一）现状

2018 年，菏泽市四级耕地质量监测点土壤有机质有效数据为 205 个，平均含量 15.2 g/kg。有机质含量主要集中在（10，15］g/kg 和（15，20］g/kg（图 6.6.2）。有机质含量小于或等于 10 g/kg 的监测点有 5 个，占监测点总数的 2.4%；［10，15］g/kg 的 91 个，占 44.4%；（15，20］g/kg 的 96 个，占 46.8%；（20，25］g/kg 的 12 个，占 5.9%；大于 25 g/kg 的 1 个，占 0.5%。

### （二）含量变化

1998—2018 年，菏泽市四级监测点土壤有机质含量呈上升趋势，从

12.5 g/kg 上升至 15.2 g/kg，2018 年比 1998 年上升 21.6%（图 6.6.3）。1998—2006 年，有机质含量较不稳定，呈波动状态；2006—2012 年，有机质含量呈缓慢上升趋势，从 12.7 g/kg 上升至 13.2 g/kg，年平均上升 0.083 g/kg。2012—2018 年，有机质含量上升趋势明显，由 13.2 g/kg 上升至15.2 g/kg，年平均上升 0.333 g/kg。随着农民施肥观念的改变及有机肥替代化肥、秸秆还田等技术的推广，农民施用畜禽粪便和商品有机肥的面积逐渐加大，这可能是近年来菏泽市耕地有机质含量逐渐提高的原因。

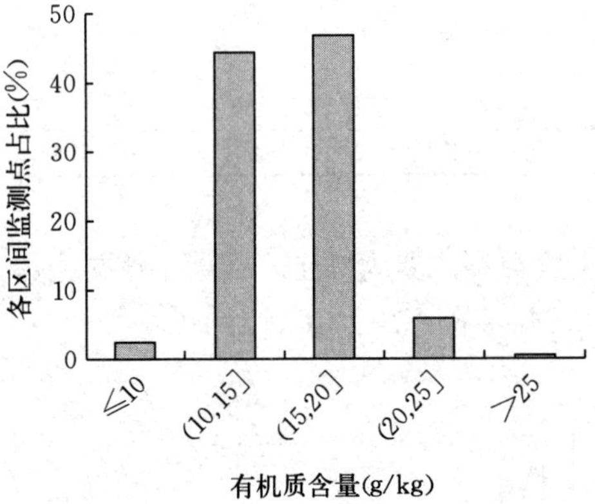


图 6.6.2　菏泽市四级监测点有机质含量各区间占比

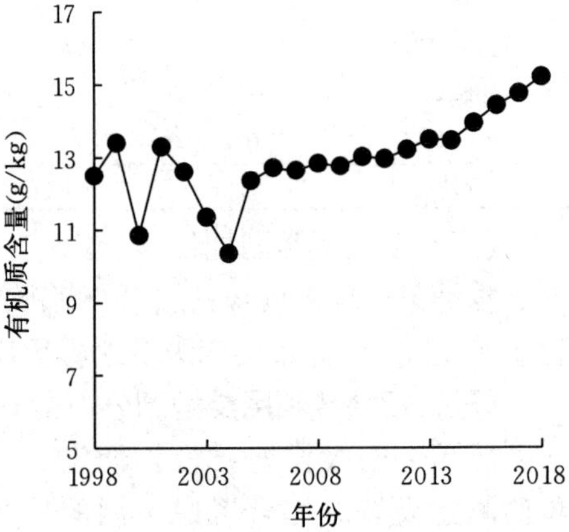


图 6.6.3　菏泽市四级监测点有机质含量变化趋势

## （三）频率变化

2006—2018 年，菏泽市四级监测点土壤有机质含量主要集中在（10，15] g/kg 和（15，20] g/kg，其他区间比例较低且年际较稳定（图 6.6.4）。小于

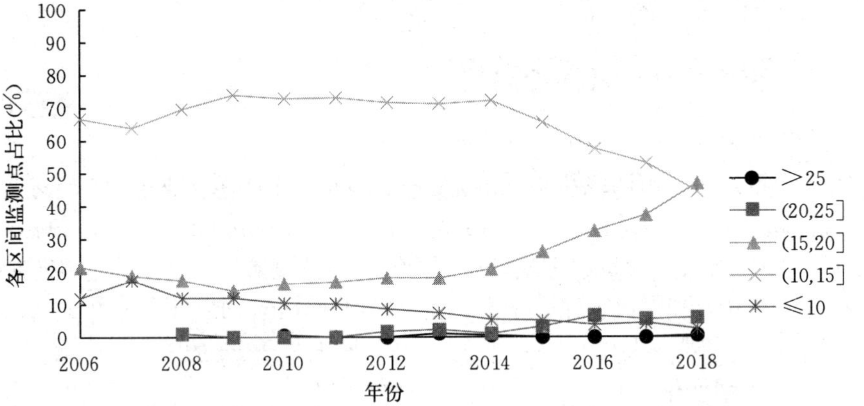


图 6.6.4　菏泽市四级监测点土壤有机质含量分级频率变化

或等于 10 g/kg 的比例呈逐渐下降趋势；(10，15] g/kg 的比例呈先升后降趋势，从 2009 年最高的 73.9%下降至 2018 年的 44.4%；(15，20] g/kg 的比例呈上升趋势，从 2006 年的 21.4%上升至 2018 年的 46.8%。

## 三、全氮现状及演变趋势

### (一) 现状

2018 年，菏泽市四级耕地质量监测点土壤全氮有效数据为 190 个，平均含量 1.19 g/kg。全氮含量主要集中在 (1.00，1.25] g/kg (图 6.6.5)。全氮含量小于或等于0.75 g/kg 的监测点有 6 个，占监测点总数的 3.2%；(0.75，1.00] g/kg 的 43 个，占 22.6%；(1.00，1.20] g/kg 的 78 个，占 41.0%；(1.20，1.50] g/kg 的 34 个，占 17.9%；大于 1.50 g/kg 的 29 个，占 15.3%。

### (二) 含量变化

1998—2018 年，菏泽市四级监测点土壤全氮含量总体呈缓慢上升趋势，从 0.86 g/kg 上升至 1.19 g/kg，2018 年比 1998 年上升 0.33 g/kg，上升 38.37% (图 6.6.6)。1998—2005 年，全氮含量呈先缓慢上升后下降的趋势；2005—2012 年，全氮含量基本稳定在 0.84～0.92 g/kg；2012—2018 年，全氮含量上升趋势明显，由 0.84 g/kg 上升至 1.19 g/kg，年平均上升 0.058 g/kg。

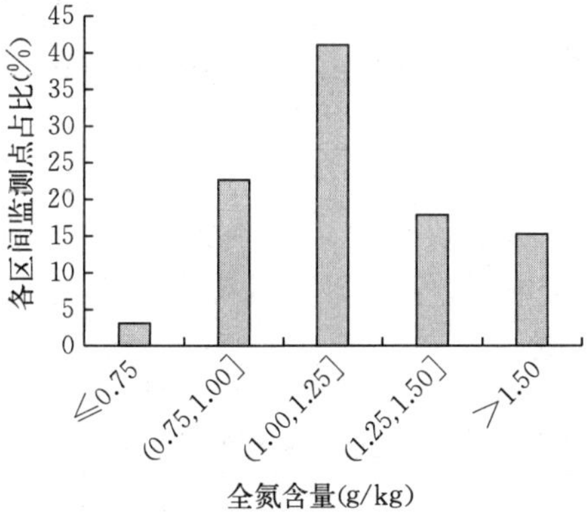


图 6.6.5　菏泽市四级监测点全氮含量各区间占比

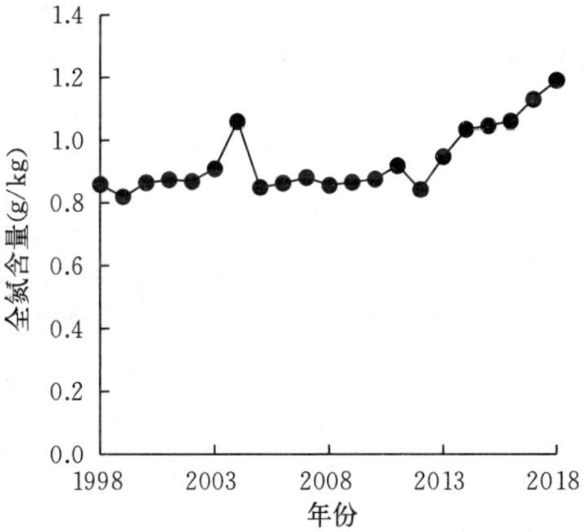


图 6.6.6　菏泽市四级监测点全氮含量变化趋势

### (三) 频率变化

2006—2012 年，菏泽市四级监测点土壤全氮含量主要集中在小于或等于 0.75 g/kg、(0.75，1.00] g/kg 和 (1.00，1.25] g/kg (图 6.6.7)。2012—2018 年，土壤全氮含量分级频率年际起伏较大，其中，小于或等于 0.75 g/kg 的比例呈先上升后下降趋势，从 32.5%下降至 3.2%；(1.00，1.25] g/kg 的

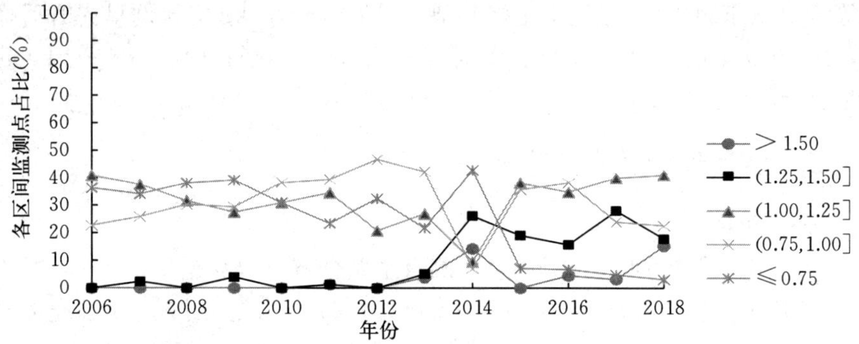


图 6.6.7　菏泽市四级监测点土壤全氮含量分级频率变化

比例呈明显上升趋势，从 20.8%上升至 41.0%；(1.25，1.50] g/kg 和大于 1.50 g/kg 的比例呈波动上升趋势。

## 四、有效磷现状及演变趋势

### (一) 现状

2018 年，菏泽市四级耕地质量监测点土壤有效磷平均含量 22 mg/kg，有效磷含量主要集中在 (10，20] mg/kg、(20，30] mg/kg 和 (30，50] mg/kg (图 6.6.8)。2018 年全市监测点有效磷有效数据为 210 个，其中小于或等于 10 mg/kg 的监测点有 12 个，占监测点总数的 5.7%；(10，20] mg/kg 的 102 个，占 48.6%；(20，30] mg/kg 的 53 个，占 25.2%；(30，50] mg/kg 的 39 个，占 18.6%；大于 50 mg/kg 的 4 个，占 1.9%。

### (二) 含量变化

2006—2018 年，菏泽市四级监测点土壤有效磷含量总体变化不大，在 21.7 mg/kg 和 28.4 mg/kg 之间浮动，处于中等偏低水平 (图 6.6.9)。

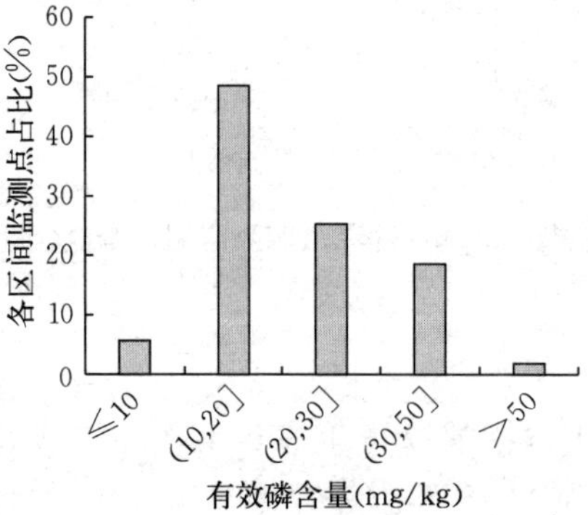


图 6.6.8　菏泽市四级监测点有效磷含量各区间占比

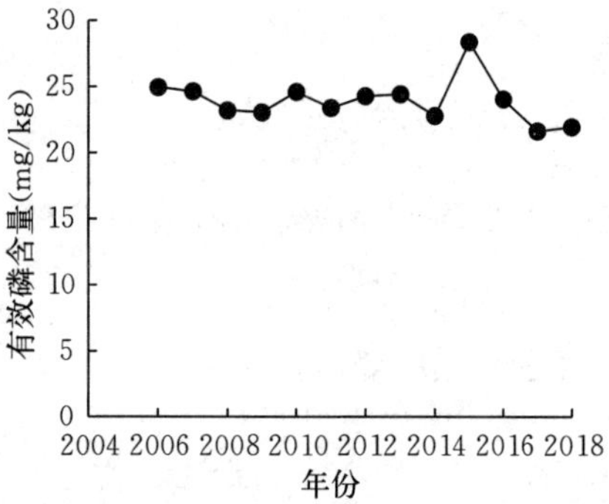


图 6.6.9　菏泽市四级监测点有效磷含量变化趋势

### （三）频率变化

2006—2018年，菏泽市四级监测点土壤有效磷含量主要集中在（10，20］mg/kg、（20，30］mg/kg和（30，50］mg/kg，其他区间比例较低且年际较稳定（图6.6.10）。（10，20］mg/kg的比例呈波动上升趋势，从21.4%上升至48.6%，年平均上升2.3个百分点；（20，30］mg/kg的比例波动变化；（30，50］mg/kg的比例较稳定，在20%上下浮动。

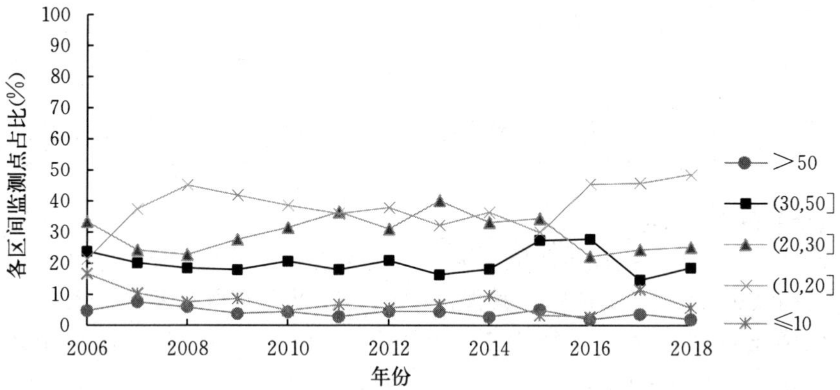


图6.6.10　菏泽市四级监测点土壤有效磷含量分级频率变化

## 五、速效钾现状及演变趋势

### （一）现状

2018年，菏泽市四级耕地质量监测点土壤速效钾有效数据为210个，平均含量162.9 mg/kg。速效钾含量主要集中在（100，150］mg/kg（图6.6.11）。速效钾含量小于或等于50 mg/kg的监测点有0个；（50，100］mg/kg的监测点有39个，占监测点总数的18.6%；（100，150］mg/kg的监测点有78个，占监测点总数的37.1%；（150，200］mg/kg的监测点有42个，占监测点总数的20.0%；大于200 mg/kg的监测点有51个，占监测点总数的24.3%。

### （二）含量变化

2006—2018年，菏泽市四级监测点土壤速效钾含量呈上升趋势，从116.8 mg/kg上升至162.9 mg/kg，2018年比2006年上升46.1 mg/kg，上升39.5%（图6.6.12）。2006—2015年，土壤速效钾含量变化不大；2015—2018年，土壤速效钾含量上升趋势明显，这与土壤有机质和全氮含量的变化趋势类似。

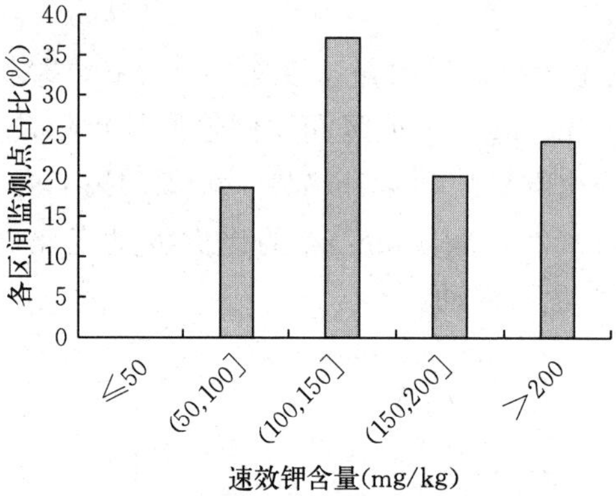


图 6.6.11　菏泽市四级监测点速效钾含量各区间占比

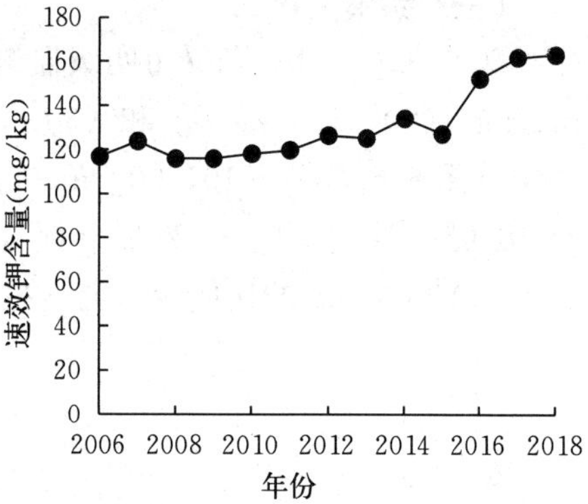


图 6.6.12　菏泽市四级监测点速效钾含量变化趋势

## (三) 频率变化

2006—2014 年，菏泽市四级监测点土壤速效钾含量主要集中在 (50，100] mg/kg 和 (100，150] mg/kg，其他区间比例较低且年际较稳定；2014—2018 年，土壤速效钾含量主要集中在 (50，100] mg/kg、(100，150] mg/kg、(150，200] mg/kg 和大于 200 mg/kg (图 6.6.13)。(50，100] mg/kg 的比例在 2006—2018 年呈波动下降趋势，从 35.7%下降至 18.6%，年平均下降 1.4 个百分点；(100，150] mg/kg 的比例 2006—2014 年在 45%上下波动，2015—2018 年呈明显下降趋势，从 57.3%下降至 37.1%；(150，200] mg/kg 和大于 200 mg/kg 的比例呈上升趋势。

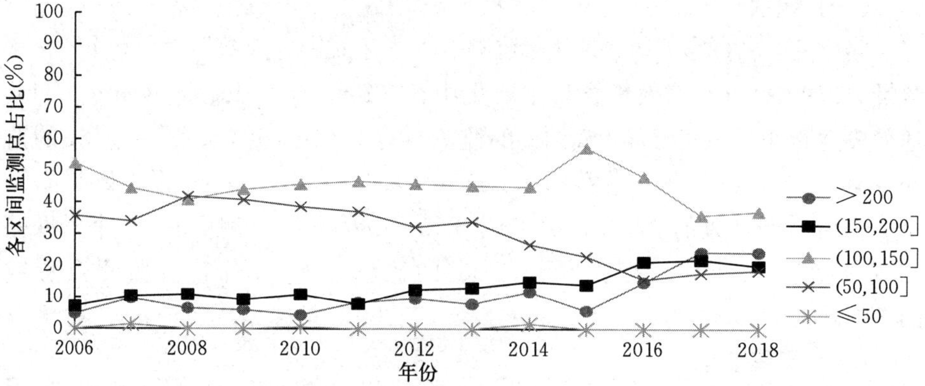


图 6.6.13　菏泽市四级监测点土壤速效钾含量分级频率变化

# 六、土壤 pH 现状及演变趋势

## (一) 现状

2018 年，菏泽市四级耕地质量监测点土壤 pH 有效数据为 210 个，pH 平均为8.1。pH主要集中在（8.0，8.5]，处于3级水平（图6.6.14）。pH在（6.5，7.5]的监测点有21个，占监测点总数的10.0%；（7.5，8.0]的监测点有42个，占20.0%；（8.0，8.5]的监测点有145个，占69.0%；（8.5，9.0]的监测点有2个，占1.0%；大于9.0的监测点有0个。

## （二）pH变化

2006—2018年，菏泽市四级监测点土壤pH变化平稳，基本在8.0上下浮动（图6.6.15）。

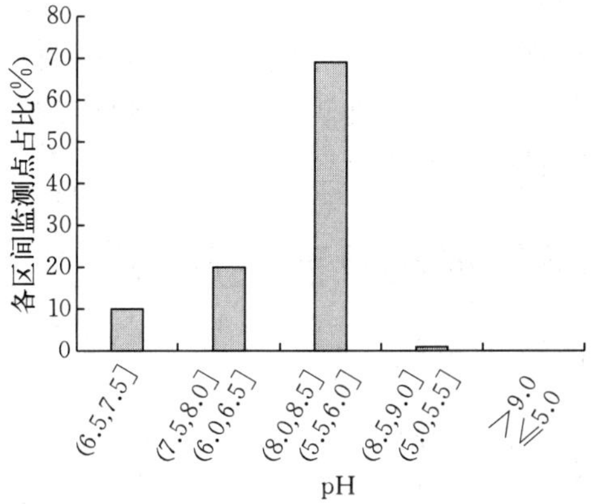


图6.6.14　菏泽市四级监测点pH各区间占比

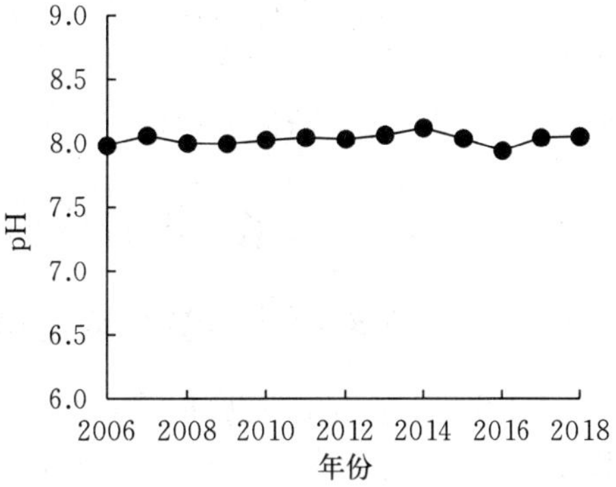


图6.6.15　菏泽市四级监测点pH变化趋势

## （三）频率变化

2006—2018年，菏泽市四级监测点土壤pH主要集中在（7.5，8.0]和（8.0，8.5]，两者的比例呈此消彼长的趋势，其他区间比例较低且年际较稳定（图6.6.16）。

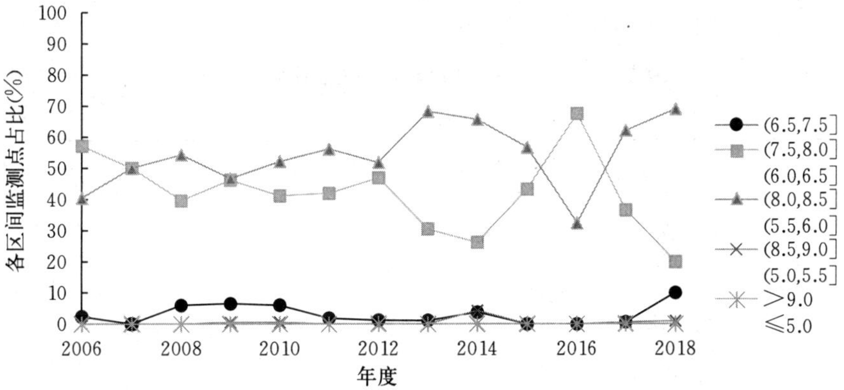


图6.6.16　菏泽市四级监测点土壤pH分级频率变化

## 七、小结

对2018年菏泽市四级监测点的土壤养分结果进行分析后得出，菏泽市监测点土壤pH平均为8.1，有机质含量15.2 g/kg，全氮含量1.19 g/kg，有效磷含量22 mg/kg，速效钾含量162.9 mg/kg。菏泽市土壤有机质含量属中等略低水平，全氮含量较丰富，有效磷相对缺乏，速效钾含量比较丰富。

根据2006—2018年菏泽市四级监测点数据，菏泽市耕地主要养分含量呈上升趋势，其中土壤中有机质、全氮和速效钾含量提高明显，土壤pH和有效磷含量年际变化不大，呈波动状态。这说明随着测土配方施肥、施用有机肥、水肥一体化、秸秆还田等技术的推广应用，农民科学合理施肥意识逐步增强，菏泽市作物的施肥结构更趋合理，耕地质量得到提升。

# 第七节　滨州市耕地质量现状及演变趋势

## 一、滨州市耕地质量长期定位监测点布局

滨州市位于山东省北部、鲁北平原、黄河三角洲腹地，是山东省的北大门。现辖惠民县、阳信县、无棣县、博兴县、滨城区、沾化区、邹平市四县二区一市和滨州经济开发区、滨州高新技术产业开发区、滨州北海经济开发区，是黄河三角洲区域最大的行政区。土地面积96.0万$hm^2$，其中耕地面积46.5万$hm^2$。土壤有5个土类，13个亚类，28个土属，主要土壤类型为潮土、盐土、褐土等。

2005—2018年滨州市的国家、省、市、县级监测点数量统计如表6.7.1所示。其中2005—2007年只有无棣县、博兴县参与，2008年以后滨州市所有县（市、区）均包含国家级监测点和测土配方施肥的长期定位监测点。2005—2007年监测数据年份间波动较大，在分析时根据监测点数量主要分析讨论2008—2018年这一阶段。

**表6.7.1　2005—2018年滨州市监测点数量统计**

单位：个

| 监测年份 | 监测点数量 | 监测年份 | 监测点数量 |
|---|---|---|---|
| 2005 | 20 | 2012 | 131 |
| 2006 | 41 | 2013 | 164 |
| 2007 | 114 | 2014 | 169 |
| 2008 | 154 | 2015 | 159 |
| 2009 | 164 | 2016 | 152 |
| 2010 | 197 | 2017 | 154 |
| 2011 | 164 | 2018 | 156 |

## 二、有机质现状及演变趋势

### （一）现状

2018 年，滨州市四级耕地质量监测点土壤有机质有效数据为 156 个，平均含量 17.1 g/kg。土壤有机质含量主要集中在（15，20］g/kg（图 6.7.1）。有机质含量小于或等于 10 g/kg 的监测点有 9 个，占监测点总数的 5.8%；（10，15］g/kg 的 45 个，占 28.9%；（15，20］g/kg 的 62 个，占 39.7%；（20，25］g/kg 的 31 个，占 19.9%；大于 25 g/kg 的 9 个，占 5.8%。

### （二）含量变化

2005—2018 年，滨州市四级监测点土壤有机质含量呈缓慢上升趋势，从 14.8 g/kg 上升至 17.1 g/kg，2018 年比 2005 年上升 15.5%（图 6.7.2）。2005—2008 年，土壤有机质含量波动变化，其平均值从 14.8 g/kg 上升至 15.0 g/kg，2008 年比 2005 年上升 1.4%；2008—2012 年，土壤有机质含量下降，其平均值从 15.0 g/kg 下降至 14.6 g/kg，2012 年比 2008 年下降 2.7%；2012—2018 年，土壤有机质含量上升，2018 年比 2012 年上升 17.1%。

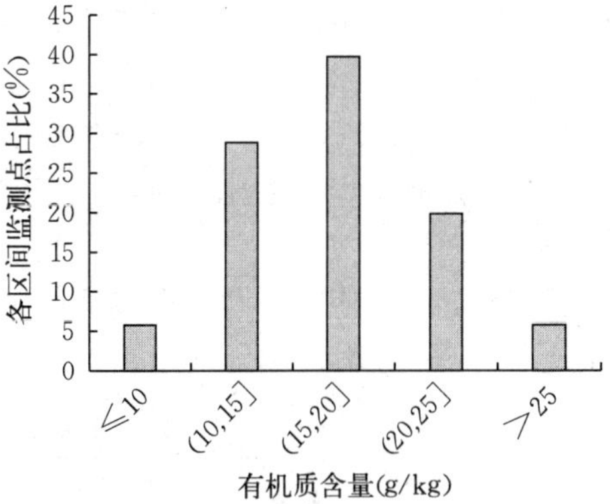


图 6.7.1　滨州市四级监测点有机质含量各区间占比

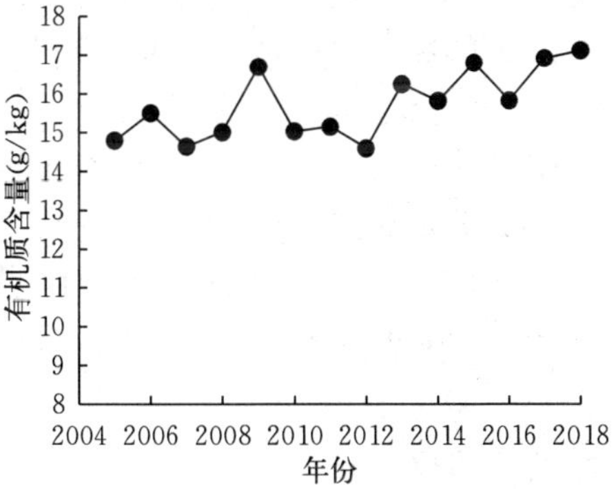


图 6.7.2　滨州市四级监测点有机质含量变化趋势

### （三）频率变化

2005—2018 年，滨州市四级监测点土壤有机质含量主要集中在（10，15］g/kg 和（15，20］g/kg，其他区间比例较低且年际较稳定（图 6.7.3）。（20，25］g/kg 的比例呈上升趋势，从 5.0%上升至 16.2%；（10，15］g/kg 的比例总体呈先上升后降低趋势，最高值为 2012 年的 51.7%，最低值为 2007 年的 22.8%；（15，20］g/kg 的比例总体呈先降低后上升趋势，最低值为 2009 年的 24.4%，2018 年比 2005 年降低 15.3 个百分点。

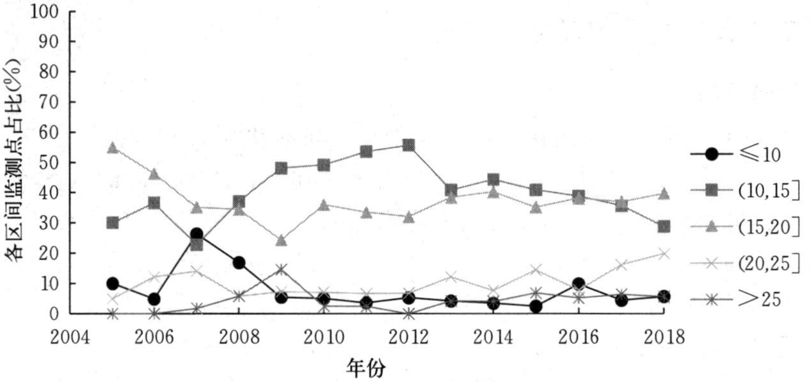


图 6.7.3　滨州市四级监测点土壤有机质含量分级频率变化

## 三、碱解氮现状及演变趋势

### (一) 现状

2018 年，滨州市四级耕地质量监测点土壤碱解氮有效数据为 156 个，平均含量 93.1 mg/kg。土壤碱解氮含量主要集中在（90，120] mg/kg 和（60，90] mg/kg（图 6.7.4）。碱解氮含量小于或等于 60 mg/kg 的监测点有 25 个，占监测点总数的 16.0%；（60，90] mg/kg 的监测点有 53 个，占 34.0%；（90，120] mg/kg 的监测点有 50 个，占 32.1%；（120，150] mg/kg 的监测点有 21 个，占 13.5%；大于 150 mg/kg 的监测点有 7 个，占 4.5%。

### (二) 含量变化

2005—2018 年，滨州市四级监测点土壤碱解氮含量呈缓慢上升趋势，从 74.3 mg/kg 上升至 93.1 mg/kg，2018 年比 2005 年上升 25.3%（图 6.7.5）。

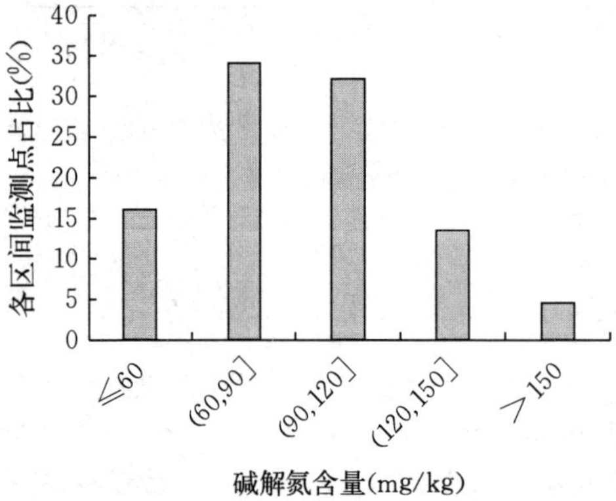


图 6.7.4　滨州市四级监测点碱解氮含量各区间占比

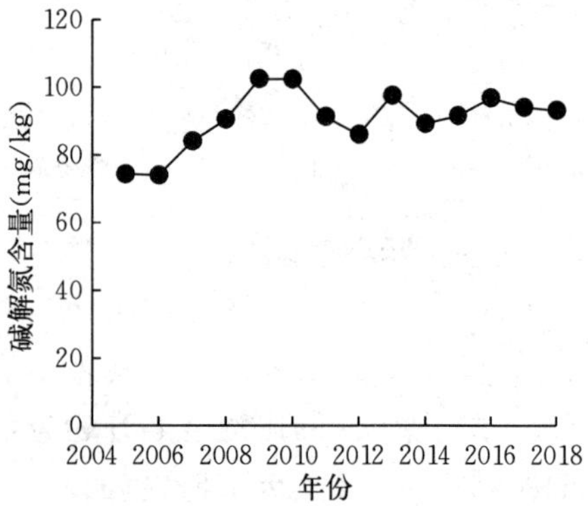


图 6.7.5　滨州市四级监测点碱解氮含量变化趋势

2009 年碱解氮含量较 2005 年升高 37.6%，2011—2018 年碱解氮含量总体上升，从 91.2 mg/kg 上升至 93.1 mg/kg。

### （三）频率变化

2005—2018 年，滨州市四级监测点土壤碱解氮含量主要集中在（60，90] mg/kg 和（90，120] mg/kg（图 6.7.6）。小于或等于 60 mg/kg 的比例在 2006 年和 2007 年较高，从 2014 年起占比稳定在 15%左右；（60，90] mg/kg 的比例在 2005 年较高，2006 年起总体呈先上升后降低的趋势；（90，120] mg/kg 的比例从 2007 年起有一定上升趋势；（120，150] mg/kg 的比例呈上升趋势，从 0 上升至 13.5%；大于 150 mg/kg 的比例呈上升趋势，从 0 开始上升，总体在 0～14%。

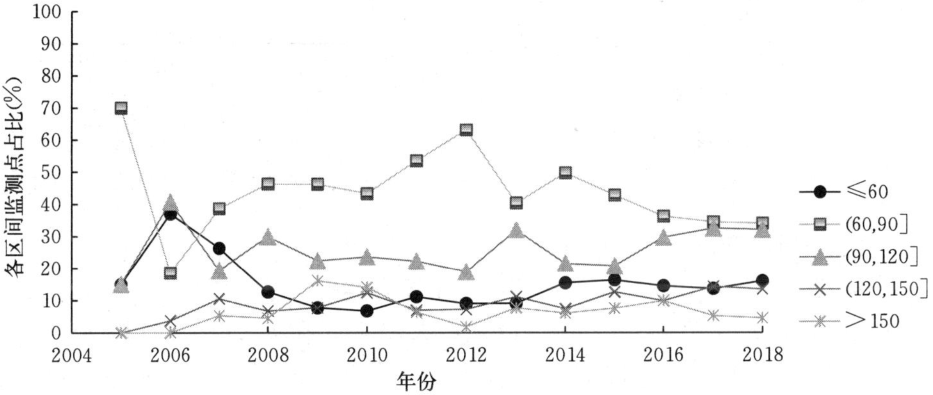


图 6.7.6　滨州市四级监测点土壤碱解氮含量分级频率变化

## 四、有效磷现状及演变趋势

### （一）现状

2018 年，滨州市四级耕地质量监测点土壤有效磷有效数据为 156 个，平均含量 27.6 mg/kg。土壤有效磷含量主要集中在（10，20] mg/kg（图 6.7.7）。有效磷含量小于或等于 10 mg/kg 的监测点有 31 个，占监测点总数的 19.9%；（10，20] mg/kg 的监测点有 42 个，占 26.9%；（20，30] mg/kg 的监测点有 30 个，占 19.2%；（30，50] mg/kg 的监测点有 29 个，占 18.6%；大于 50 mg/kg 的监测点有 24 个，占 15.4%。

### （二）含量变化

2005—2018 年，滨州市四级监测点土壤有效磷含量呈先下降后缓慢上升趋势，2011 年最低，含量为 19.5 mg/kg，2018 年比 2011 年上升 41.5%（图 6.7.8）。2005—2011 年，土壤有效磷含量下降较明显，从

29.0 mg/kg下降至19.5 mg/kg，下降了32.8%；2011—2018年，土壤有效磷含量呈现缓慢上升趋势，从19.5 mg/kg上升至27.6 mg/kg，上升了41.5%。

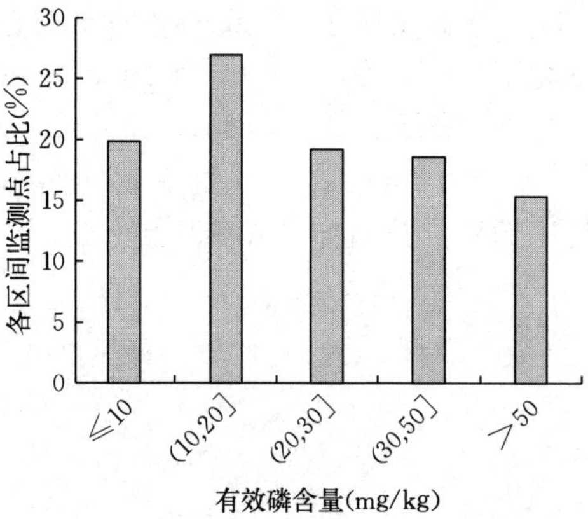


图6.7.7 滨州市四级监测点有效磷含量各区间占比

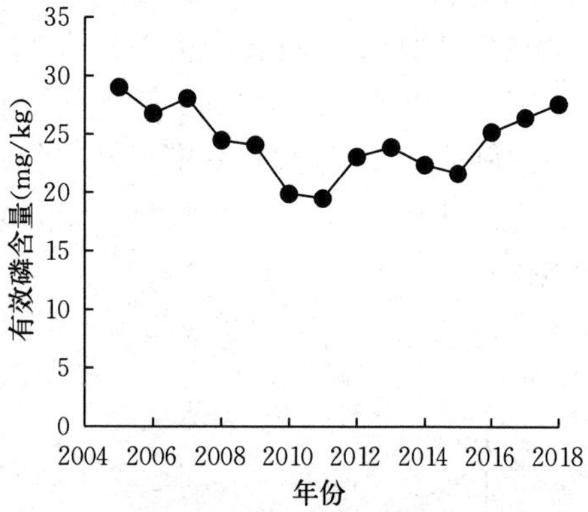


图6.7.8 滨州市四级监测点有效磷含量变化趋势

## （三）频率变化

2005—2018年，滨州市四级监测点土壤有效磷含量主要集中在（10，20］mg/kg，2005—2017年占55.0%以上，2018年下降至26.9%（图6.7.9）。2005—2017年其他区间比例较低且年际较稳定，2017—2018年（20，30］mg/kg、（30，50］mg/kg和大于50 mg/kg的比例均呈现上升趋势。

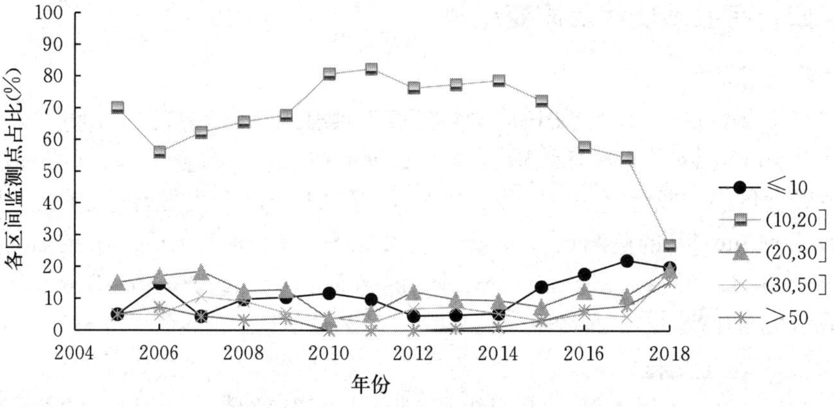


图6.7.9 滨州市四级监测点土壤有效磷含量分级频率变化

## 五、速效钾现状及演变趋势

### （一）现状

2018 年，滨州市四级耕地质量监测点土壤速效钾有效数据为 156 个，平均含量 199 mg/kg。土壤速效钾含量主要集中在大于 200 mg/kg（图 6.7.10）。速效钾含量小于或等于 50 mg/kg 的监测点有 1 个，占监测点总数的 0.6%；（50，100］mg/kg 的 26 个，占 16.7%；（100，150］mg/kg 的 35 个，占 22.4%；（150，200］mg/kg 的 39 个，占 25.0%；大于 200 mg/kg 的 55 个，占 35.3%。

### （二）含量变化

2005—2018 年，滨州市四级监测点土壤速效钾含量呈先下降后上升趋势，2007 年速效钾含量为 168 mg/kg，2018 年上升至 199 mg/kg，2018 年比 2007 年上升 18.5%（图 6.7.11）。2005—2007 年的监测数据仅有无棣县和博兴县，且监测点较少，数据变化较大；2008—2014 年，全市速效钾含量较稳定，其含量在 150～159 mg/kg；2014—2018 年，速效钾含量呈明显上升趋势，其含量从 150 mg/kg 上升至 199 mg/kg，上升了 32.7%。

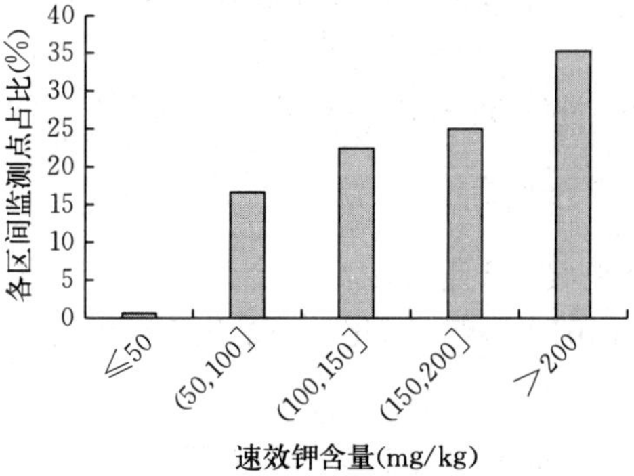


图 6.7.10　滨州市四级监测点速效钾含量各区间占比

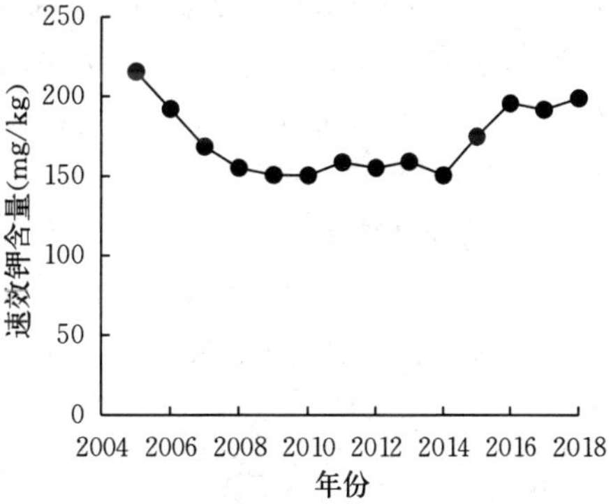


图 6.7.11　滨州市四级监测点速效钾含量变化趋势

### （三）频率变化

2008—2018 年，滨州市四级监测点土壤速效钾含量主要集中在（50，100］mg/kg 和（100，150］mg/kg，占比年份间有所波动，但总体在 14.6%～40.9%；小于或等于 50 mg/kg 的比例低且较平稳；大于 200 mg/kg 的比例总体呈先降低后上升趋势，2010 年最低为 7.6%，2005 年最高为 40.0%；（150，200］mg/kg 的比例有上升趋势，2018 年比 2005 年上升了 10.0 个百分点（图 6.7.12）。

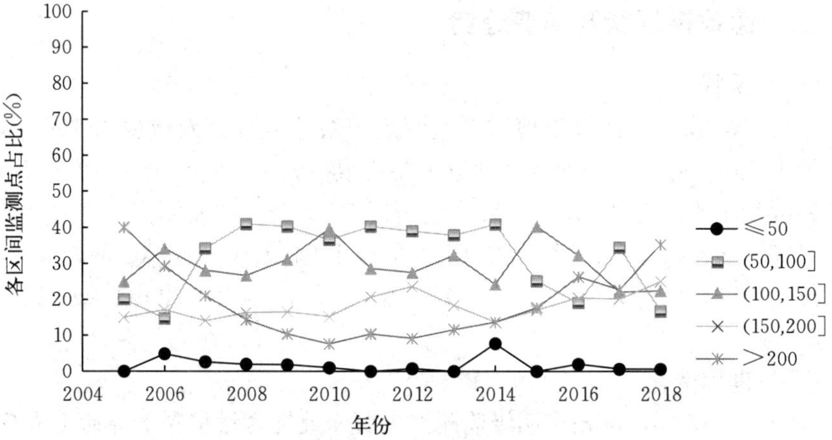


图 6.7.12　滨州市四级监测点土壤速效钾含量分级频率变化

## 六、土壤 pH 现状及演变趋势

### (一) 现状

2018 年，滨州市四级耕地质量监测点土壤 pH 有效数据为 156 个，pH 平均为 8.1。土壤 pH 主要集中在（8.0，8.5]（图 6.7.13)。pH 在（6.5，7.5] 的监测点有 2 个，占监测点总数的 1.3%；(7.5，8.0] 的 22 个，占 14.1%；(8.0，8.5] 的 130 个，占 83.3%；(8.5，9.0] 的 1 个，占 0.6%；大于 9.0 的 1 个，占 0.6%。

### (二) pH 变化

2005—2018 年，滨州市四级监测点土壤 pH 整体较高且变化不大，14 年的 pH 在 7.87～8.12（图 6.7.14)。滨州市的土壤盐碱化是一个比较突出的原

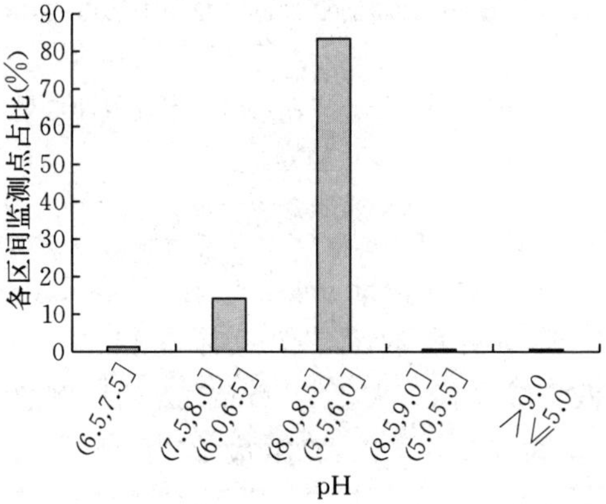


图 6.7.13　滨州市四级监测点 pH 各区间占比

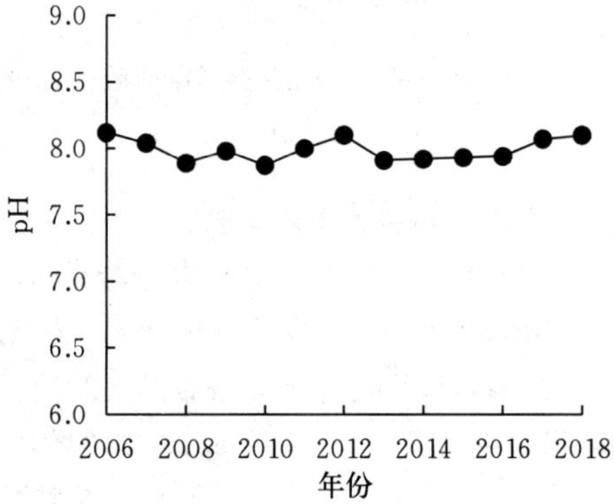


图 6.7.14　滨州市四级监测点 pH 变化趋势

生地质环境问题，东北部（无棣县、沾化区）盐碱化程度较重，东北往西南盐碱化程度呈现减轻趋势。2005 年和 2006 年仅有无棣县的 pH 监测数据，pH 在 8.05 以上，这两年的 pH 较其他年份偏高。

### （三）频率变化

2005—2018 年，滨州市四级监测点土壤 pH 主要集中在（7.5，8.0]、（6.0，6.5] 及（8.0，8.5]、（5.5，6.0]，两者占比总和在 90%左右；（6.5，7.5]、（8.5，9.0] 及大于 9.0 的比例较低且比较平稳（图 6.7.15）。（7.5，8.0]、（6.0，6.5] 的占比在 2007—2016 年相对稳定，在 39.1%～54.3%，2017 年后降低明显；（8.0，8.5]、（5.5，6.0] 的占比在 2007—2016 年相对稳定，在 32.7%～51.9%，2017 年后上升明显。

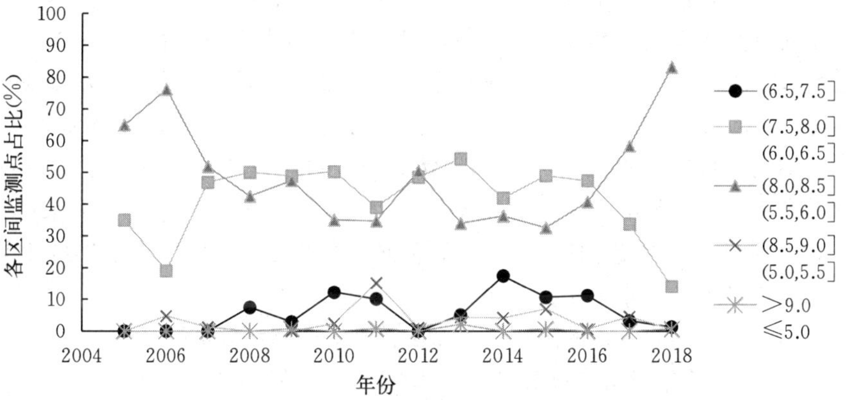


图 6.7.15　滨州市四级监测点土壤 pH 分级频率变化

## 七、小结

滨州市的国家、省、市、县级监测点从 2005 年开始有部分县（市、区）的监测数据，2005—2007 年只有无棣县、博兴县的数据，2008 年以后滨州市所有县（市、区）均包含国家级监测点和测土配方施肥长期定位监测点。

滨州市四级监测点土壤有机质、碱解氮含量呈缓慢上升趋势。有机质含量从 14.8 g/kg 上升至 17.1 g/kg，2018 年比 2005 年上升 15.67%；碱解氮含量从 74.3 mg/kg 上升至 93.1 mg/kg，2018 年比 2005 年上升 25.3%。

滨州市四级监测点土壤有效磷、速效钾含量呈先下降后缓慢上升趋势。有效磷含量 2011 年最低，含量为 19.5 mg/kg，2018 年比 2011 年上升 41.5%。

滨州市四级监测点土壤 pH 整体较高且相对平稳，14 年的土壤 pH 在 7.87～8.12。

# 第八节　东营市耕地质量现状及演变趋势

## 一、东营市耕地质量长期定位监测点布局

东营市位于山东省北部黄河三角洲地区，黄河在东营市境流入渤海。地理位置为北纬36°55′～38°10′，东经118°07′～119°10′。东、北临渤海，西与滨州市毗邻，南与淄博市、潍坊市接壤。南北最大纵距123 km，东西最大横距74 km，总面积7 923 $km^2$。现辖东营、河口、垦利三区，广饶、利津二县，现代农业示范区、现代畜牧业示范区，济军生产基地跻身东营市境内。全市土壤分为褐土、砂姜黑土、潮土、盐土及水稻土5种土壤类型。褐土主要分布于小清河以南区域，占全市土壤面积的4%左右，是全市粮棉菜高产稳产区。砂姜黑土主要分布于小清河南褐土区的低洼处，占全市土壤总面积的0.6%，该土壤适宜种小麦、玉米、高粱等浅根作物，在农业上是较有潜力的土壤类型。潮土占全市土壤面积的59%，是全市主要的耕种土壤，经耕作改良适宜种小麦、玉米、棉花等作物。盐土在近海呈带状分布，占全市土壤总面积的36%，自然植被有芦苇、黄须菜、茅草、蒿子等，以开发水、放牧养殖为主。水稻土主要分布于利津、垦利老稻区，占土壤总面积的0.2%，经二十多年的水耕熟化，已初步具备幼年水稻土的特征。

2005—2018年东营市的国家、省、市、县级监测点数量统计情况如表6.8.1所示。其中2005年只有广饶县参与，2008年以后东营市所有县（市、区）均包含国家级监测点和测土配方施肥的长期定位监测点。2005—2007年监测数据年份间波动较大，在分析时根据监测点数量主要分析讨论2008—2018年这一阶段。

**表6.8.1　2005—2018年东营市监测点数量统计**

单位：个

| 监测年份 | 监测点数量 | 监测年份 | 监测点数量 |
|---|---|---|---|
| 2005 | 20 | 2012 | 100 |
| 2006 | 41 | 2013 | 100 |
| 2007 | 60 | 2014 | 100 |
| 2008 | 100 | 2015 | 100 |
| 2009 | 100 | 2016 | 100 |
| 2010 | 100 | 2017 | 100 |
| 2011 | 100 | 2018 | 100 |

## 二、有机质现状及演变趋势

### （一）现状

2018 年东营市四级耕地质量监测点土壤有机质有效数据为 100 个，平均含量 12.9 g/kg。土壤有机质含量主要集中在（10，15］g/kg（图 6.8.1）。有机质含量小于或等于 10 g/kg 的监测点有 26 个，占监测点总数的 26.0%；（10，15］g/kg 的 45 个，占 45.0%；（15，20］g/kg 的 20 个，占 20.0%；（20，25］g/kg 的 9 个，占 9.0%；大于 25 g/kg 的 0 个。

### （二）含量变化

2008—2018 年，东营市四级监测点土壤有机质含量呈缓慢上升趋势，从 11.4 g/kg 上升至 12.9 g/kg，2018 年比 2008 年上升 13.2%（图 6.8.2）。2008—2012 年有机质含量呈缓慢上升状态，2012 年后缓慢下降，2015 年下降至与 2008 年基本相同，2016 年及以后迅速上升，2018 年又有所降低，2018 年比 2015 年上升 13.2%。

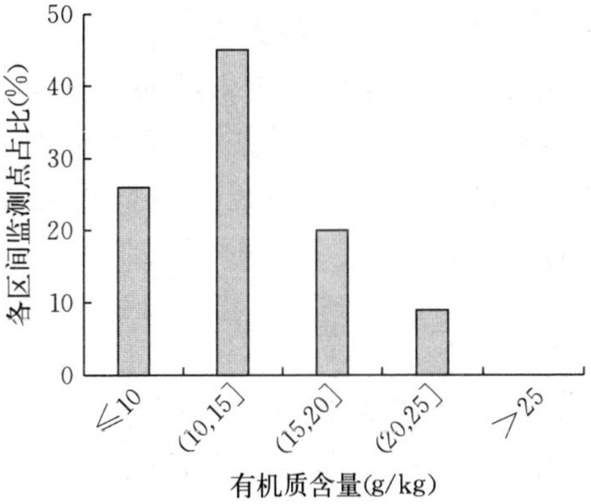

图 6.8.1　东营市四级监测点有机质含量各区间占比

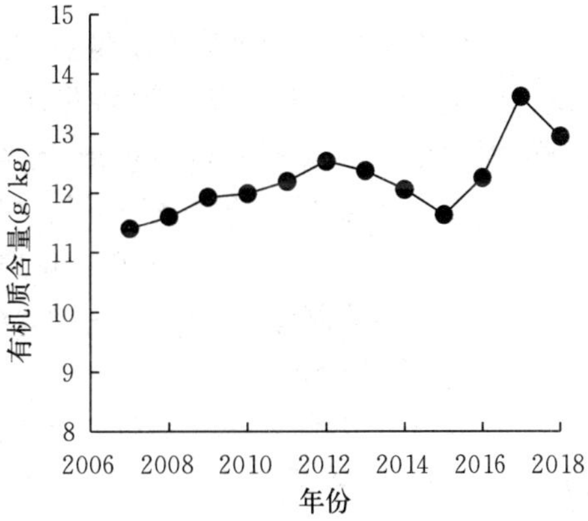

图 6.8.2　东营市四级监测点有机质含量变化趋势

### （三）频率变化

东营市四级监测点土壤有机质含量分级频率变化如图 6.8.3 所示，2008—2018 年占比较大的为（10，15］g/kg 和小于或等于 10 g/kg。（10，15］g/kg 的占比整体呈下降趋势，由 2008 年的 85.0%下降至 2018 年的 45.0%，最高点在 2009 年和 2013 年，为 100.0%，最低点在 2016 年，为 40.0%；小于或等于 10 g/kg 的占比整体呈不规则变化，最高点在 2016 年，为 39.0%，最低点在 2009 年和 2013 年，为 0。（15，20］g/kg 和（20，25］g/kg 的占比均有所上升。由此可见，东营市四级监测点有机质较低含量区间的占比较高，有机质含量较低，但近几年较高含量区间的占比逐步上升，有机质含量呈上升趋势。

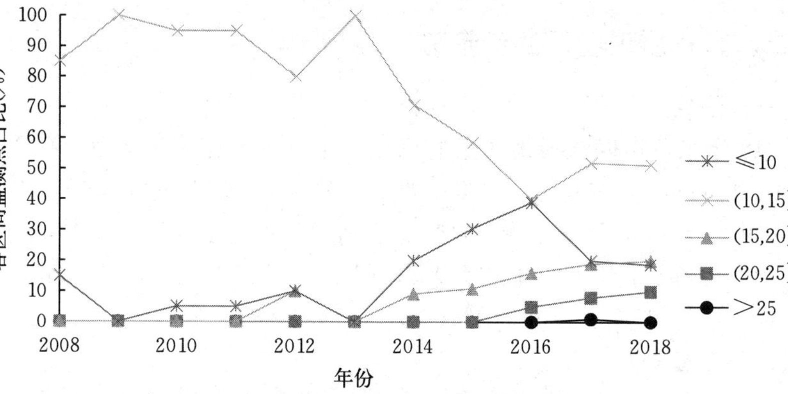


图 6.8.3　东营市四级监测点土壤有机质含量分级频率变化

## 三、碱解氮现状及演变趋势

### （一）现状

2018年东营市四级耕地质量监测点土壤碱解氮有效数据为100个，平均含量107.2 mg/kg。土壤碱解氮含量主要集中在（60，120] mg/kg（图6.8.4）。碱解氮含量小于或等于60 mg/kg的监测点有12个，占监测点总数的12.0%；(60，90] mg/kg的监测点有28个，占28.0%；(90，120] mg/kg的监测点有28个，占28.0%；(120，150] mg/kg的监测点有15个，占15.0%；大于150 mg/kg的监测点有17个，占17.0%。

### （二）含量变化

2008—2018年，东营市四级监测点土壤碱解氮含量呈上升趋势，从48.0 mg/kg上升至107.2 mg/kg，2018年比2008年上升123.3%（图6.8.5）。

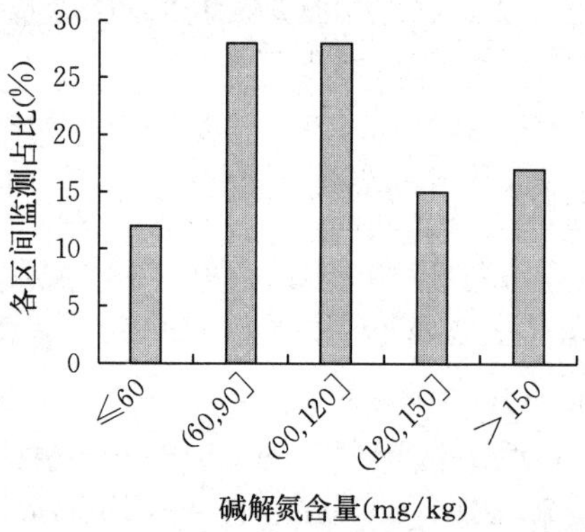


图 6.8.4　东营市四级监测点碱解氮含量各区间占比

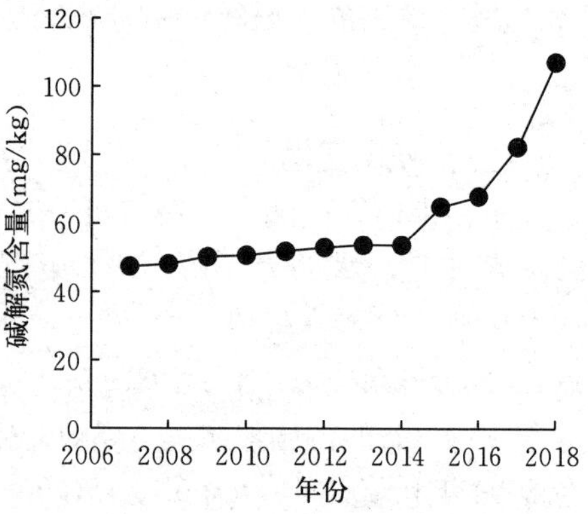


图 6.8.5　东营市四级监测点碱解氮含量变化趋势

2008—2014 年土壤碱解氮含量缓慢上升，2014 年比 2008 年上升 11.7%，2015 年及以后碱解氮含量快速上升，2018 年比 2014 年上升 99.9%。

### （三）频率变化

东营市四级监测点土壤碱解氮含量分级频率变化如图 6.8.6 所示。2008—2018 年占比较高的为小于或等于 60 mg/kg 和（60，90］mg/kg。小于或等于 60 mg/kg 的占比整体呈下降趋势，由 2008 年的 85.0%下降至 2018 年的 12.0%；（60，90］mg/kg 的占比整体呈上升趋势，由 2008 年的 10.0%上升至 2018 年的 28.0%，最高点在 2017 年，为 46.0%；（90，120］mg/kg、（120，150］mg/kg 和大于 150 mg/kg 的占比均呈上升趋势，2018 年比 2008 年分别上升了 23.0 个、15.0 个和 17.0 个百分点。

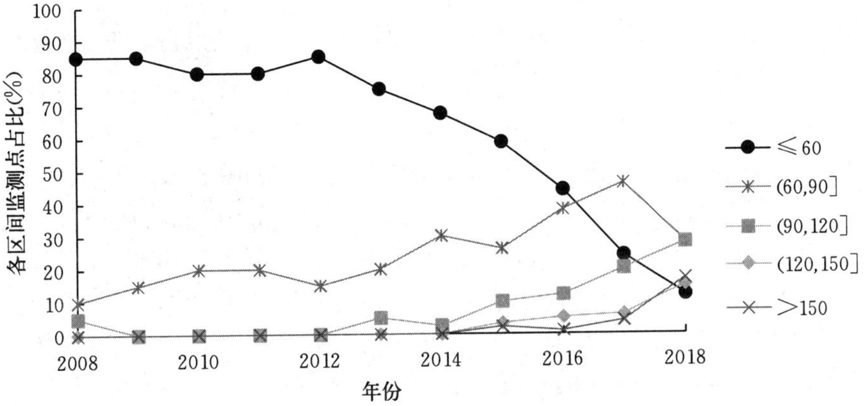


图 6.8.6　东营市四级监测点土壤碱解氮含量分级频率变化

## 四、有效磷现状及演变趋势

### （一）现状

2018 年，东营市四级耕地质量监测点土壤有效磷有效数据为 88 个，平均含量 30.8 mg/kg。土壤有效磷含量主要集中在（30，50］mg/kg（图 6.8.7）。小于或等于 10 mg/kg 的监测点有 7 个，占监测点总数的 8.0%；（10，20］mg/kg 的监测点有 20 个，占 22.7%；（20，30］mg/kg 的监测点有 20 个，占 22.7%；（30，50］mg/kg 的监测点有 25 个，占 28.4%；大于60 mg/kg 的监测点有 16 个，占 18.2%。

### （二）含量变化

2008—2018 年，东营市四级监测点土壤有效磷含量呈上升趋势，2018 年比 2008 年上升 187.9%（图 6.8.8）。2008—2016 年，有效磷含量上升缓慢，2016 年比 2008 年上升 88.2%，2017 年和 2018 年有效磷含量明显上升，2018

年比 2016 年上升 57.9%。

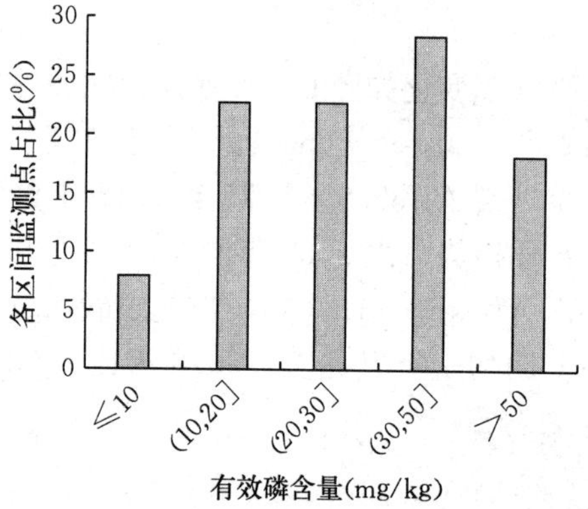


图 6.8.7 东营市四级监测点有效磷含量各区间占比

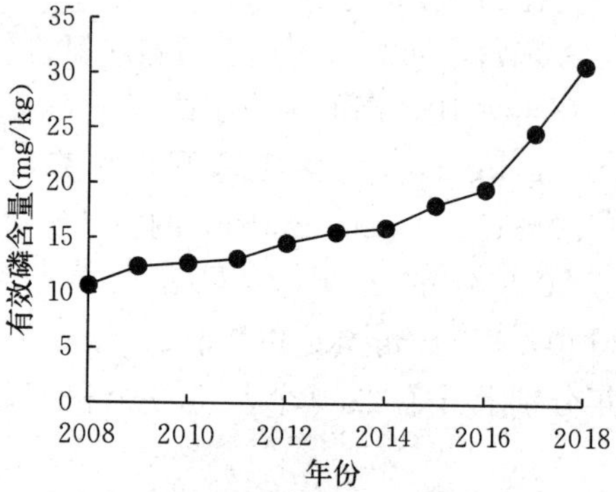


图 6.8.8 东营市四级监测点有效磷含量变化趋势

## （三）频率变化

东营市四级监测点土壤有效磷含量分级频率变化如图 6.8.9 所示，2008—2016 年占比较高的为（10，20］mg/kg，2016 年以后各区间占比分布变化较大。小于或等于 10 mg/kg 的占比整体呈下降趋势，由 2008 年的 60.0%下降至 2018 年的 8.0%；（10，20］mg/kg 的占比整体呈峰形变化，中间年份占比高，两边年份占比低，最高点在 2012 年，为 70.0%，最低点在 2018 年，为 22.7%；（20，30］mg/kg 的占比有波动上升趋势，2018 年比 2008 年上升 12.7 个百分点；（30，50］mg/kg 和大于 50 mg/kg 的占比在 2015 年后上升趋势明显。

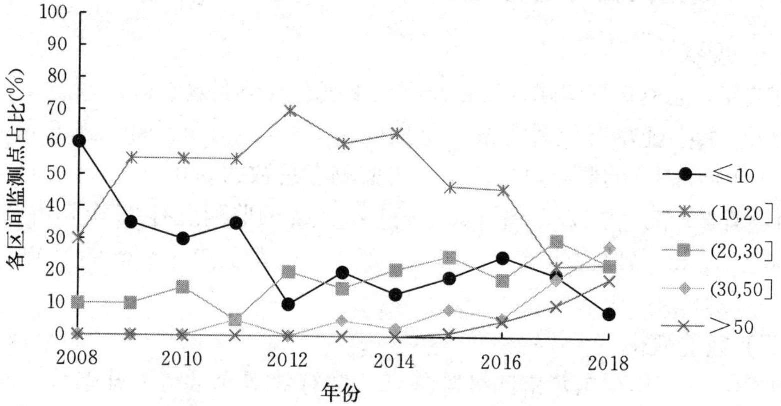


图 6.8.9 东营市四级监测点土壤有效磷含量分级频率变化

## 五、速效钾现状及演变趋势

### （一）现状

2018 年，东营市四级耕地质量监测点土壤速效钾有效数据为 100 个，平均含量 159 mg/kg。土壤速效钾含量主要集中在大于 200 mg/kg、(100，150] mg/kg 和 (50，100] mg/kg（图 6.8.10）。速效钾含量小于或等于 50 mg/kg 的监测点有 1 个，占监测点总数的 1.0%；(50，100] mg/kg 的 26 个，占 26.0%；(100，150] mg/kg 的 28 个，占 28.0%；(150，200] mg/kg 的 15 个，占 15.0%；大于 200 mg/kg 的 30 个，占 30.0%。

### （三）含量变化

2008—2018 年，东营市四级监测点土壤速效钾含量波动较大（图 6.8.11）。2008—2013 年土壤速效钾含量呈缓慢上升趋势，在 161～176 mg/kg，2013 年比 2008 年上升 6.6%；2014—2016 年土壤速效钾含量较低，在 139～146 mg/kg；2017 年速效钾含量有明显升高，2018 年与 2008 年含量基本相同。

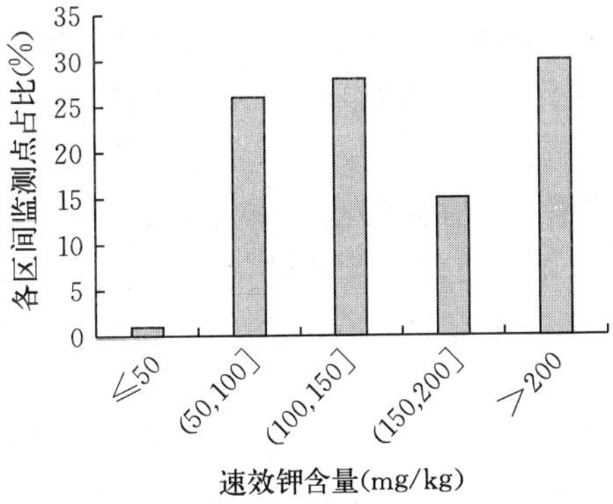


图 6.8.10 东营市四级监测点速效钾含量各区间占比

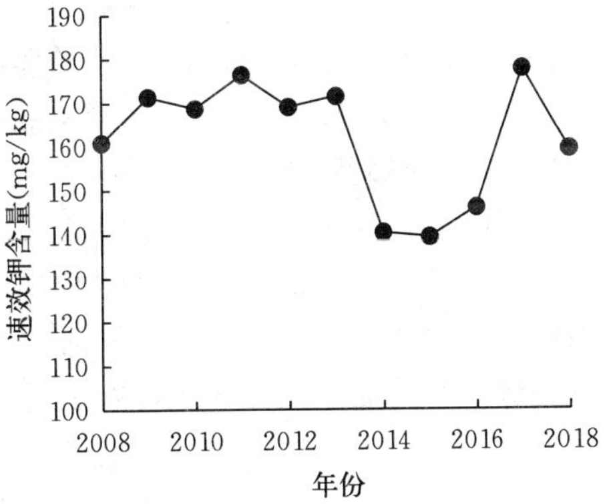


图 6.8.11 东营市四级监测点速效钾含量变化趋势

### （三）频率变化

东营市四级监测点土壤速效钾含量分级频率变化如图 6.8.12 所示。2008—2013 年速效钾含量占比较高的为大于 200 mg/kg、(150，200] 和 (100，150] mg/kg，且占比在 30.0%上下波动，2014 年后 (150，200] mg/kg 的占比明显降低，2018 年该区间占比比 2008 年降低 20.0 个百分点。(50，100] mg/kg 的占比在 2014 年及以后有所上升，在 17.0%～26.0%。小于或等于50 mg/kg 的占比始终较低。

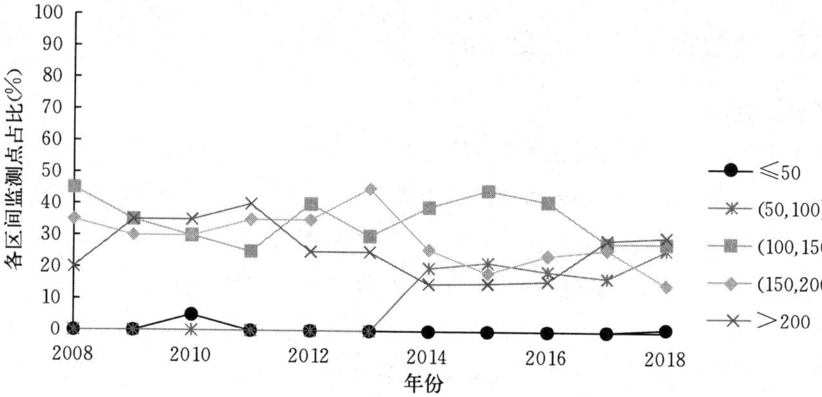


图 6.8.12　东营市四级监测点土壤速效钾含量分级频率变化

## 六、土壤 pH 现状及演变趋势

### （一）现状

2018 年，东营市四级耕地质量监测点土壤 pH 有效数据为 80 个，pH 平均为 8.17。土壤 pH 主要集中在（7.5，8.0]、(8.0，8.5]、(8.5，9.0]（图 6.8.13）。pH 在（6.5，7.5] 的监测点有 2 个，占 2.5%；(7.5，8.0] 的 24 个，占 30.0%；(8.0，8.5] 的 40 个，占 50.0%；(8.5，9.0] 的 14 个，占 17.5%。

### （二）含量变化

2008—2018 年，东营市四级监测点土壤 pH 整体较高，有一定上升趋势，2018 年比 2008 年上升 0.27（图 6.8.14）。东营市的土壤盐碱化是一个比较突出的原生地质环境问题，以小清河为界，小清河以北开始，盐碱化程度呈现加重趋势，小清河以南盐碱化程度呈现减轻趋势。

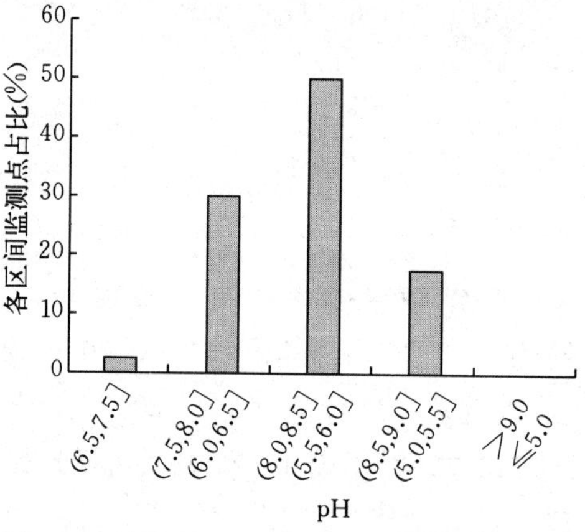


图 6.8.13　东营市四级监测点 pH 各区间占比

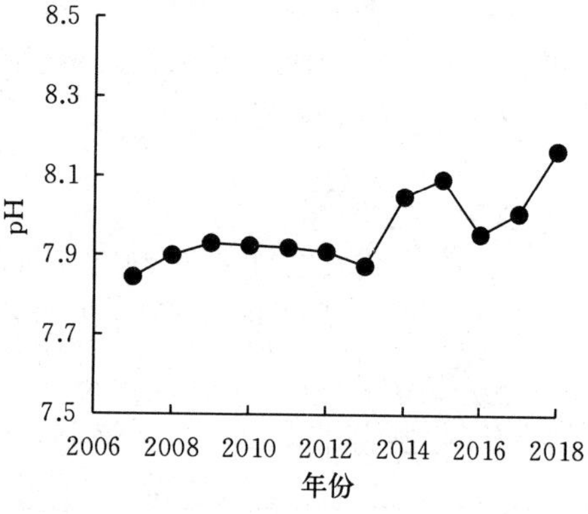


图 6.8.14　东营市四级监测点 pH 变化趋势

### （三）频率变化

东营市四级监测点土壤 pH 分级频率变化如图 6.8.15 所示。2008—2018 年占比较高的为（7.5，8.0］和（8.0，8.5］。（7.5，8.0］的占比整体呈下降趋势，由 2008 年的 70.0%下降至 2018 年的 30.0%；（8.0，8.5］的占比整体呈折线上升趋势，由 2008 年的 30.0%上升至 2018 年的 50.0%。

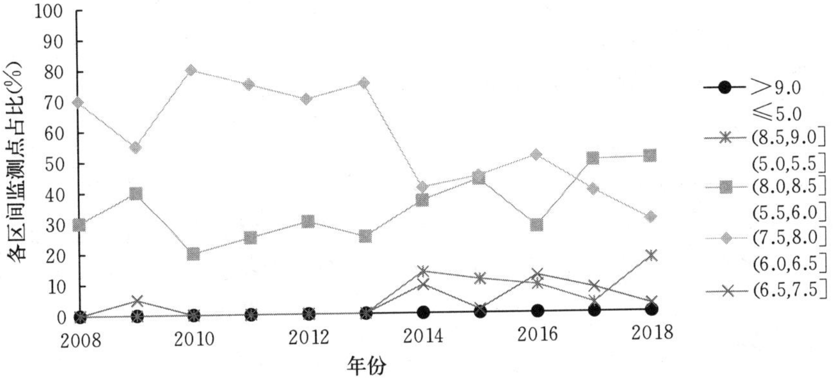


图 6.8.15　东营市四级监测点土壤 pH 分级频率变化

## 七、小结

2008—2018 年，东营市四级耕地质量监测点土壤有机质、碱解氮和有效磷含量呈上升趋势。有机质含量从 11.4 g/kg 上升至 12.9 g/kg，2018 年比 2008 年上升 13.2%；碱解氮含量从 48.0 mg/kg 上升至 107.2 mg/kg，2018 年比 2008 年上升 123.3%；有效磷含量呈上升趋势，从 10.7 mg/kg 上升至 30.8 mg/kg，2018 年比 2008 年上升 187.9%。土壤速效钾含量波动较大，2018 年与 2008 年含量基本相同。土壤 pH 整体较高，有一定上升趋势，2018 年比 2008 年上升 0.27。

# 第九节　临沂市耕地质量现状及演变趋势

## 一、临沂市耕地质量长期定位监测点布局

临沂市位于山东省的东南部，东部连接日照市，近黄海，西接枣庄市、济宁市、泰安市，北靠淄博市、潍坊市。境内西部、北部为山区，东部为丘陵区，中南部为平原。2018 年全市常住人口 1 062.4 万人，土地总面积 17 191.2 $km^2$，现有行政村 4 013 个，耕地面积 83.7 万 $hm^2$，粮食种植面积 65.0 万 $hm^2$。土壤有棕壤、褐土、潮土、砂姜黑土、水稻土、粗骨土六大类

型，十一个亚类。

2018年，临沂市共有耕地质量监测点402个。按照县级行政区域划分，费县32个，河东区32个，莒南县33个，兰陵县42个，兰山区32个，临沭县31个，蒙阴县30个，平邑县32个，郯城县42个，沂南县32个，沂水县32个，罗庄区32个；按照土壤类型划分，潮土107个，粗骨土34个，褐土88个，砂姜黑土31个，水稻土41个，棕壤101个，基本涵盖临沂市的主要土壤类型。

## 二、有机质现状及演变趋势

### （一）现状

2018年临沂市四级耕地质量监测点土壤有机质有效数据有394个，有机质平均含量17.7 g/kg。有机质含量在（10，15］g/kg和（15，20］g/kg的监测点占比较高，分别有监测点99个和102个，占比为25.1%和25.9%；小于或等于10 g/kg的监测点有59个，占监测点总数的15.0%；（20，25］g/kg的监测点有70个，占17.8%；大于25 g/kg的监测点有64个，占16.2%（图6.9.1）。

### （二）含量变化

2006—2018年，临沂市耕地质量监测点有机质含量总体呈上升趋势，2018年全市定位监测点有机质含量较2006年上升了13.5%。2007—2010年，全市土壤有机质含量较2006年有所降低，从2006年的15.6 g/kg下降至2010年的14.5 g/kg；2011—2017年，土壤有机质含量上升，从15.7 g/kg上升至19.2 g/kg；2018年土壤有机质含量略有下降，但降幅不是很大（图6.9.2）。

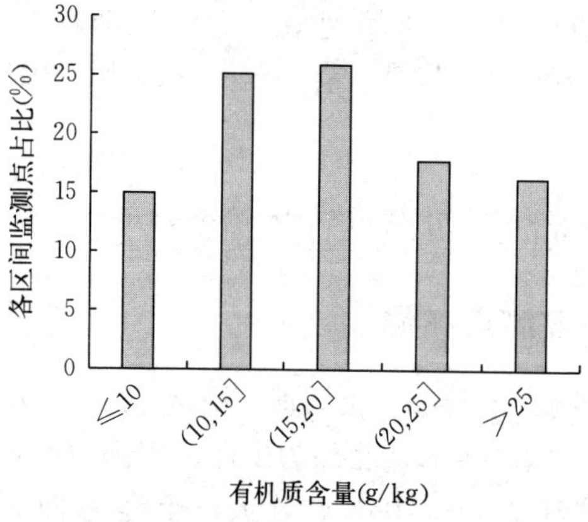


图6.9.1 临沂市四级监测点有机质含量各区间占比

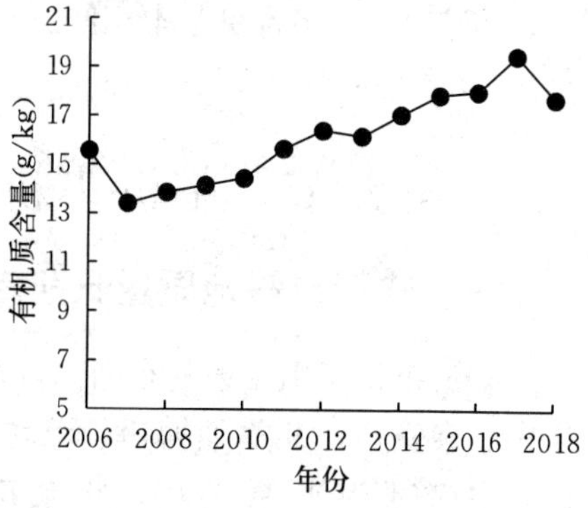


图6.9.2 临沂市四级监测点有机质含量变化趋势

### (三) 频率变化

由图 6.9.3 可知，2006—2018 年，临沂市监测点土壤有机质含量主要分布在（10，15] g/kg、(15，20] g/kg。2006—2018 年，小于或等于 10 g/kg 的占比有所波动，2018 年比 2006 年上升 3.4 个百分点；(10，15] g/kg 的占比有降低趋势，2018 年比 2006 年降低 13.3 个百分点；(15，20] g/kg 的占比总体呈先降低后上升，然后降低的趋势，2018 年比 2006 年降低 4.9 个百分点；(20，25] g/kg 和大于 25 g/kg 的占比变化情况相似，有上升趋势，2018 年比 2006 年分别上升 3.7 个和 11.2 个百分点。

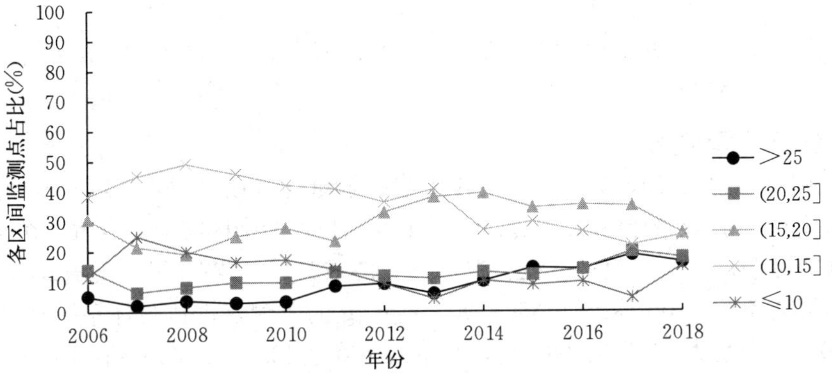


图 6.9.3 临沂市四级监测点土壤有机质含量分级频率变化

## 三、碱解氮现状及演变趋势

### (一) 现状

2018 年，临沂市四级耕地质量监测点土壤碱解氮有效数据为 371 个，平均含量 102.7 mg/kg。土壤碱解氮含量在（90，120] mg/kg 的监测点有 102 个，占比最高，占监测点总数的 27.5%；小于或等于 60 mg/kg 及大于 150 mg/kg 的监测点较少，分别有 51 个和 38 个，占监测点总数的 13.7%和 10.2%；(120，150] mg/kg 及（60，90] mg/kg 的监测点分别有 82 个和 98 个，占监测点总数的 22.1%和 26.4%（图 6.9.4）。

### (二) 含量变化

如图 6.9.5 所示，2006—2009 年，临沂市监测点土壤碱解氮含量总体呈上升趋势，从 88.7 mg/kg 上升至 103.5 mg/kg；2009—2015 年土壤碱解氮含量变化不大，比较稳定，变幅为 96.4～108.5 mg/kg；2015—2018 年全市监测点土壤碱解氮含量呈先上升后下降的趋势，2017 年土壤碱解氮含量最高，为 127.4 mg/kg；2018 年全市监测点土壤碱解氮含量为 102.7 mg/kg，较 2006 年上升了 15.8%，较 2017 年下降了 19.4%。

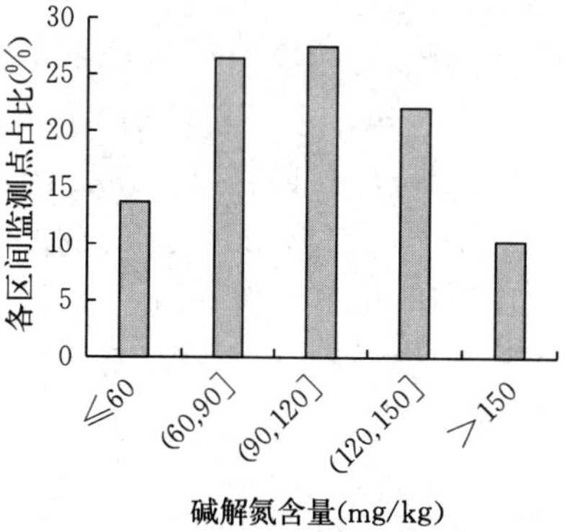


图 6.9.4　临沂市四级监测点碱解氮含量各区间占比

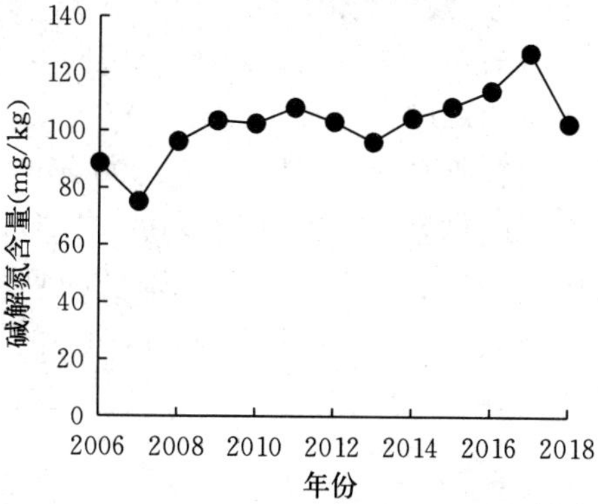


图 6.9.5　临沂市四级监测点碱解氮含量变化趋势

## （三）频率变化

由图 6.9.6 可知，2006—2018 年土壤碱解氮含量在（120，150］mg/kg 及（90，120］mg/kg 的监测点占比总体呈上升趋势，两个区间监测点占比在 2006 年分别为 17.7%、24.1%，在 2018 年分别为 22.1%、27.5%；土壤碱解氮含量小于或等于 60 mg/kg 和（60，90］mg/kg 的监测点占比总体呈下降趋势，在 2006 年分别为 24.1%、29.1%，2018 年下降至 13.7%、26.4%；土壤碱解氮含量大于 150 mg/kg 的监测点占比在 2.0%～22.1%。

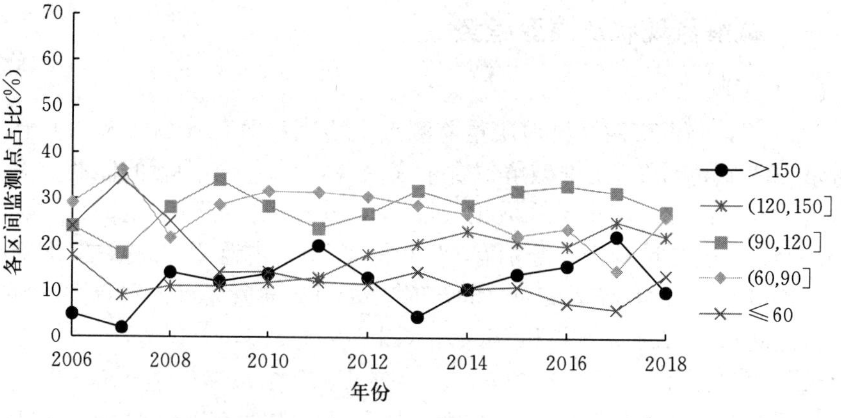


图 6.9.6　临沂市四级监测点土壤碱解氮含量分级频率变化

# 四、有效磷现状及演变趋势

## （一）现状

2018 年，临沂市四级耕地质量监测点有效磷有效数据为 394 个，平均含量 66.1 mg/kg。如图 6.9.7 所示，全市土壤有效磷含量集中分布在大于 50 mg/kg，监测点有 201 个，占比最高，占监测点总数的 51.0%；小于或等于 10 mg/kg 及（10，20］mg/kg 的监测点分别有 22 个、33 个，占监测点总数的 5.6%、8.4%，占比较低；（20，30］mg/kg 的监测点有 52 个，占比为 13.2%；（30，50］mg/kg 的监测点有 86 个，占比为 21.8%。

### （二）含量变化

2006—2018 年临沂市监测点土壤有效磷含量总体呈先下降后上升趋势（图 6.9.8）。2006 年全市土壤有效磷含量较高，为 61.7 mg/kg。2007—2010 年土壤有效磷含量呈下降趋势。2010—2013 年土壤有效磷含量保持相对稳定，变幅为 36.2～37.9 mg/kg。2014—2017 年全市监测点土壤有效磷含量呈上升趋势，2017 年土壤有效磷含量为 74.1 mg/kg。2018 年土壤有效磷含量有小幅下降，2018 年土壤有效磷含量为 66.1 mg/kg，较 2006 年上升了 7.1%。

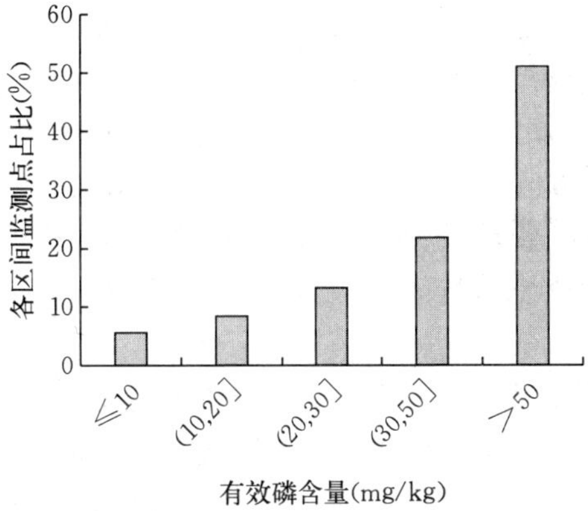


图 6.9.7　临沂市四级监测点有效磷含量各区间占比

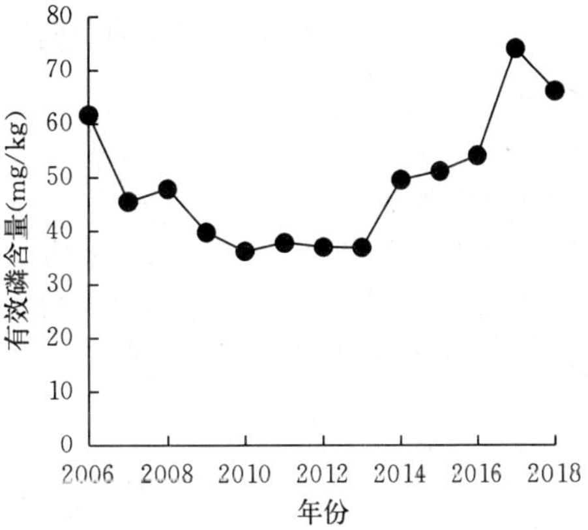


图 6.9.8　临沂市四级监测点有效磷含量变化趋势

### （三）频率变化

由图 6.9.9 可知，2006—2018 年，临沂市监测点土壤有效磷含量在小于或等于 10 mg/kg 的占比相对稳定，2018 年比 2006 年下降 0.74 个百分点；（10，20］mg/kg 的占比呈逐渐下降趋势，2018 年占比为 8.38%，较 2006 年下降 11.9 个百分点；（20，30］mg/kg 的占比先呈小幅上升趋势，之后小幅下降，2011 年达到峰值，占比为 30.6%；（30，50］mg/kg 的占比呈先小幅上升后小幅下降趋势，2006 年占比为 17.7%，2017 年上升至 29.9%，2018 年下降至 21.8%；大于 50 mg/kg 的占比大幅下降又大幅上升，2010 年最低，占比为 19.7%。

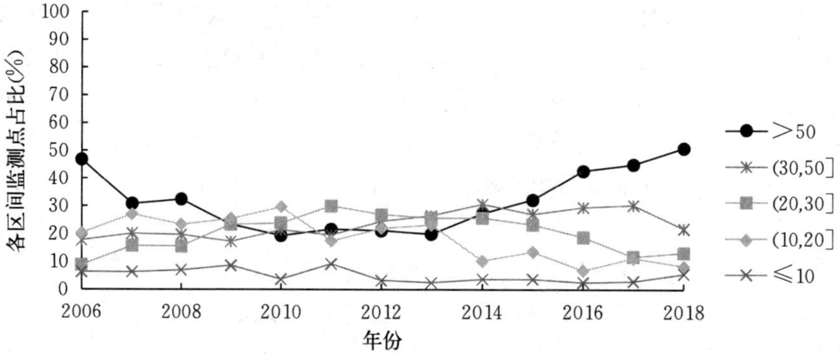


图 6.9.9　临沂市四级监测点土壤有效磷含量分级频率变化

## 五、速效钾现状及演变趋势

### （一）现状

2018 年，临沂市四级耕地质量监测点土壤速效钾有效数据为 394 个，平均含量 160 mg/kg。由图 6.9.10 可知，临沂市监测点土壤速效钾含量除小于或等于 50 mg/kg 的占比较低外，其他区间占比较高。(100，150] mg/kg 及 (50，100] mg/kg 的监测点数量分别为 115 个、108 个，占比为 29.2%、27.4%；大于 200 mg/kg 及 (150，200] mg/kg 的监测点数量分别为 96 个、68 个，占比为 24.4%、17.3%；小于或等于 50 mg/kg 的监测点数量较少，仅为 7 个，占比为 1.8%。

### （二）含量变化

2006—2015 年临沂市监测点土壤速效钾含量变化趋势不是十分明显，年度平均值在 112～121 mg/kg，2015 年以后土壤速效钾含量上升明显，2018 年比 2015 上升 37.5%。2006 年全市土壤速效钾含量较低，为 113 mg/kg。2018 年全市土壤速效钾含量最高，为 160 mg/kg，较 2006 年上升了 41.6%（图 6.9.11）。

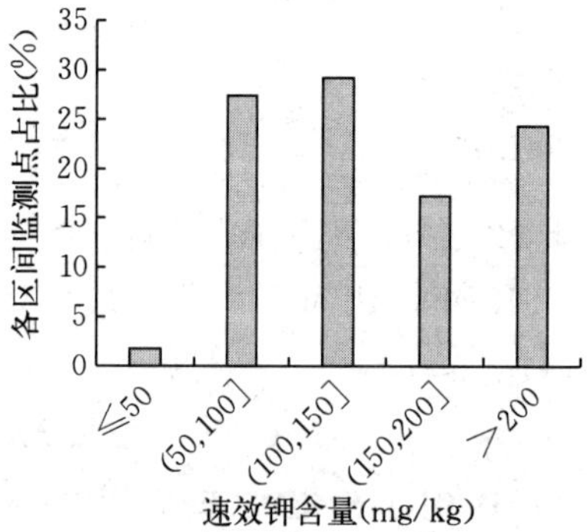


图 6.9.10　临沂市四级监测点速效钾含量各区间占比

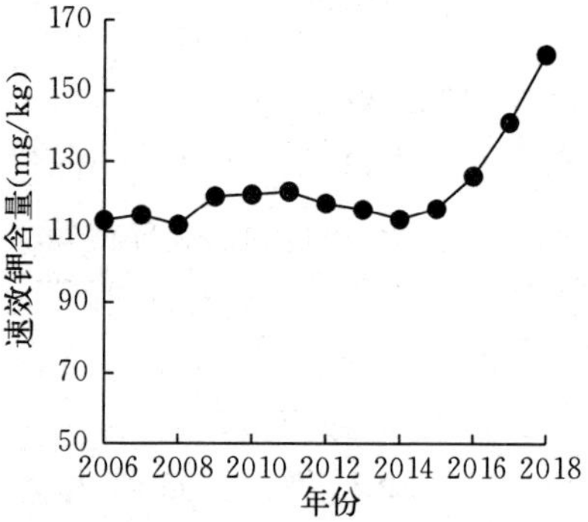


图 6.9.11　临沂市四级监测点速效钾含量变化趋势

### （三）频率变化

由图 6.9.12 可知，2006—2018 年临沂市监测点土壤速效钾含量在小于或等于50 mg/kg 的占比较低，且变化不明显，但总体呈下降趋势，2018 年比 2006 年降低 6.7 个百分点；（50，100］mg/kg 的监测点占比总体呈下降趋势，2018 年比 2006 年降低 25.1 个百分点；（100，150］mg/kg 的监测点占比总体呈小幅上升又小幅下降的趋势，2014 年占比峰值达 47.7%，2018 年比 2006 年上升 3.8 个百分点；（150，200］mg/kg 的监测点占比有所上升，2018 年比 2006 年上升 10.5 个百分点；大于 200 mg/kg 的监测点占比有上升趋势，且近几年上升明显，2018 年较 2006 年上升 17.6 个百分点。

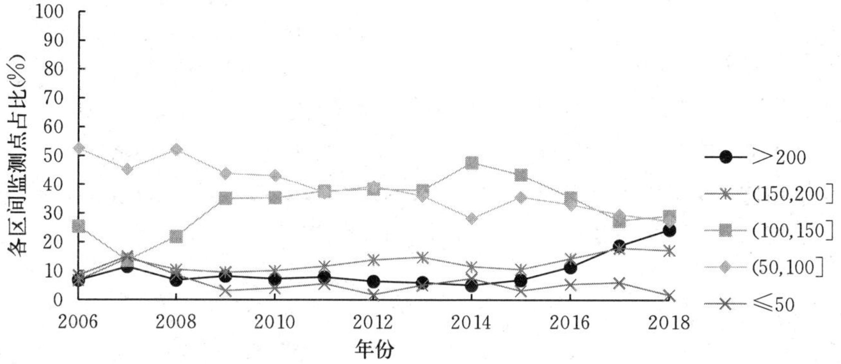


图 6.9.12　临沂市四级监测点土壤速效钾含量分级频率变化

## 六、土壤 pH 现状及演变趋势

### （一）现状

2018 年，临沂市四级耕地质量监测点土壤 pH 有效数据为 394 个，pH 平均为 5.92。由图 6.9.13 可知，临沂市土壤 pH 在（6.5，7.5］的监测点有 75 个，占比 19.0%；（7.5，8.0］、（6.0，6.5］的监测点有 99 个，占比 25.1%；（8.0，8.5］、（5.5，6.0］的监测点有 82 个，占比 20.8%；（8.5，9.0］、（5.0，5.5］的监测点有 64 个，占比 16.2%；大于 9.0、小于或等于 5.0 的监测点有 74 个，占比 18.8%。

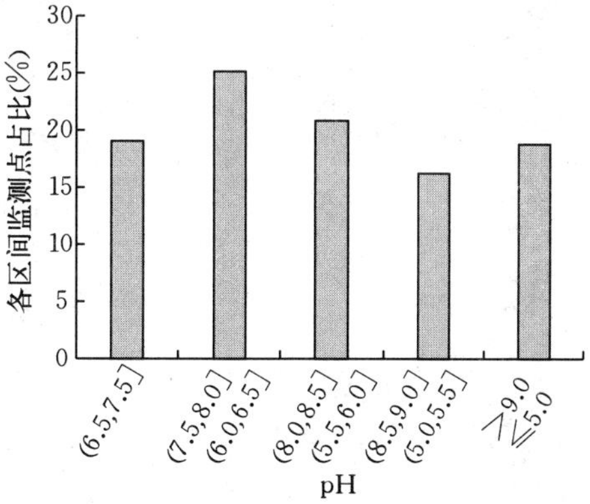


图 6.9.13　临沂市四级监测点 pH 各区间占比

### （二）pH变化

2006—2014年临沂市土壤pH变化趋势不是十分明显，变幅在6.13～6.33，2015—2018年土壤pH较2015年前有明显下降，2018年pH最低，为5.92，比2006年降低0.24（图6.9.14）。

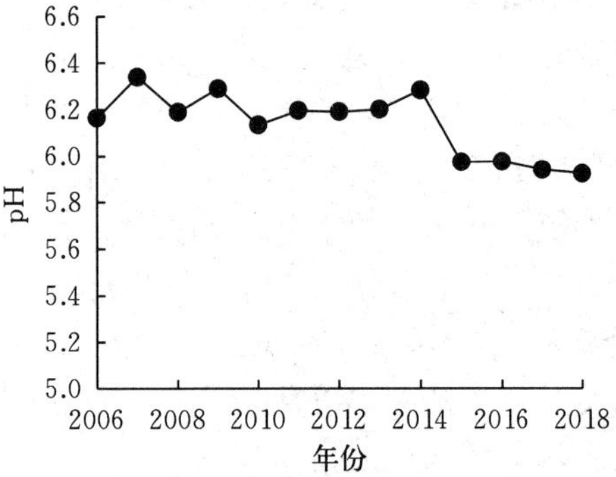


图6.9.14　临沂市四级监测点pH变化趋势

### （三）频率变化

2006—2018年，土壤pH在(6.5，7.5]、(7.5，8.0]、(6.0，6.5]及(8.0，8.5]、(5.5，6.0]的占比有降低趋势，2018年与2006年相比分别降低6.0个、7.4个和11.7个百分点；大于9.0、小于或等于5.0的占比有上升趋势，2018年与2006年相比上升18.8个百分点；(8.5，9.0]、(5.0，5.5]的占比波动变化，2018年比2006年上升6.2个百分点（图6.9.15）。

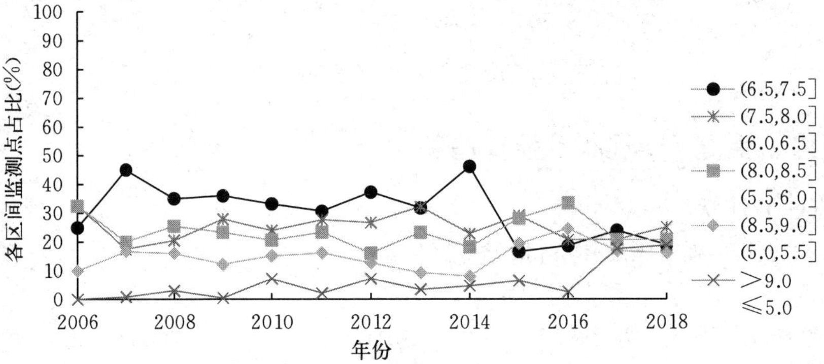


图6.9.15　临沂市四级监测点土壤pH分级频率变化

## 七、小结

2018年临沂市四级耕地质量监测点土壤有机质、碱解氮、有效磷、速效钾含量分别为17.7 g/kg、102.7 mg/kg、66.1 mg/kg、160 mg/kg，土壤pH平均为5.92。与2006年相比，2018年土壤有机质、碱解氮、有效磷和速效钾含量均有不同程度的上升，以上指标分别比2006年上升13.5%、15.8%、7.1%和41.6%。2018年土壤pH比2006年降低0.24。

# 第十节　日照市耕地质量现状及演变趋势

## 一、日照市耕地质量长期定位监测点布局

日照市总面积 53.32 万 $hm^2$，其中可利用面积 43.49 万 $hm^2$，耕地面积 23.87 万 $hm^2$。根据《山东省第二次土壤普查土壤工作分类暂行方案》的分类原则，全市土壤划分为棕壤、褐土、潮土、盐土、水稻土、砂姜黑土和风砂土 7 种土壤类型。棕壤是日照市的主要土壤类型，广泛分布在低山丘陵、山前岭间倾斜平地上，总面积为 33.02 万 $hm^2$，占全市可利用面积的 75.93%。褐土面积为 4.46 万 $hm^2$，占全市可利用面积的 10.26%，潮土面积为 4.53 万 $hm^2$，占全市可利用面积的 10.42%，水稻面积为 1.17 万 $hm^2$，占全市可利用面积的 2.69%。据 2015 年统计数据，全市高、中、低产田面积占耕地总面积的比例分别为 28.8%、37.7%、33.5%。

截至 2018 年底，日照市共有耕地质量监测点 82 个，主要分布情况见表 6.10.1。其中国家级耕地质量监测点 2 个，分布在莒县和五莲县；省级耕地质量监测点 4 个，东港区、岚山区、五莲县和莒县各 1 个；市级耕地质量监测点 4 个，东港区、岚山区、五莲县和莒县各 1 个；县级耕地质量监测点 72 个，东港区、岚山区、五莲县和莒县各 18 个。

**表 6.10.1　2018 年日照市监测点基本情况**

单位：个

| 县（市、区） | 监测点数量 | 土壤类型 | | | | 耕地利用类型 | | |
|---|---|---|---|---|---|---|---|---|
| | | 棕壤 | 褐土 | 潮土 | 水稻土 | 粮田 | 果园 | 菜地 |
| 东港区 | 20 | 18 | 0 | 2 | 0 | 11 | 8 | 1 |
| 岚山区 | 20 | 20 | 0 | 0 | 0 | 6 | 11 | 3 |
| 五莲县 | 21 | 18 | 3 | 0 | 0 | 21 | 0 | 0 |
| 莒县 | 21 | 9 | 4 | 7 | 1 | 21 | 0 | 0 |
| 合计 | 82 | 65 | 7 | 9 | 1 | 59 | 19 | 4 |

日照市耕地质量监测点共涵盖 4 种土壤类型，占土壤类型总数（7 种）的 57.14%，分别是棕壤、褐土、潮土和水稻土。在棕壤上共设有监测点 65 个，占监测点总数的 79.27%，平均 7.62 万亩设置 1 个监测点。在潮土上共设置监测点 9 个，占监测点总数的 10.98%，平均 7.55 万亩设置 1 个监测点。在褐土上共设置监测点 7 个，占监测点总数的 8.54%，平均 9.56 万亩设置 1 个监测点。在水稻土上共设置监测点 1 个，占监测点总数的 1.22%，平均 17.55 万亩设置 1 个监测点。

在耕地利用类型方面，全市耕地质量监测点主要分布在粮田、果园和菜地，各有 59 个、19 个、4 个，分别占监测点总数的 71.95%、23.17%、4.88%。监测点主要集中在粮田，菜地监测点较少。

## 二、有机质现状及演变趋势

### （一）现状

2018 年日照市四级耕地质量监测点土壤有机质有效数据为 81 个，平均含量 13.9 g/kg。有机质含量主要集中在小于或等于 10 g/kg、(10，15] g/kg 和 (15，20] g/kg（图 6.10.1）。有机质含量在（10，15] g/kg 的监测点数量最多，有 29 个，占监测点总数的 35.8%；小于或等于 10 g/kg 的监测点有 21 个，占比 25.9%；(15，20] g/kg 的监测点有 23 个，占比 28.4%；(20，25] g/kg 的监测点有 5 个，占比 6.2%；大于 25 g/kg 的监测点有 3 个，占比 3.7%。不同行政区域中，莒县监测点土壤有机质含量较高，为 15.4 g/kg；东港区、岚山区和五莲县监测点土壤有机质含量相差不大，分别为 13.8 g/kg、13.0 g/kg 和 13.1 g/kg。

### （二）含量变化

2007—2018 年，日照市四级监测点土壤有机质含量缓慢上升，从 8.1 g/kg上升至 13.9 g/kg，2018 年比 2007 年上升 71.6%，比 2008 年上升 31.1%。其中 2007 年有机质含量较低，2008—2010 年监测点土壤有机质含量变化不大，2011—2015 年有机质含量有所上升，总体变化不明显，2016 年后有机质含量上升明显（图 6.10.2）。

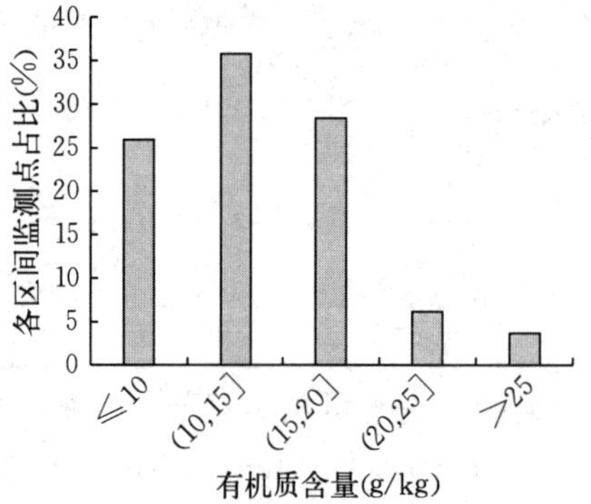


图 6.10.1　日照市四级监测点有机质含量各区间占比

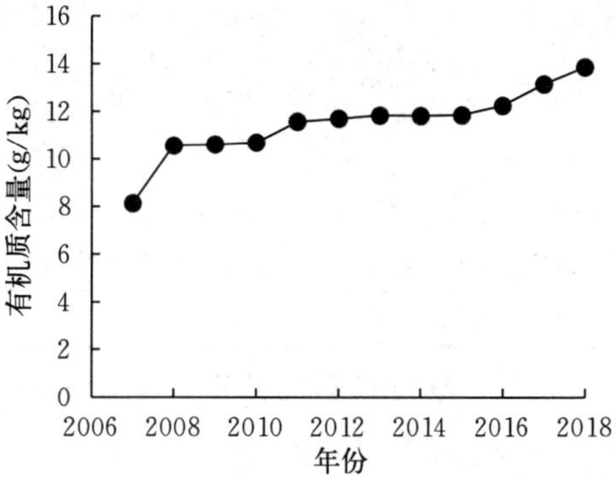


图 6.10.2　日照市四级监测点有机质含量演变趋势

### （三）频率变化

由图 6.10.3 可见，2008—2018 年，日照市土壤有机质含量小于或等于

10 g/kg的监测点比例总体呈下降趋势，2009 年最高，为 44.2%，2015 年最低，为 18.6%，2018 年为 25.9%。(10，15] g/kg 的监测点比例始终最高，监测点比例波动变化，略有下降，2008—2010 年逐渐下降，2010—2015 年呈上升趋势，2015 年最高，为 66.3%，之后逐渐下降，2018 年为 35.8%。(15，20] g/kg 的监测点比例呈上升趋势，从 2008 年的 6.7%上升至 2018 年的 28.4%，上升 21.7 个百分点。(20，25] g/kg 的监测点比例呈波动上升趋势，2017 年最高，为 8.8%。大于 25 g/kg 的监测点比例最小，只有 2009 年、2011 年、2016 年、2017 年和 2018 年的监测点有该区间出现，其中 2017 年最高，为 3.8%。

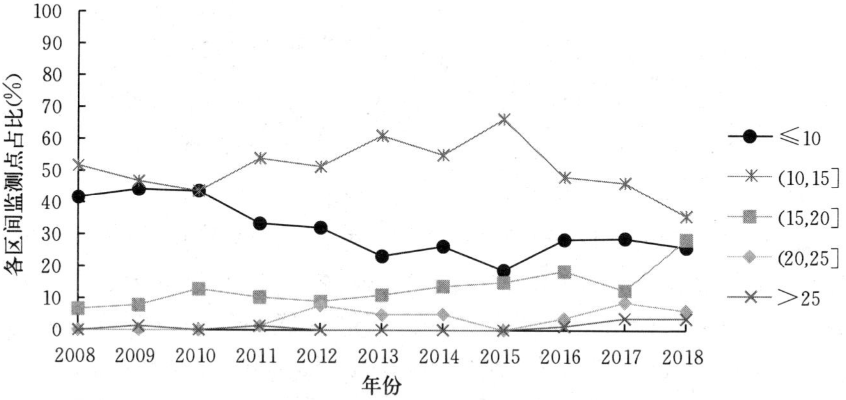


图 6.10.3　日照市四级监测点土壤有机质含量分级频率变化

## 三、全氮现状及演变趋势

### (一) 现状

2018 年日照市四级耕地质量监测点土壤全氮有效数据为 81 个，平均含量 0.96 g/kg，其中东港区土壤全氮含量最高，为 1.09 g/kg，五莲县土壤全氮含量最低，为 0.86 g/kg。监测点土壤全氮含量主要集中在小于或等于 0.75 g/kg、(0.75，1.00] g/kg 和 (1.00，1.25] g/kg (图 6.10.4)。全氮含量小于或等于 0.75 g/kg 的监测点有 22 个，占监测点总数的 27.2%；(0.75，1.00] g/kg 的监测点有 25 个，占 30.9%；(0.75，1.00] g/kg 的监测点有 21 个，占 25.9%；(1.00，1.25] g/kg 的监测点有 8 个，占 9.9%；大于 1.5 g/kg 的监测点有 5 个，占 6.2%。

### (二) 含量变化

2008—2018 年，日照市四级监测点土壤全氮含量基本稳定，在 0.87～0.96 g/kg。2008—2013 年土壤全氮含量呈下降趋势，从 0.95 g/kg 下降为

0.88 g/kg；2013—2016年土壤全氮含量先升后降，2016年后有所上升；2018年土壤全氮含量与2008年基本持平（图6.10.5）。

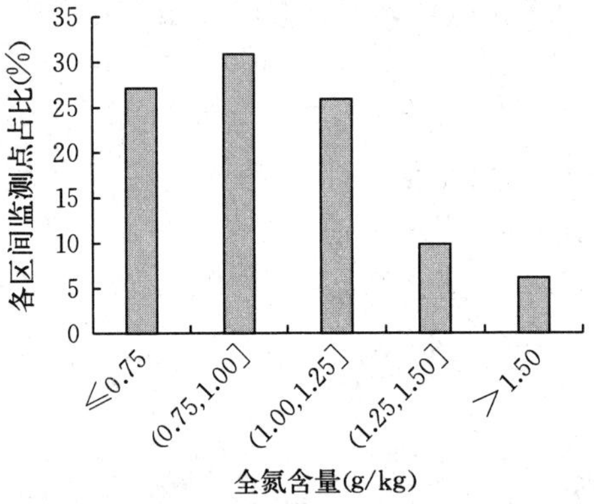


图6.10.4　日照市四级监测点全氮含量各区间占比

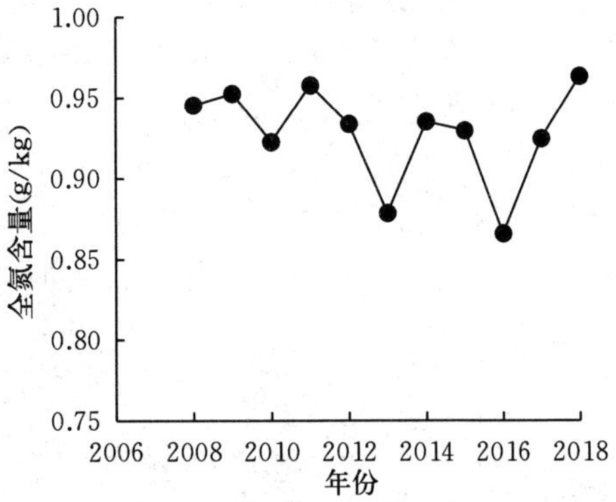


图6.10.5　日照市四级监测点全氮含量变化趋势

**（三）频率变化**

由图6.10.6可见，2008—2018年，土壤全氮含量小于或等于0.75 g/kg的比例从15.6%上升至27.2%，其中2008—2012年该区间比例基本稳定，2016年较2015年有较大幅度上升，达到最大值40.7%，然后有所降低；(0.75，1.00] g/kg的比例总体呈下降趋势，从50.0%下降至30.9%，其中2008—2012年该区间比例基本稳定；(1.00，1.25] g/kg的比例总体呈先上升后下降再上升的趋势，2018年占比与2008年基本持平；(1.25，1.50] g/kg和大于1.50 g/kg的比例较小，两者均有小幅度上升，2018年两区间比例分别比2008年上升3.6个和3.0个百分点。

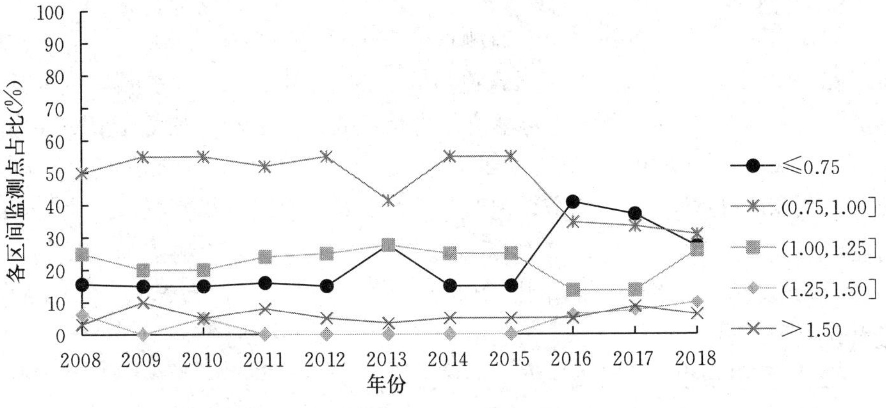


图6.10.6　日照市四级监测点土壤全氮含量分级频率变化

## 四、碱解氮现状及演变趋势

### （一）现状

2018 年日照市四级耕地质量监测点土壤碱解氮有效数据为 80 个，平均含量 115.5 mg/kg，其中东港区监测点土壤碱解氮含量最高，为 134.3 mg/kg，莒县监测点土壤碱解氮含量最低，为 98.9 mg/kg。土壤碱解氮含量主要集中在（90，120］mg/kg，监测点有 27 个，占监测点总数的 33.8%；（60，90］mg/kg 的监测点有 16 个，占监测点总数的 20.0%；（120，150］mg/kg 的监测点有 14 个，占监测点总数的 17.5%；大于 150 mg/kg 的监测点有 15 个，占监测点总数的 18.8%；小于或等于 60 mg/kg 的监测点有 8 个，占监测点总数的 10.0%（图 6.10.7）。

### （二）含量变化

2007—2018 年，土壤碱解氮含量稳中有升，从 95.3 mg/kg 上升至 115.5 mg/kg。2007—2016 年，土壤碱解氮含量变化不大，在 95.3～104.4 mg/kg，2017 年明显上升，2018 年土壤碱解氮含量比 2007 年上升 21.2%（图 6.10.8）。

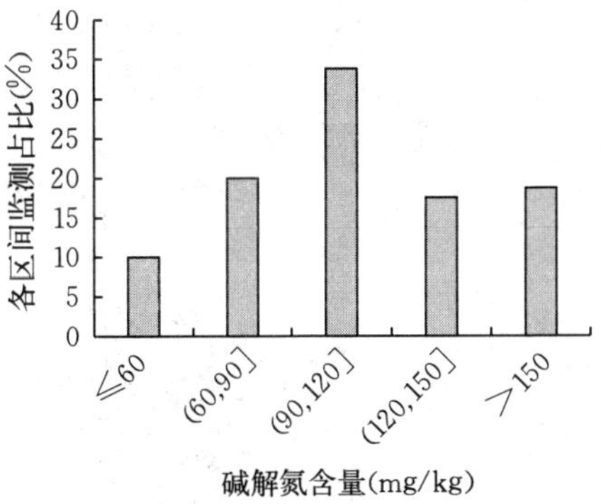


图 6.10.7 日照市四级监测点碱解氮含量各区间占比

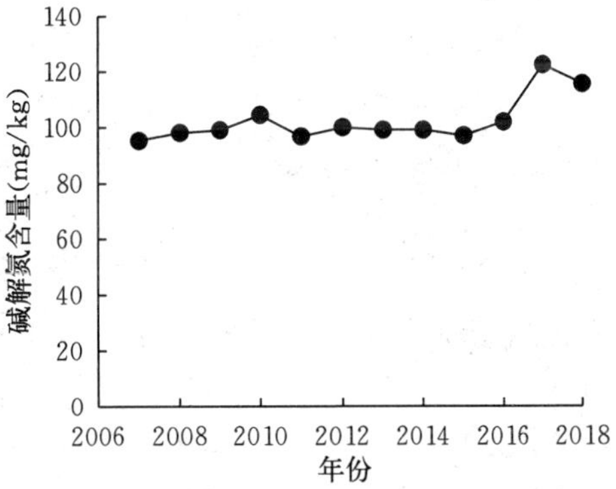


图 6.10.8 日照市四级监测点碱解氮含量变化趋势

### （三）频率变化

由图 6.10.9 可见，2008—2018 年，土壤碱解氮含量小于或等于 60 mg/kg 的占比在 2008 年和 2018 年相差不大，为 10%左右，2012—2017 年占比较低；（60，90］mg/kg 的比例变化幅度较大，先上升后降低，2013 年最高，为 52.4%，2018 年比 2008 年降低 5 个百分点；（90，120］mg/kg 的占比波动下降，由 40%下降至 33.8%；（120，150］mg/kg 的占比有所波动，但 2018 年占比与 2008 年基本相同；大于 150 mg/kg 的占比在 2008—2016 年

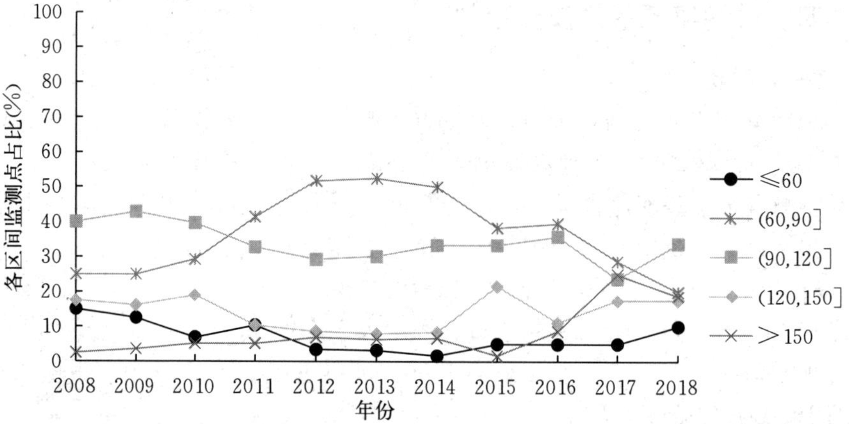


图 6.10.9　日照市四级监测点土壤碱解氮含量分级频率变化

较低，在 1.7%～8.6%，2017 年占比明显上升，2018 年比 2008 年上升 16.2 个百分点。

## 五、有效磷现状及演变趋势

### （一）现状

2018 年日照市四级耕地质量监测点土壤有效磷有效数据为 82 个，平均含量 62.9 mg/kg，岚山区有效磷含量最高，为 69.4 mg/kg，五莲县含量最低，为 60.2 mg/kg。有效磷含量主要集中在大于 50 mg/kg，监测点有 50 个，占监测点总数的 61.0%；（30，50] mg/kg 的监测点有 18 个，占监测点总数的 22.0%；（20，30] mg/kg 的监测点有 8 个，占监测点总数的 9.8%；（10，20] mg/kg 的监测点有 5 个，占监测点总数的 6.1%；小于或等于 10 mg/kg 的监测点有 1 个，占监测点总数的 1.2%（图 6.10.10）。

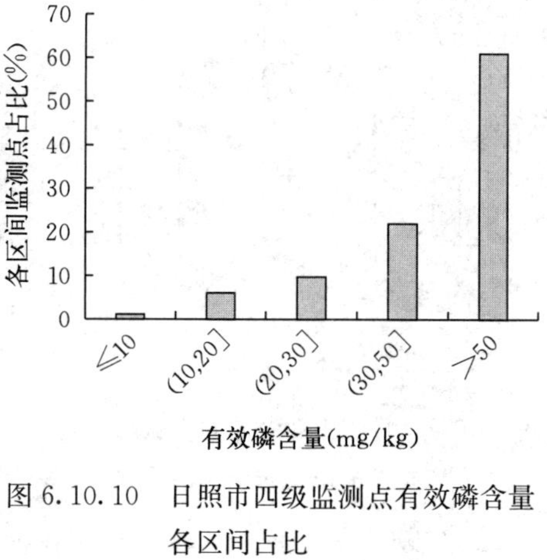


图 6.10.10　日照市四级监测点有效磷含量各区间占比

### （二）含量变化

2007—2018 年，土壤有效磷含量呈上升趋势，从 13.0 mg/kg 上升至 62.9 mg/kg，2018 年比 2007 年上升 384%。2007—2010 年，土壤有效磷含量呈逐渐上升趋势，2010 年土壤有效磷含量比 2007 年上升了 209%；2010—

2015 年，土壤有效磷含量总体变化不明显，在 37.5～40.9 mg/kg；2016 年及 2017 年土壤有效磷含量快速上升，2018 年土壤有效磷含量比 2015 年上升 67.9%（图 6.10.11）。

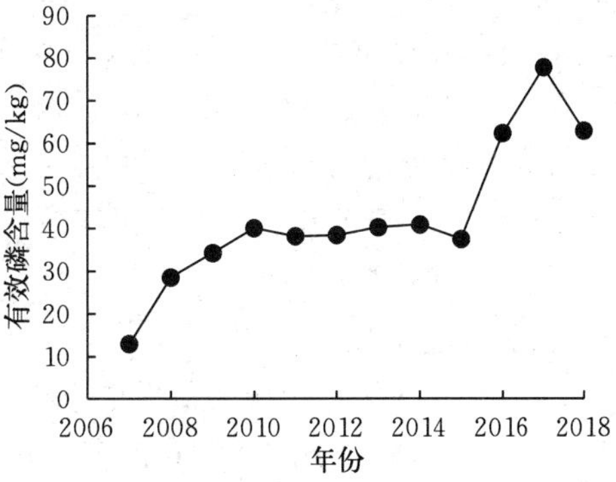


图 6.10.11　日照市四级监测点有效磷含量变化趋势

### （三）频率变化

由图 6.10.12 可见，2008—2018 年，土壤有效磷含量各区间占比在 2016 年前变幅较小，2015 年后，大于 50 mg/kg 的占比有大幅上升趋势，而其他含量区间占比均有降低趋势。具体来说，小于或等于 10 mg/kg 和（20，30] mg/kg 的占比降低，2018 年占比相比 2008 年占比分别降低 5.4 个和 3.6 个百分点；（10，20] mg/kg 和（30，50] mg/kg 的占比降幅较大，2018 年比 2008 年分别降低 30.6 个和 13.0 个百分点；大于50 mg/ kg 的占比呈上升趋势，变化幅度较大，从 8.3%上升至 60.1%。

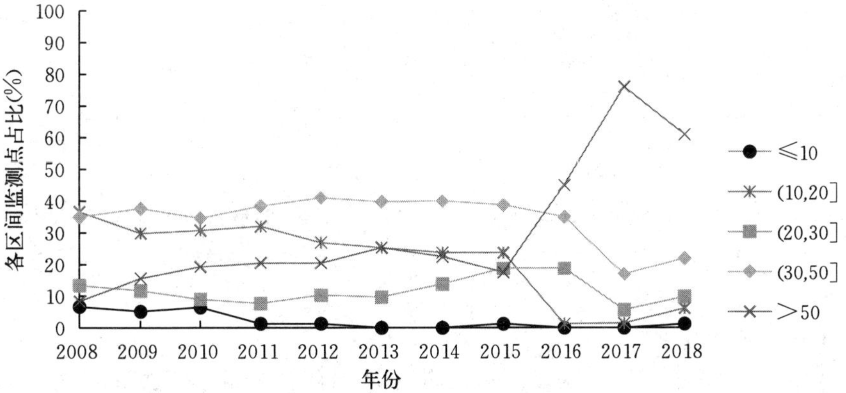


图 6.10.12　日照市四级监测点土壤有效磷含量分级频率变化

## 六、速效钾现状及演变趋势

### （一）现状

2018 年日照市四级耕地质量监测点土壤速效钾有效数据为 81 个，平均含量 141 mg/kg。土壤速效钾含量主要集中在（50，100] mg/kg（图 6.10.13）。小于或等于 50 mg/kg 的监测点有 2 个，占监测点总数的 2.5%；（50，100] mg/kg

的监测点有31个，占监测点总数的38.3%；(100，150] mg/kg的监测点有16个，占监测点总数的19.8%；(150，200] mg/kg的监测点有19个，占监测点总数的23.5%；大于200 mg/kg的监测点有13个，占监测点总数的16.0%。其中岚山区和东港区监测点土壤速效钾含量较高，分别为163 mg/kg和162 mg/kg，五莲县监测点土壤速效钾含量为130 mg/kg，莒县监测点土壤速效钾含量为114 mg/kg。

### （二）含量变化

2007—2018年，土壤速效钾含量呈逐渐上升趋势，由73 mg/kg上升至141 mg/kg，2018年比2007年上升93.2%。2007—2011年，土壤速效钾含量上升较快，2011年比2007年上升33.0%；2011—2015年，速效钾含量变化不大，2016年及以后速效钾含量又呈快速上升趋势，2018年比2015年上升43.6%（图6.10.14）。

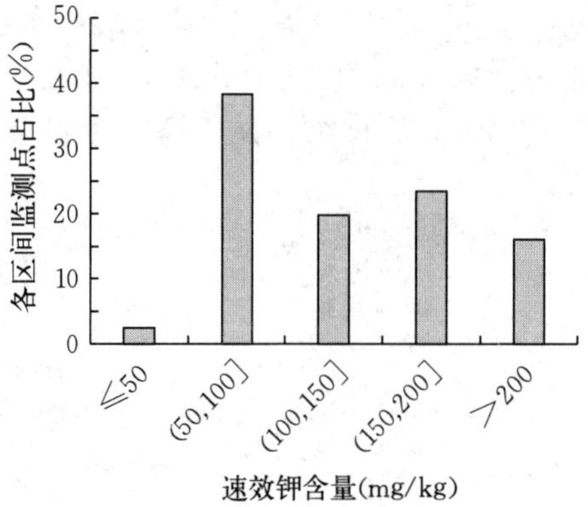


图6.10.13　日照市四级监测点速效钾含量各区间占比

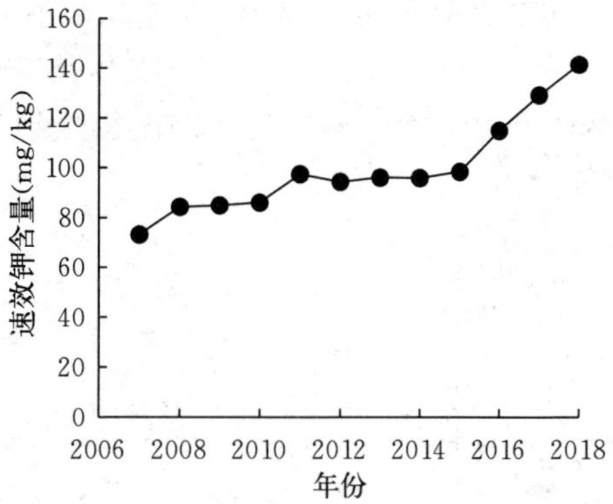


图6.10.14　日照市四级监测点速效钾含量变化趋势

### （三）频率变化

由图6.10.15可见，2008—2018年土壤速效钾含量小于或等于50 mg/kg的比例小幅波动，2008—2014年在4.8%～7.9%，2015年下降至1.3%，2017年上升至10.0%，2018年占比又下降为2.5%；(50，100] mg/kg的比例呈下降趋势，2008—2015年缓慢下降，从80.0%降至73.4%，2018年快速下降至38.3%；(100，150] mg/kg的比例在2008—2015年为10.0%～15.4%，有上升趋势，2016年快速上升至29.6%，然后又有所下降；(150，200] mg/kg的比例呈上升趋势，由3.3%上升至23.5%；大于200 mg/kg的比例有所上升，2008—2016年由1.7%上升至9.9%，2018年上升至16.0%。

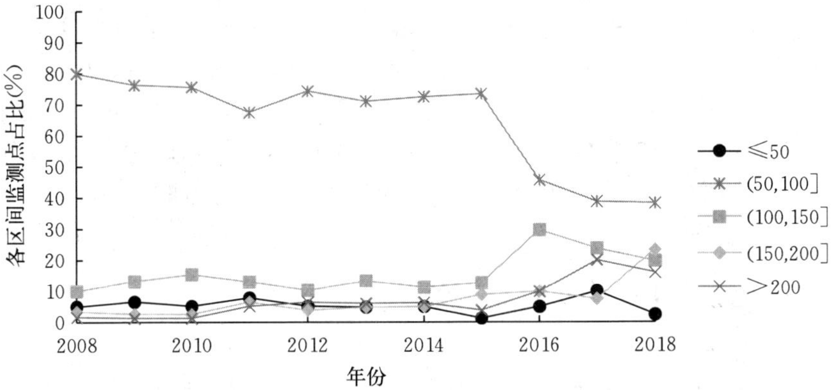


图 6.10.15 日照市四级监测点土壤速效钾含量分级频率变化

## 七、缓效钾现状及演变趋势

2018 年日照市四级耕地质量监测点土壤缓效钾有效数据为 80 个，平均含量 647 mg/kg。其中，东港区监测点土壤缓效钾含量最高，为 957 mg/kg，岚山区监测点土壤缓效钾含量居中，为 582 mg/kg，五莲县和莒县监测点土壤缓效钾含量较低，分别为 534 mg/kg 和 540 mg/kg。

由图 6.10.16 可见，2016—2018 年土壤缓效钾含量呈上升趋势，2018 年比 2016 年上升 33.6%。由图 6.10.17 可见，2016—2018 年，土壤缓效钾含量主要集中在小于或等于 400 mg/kg 及（400，600] mg/kg。2018 年小于或等于 400 mg/kg 的监测点有 17 个，占监测点总数的 21.3%，比 2016 年占比降低

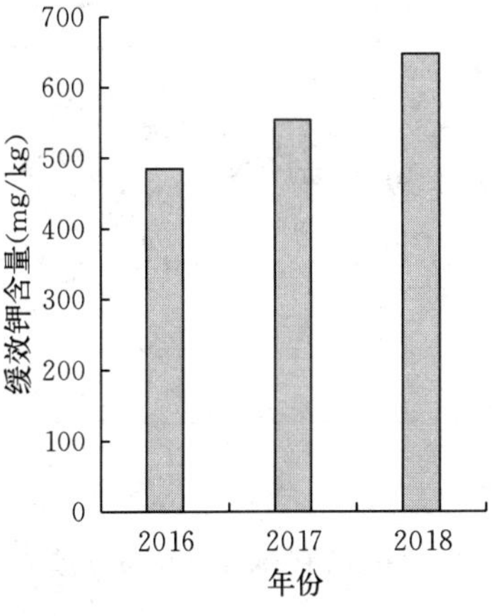


图 6.10.16 日照市四级监测点缓效钾含量变化趋势

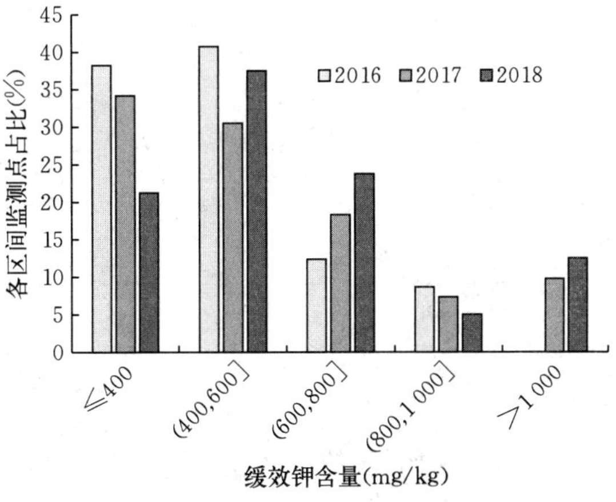


图 6.10.17 日照市四级监测点缓效钾含量各区间占比

17.0个百分点；2018年（400，600］mg/kg的监测点有30个，占监测点总数的37.5%，近三年占比以2016年最高，2017年最低，两者相差10.2个百分点；2018年（600，800］mg/kg监测点有19个，占监测点总数的23.8%，所占比例比2016年上升11.4个百分点；2018年（800，1 000］mg/kg的监测点有4个，占监测点总数的5.0%，所占比例比2016年降低3.6个百分点；2018年大于1 000 mg/kg的监测点有10个，占监测点总数的12.5%，近三年占比呈上升趋势。

## 八、土壤pH现状及演变趋势

### （一）现状

2018年日照市四级耕地质量监测点土壤pH有效数据为82个，pH平均为5.62。其中莒县和五莲县监测点土壤pH较高，分别为5.94和5.85，东港区监测点土壤pH为5.48，岚山区监测点土壤pH最低，为5.17。2018年大于9.0、小于或等于5.0的监测点有15个，占监测点总数的18.3%；（8.5，9.0］、（5.0，5.5］的监测点有30个，占比36.6%；（8.0，8.5］、（5.5，6.0］的监测点有18个，占比22.0%；（7.5，8.0］、（6.0，6.5］的监测点有9个，占比11.0%；（6.5，7.5］的监测点有10个，占比12.2%（图6.10.18）。

### （二）pH变化

2007—2018年，土壤pH有所下降，由5.86降至5.62，2018年比2007年降低4.10%（图6.10.19）。2007—2015年土壤pH有所下降，最低值在2009年，为5.57；2016年和2017年土壤pH下降较快，2017年比2015年下降0.36，2018年有所上升，但仍比2015年降低1.37%。

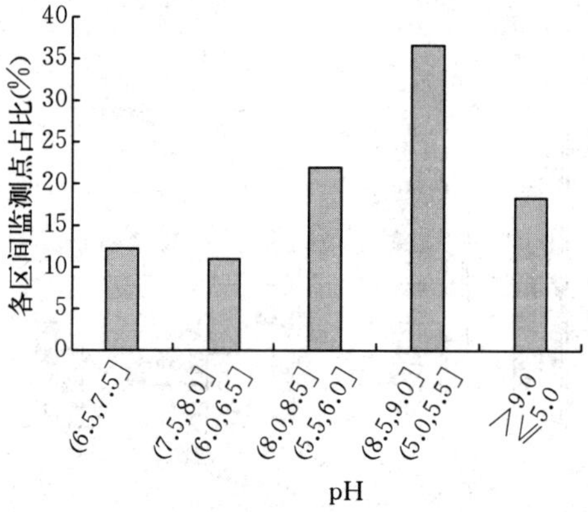


图6.10.18　日照市监测点pH各区间占比

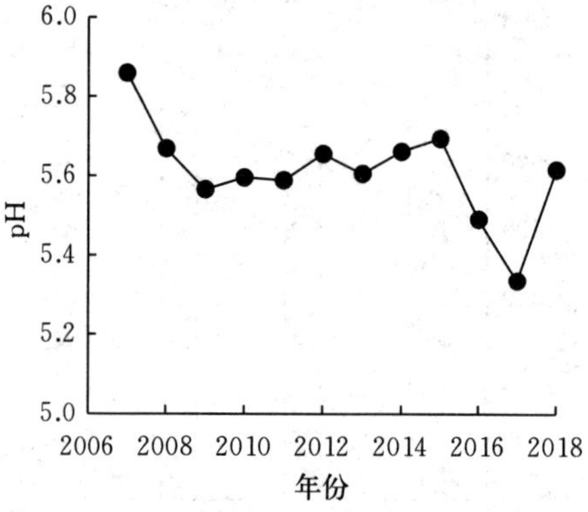


图6.10.19　日照市监测点pH变化趋势

### （三）频率变化

2008—2018年，土壤pH大于9.0、小于或等于5.0的比例有所波动，

2018 年所占比例比 2008 年降低 3.4 个百分点；(8.5，9.0]、(5.0，5.5] 的比例呈上升趋势，从 11.7%上升至 36.6%；(8.0，8.5]、(5.5，6.0] 的比例波动变化，从 31.7%下降至 22.0%，最大值为 2013 年的 38.6%；(7.5，8.0]、(6.0，6.5] 的比例呈先升后降的趋势，2008—2014 年缓慢上升，由 15%升至 23.8%，之后下降，2018 年降至 11.0%；(6.5，7.5] 的比例波动较大，最大值为 2008 年的 20.0%，最小值为 2013 年的 0，2018 年比 2008 年降低 7.8 个百分点（图 6.10.20）。

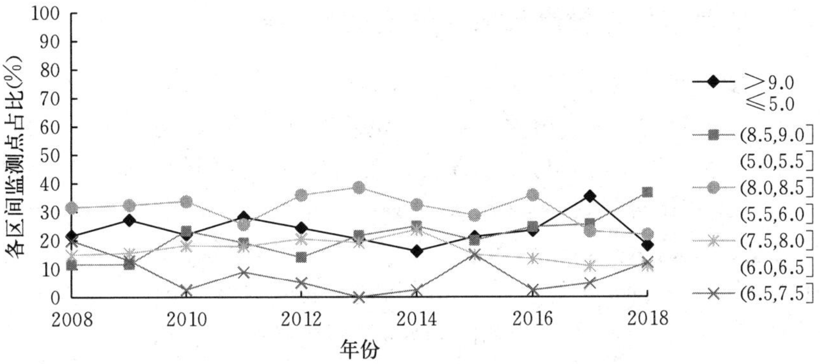


图 6.10.20　日照市四级监测点土壤 pH 分级频率变化

## 九、小结

2008 年以来，日照市四级耕地质量监测点土壤有机质含量缓慢上升，2018 年全市有机质含量在 (10，15] g/kg、(15，20] g/kg 的监测点共占比 64.2%。结合频率分布情况来看，2008—2018 年全市土壤有机质含量在 (15，20] g/kg 的比例上升，小于或等于 10 g/kg 的比例下降，这表明处于低含量水平的监测点土壤有机质含量在升高，较高含量水平的监测点土壤有机质含量基本稳定，这与减少化肥使用而增施有机肥、秸秆还田及少（免）耕等农耕技术的推广不无关系。全市耕地质量长期定位监测点土壤有效磷和速效钾含量快速上升，2018 年土壤有效磷和速效钾含量分别为 62.9 mg/kg、141 mg/kg。全市耕地质量长期定位监测点土壤全氮含量总体变化不大，小于或等于 0.75 g/kg 的监测点占比上升，(0.75，1.00] g/kg 的监测点占比下降。

从近十年来日照市耕地质量监测情况来看，在耕地保护与质量提升促进化肥减量增效、测土配方施肥及水肥一体化技术的示范带动和技术推广影响下，日照市耕地地力不断提升，土壤健康状况持续改善，同时田间基础设施进一步完善，全市耕地质量逐渐提高，总体趋势向好。但全市耕地也存在一些不容忽视的问题，从近十年的土壤 pH 变化趋势来看，全市土壤一直处于偏酸状态，且 pH 有下降趋势，继续按此趋势发展将对全市整体土壤健康构成一定威胁。在接下来的耕地质量监测工作中，需要加强对土壤 pH 的监控并查找原因，继续通过耕地保护与质量提升促进化肥减量增效项目的示范带动，测土配方施肥技术和水肥一体化技术的推广，逐步改变土壤偏酸的趋势，进一步巩固和提高全市耕地质量。

# 第十一节　烟台市耕地质量现状及演变趋势

## 一、烟台市耕地质量长期定位监测点布局

### （一）按主要区域分

截至 2018 年底，烟台市共有耕地质量监测点 201 个，分布于 9 个县（市、区）。根据《耕地质量监测与评价方法》及上级主管部门的要求，按照收集的土壤图、土地利用现状图、镇街行政区划图等相关图件资料，以县域土地利用现状图耕地图斑为依据，综合考虑行政区划、地形地貌、土壤类型、土地利用、耕作制度、管理水平等，科学布设耕地质量监测点，范围覆盖至烟台市各县（市、区）大部分乡镇。烟台市耕地质量监测点在各县（市、区）的分布情况如图 6.11.1 所示。

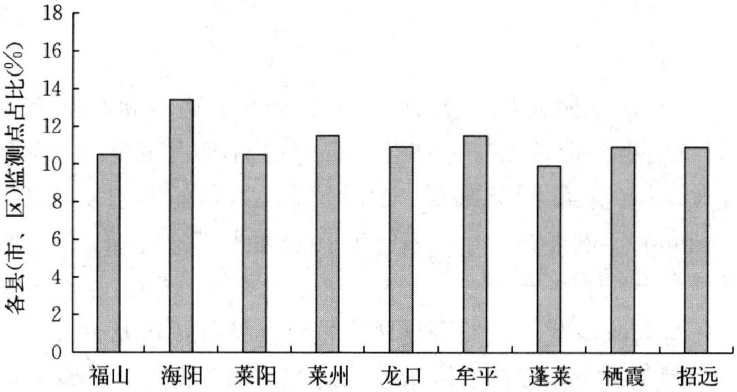


图 6.11.1　烟台市耕地质量监测点在各县（市、区）的分布情况

### （二）按主要土壤类型分

耕地质量监测点共涵盖 5 种主要土壤类型（图 6.11.2），占土壤类型总数（7 种）的 71.4%，基本覆盖了烟台市主要耕作土壤类型。其中，主要分布在棕壤、潮土、褐土、粗骨土和砂姜黑土上。烟台市棕壤面积约为 91.2 万 $hm^2$，占土壤总面积的 77.8%，分布极为广泛，遍及 9 个县（市、区）。在棕壤上共设有监测点 135 个，占监测点总数的 67.2%，平均 0.7 万 $hm^2$ 设置 1 个监测点。烟台市潮土面积约 15.3 万 $hm^2$，占土壤总面积的 13.1%，主要分布在沿

海地带与河流两岸，地势平坦，土体深厚，是烟台市主要的粮、菜生产基地。在潮土上共设有 35 个长期定位监测点，占其总数的 17.4%，平均 0.44 万 $hm^2$ 设置 1 个监测点。全市褐土主要分布在受黄土母质影响较大的长岛、蓬莱、龙口、莱州等县（市、区），其面积约 8.4 万 $hm^2$，占土壤总面积的 7.2%。在褐土上共设有 21 个监测点，占监测点总数的 10.4%，平均 0.4 万 $hm^2$ 设置 1 个监测点。此外，在粗骨土和砂姜黑土上各设置 6 个和 4 个监测点，分别占监测点总数的 3.0%和 2.0%。

### （三）按耕地利用类型分

由图 6.11.3 可知，在粮田、果园和菜地上各有监测点 112 个、84 个、5 个，分别占监测点总数的 55.7%、41.8%和 2.5%。监测点主要集中在粮田、果园，菜地监测点较少。

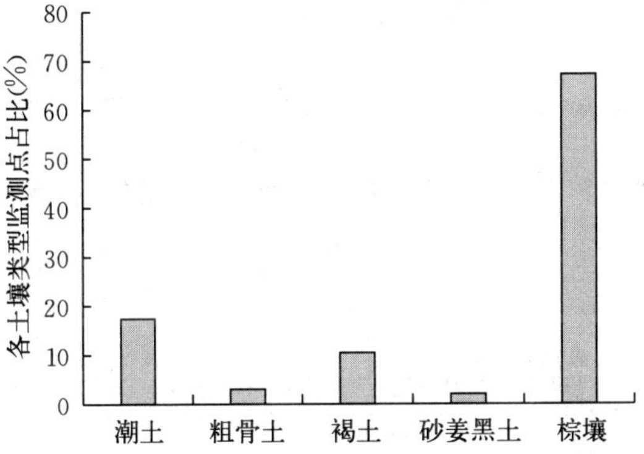


图 6.11.2　烟台市主要土壤类型监测点占比

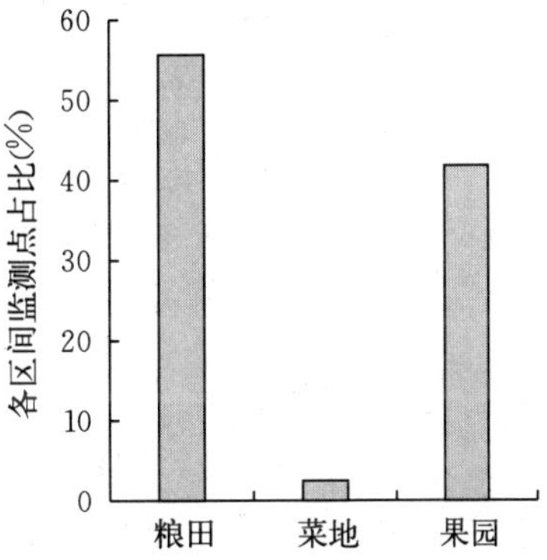


图 6.11.3　烟台市不同耕地利用类型监测点占比

## 二、有机质现状及演变趋势

### （一）现状

2018 年，烟台市四级耕地质量监测点土壤有机质有效数据为 201 个，平均含量 13.2 g/kg，较耕地地力调查评价结果上升了 2.2 g/kg。从监测数据频率分布看，土壤有机质含量主要集中在（10，15］g/kg（图 6.11.4）。有机质含量小于或等于 10 g/kg 的监测点有 36 个，占监测点总数的 17.9%；（10，15］g/kg 的 117 个，占 58.2%；（15，20］g/kg 的 40 个，占 20.0%；（20，25］g/kg 的 6 个，占 3.0%；大于 25 g/kg 的 2 个，占 1.0%。

### （二）含量变化

1998—2000 年，烟台市土壤有机质含量呈上升趋势，从 9.0 g/kg 上升至 13.2 g/kg；2001—2005 年，土壤有机质含量先上升后降低，2005 年为 9.2 g/kg；

2006—2018 年，土壤有机质含量上升，从11.6 g/kg 上升至13.2 g/kg，上升比例 13.8%，年平均上升 0.13 g/kg（图 6.11.5）。总体来说，有机质含量呈上升趋势，2018 年比 1998 年上升 46.7%。

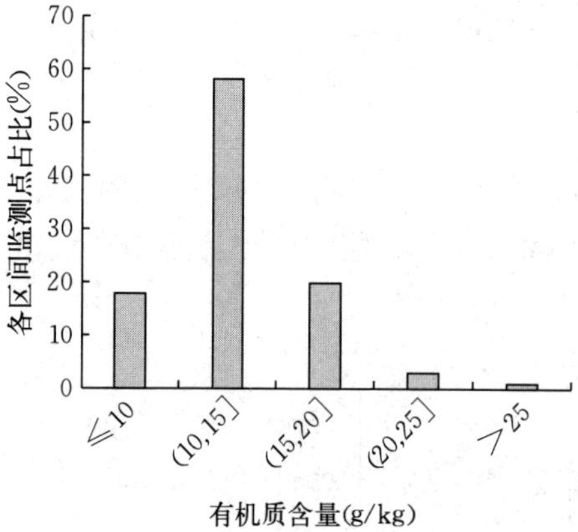


图 6.11.4　烟台市四级监测点有机质含量各区间占比

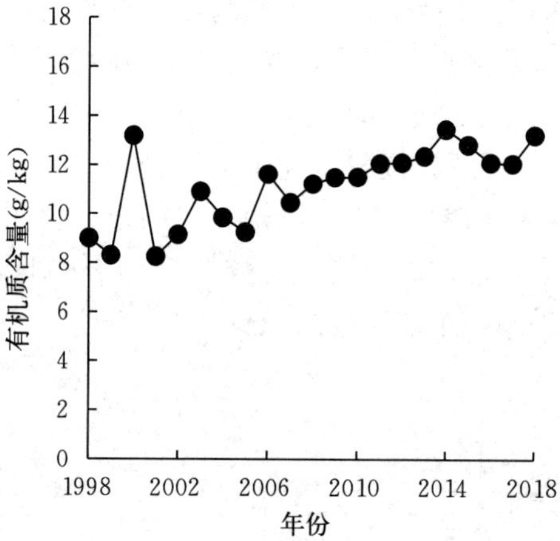


图 6.11.5　烟台市四级监测点有机质含量变化趋势

## （三）频率变化

2006—2018 年，烟台市耕地质量监测点土壤有机质含量主要集中在小于或等于 10 g/kg 及（10，15] g/kg，占比在 73.4%～93.6%；大于 25 g/kg 的比例一直处于极低水平；（15，20] g/kg 的比例由 12.5%上升至 20.0%，（20，25] g/kg 的比例由 0 上升至 3.0%（图 6.11.6）。

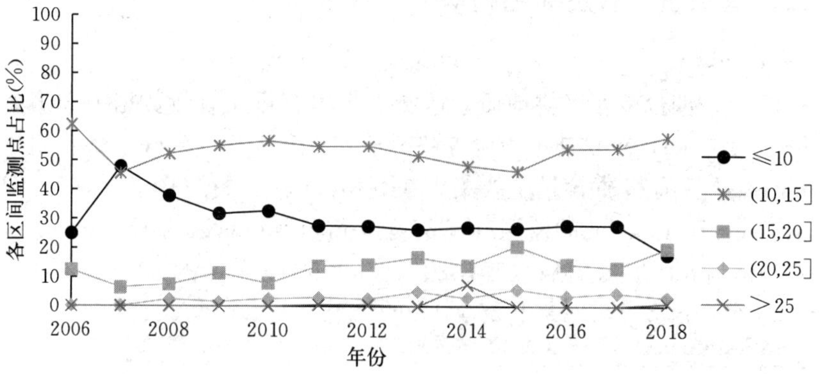


图 6.11.6　烟台市四级监测点土壤有机质含量分级频率变化

## 三、全氮现状及演变趋势

### （一）现状

2018 年，烟台市四级耕地质量监测点土壤全氮有效数据为 179 个，平均含量 0.97 g/kg，较耕地地力调查评价结果上升了 0.31 g/kg。从监测数据频率分布看，小于或等于 0.75 g/kg 的监测点有 39 个，占监测点总数的 21.8%；(0.75，1.00] g/kg 的监测点有 62 个，占 34.6%；(1.00，1.25] g/kg 的监测点有 47 个，占 26.2%；(1.25，1.50] g/kg 的监测点有 24 个，占 13.4%；大于 1.50 g/kg 的监测点有 7 个，占 4.0%（图 6.11.7）。

### （二）含量变化

1998—2018 年，烟台市土壤全氮含量波动变化很大，21 年平均值为 0.75 g/kg，2018 年比 2006 年上升 52.3%，比 1998 年上升 15.3%（图 6.11.8）。

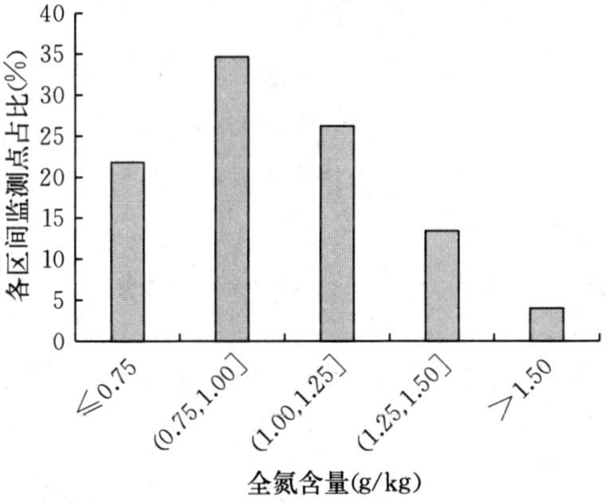


图 6.11.7　烟台市四级监测点全氮含量各区间占比

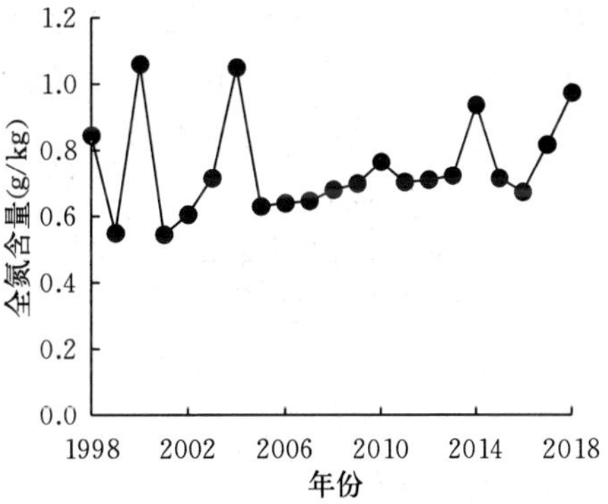


图 6.11.8　烟台市四级监测点全氮含量变化趋势

### （三）频率变化

2007—2017 年土壤全氮含量主要集中在小于或等于 0.75 g/kg 和 (0.75，1.00] g/kg，2018 年土壤全氮含量则集中在小于或等于 0.75 g/kg、(0.75，1.00] g/kg 及 (1.00，1.25] g/kg（图 6.11.9）。小于或等于 0.75 g/kg 的比例大幅下降，从 70.8%下降至 21.8%；(0.75，1.00] g/kg、(1.00，1.25] g/kg 及 (1.25，1.50] g/kg 的比例呈现上升趋势，分别从 27.1%上升至 34.6%，从 2.1%上升至 26.2%，从 0 上升至 13.4%；大于 1.50 g/kg 的比例一直维持在较低水平。

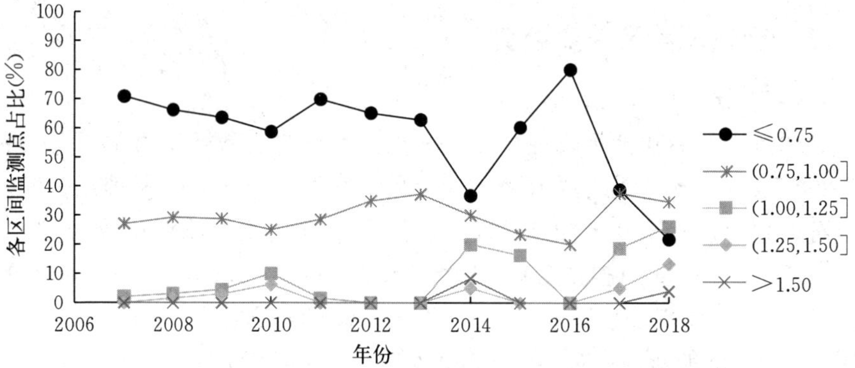


图 6.11.9　烟台市四级监测点土壤全氮含量分级频率变化

## 四、碱解氮现状及演变趋势

### （一）现状

2018年，烟台市四级耕地质量监测点土壤碱解氮有效数据为201个，平均含量102.9 mg/kg，较地力评价上升了21.6 mg/kg。从监测数据频率分布看，小于或等于60 mg/kg的监测点有23个，占监测点总数的11.5%；(60，90] mg/kg的监测点有64个，占31.8%；(90，120] mg/kg的监测点有64个，占31.8%；(120，150] mg/kg的监测点有29个，占14.4%；大于150 mg/kg的监测点有21个，占10.5%（图6.11.10）。

### （二）含量变化

2006—2018年，土壤碱解氮含量总体呈上升趋势。从2006年的88.0 mg/kg上升至2018年的102.9 mg/kg，上升比例为16.9%，年均上升1.2 mg/kg（图6.11.11）。

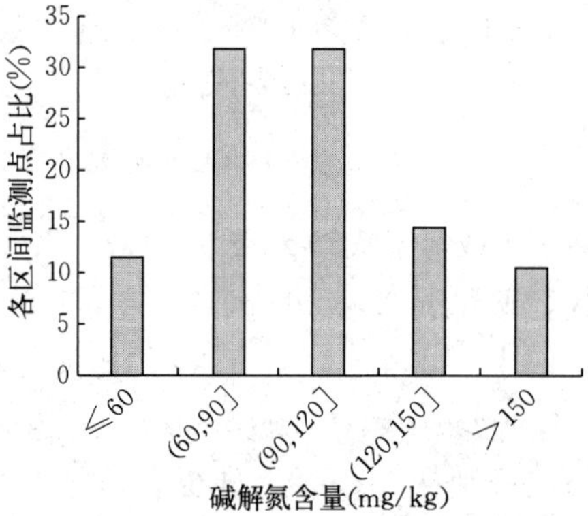


图 6.11.10　烟台市四级监测点碱解氮含量各区间占比

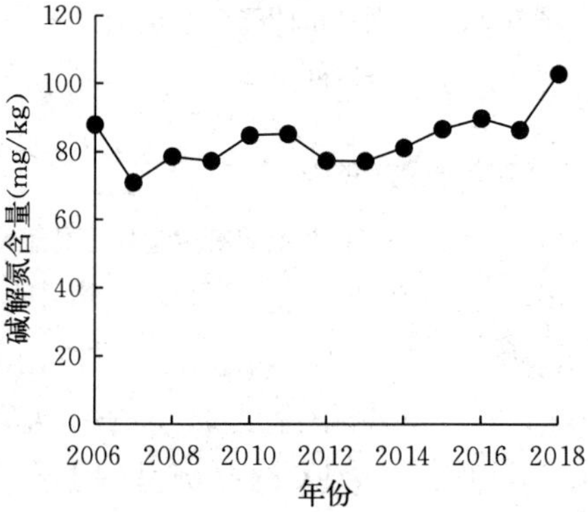


图 6.11.11　烟台市四级监测点碱解氮含量变化趋势

### （三）频率变化

2007—2018 年，土壤碱解氮含量小于或等于 60 mg/kg 的比例从 36.1%下降至 11.5%；（60，90］mg/kg 的比例有所下降，从 43.0%下降至 31.8%；（90，120］mg/kg 的比例整体呈上升趋势，从 18.0%上升至 31.8%；（120，150］mg/kg 和大于 150 mg/kg 的比例均略有上升，但仍维持在较低的水平（图 6.11.12）。

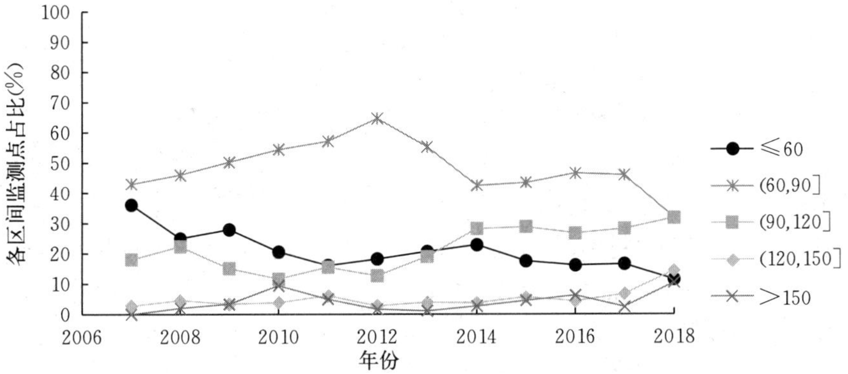


图 6.11.12　烟台市四级监测点土壤碱解氮含量分级频率变化

## 五、有效磷现状及演变趋势

### （一）现状

2018 年，烟台市四级耕地质量监测点土壤有效磷有效数据为 201 个，平均含量 58.1 mg/kg，较耕地地力调查评价结果上升了 30.1 mg/kg。从监测数据频率分布看，小于或等于 10 mg/kg 的监测点有 2 个，占监测点总数的 1.0%；（10，20］mg/kg 的监测点有 10 个，占 5.0%；（20，30］mg/kg 的监测点有 32 个，占 15.9%；（30，50］mg/kg 的监测点有 66 个，占 32.8%；大于 50 mg/kg 的监测点有 91 个，占 45.3%（图 6.11.13）。

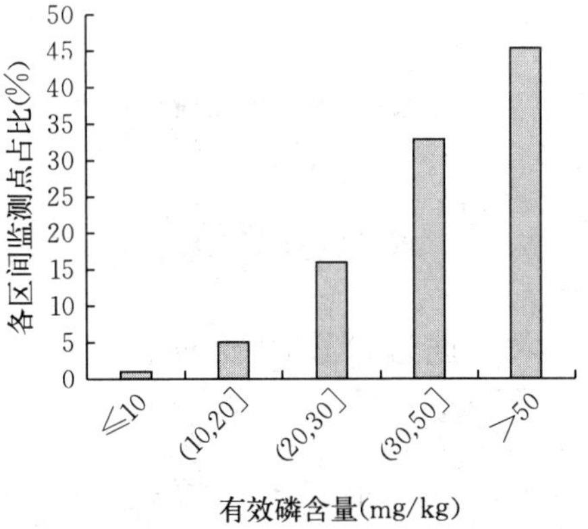


图 6.11.13　烟台市四级监测点有效磷含量各区间占比

### （二）含量变化

1998—2018 年，烟台市土壤有效磷含量波动变化明显，但仍呈上升趋势，2018 年比 1998 年上升 679.9%，年均上升 2.4 mg/kg（图 6.11.14）。

1998—2005年有效磷含量变化较大，2006—2018年有效磷含量波动上升，2018年比2006年上升147.4%。

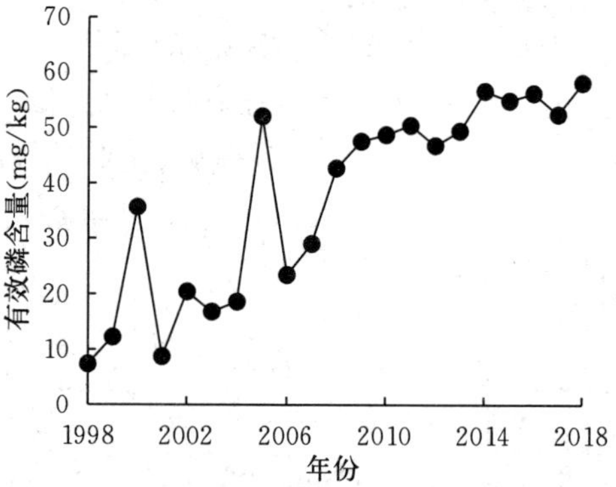


图6.11.14 烟台市四级监测点有效磷含量变化趋势

### （三）频率变化

2007—2018年，土壤有效磷含量主要集中在(30，50] mg/kg和大于50 mg/kg（图6.11.15）。小于或等于10 mg/kg的比例呈下降趋势，与2007年相比，2017年下降了7.5个百分点。2007—2018年(10，20] mg/kg和(20，30] mg/kg的比例下降趋势明显，分别下降了20.5个和17.1个百分点；(30，50] mg/kg和大于50 mg/kg的比例整体呈上升趋势，分别从23.4%、9.6%上升至32.8%、45.3%。

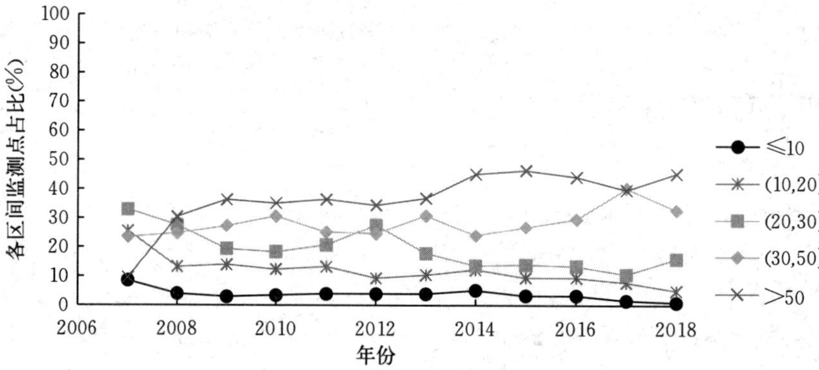


图6.11.15 烟台市四级监测点土壤有效磷含量分级频率变化

## 六、速效钾现状及演变趋势

### （一）现状

2018年，烟台市四级耕地质量监测点土壤速效钾有效数据为201个，平均含量151 mg/kg，较耕地地力调查评价结果高49.2 mg/kg。从监测数据频率分布看，小于或等于50 mg/kg的监测点有2个，占监测点总数的1.0%；(50，100] mg/kg的55个，占27.4%；(100，150] mg/kg的64个，占31.8%；(150，200] mg/kg的33个，占16.4%；大于200 mg/kg的47个，占23.4%（图6.11.16）。

## (二) 含量变化

1998—2018 年，烟台市监测点土壤速效钾含量总体呈上升趋势，从 1998 年的 50 mg/kg 上升至 2018 年的 151 mg/kg，上升比例 202%，年均上升 5.1 mg/kg；1998—2004 年监测点速效钾含量波动较大，2005—2009 年速效钾含量大幅上升，随后缓慢上升（图 6.11.17）。与 2006 年相比，2018 年速效钾含量上升 95.2%；与 2016 年相比，2018 年速效钾含量略有下降，降低了 5 mg/kg，可能与监测点数据增加有关。

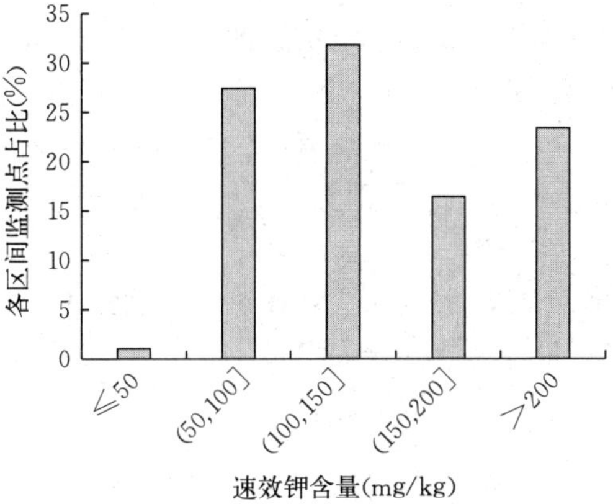


图 6.11.16 烟台市四级监测点速效钾含量各区间占比

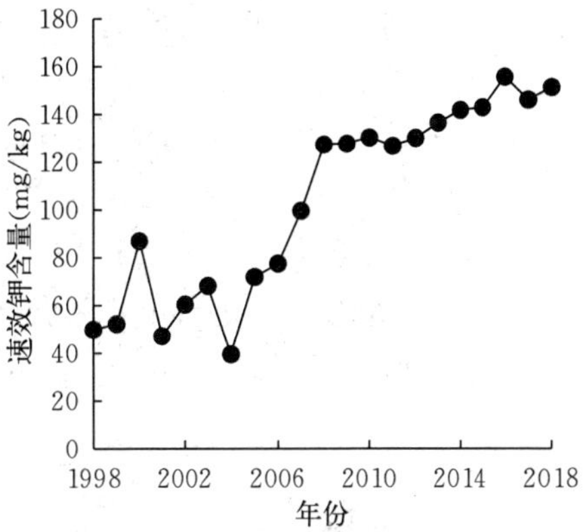


图 6.11.17 烟台市四级监测点速效钾含量变化趋势

## (三) 频率变化

2007—2018 年，土壤速效钾主要集中在（50，100］mg/kg 和（100，150］mg/kg，比例呈下降趋势，其余各区间所占比例较小，年际也有一定的波动（图 6.11.18）。其中，（150，200］mg/kg 和大于 200 mg/kg 的比例均呈上升

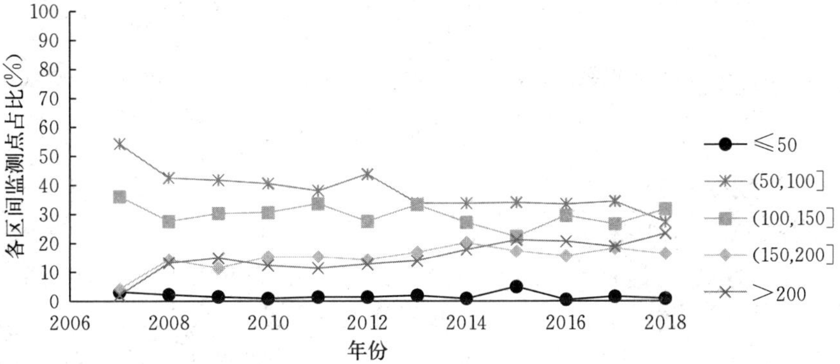


图 6.11.18 烟台市四级监测点土壤速效钾含量分级频率变化

趋势，分别从2007年的4.2%、2.1%上升至16.4%、23.4%；小于或等于50 mg/kg和（100，150] mg/kg的比例均略有下降，变化不明显，分别降低2.2个和4.2个百分点；（50，100] mg/kg的比例有所降低，从54.2%降低至27.4%。

## 七、土壤pH现状及演变趋势

### （一）现状

2018年，烟台市四级耕地质量监测点土壤pH有效数据为200个，变幅在4.1～7.3。从监测数据频率分布看，小于或等于5.0的监测点有29个，占监测点总数的14.5%；（5.0，5.5]的监测点有29个，占14.5%；（5.5，6.0]的监测点有26个，占13.0%；（6.0，6.5]的监测点有72个，占36.0%；（6.5，7.5]的监测点有44个，占22.0%（图6.11.19）。

### （二）pH变化

2007—2018年，烟台市监测点土壤pH总体变化不大，在6.0上下波动，土壤呈弱酸性，pH最高为2014年的6.2，最低为2016年的5.6（图6.11.20）。

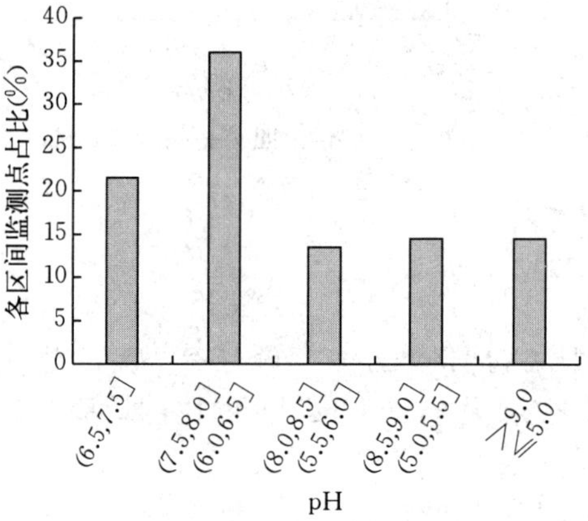


图6.11.19　烟台市四级监测点pH各区间占比

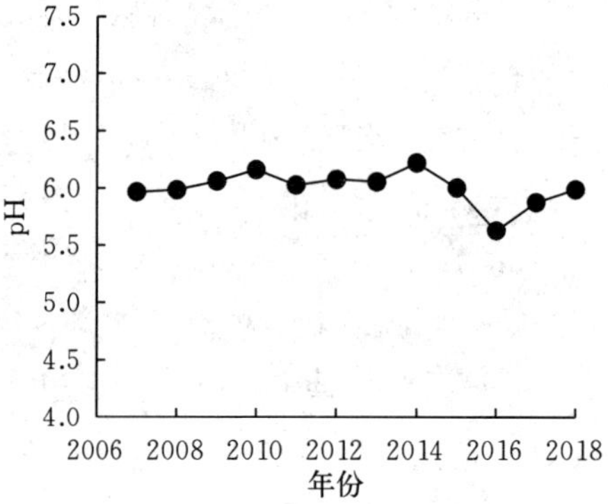


图6.11.20　烟台市四级监测点pH变化趋势

### （三）频率变化

烟台市监测点土壤pH小于或等于5.0的比例在2007—2014年始终处于较低水平，而2015年以来，该比例略有上升，与2007年相比，2018年比例上升了7.7个百分点；（6.0，6.5]的比例大幅上升，上升了25.2个百分点；（5.0，5.5]、（5.5，6.0]和（6.5，7.5]的比例呈波动下降趋势，分别从27.0%、25.7%、29.7%下降至14.5%、13.0%、22.0%（图6.11.21）。

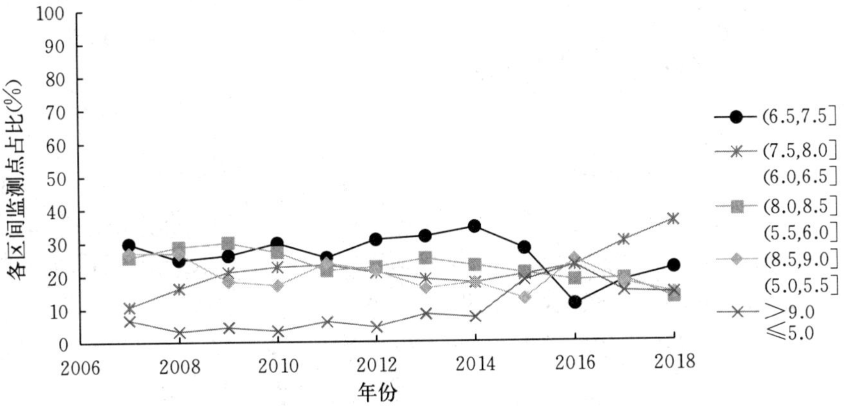


图 6.11.21　烟台市四级监测点土壤 pH 分级频率变化

## 八、小结

自 1998 年以来，烟台市监测点土壤有机质含量呈上升趋势，2018 年烟台市监测点土壤有机质平均含量 13.2 g/kg，总体含量较低主要是作物产量提高、过度的农艺措施和有机肥投入不足引起的。监测点土壤养分不均，各县（市、区）养分状况存在差异，可能与市内的施肥不平衡有关。监测点土壤全氮、碱解氮含量与有机质含量变化趋势类似，1998 年以来总体有上升趋势，2018 年土壤全氮、碱解氮含量分别为 0.97 g/kg 和 102.9 mg/kg，含量较低；土壤有效磷、速效钾和缓效钾的含量呈上升趋势，含量处于中等以上水平。这在一定程度上与化肥中磷肥和钾肥的比例升高、秸秆还田等有关。2018 年烟台市耕地质量监测点土壤 pH 为 6.0，尽管与 2017 年相比略有上升，但总体仍呈弱酸性，主要是人为活动过量施用化肥引起的，已有研究表明，持续使用化肥会导致土壤 pH 降低。

# 第十二节　威海市耕地质量现状及演变趋势

## 一、威海市耕地质量长期定位监测点布局

威海市位于山东半岛东部，北东南三面濒临黄海，北与辽东半岛相对，东与朝鲜半岛隔海相望，西与山东烟台接壤，土地总面积 5 797 $km^2$，其中低山面积 914 $km^2$，丘陵面积 3 036 $km^2$，平原面积 1 598 $km^2$。土壤有棕壤、褐土、潮土、草甸土、水稻土、盐土、粗骨土七大类，十三个亚类。

2018 年，威海市共有耕地质量长期定位监测点 81 个，按照行政区域划分，环翠区 20 个，文登区 18 个，荣成市 22 个，乳山市 21 个，基本涵盖威海

市的主要土壤类型。

## 二、有机质现状及演变趋势

### （一）现状

2018 年，威海市四级耕地质量监测点土壤有机质有效数据为 81 个，平均含量 12.4 g/kg。土壤有机质含量主要集中在（10，15］g/kg 及小于或等于 10 g/kg（图 6.12.1）。有机质含量小于或等于 10 g/kg 的监测点有 29 个，占监测点总数的 35.8%；（10，15］g/kg 的 32 个，占 39.5%；（15，20］g/kg 的 12 个，占 14.8%；（20，25］g/kg 的 7 个，占 8.6%；大于 25 g/kg 的 1 个，占 1.2%。从数据来看，威海市土壤有机质含量偏低。

### （一）含量变化

2006—2018 年，威海市四级监测点土壤有机质含量波动变化，总体呈上升趋势，从 10.9 g/kg 上升至 12.4 g/kg，2018 年比 2006 年上升 13.8%（图 6.12.2）。

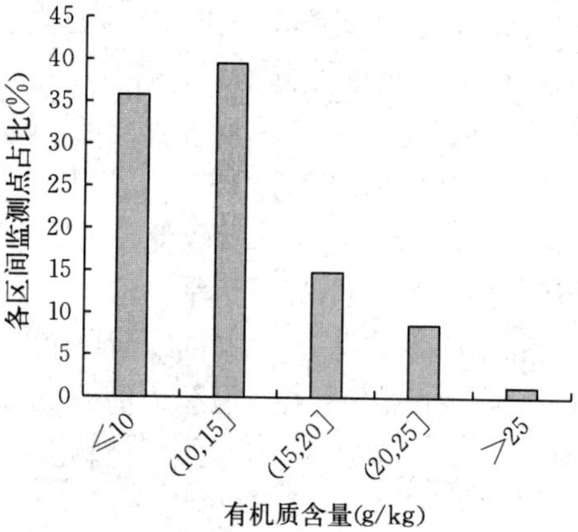


图 6.12.1　威海市四级监测点有机质含量各区间占比

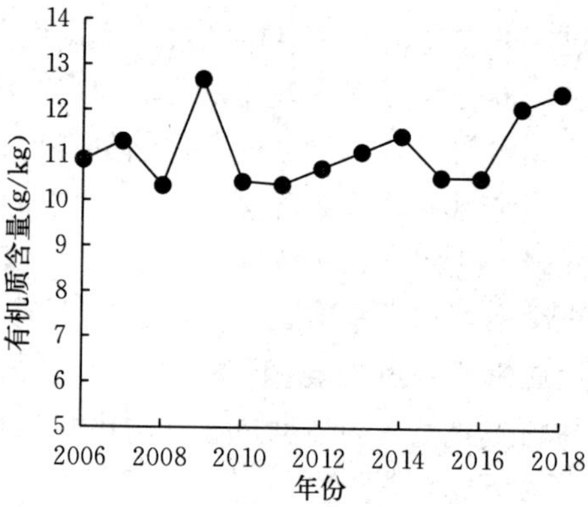


图 6.12.2　威海市四级监测点有机质含量变化趋势

### （三）频率变化

2006—2018 年，威海市四级监测点土壤有机质含量主要集中在小于或等于 10 g/kg 及（10，15］g/kg，其他区间比例较低且年际较稳定（图 6.12.3）。与 2006 年相比，2018 年小于或等于 10 g/kg 及（10，15］g/kg 的监测点比例降低，分别降低 10.5 个和 6.8 个百分点；2015 年以来，（15，20］g/kg 及（20，25］g/kg 的监测点比例有所上升，说明威海市近几年土壤中有机质含量总体有所上升。

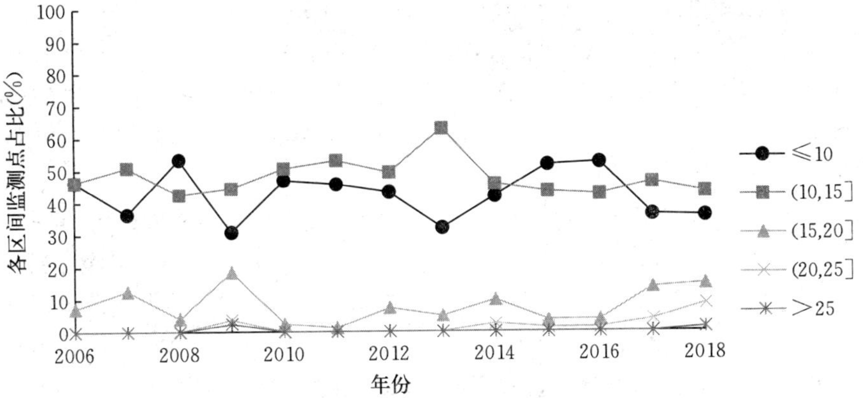


图 6.12.3　威海市四级监测点土壤有机质含量分级频率变化

## 三、碱解氮现状及演变趋势

### （一）现状

2018 年，威海市四级耕地质量监测点土壤碱解氮有效数据为 81 个，平均含量 112.9 mg/kg。土壤碱解氮含量主要集中在（60，90］mg/kg 和（90，120］mg/kg（图 6.12.4）。碱解氮含量小于或等于 60 mg/kg 的监测点有 8 个，占 9.9%；（60，90］mg/kg 的 22 个，占 27.2%；（90，120］mg/kg 的 22 个，占 27.2%；（120，150］mg/kg 的 13 个，占 16.0%；大于 150 mg/kg 的 16 个，占 19.8%。由此可见，威海市监测点土壤碱解氮含量大部分处于中等及较低水平。

### （二）含量变化

2006—2016 年，威海市四级监测点土壤碱解氮含量在 70.2～94.4 mg/kg，2017 年和 2018 年明显上升，2018 年碱解氮含量比 2006 年上升 32.8%（图 6.12.5）。

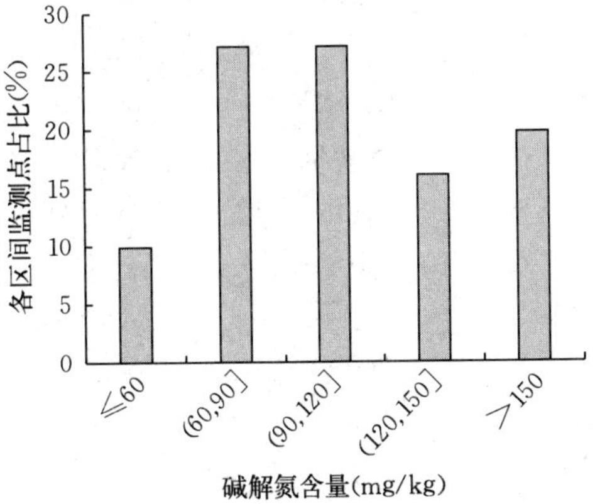


图 6.12.4　威海市四级监测点碱解氮含量各区间占比

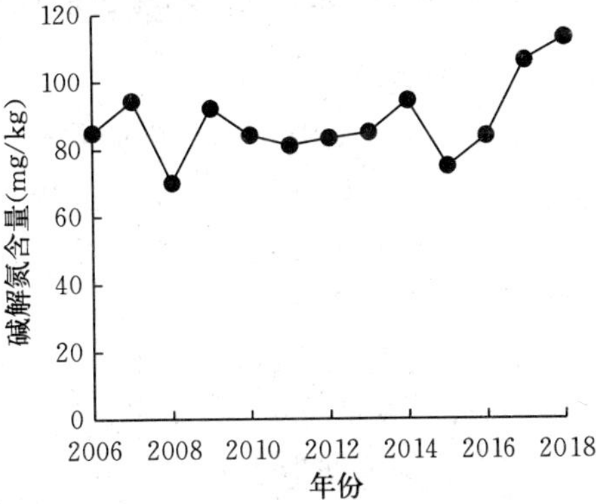


图 6.12.5　威海市四级监测点碱解氮含量变化趋势

### （三）频率变化

2006—2018年，威海市四级监测点土壤碱解氮含量主要集中在（60，90］mg/kg和（90，120］mg/kg（图6.12.6）。小于或等于60 mg/kg的占比在2008年与2015年上升较显著，随后年份下降也较显著。2008—2017年（60，90］mg/kg和（90，120］mg/kg的占比变化：当（60，90］mg/kg的占比上升时，（90，120］mg/kg的占比下降，当（60，90］mg/kg的占比下降时，（90，120］mg/kg的占比上升。与2006年相比，2018年小于或等于60 mg/kg的占比降低了13.8个百分点，（60，90］mg/kg的占比降低了14.9个百分点，（90，120］mg/kg的占比上升了6.1个百分点，（120，150］mg/kg的占比上升了13.4个百分点；大于150 mg/kg的占比总体上呈现先降低后上升的趋势，2018年比2006年上升了9.2个百分点。

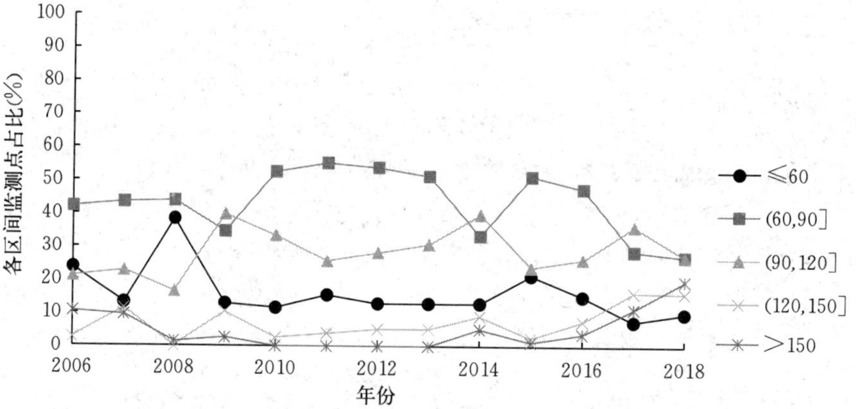


图6.12.6 威海市四级监测点土壤碱解氮含量分级频率变化

## 四、有效磷现状及演变趋势

### （一）现状

2018年，威海市四级耕地质量监测点有效磷有效数据为81个，平均含量72.4 mg/kg。有效磷含量主要集中在大于50 mg/kg（图6.12.7）。有效磷含量小于或等于10 mg/kg的4个，占4.9%；（10，20］mg/kg的12个，占14.8%；（20，30］mg/kg的4个，占4.9%；（30，50］mg/kg的14个，占17.3%；大于50 mg/kg的47个，占58.0%。从监测点数据来看，威海市土壤中有效磷含量较丰富，1级、2级水平占了75.3%。

### （二）含量变化

2006—2018年，威海市四级监测点土壤有效磷含量总体呈上升趋势，从2006年的43.8 mg/kg上升至2018年的72.4 mg/kg，上升了65.3%（图6.12.8）。

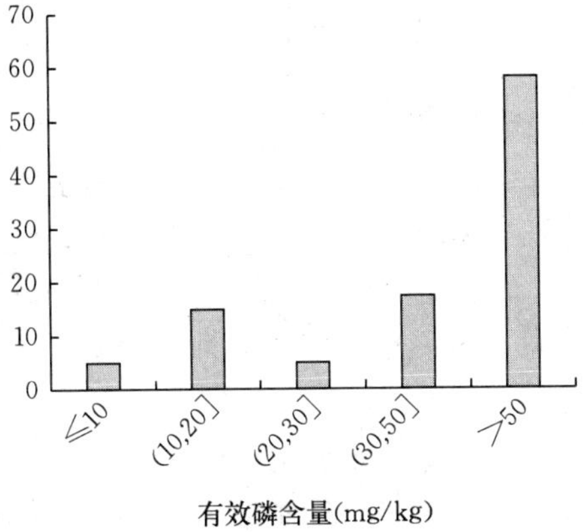


图 6.12.7　威海市四级监测点有效磷含量各区间占比

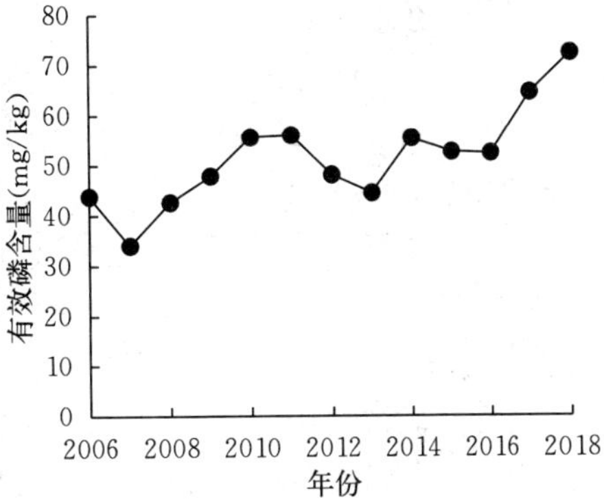


图 6.12.8　威海市四级监测点有效磷含量变化趋势

## （三）频率变化

2006—2018 年，威海市四级监测点土壤有效磷含量主要集中在大于 50 mg/kg 和（30，50］mg/kg，这两个区间占比波动较大（图 6.12.9）。2006—2018 年，大于 50 mg/kg 的占比呈波动上升趋势，2018 年比 2006 年上升 19.0 个百分点；（30，50］mg/kg 的占比在 2006—2016 年波动上升，2017 年和 2018 年明显降低，2018 年比 2006 年降低 16.9 个百分点；（20，30］mg/kg 的占比在 2008 年和 2013 年较高，2018 年比 2006 年降低 4.8 个百分点；（10，20］mg/kg 的占比波动变化，2010—2016 年较稳定；小于或等于 10 mg/kg 的占比一直比较稳定。总体来说，威海市高含量监测点占比有所上升，土壤有效磷含量总体升高。

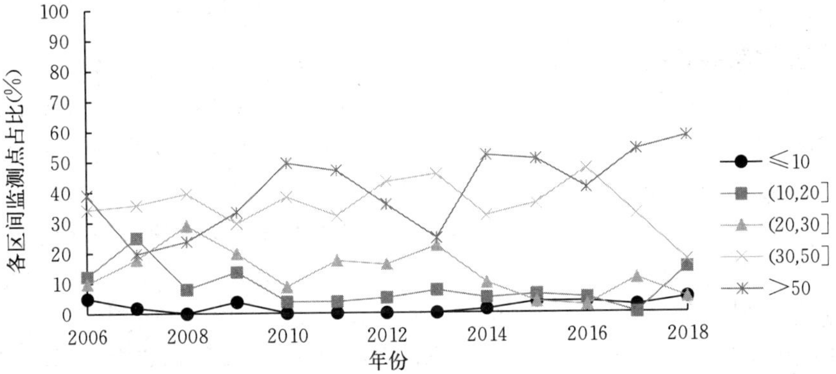


图 6.12.9　威海市四级监测点土壤有效磷含量分级频率变化

## 五、速效钾现状及演变趋势

### （一）现状

2018年，威海市四级耕地质量监测点土壤速效钾有效数据为81个，平均含量152 mg/kg。速效钾含量小于或等于50 mg/kg的监测点有4个，占监测点总数的4.9%；(50，100] mg/kg的23个，占28.4%；(100，150] mg/kg的17个，占21.0%；(150，200] mg/kg的18个，占22.2%；大于200 mg/kg的19个，占23.5%（图6.12.10）。从数据来看，威海市土壤速效钾含量属于中等偏低水平。

### （二）含量变化

2006—2018年，威海市四级监测点土壤速效钾含量总体呈上升趋势，从75 mg/kg上升至152 mg/kg，2018年比2006年上升102.7%，2015年以来上升明显（图6.12.11）。

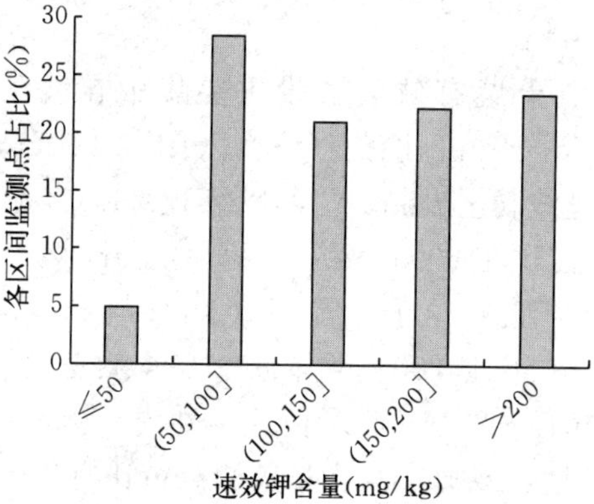


图6.12.10　威海市四级监测点速效钾含量各区间占比

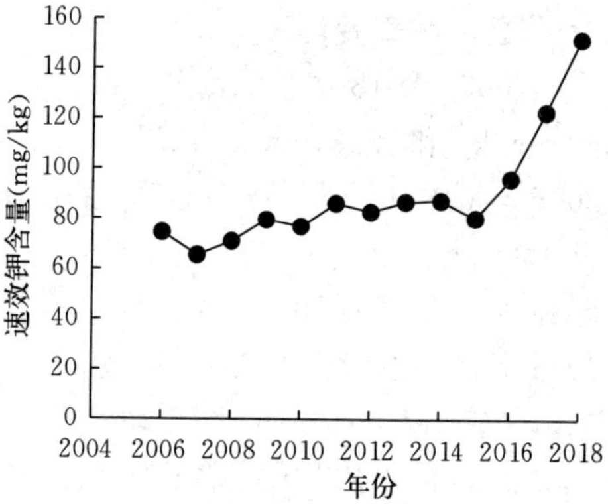


图6.12.11　威海市四级监测点速效钾含量变化趋势

### （三）频率变化

2006—2018年，威海市四级监测点土壤速效钾含量主要集中在(50，100] mg/kg（图6.12.12）。2015—2018年，小于或等于50 mg/kg的占比呈现下降趋势，(50，100] mg/kg的占比整体有所下降，(150，200] mg/kg和大于200 mg/kg的占比呈现上升趋势，说明近年来威海市土壤中速效钾含量总体有所提升。与2006年相比，2018年小于或等于50 mg/kg和(50，100] mg/kg的占比分别降低19.5个和35.0个百分比；2018年(100，150] mg/kg、(150，200] mg/kg和大于200 mg/kg的占比分别上升8.8个、22.2个和23.5个百分点。

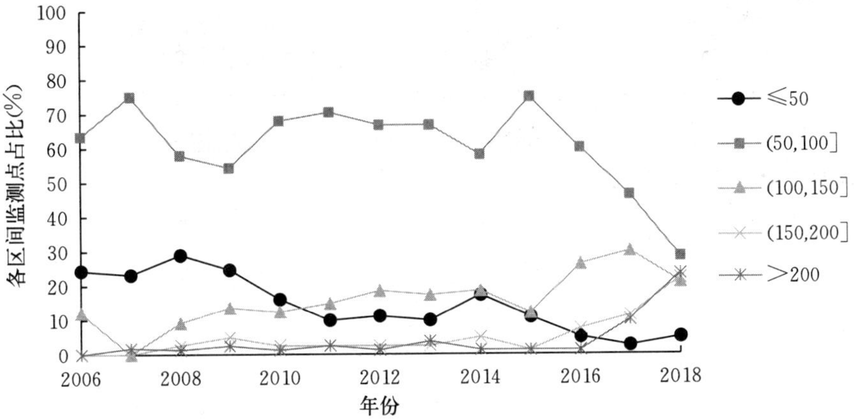


图 6.12.12　威海市四级监测点土壤速效钾含量分级频率变化

## 六、土壤 pH 现状及演变趋势

### （一）现状

2018 年，威海市四级耕地质量监测点土壤 pH 有效数据为 81 个，pH 平均为 5.6。土壤 pH 主要集中在（5.0，5.5]（图 6.12.13）。pH 小于或等于 5.0 的 15 个，占 18.5%；（5.0，5.5] 的 31 个，占 38.3%；（5.5，6.0] 的 16 个，占 19.8%；（6.0，6.5] 的 6 个，占 7.4%；（6.5，7.5] 的 13 个，占 16.0%。可以发现，威海市监测点 pH 在 5.5 及以下的占 56.8%，酸化现象比较突出。

### （二）pH 变化

2006—2018 年，威海市四级监测点土壤 pH 总体呈上升趋势，从 2006 年的 5.1 上升至 2018 年的 5.6。2009—2013 年，pH 呈上升趋势，2013—2016 年，pH 呈下降趋势，2016—2018 年呈上升趋势（图 6.12.14）。

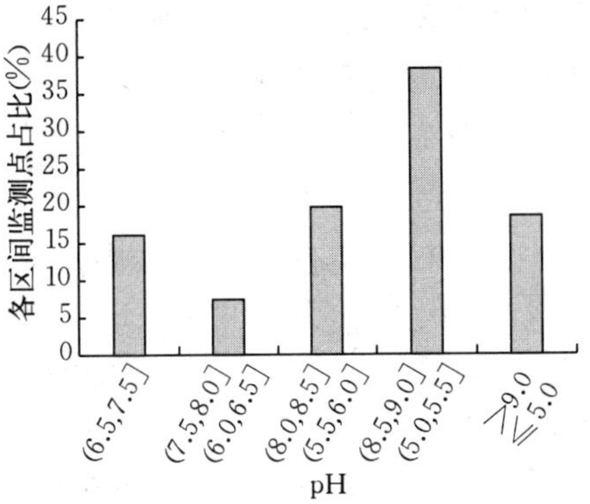


图 6.12.13　威海市四级监测点 pH 各区间占比

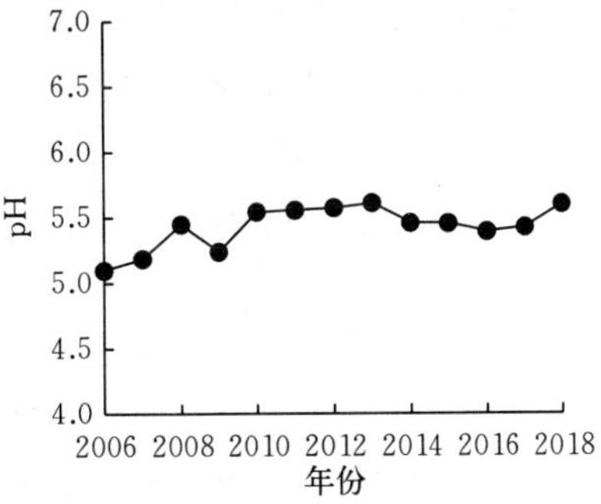


图 6.12.14　威海市四级监测点 pH 变化趋势

### （三）频率变化

2006—2018年，威海市四级监测点土壤pH比例最高的为（5.0，5.5]，其次为（5.5，6.0]，之后为（6.0，6.5]，pH小于或等于5.0的比例变化比较大，2006—2013年总体呈下降趋势，2013—2017年总体呈上升趋势，2018年有所下降（图6.12.15）。

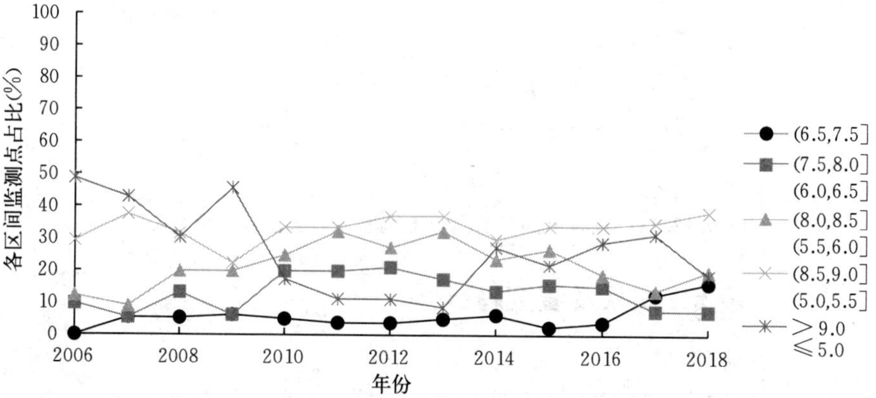


图6.12.15　威海市四级监测点土壤pH分级频率变化

## 七、小结

威海市土壤有机质含量偏低，平均值为12.4 g/kg，处于4级较低水平，4级和5级监测点占75.3%，总体水平偏低，在后期的耕作管理中要通过增施有机肥、秸秆还田等方式增加土壤中有机质含量。

土壤碱解氮含量是反应土壤供氮水平的重要指标。从监测结果来看，威海市土壤中碱解氮含量处于中低水平，供氮能力偏弱。

土壤有效磷含量较高，平均值为72.4 mg/kg，总体处于较高水平，1级和2级监测点占75.3%。在今后的耕作中，可以适当减少磷肥的投入。

速效钾含量平均值为152 mg/kg，处于较高水平，在耕作中，可根据所栽培作物适当增加钾肥投入。

威海市监测点pH小于或等于5.5的占56.8%，酸化现象比较突出。威海市土壤多为酸性岩风化物母质，土壤土体厚度较薄，以轻壤、沙壤为主，土壤蓄水保水能力弱。在母岩风化和土壤成土过程中，所产生的钙镁钾钠等盐基成分多淋失，土壤盐基不饱和，导致土壤呈弱酸性至酸性。此外，过去几十年，农民为了追求产量，大量施用化肥，而忽略了有机肥的施用，不合理的施肥方式导致土壤pH下降。土壤酸化导致果树病害更为明显，如果树因缺钙造成的苦痘病、因锰中毒造成的粗皮病等；酸化土壤缺钙、缺硼、缺钼，还会引起花生根瘤减少，造成产量下降。近年来，威海市依托耕地质量提升（土壤改良修复）、耕地保护与质量提升促进化肥减量增效和果菜有机肥替代化肥试点县等项目，通过应用功能性有机肥、土壤调理剂、水肥一体化技术、果园生草，以及秸秆堆沤肥等综合配套技术措施，带动农民合作社、种粮大户、家庭农场等新型经营主体进行改良，以此辐射引导广大农民自发改良。

## 第十三节　潍坊市耕地质量现状及演变趋势

### 一、潍坊市耕地质量长期定位监测点布局

#### （一）按行政区域分

截至 2018 年底，潍坊市共有国家级耕地质量监测点 4 个，省级耕地质量监测点 19 个，市级耕地质量监测点 34 个，县级耕地质量监测点 138 个，共计 195 个。

耕地质量监测点分布于全市 12 个县（市、区），其中潍城区 20 个、占 10.3%，坊子区 20 个、占 10.3%，寒亭区 20 个、占 10.3%，青州市 11 个、占 5.6%，诸城市 23 个、占 11.8%，寿光市 23 个、占 11.8%，安丘市 15 个、占 7.7%，高密市 15 个、占 7.7%，昌邑市 20 个、占 10.3%，临朐县 8 个、占 4.1%，昌乐县 20 个、占 10.3%（图 6.13.1）。

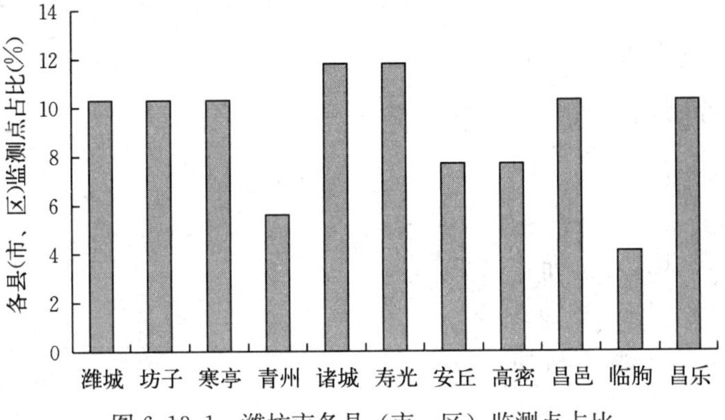


图 6.13.1　潍坊市各县（市、区）监测点占比

#### （二）按主要土壤类型分

潍坊市耕地质量监测点涵盖棕壤、褐土、潮土、砂姜黑土及盐土 5 种主要土壤类型（图 6.13.2）。潍坊市棕壤面积为 211.0 万亩（第二次土壤普查统计，下同），主要分布在诸城、临朐、昌乐及安丘的南部。在棕壤上共设有监测点 22 个，占监测点总数的 11.3%，平均 9.6 万亩设置 1 个监测点。褐土面积为 431.3 万亩，分布范围广，但大部分集中在青州、昌乐、潍城、坊子、昌

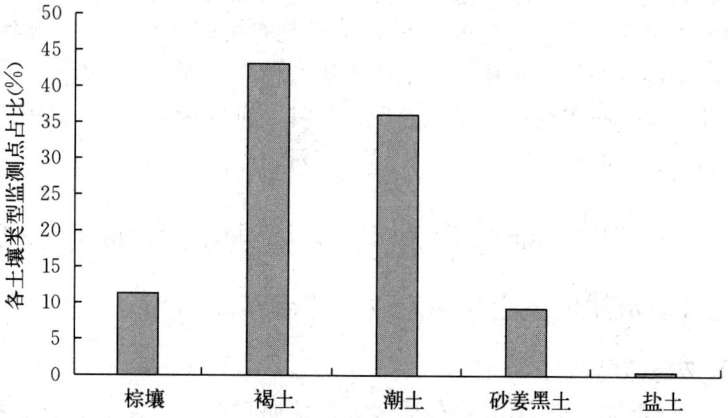


图 6.13.2　潍坊市主要土壤类型监测点占比

邑等。在褐土上共设有监测点 84 个，占监测点总数的 43.1%，平均 5.1 万亩设置 1 个监测点。潮土面积为 389.7 万亩，主要分布在寿光、昌邑、寒亭及主要河流两岸的冲积平原上。在潮土上共设有监测点 70 个，占监测点总数的 35.9%，平均 5.6 万亩设置 1 个监测点。砂姜黑土面积为 116.3 万亩，主要分布在昌邑、高密的胶莱河平原和寿光、青州及诸城的洼地。在砂姜黑土上共设有监测点 18 个，占监测点总数的 9.2%，平均 6.5 万亩设置 1 个监测点。盐土面积约 26.7 万亩，主要分布在寿光、昌邑及寒亭北部。在盐土上共设有监测点 1 个，占监测点总数的 0.5%。

## 二、有机质现状及演变趋势

### （一）现状

2018 年，潍坊市四级耕地质量监测点土壤有机质有效数据为 193 个，平均含量 15.4 g/kg。土壤有机质含量主要集中在（10，15］g/kg 和（15，20］g/kg（图 6.13.3）。有机质含量小于或等于 10 g/kg 的监测点有 22 个，占监测点总数的 11.4%；（10，15］g/kg 的 75 个，占 38.9%；（15，20］g/kg 的 67 个，占 34.7%；

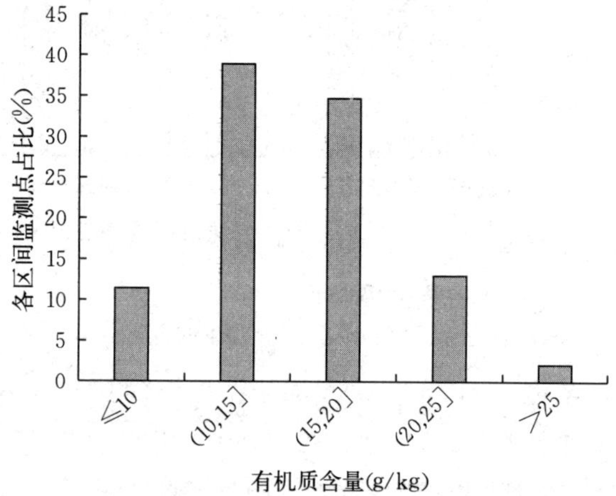


图 6.13.3　潍坊市四级监测点有机质含量各区间占比

(20，25] g/kg 的 25 个，占 13.0%；大于 25 g/kg 的仅 4 个，占 2.1%。土壤有机质含量空间分布基本体现了自然因素和人为因素的双重影响，其中南部山地丘陵区和北部盐化潮土区有机质含量水平较低，在10～15 g/kg，变幅也较小，中部平原区土壤有机质含量较为丰富，在15 g/kg 以上。

## （二）含量变化

根据第二次土壤普查数据，潍坊市土壤有机质含量为 9.5 g/kg，2006 年监测点有机质平均含量比第二次土壤普查时期上升 40.0%，2018 年监测点平均含量比第二次土壤普查时期上升 62.1%。2006—2018 年，全市监测点土壤有机质含量呈上升趋势，2018 年较 2006 年上升 15.8%（图 6.13.4）。2006—2014 年，土壤有机质含量缓慢上升，从 13.3 g/kg 上升至 14.3 g/kg；2014—2018 年，土壤有机质含量波动上升，从 14.3 g/kg 上升至 15.4 g/kg，年平均上升 0.3 g/kg。

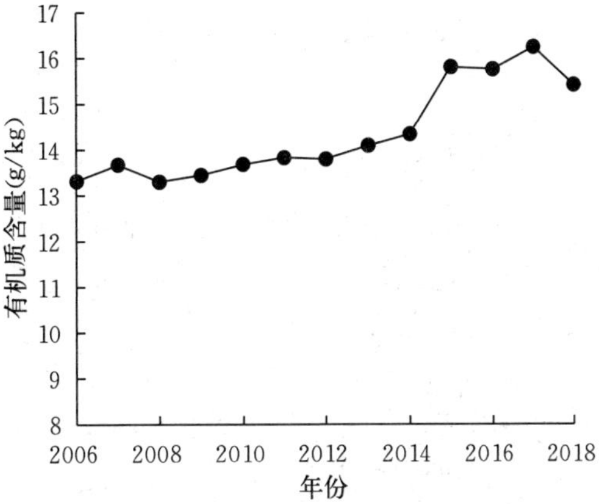


图 6.13.4 潍坊市四级监测点有机质含量变化趋势

## （三）频率变化

2006—2013 年，潍坊市土壤有机质含量小于或等于 10 g/kg 的比例由 12.5%下降至 1.4%，比例逐渐下降；2013—2018 年该比例又逐渐上升，由 1.4%上升至 11.4%（图 6.13.5）。土壤有机质含量在（10，15] g/kg 的比例在 2006—2010 年有所上升，由 67.5%上升至 74.4%；2010—2013 年变化幅

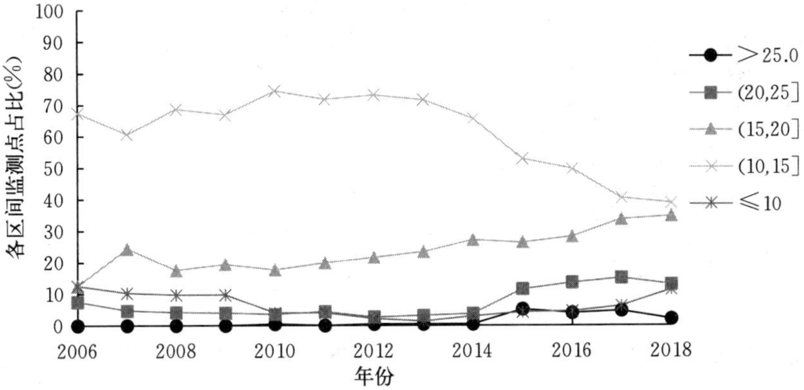


图 6.13.5 潍坊市四级监测点土壤有机质含量分级频率变化

度极小，仅由 74.4%降至 71.6%；2013—2018 年该比例逐渐降低，由 71.6%降至 38.9%。2006—2018 年，(15，20] g/kg 的比例从 12.5%上升至 34.7%，总体呈上升趋势；(20，25] g/kg 的比例在 2006—2014 年由 7.5%缓慢下降至 3.8%，2014—2018 年由 3.8%快速上升至 13.0%；大于 25 g/kg 的比例从 0 上升至 2.1%，上升速度极为缓慢。

## 三、全氮现状及演变趋势

### (一) 现状

2018 年，潍坊市四级耕地质量监测点土壤全氮有效数据为 143 个，平均含量 0.94 g/kg。土壤全氮含量小于或等于 0.75 g/kg 的监测点有 46 个，占监测点总数的 32.2%；(0.75，1.00] g/kg 的 36 个，占 25.2%；(1.00，1.25] g/kg 的 36 个，占 25.2%；(1.25，1.50] g/kg 的 15 个，占 10.5%；大于 1.50 g/kg 的 10 个，占 7.0%（图 6.13.6）。土壤全氮含量反映土壤肥力水平，从空间分布看，土壤全氮与有机质的分布相似，其中南部山地丘陵区和北部盐化潮土区有机质含量低，全氮含量也低，中部平原区土壤全氮含量水平较高。

### (二) 含量变化

根据第二次土壤普查数据，潍坊市土壤全氮含量为 0.64 g/kg，2006 年监测点全氮平均含量比第二次土壤普查时期上升 60.9%，2018 年监测点平均含量比第二次土壤普查时期上升 46.9%。2006—2018 年，全市监测点土壤全氮含量整体平稳，无大幅度变化，2018 年比 2006 年有小幅降低（图 6.13.7）。2006—2014 年，土壤全氮含量变化平稳，在 0.96～1.06 g/kg；2014—2018 年变幅稍大，由 2014 年的 0.96 g/kg 上升至 2016 年的 1.22 g/kg，2018 年又下降至 0.94 g/kg。

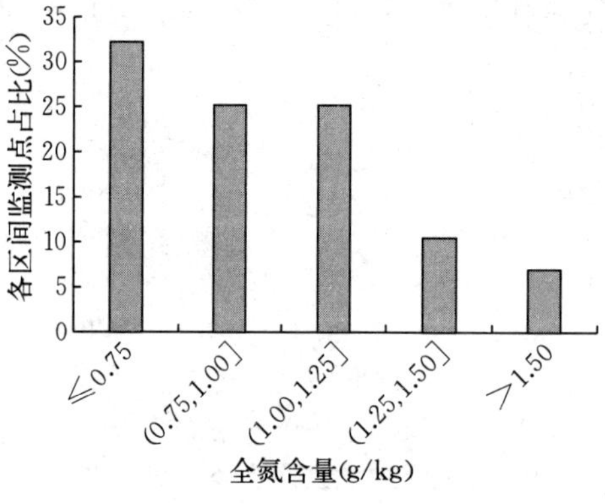


图 6.13.6 潍坊市四级监测点全氮含量各区间占比

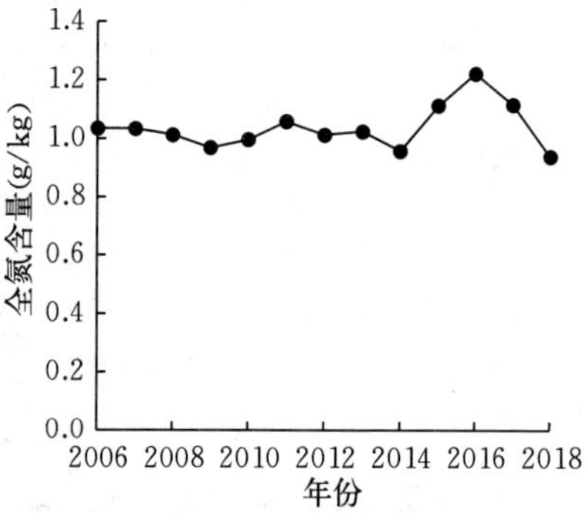


图 6.13.7 潍坊市四级监测点全氮含量变化趋势

### （三）频率变化

2006 年样品太少，现对 2007—2018 年土壤全氮含量监测结果进行分析。土壤全氮含量小于或等于 0.75 g/kg 的比例上升，由 2007 年的 13.2%上升至 32.2%；(0.75，1.00] g/kg 的比例整体呈下降趋势，2007—2010 年稳定在 40%左右，2010—2018 年从 39.8%降至 25.2%；(1.00，1.25] g/kg 的比例在 2007—2014 年由 30.3%降至 23.7%，2015 年仅为 11.8%，2018 年又升至 25.2%；(1.25，1.50] g/kg 的比例在 2007—2013 年由 11.8%上升为 25.7%，2018 年又降为 10.5%；大于 1.50 g/kg 的比例在 2007—2014 年小于 7.0%，2014—2016 年由 1.7%快速上升至 33.3%，2018 年又快速下降至 7.0%（图 6.13.8）。

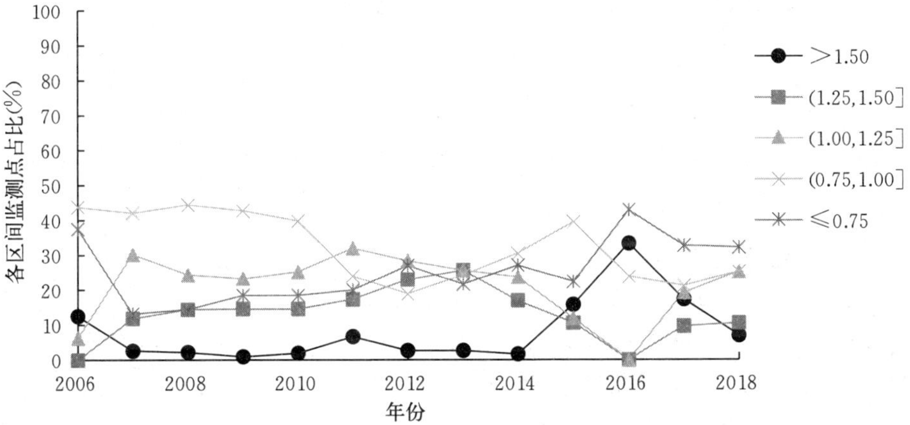


图 6.13.8 潍坊市四级监测点土壤全氮含量分级频率变化

## 四、碱解氮现状及演变趋势

### （一）现状

2018 年，潍坊市四级耕地质量监测点土壤碱解氮有效数据为 195 个，平均含量 102.8 mg/kg。土壤碱解氮含量小于或等于 60 mg/kg 的监测点有 15 个，占监测点总数的 7.7%；(60，90] mg/kg 的 96 个，占 49.2%；(90，120] mg/kg 的 48 个，占 24.6%；(120，150] mg/kg 的 15 个，占 7.7%；大于 150 mg/kg 的 21 个，占 10.8%（图 6.13.9）。土壤碱解氮含量反映土壤供氮能力，从空间分布看，与土壤有机质的分布相似，其中南部山地丘陵区和北部盐化潮土区碱解氮含量水平较低，在 60～90 mg/kg，变幅也较小，中部平原区土壤碱解氮含量较为丰富，在 90～120 mg/kg。

### （二）含量变化

根据第二次土壤普查数据，潍坊市土壤碱解氮含量为 57.1 mg/kg，2006

年监测点碱解氮平均含量比第二次土壤普查时期上升57.3%，2006—2018年，全市监测点土壤碱解氮含量呈上升趋势，2018年较2006年上升14.5%，2018年较第二次土壤普查时期上升80.0%。2006—2014年，土壤碱解氮含量缓慢上升，由89.8 mg/kg上升至97.1 mg/kg；2014—2018年由97.1 mg/kg快速上升至102.8 mg/kg（图6.13.10）。

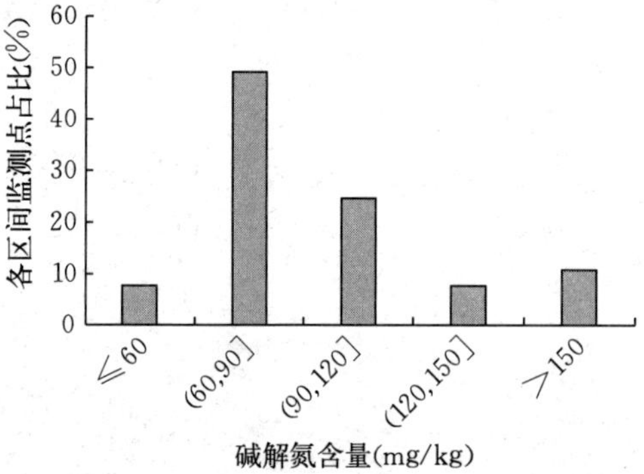


图6.13.9　潍坊市四级监测点碱解氮含量各区间占比

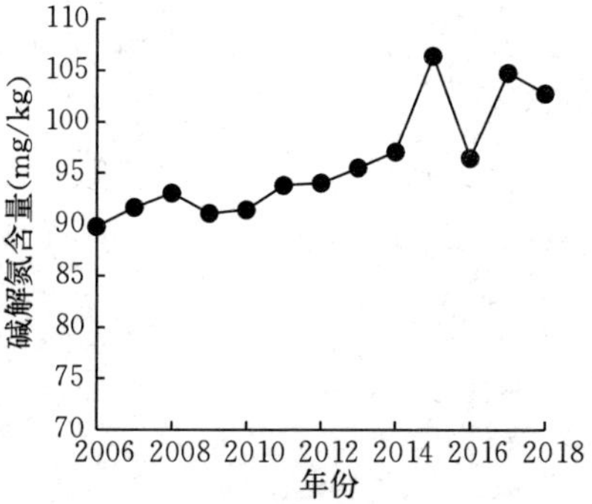


图6.13.10　潍坊市四级监测点碱解氮含量变化趋势

## （三）频率变化

2006—2018年，土壤碱解氮含量小于或等于60 mg/kg的比例较低，且变化幅度不大；(60，90] mg/kg的比例先降后升，在2006—2014年呈下降趋势，从65.0%下降至33.5%，而在2014—2018年由33.5%上升为49.2%；(90，120] mg/kg的比例先上升后下降，由2006年的30%上升至2013年的50%，2018年又下降为24.6%；(120，150] mg/kg的比例同为先上升后下降，2006—2014年由5.0%上升至18.0%，2018年又降为7.7%；大于150 mg/kg的比例缓慢上升，2007—2018年由2.3%上升至10.8%（图6.13.11）。

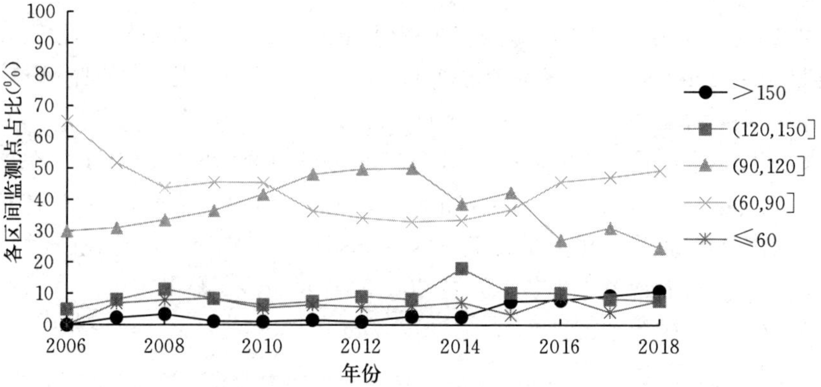


图6.13.11　潍坊市四级监测点土壤碱解氮含量分级频率变化

## 五、有效磷现状及演变趋势

### （一）现状

2018 年，潍坊市四级耕地质量监测点土壤有效磷有效数据为 195 个，平均含量 59.6 mg/kg。土壤有效磷含量小于或等于 10 mg/kg 的监测点有 11 个，占监测点总数的 5.6%；（10，20］mg/kg 的 33 个，占 16.9%；（20，30］mg/kg 的 22 个，占 11.3%；（30，50］mg/kg 的 41 个，占 21.0%；大于 50 mg/kg 的 88 个，占 45.1%（图 6.13.12）。土壤有效磷是当季作物从土壤中获取的主要磷养分资源，从空间分布看，南部山地丘陵区和北部盐化潮土区有效磷含量水平较低，中部平原区土壤有效磷含量较为丰富。

### （二）含量变化

根据第二次土壤普查数据，潍坊市土壤有效磷含量为 4.9 mg/kg，2006 年监测点有效磷平均含量比第二次土壤普查时期上升 734.7%，2006—2018 年，全市监测点土壤有效磷含量呈上升趋势，2018 年较 2006 年上升 45.7%，2018 年是第二次土壤普查时期的 12.2 倍（图 6.13.13）。2006—2014 年，土壤有效磷含量缓慢上升，由 2006 年的 40.9 mg/kg 上升至 44.4 mg/kg。2014—2018 年土壤有效磷含量大幅度上升，由 2014 年的 44.4 mg/kg 上升至 59.6 mg/kg，年平均上升 3.8 mg/kg。

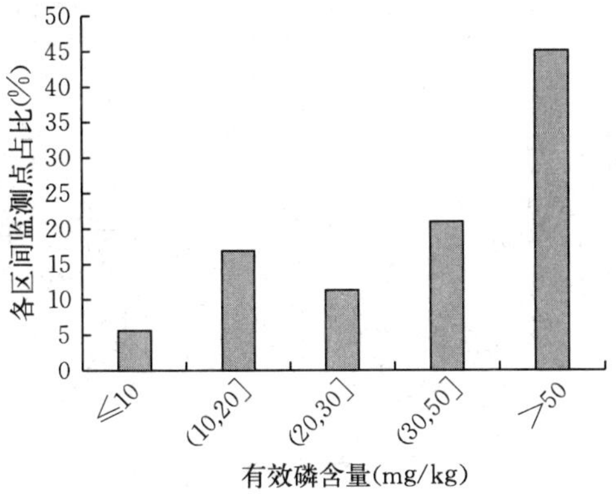


图 6.13.12　潍坊市四级监测点有效磷含量各区间占比

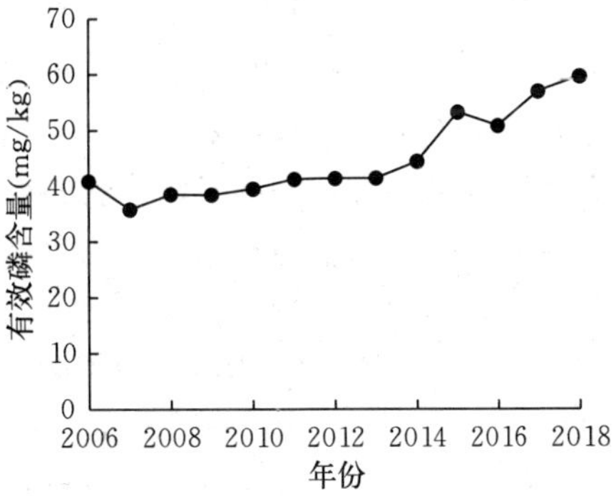


图 6.13.13　潍坊市四级监测点有效磷含量变化趋势

### （三）频率变化

2006—2018 年，土壤有效磷含量小于或等于 10 mg/kg 的比例先降后升，2006—2012 年从 5.0%下降至 0.4%，2018 年又上升至 5.6%（图 6.13.14）。（10，20］mg/kg 的比例呈下降趋势，从 57.5%下降至 16.9%，下降幅度较

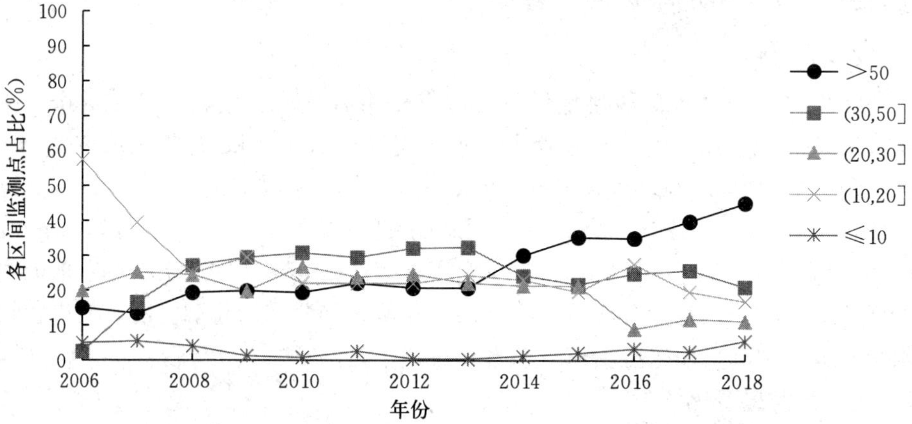


图 6.13.14　潍坊市四级监测点土壤有效磷含量分级频率变化

大。(20，30] mg/kg 的比例总体呈下降趋势，从 20.0%下降至 11.3%。(30，50] mg/kg 的比例总体先升后降，由 2006 年的 2.5%上升至 2013 年的 32.4%，2018 年又降为 21.0%。大于 50 mg/kg 的比例从 2006 年的 15.0%上升至 45.1%，总体呈上升趋势，且上升幅度较大。

## 六、速效钾现状及演变趋势

### (一) 现状

2018 年，潍坊市四级耕地质量监测点土壤速效钾有效数据为 195 个，平均含量 211.1 mg/kg。土壤速效钾含量小于或等于 50 mg/kg 的监测点有 0 个；(50，100] mg/kg 的 22 个，占 11.3%；(100，150] mg/kg 的 50 个，占 25.6%；(150，200] mg/kg 的 40 个，占 20.5%；大于 200 mg/kg 的 83 个，占 42.6%（图 6.13.15）。土壤速效钾含量水平的高低，直接关系到土壤对作物供钾能力，是判定土壤肥力高低的重要因素之一。土壤速效钾含量受人为活动和母岩母质双重影响，其中北部盐化潮土区和中部平原区土壤速效钾含量水平较高，南部山地丘陵区土壤速效钾含量水平较低。

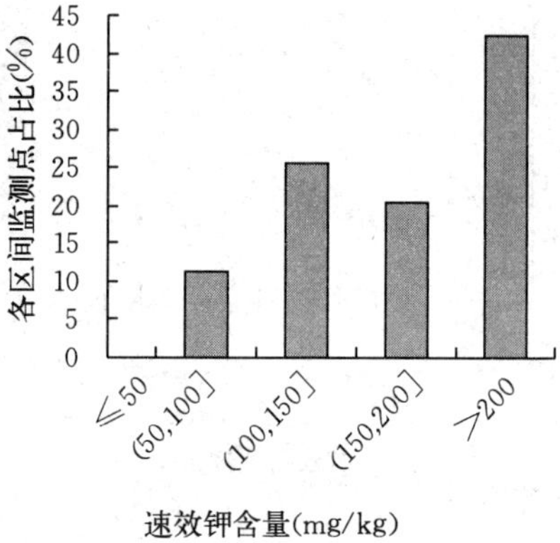


图 6.13.15　潍坊市四级监测点速效钾含量各区间占比

## （二）含量变化

根据第二次土壤普查数据，潍坊市土壤速效钾含量为 102.0 mg/kg，2006 年监测点速效钾平均含量比第二次土壤普查时期上升 79.7%，2006—2018 年，全市监测点土壤速效钾含量呈上升趋势，2018 年较 2006 年上升 15.2%，2018 年较第二次土壤普查时期上升 107.0%（图 6.13.16）。2006—2008 年，土壤速效钾含量快速下降，由 183.3 mg/kg 下降为 161.0 mg/kg，2008—2013 年稳中有升，升至 165.7 mg/kg；2013—2018 年则快速上升，由 165.7 mg/kg 上升至 211.1 mg/kg，年平均上升 9.1 mg/kg。

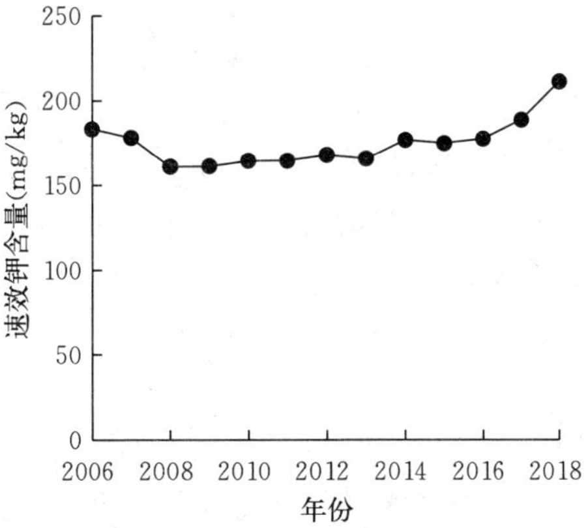


图 6.13.16　潍坊市四级监测点速效钾含量变化趋势

## （三）频率变化

2006—2018 年，土壤速效钾含量小于或等于 50 mg/kg 的样本仅出现 2 次；(50，100] mg/kg 的比例在 2006—2014 年由 12.5%上升至 15.9%，2018 年下降为 11.3%；(100，150] mg/kg 的比例总体先升后降，2006—2013 年从 30.0%上升至 41.4%，2018 年又降为 25.6；(150，200] mg/kg 的比例总体呈下降趋势，从 32.5%下降至 20.5%；大于 200 mg/kg 的比例从 25.0%上升至 42.6%，上升幅度较大（图 6.13.17）。

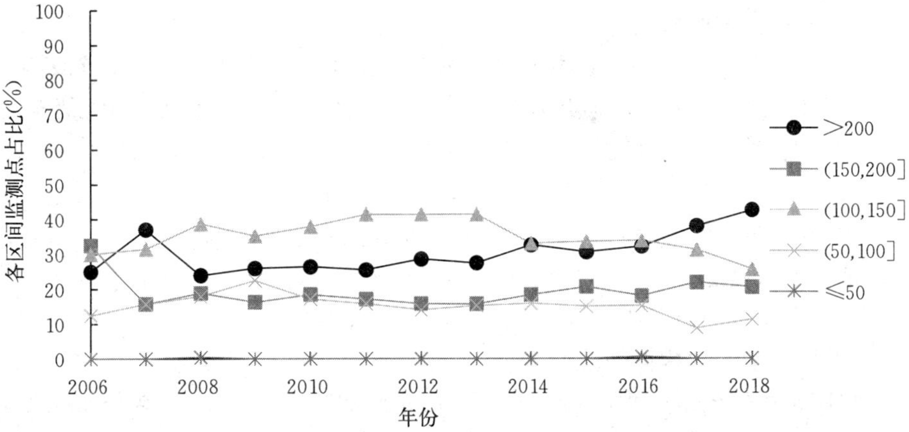


图 6.13.17　潍坊市四级监测点土壤速效钾含量分级频率变化

### 七、小结

2018年，潍坊市土壤有机质含量平均为15.4 g/kg，土壤有机质含量主要集中在（10，15] g/kg及（15，20] g/kg，处于中等偏低水平。土壤有机质含量空间分布基本体现了自然因素和人为因素的双重影响，其中南部山地丘陵区和北部盐化潮土区有机质含量水平较低，中部平原区土壤有机质含量较丰富。

2018年，潍坊市土壤全氮含量平均为0.94 g/kg，主要集中在小于或等于0.75 g/kg及（0.75，1.00] g/kg、（1.00，1.25] g/kg，处于较低水平。土壤碱解氮含量是反应土壤供氮水平的重要指标，潍坊市土壤碱解氮含量处于中低水平，供氮能力偏弱。

2018年，潍坊市土壤有效磷含量平均为59.6 mg/kg，监测点有效磷含量主要集中在大于50 mg/kg，处于高含量水平。土壤有效磷是当季作物从土壤中获取的主要磷养分资源，从空间分布看，南部山地丘陵区和北部盐化潮土区有效磷含量水平较低，中部平原区有效磷含量较为丰富。

2018年，潍坊市土壤速效钾含量平均为211.1 mg/kg，监测点土壤速效钾含量主要集中在大于200 mg/kg，处于高含量水平。土壤速效钾含量受人为活动和母岩母质双重影响，其中北部盐化潮土区和中部平原区土壤速效钾含量水平较高，南部山地丘陵区土壤速效钾含量水平较低。

## 第十四节　枣庄市耕地质量现状及演变趋势

### 一、枣庄市耕地质量长期定位监测点布局

#### （一）按行政区域分

截至2018年底，枣庄市共有耕地质量监测点132个，分布于5个区和1个市，平均每2.7万亩耕地设置1个监测点。其中，薛城区有耕地质量监测点30个，占监测点总数的22.6%；市中区20个，占15.2%；峄城区20个，占15.2%；山亭区20个，占15.2%；台儿庄区20个，占15.2%；滕州市22个，占16.6%（图6.14.1）。全市国家级耕地质量监测点3个，占2.3%；省级耕地质量监测点11个，占8.3%；市级耕地质量监测点17个，占12.9%；县级耕地质量监测点101个，占76.5%（图6.14.2）。

#### （二）按主要土壤类型分

枣庄市耕地质量监测点共涵盖5种主要土壤类型，监测点主要分布在褐土上（图6.14.3）。枣庄市褐土面积307.3万亩，褐土多发育在钙质石灰岩残坡、坡洪、洪冲积物母质上，在钙质页岩上也有少量分布。在褐土上共设有监

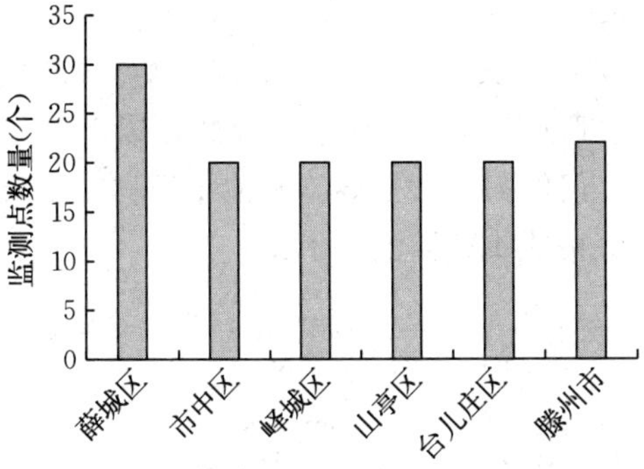


图 6.14.1　枣庄市耕地质量监测点分布

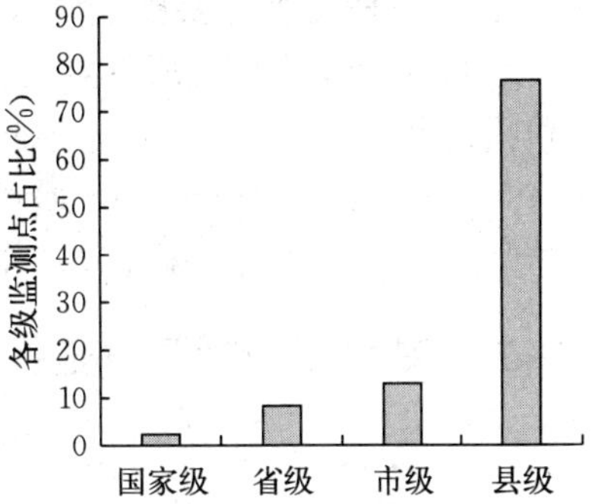


图 6.14.2　枣庄市各级监测点占比

测点 79 个，占监测点总数的 59.8%，平均每 3.9 万亩设置 1 个监测点。枣庄市潮土面积 66.5 万亩，主要分布在河流洪冲积物上，其地形为洼地、河漫滩、洪冲积平原。在潮土上共设有监测点 17 个，占监测点总数的 12.9%，平均每 3.9 万亩设置 1 个监测点。枣庄市棕壤面积 79.1 万亩，主要分布在酸性岩的残坡、坡洪、洪冲积母质上，也有少量分布在古岩母质和非钙质页岩母质上。在棕壤上共设有监测点 17 个，占监测点总数的 12.9%，平均每 4.7 万亩设置 1 个监测点。枣庄市砂姜黑土面积 66.3 万亩，主要分布在低洼的河湖相静水沉积物上。在砂姜黑土上共设有监测点 15 个，占监测点总数的 11.4%，平均每 4.4 万亩设置 1 个监测点。水稻土面积 2.3 万亩，主要分布在台儿庄区运河两岸的洼地。在水稻土上设有监测点 4 个，占监测点总数的 3.0%。

## （三）按耕地利用类型分

枣庄市各级监测点主要集中在粮田，有监测点 124 个，占监测点总数的 93.9%，种植小麦、玉米、马铃薯、大豆、花生等作物。果园和菜地监测点数量分别为 6 个和 2 个，分别占监测点总数的 4.5%和 1.6%（图 6.14.4）。

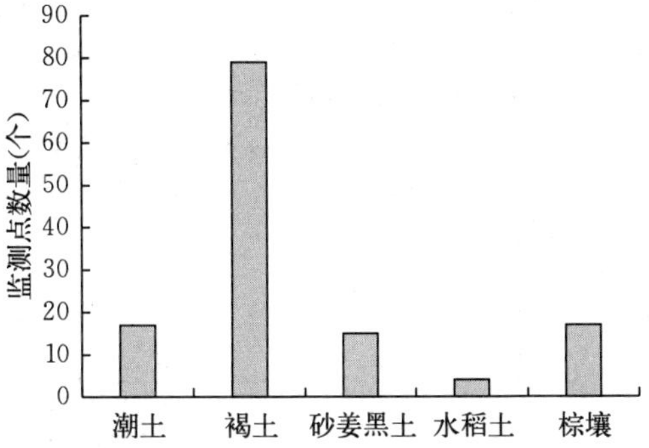


图 6.14.3　枣庄市主要土壤类型监测点数量

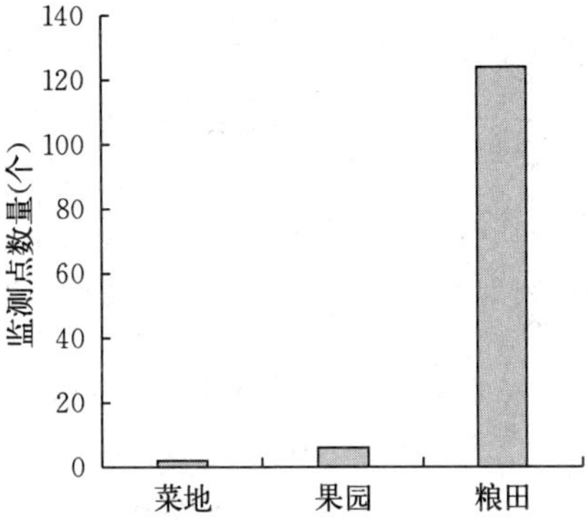


图 6.14.4　枣庄市不同耕地利用类型监测点数量

### （四）枣庄市耕地质量监测点情况说明

2006年枣庄市耕地质量监测点在薛城区，共30个；2007年监测点在薛城区和滕州市，共49个；2015年监测点在滕州市，共20个。因此，以上三年的监测数据不能代表全市耕地质量水平，仅作为参考指标。其他年份均在全市布局监测网点，监测数据完善，作为全市耕地质量监测的依据。

## 二、有机质现状及演变趋势

### （一）现状

2018年，枣庄市四级耕地质量监测点土壤有机质有效数据有132个，平均含量21.0 g/kg。土壤有机质含量主要集中在4级（图6.14.5）。有机质含量高（1级）的监测点有29个，占监测点总数的22.0%；有机质含量较高（2级）的监测点有44个，占监测点总数的33.3%；有机质含量中等（3级）的监测点有37个，占监测点总数的28.0%；有机质含量较低（4级）的监测点有14个，占监测点总数的10.6%；有机质含量低（5级）的监测点有8个，占监测点总数的6.1%。分析可知，枣庄市有机质含量总体水平良好，中等含量及以上监测点占总数的83.3%，含量处于较高水平的监测点占55.3%。

### （二）含量变化

2008—2010年，枣庄市土壤有机质含量基本稳定，2011年较2010年上升1.2 g/kg。2011—2014年有机质含量下降，从18.7 g/kg下降至16.7 g/kg，年平均下降0.7 g/kg，2015年有机质含量最低，为15.6 g/kg，但该年份数据为滕州市20个监测点数据，不能代表全市土壤有机质含量的平均水平。2016年和2017年土壤有机质含量上升，2017年是2006年以来有机质含量最高的年份，2017年有机质含量为21.7 g/kg，2018年有机质含量略有下降，为21.0 g/kg（图6.14.6）。

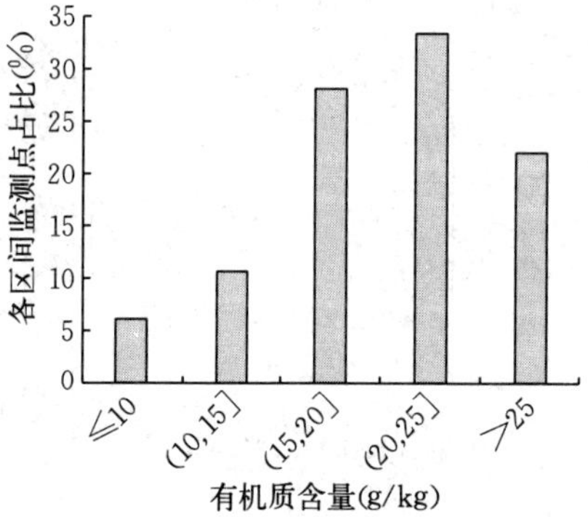


图6.14.5 枣庄市四级监测点有机质含量各区间占比

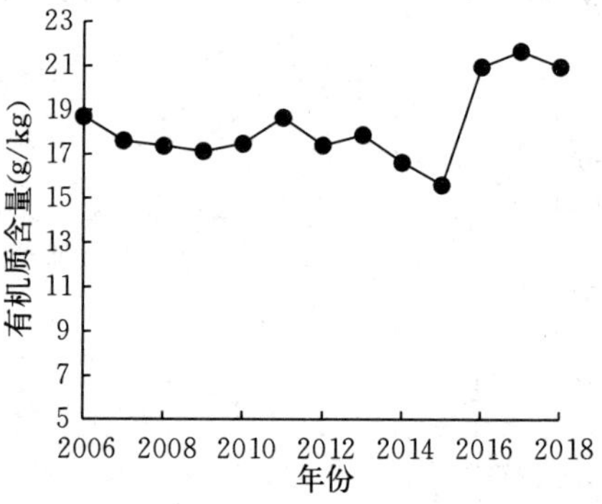


图6.14.6 枣庄市四级监测点有机质含量变化趋势

### （三）频率变化

2008—2018年，枣庄市土壤有机质含量1级的比例从10.2%上升至22.0%，2级的比例从15.7%上升至33.3%，3级的比例从40.0%下降至28.0%，4级的比例从27.6%下降至10.6%，5级的比例从6.3%下降至6.1%。2018年全市土壤有机质含量1级的比例较2008年上升了11.8个百分点，2级的比例较2008年上升了17.6个百分点（图6.14.7）。

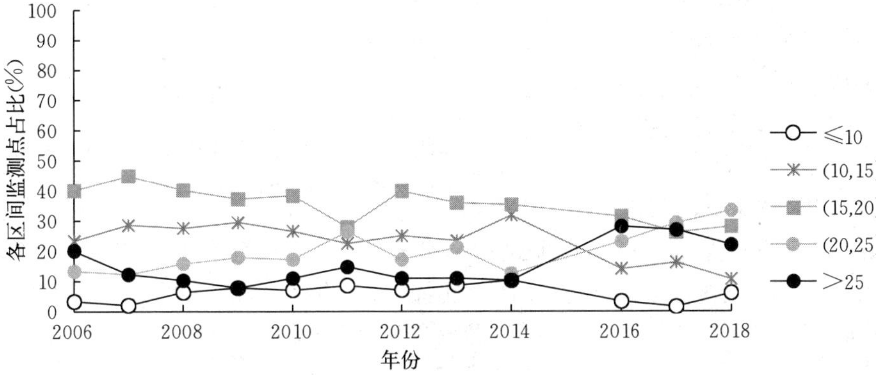


图6.14.7　枣庄市四级监测点土壤有机质含量分级频率变化

## 三、碱解氮现状及演变趋势

### （一）现状

2018年，枣庄市四级耕地质量监测点土壤碱解氮有效数据为132个，平均含量112.0 mg/kg。土壤碱解氮含量主要集中在3级。碱解氮含量中级及以上的监测点数达到监测点总数的74.2%，其中3级监测点有59个，占比最高，达到44.7%。碱解氮含量最低的5级监测点占总数的6.8%（图6.14.8）。

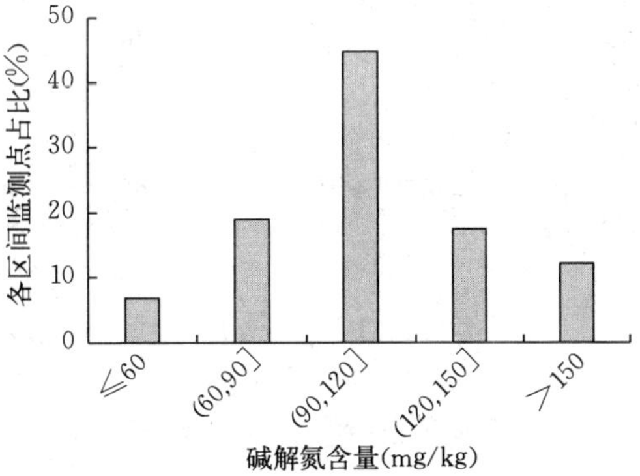


图6.14.8　枣庄市四级监测点碱解氮含量各区间占比

### （二）含量变化

2008—2018年，枣庄市土壤碱解氮含量总体呈先上升后下降趋势，从2008年的98.1 mg/kg上升至2016年的130.6 mg/kg。2008—2014年，碱解氮含量呈缓慢上升趋势，碱解氮含量年上升量为0.46 mg/kg；2016年碱解氮含量达到最高，为130.6 mg/kg；

2016年以后碱解氮含量开始下降，2017年较2016年降低6.8 mg/kg，2018年较2016年降低18.6 mg/kg（图6.14.9）。

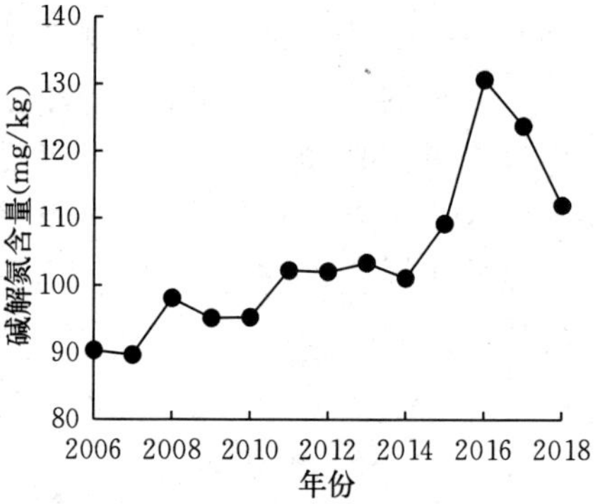


图6.14.9　枣庄市四级监测点碱解氮含量变化趋势

### （三）频率变化

2008—2017年，枣庄市土壤碱解氮含量1级的比例从6.2%上升至22.3%，2018年降至12.1%；2级的比例从2008年的8.5%上升至2017年的22.3%，2018年降至17.4%；3级的比例由2008年的43.4%降至2017年的41.5%，2018年比2017年上升3.2个百分点；4级的比例由2008年的38.8%下降至2018年的18.9%。2018年枣庄市土壤碱解氮含量1级的比例较2008年上升了95.2%，2级的比例较2008年上升了104.7%，4级的比例较2008年降低了51.3%（图6.14.10）。

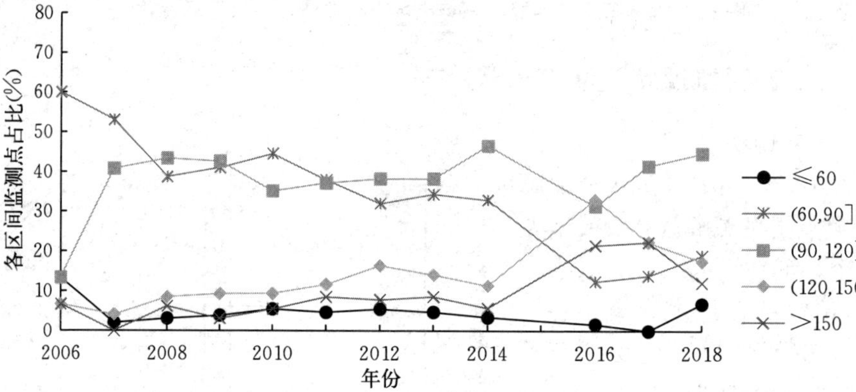


图6.14.10　枣庄市四级监测点土壤碱解氮含量分级频率变化

## 四、有效磷现状及演变趋势

### （一）现状

2018年，枣庄市四级耕地质量监测点土壤有效磷有效数据为132个，平均含量53.1 mg/kg。土壤有效磷含量主要集中在1级、2级（图6.14.11）。有效磷含量高（1级）的监测点有50个，占监测点总数的37.9%；有效磷含量较高（2级）的监测点有38个，占监测点总数的28.8%；有效磷含量中等（3级）的监测点有18个，占监测点总数的13.6%；有效磷含量较低（4级）

和低（5 级）的监测点分别有 17 个和 9 个，占监测点总数的 12.9%和 6.8%。

## （二）含量变化

2006—2018 年枣庄市土壤有效磷含量整体呈上升趋势，从 25.3 mg/kg 上升至 53.1 mg/kg。其中，2008—2011 年有效磷含量缓慢上升，年上升 1.1 mg/kg，2011—2014 年有效磷含量缓慢下降，年平均降低 0.5 mg/kg，2014 年后上升幅度较大，2017 年达到最高值 59.0 mg/kg，2018 年降低，较 2017 年降低 5.9 mg/kg（图 6.14.12）。

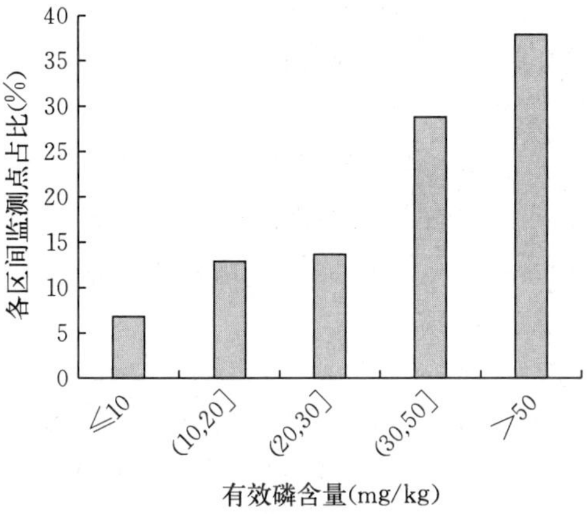


图 6.14.11　枣庄市四级监测点有效磷含量各区间占比

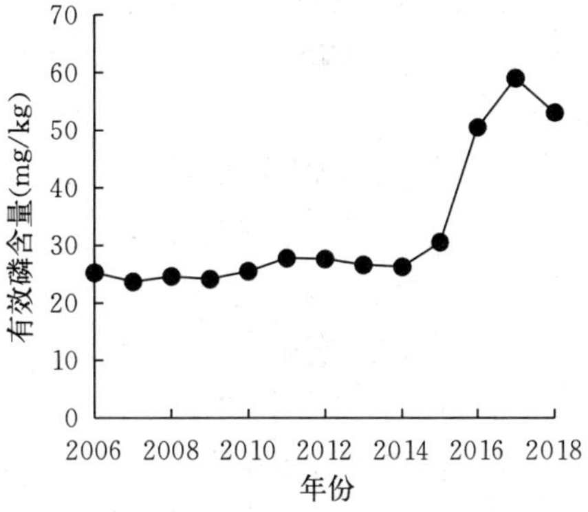


图 6.14.12　枣庄市四级监测点有效磷含量变化趋势

## （三）频率变化

2008—2018 年，枣庄市土壤有效磷含量 1 级和 2 级的占比呈上升趋势，其中土壤有效磷含量 1 级的占比 2017 年达到最高值，为 40.8%，2018 年下降至 37.9%，2 级的占比从 20.9%上升至 28.8%（图 6.14.13）。3 级的占比由

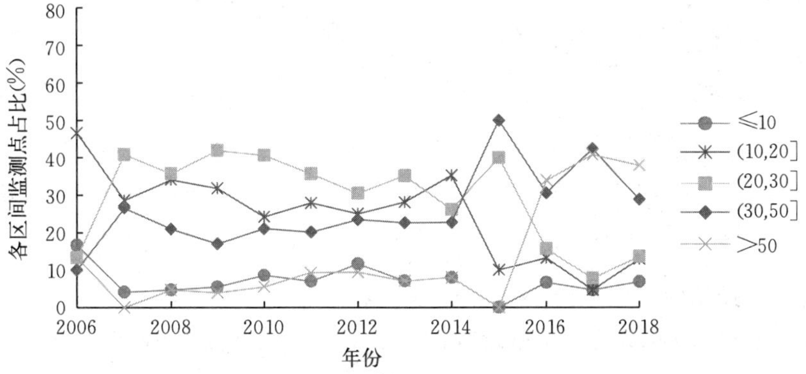


图 6.14.13　枣庄市四级监测点土壤有效磷含量分级频率变化

2008年的35.7%下降至2018年的13.6%，4级的占比由2008年的34.1%下降至2018年的12.9%，5级的占比由2008年的4.7%上升至2018年的6.8%。2018年枣庄市土壤有效磷含量1级和2级的占比较2008年分别上升了7倍和37.8%。

## 五、速效钾现状及演变趋势

### （一）现状

2018年，枣庄市四级耕地质量监测点土壤速效钾有效数据为132个，平均含量156.6 mg/kg。土壤速效钾含量主要集中在3级（图6.14.14）。速效钾含量高（1级）的监测点有26个，占监测点总数的19.7%；速效钾含量较高（2级）的监测点有36个，占监测点总数的27.3%；速效钾含量中等（3级）的监测点有57个，占监测点总数的43.2%；含量较低（4级）的监测点有13个，占监测点总数的9.8%。枣庄市土壤速效钾中等含量及以上的监测点占监测点总数的90.2%，速效钾含量低（5级）的监测点数量为0。

### （二）含量变化

2008—2014年，枣庄市土壤速效钾含量变化不大，其中2013年土壤速效钾含量略高于其他年份，为119.9 mg/kg；2014—2017年速效钾含量显著上升，年平均上升24.7 mg/kg，2017年枣庄市土壤速效钾含量最高，为185.9 mg/kg，较2008年上升75.3 mg/kg，2018年下降至156.6 mg/kg（图6.14.15）。

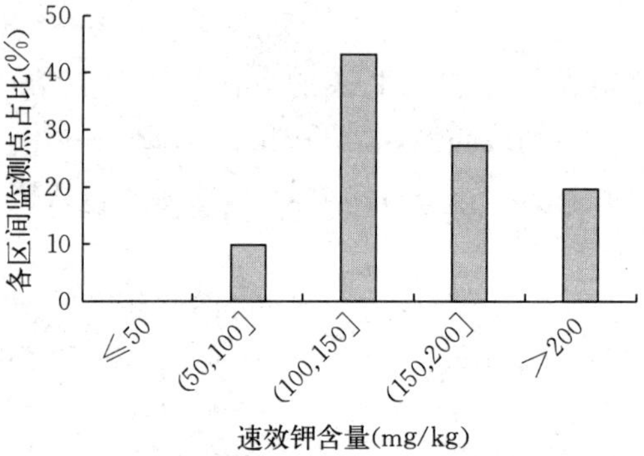


图6.14.14 枣庄市四级监测点速效钾含量各区间占比

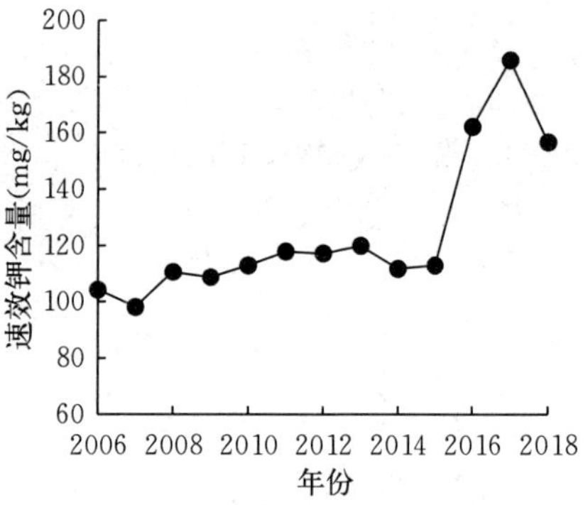


图6.14.15 枣庄市四级监测点速效钾含量变化趋势

### （三）频率变化

2008—2018年枣庄市土壤速效钾含量1级的比例从3.9%上升至19.7%，2级的比例从5.4%上升至27.3%；3级的比例由2008年的49.6%下降至2017年的43.2%；4级的比例降幅最大，由2008年的38.8%下降至2018年的 9.8%；5 级的比例由 2008 年的 2.3%下降至 2018 年的 0（图 6.14.16）。2018 年枣庄市土壤速效钾含量 1 级和 2 级的比例较 2008 年均上升了约 4 倍，4 级的比例较 2008 年下降了 74.7%。

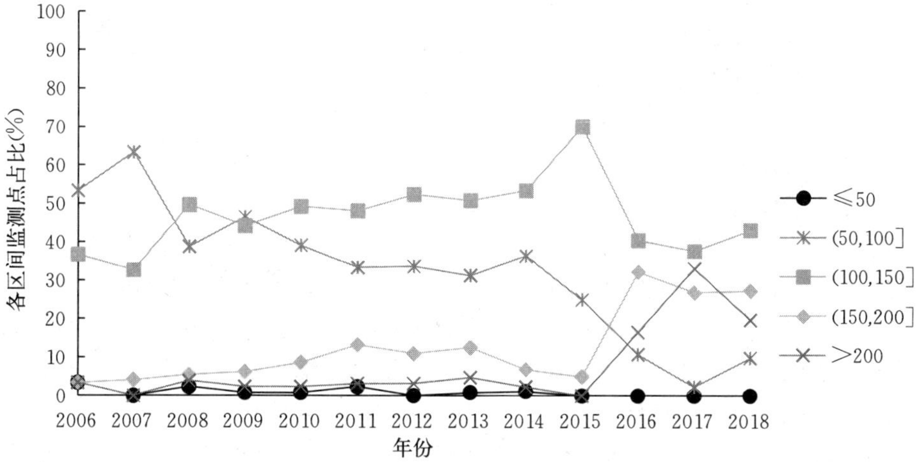


图 6.14.16　枣庄市四级监测点土壤速效钾含量分级频率变化

## 六、土壤 pH 现状及演变趋势

### （一）现状

2018 年，枣庄市四级耕地质量监测点土壤 pH 有效数据为 110 个。其中 1 级监测点有 32 个，占监测点总数的 29.1%；2 级监测点最多，达到 39 个，占监测点总数的 35.5%；3 级监测点有 22 个，占监测点总数的 20.0%；4 级监测点有 10 个，占监测点总数的 9.1%；5 级监测点有 7 个，占监测点总数的 6.4%。总体上，枣庄市土壤 pH 中级及以上监测点数占总数的 84.6%，4 级和 5 级监测点占比较小（图 6.14.17）。

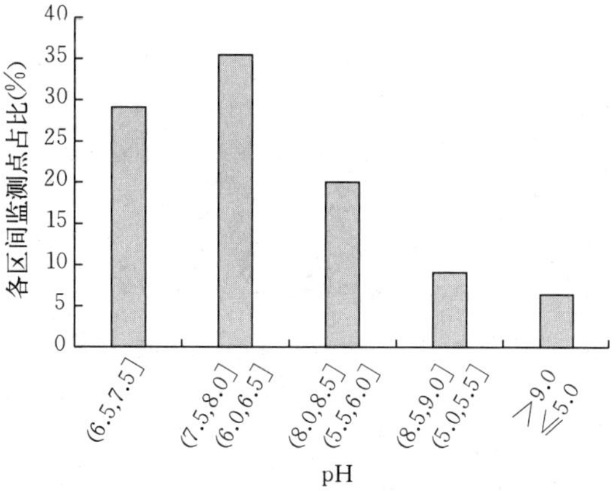


图 6.14.17　枣庄市四级监测点 pH 各区间占比

### （二）pH变化

2007—2018年，枣庄市土壤pH总体呈先波动上升后下降的趋势（图6.14.18）。2007—2013年pH整体波动变化，在6.6和6.8之间变化；2014年达到最高，为6.95；2014—2017年下降较快，2017年降至最低，为6.1，比2014年低0.85；2018年上升至6.2。

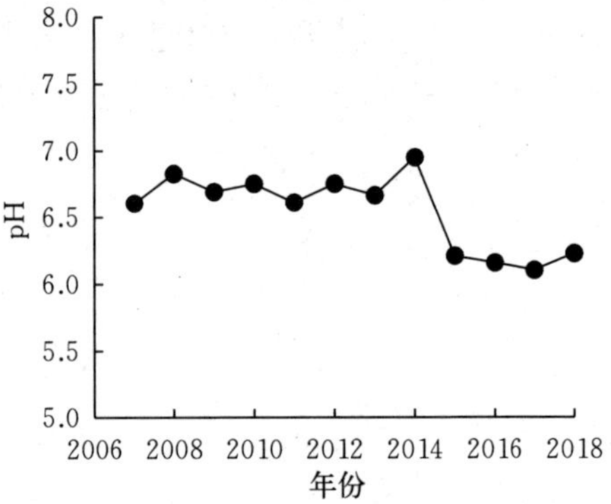


图6.14.18　枣庄市四级监测点pH变化趋势

### （三）频率变化

2007—2018年，枣庄市土壤pH 1级的监测点占比呈下降趋势，从45.0%降至29.1%（图6.14.19）。2008—2014年，土壤pH 2级的监测点占比变化不大，2015—2016年，2级的占比下降，2016年占比最低，为24.0%。3级的占比总体呈先上升后降低趋势，由2008年的21.0%上升至2014年的33.3%，之后降至2018年的20.0%。4级的占比在2016年和2017年上升显著，2017年达到20.0%。5级的占比上升，2018年上升至6.4%。

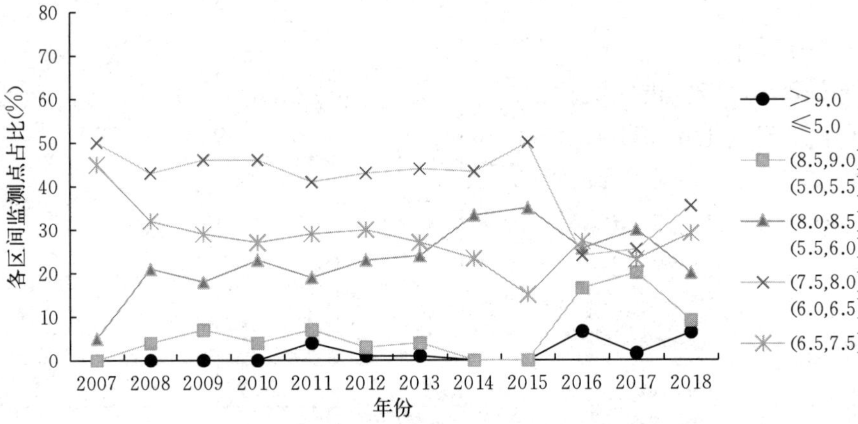


图6.14.19　枣庄市四级监测点土壤pH分级频率变化

## 七、小结

2006年以来，枣庄市耕地质量监测点土壤有机质含量稳中有升，2016年和2017年全市有机质含量上升明显，2018年略有下降，2018年土壤有机质含量达到中等及以上水平的监测点比例为83.3%。随着时间的推移，枣庄市土壤有机质含量达到1级、2级水平的监测点比例呈上升趋势，3级、4级和5级的监测点占比下降，特别是4级的监测点占比下降明显。这主要归因于枣庄市积极推广作物秸秆还田、有机肥替代化肥等相关技术。

土壤碱解氮含量总体呈先上升后下降的趋势，2016年升至最高点，2017年开始下降，2018年降至112.0 mg/kg。从2008年以来，土壤碱解氮含量1级、2级、3级的占比上升，2018年碱解氮含量1级、2级、3级的占比达74.2%，4级和5级的占比仅为25.8%。土壤有效磷与速效钾含量变化趋势相似，总体呈先上升后缓慢下降趋势，2017年有效磷和速效钾含量达到最高，分别为59.0 mg/kg和185.9 mg/kg，2018年分别降至53.1 mg/kg和156.6 mg/kg。土壤pH在2014年为6.95，之后三年明显下降，2017年降至6.1，2018年升至6.2。2018年全市132个监测点的土壤碱解氮、有效磷和速效钾含量较2017年都有所下降，土壤pH上升，这在一定程度上与枣庄市近年来大力推广化肥减量增效及耕地保护和质量提升技术有关。

## 第十五节　济宁市耕地质量现状及演变趋势

### 一、济宁市耕地质量长期定位监测点布局

济宁市位于山东省西南部，地处鲁、苏、豫、皖四省接合部。现辖11个县（市、区）及国家高新区、太白湖省级旅游度假区、济宁经济开发区和曲阜文化建设示范区。土地总面积76.78万$hm^2$，其中耕地总面积60.53万$hm^2$，人均耕地面积0.07 $hm^2$，低于全国平均水平，且耕地后备资源严重不足。主要土壤类型有棕壤、褐土、砂姜黑土、潮土、水稻土。本节按照不同监测点级别、不同行政区域、不同土壤类型和不同耕地利用类型来分析济宁市耕地质量长期定位监测点布局情况。

#### （一）按监测点级别分

截至2018年底，济宁市共建立国家级监测点3个，省级监测点21个，市级监测点30个，县级监测点172个。

#### （二）按行政区域分

统筹行政区划、耕地面积、土壤类型、种植制度、耕地质量等级等情况，合理规划各县（市、区）的国家、省、市、县四级监测点布局，2018年济宁市各县（市、区）耕地质量监测点分布情况如表6.15.1所示。2018年济宁市四级监测点总数达226个，覆盖了主要土壤类型，涉及了全部农业县（市、区）。

**表 6.15.1　2018年济宁市各县（市、区）耕地质量监测点分布情况汇总**

单位：个

| 县（市、区） | 国家级监测点 | 省级监测点 | 市级监测点 | 县级监测点 | 合计 |
|---|---|---|---|---|---|
| 任城 | 0 | 2 | 3 | 0 | 5 |
| 兖州 | 0 | 0 | 0 | 22 | 22 |
| 曲阜 | 0 | 2 | 3 | 17 | 22 |
| 泗水 | 0 | 2 | 4 | 40 | 46 |
| 邹城 | 0 | 2 | 3 | 15 | 20 |
| 微山 | 0 | 2 | 3 | 15 | 20 |
| 鱼台 | 1 | 2 | 3 | 4 | 10 |
| 金乡 | 1 | 3 | 3 | 14 | 21 |
| 嘉祥 | 0 | 2 | 3 | 8 | 13 |
| 梁山 | 0 | 2 | 3 | 23 | 28 |
| 汶上 | 1 | 2 | 2 | 14 | 19 |
| 合计 | 3 | 21 | 30 | 172 | 226 |

### （三）按主要土壤类型分

济宁市耕地质量监测点共涵盖潮土、褐土、棕壤、水稻土、砂姜黑土等5种土壤类型。其中，分布在潮土和褐土上的监测点数量较多，分别占监测点总数的38.4%和37.6%；分布在棕壤上的监测点数量占监测点总数的13.6%；分布在水稻土和砂姜黑土上的监测点数量仅占监测点总数的5.4%和5.0%（图6.15.1）。

### （四）按耕地利用类型分

在菜地、果园、粮田上各有监测点31个、5个、185个，分别占监测点总数的14.0%、2.3%和83.7%。监测点主要分布在粮田，菜地和果园的监测点较少（图6.15.2）。

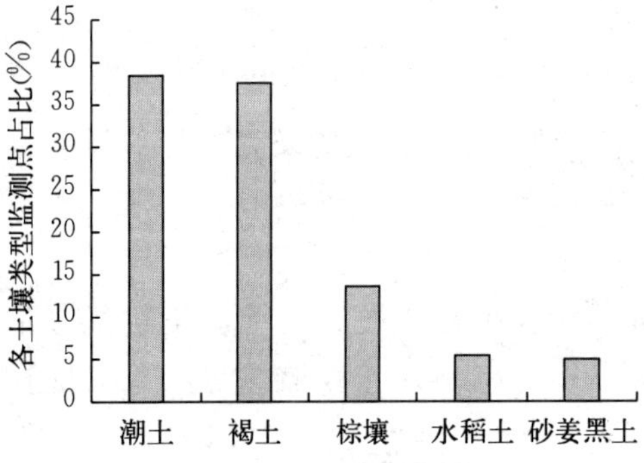


图6.15.1　主要土壤类型监测点占比

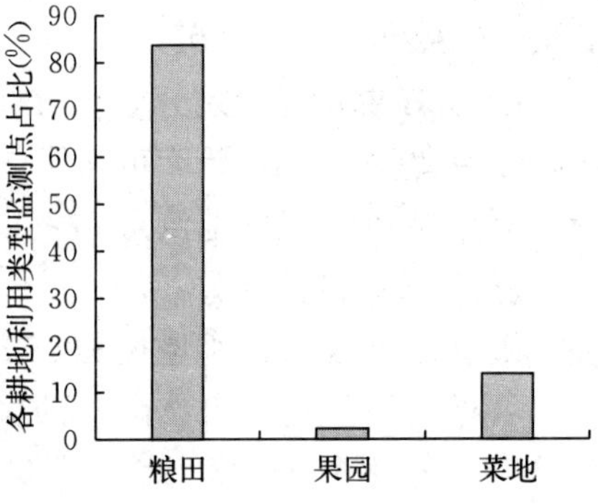


图6.15.2　不同耕地利用类型监测点占比

## 二、有机质现状及演变趋势

### （一）现状

2018 年，济宁市四级耕地质量监测点土壤有机质有效数据为 218 个，平均含量 19.0 g/kg。有机质含量主要集中在（10，15］g/kg 和（15，20］g/kg（图 6.15.3）。有机质含量小于或等于 10 g/kg 的监测点有 22 个，占监测点总数的 10.1%；（10，15］g/kg 的 54 个，占 24.8%；（15，20］g/kg 的 73 个，占 33.5%；（20，25］g/kg 的 42 个，占 19.3%；大于 25 g/kg 的 27 个，占 12.4%。

### （二）含量变化

2006—2018 年，济宁市土壤有机质含量呈显著上升趋势，由 2006 年的 14.0 g/kg 上升至 2018 年的 19.0 g/kg，上升 35.7%（图 6.15.4）。其中，2006—2014 年，土壤有机质含量呈缓慢上升趋势，年平均上升 0.2 g/kg。自 2015 年秸秆还田大面积推广实施后，土壤有机质含量快速上升，其中 2015 年较 2014 年上升 1.5 g/kg，上升 9.7%。2018 年土壤有机质含量较 2014 年上升 21.8%。

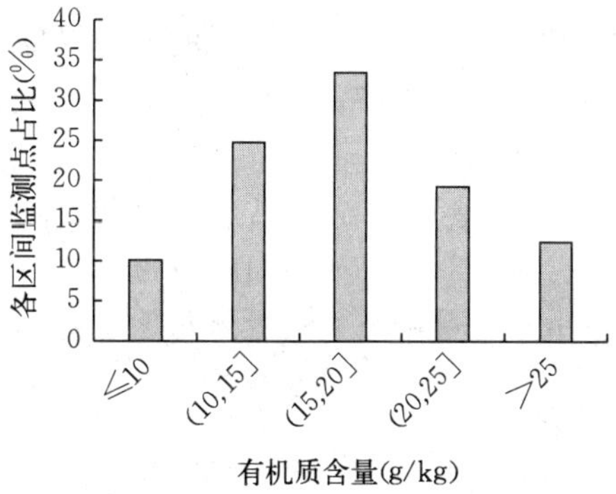


图 6.15.3　济宁市四级监测点有机质含量各区间占比

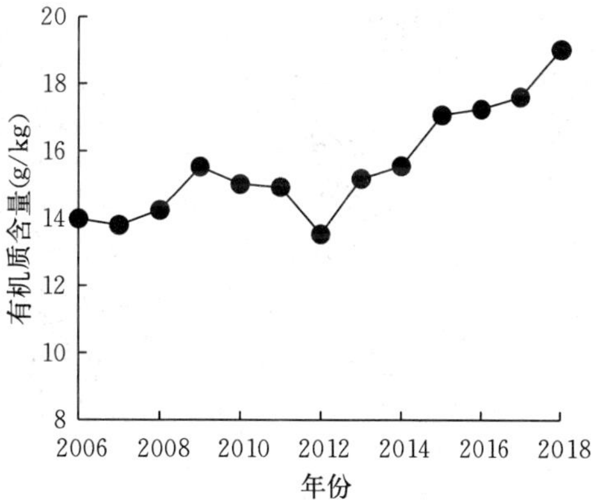


图 6.15.4　济宁市四级监测点有机质含量变化趋势

### （三）频率变化

2006—2018 年，济宁市土壤有机质含量在（15，20］g/kg 的比例相对稳定，由 2006 年的 33.8%变化为 2018 年的 33.5%；（10，15］g/kg 的比例呈下降趋势，由 60.8%下降至 24.8%；（20，25］g/kg 的比例呈上升趋势，由 0 上升至 19.3%；大于 25 g/kg 的比例由 0 上升至 12.4%（图 6.15.5）。

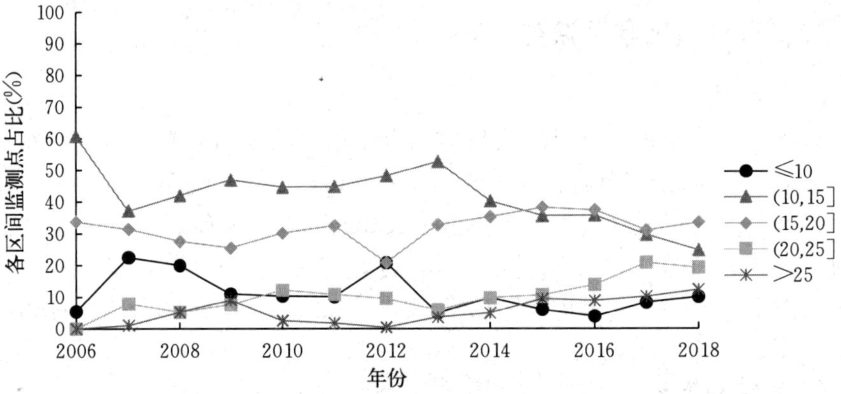


图 6.15.5　济宁市四级监测点土壤有机质含量分级频率变化

## 三、碱解氮现状及演变趋势

### （一）现状

2018 年，济宁市四级耕地质量监测点碱解氮有效数据为 219 个，平均含量 106.0 mg/kg。土壤碱解氮含量主要集中在（90，120] mg/kg，监测点有 103 个，占监测点总数的 47.0%；其次为（60，90] mg/kg，监测点有 51 个，占监测点总数的 23.3%；（120，150] mg/kg 的监测点有 39 个，占监测点总数的 17.8%；小于或等于 60 mg/kg 的监测点有 18 个，占监测点总数的 8.2%；大于 150 mg/kg 的监测点有 8 个，占 3.7%（图 6.15.6）。

### （二）含量变化

2006—2018 年，济宁市四级监测点土壤碱解氮含量总体呈上升趋势，从 2006 年的 96.0 mg/kg 上升至 2018 年的 106.0 mg/kg，2018 年比 2006 年上升 10.4%（图 6.15.7）。2006—2015 年，济宁市土壤碱解氮含量基本稳定在89～

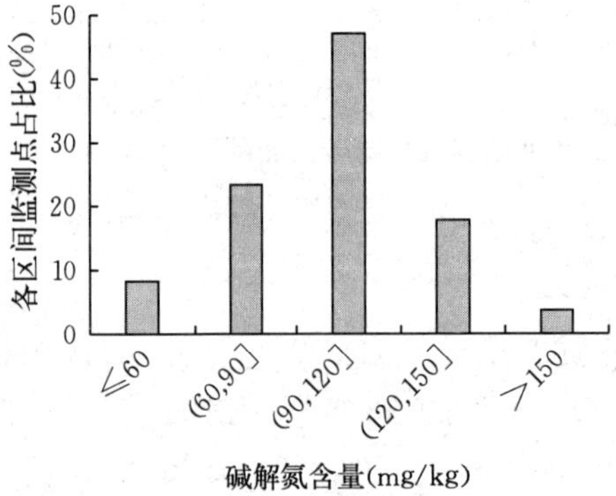


图 6.15.6　济宁市四级监测点碱解氮含量各区间占比

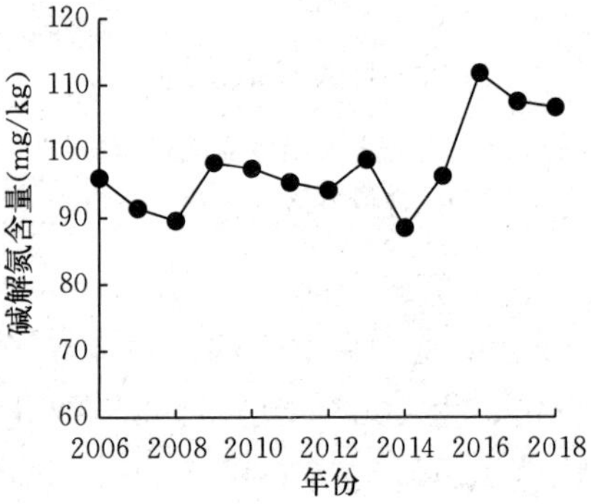


图 6.15.7　济宁市四级监测点碱解氮含量变化趋势

99 mg/kg；2016 年土壤碱解氮含量快速上升至 116.1%，2017 年和 2018 年碱解氮含量较 2015 年分别上升 11.7%和 10.7%。

### （三）频率变化

2006—2018 年，济宁市土壤碱解氮含量主要集中在（60，90] mg/kg 和（90，120] mg/kg，其他区间占比较低且年际相对稳定（图 6.15.8）。2006—2018 年，小于或等于 60 mg/kg 及（60，90] mg/kg 的占比整体呈下降趋势，其余区间占比总体上均呈升高趋势。其中，小于或等于 60 mg/kg 的占比由 13.5%下降至 8.2%，（60，90] mg/kg 的占比由 47.3%下降至 23.3%，（90，120] mg/kg 的占比由 31.1%升高至 47.0%，（120，150] mg/kg 的占比由 8.1%升高至 17.8%，大于 150 mg/kg 的占比由 0 升高至 3.7%。

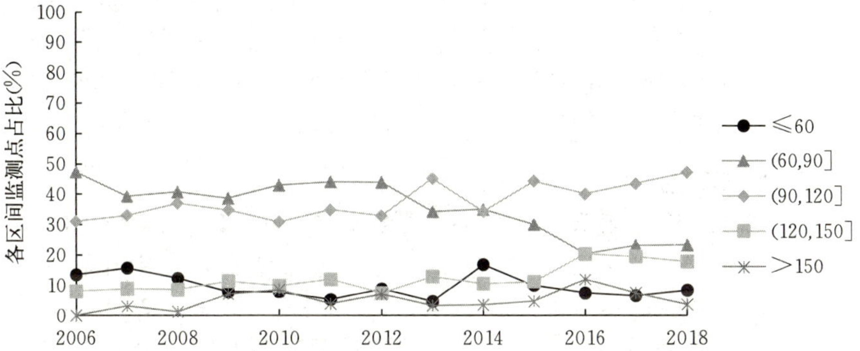


图 6.15.8　济宁市四级监测点土壤碱解氮含量分级频率变化

## 四、有效磷现状及演变趋势

### （一）现状

2018 年，济宁市四级耕地质量监测点土壤有效磷有效数据为 219 个，平均含量 41.7 mg/kg。土壤有效磷含量小于或等于 10 mg/kg 的监测点有 12 个，占监测点总数的 5.5%；（10，20] mg/kg 的监测点有 35 个，占监测点总数的 16.0%；（20，30] mg/kg 的监测点有 46 个，占监测点总数的 21.0%；（30，50] mg/kg 的监测点有 63 个，占监测点总数的 28.8%；大于 50 mg/kg 的监测点有 63 个，占监测点总数的 28.8%（图 6.15.9）。从空间分布看，鲁中南部平原区有效磷含量普遍高于鲁西北平原区，土壤有效磷含量小于或等于 10 mg/kg、（10，20] mg/kg、（20，30] mg/kg 的监测点主要分布在鲁西北平原区，（30，50] mg/kg、大于 50 mg/kg 的监测点主要分布在鲁中南部平原区。

### （二）含量变化

2006—2018 年，济宁市土壤有效磷含量总体呈现上升趋势（图 6.15.10）。

2018年比2006年土壤有效磷含量上升28.6%，年均上升0.7 mg/kg；2018年含量较2016年降低6.1%。

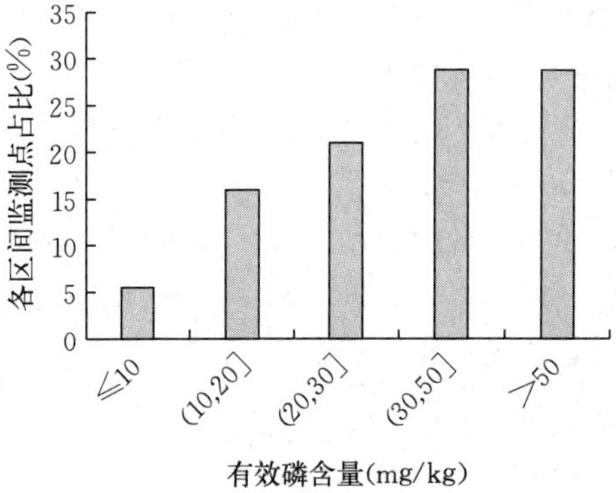


图6.15.9　济宁市四级监测点有效磷含量各区间占比

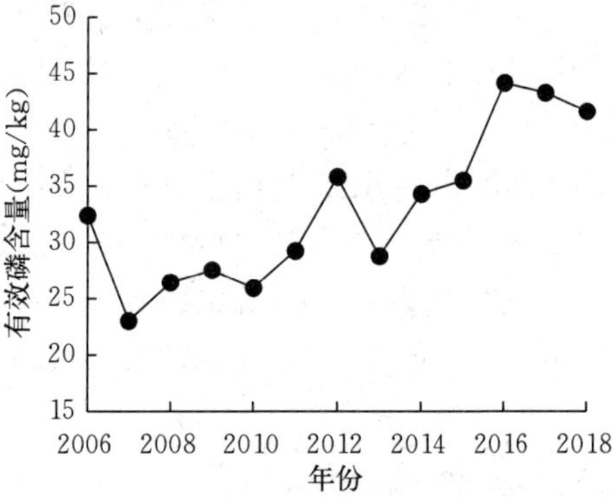


图6.15.10　济宁市四级监测点有效磷含量变化趋势

## (三) 频率变化

2006—2014年，土壤有效磷含量主要集中在（10，20］mg/kg、(20，30］mg/kg和（30，50］mg/kg，从2015年起，有效磷含量集中在（20，30］mg/kg、(30，50］mg/kg和大于50 mg/kg（图6.15.11)。2006—2018年，(10，20］mg/kg和（20，30］mg/kg的占比呈降低趋势，分别由24.3%、39.2%降低至16.0%、21.0%；(30，50］mg/kg及大于50 mg/kg的占比呈上升趋势，分别由21.6%、13.5%上升至28.8%、28.8%。大于50 mg/kg的占比上升幅度最大，上升15.3个百分点。

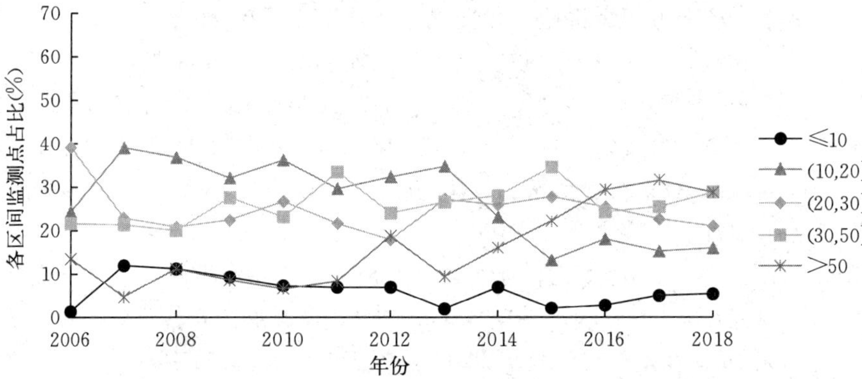


图6.15.11　济宁市四级监测点土壤有效磷含量分级频率变化

## 五、速效钾现状及演变趋势

### （一）现状

2018 年，济宁市四级耕地质量监测点土壤速效钾有效数据为 220 个，平均含量 196.0 mg/kg。土壤速效钾含量小于或等于 50 mg/kg 的监测点有 6 个，占监测点总数的 2.7%；(50，100] mg/kg 的监测点有 31 个，占监测点总数的 14.1%；(100，150] mg/kg 的监测点有 58 个，占监测点总数的 26.4%；(150，200] mg/kg 的监测点有 57 个，占监测点总数的 25.9%；大于 200 mg/kg 的监测点有 68 个，占监测点总数的 30.9%（图 6.15.12）。

### （二）含量变化

2006—2018 年，济宁市土壤速效钾含量呈逐渐上升趋势，从 111.9 mg/kg 上升至 196.0 mg/kg，上升 75.2%，年平均上升 7.0 mg/kg（图 6.15.13）。

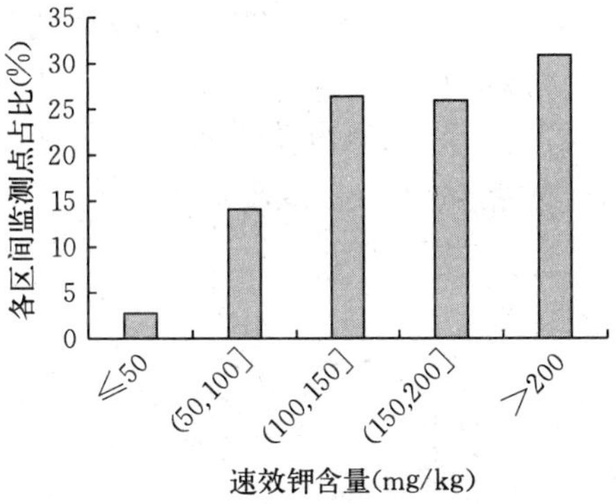


图 6.15.12　济宁市四级监测点速效钾含量各区间占比

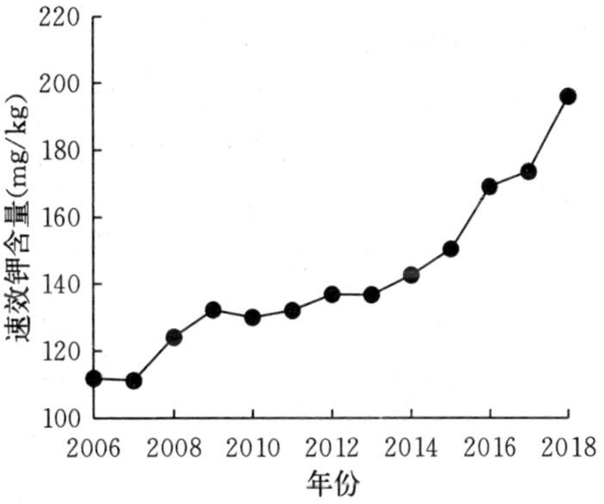


图 6.15.13　济宁市四级监测点速效钾含量变化趋势

### （三）频率变化

2006—2014 年，土壤速效钾含量主要集中在 (50，100] mg/kg 和 (100，150] mg/kg，2015—2018 年变化为集中在 (100，150] mg/kg、(150，200] mg/kg 和大于 200 mg/kg（图 6.15.14）。2006—2018 年，土壤速效钾含量小于或等于 50 mg/kg 的比例由 4.1%下降至 2.7%，(50，100] mg/kg 的比例由 31.1%下降至 14.1%，(100，150] mg/kg 的比例由 59.5%下降至 26.4%，(150，200] mg/kg 的比例由 4.05%上升至 25.9%，大于 200 mg/kg 的比例由 1.4%上升至 30.9%。

## 六、缓效钾现状

2018 年，济宁市四级耕地质量监测点土壤缓效钾有效数据为 190 个，平

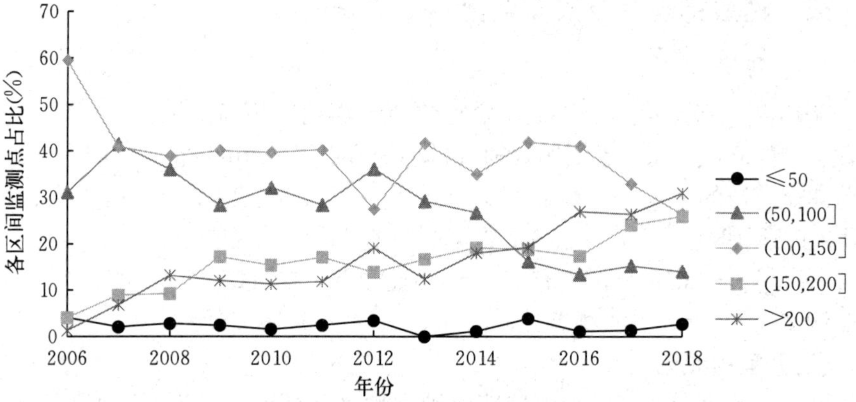


图 6.15.14　济宁市四级监测点土壤速效钾含量分级频率变化

均含量 918.0 mg/kg。土壤缓效钾含量小于或等于 400 mg/kg 的监测点有 6 个，占监测点总数的 3.2%；(400，600] mg/kg 的监测点有 28 个，占监测点总数的 14.7%；(600，800] mg/kg 的监测点有 66 个，占监测点总数的 34.7%；(800，1 000] mg/kg 的监测点有 47 个，占监测点总数的 24.7%；大于 1 000 mg/kg 的监测点有 43 个，占监测点总数的 22.6%（图 6.15.15）。

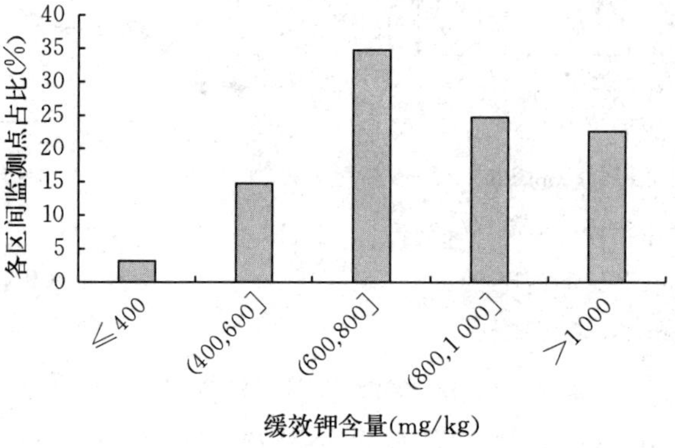


图 6.15.15　济宁市四级监测点土壤缓效钾含量各区间占比

## 七、土壤 pH 现状及演变趋势

### （一）现状

2018 年，济宁市四级耕地质量监测点土壤 pH 有效数据为 220 个，pH 平均为 7.2，pH 变幅在 4.9～8.7。其中，小于或等于 5.0 的有 1 个，占监测点总数的 0.5%；(5.0，5.5] 的 4 个，占 1.8%；(5.5，6.0] 的 16 个，占 7.3%；(6.0，6.5] 的 27 个，占 12.3%；(6.5，7.5] 的 73 个，占 33.2%；

(7.5，8.0] 的 37 个，占 16.8%；(8.0，8.5] 的 60 个，占 27.3%；(8.5，9.0] 的 2 个，占 0.9%（图 6.15.16）。

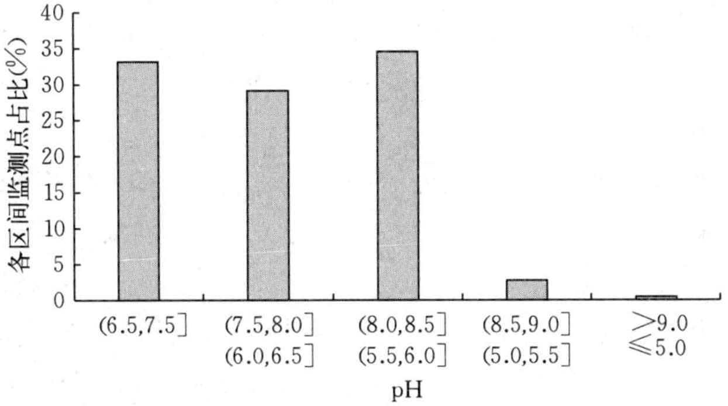


图 6.15.16　济宁市四级监测点土壤 pH 各区间占比

### （二）频率变化

2006—2018 年，济宁市土壤 pH 在小于或等于 5.0 及（8.5，9.0]、(5.0，5.5] 的占比均较低，且变化幅度较小；(6.5，7.5] 的占比变化显著，由 51.4%下降至 33.2%；(7.5，8.0]、(6.0，6.5] 的占比处于 22.5%～39.0%，且总体呈现先降低后上升再降低的趋势，2018 年占比相比 2006 年降低 8.1 个百分点；(8.0，8.5]、(5.5，6.0] 的占比有上升趋势，特别是近三年占比快速上升，2018 年比 2006 年上升 25.0 个百分点（图 6.15.17）。

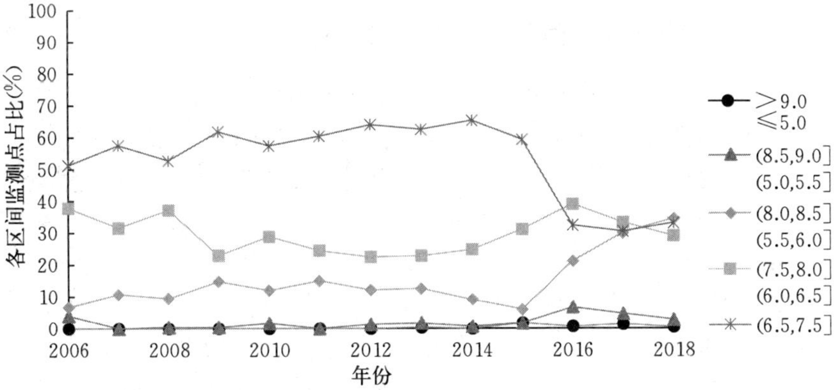


图 6.15.17　济宁市四级监测点土壤 pH 分级频率变化

## 八、小结

2006 年以来，济宁市耕地质量监测点土壤有机质含量呈上升趋势，2018 年济宁市土壤有机质平均含量 19.0 g/kg，较 2006 年上升 35.7%。从频率分布情况来看，济宁市土壤有机质含量主要分布在（10，15] g/kg 及（15，20] g/kg，2006—2018 年，（15，20] g/kg 的比例相对稳定，（10，15] g/kg 的比例呈下降趋势，（20，25] g/kg 及大于 25 g/kg 的比例呈升高趋势。2006—2014 年，土壤有机质含量呈缓慢升高趋势，自 2015 年土壤有机质含量快速升高，与 2015 年以来秸秆还田技术、有机肥替代化肥技术、少（免）耕技术的大面积推广应用有关。

土壤碱解氮含量 2006 年以来呈上升趋势，2018 年济宁市土壤碱解氮含量为 106.0 mg/kg，较 2006 年升高 10.4%。从频率分布情况来看，济宁市土壤碱解氮含量主要集中在（60，90] mg/kg 和（90，120] mg/kg，其他区间比例较低且年际相对稳定。土壤有效磷与速效钾含量均呈上升趋势。其中，有效磷含量较 2006 年升高 28.6%，（10，20] mg/kg 及（20，30] mg/kg 的比例呈降低趋势，（30，50] mg/kg 及大于50 mg/kg 的比例呈升高趋势。速效钾含量较 2006 年升高 75.2%，2006 年主要分布在（50，100] mg/kg 和（100，150] mg/kg，自 2015 年起主要分布在（100，150] mg/kg、（150，200] mg/kg 和大于 200 mg/kg，与磷肥和钾肥的施用比例升高、秸秆还田等有关。济宁市土壤 pH 在 4.9～8.7，2006—2018 年，（6.5，7.5] 的比例降低 18.2 个百分点，（8.0，8.5] 的比例升高 23.3 个百分点，其余含量区间比例变化幅度较小。

## 第十六节　泰安市耕地质量现状及演变趋势

### 一、泰安市耕地质量长期定位监测点布局

泰安市位于山东省中部的泰山南麓，辖泰山区、岱岳区、新泰市、肥城市、宁阳县、东平县 6 个县（市、区），总面积 7 761 $km^2$。泰安市属于温带大陆性半湿润季风气候区，四季分明，年平均气温 12.9 ℃，0 ℃以上积温4 731 ℃，全年平均日照数 2 627.1 h，年际变化在 2 342.3～3 413.5 h，无霜期平均 195 d，年平均降水量 697 mm。

泰安市耕地面积约 547.08 万亩，占全省耕地面积的 4.85%，全市土地资源特点是人多地少，人均耕地 0.06 $hm^2$，低于全省平均水平。主要土壤类型有潮土、褐土、棕壤、砂姜黑土，其中潮土和褐土是重要的耕作土壤。2018 年泰安市有耕地质量监测点 68 个。

#### （一）按行政区域分

泰安市统筹行政区划、耕地面积、土壤类型、种植制度、耕地质量等级等情况，合理规划各县（市、区）的国家、省、市、县四级监测点布局。2018 年泰安市耕地质量监测网络更加完善，四级监测点 68 个，覆盖了主要土壤类

型，涉及了全部县（市、区）。2018 年泰安市耕地质量监测点分布情况如表 6.16.1所示。

**表 6.16.1　2018 年泰安市各县（市、区）耕地质量监测点分布情况汇总**

单位：个

| 县（市、区） | 国家级监测点 | 省级监测点 | 市级监测点 | 县级监测点 | 合计 |
|---|---|---|---|---|---|
| 泰山区 | — | 1 | 1 | 1 | 3 |
| 岱岳区 | 3 | 2 | 3 | 6 | 14 |
| 肥城市 | — | 2 | 3 | 9 | 14 |
| 新泰市 | — | 2 | 3 | 7 | 12 |
| 宁阳县 | — | 2 | 3 | 8 | 13 |
| 东平县 | — | 2 | 3 | 7 | 12 |
| 合计 | 3 | 11 | 16 | 38 | 68 |

## （二）按主要土壤类型分

泰安市耕地质量监测点共涵盖褐土、棕壤、潮土、砂姜黑土等 4 种土壤类型，基本覆盖了泰安市主要耕作土壤类型。褐土、棕壤、潮土、砂姜黑土上的监测点数量分别占监测点总数的 53.0%、24.2%、10.6%和 12.1%（图 6.16.1）。

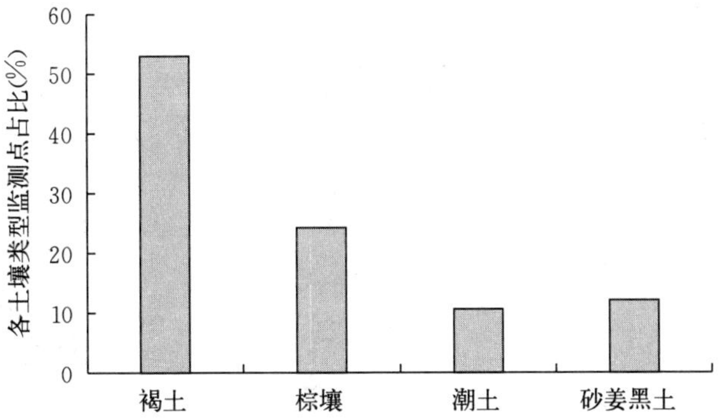


图 6.16.1　2018 年主要土壤类型监测点占比

## （三）按耕地利用类型分

泰安市耕地质量监测网络逐步完善，基本涉及泰安市主要的种植制度，覆盖主要的耕地利用类型，包括粮田（小麦/玉米监测点 55 个、小麦/花生监测点 2 个、花生监测点 4 个、马铃薯监测点 4 个）、果园（1 个）、蔬菜（西蓝花监测点 1 个、大葱监测点 1 个）。泰安市耕地质量监测点主要耕地利用类型分布情况如表 6.16.2 所示。

**表 6.16.2　泰安市耕地质量监测点主要耕地利用类型分布情况**

单位：个

| 耕地利用类型 | 主要种植制度 | 数量 | 合计 |
| --- | --- | --- | --- |
| 粮田 | 小麦/玉米 | 55 | 65 |
| | 小麦/花生 | 2 | |
| | 花生 | 4 | |
| | 马铃薯 | 4 | |
| 果园 | 果树 | 1 | 1 |
| 蔬菜 | 西蓝花 | 1 | 2 |
| | 大葱 | 1 | |
| 合计 | — | 68 | 68 |

## 二、有机质现状及演变趋势

### （一）现状

2018 年，泰安市四级耕地质量监测点土壤有机质有效数据为 65 个，平均含量 17.1 g/kg。土壤有机质含量主要集中在（15，20］g/kg（图 6.16.2）。有机质含量小于或等于 10 g/kg 的监测点有 8 个，占监测点总数的 12.3%；（10，15］g/kg 的 12 个，占 18.5%；（15，20］g/kg 的 30 个，占 46.2%；（20，25］g/kg 的 13 个，占 20.0%，大于 25 g/kg 的 2 个，占 3.1%。

### （二）含量变化

2006—2018 年，泰安市四级监测点土壤有机质含量呈缓慢上升趋势，从 13.0 g/kg 上升至 17.1 g/kg，2018 年比 2006 年上升 31.5%（图 6.16.3）。

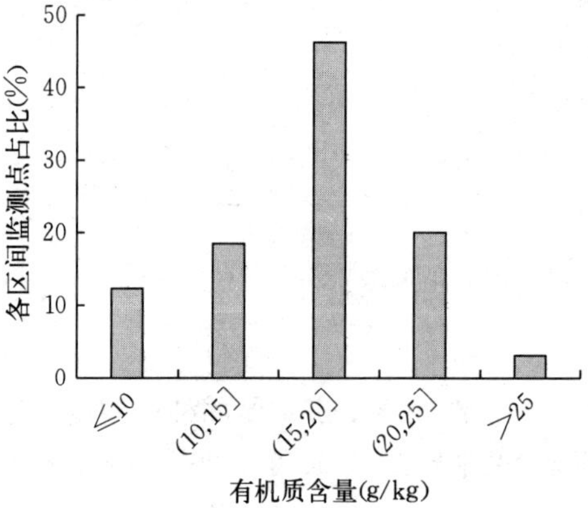


图 6.16.2　泰安市四级监测点有机质含量各区间占比

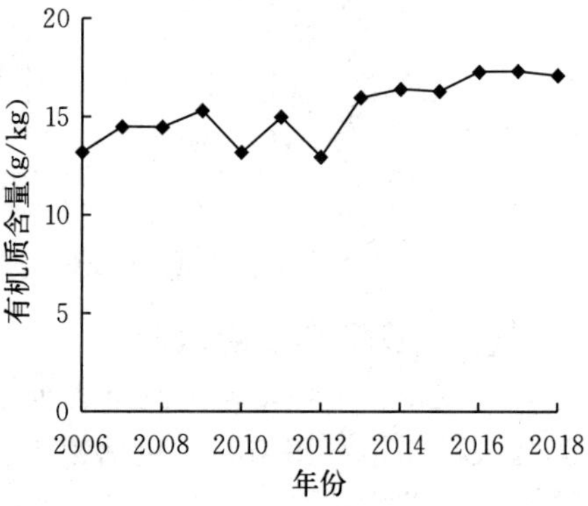


图 6.16.3　泰安市四级监测点有机质含量变化趋势

2006—2012 年，土壤有机质含量波动变化；2013—2018 年，土壤有机质含量基本稳定在 16.7 g/kg。

### （三）频率变化

2006—2018 年，泰安市四级监测点土壤有机质含量主要集中在（10，15] g/kg 和（15，20] g/kg，年际变化较大；其他区间比例较低且年际较稳定（图 6.16.4）。（10，15] g/kg 的比例呈下降趋势，2006—2012 年平均值为 48.9%；2013—2018 年平均值为 28.9%，下降 20.0 个百分点。（15，20] g/kg 和（20，25] g/kg 的比例呈上升趋势。其中（15，20] g/kg 的比例 2006—2012 年平均值为 29.0%，2013—2018 年平均值为 49.1%，上升 20.1 个百分点；（20，25] g/kg 的比例 2006—2012 年平均值为 6.0%，2013—2018 年平均值为 15.3%，上升 9.3 个百分点。

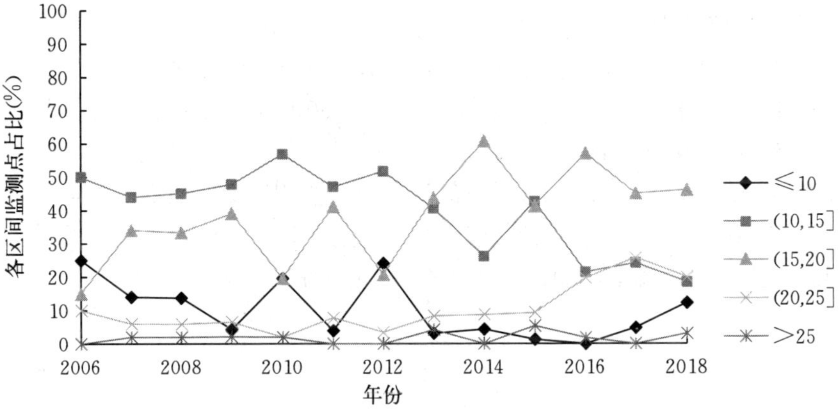


图 6.16.4 泰安市四级监测点土壤有机质含量分级频率变化

## 三、碱解氮现状及演变趋势

### （一）现状

2018 年，泰安市四级耕地质量监测点土壤碱解氮有效数据为 65 个，平均含量 101.6 mg/kg。碱解氮含量主要集中在（90，120] mg/kg（图 6.16.5）。碱解氮含量小于或等于 60 mg/kg 的监测点有 5 个，占监测点总数的 7.7%；（60，90] mg/kg 的 21 个，占 32.3%；（90，120] mg/kg 的 29 个，占 44.6%；（120，150] mg/kg 的 7 个，占 10.8%；大于 150 mg/kg 的 3 个，占 4.6%。

### （二）含量变化

2006—2012 年，泰安市四级监测点土壤碱解氮含量总体呈缓慢上升趋势，从 83.8 mg/kg 上升至 120.0 mg/kg，2012—2018 年总体呈降低趋势，从 120.0 mg/kg 下降至 101.6 mg/kg，2018 年比 2006 年上升 21.2%（图 6.16.6）。

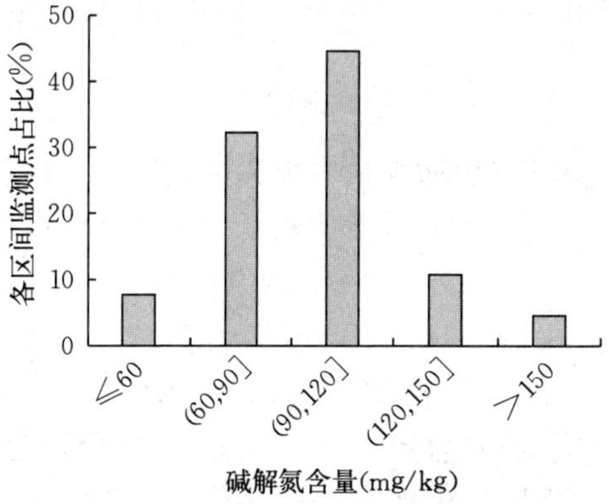


图 6.16.5　泰安市四级监测点碱解氮含量各区间占比

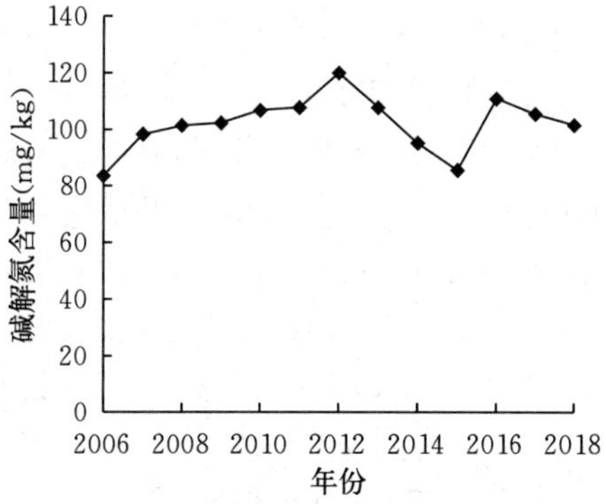


图 6.16.6　泰安市四级监测点土壤碱解氮含量变化趋势

## (三) 频率变化

2006—2018 年，泰安市四级监测点土壤碱解氮含量主要集中在（60，90] mg/kg 和（90，120] mg/kg（图 6.16.7）。（60，90] mg/kg 的比例有所下降，2006—2015 年平均值为 36.5%，2016—2018 年平均值为 24.8%，下降 11.7 个百分点；（90，120] mg/kg 的比例有所上升，2006—2015 年平均值为 35.9%，2016—2018 年平均值为 50.1%，上升 14.2 个百分点；（120，150] mg/kg 的比例相对稳定，2006—2018 年平均值为 14.3%。

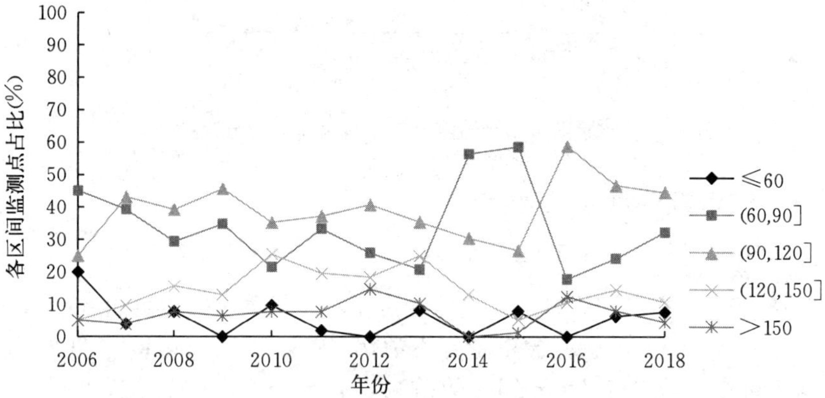


图 6.16.7　泰安市四级监测点土壤碱解氮含量分级频率变化

# 四、有效磷现状及演变趋势

## (一) 现状

2018 年，泰安市四级耕地质量监测点土壤有效磷有效数据为 65 个，平均含量 47.8 mg/kg。土壤有效磷含量主要集中在大于 50 mg/kg（图 6.16.8）。

有效磷含量小于或等于 10 mg/kg 的监测点有 2 个，占监测点总数的 3.1%；(10，20] mg/kg 的 7 个，占 10.8%；(20，30] mg/kg 的 14 个，占 21.5%；(30，50] mg/kg 的 13 个，占 20.0%；大于 50 mg/kg 的 29 个，占 44.6%。

### (二) 含量变化

2006—2018 年，泰安市四级监测点土壤有效磷含量呈缓慢上升趋势，从 24.6 mg/kg 上升至 47.8 mg/kg，2018 年比 2006 年上升 23.2 mg/kg (图 6.16.9)。

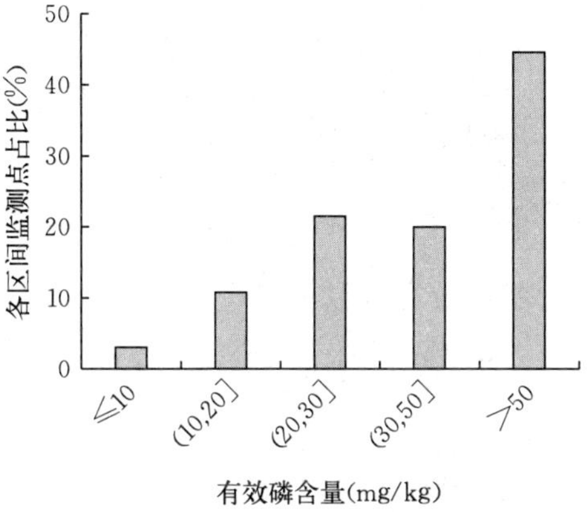


图 6.16.8　泰安市四级监测点有效磷含量各区间占比

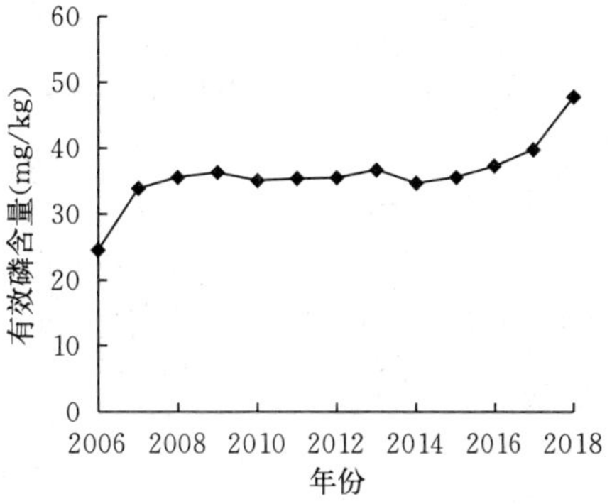


图 6.16.9　泰安市四级监测点土壤有效磷含量变化趋势

### (三) 频率变化

2006—2018 年，泰安市四级监测点土壤有效磷含量主要集中在 (30，50] mg/kg (图 6.16.10)。2006—2012 年，(30，50] mg/kg 的比例有所上升，

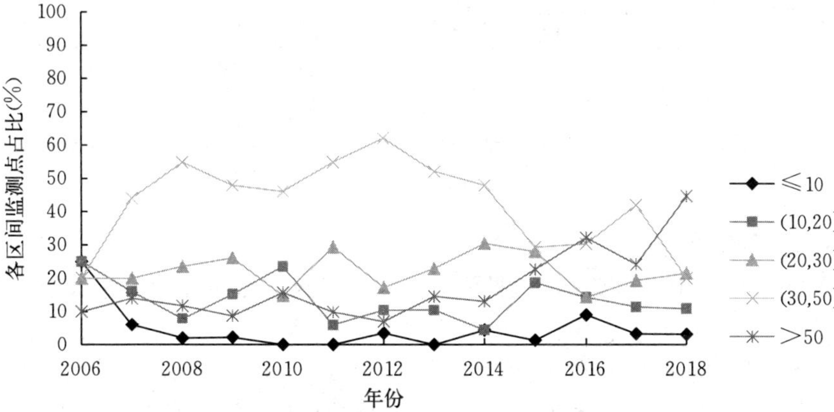


图 6.16.10　泰安市四级监测点土壤有效磷含量分级频率变化

2012—2018年有所下降。(20，30] mg/kg的比例基本稳定。大于50 mg/kg的比例从2013年起总体呈上升趋势，2018年达到44.6%。

## 五、速效钾现状及演变趋势

### (一) 现状

2018年，泰安市四级耕地质量监测点土壤速效钾有效数据为65个，平均含量154.2 mg/kg。土壤速效钾含量主要集中在(50，100] mg/kg、(100，150] mg/kg、大于200 mg/kg，小于或等于50 mg/kg的占比较低(图6.16.11)。速效钾含量小于或等于50 mg/kg的监测点有3个，占监测点总数的4.6%；(50，100] mg/kg的16个，占24.6%；(100，150] mg/kg的17个，占26.1%；(150，200] mg/kg的12个，占18.5%；大于200 mg/kg的17个，占26.2%。

### (二) 含量变化

2006—2013年，泰安市四级监测点土壤速效钾含量较稳定，2014年土壤速效钾含量下降27.8%(图6.16.12)。2014—2018年，土壤速效钾含量上升，2018年比2006年上升51.1 mg/kg。

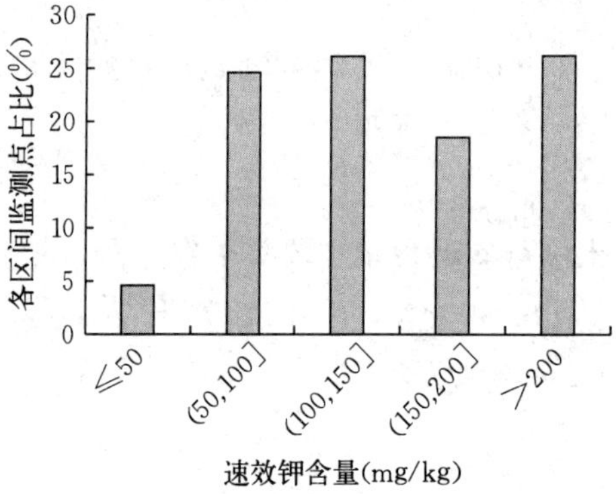


图6.16.11 泰安市四级监测点速效钾含量各区间占比

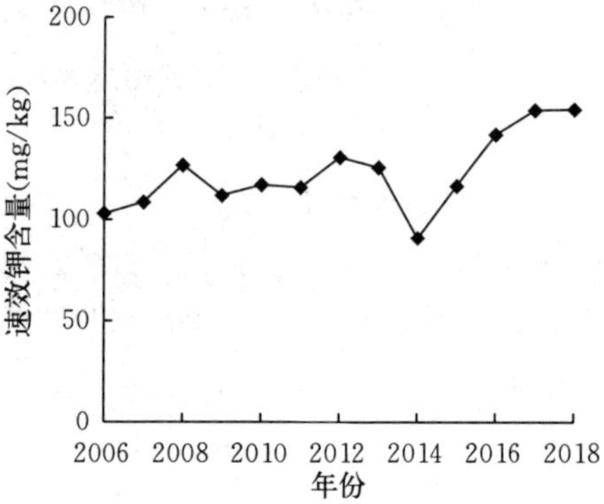


图6.16.12 泰安市四级监测点土壤速效钾含量变化趋势

### (三) 频率变化

2006—2018年，泰安市四级监测点土壤速效钾含量主要集中在(50，100] mg/kg、(100，150] mg/kg，小于或等于50 mg/kg、(150，200] mg/kg、大于200 mg/kg的占比较低且较稳定(图6.16.13)。(50，100] mg/kg与(100，150] mg/kg的占比基本呈现交替变化的趋势，2014年以后泰安市土壤速效钾含量以(100，150] mg/kg为主。

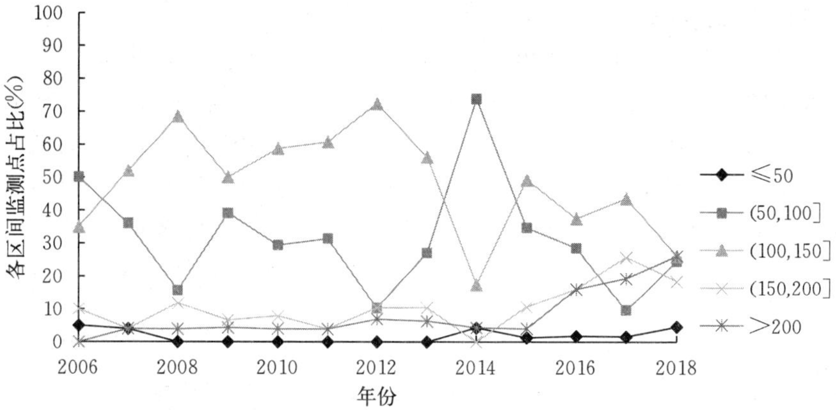


图 6.16.13　泰安市四级监测点土壤速效钾含量分级频率变化

## 六、土壤 pH 现状及演变趋势

### （一）现状

2018 年，泰安市四级耕地质量监测点土壤 pH 平均为 6.7，pH 变幅在 5.4～8.3，主要集中在（7.5，8.0]、(6.0，6.5] 及（6.5，7.5]（图 6.16.14）。pH 大于 9.0、小于或等于 5.0 的监测点有 3 个，占监测点总数的 4.6%；(8.5，9.0]、(5.0，5.5] 的监测点有 8 个，占监测点总数的 12.3%；(8.0，8.5]、(5.5，6.0] 的监测点有 9 个，占监测点总数的 13.9%；(7.5，8.0]、(6.0，6.5] 的监测点有 24 个，占监测点总数的 36.9%；(6.5，7.5] 的监测点有 21 个，占监测点总数的 32.3%。

### （二）含量变化

2006—2018 年，泰安市四级监测点土壤 pH 在 6.5～6.9。2014 年和 2017 年 pH 最低，为 6.5；2006 年和 2015 年 pH 最高，为 6.9；2018 年 pH 为 6.7，比 2006 年降低 2.9%（图 6.16.15）。

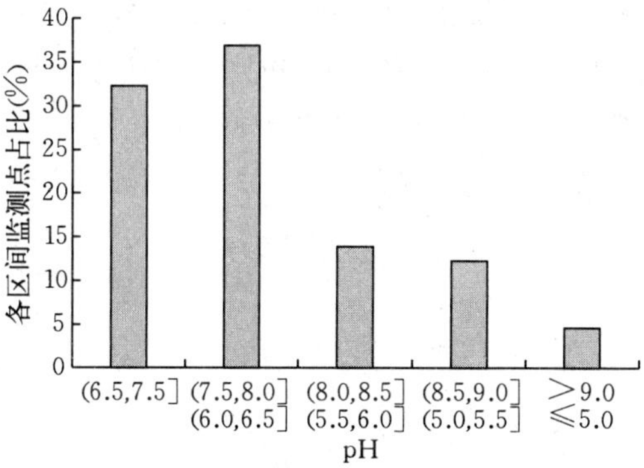


图 6.16.14　泰安市四级监测点土壤 pH 各区间占比

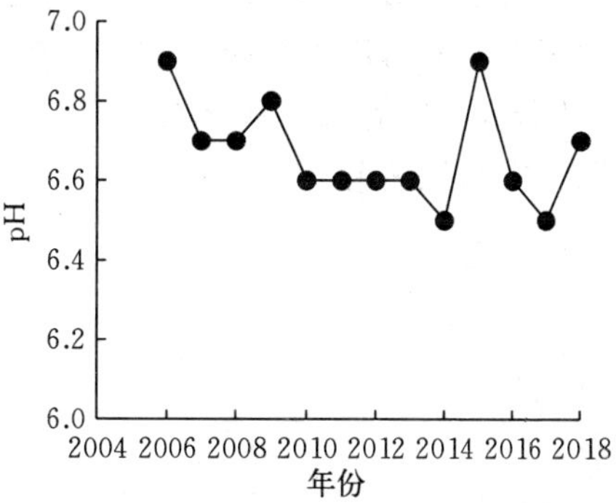


图 6.16.15　泰安市四级监测点土壤 pH 变化趋势

### （三）频率变化

2006—2018年，泰安市四级监测点土壤pH主要集中在（6.5，7.5]，2006—2018年呈现下降的趋势，2018年比2006年降低62.7个百分点。2006—2013年，（7.5，8.0]、（6.0，6.5]的占比总体呈上升趋势；2014—2017年，总体呈降低趋势；2018年有小幅上升，相比2006年上升31.9个百分点。其余三个区间占比较低，2013—2018年有一定上升趋势（图6.16.16）。

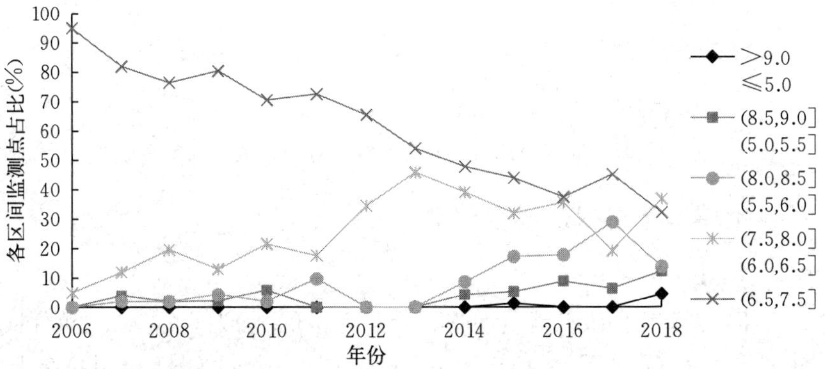


图6.16.16　泰安市四级监测点土壤pH分级频率变化

## 七、小结

2018年泰安市耕地质量监测网络更加完善，四级监测点66个，覆盖了主要土壤类型，涉及了全部县（市、区）。经过分析，2006年以来，泰安市耕地质量水平逐渐提高。2006—2018年，泰安市长期定位监测点土壤有机质含量稳中略有上升，从13.0 g/kg上升至17.1 g/kg，土壤碱解氮含量从83.8 mg/kg上升至101.6 mg/kg。这主要归因于测土配方施肥技术的推广、秸秆还田与有机肥施用等种植技术的推广。监测点土壤有效磷与速效钾含量呈上升趋势，这在一定程度上与化肥中磷肥和钾肥的比例升高、秸秆还田等有关。监测点土壤pH有降低的趋势，2006年土壤pH为6.9，2018年pH降为6.7，这主要与近年来农民种植方式粗放，过量施用氮肥，有机肥施用不足及漫灌式浇水有关。

# 第七章

# 山东省肥料使用和主要农作物产量分析评价

## 第一节　山东省农用肥料使用与问题

### 一、山东省农用肥料使用现状

我国农业肥料使用量大，近几年，农用化肥总量均在 6 000 万 t 左右（折纯，下同），约占世界总量的 1/3。但我国普遍肥料利用率低，为 30%～40%，较发达国家低 10 个百分点以上。据统计，20 世纪 80 年代至今，我国粮食单产水平提高了 56%，而化肥投入量增长了 225%（图 7.1.1）；同期，发达国家粮食单产水平提高了 51%～55%，化肥投入量则减少了 31%～47%。当前，我国以化肥高投入为主要特点的集约化生产，忽视了资源和环境的保护，部分地区产生了土壤板结、酸化及环境污染和生态平衡破坏等负面影响，过量施肥还造成作物营养不平衡，品质下降，威胁到农产品质量和生态安全。

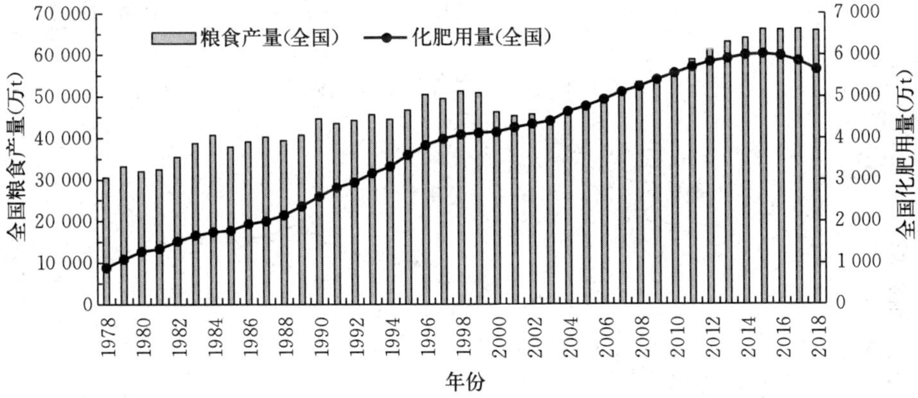


图 7.1.1　全国粮食产量及化肥用量

山东省是农业大省，农牧渔业总产值已连续多年位居全国首位，同时是肥料产销大省，肥料产量连年位居全国首位。在肥料生产方面，全省各种肥料生产企业 1 800 多家，各类肥料产能均超过实际需求；新型肥料应有尽有，产量占全国的近 1/3。2016 年化肥工业实现销售收入达 637 亿元（不含尿素），占当年全省 GDP 的 0.95%。化肥企业集中度大幅提高，如山东省 5 家生产尿素的大企业总产能占山东省总产能的 80%和全国总产能的 14%。企业单纯注重扩产扩张，产品同质化、产能过剩现象比较严重。2016 年，全省化肥产能整体利用率为 37.2%，而同期发达国家为 70%左右。

在肥料使用方面，2000 年前后，山东省化肥使用总量曾达到全国用量的 1/10，此后山东省化肥使用总量增势低于全国（图 7.1.2、图 7.1.3）。2013 年，山东省化肥总用量 472.7 万 t，占全国总用量的 8.0%，列全国第 2 位；全省耕亩用量 38.1 kg，播亩用量 27.1 kg，是欧美国家亩用量的 3 倍，高出全国平均 20%以上。山东省每年粪污量约为 3 亿 t，农作物秸秆及尾菜资源总量近 1.9 亿 t，当前仍有近 40%的种养有机废弃物尚未得到有效利用。施肥对粮食、水果、蔬菜增产和农业生产水平的提升发挥了重要作用，但当前仍存在盲

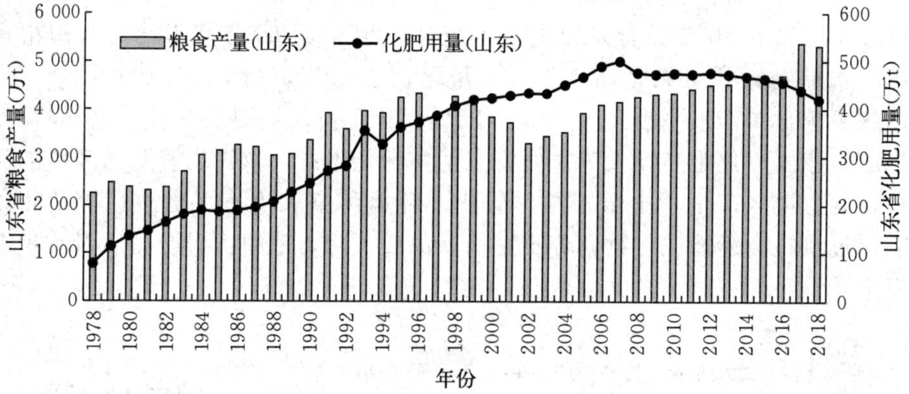


图 7.1.2　山东省粮食产量及化肥用量

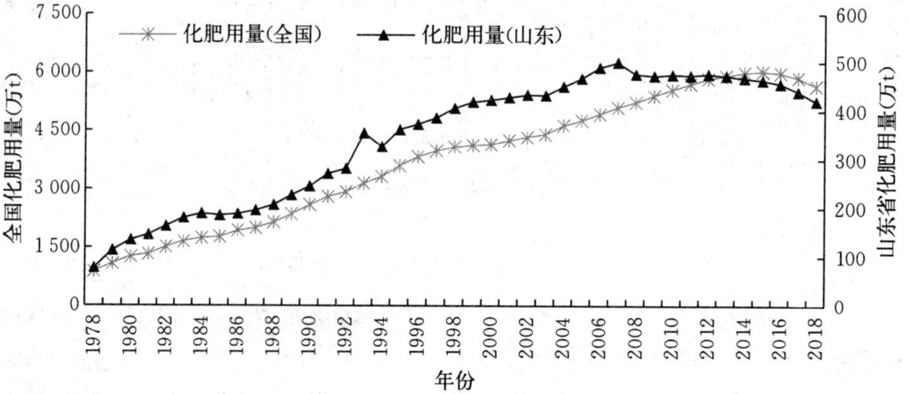


图 7.1.3　全国和山东省化肥用量变化

目施肥、过量施用化肥（高出推荐施肥量30%以上）、轻视有机肥施用、肥料利用率低和肥料增效减量新产品推广难度大等问题，不仅带来了生产成本上升、耕地地力下降和农业环境污染等问题，还阻抑了现代农业绿色发展，阻碍了乡村振兴建设。

## 二、农用肥料使用存在的突出问题

山东省化肥使用总体上呈稳中有降、局部过量、结构待优化态势。农户施肥“重无机轻有机、重氮磷轻中微”现象普遍，施肥方式传统粗放，导致肥料利用率低，农产品质量下降，并造成面源污染。具体问题如下：

一是肥料投入结构不够合理。当前，有机无机养分投入不协调。重化肥轻有机肥现象比较普遍，全省大田施用有机肥的比例仅有25%左右，与50%的理想比例差距很远。化肥方面，2015年全省化肥氮、磷、钾的投入比例约为1∶0.53∶0.4，与合理比例1∶0.45∶0.45比较，磷肥比重过大，钾肥尚显不足（图7.1.4）。同时由于高浓度肥料的广泛应用，果园和菜地的钙、硫、硅、硼、锌等中微量元素总体上处于亏缺状态。

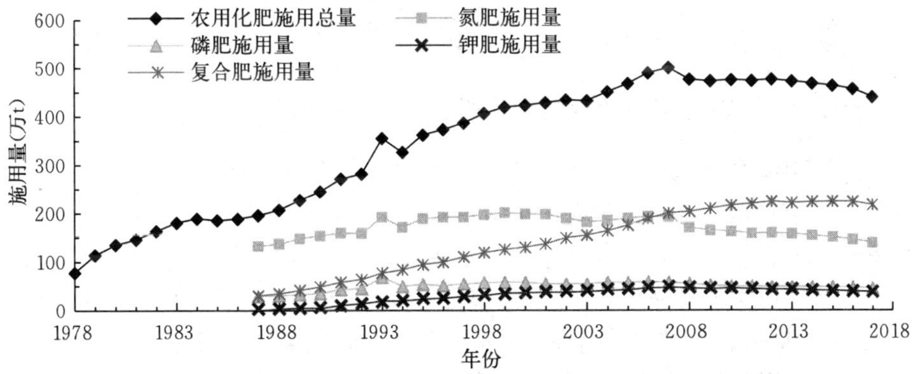


图7.1.4　山东省化肥施用量年度变化（1978—2018年）

二是过量施肥。据调查，全省约有40%的小麦、玉米面积氮肥、磷肥施用过量，小麦因多施氮肥倒伏的面积每年都在10%以上。果树和保护地蔬菜播亩化肥用量为150～250 kg，总体过量50%～100%，甚至数倍。全省估计每年浪费氮肥16万t，磷肥11万t，钾肥3万t，化肥利用效率低，养分流失严重。在果园及保护地栽培上，土壤出现板结、盐渍化等土壤退化现象，集中产区面源污染风险加大，如地下水硝酸盐超标等。

三是肥料品种多，监管力度不够。截至2013年6月，全省肥料生产企业1 800多家，复混肥和有机肥生产企业达到1 117家，水溶肥料和生物肥料生产企业663家。省级登记有效期内的肥料登记产品共10 405个，其中正式登记证9 721个，临时登记证 684 个。国内外许多肥料企业也都纷纷将各类新产品投放山东市场，产品难以计数。增效肥、纳米肥、控释肥、水溶肥、增甜剂、喷施肥等新品种不断涌现，产品名称、剂型、包装、规格多种多样，肥料监管力度有待加大。

四是农民科学施肥水平普遍不高。尽管科学施肥技术已推广多年，但大多数农民科学施肥水平不高。在选用肥料品种上，不注意考虑土壤条件和肥力水平、作物需肥特性，凭习惯或看别人购肥、听别人说肥来选择肥料品种。在认识上，一些农民认为养分含量越高越好，而排斥中低浓度复混肥等。在施肥行为上，视高产为高效，为确保高产，不少农户不由自主地多施化肥。

五是施肥方式粗放。受农民老龄化、农村空心化、农业效益较低等因素的影响，施肥方式比较传统落后。据调查，小麦、玉米追肥撒施、表施方式十分流行，占 50%左右。多数农户在小麦追肥时紧跟着进行漫灌，保护地追肥八成农户采用随水冲施，造成大量养分挥发和淋洗流失。约 20%农户对小麦、棉花施肥仍然“一炮轰”，粗放的施肥方式降低了肥料利用效率。

## 第二节　山东省主要农作物施肥现状与评价

### 一、山东省主要农作物产量和肥料使用现状

2018 年，山东省耕地质量长期定位国家级监测点共有 60 个，包含 107 组作物生长季数据。涉及熟制有一年两熟、两年三熟、一年一熟，耕作制度包括小麦—玉米轮作、小麦—水稻轮作、小麦—玉米—花生/大豆轮作、马铃薯—玉米轮作等，主要种植小麦、玉米、马铃薯、花生、瓜果类作物、蔬菜类作物（主要包括瓜类、块根类、茄果类、水生菜类和其他菜类）、其他经济作物（包括薯类、油料）、苗木类（主要包括落叶乔木）（表 7.2.1）。

**表 7.2.1　2018 年山东省国家级监测点覆盖的主要农作物及样本量分布**

单位：组

| 作物类型 | 样本量 | 作物名称 |
| --- | --- | --- |
| 粮食 | 48 | 小麦 |
| 粮食 | 44 | 玉米 |
| 粮食 | 2 | 水稻 |
| 油料 | 4 | 花生 |
| 薯类 | 2 | 马铃薯、甘薯 |

（续）

| 作物类型 | 样本量 | 作物名称 |
|---|---|---|
| 瓜果 | 2 | 冬枣、葡萄 |
| 蔬菜 | 3 | 大蒜、辣椒、西葫芦 |
| 苗木 | 2 | 树苗、梨树 |

## （一）产量

山东省主要农作物空白区（不施肥区）及施肥区产量如图 7.2.1 所示。结果表明，不同作物类型空白区和施肥区产量间存在较大差异。在不施肥情况下，玉米产量最高，为 5.41 t/hm$^2$；其次是小麦，为 4.89 t/hm$^2$；花生为 3.93 t/hm$^2$。在施肥条件下（包括化肥和有机肥），玉米产量为 8.29 t/hm$^2$，处于最高；小麦为 7.30 t/hm$^2$；花生为 5.48 t/hm$^2$。对比空白区产量，肥料的施用不同程度地增加了农作物产量，玉米的增幅最大，为 53.23%，小麦的增幅为 49.28%，花生的增幅为 39.44%。

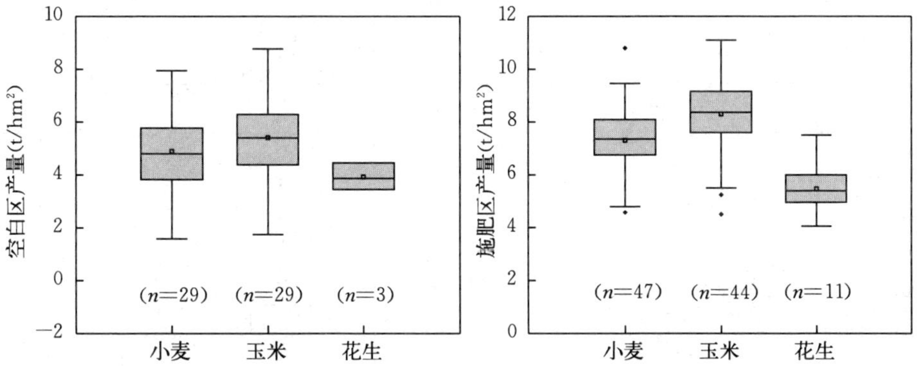


图 7.2.1　主要农作物空白区及施肥区产量

## （二）施肥量

不同作物类型间化肥氮、有机肥氮的平均施用量存在较大差异（图 7.2.2）。结果表明，小麦化肥氮的用量最高，为 244.99 kg/hm$^2$，有机肥氮的用量也最高，为 69.88 kg/hm$^2$。玉米化肥氮的用量次于小麦，为193.36 kg/hm$^2$，有机肥氮的用量也次于小麦，为 34.26 kg/hm$^2$。花生化肥氮的用量为 172.30 kg/hm$^2$，有机肥氮的用量为 22.13 kg/hm$^2$。

化肥磷、有机肥磷的平均施用量呈现出与化肥氮、有机肥氮施用量不同的规律。小麦化肥磷的用量最高，为 147.33 kg/hm$^2$，有机肥磷的用量也较高，为 40.68 kg/hm$^2$。其次花生化肥磷的用量为 136.56 kg/hm$^2$，然而，花生有机肥磷

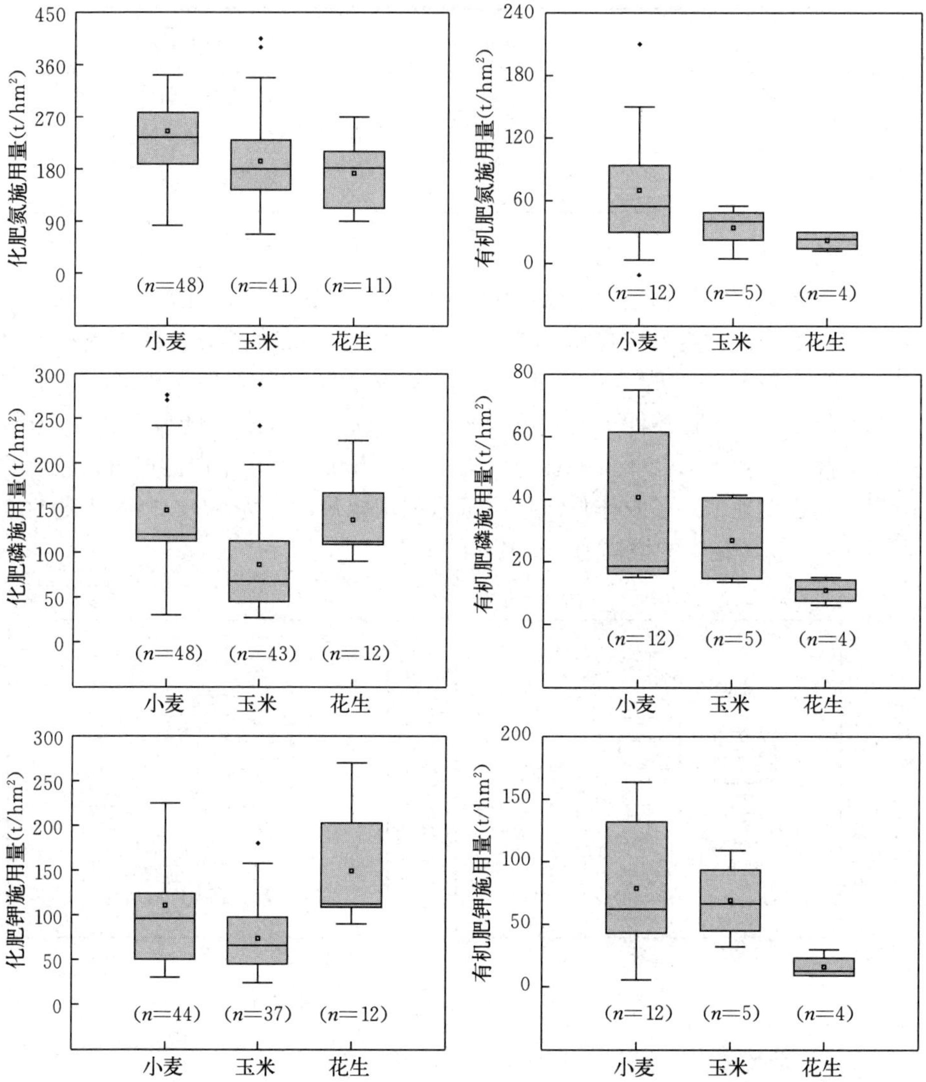


图 7.2.2　山东省主要农作物化肥及有机肥施用量

（注：图中磷为 $P_2O_5$，钾为 $K_2O$，下同。）

的用量较低，为 10.91 $kg/hm^2$。玉米化肥磷的用量较低，仅为 86.28 $kg/hm^2$，并且有机肥磷的用量次于小麦，为 26.95 $kg/hm^2$。

化肥钾、有机肥钾的平均施用量也呈现出与氮、磷施用量不同的规律。花生化肥钾的用量较高，为 149.19 $kg/hm^2$，有机肥钾的用量较低，为 16.24 $kg/hm^2$。小麦化肥钾的用量次之，为 110.59 $kg/hm^2$，然而有机肥钾的用量较高，为 78.65 $kg/hm^2$。玉米化肥钾的用量较低，为 73.91 $kg/hm^2$，有机肥钾的用量次于小麦，为 69.18 kg/hm²。

从结果还可以发现，不同的作物之间施用化肥与有机肥的比例不尽相同，但是所有作物施用化肥的量均高于施用有机肥的量。总施肥量中小麦、玉米、花生的化肥施用比例分别占 73.59%、73.06%、90.29%，有机肥的施用比例分别占 26.41%、26.94%、9.71%。

### （三）肥料偏生产力

国际上常用肥料偏生产力来表征农田肥料的利用效率，表示单位投入的肥料所能生产的作物产量。从图 7.2.3 可以看出，山东省不同作物类型间肥料偏生产力差异较大。玉米的氮肥偏生产力较高，为 36.44 kg/kg；花生的氮肥偏生产力低于玉米，为 34.65 kg/kg；小麦的氮肥偏生产力最低，为 23.20 kg/kg。磷肥的偏生产力呈现出与氮肥不同的规律。玉米的磷肥偏生产力较高，为 73.25 kg/kg；花生的磷肥偏生产力与玉米之间存在着较大的差距，为 43.06 kg/kg；小麦的磷肥偏生产力较低，为 38.85 kg/kg。钾肥的偏生产力呈

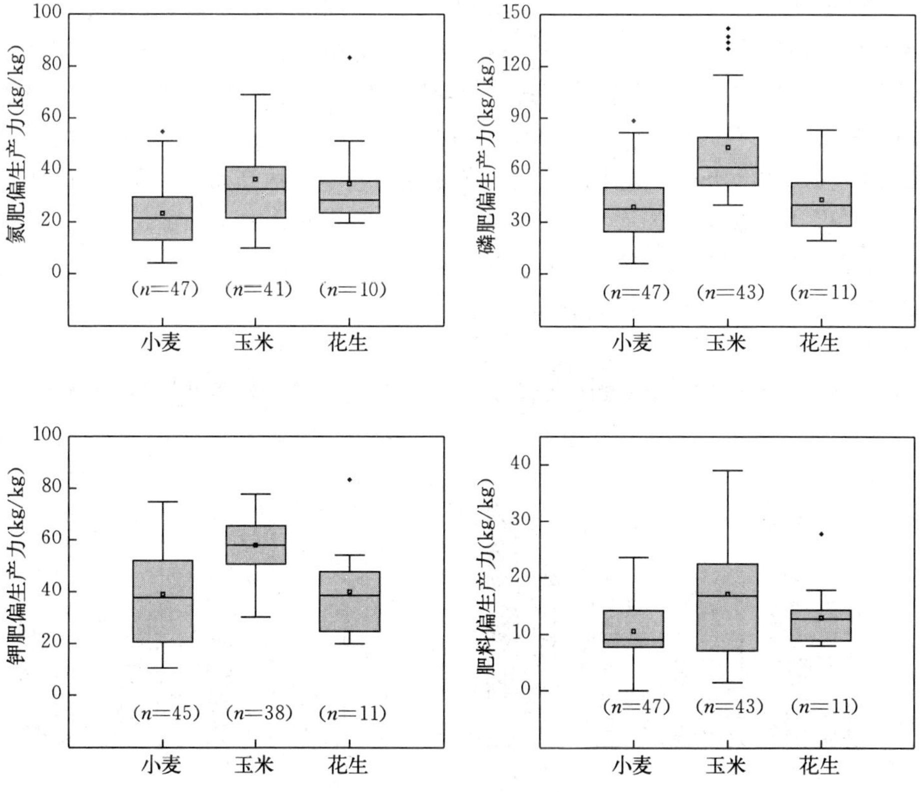


图 7.2.3　主要农作物肥料偏生产力

现出与磷肥偏生产力相似的规律。玉米的钾肥偏生产力较高，为57.96 kg/kg；花生的钾肥偏生产力次于玉米，为40.00 kg/kg；小麦的钾肥偏生产力较低，为38.99 kg/kg。

总体比较而言，玉米的肥料偏生产力较高，为17.14 kg/kg；其次，花生的偏生产力略低于玉米，为12.96 kg/kg；小麦的肥料偏生产力较低，为10.58 kg/kg。这也说明，当投入一定量的肥料时，可以生产更多的玉米。

## 二、不同土壤类型主要农作物产量及施肥量

2018年国家级耕地质量监测点共涵盖棕壤、褐土、潮土、砂姜黑土、水稻土、粗骨土、盐土等7种土壤类型，其中分布在潮土、褐土、棕壤、砂姜黑土四大主要土壤类型的监测点数量较多，分别占国家级监测点总数的43.3%、18.3%、20.0%、1.0%。本部分主要分析不同土壤类型国家级监测点小麦、玉米和花生的产量及化肥投入状况。

### （一）不同土壤类型小麦产量及施肥量

从图7.2.4可以看出，小麦在潮土、褐土、棕壤、砂姜黑土4种土壤类型上均有种植。小麦空白区产量在4种土壤类型上存在着较大的差异，施肥区产量在4种土壤类型上也存在着一定的差异性。空白区砂姜黑土、潮土上产量较高，分别为5.54 t/hm$^2$、5.00 t/hm$^2$；棕壤上产量为4.52 t/hm$^2$；褐土上产量较低，为4.40 t/hm$^2$。施肥区产量的变化趋势与空白区产量的趋势略有差异，潮土、褐土、棕壤、砂姜黑土4种土壤类型分别增产47.00%、68.41%、60.40%、39.71%，产量由高到低为：砂姜黑土（7.74 t/hm$^2$）＞褐土（7.41 t/hm$^2$）＞潮土（7.35 t/hm$^2$）＞棕壤（7.25 t/hm$^2$）。

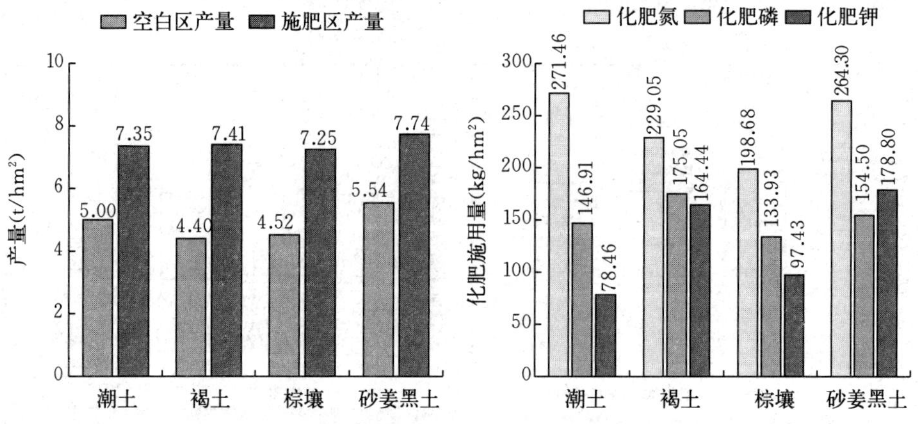


图7.2.4　小麦空白区产量、施肥区产量及化肥施用量

小麦在潮土、砂姜黑土上化肥氮施用量较高，分别为 271.46 kg/hm$^2$、264.30 kg/hm$^2$；褐土上施用量为 229.05 kg/hm$^2$；棕壤较低，为 198.68 kg/hm$^2$。化肥磷施用量由高到低排列为：褐土（175.05 kg/hm$^2$）＞砂姜黑土（154.50 kg/hm$^2$）＞潮土（146.91 kg/hm$^2$）＞棕壤（133.93 kg/hm$^2$）。化肥钾施用量由高到低排列为：砂姜黑土（178.80 kg/hm$^2$）＞褐土（164.44 kg/hm$^2$）＞棕壤（97.43 kg/hm$^2$）＞潮土（78.46 kg/hm$^2$）。

### （二）不同土壤类型玉米产量及施肥量

从图 7.2.5 可以看出，玉米在潮土、褐土、棕壤、砂姜黑土 4 种土壤类型也均有分布。空白区潮土、砂姜黑土上产量较高，分别为 5.74 t/hm$^2$、5.59 t/hm$^2$；棕壤上产量为 4.93 t/hm$^2$；褐土上产量较低，为 4.77 t/hm$^2$。施肥区产量的变化趋势与空白区产量存在一定的差异性，潮土、褐土、棕壤、砂姜黑土 4 种土壤类型分别增产 46.34%、79.66%、51.12%、62.97%，产量由高到低排列为：砂姜黑土（9.11 t/hm$^2$）＞褐土（8.57 t/hm$^2$）＞潮土（8.40 t/hm$^2$）＞棕壤（7.45 t/hm$^2$）。

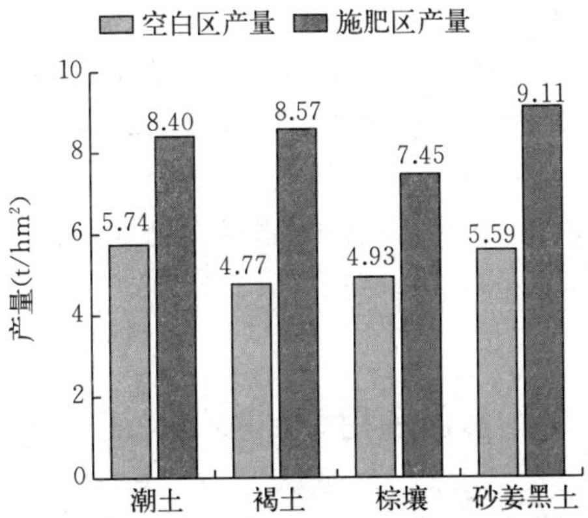


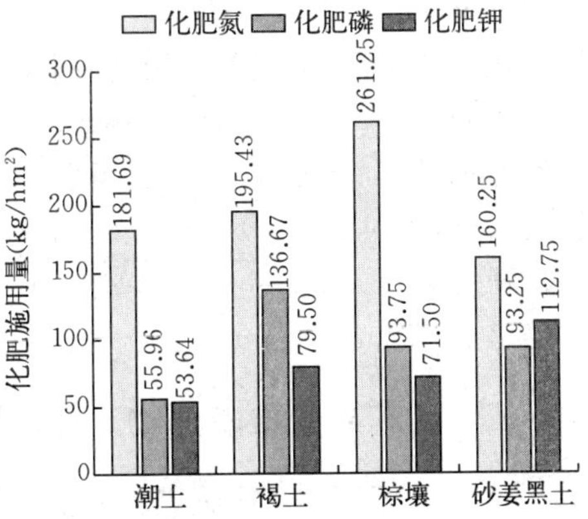


图 7.2.5　玉米空白产量、施肥产量及化肥施用量

玉米在棕壤、褐土上化肥氮施用量较高，分别为 261.25 kg/hm$^2$、195.43 kg/hm$^2$；潮土上施用量为 181.69 kg/hm$^2$；砂姜黑土较低，为 160.25 kg/hm$^2$。化肥磷施用量由高到低排列为：褐土（136.67 kg/hm$^2$）＞棕壤（93.75 kg/hm$^2$）＞砂姜黑土（93.25 kg/hm$^2$）＞潮土（55.96 kg/hm$^2$）。化肥钾施用量由高到低排列为：砂姜黑土（112.75 kg/hm$^2$）＞褐土（79.50 kg/hm$^2$）＞棕壤（71.50 kg/hm$^2$）＞潮土（53.64 kg/hm$^2$）。

### （三）不同土壤类型花生产量及施肥量

从图 7.2.6 可以看出，花生在潮土、褐土、棕壤、砂姜黑土 4 种土壤类型也均有分布。空白区产量由高到低依次为棕壤（3.95 t/hm$^2$）＞潮土（3.87

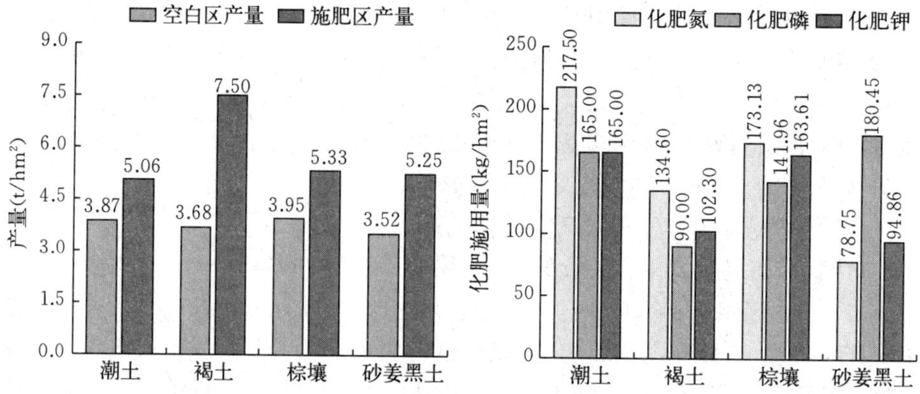

图 7.2.6 花生空白产量、施肥产量及化肥施用量

t/hm²)＞褐土（3.68 t/hm²）＞砂姜黑土（3.52 t/hm²）。施肥区潮土、褐土、棕壤、砂姜黑土4种土壤类型分别增产30.75%、103.80%、34.94%、49.15%，产量由高到低依次为：褐土（7.50 t/hm²）＞棕壤（5.33 t/hm²）＞砂姜黑土（5.25 t/hm²）＞潮土（5.06 t/hm²）。

花生在潮土上化肥氮施用量最高，达217.50 kg/hm²；棕壤、褐土上施用量分别为173.13 kg/hm²、134.60 kg/hm²；砂姜黑土较低，为78.75 kg/hm²。化肥磷施用量由高到低排列为：砂姜黑土（180.45 kg/hm²）＞潮土（165.00 kg/hm²）＞棕壤（141.96 kg/hm²）＞褐土（90.00 kg/hm²）。化肥钾施用量由高到低排列为：潮土（165.00 kg/hm²）＞棕壤（163.61 kg/hm²）＞褐土（102.30 kg/hm²）＞砂姜黑土（94.86 kg/hm²）。

## 三、山东省主要农作物产量、肥料用量及利用率的时间尺度变化

### （一）小麦产量、施肥量、偏生产力等演变趋势

肥料偏生产力的计算方法为：肥料偏生产力＝作物常规施肥区产量/施肥量。肥料农学效率的计算方法为：肥料农学效率＝(常规施肥区作物产量－空白区作物产量)/施肥量。

1988—2018年，小麦施肥区和空白区（不施肥区）产量随时间推移呈上升的趋势（图7.2.7）。小麦施肥区产量由1988年的4.43 t/hm²上升至2018年的7.30 t/hm²，上升了64.79%。空白区产量也相应地上升，由1988年的2.83 t/hm²上升至2018年的4.89 t/hm²，上升了72.79%。同时，肥料（包括化肥、有机肥）的总用量随时间总体上呈现下降的趋势，肥料的用量下降了32.00%，其中肥料磷、钾的用量分别从1988年的272.32 kg/hm²、464.21 kg/hm²降低至2018年的188.00 kg/hm²、187.33 kg/hm²，肥料氮的用量则从

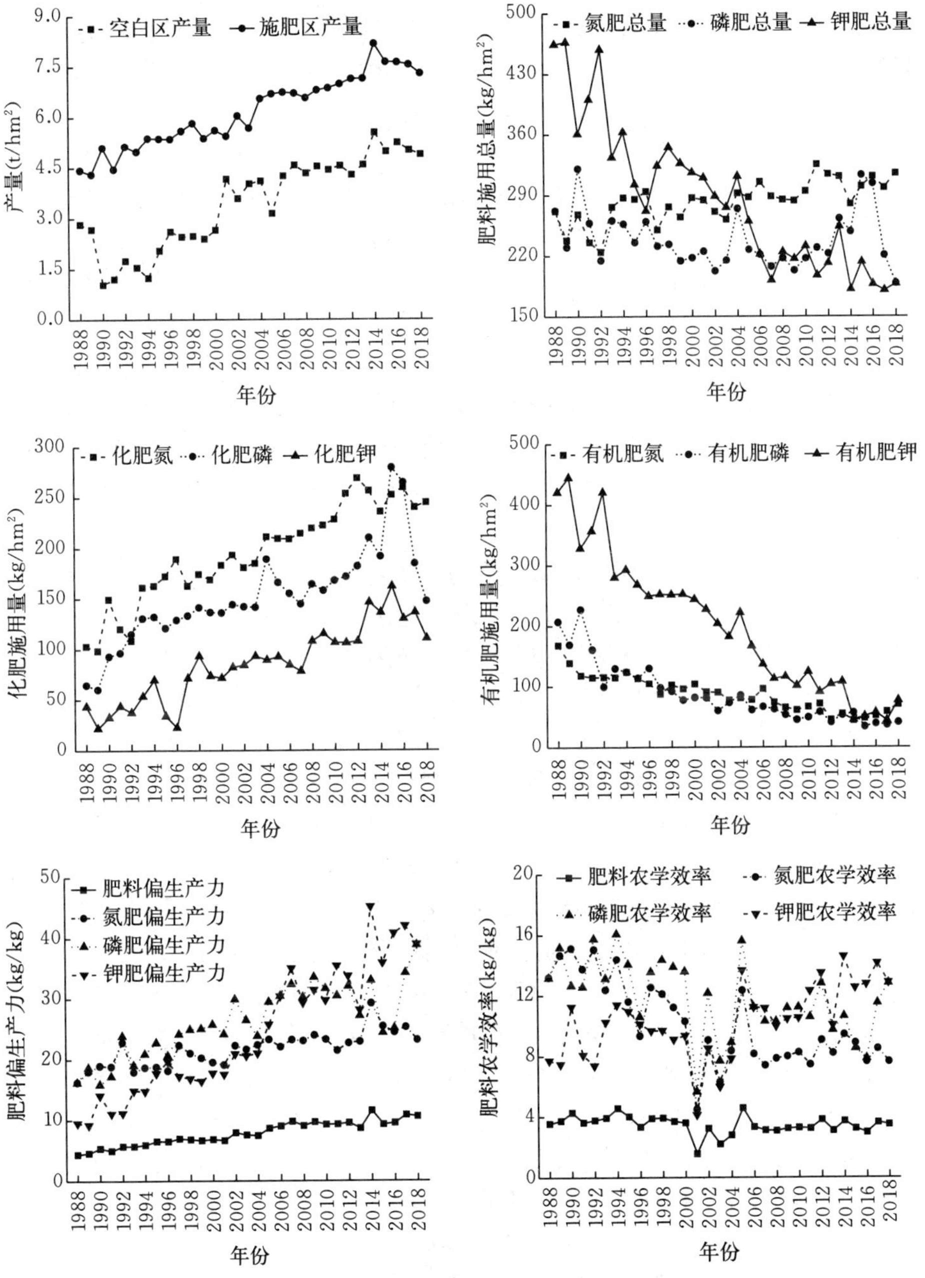


图 7.2.7　小麦空白区产量、施肥区产量、肥料用量及肥料利用效率变化情况

271.74 kg/hm² 上升至 314.86 kg/hm²。化肥的用量随时间呈现上升的趋势，化肥的用量上升了 137.61%，其中化肥氮、磷、钾的用量分别从 1988 年的

103.24 kg/hm²、64.92 kg/hm²、43.47 kg/hm² 上升至2018年的244.99 kg/hm²、147.33 kg/hm²、110.59 kg/hm²。有机肥的用量随时间呈现下降的趋势，有机肥的用量下降了76.49%，其中有机肥氮、磷、钾的用量分别从1988年的168.50 kg/hm²、207.40 kg/hm²、420.72 kg/hm² 降低至2018年的69.88 kg/hm²、40.68 kg/hm²、76.74 kg/hm²。同时，肥料、氮肥、磷肥、钾肥偏生产力随时间的推移总体上呈现上升的趋势，分别从1988年的4.39 kg/kg、16.30 kg/kg、16.26 kg/kg、9.54 kg/kg 上升至2018年的10.58 kg/kg、23.20 kg/kg、38.85 kg/kg、38.99 kg/kg。另外，肥料、氮肥、磷肥、钾肥农学效率随时间的推移呈现出不同的变化趋势，肥料、氮肥、磷肥农学效率分别从1988年的3.56 kg/kg、13.20 kg/kg、13.17 kg/kg 降低至2018年的3.49 kg/kg、7.65 kg/kg、12.82 kg/kg，钾肥农学效率则从1988年的7.73 kg/kg 提高到2018年的12.87 kg/kg。其中，肥料农学效率平均值为3.47 kg/kg，氮肥农学效率平均值为10.10 kg/kg，磷肥农学效率平均值为11.85 kg/kg，钾肥农学效率平均值为10.28 kg/kg。

### （二）玉米产量、施肥量、偏生产力等演变趋势

与小麦相似，1988—2018年，玉米施肥区和空白区产量随时间推移呈上升的趋势（图7.2.8）。玉米产量由1988年的6.18 t/hm² 上升至2018年的8.29 t/hm²，上升了34.14%，而空白区产量相应地上升，由1988年的2.84 t/hm² 上升至2018年的5.41 t/hm²，上升了90.49%。同时，肥料的总用量随时间总体上呈现下降的趋势，肥料的用量下降了25.53%，其中肥料磷、钾的用量分别从1988年的146.21 kg/hm²、281.34 kg/hm² 降低至2018年的113.23 kg/hm²、143.09 kg/hm²，氮的用量则从1988年的222.34 kg/hm² 上升至2018年的227.62 kg/hm²。化肥的用量随时间呈现上升的趋势，化肥的用量上升了90.20%，其中化肥氮、磷、钾的用量分别从1988年的102.34 kg/hm²、42.71 kg/hm²、40.84 kg/hm² 上升至2018年的193.36 kg/hm²、86.28 kg/hm²、73.91 kg/hm²。有机肥的用量呈现出下降的趋势，有机肥的用量降低了71.90%，其中有机肥氮、磷、钾的用量分别从1988年的120.00 kg/hm²、103.50 kg/hm²、240.50 kg/hm² 降低至2018年的34.26 kg/hm²、26.95 kg/hm²、69.18 kg/hm²。同时，肥料、氮肥、磷肥、钾肥偏生产力随时间的推移总体上呈现上升的趋势，分别从1988年的9.50 kg/kg、27.78 kg/kg、42.24 kg/kg、21.95 kg/kg 上升至2018年的17.14 kg/kg、36.44 kg/kg、73.25 kg/kg、57.96 kg/kg。另外，肥料、氮肥、磷肥、钾肥农学效率随时间的推移呈现出不同的变化趋势，肥料、氮肥、磷肥农学效率分别从1988年的7.13 kg/kg、20.84 kg/kg、31.69 kg/kg 降低至2018年的5.96 kg/kg、12.67 kg/kg、25.48 kg/kg，钾肥农学效率则从1988年的16.67 kg/kg 提高到2018年的

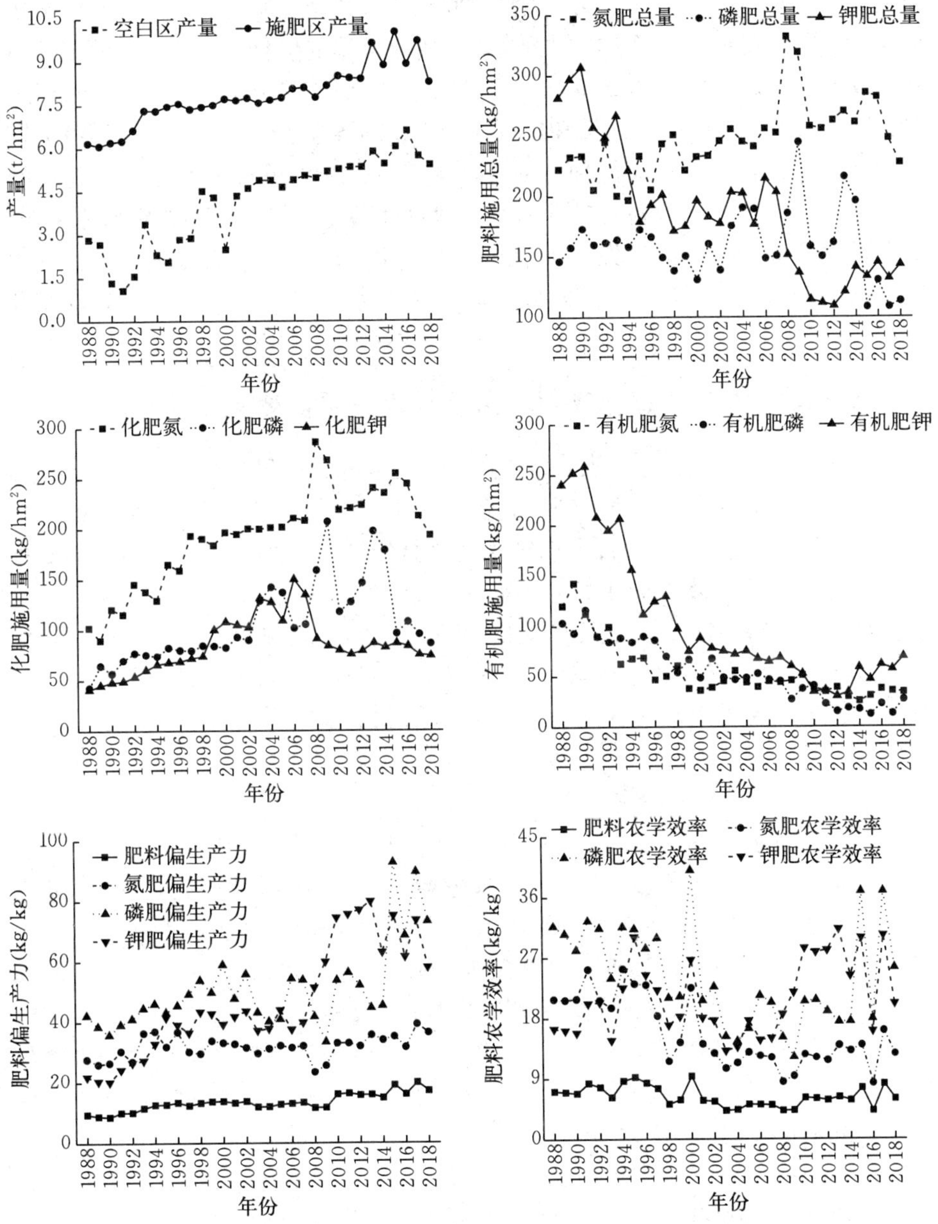


图 7.2.8　玉米空白区产量、施肥区产量、肥料用量及肥料利用效率变化情况

20.16 kg/kg。其中，肥料农学效率平均值为 6.35 kg/kg，氮肥农学效率平均值为15.65 kg/kg，磷肥农学效率平均值为 24.27 kg/kg，钾肥农学效率平均值为 21.03 kg/kg。

综上所述，1988—2018年，小麦与玉米的肥料偏生产力随时间的推移总体上呈现上升趋势，也就是说，随着时间推移，每千克肥料能生产出更多的作物，可能原因在于土壤肥力的提升及农田管理措施的优化与推广。如测土配方施肥技术，根据作物的需肥规律、土壤测试结果及肥料的利用率，调整氮、磷、钾和微量元素的合理用量和比例，在作物的各个生长阶段进行合理的分期施肥，使作物各个生育期得到全面合理的养分供应，最大限度地发挥作物的增产潜力，提高经济效益，达到经济施肥的目的。同时大力提倡肥料深施，最大限度地减少肥料的损失，提高肥料利用率，以及培育优良品种，挖掘优良品种的高产潜力等。尽管如此，农作物的肥料效率仍然有很大的提升空间。

## 四、山东省主要农作物氮、磷、钾养分平衡变化情况

养分平衡中作物的养分吸收量采用百千克作物吸收量计算，养分平衡具体计算方法为：肥料（氮、磷、钾）盈余量＝肥料（氮、磷、钾）投入量－（常规施肥区作物产量/100）×百千克作物吸收养分量＋养分还田量。其中小麦百千克产量吸收氮、磷、钾的量分别为3.00 kg、1.25 kg、2.50 kg，玉米百千克产量吸收氮、磷、钾的量分别为2.68 kg、1.13 kg、2.36 kg。养分还田量具体计算方法为：常规施肥区作物产量×还田比例×秸秆系数×秸秆养分含量。其中小麦、玉米的还田比例分别为70%、80%，小麦、玉米的秸秆系数分别为1.17、1.04，小麦秸秆氮、磷、钾养分含量分别为0.565%、0.153%、1.536%，玉米秸秆氮、磷、钾养分含量分别为0.748%、0.943%、1.519%。

近三十年来（1988—2018年），小麦氮、磷、钾盈余量随时间总体上均呈现出下降的规律，但其氮、磷、钾盈余量均处于较高的水平（施肥量—作物吸收量）。小麦氮、磷、钾盈余量分别从1988年的138.88 $kg/hm^2$、216.96 $kg/hm^2$、353.49 $kg/hm^2$ 降低至2018年的129.55 $kg/hm^2$、105.86 $kg/hm^2$、96.62 $kg/hm^2$。而玉米氮、磷、钾平衡随时间没有明显的规律性变化，玉米氮盈余量基本保持稳定，由1988年的56.81 $kg/hm^2$ 变化至2018年的56.96 $kg/hm^2$，玉米磷盈余量总体上呈现增加的趋势，从1988年的76.41 $kg/hm^2$ 增加至2018年的84.59 $kg/hm^2$，玉米钾盈余量总体上呈现降低的趋势，从1988年的135.57 $kg/hm^2$ 降低至2018年的52.18 $kg/hm^2$。值得注意的是，钾在1998年、1999年、2002年、2005年均是亏缺。小麦近三十年的平均氮、磷、钾盈余量分别为110.30 $kg/hm^2$、165.23 $kg/hm^2$、164.97 $kg/hm^2$，玉米平均氮、磷、钾盈余量分别为56.73 $kg/hm^2$、95.96 $kg/hm^2$、41.88 $kg/hm^2$（图7.2.9）。

肥料的投入会大幅度增加作物的产量及农民的经济收益，然而高的氮、

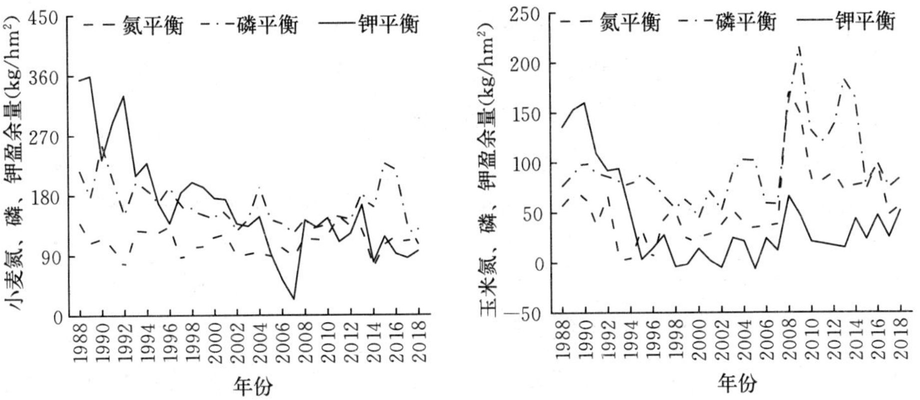


图 7.2.9　小麦、玉米不同年份氮、磷、钾平衡情况

磷、钾盈余量除了会带来利用率的问题之外，还会引起较高的环境风险。近三十年来山东省小麦的氮、磷、钾及玉米氮、磷均处于盈余水平，因此，在保证作物正常产量与品质的前提下，应该利用测土配方、目标产量施肥法、优化推荐施肥、与作物营养需求匹配等技术合理施用肥料，减少肥料的施用量。氮肥遵循“总量控制、分期调控”原则，磷、钾肥可遵循“恒量监控”原则，再者，根据土壤特性并适时地依据“因缺补缺”原则施加中微量元素。玉米的钾素在几个年份里出现了亏缺，这主要是由于玉米秸秆中带走的钾含量远远高于小麦秸秆。因此，应根据土壤、玉米的实时特点调整钾肥及其他肥料的施用量，如秸秆还田、增施有机肥、耕作方式、种植模式等均可在一定程度上改善土壤钾亏缺状态，使土壤中的各形态钾含量重新恢复动态平衡，从而达到各养分平衡供应，实现山东省高产、优质、资源高效和环境保护的目的。

## 第三节　山东省主要农作物施肥建议

### 一、冬小麦需肥特点及施肥建议

山东省是我国小麦主产区之一，以种植冬小麦为主，播种面积占全国小麦播种面积的15%左右，总产占全国总产的18%。冬小麦主要生育时期有出苗、分蘖、越冬、起身、拔节、孕穗、抽穗、开花、灌浆和成熟等，不同生育阶段对养分的吸收表现不同。研究表明：每生产 100 kg 小麦籽粒，约需要氮（N）3 kg、磷（$P_2O_5$）1 kg 和钾（$K_2O$）3 kg，氮、磷、钾的吸收比例约为 3∶1∶3，但生产中随着小麦品种的改变和产量水平的提高，小麦对养分的吸收会有变化。

### （一）需肥特点

小麦与其他作物相比，需肥量较多。一是小麦生育期较长，并且大半处于低温时期，土温低，有机质分解慢；二是幼苗期长，基肥易流失；三是在干旱条件下，磷、钾的养分形态不易被根系吸收，钾往往不通过灌水来供应。另外，小麦品种不同，特别是矮秆高产品种和高秆品种，需肥量差异很大。幼苗期是小麦器官建成为主的时期，一般冬小麦在冬前分蘖期吸收养分较多，是吸收氮、磷比例较大的时期，此时氮素代谢旺盛，要求充分的氮素营养以充分满足营养器官建成生长的需要，同时要求较多的磷，以利于早分蘖、早发根。越冬期对于营养元素吸收较少。返青以前，小麦对氮、磷、钾的吸收量分别占全生育期吸收量的30%、20%和40%。返青后养分需要量上升，拔节到开花期是养分吸收的高峰期，该阶段氮、磷、钾吸收量分别约占全生育期吸收总量的30%、65%和55%。开花后小麦还需要吸收20%～30%的氮和磷，但吸收钾很少。据研究，小麦对肥料日吸收量和吸收强度的峰值，氮和钾出现在孕穗期，磷出现在开花至成熟期。根据不同时期的吸收肥料特点，在生产上必须注意在孕穗期前供足氮肥和钾肥，在开花至成熟期保证磷肥的供应。磷肥在土壤中流失较少，故可在基肥中施足。从小麦对微量元素的吸收强度和阶段来看，拔节至开花期对锌、锰和钼的日吸收量最大，占总吸收量的35%～50%。返青至拔节期对铜吸收最多。小麦拔节前后至成熟期是微量元素营养的关键时期，所以后期补施微肥也是小麦丰产的保障。

### （二）施肥建议

针对山东省耕地土壤氮、磷化肥用量普遍偏高，肥料增产效率下降，而有机肥施用不足，微量元素锌和硼缺乏时有发生等问题，提出以下施肥原则：一是依据土壤肥力条件，适当调减氮、磷化肥用量；二是增施有机肥，提倡有机、无机肥料配合施用，实施秸秆还田；三是依据土壤钾状况，高效施用钾肥，并注意硼和锌的配合施用；四是氮肥分期施用，适当提升生育中后期的氮肥施用比例；五是肥料施用应与高产、优质栽培技术相结合。

**1. 秸秆粉碎还田**　实施玉米秸秆全量还田，用机械粉碎2～3遍，秸秆长度5 cm左右，翻埋10～20 cm。

**2. 测土施肥**　以13.3～20 $hm^2$为一个施肥单元，选择典型地块，开展测土配方。依据土壤养分状况和目标产量，精准配方，实施总量调控，平衡供应。山东省每公顷产量7 500 kg，全生育期施N 180～225 kg、$P_2O_5$ 90～135 kg、$K_2O$ 75～150 kg，产量每增减750 kg，施肥总量相应增减10%。山东省不同区域冬小麦化肥最佳施用量详见表7.3.1。

**表 7.3.1　山东省不同区域冬小麦化肥最佳施用量**

单位：$kg/hm^2$

| 地　区 | 高产田小麦最佳施用量 | | | | 中产田小麦最佳施用量 | | | |
|---|---|---|---|---|---|---|---|---|
| | 目标产量 | N | $P_2O_5$ | $K_2O$ | 目标产量 | N | $P_2O_5$ | $K_2O$ |
| 鲁西北平原区 | 7 500以上 | 199.5 | 109.5 | 82.5 | 5 250～7 500 | 229.5 | 114.0 | 85.5 |
| 胶东低山丘陵区 | | 190.5 | 126.0 | 151.5 | | 151.5 | 109.5 | 148.5 |
| 鲁中山地丘陵区 | | 190.5 | 112.5 | 84.0 | | 174.0 | 109.5 | 66.0 |
| 鲁中北部平原区 | | 186.0 | 91.5 | 82.5 | | 160.5 | 100.5 | 84.0 |
| 鲁中南部平原区 | | 217.5 | 135.0 | 94.5 | | 144.0 | 120.0 | 91.5 |
| 鲁东北盐渍化区 | | 196.5 | 93.0 | 109.5 | | 135.0 | 91.5 | 103.5 |

**3. 基肥与追肥结合，追氮后移**　基肥优先选用适宜的配方肥或选用缓释增效配方复合（混）肥，40%～50% N、100% $P_2O_5$、50%～100% $K_2O$ 基施。基肥撒施耕翻入土，深度 7～10 cm，也可采用种肥同播方式一次性基施缓释肥等作物专用肥料。其余部分做追肥拔节期进行，实施追氮后移，但晚播田块或苗情较弱时要适当提前。追肥结合浇水进行或采用水肥一体化技术施用。

**4. 叶面喷肥**　在后期根系吸收能力差时，叶面追肥更直接有效，同时能有效防治干热风危害。鲁中西大部分地区频繁受干热风危害，在小麦进入灌浆期后应配施叶面肥。叶面喷肥品种主要是尿素、磷酸二氢钾、微肥等，浓度在 0.5%～2%。喷施一般在早上 8 时前、下午 5 时后或阴天进行。遇到喷后降雨要重喷。

## 二、夏玉米需肥特点及施肥建议

山东省位于黄淮海夏播玉米区，属于一年两作生态区，玉米种植方式多种多样，间、套作并存，其中小麦—玉米两茬种植占 60%以上。夏玉米的需肥一般是随着产量的提高，吸收到植株体内的营养也增多，一生中吸收的养分以氮为最多，钾次之，磷最少。一般每生产 100 kg 玉米籽粒，需吸收氮（N）2.57～3.43 kg，磷（$P_2O_5$）0.86～1.23 kg，钾（$K_2O$）2.14～3.26 kg，氮、磷、钾的比例为 1∶0.36∶0.95。

### （一）需肥特点

玉米不同生育时期吸收氮、磷、钾的量不同，一般来说，夏玉米由于生育期短，生长速度快，因此对氮、磷、钾的吸收量更集中。苗期生长慢，植株小，吸收的养分少，拔节至开花期生长快，正是雌穗和雄穗的形成和发育时期，吸收养分的速度快，数量多。拔节到抽雄期的 21 d 中吸氮量占全生育期总氮量的76%以上，吸收磷量占全生育期总磷量的63%左右，吸钾量占全生育期总钾量的64%左右，是玉米需要营养的关键时期，此时应供应充足的营养物质。生育后期，吸收养分速度缓慢，吸收量减少。

## （二）施肥建议

夏玉米对氮肥很敏感，又是喜锌作物，施肥应以有机肥为基础，重施氮肥、适施磷肥、增施钾肥、配施微肥。采用农家肥与磷肥、钾肥、微肥混合作底肥，氮肥应以追肥为主。夏玉米肥料配方应针对抢茬夏播特点：一是抓好前茬小麦基肥的施用，特别是增加有机肥和磷肥的施用；二是在播种时注意氮、磷种肥的施用；三是及时追施促苗肥；四是在大喇叭口期重视追施氮肥；五是重视锌、硼等微肥的施用；六是鼓励施用玉米专用缓（控）释肥，采用种肥同播技术一次性施用。

**1. 测土配方施肥** 以土壤测试为基础，评估土壤养分状况，结合玉米营养需求特点和目标产量水平，确定氮、磷、钾等各种养分的用量、配比及合理的施肥时期、方法。施肥量随产量水平的提高而增加，随土壤养分含量的提高而减少。每公顷9 000 kg 以上目标产量需要亩施氮（N）165～240 kg、磷（$P_2O_5$）60～90 kg、钾（$K_2O$）75～120 kg、硫酸锌15～30 kg。在此基础上，产量水平每减少1 500 kg，氮、磷、钾肥用量减少10%～15%。针对黄淮海地区夏玉米生育期较短、后期追肥不便的实际，建议选购氮、磷、钾配方适宜的作物专用缓释肥产品，每公顷用量600～900 kg，作基肥一次性施用。山东省不同区域夏玉米化肥最佳施用量详见表7.3.2。

**表7.3.2 山东省不同区域夏玉米化肥最佳施用量**

单位：kg/hm²

| 地　区 | 高产田玉米最佳施用量 | | | | 中产田玉米最佳施用量 | | | |
|---|---|---|---|---|---|---|---|---|
| | 目标产量 | N | $P_2O_5$ | $K_2O$ | 目标产量 | N | $P_2O_5$ | $K_2O$ |
| 鲁西北平原区 | 9 000 以上 | 228.0 | 61.5 | 75.0 | 6 750～9 000 | 213.0 | 72.0 | 99.0 |
| 胶东低山丘陵区 | | 159.0 | 85.5 | 121.5 | | 145.5 | 97.5 | 148.5 |
| 鲁中山地丘陵区 | | 241.5 | 87.0 | 109.5 | | 165.0 | 75.0 | 90.0 |
| 鲁中北部平原区 | | 171.0 | 54.0 | 49.5 | | 216.0 | 79.5 | 100.5 |
| 鲁中南部平原区 | | 183.0 | 79.5 | 90.0 | | 169.5 | 76.5 | 82.5 |
| 鲁东北盐渍化区 | | 198.0 | 63.0 | 72.0 | | 100.5 | 42.0 | 48.0 |

**2. 施用缓（控）释肥** 缓（控）释肥指通过分子结构缩合、化学拟制或物理包裹技术，使其养分释放缓慢、供肥规律与作物需肥规律相对吻合、肥效期较长的一类化学肥料。施用缓（控）释肥料，一般可减少10%氮肥用量，其他肥料用量与测土配方施肥推荐量相同。山东省夏玉米专用缓（控）释肥一

般选用配方（24－8－10）或相近配方、养分释放期在 90 d 左右的产品。参考用量为：每公顷产量 9 000～10 500 kg 的地块 750～900 kg，7 500～9 000 kg 的地块 600～750 kg，7 500 kg 以下的地块 525～600 kg。

**3. 种肥同播**　麦收后抢茬播种施肥，采用玉米种肥同播机将种子、缓（控）释配方肥一次性播入土壤，实现种肥同播、高效缓释肥一次性深施。作业前调整种肥同播机种子腿和肥料腿水平间隔 5～8 cm，肥料腿的深度比种子腿的深度多 3 cm 左右。玉米种的覆土深度为 3～5 cm，缓（控）释配方肥施用深度为 6～10 cm。种肥横向间距 5～8 cm，做到种肥隔离 7～10 cm，防止烧苗。生育期一般不再追肥。

## 三、蔬菜需肥特点及施肥建议

山东省菜地土壤总体上氮、磷化肥投入过量，土壤中有效养分富集明显，而部分地块中微量元素补充不足。据调查，设施蔬菜每公顷平均施用有机肥 97.5 t，化肥 6 625.5 kg，折纯 N 1 057.5 kg，$P_2O_5$ 1 033.5 kg、$K_2O$ 127.5 kg。化肥品种结构基本是复混肥（配方肥）占 50%～60%，尿素、磷酸二铵、硫酸钾等传统肥料占 30%～35%，多元冲施肥占 10%左右，叶面肥、生物肥、中微肥等不足 5%，特别是中微量元素肥料重视程度不够。在施肥上应针对土壤的养分状况，结合不同蔬菜种类、品种的养分需求规律，科学确定氮、磷、钾等各种养分的用量和生育期分配方案。严格控制氮、磷化肥的过量投入，有针对性地配施中微量元素，切实做到测土配方、平衡施肥，减少肥料在土壤中的残留富集及淋洗风险。

### （一）需肥特点

蔬菜是一种高度集约栽培的作物，尽管蔬菜种类和品种繁多，栽培模式也多种多样，生长发育特性和产品器官各有差别，其与粮食作物相比，无论是需肥量或者对不同养分的需求状况都存在相当大的差异，但有以下共性：第一，蔬菜是喜肥作物，多数蔬菜虽然生育期短，但产量高，养分需要量大，需肥多；第二，蔬菜以其鲜嫩的营养器官和生殖器官作为商品供人食用，其氮、磷、钾含量均高于粮食作物，且产量高，带走土壤中的养分多；第三，蔬菜对某些养分有特殊需求，蔬菜喜硝态氮，对钾、钙等元素需求量大，对缺硼和缺钼较敏感。

### （二）施肥建议

**1. 有机肥与化肥结合**　有机肥和化肥是两种不同性质的肥料，两者配合施用，养分全面、速缓相济，能保证作物全生育期养分的均衡协同供应，从而能获得理想的产量和优良品质，许多研究表明，有机养分与化学养分在 1∶1 至 1∶2 时比较适宜。针对当前施肥实际，设施菜地应增施高碳有机肥，配施生物肥，减少化肥用量。

**2. 测土配方施肥** 测土配方施肥需要统筹考虑土壤供肥因素、作物需肥因素和具体肥料产品养分释放等因素，能很好协调土壤、作物、肥料三者之间的关系，实现作物养分供需平衡和养分配比平衡，做到氮、磷、钾及中微量元素合理搭配，最大限度发挥肥效。土壤养分含量越低，施肥量就要越高，产量水平越高，施肥量就要越高，蔬菜喜好哪种养分就要多施用哪种养分；蔬菜反应比较敏感的养分，缺乏时必须补充。针对当前实际，设施菜地应减氮、控磷、调钾，补施钙、镁、硼、锌等中微肥。

**3. 基肥与追肥结合** 蔬菜需肥量大，对供肥强度要求高，一次施肥难以较好地满足蔬菜生长需要，必须基肥、追肥结合，多次施肥。基肥应施足有机肥，配合施用化肥，一般将20%～50%的氮肥，40%～70%的磷肥，30%～50%的钾肥、中微肥基施。追肥以化肥为主，一般根据生育期进程和蔬菜长势，将余下的氮、磷、钾化肥分期多次追施，提倡追肥采用水肥一体化设备定量施肥，少量多次，实施精准施肥。生育后期如需要追施中微肥的，一般采用叶面喷施方式。

**4. 设施栽培增施二氧化碳气肥** 设施温室内，在冬季长期密闭情况下，棚内二氧化碳浓度降低，严重影响光合作用和蔬菜产量，应施用气肥，一般采用硫酸—碳铵法，内置式生物反应堆技术也能有效提高二氧化碳浓度。

**5. 连作障碍菜地应使用土壤调理剂** 生物型土壤调理剂包括生物有机肥和微生物肥料，主要抑制有害病菌繁殖和活动，改善土壤微生物区系。中微量元素型土壤调理剂主要是平衡中微量元素养分供应，调节土壤酸度，防止某种养分缺乏对蔬菜生长发育的不良影响。

## 四、果树需肥特点及施肥建议

土壤养分是果树营养的主要来源，土壤养分含量及土壤养分有效性会影响到果树的正常生长。通过施肥可以调节土壤养分含量和土壤养分有效性，以满足果树对养分的基本需求。果树因其种类、品种及管理方法不同，对养分的需求会有差异。因此，了解不同果树生产中的土壤养分含量及土壤养分有效性有关的土壤理化性状，对于指导果树科学施肥是十分必要的。根据不同果树的养分需求特点制定科学合理的施肥措施，有利于果品生产的高产、优质和高效。

### （一）需肥特点

果树的营养特点不同于大田作物，主要因为：一是果树根系分布不同于大田作物，空间分布广、变异大；二是大多数果树具有贮藏营养的特点，其生长状况和产量不仅受当年施肥和土壤养分供应状况的影响，同时也受上季施肥和土壤养分状况的影响，这要求在果园管理过程中更应该注重长期施肥管理；三是果树生长往往是生殖生长和营养生长交替进行，由于农户管理水平差异，即使在相同的土壤养分及施肥条件下果实产量差别也很大；四是大多数果树树体大，个体变异也大。

（二）施肥建议

山东省果树种类和品种繁多，需肥特点各有不同，这里以山东省的苹果为例给出以下施肥建议。

**1. 重视基肥施用**　盛果期的果树收获后、落叶前重视基肥施用，基肥要有机肥和化肥配施，每公顷施堆肥 45～60 t 或商品有机肥 1.5 t 左右，并根据苹果园目标产量水平选择化肥施肥量和肥料配方，或选用尿素、磷酸二铵、硫酸钾配合施用，施肥量占总施肥量的 30%～50%，且一般采用放射状条施。灌溉时采用树盘浇水，用水量在 20～30 $m^3$/亩。封冻前再灌一次冬前水，采用树盘浇水，用水量在 30 $m^3$/亩左右。

**2. 酸化土壤改良**　针对果园区内酸化土壤（pH≤5.2），每季施用生石灰、贝壳粉或其他酸化土壤调理剂进行改良，根据土壤酸化程度确定生石灰、贝壳粉或其他酸化土壤调理剂用量，一般每季施用量为 1 500～4 500 $kg/hm^2$，或根据土壤调理剂产品说明施用。

**3. 推荐水肥一体化追肥**　为提高肥水利用效率，农户可根据果园目标产量选择化肥施肥量，采用水肥一体化技术在不同生育期灌溉施肥。越冬后，萌芽前滴灌施肥 1 次，只施用磷肥，用肥量为总施磷量的 30%左右，灌水量在 300～450 $m^3/hm^2$。花前至花后期微灌施肥 3 次，肥料品种可选用高氮型水溶肥（25 - 5 - 10）。初花期与后花期每次肥料品种可选用平衡通用型水溶肥（20 - 20 - 20）。初果至果实膨大期共微灌施肥 2 次，初果期施肥量与花前期相同，肥料品种可选用高氮型水溶肥（25 - 5 - 10）。果实膨大前期肥料品种可选用高钾型水溶肥（16 - 6 - 36）。盛果期果树的果实膨大后期和成熟期不再施用氮肥。果树大都是露地种植，进入雨季后，根据气象预报选择无降雨时进行注肥灌溉。在连续降雨时，当土壤降水量没有下降至灌始点，也要注肥灌溉，可以适当减少灌溉水量。

**4. 重视根外施肥**　在果树施肥管理中，应特别注意微量元素肥料的施用，主要采取基施或根外追施方式。正常条件下，土壤所含有的中微量元素基本可满足苹果树正常生长的需要，但在高产园、有土壤障碍发生或大量元素肥料施用不合理的果园，土壤中微量元素含量低，就会出现中微量元素缺乏问题，建议采用叶面喷施的方法进行补充。在需要补充钙、镁的情况下，亦可以通过微灌系统分别注入钙肥和镁肥。

**图书在版编目（CIP）数据**

山东省耕地质量演变 30 年洞鉴 / 山东省土壤肥料总站编 .—北京：中国农业出版社，2020.11
ISBN 978 - 7 - 109 - 27040 - 4

Ⅰ.①山… Ⅱ.①山… Ⅲ.①耕地资源—资源评价—研究报告—山东 Ⅳ.①F323.211

中国版本图书馆 CIP 数据核字（2020）第 118607 号

---

中国农业出版社出版
地址：北京市朝阳区麦子店街 18 号楼
邮编：100125
责任编辑：肖 杨 姚 红
版式设计：王 晨 责任校对：吴丽婷
印刷：北京中兴印刷有限公司
版次：2020 年 11 月第 1 版
印次：2020 年 11 月北京第 1 次印刷
发行：新华书店北京发行所
开本：700mm×1000mm 1/16
印张：21.75
字数：440 千字
定价：98.00 元

---